동물발생론

De generatione animalium
by Aristoteles

Published by Acanet, 2025

학술명저번역 671

동물발생론

De generatione animalium

아리스토텔레스 지음
조대호 옮김

아카넷

옮긴이의 말

아리스토텔레스는 37세에 플라톤의 아카데미아를 떠나 62세에 죽을 때까지 25년 동안 동물들에 대한 연구를 이어나갔다. 『동물지(*Historia animalium*)』, 『동물부분론(*De partibus animalium*)』, 『동물발생론(*De generatione animalium*)』 등이 그의 광범위한 생물학 연구의 대표적인 성과로 손꼽힌다. 세 저서는 저마다 고유한 가치를 갖지만 그중에서도『동물발생론』의 의의는 특별하다. 그 안에 태생, 난태생, 난생 등 여러 동물 부류의 발생 과정과 격세유전 등의 다양한 유전 현상을 설명하는 서양 최초의 이론이 담겨 있다는 사실 때문만이 아니다. 『동물발생론』의 연구 내용은 아리스토텔레스의 형이상학이나 인식론과 깊이 연결되어 있어서, 그것을 통해 우리는 지난 2000년 넘는 시간 동안 끊임없이 논란을 낳았던 서양철학의 근본 문제들을 새로운 지평에서 논의할 수 있다.

예를 들어 아리스토텔레스 존재론의 문제들이 그렇다. 잘 알려져 있듯이 아리스토텔레스는 이 나무, 이 사람과 같은 개별자들을 '실체'라고 부르면서, 그런 실체들의 생성과 존재에 대한 탐구를 존재론의 기본 과제로 삼는다. 그런 감각적 실체들은 어떻게 생겨날까? 그것들의 생성이 네 가지 원인 탓이라면, 그에 해당하는 것들은 각각 무엇일까? 감각적 실체가 본질을 갖는다면, 그 '본질'에 해당하는 것은 또 무엇일까? 또 소크라테스가 소크라테스이면서 동시에 사람이자 동물로서 존재한다면, 일반적으로 말해서 개별적 실체가 개별성과 함께 종과 유의 보편성을 갖는다면, 그 근거는 어디에 있을까? 이런 질문들은 『형이상학』에서 제기된 존재론의 근본적인 아포리아들이다. 『동물발생론』은 그런 아포리아들이 생물학적 관점에서 어떻게 대답될 수 있는지를 보여주는 저술이다.

『동물발생론』에 대한 이해는 아리스토텔레스가 『분석론 후서』 등에서 학문적 인식의 본성을 다루면서 남긴 공백을 메우는 데도 기여할 수 있다. 『분석론 후서』에 따르면 학문적 인식은 관찰을 통해 확인된 사실을 그것의 원인들을 제시하는 논증들을 통해 증명하는 데서 성립한다. '논증'은 주어진 사실에 대한 인과적 증명의 한 형태이다. 하지만 학문적 지식이 논증을 통해서 성립한다면, 논증에 필요한 전제들 자체는 어떻게 발견할 수 있을까? 전제들을 발견하기 위한 '탐구'의 방법은 어떤 것인가? 『동물발생론』에는 이런 '탐구와 발견'의 사례들이 가득하다. 그래서 우리는 『동물발생론』에서 확인할 수 있는 탐구 과정, 즉 생물학적 사실을 관찰하고 그것을 설명하는 데 필요한 가설적 전제들을 찾아나가는 과정을 분석함으로써, 사실로부터 전제로의 추론, 즉 '탐구적 추론'의 기본 구조를 재구성해 낼 수 있다.

'2400년 전의 생물학 저서에서 형이상학이나 인식론의 근본 문제들에 대한 대답을 얻을 수 있다'고 말하면, 누군가는 이렇게 대꾸할지도 모르겠다. '그것은 철학이 얼마나 시대착오적인 학문인지를 보여주는 증거가 아닌가?' 하지만 사람이 사람을 낳고 올리브 씨에서 올리브가 생긴다는 사실은 2400년 전이나 지금이나 달라진 것이 없다. 동종 개체의 재생산을 가능하게 하는 조건들도 2400년 전이나 지금이나 똑같다. 아리스토텔레스가 『동물발생론』에서 한 일은 그 본질적 조건들을 분석하고 그것들을 설명하는 데 필요한 원리들을 탐구한 데 있다. 이 원리들은 물론 현대 발생학과 유전학의 원리들과 전혀 다르다. 그럼에도 불구하고 『동물발생론』을 읽은 생물학자 M. 델브뤼크(Max Delbrück)가 "DNA의 원리를 발견한 공적을 인정해서 아리스토텔레스에게 노벨상을 수여해야 한다"라고 말한 이유는 무엇일까? 그의 말은 농담일까, 진담일까? 이는 『동물발생론』을 읽으면서 독자들이 판단할 일이다.

이 번역서는 『동물발생론』의 완역본이다. 한국연구재단의 번역지원 사업의 일환으로 2019년부터 3년 동안 진행된 작업의 결과이다. 초역을 끝낸 뒤 2022년 한 해 동안 연세대학교 철학과의 김태훈, 이남기 군과 함께 번역문을 읽으면서 글을 다듬는 데 시간이 걸렸고, '찾아보기'를 만드는 데 더 많은 시간이 걸려 출판이 다소 늦어졌다. 1994년 무렵 아리스토텔레스 생물학의 세계로 나를 인도해주신 볼프강 쿨만(Wolfgang Kullmann) 교수님께 출간 소식을 전할 수 없다는 것이 아쉽다. 자연학자로서 아리스토텔레스의 업적을 알리는 데 평생의 노력을 기울이셨던 쿨만 교수님을 추모하면서, 이 기회를 빌려 그분과 함께 했던 30년의 시간을 되새긴다. 편집에 성의를 다해 준 박수용 편집자님을 비롯한 아카넷 출판사의 여러분들께, 그리고 번역을 지원해준 한국연구재단에 감사한다. 번역에 소홀함이 없도록 노력했지만 잘못된 점들이 있을 것이다. 이에 대한 독자 여러분의 질정과 제언(chodh62@yonsei.ac.kr)을 부탁드린다. 『동물발생론』은 아리스토텔레스의 다른 저술들을 읽고서 갖가지 의문에 사로잡힌 독자들에게 분명한 대답의 실마리들을 제공할 수 있으리라고 나는 확신한다.

통영 서피랑에서

2025년 1월 하순

조대호

차례

일러두기

1. 이 번역은 Aristoteles의 *De generatione animalium*을 완역한 것이다.
2. A.L. Peck의 *Generation of Animals*(Loeb), London–Cambridge/Mass., 1943을 번역의 저본으로 삼았고, 다음 텍스트와 번역서들을 참고했다.

   H. J. Drossaart Lulofs, 1965, *Aristotelis de generatione animalium*, Oxford.

   A. Platt, 1912, *De generatione animalium*, in: *The works of Aristotle translated into English*, vol. V, Oxford.

   D.M. Balme, 1972, *Aristotle's De Partibus Animalium I and De Generatione Animalium I with passages from II*. 1~3, Oxford.

   C.D.C. Reeve, 2019, *Aristotle. Generations of Animals & History of Animals I*, Parts of Animals I, Indianapolis/Cambridge.

   H. Aubert & F. Wimmer, 1860, *Aristotelis de Generatione Animalium. Griechisch und Deutsch und mit sacherklärenden Anmerkungen*, Leipzig.

   P. Gohlke, 1959, *Aristoteles: Über die Zeugung der Geschöpfe*, Paderborn.
3. Peck의 번역본을 참고해서 본문에 소제목을 달았다. 그 전체 내용에 대해서는 「옮긴이 해제」의 '2. 『동물발생론』의 내용'에 소개된 상세 목차를 참조하라.
4. 본문 가운데 [ ]과 〈 〉은 각각 Peck이 삭제한 내용이나 추가한 내용을 가리킨다. 작은 ( )의 설명구들은 문장의 뜻을 전달하기 위해서 번역자가 추가한 구절들이다. 본문 크기 ( )의 설명구들은 아리스토텔레스의 것이다.
5. 각 장을 시작할 때 베커 쪽수(Bekker number)를 표시했고, 난외의 715a 등과 5, 10⋯ 등의 숫자도 베커 쪽수와 행수를 가리킨다.

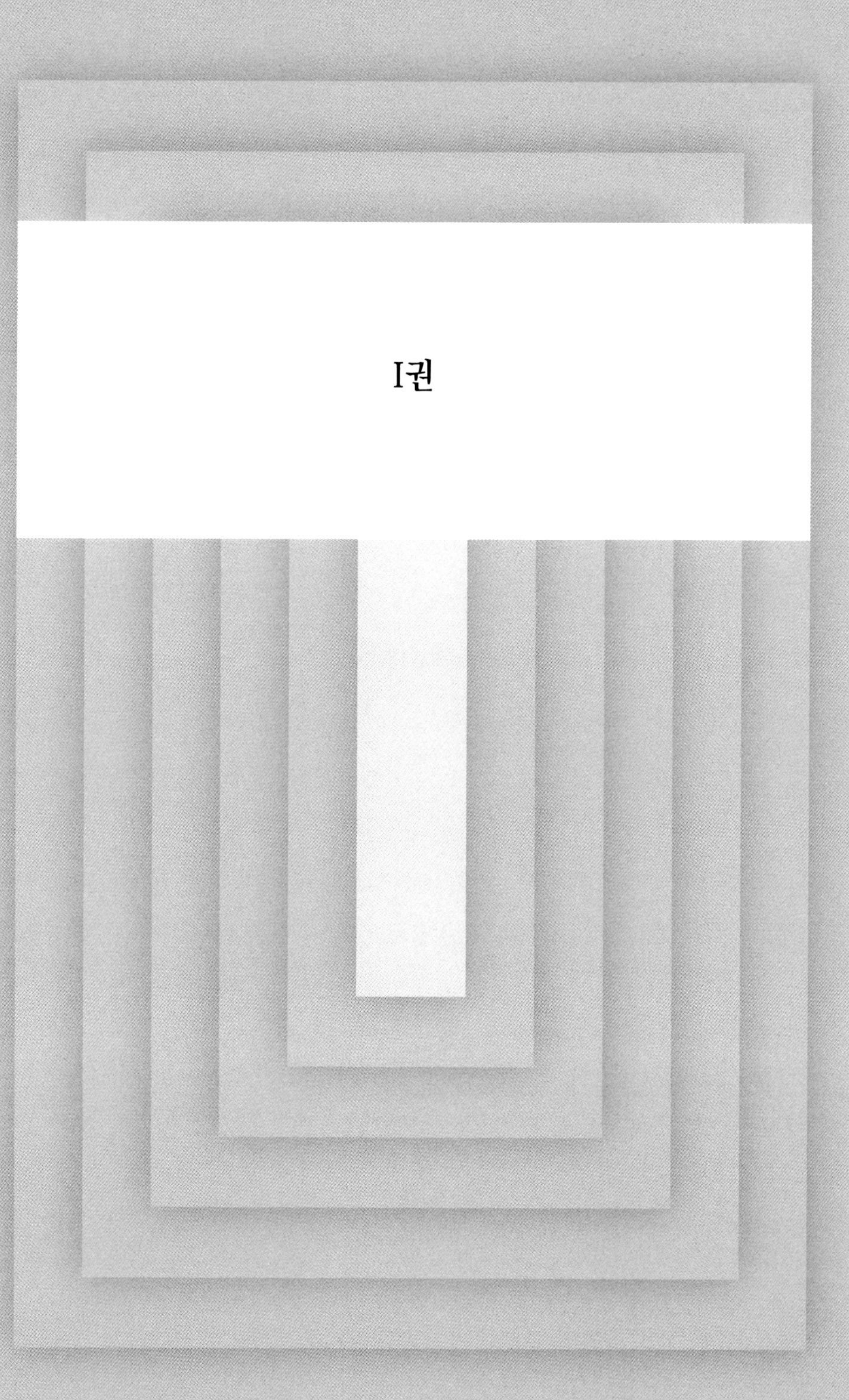

1권

1장

들어가는 말

우리는 동물들에 속한 다른 부분들에 관해서 그것들을 공통적으로 다루기도 하고, 개별 부류[1]에 따라 고유한 부분들에 관해서 독립적으로[2] 다루면서, 각 부분이 어떤 방식으로 그런 종류의 원인 때문에, 즉 '지향점'[3]이라는 뜻의 원인 때문에 있는지 이미 이야기했다.[4] 그런데 기 715a

1 **부류**(genos, 715a2): 아리스토텔레스의 동물 분류에서 정도의 차이에 따라 서로 구별되는 다수의 종(eidos)들을 포함하는 '유(genus)'를 가리킨다. 『동물지』 I 1, 486a15 이하를 참조. 하지만 일반적인 뜻으로, 특정한 성질들을 공유하는 동물들의 '부류', '무리' 등을 가리키기도 한다. 이 번역에서는 맥락에 따라 genos의 번역어로서 이런 용어들을 함께 사용한다. genos의 여러 가지 뜻에 대해서는 『형이상학』 V 28 참조.

2 **공통적으로… 독립적으로**(koinēi… chōris, 715a2): 763b21 참조.

3 **지향점**(to hou heneka, 715a5): 보통 '목적(telos)'의 동의어처럼 쓰인다. 하지만 telos가 주로 어떤 과정의 '끝', '마지막', '완성', '목적'을 뜻한다면, 관계사절을 줄여 만든 'to hou heneka(that for the sake of which)'는 'A가 B를 "위해서" 있다'고 할 때 B를 가리

본적으로 네 가지 원인이 있어서, 하나는 '목적'이라는 뜻의 지향점이고 다른 하나는 '본질의 로고스'[5]이며(그런데 우리는 대략 이 둘을 하나로 받아들여야 한다),[6] 셋째와 넷째는 각각 '질료'와 '운동이 시작되는 출처'이다.[7] 이 중 다른 것들에 대해서는 이미 이야기했다. (로고스와 목적이라는 뜻의 지향점은 동일한 것이고 동물들에게는 부분들이 질료인데, 전체 동물에 대해서는 비동질적인 것들이 질료이고 비동질적인 것들에 대해서는 동질적인 것들이 질료이며, 이것들에 대해서는 이른바 신체의 요소들[8]이 질료이기 때문이다.) 이제 남은 일은 한편으로 부분들 중 동물들에게서 발생[9]에 기여하는 부분들을 규정하는 것이고, —

킨다. 이를 고려해서 이 번역에서는 '지향점'이라고 옮겼다.

4 『동물부분론(*De partibus animalium*)』이 동물에 속한 부분들을, 그것들이 실현하려고 하는 것(that for the sake of which)을 중심으로 합목적적으로 연구하기 때문에 이렇게 말하는 것이다. 『동물발생론(*De generatione animalium*)』은 『동물부분론』에 곧장 이어진다.

5 **본질의 로고스**(logos tēs ousias, 715a5): 이 표현에서 ousia는 개별적 '실체'가 아니라 그런 실체에 필연적으로 속하는 '본질(to ti ēn einai)'을 뜻한다. 715b18을 참조. II 4, 738b22와 II 5, 741a16도 함께 참조.

6 『동물부분론』 I 1, 639b11~21 참조.

7 **지향점**(heneka tou) 혹은 **목적**(telos), **본질의 로고스**(logos tēs ousias), **질료**(hylē), **운동이 시작되는 출처**(hothen hē archē tēs kinēseōs): 이 네 가지 원인(aitia)에 대해서는 V 1, 778a29 이하 참조.

8 **신체의 요소들**(stoicheia tōn sōmatōn, 715a11): 물, 불, 흙, 공기를 가리킨다. 동질적인 것들 혹은 동질적인 부분들(ta homoiomerē, 715a10)은 요소들로 이루어진 살과 뼈 등의 조직(tissue)을, 비동질적인 것들 혹은 비동질적인 부분들(anhomoiomerē, 715a10)은 동질적인 부분들로 이루어지는 얼굴, 손 등의 '기관(organanika)'을 가리킨다. 살과 뼈 같은 '조직'은 전체와 부분이 같은 성질을 갖는다는 뜻에서, 얼굴이나 손 등의 기관은 전체와 부분이 서로 다른 성질을 갖는다는 뜻에서 각각 '동질적인 부분들', '비동질적인 부분들'이라고 불린다. I 18, 722a16 이하 참조.

9 『동물발생론』에서 '발생'이라고 옮긴 genesis에는 두 가지 뜻, 즉 새로 생겨나는 동물의 '발생'과 그것을 생겨나게 하는 동물의 '생산'이라는 뜻이 함께 들어 있다. 맥락에 따라

이제까지 이 부분들에 대해서는 아무것도 규정된 것이 없다 — 다른 한편으로 원인들과 관련해서는 운동인[10]에 대해서 그것이 무엇인지를 규정하는 것이다. 이런 원인에 대해서 살펴보는 것과 각각의 동물의 발생에 대해서 살펴보는 것은 어떤 뜻에서 똑같은 일이다. 바로 이런 이유 때문에 이 저술은 이들을 하나로 모았는데, 한편으로는 그것들을 부분들에 대한 저술의 마지막에 두고 다른 한편으로는 발생에 대한 저술의 시작점이 그것들과 이어지게 배치함으로써 그렇게 했다.[11]

(a) 성(性) 구별은 보편적이 아니다

동물들 가운데 일부는 암컷과 수컷의 짝짓기[12]를 통해 생겨나는데, 동물들 가운데 암컷과 수컷이 있는 부류들이 그렇다. 이렇게 말하는 이유는 모든 동물에게 암컷과 수컷이 있는 것은 아니기 때문이다. 피 있는 동물들의 경우에는 — 몇몇을 제외하면[13] — 성체가 되었을 때 암컷과 수컷이 되고, 피 없는 동물들[14] 가운데 일부에게는 암컷과 수컷이

이 두 번역어를 함께 사용한다.

10 운동인(aitia kinousē, 715a13): '운동이 시작되는 출처'와 같은 뜻이다.

11 『동물발생론』은 『동물부분론』과 『동물이동론(*De incessu animalium*)』에 이어지는 연구이다.

12 암컷(to thēly, 715a18), 수컷(to arren): I 2, 716a13~15 참조. 『동물발생론』에서는 암수의 결합을 가리키는 낱말로, syndyasmos(짝짓기) 이외에 mixis(교합), ocheia(교미), homilia(성교), synousia(교접) 등 여러 가지 낱말이 쓰인다. 이 번역에서는 최대한 낱말의 본뜻을 고려해서 옮겼다.

13 에뤼트리노스(erythrinos)와 칸네(channē)가 이런 예외에 해당한다. II 5, 741a35; III 5, 755b21; III 10, 760a8 참조. '에뤼트리노스'는 '붉은 도미(red Pandora, pegellus erythrinus)'로 알려져 있고, '칸네' 역시 농어의 일종(Serranus sp.)인 것 같다. 실제로 붉은 농어는 암수한몸(heramaphrodite)이며 농어의 여러 종이 암수한몸이다.

14 피 있는 동물들(ta enhaima, 715a20), 피 없는 동물들(ta anhaima): 이 분류는 아리

있어서 동류에 속한 동물들[15]을 낳는 반면, 다른 일부는 무언가를 낳지만 그렇게 생겨난 것들은 동류에 속한 동물들이 아니다. 짝짓기하는 동물들로부터 생겨나지 않고 부패한 흙과 잔여물에서[16] 생겨나는 것들이 그런 것들이다.

전체적으로 말해서 (*a*) 동물들 가운데 장소 이동을 할 수 있는 것들의 경우, 몸을 사용해서 헤엄치든 날아다니든 걸어다니든[17] 그런 동물의 경우에는 모두 암컷과 수컷이 있는데, 피 있는 동물들의 경우뿐만 아니라 몇몇 피 없는 동물들의 경우도 그렇다. 그리고 그중 일부의 경
715b 우 전체 부류가 그러한데, 예를 들어 연체동물들과 갑각류들[18]이 그렇다. 반면에 곤충들[19]의 부류에서는 대다수 동물에게 암컷과 수컷의 구

스토텔레스 생물학에서 동물의 세계를 구별하는 가장 기본적인 범주이다. 이 둘은 각각 '척추동물'과 '무척추동물'에 해당한다. '피 없는 동물들'의 네 부류에 대해서는 I 14, 720b4 이하 참조.

15 **동류에 속한 동물들**(ta homogenē, 715a23): 이런 부류의 동물들과 그렇지 않은 동물들에 대해서는 715a30 이하의 설명을 참고. I 16, 721a6 참조.

16 **부패한 흙과 잔여물에서**(ek gēs sēpomenēs kai perittōmatōn, 715a25): 이른바 '자연발생적으로(automata)' 생겨나는 것들을 가리킨다. 아리스토텔레스에 따르면 그런 부류에는 일부 곤충(I 16, 721a7~9, 『동물지』 V 1, 539a21~16), 유각류(『동물지』 V 15, 547b18~32), 뱀장어(VI 16)가 있다. '잔여물(perittōma)'에 대해서는 I 18, 724b26~27, 자연발생적으로 생겨나는 동물들에 대해서는 II 3, 737a4과 III 11, 762a3 이하를 참조. 『동물지』 V 19, 551a6 이하도 함께 참조.

17 715a27 이하에는 이동 방식을 가리켜 '헤엄치는(neustika)', '날아다니는(ptēna)', '걸어다니는(pezeutika)'이 쓰였다. 본문에서는 ta plota, ta ptēna, ta peza가 더 자주 쓰이는데, 이들을 각각 '유영동물들', '비행동물들', '보행동물들'로 옮겼다. III 11, 761b13에 대한 각주 참조.

18 **연체동물들**(ta malakia, 715b1), **갑각류들**(ta malakostraka): 이 둘은 각각 '부드러운 것들'과 '부드러운 껍질을 가진 것들'을 뜻한다.

19 **곤충들**(ta entoma, 715b2): ta entoma는 '분절된 것들'을 뜻한다. 곤충뿐만 아니라 몸이 마디로 이루어진 거미(phalangia) 등도 포함되기 때문에 '곤충'보다 외연이 더 넓다. I 16, 721a2 이하 참조.

별이 있다. 바로 이런 동물들 가운데 친족 관계[20]의 동물들이 짝짓기를 해서 생겨나는 것들은 그들 자신도 친족 관계에 따라 (다른 것을) 낳는다. 반면에 동물들이 아니라 부패한 질료에서 생겨나는 것들은 부류가 다른 것을 낳고, 생겨나는 것은 암컷도 수컷도 아니다. 곤충들 가운데 몇몇이 그렇다.[21]

이런 일은 이치에 맞게 일어난다.[22] 예를 들어 동물들로부터 생겨나지 않는 것들이 있는데, 이들로부터 짝짓기를 통해 다른 동물들이 생겨난다고 해보자. (i) 만일 이렇게 생겨나는 것들이 (그것들을 낳은 것들과) 동류에 속한다[23]면 그것들을 산출한 것들에게서도 처음부터 그런 종류의 발생이 일어나야 했을 것이다.[24] (우리는 이것이 이치에 맞다고 생각한다. 다른 동물들의 경우에도 분명히 발생이 이렇게 일어나기 때문이다.) 반면에 (ii) 만일 생겨난 것들이 (그것들을 낳은 것들과) 유사하지 않지만 짝짓기를 할 수 있다[25]면, 다시 이들로부터 다른 본성을 가진 것

20 **친족 관계**(Syngeneia, 715b4): 형용사 syngenēs와 명사 syngeneia는 동종 관계, 친척 관계 등 여러 가지 뜻으로 쓰이기 때문에 그에 대응하는 낱말을 찾기 어렵다. 이 번역에서는 용어의 통일성을 위해서 syngenēs는 '친족 관계의', '친족 관계에 있는'으로, syngeneia는 '친족 관계'로 옮겼다. **친족 관계에 따라 (다른 것을) 낳는다**(auta gennai kata tēn syngeneian, 715b4)는 말은 사람이 사람을 낳듯이, 낳는 것과 태어나는 것이 '이름이 같다(synōnymos)'는 뜻이다. I 16, 721a3 참조. 이런 종류의 발생은 '본성에 따라서(kata physin)' 이루어지는 것이다. 하지만 아리스토텔레스는 '본성에 어긋나게(para physin)' 이종 결합에 의해 개체가 발생하는 경우도 관찰했다. 이종 결합에 의한 새로운 종의 발생에 대해서는 II 7, 746a29 이하를 참고.

21 I 1, 715a25에 대한 각주 참조.

22 eulogos(715b7)는 이하에서 '이치에 맞다'로 옮겼다. alogos(불합리하다)나 atopos(터무니없다)와 반대되는 뜻으로 쓰인다.

23 **동류에 속한다**(homogenēs, 715b9): 같은 종에 속하는 동물들을 가리킨다.

24 만일 B에서 C가 생겨나고 B와 C가 같다면, 먼저 B와 같은 A가 있어야 했을 것이다.

25 **유사하지 않지만 짝짓기를 할 수 있다**(anhomoia mēn dynamena de syndyazesthai,

이 생겨날 것이고, 다시 이런 것들로부터 또 다른 본성[26]을 가진 것이 생겨나면서 이 과정이 무한히 진행될 것이다. 하지만 자연은 무한정한 것을 기피한다. 왜냐하면 무한정한 것은 불완전하며, 그에 반해 자연은 항상 완성을 추구하기[27] 때문이다.

(*b*) 반면에 유각류[28]나 기생해서 살아가는 것들[29]처럼 이동 능력이 없는 것들의 경우, 이들의 본질[30]은 식물들과 비슷하기 때문에 그것들의 경우나 식물들의 경우나 암컷과 수컷이 없지만, 유사성이나 대응 관계[31]에 의해서 그런 이름으로 불린다. 그것들은 무언가 그런 종류의 작은 차이를 갖기 때문이다. 왜냐하면 식물들 가운데, 동일한 유에 속하면서도 어떤 나무들은 가지들이 열매를 맺지만 어떤 것들은 스스로 열

⁚

715b12): 이 말은 낳는 것들(1세대 개체)은 자연발생적으로 생겨났지만 생겨나는 것들(2세대 개체)은 그와 달리 짝짓기를 통해 동류의 동물들(3세대 개체)을 낳을 수 있다는 뜻이다. 구체적인 사례에 대해서는 I 16, 721a2 이하를 참조.

26 이하에서는 physis를 맥락에 따라서 '본성' 혹은 '자연'으로 옮긴다.

27 **무한정한 것은 불완전하며, 그에 반해 자연은 항상 완성을 추구한다**(to mēn gar apeiron ateles, hē de physis aei zētei telos, 715b15~16): 이 문장에서 telos는 '불완전한'이라고 옮긴 앞의 ateles와의 대비에서 드러나듯이 '목적'뿐만 아니라 '완성', '완전'의 뜻을 갖는다.

28 **유각류**(ta ostrakoderma, 715b17): 원어는 '딱딱한 껍질 표면을 가진 것들', '질그릇 같은 껍질을 가진 것들'(예를 들어 고둥, 가리비 등 패류)을 뜻하며, '갑각류(ta malakostraka)', '부드러운 껍질을 가진 것들', 예를 들어 새우, 가재 등과 대비되는 낱말이다. '유각류'에 대한 더 자세한 논의는 다음 구절들을 참조: I 23, 731b8 이하; III 11, 761a13 이하; 763a25 이하.

29 **기생해서 살아가는 것들**(ta zōinta tōi prospephekenai, 715b17): 해면, 우렁쉥이, 따개비 등이 이에 해당한다.

30 **본질**(ousia, 715b18): I 1, 715a5의 logos tēs ousias에 대한 각주 참조.

31 **유사성**(homoiotēs, 715b20), **대응 관계**(analogia): 『동물지』 I 1, 486a14~b22 참조. '대응 관계'라고 옮긴 analogia는 a:b=c:d의 비례 관계를 가리킨다.

매를 맺지 못하고 열매를 맺는 것들이 열처리[32]를 하는 데 기여하기 때문이다. 이는 마치 무화과나무와 카프리무화과나무[33]에서 일어나는 일과 같다.

[식물들의 경우에도 똑같은 일이 일어난다. 그중 일부는 씨[34]에서 생겨나지만, 다른 일부는, 마치 자연의 자연발생적 작용으로부터 생겨나듯이 생겨나기 때문이다. 왜냐하면 그런 식물들은 부패한 흙이나 식물들에 속한 특정한 부분들에서 생겨나기[35] 때문이다. 이렇게 말하는 이유는 어떤 것들은 그 자신이 자체적으로 떨어져 형성되지 않고 다른 나무들에 붙어서 생겨나기 때문인데, 예를 들어 겨우살이[36]가 그렇다.]

그런데 식물들에 대해서는 독립적으로 그것들 자체만을 놓고 살펴보아야 한다.

32 열처리(pettein, 715b24): 음식물의 소화, 피로부터 정액의 생성 과정을 비롯해서 신체 안의 열기 혹은 '프네우마(pneuma)'에 의해서 일어나는 모든 생화학적인 과정을 일컫는다. 우리말에는 이런 다양한 종류의 열작용을 포괄하는 적절한 용어가 없기 때문에 이 번역에서는 '열처리'라고 옮긴다. 명사형 pepsis(719a34) 역시 '열처리'로 옮겼다.

33 무화과나무(sykē, 715b25), 카프리무화과나무(erineos): III 5, 755b11과 『동물지』 V 33, 557b31 이하 참조. 일반적으로 남부 유럽에서 자라는 무화과나무는 Ficus caprica이다. 이 종에 속하는 개체에는 두 부류가 있다. (1) 하나는 꽃차례가 완전히 발육된 암꽃만을 가진 개체들이고, (2) 다른 하나는 꽃차례의 입구 근처에 수꽃이 있고 아래쪽에 발육 부전의 암꽃이 있는 개체들이다. 미발육 상태의 이 암꽃은 '벌레혹 꽃(gall-flowers)'이라고 불리는데, 그 이유는 무화과나무 벌(fig-wasp)의 알을 받아들일 준비가 되어 있고 이 알들이 꽃의 씨방을 혹(gall)으로 바꾸기 때문이다. 이 두 번째 나무를 일컬어 '카프리무화과나무'라고 부른다.

34 씨(sperma, 715b26): I 2, 716a8에 대한 각주 참조.

35 '곁가지' 혹은 '곁눈'에서 생겨나는 발생(parablastanein)에 대해서는 III 11, 761b23 이하 참조.

36 겨우살이(ixos, mistletoe, 715b31): 이런 사례에 대해서 III 11, 762b18~21, 『동물지』 V 1, 539a15~25 참조. 아리스토텔레스는 겨우살이를 자연발생적으로 생겨나는 식물의 한 사례로 생각했던 것 같다.

2장

(b) 암컷과 수컷에 대한 정의

716a2 이제 우리는 다른 동물들의 발생에 관해서 이미 이야기된 것들을 시작점으로 삼아 그것들 각각을 그에 알맞은 이론에 따라 논의해야 한다. 앞서 말했듯이, 누군가는 무엇보다 암컷과 수컷을 발생의 원리들[37]로 내세울 것이다. 즉 수컷을 운동과 발생의 원리를 제공하는 것으로, 암컷을 질료의 원리를 제공하는 것으로 내세울 것이다.[38] 누군가는 주로 스페르마[39]가 어떻게 생겨나고 어디서 생겨나는지 관찰해서 이런 확

37 이하에서는 archē(716a4)를 '원리' 혹은 '시작점'으로 옮긴다.

38 I 21, 729b12~14 참조. '원리(archē)'에 대한 정의는 V 7, 788a14~16 참조.

39 스페르마(sperma, 716a8): I 18, 724a17 이하에서 제시된 정의와 I 17, 721b6을 참조. 스페르마는 넓은 뜻에서 식물의 씨, 동물의 정액(gonē) 등 생산에 관여하는 물질 전체를 가리킨다. 이에 해당하는 적절한 우리말이 없어 '스페르마'라는 낱말을 그대로 사용한다.

신을 가질 것이다. 왜냐하면 자연적으로 생겨나는 것들은 스페르마로부터 형성되기[40] 때문인데, 그렇다고 해도 이런 일이 어떻게 암컷과 수컷으로부터 일어나는지를 간과해서는 안 된다. 즉 그런 성질의 부분이 암컷과 수컷에게서 배출되고 이 배출은 그것들 안에서 시작되어 밖으로 일어나는데, 바로 이런 이유에서 암컷과 수컷은 발생의 원리이기 때문이다. 우리는 '수컷'을 다른 것 안에 (새끼를) 낳는 동물이라고 말하고, '암컷'을 자신 안에 (새끼를) 낳는 동물[41]이라고 말한다. 이런 이유에서 사람들은 (자연) 전체[42]에 있어서도 땅의 본성을 일컬어 '암컷' 혹은 '어머니'라는 이름을 쓰고, 하늘이나 태양이나 그런 종류의 다른 것들 가운데 어느 하나를 일컬어 '낳는 자'[43]이자 '아버지'라고 부른다.

생식 기관들

수컷과 암컷은 정의에 따르면[44] 각각 다른 것을 행할 수 있는 능력을 가진다는 이유에서 서로 다르고, 감각에 따르면[45] 몇몇 부분에서 서

∴

40 **형성되다**(synistatai, 716a9): 발생 과정에서 작용인(=스페르마)에 의해서 질료인(=경혈)이 응고되어 일정한 형태를 갖게 되는 과정 전체를 가리키는 낱말이다. 이하에서는 '형성(stasis)', '형성되다(synistasthai)', '형성해내다(synistanai)'로 옮겼다. 예를 들어 II 3, 737a14 이하에 소개된 무화과즙이 젖을 응고시켜 형태를 부여하는 과정이 그런 형성 과정에 해당한다. 명사형 systasis는 '형성'과 형성의 결과인 '형성체'의 뜻으로도 쓰인다.

41 **다른 것 안에 (새끼를) 낳는 동물**(to eis allo gennōn, 716a14), **자신 안에 (새끼를) 낳는 동물**(to eis hauto 〈gennōn〉)은 각각 '수컷'과 '암컷'에 대한 아리스토텔레스의 정의이다.

42 716a15의 to holon은 '자연 전체'를 뜻한다.

43 **낳는 자**(gennōn, 716a17): 발생의 원리로서 수컷.

44 **정의에 따르면**(kata ton logon, 716a18): 716a13~15를 참조. IV 1, 766a18 이하도 함께 참조.

45 **감각에 따르면**(kata tēn aisthēsin, 716a19): '시각적 관찰에 따르면'과 같은 뜻이다. 아

로 다르다. 앞서 말했듯이, 정의에 따르면 수컷은 다른 것 안에 (새끼를) 낳을 수 있는 능력을 가진 것이고 암컷은 자신 안에 (새끼를) 낳을 수 있는 능력을 가진 것이면서, 생겨난 것이 낳는 자 안에 먼저 있다가[46] 밖으로 나올 때 그 출처가 되는 것이다. 그런데 모든 것은 능력과 기능에 따라 규정되고 모든 작업에는 도구가 필요하며 신체의 부분들이 제반 능력의 도구들이기 때문에, 산출과 짝짓기를 위해서도 필연적으로 부분들이 있어야 하며 이것들이 서로 다른 만큼 그에 따라서 수컷과 암컷의 차이가 생길 것이다. 왜냐하면 전체 동물에 대해서 어떤 경우에는 '수컷', 어떤 경우에는 '암컷'이라는 이름이 붙지만, 몸 전체의 측면에서 수컷과 암컷이 서로 다른 것이 아니라 — '시각 능력'과 '이동 능력'의 차이가 신체 부분들에서 드러나듯이 — 특정한 능력과 특정한 부분의 측면에서 암컷과 수컷이 서로 다르기 때문인데,[47] 이 점은 감각에 분명히 나타난다.

암컷에 속한 그런 부분은 이른바 자궁[48]이고 피 있는 동물들의 경우 수컷에게 속한 그런 부분은 고환과 회음부[49]이다. 피 있는 동물 가운데

리스토텔레스는 716a31에서 그렇듯이 '시각적 관찰'의 뜻으로 aisthēsis를 자주 사용한다.

46 **생겨난 것이 낳는 자 안에 먼저 있다가**(enhyparchon en tōi gennōnti to gennōmenon, 716a22): 뜻이 분명치 않다. '낳는 자'가 부모를 가리킬 수도 있고, 수컷을 가리킬 수도 있다. 만일 수컷을 가리킨다면, 생겨날 것의 형상이 먼저 수컷 안에 현실적으로 존재한다는 뜻이 될 것이다. II 1, 734b20 이하와 735a3 이하 참조.

47 IV 1, 766b2 이하와 I 21, 729b12 이하 참조.

48 **자궁**(hystera, 716a33): 자궁의 여러 형태에 대해서는 I 8, 718a35 이하 참조.

49 **고환**(orcheis, 716a33), **회음부**(perineoi): perineos는 본래 좁은 의미의 '음경(penis)'이 아니라 음경과 고환을 모두 포함한 수컷의 '고환 부위'(716b14~15) 전체, 즉 음낭부터 항문 사이의 부위를 가리킨다. IV 1, 766a5 이하 참조.

일부는 고환을 갖고 일부는 그런 종류의 관[50]을 가지기 때문이다. 피 716b 없는 동물들에게서도 암컷과 수컷 사이에 여러 가지 차이가 있는데, 이들에게 속한 것들은 (피 있는 동물들의 경우와) 똑같이 서로 반대 관계에 있다. 그러나 피 없는 동물들의 경우 교합[51]을 위한 부분들의 모양이 서로 다르다. 시작점에서 작은 변화가 일어나면 그 시작에 뒤따르는 것들 가운데 많은 것들이 함께 변화하는 경향이 있다는 데 유의해야 한다. 이는 거세를 당한 동물들[52]의 경우에 명백하다.[53] 왜냐하면 생산할 수 있는 부분[54]이 멸실되면 오직 그것만으로 거의 (신체의) 전체 형태가 함께 바뀌고, 그 결과 암컷처럼 여겨지거나 거의 암컷과 다른 점이 없어지기 때문인데, 이는 아무 부분이나 아무 능력 때문에 동물이 암컷이나 수컷이 되는 것이 아님을 뜻한다. 그렇다면 암컷과 수컷은 분명히 어떤 종류의 원리이다. 그래서 동물의 성별을 결정하는 부분들에 변화

50 관(管, poros, 716a35): 생식액의 배출 통로를 가리킨다. I 3, 716b15에서는 '스페르마 관들(精管, poroi spermatikoi)'이라는 용어가 쓰인다.

51 교합(mixis, 716b3): I 1, 715a18에 대한 각주 참조.

52 거세를 당한 동물들(ta ektemnomena, 716b5): II 7, 746b24와 IV 1, 766a24 참조.

53 명백하다(dēlon, 716b5): 아리스토텔레스는 특정한 사실의 확실성을 가리키는 낱말로 dēlon과 phaneron을 자주 사용한다. 하지만 이 두 표현의 의미는 다르다. phaneron은 주로 관찰을 통해서 감각에 분명히 드러나는 것, 눈에 보이는 것에 대해서 쓰이고, dēlon은 대체로 직접 관찰을 통해서가 아니라 추론이나 그밖의 간접 증거를 통해서 드러나는 사실에 대해서 쓰인다. 이런 차이를 고려해서 이 번역에서는 dēlon은 '명백하다'로, phaneron은 '분명하다'로 옮긴다. phaneron과 어원이 같은 phainesthai도 주로 감각을 통해 확인 가능하게 '눈에 보이다,' '나타나다'는 뜻으로 쓰인다. 물론 phainesthai가 부정사 구문과 함께 쓰일 때는 '~인 것처럼 보인다'의 뜻으로 실제의 사실과 다른 겉보기의 현상을 가리킨다. 하지만 형용사 adēlos는 '명백하지 않다'(720b7, 721a32 등)는 뜻과 시각적 관찰을 통해서 '눈에 띄지 않는다'(717a9, 717b10 등)는 뜻으로 쓰인다.

54 생산할 수 있는 부분(gennetikon morion, 716b5): 생식기.

가 일어나면 — 마치 시작점이 달라진 것처럼 — 많은 점들에서 변화가 함께 일어난다.

3장

피 있는 동물들의 고환과 자궁 부위가 모두 똑같지는 않다. 먼저 수컷의 고환 부위부터 살펴보자. 그런 동물들 가운데 일부는, 예를 들어 물고기의 부류나 뱀의 부류가 그렇듯이 모두 고환 없이 단지 두 줄기의 스페르마 관들[55]을 가지고 있다. 다른 일부는 한 쌍의 고환이 있지만 몸안 허리 부위, 즉 두 개의 신장이 있는 자리에 있어서 — 고환이 없는 동물들의 경우에 그렇듯이 — 그 각각으로부터 관들이 이어지고 이 두 개의 관은 — 방금 말한 동물들의 경우에 그렇듯이 — 하나로 합쳐진다. 공기를 받아들이고 폐를 가진 동물들 중 새들이 모두 그렇고 알을 낳는

55 스페르마 관들(poroi spermatikoi, 716b17): 이 관들도 사실은 고환들(testes)이지만, 아리스토텔레스는 '고환'을 둥근 형태의 고환에 한정해서 사용한다.

네발동물들[56]이 그렇다. 왜냐하면 이들도 모두 몸속 허리 근처에 고환이 있으며, 뱀들이 그런 것과 똑같이 한 쌍의 고환으로부터 두 개의 관이 뻗어 나오기 때문이다. 예를 들어 도마뱀이나 거북을 비롯해서 각질 비늘 동물들이 모두 그렇다. 그러나 모든 태생동물들[57]은 몸의 앞면에 고환이 있지만, 그중 몇몇은 복부 끝 근처에 안으로 가지고 있는데, 예를 들어 돌고래가 그렇다. 그러나 거기서부터 몸 밖으로 뻗어 나온 것은 관이 아니라 음경[58]인데, 예를 들어 '황소들'[59]이 그렇다. 그런데 일부는 몸 밖으로 고환이 나와 있지만, 또 그 가운데 일부는 — 사람이 그렇듯이 — 몸에 매달려 있고 일부는 — 돼지가 그렇듯이 — 둔부에 붙어 있다. 이에 대해서는 『동물지』에서 더 자세하게 규정했다.[60]

모든 동물의 자궁은 두 부분으로 이루어지는데, 이는 모든 수컷의 고환이 한 쌍인 것과 똑같다. 일부는 — 여자들[61]과 몸 밖으로나 몸 안에서 새끼를 낳는 모든 동물들과 눈에 보이게 알을 낳는 물고기들[62]이

---

56 **알을 낳는 네발동물들**(ta ōiotokounta tetrapoda, 716b25~26): 아리스토텔레스는 ta ōiotokounta와 ta ōiotoka(717b5 등)를 함께 쓴다. 둘을 구별하기 위해 각각 '알을 낳는 동물'과 '난생동물'로 옮긴다.

57 **태생동물들**(to zōiotoka, 716b25): '난생동물들'을 가리킬 때와 마찬가지로 아리스토텔레스는 ta zōiotoka와 ta zōiotikounta를 함께 쓴다. 둘을 구별하기 위해 각각 '태생동물들'과 '새끼를 낳는 동물들'로 옮긴다. '새끼를 낳는 동물들'에 대해서는 I 9, 718b27에 대한 각주 참조.

58 **음경**(aidoion, 716b28): 『동물지』 III 1, 509b27~29 참조.

59 **황소들**(boes, 716b29): 상어나 연골어에 속한 물고기를 가리킨다. 『동물지』 V 5, 540b17 이하와 VI 12, 566b4 참조.

60 『동물지』 III 1 참조.

61 아리스토텔레스는 사람에 한해서 thēly(암컷)이 아니라 gynaikes(여자들)이라는 낱말을 사용한다.

62 **눈에 보이게 알을 낳는 물고기들**(hoi ichthyes hosoi ōiotokousin eis toumphanes, 717a1): 먼저 몸 안에 알을 낳고 나중에 몸 밖으로 새끼를 낳는 상어와 같은 난태생 어

그렇듯이 — 자궁이 음부[63] 근처에 있고, 일부는 — 모든 새들과 물고기들 중 새끼를 낳는 것들이 그렇듯이 — 횡격막 근처에[64] 자궁이 있다. 갑각류와 연체류는 두 갈래의 자궁을 가지고 있다. 왜냐하면 이들이 낳는 이른바 '알'을 둘러싸고 있는 막이 자궁의 성질을 가지기 때문이다.[65]

팔완류[66]의 자궁은 거의 분화되지 않아서 하나로 여겨진다. 그 원인은 몸체[67]가 모든 면에서 유사하다는 데 있다. 하지만 큰 곤충들의 자궁은 두 갈래인 반면, 작은 것들에서는 몸이 작기 때문에 자궁이 눈에 띄지 않는다.

동물들이 가진 지금 말한 부분들은 이와 같다.

류와 다른 물고기들.

63 음부(ta arthra, 716b34): 본래 '이음매', '관절' 등을 가리키지만 여기서는 생식에 관여하는 부분들, 특히 외음부를 가리킨다. Platt과 Peck은 'pudenda'로, Reeve는 'sexual parts'로 옮겼다.

64 횡격막 근처에(pros tōi hypozōmati, 717a1~2): '횡격막'이라고 옮긴 hypozōma는 포유동물이 가진 엄밀한 뜻의 횡격막과 다른 동물들에게 있는 그에 대응하는 부분, 예를 들어 곤충들의 허리 부위를 가리킨다. 『동물부분론』 III 10 참조.

65 『동물지』 V 18 참조.

66 717a6의 polypoda는 '다리가 많은 것들'을 뜻하지만, 아리스토텔레스의 생물학에서는 '팔완류'를 가리킨다. '팔완류'의 자궁에 대해서는 III 8, 758a8 이하 참조.

67 몸체(onkos, 717a7): I 19, 727a20에 대한 각주 참조.

4장

1. 피 있는 동물들의 생식기관

(a) 수컷의 생식기관들

717a12 수컷들에 속한 스페르마 기관들[68]의 차이들과 관련해서 이런 차이들이 존재하는 원인들을 고찰하려면, 우리는 먼저 고환의 형성[69]이 무엇을 위한 것인지를 파악해야 한다. 자연이 만들어내는 모든 것은 그것이 필연적이기 때문에 있거나 혹은 더 좋기[70] 때문에 있다면, 고환 역시

68 스페르마 기관들(spermaṭika organa, 717a12~13): 스페르마와 관련된 기관들.

69 형성(systasis, 717a15): II 2, 716a9에 대한 각주 참조.

70 더 좋은 것(to beltion, 717a16): II 1, 731b23의 '지향점이라는 뜻의 원인(hē aitia hē heneka tinos)'과 같은 것을 가리킨다. 이런 뜻의 목적(telos)과 '필연적인 것(to anankaion)' 혹은 '필연(필연성, anankē)'은 『동물발생론』에서 발생 과정이나 그와 관련된 부분들의 기능을 설명하는 데 가장 기본적인 설명 원리가 된다. I 6, 717b33 이하

그중 어느 하나 때문에 존재할 것이다. 그런데 그것이 발생을 '위해서' 필연적이 아니라는 것은 분명하다. 만일 그것이 사실이라면 모든 낳는 자들에게[71] (고환이) 속하겠지만 뱀도, 물고기도 고환이 없기 때문이다. 이들이 짝짓기를 하고 어백[72]으로 가득 찬 관을 갖고 있다는 것은 이미 눈으로 확인된 사실이다. 그렇다면 고환이 무언가 '더 좋은 것을 위해서' 있을 가능성이 남는다.

대다수 동물들에게 속하는 기능으로는 식물들이 씨나 열매를 내는 것과 같은 것 말고는 거의 아무것도 없다. 그런데 영양분과 관련해서 볼 때 더 곧은 내장들을 가진 것들은 영양분에 대한 욕구[73]가 더 강렬하듯이, 고환 없이 관들만 가진 동물들이나 고환이 있어도 몸속에 가진 동물들은 짝짓기 활동에서 더 급하게 서둔다. 하지만 더 절제 있게 처신해야 하는 동물들의 경우에는 영양에 관계하는 내장들이 더 곧지 않듯이 짝짓기에서도 관들에 굴곡이 있는데, 이는 욕구가 격렬하거나 급하지 않도록 하기 '위해서' 그렇다. 그래서 고환은 이를 '위해서' 만들어진 장치이다.[74] 왜냐하면 고환은 스페르마 성분의 잔여물[75]의 운동이

와 IV 8, 776b31 이하 참조. 이에 대해서는 V 8에서 자세히 논의된다.

71 낳는 자들에게(tois gennōsi, 717a18): 수컷들에게.

72 어백(魚白, thoros, 717a20): I 21, 730a18 이하; III 5, 755b13 이하; IV 1, 765a5 이하 참조.

73 영양분에 대한 욕구(epithymia tēs trophēs, 717a24): 『동물부분론』 III 14, 675a19 이하와 675b23 이하 참조. 내장이 굴곡진 이유에 대해서는 플라톤, 『티마이오스(*Timaeus*)』 73A 참조.

74 만들어진 장치이다(memēchanēmenoi, 717a30): mechanan는 기술을 이용해서 mēchanē(장치, 기구, 설비 등)를 만들다는 뜻이다. 물론 자연의 작용을 의인화한 표현이다. 745a31 참조.

75 스페르마 성분의 잔여물(spermatikon perittōma, 717a30): 몸에서 배출되는 다양한 잔여물 가운데 스페르마를 가리키는 낱말로 이해하면 될 것이다.

더 지체되도록 하기 때문이다. (1) 말(馬)을 비롯해서 그런 종류의 다른 동물이나 사람과 같은 태생동물들의 경우에는 고환이 이중회로[76]를 보존함으로써 그런 결과를 낳는다(이것이 어떤 방식으로 이루어지는지에 대해서는 『동물지』를 통해서 고찰해야 한다). 고환은 관에 속한 부분이 아니라 그것에 붙어 있어서, 마치 옷감을 짜는 여인들이 베틀에 방추[77]
717b 를 얹어 놓은 것 같다. 왜냐하면 고환이 제거되면 관이 들려 올라가고, 그래서 거세를 당한 동물들은 생산을 할 수 없기 때문이다. 관이 들려 올라가지 않으면 생산할 수 있을 것이다. 어떤 황소는 거세를 당한 뒤 즉시 교미해서 암소를 배태시킨 적이 있는데,[78] 관이 아직 들려 올라가지 않았기 때문에 그럴 수 있었다. (2) 반면에 새들이나 네발동물 중 난생동물들의 경우에는 고환이 스페르마 성분의 잔여물을 담고 있어서 물고기들의 경우보다 밖으로 나오는[79] 데 걸리는 속도가 더 느리다. 이는 새들의 경우를 보면 분명하다.[80] 새들은 교미 때가 되면 고환이 훨

76 이중회로(epanadiplōsis, 717a33): I 5, 718a15와 『동물지』 III 1, 510a20 이하 참조. Peck은 'the doubling-back of the passages'라고 옮겼고, Reeve도 그를 따라 'the doubling-back [of the ducks]'라는 표현을 쓴다. ☞ '부록 2'의 그림.

77 방추(laiai, 717a35): V 7, 787b26 이하 참조.

78 『동물지』 III 1, 510b3 이하 참조.

79 밖으로 나옴(exodos, 717b6): 『동물발생론』에서는 스페르마나 경혈의 배출과 관련해서 여러 가지 낱말이 사용된다. 예를 들어 exodos는 일반적으로 스페르마(717b6, 774a1)나 알 혹은 새끼(752b12)가 '밖으로 나옴'을 가리키는 말로 쓰이고, 그밖에는 apokrisis(배출)(716a12, 723b13, 726a19 등), ekkrisis(방출)(727a2, 739a33, 775b7, 784a6), proesis(사출)(28a6, 39a13) 등이 더 자주 쓰인다. apolysis도 '사정(射精)'이라는 뜻으로 두 번 쓰인다(718a14, 756b3). 이런 낱말들에 꼭 들어맞는 번역어를 골라 그것을 일관적으로 사용하기는 어렵기 때문에, 이 번역에서는 가능한 한 서로 다른 번역어를 찾아내어 해당 그리스어들을 구별하려고 했다.

80 분명하다(phaneron, 717b7): I 2, 716b5에 대한 각주 참조.

씬 더 커지기 때문이다.[81] 그리고 새들 가운데 한 계절에만 교미하는 것들은 이 시기가 지나가면 고환이 작아져서 눈에 띄지 않을 정도이다. 하지만 교미 시기에는 (고환이) 확연히 크다. 고환을 몸속에 가진 것들은 교미를 더 빨리 한다. 왜냐하면 고환을 (몸) 밖에 가진 것들은 그것이 들려 올라가기[82] 전에는 스페르마를 내보내지 않기 때문이다.

81 『동물지』 III 1, 509b35 이하 참조.

82 717b1에서 '고환이 제거되면 관이 들려 올라간다'는 문장에서도 동사 anaspan(to draw up, pull up)이 쓰였다. 하지만 거기서는 거세로 말미암아 스페르마를 배출하는 '관'이 들려 올라가는 경우이고, 여기서 '고환'이 '들려 올라간다(anaspasai)'(717b13)는 말은 스페르마의 배출에 앞서 이루어지는 발기 때의 긴장을 뜻한다.

5장

717b14 또 네발동물들은 짝짓기를 위한 기관을 가지고 있다. 이들에게는 이 기관을 갖는 것이 가능하기 때문이다. 반면에 새들이나 발이 없는 것들의 경우에는 이것이 가능하지 않은데, 새들의 경우에는 다리가 복부 중심부 아래 있기 때문이고 뱀의 경우에는 다리가 전혀 없기 때문이다. 음경은 본성상 거기에 매달려 있고 위치상 그곳에 놓여 있다. 이런 이유에서 성교 때 다리에 긴장이 일어난다. 왜냐하면 그 기관은 힘줄을 갖고 다리의 본성도 힘줄을 갖기 때문이다. 따라서 (새들이나 발이 없는 동물들은) 음경을 가질 수 없기 때문에,[83] 고환도 갖지 않거나 그곳이 아닌 다른 곳에 갖는 것이 필연적이다. 음경과 고환을 가진 것들의 경우 그 둘은 같은 곳에 놓여 있기 때문이다.

83 실제로 거위(chēn)에게는 음경(aidoion)이 있다. 『동물지』 III 1, 509b30 이하 참조.

고환을 몸 밖에 가진 동물들의 경우 운동 때문에 음경이 열을 받아 스페르마가 함께 모인 다음 밖으로 나오는 것이지, 물고기들의 경우처럼 — 마치 준비가 끝난 듯 — 접촉하는 즉시 스페르마가 나오는 것은 아니다.[84]

모든 태생동물은 [안이나 밖이나] 몸 앞면에 고환을 갖고 있지만 고슴도치[85]는 예외다. 고슴도치는 유일하게 허리 부근에 고환을 가지고 있는데, 이는 새들이 그런 것과 같은 이유 때문이다. 즉 새들의 짝짓기는 빠르게 이루어져야 하기 때문이다. 고슴도치는 다른 네발동물들처럼 등에 올라타는 것이 아니라 가시 때문에 몸을 세워서 교합하기 때문이다.[86]

고환을 가진 동물들이 어떤 이유 때문에 고환을 갖고, 일부는 밖으로 다른 일부는 안으로 고환을 갖는 것은 또 어떤 이유 때문인지 이야기했다.

84 I 6, 718a5 이하와 II 4, 739a10 이하 참조.

85 고슴도치(echinos, 717b27): 아리스토텔레스는 '고슴도치'와 '성게'를 각각 '땅 위의 고슴도치들(chersaioi echinoi)'(781b35)과 '바다의 고슴도치(see-urchin, pontioi echinoi)'(783a20)라고 부른다.

86 『동물지』 I 1, 540a3 이하 참조. 실제 고슴도치의 짝짓기는 암컷 고슴도치가 가시들(akanthas)을 넓적하게 하면서 특별한 몸 상태를 만들고 수컷이 등 뒤에서 암컷에 올라탐으로써 이루어진다.

6장

717b33 고환을 갖지 않은 동물들이 그 부분을 갖지 않는 것은, 이미 이야기
했듯이, 그것이 '좋기 때문'이 아니라 단지 그것이 '필연적이기 때문'이
35 고,[87] 교미가 필연적으로 빨리 일어나야 하기 때문이다. 물고기나 뱀의
718a 본성이 그렇다. 왜냐하면 물고기들은 몸의 측면을 붙여서 교미하고[88]
순식간에 떨어지기 때문이다. 사람이나 그와 같은 성질을 가진 모든 동

87 좋음(to eu), 필연성 혹은 필연적인 것(to anankaion, 717b34): I 4, 717a15에 대한 각주 참조.

88 몸의 측면을 붙여서 교미하고(ocheuontai parapiptontes, 718a1): "아리스토텔레스의 진술은 대다수 물고기들의 경우에는 들어맞지 않는다. 이들의 경우 암컷은 수정되지 않은 알을 낳고 수컷이 어백을 뿌려 알을 수정시키기 때문이다. 아리스토텔레스는 뒤의 과정에 대해 알았지만 이것을 처음의 교미에 단순히 추가되는 일로 간주했다"(Platt). 물고기들의 교미에 대해서는 다음 구절들을 참조: III 5, 755b4 이하; 756a30 이하; III 7, 757a22 이하.

물의 경우 숨[89]을 멈추고 정액[90]을 내보내는 것이 필연적인데, 이와 마찬가지로 물고기들의 경우에도 바닷물을 빨아들이지 않은 상태에서 그런 일이 일어난다. 그런데 바닷물을 빨아들이지 않으면 물고기들은 죽기 쉽고, 그래서 그들은 짝짓기를 할 때 태생의 보행동물들[91]처럼 스페르마를 열처리해야 할 필요가 없다.[92] 그와 달리 물고기들은 일정한 시기가 되면 다량의 열처리된 스페르마를 갖는다. 그래서 서로 접촉하는 도중에 열처리를 하는 것이 아니라 이미 열처리된 것을 내보낸다. 이런 이유에서 물고기들은 고환들을 갖지 않으며 곧고 단순한 관을 갖는데, 네발동물들의 고환 부위에는 그와 같은 부분이 짧게 갖추어져 있다.[93] 이렇게 말하는 이유는 관의 이중회로의 일부는 피가 있는 부분이고 일부는 피가 없는 부분인데, 이 (피가 없는) 부분이 스페르마를 저장하고 또 이미 (형성된) 스페르마 상태의 액체가 그 부분을 통해서 빠져나가며, 그 결과 정액이 그곳에 도달하면 그런 동물들의 경우에도[94] 사정이 빨리 일어나기 때문이다.[95] 그런데 물고기들에게서 이런 성질의 관은 모

89 『동물발생론』에서 pneuma는 스페르마에 생산 능력을 부여하는 특별한 물질을 가리키지만, 이 구절에서처럼 단순히 '숨'을 뜻하기도 한다. 프네우마의 물질적 구성이나 기능에 대해서는 I 20, 729a9 이하; II 2, 735b32 이하; II 3, 736b30 이하 등 참조.

90 원문의 gonē는 보통 수컷에게서 나오는 '정액'을 가리킨다. I 19, 727a3과 I 20, 729a20 참조. 하지만 다른 자연철학자들은 암컷도 gonē를 제공할 수 있다고 보았고 아리스토텔레스도 이 용어를 그대로 사용하기 때문에, 맥락에 따라서 gonē를 '생식액'이라고도 옮겼다. IV 3, 769a28에 대한 각주 참조.

91 태생의 보행동물들(ta peza zōitoka, 718a6~7): 715a27에 대한 각주와 716b25에 대한 각주 참조.

92 I 5, 717b25 참조.

93 I 4, 717a33과 『동물지』 III 1, 510a23 이하 참고.

94 즉 네발동물들의 경우에도.

95 I 6, 718a1 참조.

두 사람들이나 그와 같은 종류의 동물들에게 속한 이중회로의 한쪽 부분과 성질이 같다.

7장

밴들은 서로 몸을 휘감고서 짝짓기를 하는데, 앞서 말했듯이 고환도 718a17 음경도 갖고 있지 않다. 음경이 없는 것은 다리가 없기 때문이고,[96] 고환이 없는 것은 몸이 길기 때문이다. 하지만 관이 있는데, 이는 물고기들의 경우와 같다. 왜냐하면 뱀들은 본성상 몸이 길기 때문에, 고환 부위에서 정체가 일어나면 시간이 늦어져 정액이 차가워질 것이기 때문이다. 음경이 긴 동물들의 경우에도 바로 이런 일이 일어난다. 이들은 음경의 길이가 적절한 동물들에 비해 생식력이 떨어지는데, 차가운 스페르마는 생식력이 없고 너무 먼 거리를 이동하는 것은 차가워지기 때문이다. 어떤 이유 때문에 일부 동물들은 고환이 있고 일부 동물들은 없는지 이야기했다.

96 I 5, 717b17~18 참조.

[뱀들은 몸의 측면을 붙일 수 없기 때문에[97] 서로 몸을 휘감는다. 이들은 작은 부분을 잇대어 서로 몸을 붙이는데, 몸이 너무 긴 까닭에 하나가 되기가 쉽지 않기 때문이다. 그렇지만 뱀들은 몸을 감는 데 필요한 부분들을 가지고 있지 않기 때문에, 몸의 물기를 이용해서 몸을 감는다. 이런 이유에서 뱀들은 물고기들보다 사정이 더 오래 걸리는 것으로 여겨지는데, 그 이유는 관들의 길이뿐만 아니라 그와 관련해서 취하는 조처[98] 때문이기도 하다.]

97 몸의 측면을 붙일 수 없기 때문에(dia tēn aphyian tēs paraptōseōs, 718a27~28): 물고기의 교미에 대한 I 6, 718a1의 기술 참조.

98 조처(skeuōria, 718a33): 몸의 물기를 이용해서 몸을 서로 휘감는 것을 가리킨다.

8장

(b) 암컷의 생식기관들

누군가는 암컷들의 자궁 부위가 어떤 방식으로 이루어져 있는지 의 718a35
문을 가질 수도 있을 것이다. 왜냐하면 많은 반대 상태가 (서로 다른 부
류의) 암컷들에게 속하기 때문이다. 이렇게 말하는 이유는 새끼를 낳는
모든 동물들의 사정이 똑같지는 않기 때문이다. 사람이나 보행동물들
은 모두 아래쪽 음부[99] 주변에 자궁이 있고, 새끼를 낳는 연골어류들은 718b
위쪽 횡격막 근처에 자궁이 있다. 또 난생동물들의 사정도 똑같지 않
아서, 물고기들은 사람이나 네발을 갖고 새끼를 낳는 동물들처럼 아래
쪽에 자궁이 있고, 새들과 네발동물 가운데 알을 낳는 것들은 모두 위
쪽에 (자궁이) 있다. 그렇지만 이런 반대 상태들이 존재하는 데에 근거 5

99 음부(arthron, 718a38): I 3, 716b34에 대한 각주 참조.

가 있다.

먼저 난생동물들이 알을 낳는 방식은 서로 다르다. (1) 어떤 동물들, 예를 들어 물고기들은 불완전한 상태로 알을 낳는다.[100] 물고기의 알은 밖에서 완전해지고 성장을 거치기[101] 때문이다. 그 이유는 이들이 다산적[102]이기 때문인데, 이것은 식물들의 기능[103]이자 물고기들의 기능이다. 따라서 만일 물고기의 몸 안에서 알이 완전해지면, (알과 새끼의) 수가 필연적으로 적을 수밖에 없다. 하지만 실제로 물고기들은 상당한 양의 알을 품고 있어서 — 적어도 작은 물고기들의 몸 안에서는 — 양쪽 자궁이 각각 한 개의 알로 여겨질 정도다. 이것들이 가장 다산적인데, 이는 식물들이나, 동물들 중 본성적으로 그것들에 대응하는 것을 가진 다른 것들의 경우에도 마찬가지다. 왜냐하면 이들의 경우 크기의 증가를 위해서 필요한 영양분이 스페르마로 이전되기 때문이다. (2) 반면에 새와 네발의 난생동물들은 완전한 알을 낳는데, 이 알은 보호받을 수 있도록 겉이 딱딱해야 한다(알이 성장하는 동안에는 겉이 말랑하다). 딱딱한 껍질은 흙 성분으로부터 축축한 것을 배출하는 열기의 작용에 의해서 생겨난다. 그래서 이런 일이 일어나는 곳은 필연적으로 뜨거워야 한다. 횡격막 부위가 바로 이런 성질을 갖는데, 이곳이 영양

100 아리스토텔레스는 '불완전한 알(atelēs ōion)'과 '완전한 알(teleion ōion)'을 구별한다. '불완전한 알'은 모체의 몸 밖으로 나와 성장 과정을 거치는 알들, 예를 들어 비늘 있는 물고기들, 갑각류와 연체류의 알을 가리키고(733a28), '완전한 알'은 그런 성장 과정 없이 부화되는 알, 예를 들어 조류와 양서류의 알을 가리킨다.

101 아리스토텔레스는 성장 과정을 가리키는 말로 auxanesthai와 auxēsin lambanein을 사용한다. 이를 구별하기 위해 두 표현을 각각 '자라나다'와 '성장을 거친다', '성장에 이른다'로 옮긴다.

102 다산적(polygona, 718b8).

103 기능(ergon, 718b9): I 4, 717a22 참조.

분을 열처리[104]하기 때문이다. 따라서 알들이 자궁 안에 있는 것이 필연적이라면, 완전한 알을 낳는 동물들의 경우에는 자궁이 필연적으로 횡격막 근처에[105] 있어야 하고 불완전한 알을 낳는 동물들의 경우에는 그 아래에 있어야 한다. 이런 상태가 유리할 것이기 때문이다. 그리고 자궁은 — 본성의 다른 어떤 작용이 이를 방해하지 않으면 — 본성상 위쪽보다 아래쪽에 있다. 왜냐하면 자궁의 끝도 아래에 있기 때문이다. 끝이 있는 곳에 기능도 있으니, 자궁은 기능이 있는 곳에 놓여 있다.[106]

104 열처리(pettein, 718b21): I 1, 715b24에 대한 각주 참조.

105 횡격막 근처에(pros tōi hypozōmati, 718b23): I 3, 717a1에 대한 각주 참조.

106 "자궁의 기능은 새끼를 낳는 데 있다. 그런데 이 기능은 몸의 아랫부분에서 수행된다. 따라서 자궁은 본성적으로 아래에 있다. 하지만 자연은 알을 딱딱한 껍질 안에 두는 것이 좋다고 여겼기 때문에 자궁이나 난관(oviducts)을 더 높은 곳에 두어 그 목적에 필요한 열을 확보하려고 한다. 따라서 물고기의 자궁은 본성대로 아래에 있지만, 새들이나 파충류들의 경우에는 위로 올라가야 한다"(Platt).

9장

새끼를 낳는 동물들[107]도 서로 차이가 난다. 왜냐하면 그중 일부는 밖으로 새끼를 낳을 뿐만 아니라 몸 안에도 가지고 있는데, 예를 들어 사람, 말, 개를 비롯해서 털이 있는 모든 동물이 그렇고, 수중동물들 가운데 돌고래와 고래를 비롯해서 그와 같은 종류의 고래류가 그렇다.[108]

107 새끼를 낳는 동물들(ta zōiotokounta, 718b28): 이 부류에는 태생동물과 난태생동물이 있다. 그래서 아리스토텔레스는 '태생동물들'을 일컬어 '즉시 새끼를 낳는 것들'(ta euthys zōiotokounta, 719a12~13)이라고 부르기도 한다.

108 돌고래(delphines, 718b31), 고래(phalainai), 그와 같은 종류의 고래류(ta toiauta kētē): 『동물지』 V 12, 566b2 이하 참조.

10장

반면에 (3) 연골어류와 독사는 몸 밖으로 새끼를 낳지만 그에 앞서 718b32
먼저 몸 안에서 알을 낳는다. 이들은 완전한 알을 낳는다. 왜냐하면 이
렇게 알에서 동물이 생겨나는데, 불완전한 알에서는 아무것도 생겨나
지 않기 때문이다. 이들이 몸 밖으로 알을 낳지 않는 이유는 이들의 본 35
성이 차갑고, 사람들이 말하듯이 열기가 없기 때문이다.

11장

718b36 (4) 어쨌건 이들이 낳은 알은 겉이 말랑하다.[109] 왜냐하면 이 동물들
의 본성은 뜨거움이 부족하기 때문에 알의 가장 바깥 부분을 말리지
못하기 때문이다. 그들이 (자궁 안에서) 껍질이 말랑한 알을 낳는 까닭
719a 은 몸이 차갑기 때문이고, 몸 밖으로 (알을) 낳지 않는 까닭은 알의 겉
이 말랑하기 때문이다. 그렇지 않으면 알이 파손될 테니까.

동물이 알에서 생겨날 때, 이는 대다수의 경우 새들에게서 알이 생겨날 때와 똑같은 방식으로 진행된다.[110] (알들이) 아래로 내려가고 음부 근처에서 (새끼)동물들이 생겨나기 때문인데, 이는 처음부터 즉시 새끼

109 계속해서 난태생동물의 자궁에 대한 기술이 이어진다.
110 난태생동물들에게서 일어나는 알의 진행 과정을 새들의 경우와 비교한다.

를 낳는 동물들의 경우[111]와 똑같다. 이런 이유에서 그런 동물들은 자궁도 태생동물이나 난생동물의 자궁과 유사하지 않은데, 그들은 (태생동물의 자궁과 난생동물의 자궁의) 양쪽 형상들을 함께 갖기[112] 때문이다. 즉 모든 연골어류는 횡격막 근처와 그 아래쪽으로 길게 뻗은 자궁이 있다. [그런데 이들의 자궁과 다른 종류의 자궁들에 대해서 그것들이 어떤 상태에 있는지는 『해부도설』과 『동물지』에서[113] 이미 관찰한 바 있다.] 따라서 연골어류가 자궁을 위쪽에 갖는 것은 그들이 완전한 알을 낳는 난생이기 때문이고, 아래로 이어진 자궁을 갖는 것은 새끼를 낳기 때문이다. 그렇게 그들은 양쪽 측면을 함께 보유한다.

즉시 새끼를 낳는 것들[114]은 모두 아래쪽에 자궁이 있다. 본성의 어떤 작용도 이를 방해하지 않고, 그들은 두 단계를 거쳐 새끼를 낳지도 않기 때문이다.[115] 게다가 횡격막 근처에서 동물들이 생겨나는 것은 불가능하다. 왜냐하면 태아[116]들은 필연적으로 무게가 나가고 운동을 하는데, 그곳은 (모체의) 생명 활동에 중요한 곳이어서 그런 것들을 감당할 수 없기 때문이다. 더욱이 (횡격막 근처에서 동물들이 생겨나게 되면) 산

---

111 **처음부터 즉시 새끼를 낳는 동물들의 경우**(en tois ex archēs euthys zōiotokousin, 719a4~5): I 11, 719a12에 대한 각주 참조.

112 **양쪽 형상들을 함께 갖기**(to amphoteron metechein tōn eidōn, 719a7): 난태생동물들은 태생과 난생의 성격을 공유하며 자궁의 형태도 그렇게 이중적이다. 난태생동물의 대표적인 경우는 상어와 같은 연골어류(ta selachē)이다. 난태생동물은 '몸 안에 알을 낳고 밖으로 새끼를 낳는 동물들(720a17)'로 정의된다.

113 『동물지』 III 1, 510b5 이하 참조. ☞ '부록 2'의 그림

114 **즉시 새끼를 낳는 것들**(ta euthys zōiotokounta, 719a13): I 9, 718b27 이하에서 언급한 태생동물들을 가리킨다.

115 난태생동물들은 **두 단계를 거쳐 새끼를 낳는다**(dittogonei, 719a14).

116 **태아**(embryon, 719a15): I 13, 719b33에 대한 각주 참조.

도[117]의 길이가 길어져 출산이 어려울 수밖에 없다. 그래서 여자들의 경우 출산 때 입을 벌리거나 그와 같은 일을 해서 자궁을 들어올려도 출산이 어렵다. 자궁이 비어 있을 때에도 위로 쳐들어 올리면 숨이 막힌다.[118] 왜냐하면 장차 (알이 아니라) '동물'[119]을 (뱃속에) 갖게 될 것들은 더 강해야 하기 때문인데, 이런 이유에서 그런 종류의 자궁은 모두 살로 이루어진 데 반해 횡격막 근처에 있는 자궁은 막으로 이루어져[120] 있다. 바로 두 단계의 출산을 하는 동물들의 경우에 이런 일이 일어나는 것은 분명하다. 왜냐하면 이들은 알들을 위쪽에, (태어날) 동물들은 자궁의 아래쪽에 갖기 때문이다.

어떤 이유 때문에 몇몇 동물의 자궁 부위가 반대 상태에 있는지, 그리고 일반적으로 왜 일부 동물의 경우에는 자궁이 아래에 있고, 다른 일부 동물의 경우에는 위쪽 횡격막 근처에 있는지 이야기했다.

117 산도(phora, 719a18): '길'을 뜻한다.

118 숨이 막힌다(pnigousin, 719a21): "아마도 자궁의 위로 올라간 것이 '인두구(咽頭球, globus hystericus)'의 원인이라고 생각한 것 같다"(Aubert–Wimmer).

119 동물(zōion, 719a22): 태생동물의 태아(embryon)를 가리킨다.

120 횡격막 근처의 막으로 이루어진(hymēnodeis, 719a24) 자궁은 물론 난태생동물들의 자궁이다.

12장

(c) 생식기관들의 위치에 대한 추가 언급들

왜 모든 동물이 자궁을 안에 갖는데, 고환은 밖에 갖는 것도 있고 안에 갖는 것도 있을까? 모든 동물에게 자궁이 안에 있는 이유는 생겨나는 것이 거기 들어 있기 때문인데, 생겨나는 것은 보호처와 덮개[121]와 열처리를 필요로 하며, 신체의 바깥 장소는 해를 입기 쉽고 차갑다. 고환은 일부 동물들의 경우에는 밖에 있고, 다른 일부의 경우에는 안에 있다. 하지만 고환도 안전과 스페르마의 열처리를 위해서 덮개와 가리개가 필요하기 때문에(고환이 차가워지고 굳으면 정액을 모아 방출할 수 없기 때문이다) 고환이 노출된 동물들은 이른바 음낭[122]을 피부 덮

121 보호처(phylakē, 719a33), 덮개(skepē).

122 음낭(oschē, 719b5): 『동물지』 III 1 510a12; IX 50, 632a16 등을 참조.

개로 갖는다. 반면에 이와 반대로 피부의 본성이 딱딱해서 무언가를 감쌀 수도 없고 부드럽고 피부 같은 것을 가질 수 없는 동물들의 경우, 예를 들어 물고기 비늘 피부를 가진 것들이나 각질비늘 피부[123]를 가진 것들의 경우 필연적으로 고환을 안에 가지고 있다. 바로 이런 이유에서 돌고래나 고래류의 동물들 가운데 고환을 가진 것들은 고환이 몸 안에 있고,[124] 난생동물들과 각질비늘 피부를 가진 네발동물들도 그렇다. 새들의 피부도 딱딱해서 크기가 고환을 감싸기에 적절하지 않다. 이것이 — 앞서 언급한[125] 것들에 더해서 — 이 모든 경우에 (고환이 몸 안에 있는 데 대한) 원인인데, 짝짓기와 관련해서 필연적으로 일어나는 일들 때문에 그런 것이다. 똑같은 이유에서 코끼리와 고슴도치는 고환을 몸 안에 갖고 있다. 왜냐하면 이 동물들의 피부도 덮개 역할을 하는 부분을 따로 갖기에는 본성상 적절하지 않기 때문이다.

[자신의 몸 안에서 새끼를 낳는 동물들과 몸 밖으로 알을 낳는 동물들의 경우 자궁의 위치는 정반대이다. 뒤의 사례들 가운데 일부 동물들의 자궁은 아래에 있고 다른 일부 동물들의 자궁은 횡격막 근처에 있다. 예를 들어 물고기들의 자궁은 새들과 알을 낳는 네발동물들의 자궁과 달리 아래에 있다. 두 가지 방식으로 낳는 동물들, 즉 자신들의 몸 안에 알을 낳고 밖으로 새끼를 낳는 동물들의 경우도 마찬가지다. 왜냐하면 자신의 몸 안에서나 밖으로나 새끼를 낳는 동물들은 복부 부

123 물고기 비늘 피부(ichtyodēs derma, 719b8), 각질비늘 피부(pholidōton derma): 『동물부분론』 IV 12, 692b11 이하와 『동물지』 I 6, 490b24 이하 참조.

124 "아리스토텔레스는 모든 고래가 고환을 가지고 있는지 확신이 없었던 것 같다. 아마도 그는 돌고래의 고환에 대해서 알고 있었지만, 이를 일반화하는 것이 안전하지 않다고 생각했을지 모른다"(Platt).

125 『동물발생론』에서는 언급되지 않았다. 하지만 I 5, 717b29 이하의 관련 구절 참조.

위에 자궁이 있는데, 예를 들어 사람, 소, 개를 비롯해서 그런 종류의 다른 동물들이 그렇다. 태아의 보호와 성장을 위해서 자궁 위에 무거운 것이 놓이는 것은 이롭지 않기 때문이다.]

13장

719b29 이 모든 동물에게서 마른 잔여물과 축축한 잔여물이 빠져나오는 관
30 은 다르다. 그래서 이 모든 동물은 수컷과 암컷을 가릴 것 없이 생식기
들을 가지고 있고, 이 기관들을 통해서 축축한 잔여물이 방출되는데,
수컷들의 경우에는 그것이 스페르마이고 암컷들의 경우에는 배아[126]이

126 배아(kyēma, 719b33): '암컷과 수컷으로부터 생겨난 최초의 혼합체(to prōton migma ek thēleōs kai arrenos)'(728b34), 즉 수정란을 가리킨다. 따라서 배아가 암컷에게서 나온다는 말은 이해하기 힘들다. 그래서 Aubert-Wimmer는 kyēma 대신 katamēnia(경혈)로 읽었다. 아리스토텔레스의 생물학에서 kyēma는 — '배태하다', '임신하다'는 뜻의 kyein에 대응해서 — 모체에 있는 모든 단계의 생명체를 가리키고, embryon은 대체로 새끼를 낳는 동물들의 경우 배태 중 상대적으로 발달한 단계의 생명체를 가리키지만(IV 8, 777a1 참조), 746a23 이하에서처럼 새와 물고기 같은 난생동물들과 관련해서도 embrya라는 낱말이 쓰이는 경우가 있다. 그런 점에서 아리스토텔레스의 embryon은 'fetus(태아)', kyēma는 '배아(embryo)'로 옮길 수 있다. 이 두 낱말의 쓰임에 대해서는 IV 6, 775b10 이하에서 kyēma와 embryon의 쓰임을 비

다. 이 관은 마른 영양분이 (밖으로 나오는) 관보다 높은 곳의 앞면에 있다. [일부 물고기들이 알을 낳는 것처럼, 알을 낳지만 불완전한 알을 낳는 것들은 복부 아래쪽이 아니라 허리 근처에 자궁이 있다. 알의 성장이 이를[127] 방해하지 않는데, 알이 밖에서 완전해지고 자라는 과정은 밖에서 이루어지기 때문이다.] 생산할 수 있는 생식기[128]가 따로 없는 동물들에게서는 동일한 관이 마른 영양분의 (방출에) 쓰이기도 하는데, 거북들처럼 방광을 가진 난생동물들을 포함해서 모든 난생동물의 경우에 그렇다. 두 개의 관이 있는 것은 축축한 잔여물의 방출을 위해서가 아니라 발생을 위해서이다. 스페르마의 본성은 축축하기 때문에 축축한 영양분의 방출도 동일한 관을 통해 함께 일어난다. 이는 모든 동물이 스페르마를 제공하지만 그들 모두에게서 축축한 잔여물이 생겨나지는 않는다는 사실을 통해 볼 때 명백하다.

그런데 수컷들의 스페르마 관들[129]은 움직임 없이 고정되어 있어야 하고 암컷들의 자궁들도 그래야 하기 때문에, 이 일이 몸의 앞면이나 뒷면에서 일어나는 것은 필연적이다. 그래서 태생동물들은 태아 때문에 자궁이 앞면에 있어야 하고, 난생동물들은 허리 가까이 뒷면에 있어야 한다. 몸 안에 알을 낳고 밖으로 새끼를 낳는 동물들은 그 둘 모두에 관여해서 태생이면서 난생[130]이기 때문에 양면성을 갖는다. 왜냐하

교. I 11, 719a15와 IV 8, 776a25 이하도 함께 참조.

127 즉 자궁이 이런 위치에 있는 것을.

128 생산할 수 있는 생식기(gennētikon aidoion, 720a4): Platt과 Peck을 따라서 en tois mē echousi gennētikon aidoion(생산할 수 있는 생식기가 따로 없는 동물들에게서는) 앞의 kai는 빼고 읽었다.

129 스페르마 관들(poroi spermatikoi, 720a12): 정관(精管)들을 가리킨다.

130 태생이면서 난생(zōiotoka kai ōiotoka, 720a19): 난태생을 가리킨다.

면 자궁의 윗부분, 즉 알들이 생겨나는 곳은 횡격막 아래 등쪽 허리 근처에 있고, 이 부분이 아래쪽 복부로 이어진다. 왜냐하면 여기서 암컷이 새끼를 낳기 때문이다. 하지만 이런 동물들의 경우에도 마른 잔여물과 교미에 관계하는 관은 하나이다. 왜냐하면 앞서 말했듯이 이들 중 어떤 동물도 매달린[131] 생식기가 없기 때문이다.

고환이 있건 없건 수컷들의 관들도 난생동물들의 자궁들과 유사한 상태에 있다. 그들의 관들은 등쪽을 향해 등뼈가 있는 곳을 따라 이어진다. 왜냐하면 이 관들은 움직임 없이 고정된 자리에 있어야 하는데 뒤쪽이 그렇기 때문이다. 이곳이 연속성과 안정성을 제공하기 때문이다. 고환을 몸 안에 가지고 있는 것들은 관들이 곧장 [관들의 시작점과 동시에][132] 고정되어 있고 고환을 몸 밖에 가지고 있는 것들도 똑같다. 그런 다음 생식기가 있는 곳에서 하나로 합쳐진다. 돌고래들에게서도 관들이 이와 똑같다. 하지만 그들의 고환은 배 주변의 우묵한 곳[133]에 숨겨져 있다.

그렇다면 발생에 기여하는 부분들에 대해서 그것들의 위치가 어떤지, 그리고 어떤 이유 때문에 그런지 이야기했다.

131 매달린(apērtēmenon, 720a24): 이런 생식기에 대해서는 I 3, 716b13~32와 『동물지』 III 1, 509a31~b24 참조.

132 관들의 시작점과 동시에(hama tois porois, 720a31): Platt과 Peck을 따라 빼고 읽었다.

133 배 주변의 우묵한 곳(to peri tēn gastera kytos, 720a35): 여기서 kytos는 '우묵한 곳(hallow)'을 가리키지만 다른 곳에서는 몸'통'을 가리킨다. II 6, 741b35에 대한 각주 참조. kytos이 어원인 동사 kyein은 '담다(conceive)'는 뜻이다. '임신하다(kyein)', '배태(kyēsis)'(721a20, 723a24), '배아(kyēma)' 등의 낱말들의 어원도 같다.

14장

2. 피 없는 동물들의 짝짓기

나머지 피 없는 동물들에게 속한 발생에 기여하는 부분들의 (배치) 720b2
방식은 피 있는 동물들의 경우와 똑같지 않고, 자기들 사이에서도 똑같지 않다. (지금까지 다룬 동물들을 제외하면) 나머지 동물들에는 네 부류가 있는데, 첫째는 갑각류, 둘째는 연체류, 셋째는 곤충류, 넷째는 유각류이다.[134] [이들 모두[135]에 관해서는 (알려진 것이) 명백하지 않지

134 갑각류(to 〈genos〉 tōn malakostrakōn, 720b4), 연체류(to 〈genos〉 tōn malakiōn, 720b5), 곤충류(to 〈genos〉 tōn entomōn), 유각류(to 〈genos〉 tōn ostrakodermōn): 이 낱말들의 본뜻에 대해서는 I 1, 715b1에 대한 각주와 715b17에 대한 각주 참조.

135 즉 유각류.

만, 그들 대다수가 짝짓기를 하지 않는다는 것은 분명하다.[136] 어떤 방식으로 이들이 형성되는지에 대해서는 나중에 이야기해야 한다.][137]

(a) 갑각류

갑각류는 오줌을 뒤로 싸는 동물들[138]과 같은 방식으로 짝짓기를 한다. 즉 한쪽이 드러눕고 다른 쪽은 엎드려 꼬리 부분을 겹친다.[139] 이렇게 하는 이유는 날개가 길게 달린 꼬리들[140]이 방해해서 배를 등에 대고 올라탈 수 없기 때문이다. 그런데 수컷들은 가는 정관들[141]을 갖고 암컷들은 내장 옆에 막으로 된 자궁을 가지고 있다. 이 자궁은 양쪽으로 갈라져 있는데, 거기서 알이 생겨난다.

136 달팽이는 예외다. III 11, 762a33 참조.

137 III 11 참조.

138 오줌을 뒤로 싸는 동물들(ta opisthourētika, 720b10): 『동물지』 V 1, 539b21 이하에서는 그런 동물들의 예로 사자, 토끼, 스라소니를 든다. "『동물지』 VI 31, 33 참조. 하지만 오줌을 뒤로 싸는 동물들에 대한 『동물지』의 진술은 맞는 말도 아니고, 갑각류를 올바로 묘사한 것도 아니다. 아리스토텔레스는 짝짓기를 할 때 이들 네발동물들 중 어떤 것들은 드러눕고, 또 어떤 것들은 엎드린다고 주장한 적이 없기 때문이다"(Platt).

139 겹친다(epallassein, 720b10): 『동물발생론』에서 다수의 특성들이 '중첩되다'(733a27), '혼재하다'(769b34, 36), 다수에 '걸쳐 있다'(770b6, 774b17) 등 여러 가지 뜻으로 쓰인다. 명사형 epallaxis에 대해서는 II 1, 732b15에 대한 각주 참조.

140 날개가 길게 달린 꼬리들(ta ouraia makran echonta tēn apartēsin tōn pterygiōn, 720b12~13): 암컷 랍스터의 tail-flaps(꼬리날개)를 염두에 둔 표현이다. 『동물부분론』 IV 8, 684a20 참조.

141 정관들(poroi thorikoi, 720b13): I 3, 716b15에서는 '스페르마 관들(poroi spermatikoi)'이라는 용어가 쓰였다.

15장

(b) 연체류

연체동물들은 몸을 맞대고 빨판들[142]을 뒤엉키게 해서 입을 중심으로 서로 껴안는다. 그들이 이런 방식으로 껴안는 것은 필연적이다. 왜냐하면 자연은 잔여물의 출구 끝을 구부려 입 옆에 모아 놓았기 때문인데, 이는 앞서 [『동물부분론』에서][143] 이야기한 바와 같다. 이런 동물들을 각각 살펴보면 분명히 드러나듯이, 암컷은 자궁과 같은 부분[144]을 가지고 있다. 왜냐하면 암컷은 처음에 (눈으로 보기에) 분화되지 않

142 빨판들(plektanai, 720b17): 720b32 이하 참조.

143 『동물부분론』 IV 8, 684a15 이하와 IV 9, 685a1 이하 참조.

144 자궁과 같은 부분(hysterikon morion, 720b21): 721a21의 '자궁에 대응하는 부분(to hysterais analogon morion)'을 참조.

은 알을 품고,[145] 그 뒤 이로부터 여러 개의 알이 분화되어 나오며, (연체류 암컷은) 물고기들 가운데 알을 낳는 것들이 그렇듯이 낱낱의 알을 불완전한 상태로 낳기 때문이다. 갑각류와 그런 동물들[146]의 경우 동일한 하나의 관이 잔여물과 자궁과 같은 부분을 위해서 존재한다.[147] 그것[148]은 몸 아래쪽에 있는데, 여기서 '외투'[149]가 열려 바닷물이 흡입된다. 이런 이유에서 수컷과 암컷의 짝짓기는 이 부분을 통해서 일어난다. 만일 수컷이 — 스페르마이건 어떤 부분[150]이건, 능력을 가진 다른 어떤 것이건 — 무언가를 내놓는다면, 자궁으로 이어진 관에서 (암컷과) '가까이하는'[151] 것은 필연적인 일이기 때문이다. 팔완류의 경우 수컷의 빨판이 암컷의 관[152] 속으로 들어가는데, 어부들은 빨판을 통해 교미가 일어난다[153]고 말한다. 하지만 그렇게 하는 것은 껴안음이 목적이

145 **분화되지 않은 알을 품고**(ōion ischei adihoriston, 720b22): I 8, 718b11 이하 참조. "낙지나 지중해 오징어의 알들은 난소 안에서 서로 엉겨 붙어 있어서 동질적인 덩어리처럼 보인다. 이와 비슷하게 아리스토텔레스는 다른 곳에서 물고기의 어란(roe)이 일종의 알(egg)이라고 말한다"(Platt).

146 즉 연체류 동물들.

147 720b26의 esti gar hēi ton tholon aphiēsi dia tou porou(왜냐하면 거기서 수컷은 관을 통해 어백을 방사하기 때문이다)는 삭제했다.

148 즉 잔여물을 배출하거나 자궁 부분으로 스페르마를 받아들이는 데 필요한 관.

149 **외투**(kelyphos, 720b28): 『동물부분론』 IV 8, 684a17 이하 참조.

150 **어떤 부분**(morion, 720b31): 이른바 '교접완(hectocotylized tentacle)'을 가리킨다. 이 부분은 수컷의 몸에서 떨어져 암컷의 외투 안에 머문다.

151 원문의 뜻을 살려 '가까이하다'로 옮긴 plesiazein은 물론 '교미'를 뜻한다. III 1, 750b34 참조.

152 **관**(aulos, 720b32): aulos는 오보에와 비슷한 관악기이다.

153 **빨판을 통해 교미가 일어난다**(ocheuein plektanēi, 720b33): 수컷의 팔 가운데 하나가 짝짓기를 위해서 생식기로 변화하는 이른바 '화경 현상(hectocotylization)'을 가리킨다. 아리스토텔레스는 빨판의 일부가 암컷의 관 속으로 들어가는 것이 생식을 위해서라는 어부들의 말을 인용하지만 이런 주장을 받아들이지 않고 그것이 '껴안음' 혹

지, 발생을 위한 유용한 수단으로써 그런 것은 아니다. 왜냐하면 빨판은 관과 몸의 밖에 있기 때문이다.

때때로 연체류는 등 위로 올라타서 짝짓기를 한다. 하지만 이것이 발생을 위해서인지 아니면 다른 어떤 이유 때문인지는 아직 아무것도 목격된 바 없다.

은 '엉킴(symplokē)'(720b34)을 위한 것이라고 말한다. 하지만 이 점에서는 어부들의 주장이 옳았다. 한편, 『동물지』에서는 아리스토텔레스도 생식을 위한 화경 현상을 인정하고 이를 자세히 기술한다. 『동물지』 IV 1, 524a5 이하; V 6, 541b9; V 12, 544a8 이하 참조.

16장

(c) 곤충들

721a2 곤충들[154] 가운데 (1) 일부는 짝짓기를 하고, 이들의 발생은 이름이 같은 동물들로부터[155] 이루어진다. 이는 피 있는 동물들의 경우와 같은데, 예를 들어 메뚜기, 매미, 독거미, 말벌, 개미가 그렇다. 반면에 (2) 다른 일부 곤충은 짝짓기를 하고 무언가를 낳지만, 그들이 낳는 것은 그들 자신과 동류에 속한 것들이 아니라 애벌레들[156]일 뿐이며, (이런 애벌레를 낳는) 곤충들 자체는 동물들로부터 생겨나는 것이 아니라

154 곤충들(ta entoma, 721a2): I 1, 715b2에 대한 각주 참조.

155 이름이 같은 동물들로부터(ek zōiōn synōnymōn, 721a3): '같은 종의 개체들로부터'라는 뜻이다. I 1, 715b3~4에 대한 각주 참조.

156 애벌레들(skōlakes, 721a6): II 1, 733b3 이하 참조.

부패해 축축한 것에서 생겨나고, 또 어떤 것들은 마른 것에서[157] 생겨난다. 예를 들어 벼룩, 날파리, 풍뎅이[158]가 그렇다. (3) 또 다른 일부는 동물들로부터 생겨나지도 않고 짝짓기도 하지 않는데, 각다귀와 모기[159]를 비롯해서 그런 종류의 많은 부류가 그렇다. 짝짓기를 하는 것들 중 대다수의 경우에는 암컷이 수컷보다 몸집이 더 크다.

하지만 수컷들은 분명히 정관들[160]을 가지고 있지 않다. 대다수의 경우를 두고 말하면 수컷은 암컷의 몸 안으로 어떤 부분도 내놓지 않고, 암컷이 아래쪽에서 위쪽으로 수컷의 몸 안으로 무언가를 내놓는다.[161] 여러 사례에 걸쳐 이런 사실이 관찰되었고,[162] 소수의 경우에 그 반대 사실이 관찰되었다. 하지만 아직 유에 따라서 나눌[163] 수 있을 만큼 충분히 목격된 것은 아니다.

이런 점[164]은 알을 낳는 대다수 물고기들의 경우뿐만 아니라 네발의 난생동물들의 경우에도 대체로 해당한다. 암컷들이 수컷들보다 (몸집

157 마른 것에서(xerōn, 721a8): 양털이나 양털로 만든 모직물들을 가리킨다. 758b23과 『동물지』 V 32, 557b2 이하 참조.

158 벼룩(psyllai, 721a8), 날파리(myiai), 풍뎅이(kantharides): I 18, 723b3 이하 참조.

159 각다귀(empides, 721a10), 모기(kōnōpes): 원문의 empides와 kōnōpes가 어떤 곤충을 가리키는지는 확실치 않다.

160 정관들(poroi thorikoi, 721a12): I 14, 720b13 참조.

161 『동물지』 I 8, 542a1 참조.

162 721a15~16의 kai peri tou anabainein ōsautōs(위로 올라타는 것에 대해서도 똑같이)를 삭제하고 읽었다.

163 나누기(dihairein, dihairesis, 721a6): II 1, 732b15 이하 참조. 아리스토텔레스의 생물학에서 유(genos)와 종(eidos)에 따른 '나누기' 혹은 '분할(dihairesis)'의 방법에 대한 더 자세한 논의는 『동물부분론』 I 2 이하 참조.

164 I 16, 721a11의 '짝짓기를 하는 것들 중 대다수의 경우에는 암컷이 수컷보다 몸집이 더 크다'는 사실을 가리킨다.

이) 큰 이유는 배태 중 알들에 의해 늘어나는 부피를 견디는 데 유리하기 때문이다. 암컷들이 가진 자궁에 대응하는 부분[165]은 — 다른 동물들의 경우에도 그렇듯이 — 내장 옆으로 갈라져 뻗어 있는데, 거기서 뱃속의 배아들이 형성된다. 이는 메뚜기의 경우를 보면 명백하고, 곤충들 가운데 본성상 짝짓기를 할 수 있을 만큼의 크기를 갖는 것들이 모두 그렇다. 왜냐하면 대다수의 곤충은 몸집이 너무 작기 때문이다.

앞서[166] 이야기하지 않았던 동물들에게 속한 발생에 관계하는 부분들은 이런 방식으로 존재한다. 동질적인 부분들 가운데 정액과 젖에 대해서는 논의를 미뤄두었는데, 이제 이것에 대해서 말할 때가 왔다. 먼저 정액에 대해서 말하고, 이어서 젖[167]에 대해서 말해보자.

165 자궁에 대응하는 부분(to hysterais analogon morion, 721a21): I 14, 720b21에서는 '자궁과 같은 부분(hysterikon morion)'이라는 표현이 쓰인다.

166 『동물부분론』을 가리킨다.

167 정액(gonē, 721a28), 젖(gala): '젖'에 대해서는 IV 8에서 더 자세히 다루어진다.

17장

3. 유성생식에 대한 이론

(A) 스페르마의 본성은 무엇인가?

동물들 가운데 일부, 예를 들어 그들 중 본성상 피가 있는 것들은 분명히 스페르마를 내보내지만, 곤충들과 연체류는 어떤 방식으로 그렇게 하는지가 명백하지 않다. 그러므로 이 점, 즉 모든 수컷이 스페르마를 내보내는지, 아니면 모두 그런 것은 아닌지, 또 모두 그렇지는 않다면 왜 일부는 스페르마를 내보내고 일부는 그렇지 않은지를 고찰해야 한다. 그리고 암컷도 어떤 스페르마를 제공하는지 그렇지 않은지, 스페르마를 제공하지 않는다면 달리 아무것도 제공하지 않는지, 아니면 무 721b
언가를 제공하지만 그것이 스페르마는 아닌지 따져봐야 한다. 나아가 스페르마를 내보내는 것들은 발생을 위해서 스페르마를 통해 무엇을 제공하는지, 그리고 일반적으로 스페르마의 본성이 무엇이고 그런 물기를 내보내는 동물들이 가진 이른바 경혈의 본성[168]은 무엇인지 살펴보아야 한다.

(a) 범생설에 대한 검토와 비판

모든 것은 스페르마로부터 생기고 스페르마는 낳는 자들로부터 생긴다는 것이 일반적인 의견이다. 이런 이유에서 두 가지 물음이 같은 논의에 속한다. (1) 암컷과 수컷이 둘 다 스페르마를 내보낼까, 아니면 둘 중 하나만 내보낼까? (2) 스페르마가 몸 전체에서 나올까, 아니면 몸 전체에서 나오는 것은 아닐까?[169] 몸 전체에서 나오지 않는다면 낳는 자들 양쪽에서 나오지 않는 것이 이치에 맞는다.[170] 바로 이런 이유에서 먼저 그에 대해 실제 사정이 어떤지를 추가로 살펴보아야 하는데, 어떤 사람들은 스페르마가 몸 전체에서 나온다고 주장하기 때문이다.

168 이른바 경혈의 본성(hē ⟨physis⟩ tōn kaloumenōn katamēniōn, 721b5~6): 경혈에 대한 자세한 논의는 I 19, 726a29 이하 참조.

169 스페르마가 몸 전체에서 나올까, 아니면 몸 전체에서 나오는 것은 아닐까(poteron ⟨to sperma⟩ apo pantos aperchetai tou sōmatos ē ouk apo pantos, 721b9): 스페르마가 '몸 전체에서 나온다'는 것은 이른바 '범생설(汎生說)'의 핵심 주장이다. I 18, 724a9~10 참조. "이것은 히포크라테스의 저술 『정액에 관하여(*peri gonēs ktl*)』 3과 8(vii. 474 and 480 Littre)에 나오는 견해인데, 데모크리토스도 이런 견해를 내세웠던 것 같다(Diels, Vorskr. 568A141과 68B32을 보라). 이 견해는 다윈(C. Darwin)이 내세웠던 범생설(pangenesis), 곧 신체의 모든 단위 기관은 앞으로 생겨날 후손의 싹에 일정한 몫을 기여한다는 가설과 아주 비슷하다. 다시 말해서, 이 가설에 따르면 유전 형질을 전달하는 것들은 구심 운동을 통해 신체의 모든 부분으로부터 스페르마로 모이는데, 이 가설은 획득 형질이 유전한다는 생각을 함축하고 있다(그러나 어떤 형질이 유전되는지에 대해서는 증거가 없다). 히포크라테스의 『공기, 물, 장소에 관하여(*peri aerōn hydatōn topōn*)』 16을 함께 보라"(Peck).

170 I 18, 725a9 이하에 대한 각주 참조.

대체로 말해서 스페르마가 몸의 각 부분에서 나온다고 주장하면서 사람들이 그에 대해 증표들[171]로 사용할 수 있는 것은 네 가지다. (1) 첫째는 쾌감[172]의 강렬함이다. 똑같은 감정이라도 그것이 더 많이 생기면 더 큰데, 모든 부분에서 일어나는 것이 그것들 중 한 부분이나 몇몇 부분에서 일어나는 것보다 더 크다. (2) 둘째로 불구자들에게서 불구자들이 생겨난다. 사람들은 (불구자들에게는) 특정한 부분이 없기 때문에 그로부터 스페르마가 나오지 않는다고 말한다. 어떤 부분으로부터 스페르마가 나오지 않는다면, 그 부분이 생겨나지 않는 일이 일어난다는 것이다. (3) 이것들 외에 낳은 자들과의 유사성들[173]이 있다. (생겨나는 것들은 낳은 자들과) 닮게 되는데, 몸 전체가 닮는 것과 마찬가지로 부분들도 부분들과 닮는다. 그런데 몸 전체에서도 유사성의 원인이 몸 전체에서 스페르마가 나오는 데 있다면, 부분들에서도 유사성의 원인은 각각의 부분들로부터 무언가 나오는 데 있을 것이다. (4) 또 다음과 같은 것이 이치에 맞는다고 여겨질 수도 있을 것이다. 즉 (몸 전체가) 처음 생겨날 때 그 출처가 되는 어떤 것이 그 전체에 속해 있듯이 각 부분들

171 증표들(tekmēria, 721b13): 아리스토텔레스는 넓은 뜻에서 '증거'를 뜻하는 말로 여러 가지 표현을 사용한다. 어떤 결론을 이끌어내거나 증명하는(tekmairesthai) 데 필요한 증거로서 '증표(tekmērion)'(723b19, 725a28, 744a11, 763a34, 766b28, 785a13), 무엇을 가리키거나(sēmainein) 보여주는 표시로서 '징표(sēmeion, sign)'(722a4, 723b8 등), 얼굴색이 특정한 질환과 함께 달라지는 것처럼 어떤 일이 일어났을 때 그와 함께 일어나는 현상으로서 '징후(symptōma, symptom)'(770b6, 777b8), 어떤 것이 사실임을 입증하는(martyrein) 데 필요한 '증거(martyria, testimony)'(721b28, 725b4, 727a32, 771b8). 이와 관련해서는 『수사학』 I 2와 『분석론 전서』 II 27 참조.

172 쾌감(hēdonē, 721b15): I 18, 724a1 참조.

173 낳는 자들과의 유사성들(hai homoiotētēs pros tous gennēsantas, 721b20): 이에 대해서는 IV 3에서 자세히 논의된다.

의 경우에도 마찬가지여서, 결국 몸 전체의 출처가 되는 것이 전체에 고유한 스페르마라면 각 부분들의 경우에도 어떤 것이 그 부분에 고유한 스페르마가 되리라는 것이다.[174] 다음과 같은 증거들도 이런 의견들을 뒷받침하는 쪽으로 설득력을 발휘한다. 타고난 형질들의 측면에서뿐만 아니라 획득된 형질들의 측면에서도[175] 아이들은 부모와 닮게 된다. 왜냐하면 낳은 자들이 흉터를 가지고 있으면 자손들 중 몇몇이 똑같은 곳들에 흉터 자국을 가지고 있었고, 칼케돈에서는 아버지가 팔뚝에 낙인을 가지고 있었는데 자식에게도 그 글자가 뚜렷하지 않지만 뭉개진 형태로 드러나는 경우가 있었다. 어떤 사람들은 대체로 이런 점들을 근거로 들어, 스페르마가 몸 전체에서 나온다고 믿는다.

174 대략 다음과 같은 대응 관계(analogia)가 성립한다. 동물 전체 : 전체의 스페르마 = 부분 : 부분의 스페르마.

175 타고난 형질들의 측면에서뿐만 아니라 획득된 형질들의 측면에서도(ou monon ta symphyta… alla kai ta epiktēta, 721b29~30): '타고난(symphytos)' 혹은 '본성적인(physikos)'과 '획득된(epiktētos)'의 대비에 대해서는 IV 4, 784b33의 사례 참조.

18장

하지만 이 이론을 검토해 본 사람들에게는 오히려 정반대로 나타 722a
난다. 왜냐하면 그런 주장들은 반박하기 어렵지 않고, 게다가 (그 이론을 받아들이면) 그밖에 다른 불가능한 것들을 말하게 되는 일이 일어나기 때문이다. (1) 먼저 유사성은 몸 전체에서 스페르마가 나온다는 사실을 보여주는 징표[176]가 아니다. 왜냐하면 (부모와 자식은) 목소리, 손발톱, 머리털뿐만 아니라 동작에서도 서로 유사한데, 이런 것들로부터는 아무것도 나오지 않기 때문이다. (2) 또 사람들이 자식을 낳을 때 아직 갖고 있지 않은 것들이 있는데, 예를 들어 백발이 된 머리털이나 턱수염이 그렇다. (3) 게다가 자손들은 선대의 조상들과 닮는데,[177] 그 조

176 징표(sēmeion, 722a4): I 17, 721b13에 대한 각주 참조.

177 선대의 조상들과 닮는데(tois anothen goneusin eoikasin, 722a7~8): 이에 대한 자

상들로부터 나온 것은 아무것도 없다. 이렇게 말하는 이유는 유사성들이 여러 세대를 거쳐서 재현되기[178] 때문이다. 예를 들어 엘리스에서도 에티오피아 흑인과 관계를 맺은 여자가 있었다. 그런데 그녀의 딸은 그렇지 않았는데, 이 딸의 아들은 흑인이었다. 식물들에 대해서도 동일한 설명이 적용된다. 그 이유는 이렇다. (스페르마가 몸 전체에서 나온다는 말이 옳다면) 이것들의 경우에도 모든 부분들에서 스페르마가 나올 것이 명백하다. 하지만 많은 식물이 어떤 부분들은 갖고 있지 않고, 또 사람이 어떤 부분들을 잘라낼 수도 있다. 또 어떤 부분들은 나중에 자란다. 게다가 열매 껍질들로부터는 아무것도 나오지 않지만, 그럼에도 불구하고 (다음 세대의 식물에서는) 이것도 동일한 형태를 가지고 생겨난다.

(4) 또 스페르마는 오직 동질적인 부분들의 경우에만 각 부분에서, 예를 들어 살이나 뼈나 힘줄에서 나올까, 아니면 얼굴이나 손 같은 비동질적인 부분들에서도 나올까? (i) 만일 동질적인 부분들에서만 나온다면, 〈(생겨나는 것은 낳는 것과) 오직 그 부분들에서만 닮아야 할 것이다.〉 하지만 (생겨나는 것들은) 이런 [비동질적인 부분들에서],[179] 예를 들어 얼굴이나 손이나 발에서 낳는 자들과 더 많이 닮는다. 그런데 만일 (생겨나는 것들이) 이런 부분들에서 (낳는 자들과 더 닮는 것이) (스페르마가) 몸 전체에서 나오기 때문이 아니라면, '그 (동질적인) 부분들에서 유사한 것 역시 (스페르마가) 몸 전체에서 나오기 때문이 아니라 다른 이유 때문이다'라고 말하지 못할 이유가 무엇인가? 반면에 (ii) 만일 (스

세한 논의는 IV 3 참조.

178 유사성들이 여러 세대를 거쳐서 재현된다(apodidoasi gar dia pollōn hai homoiotētes, 722a9): 이런 격세유전 현상에 대한 설명은 IV 3 참조.

179 722a20의 ta homoiomerē(동질적인 것들)는 빼고 읽었다.

페르마가) 비동질적인 부분들에서만 나온다면, 이는 결국 모든 부분에서 나오는 것이 아니다. 그렇다면 오히려 앞서 말한 (동질적인) 것들에서 나온다고 말하는 것이 마땅할 것이다. 왜냐하면 그 부분들이 더 앞서고 비동질적인 것들은 그것들로 합성되며,[180] (자식들이) 얼굴이나 손에서 닮게 되듯이 살과 손발톱에서도 닮게 되기 때문이다. 하지만 (iii) 만일 (스페르마가) 이 두 부분들로부터 나온다면, (그것들의) 발생의 방식은 어떤 것일까? 이렇게 질문하는 이유는 비동질적인 부분들이 동질적인 부분들로 합성되고, 따라서 (스페르마가) '비동질적인 부분들로부터 나온다'는 말은 곧 (그것이) '동질적인 부분들과 합성구조로부터 나온다'[181]는 말이 될 것이기 때문이다. 이는 마치 낱글자로 이루어진 이름에서 어떤 것이 나온다고 할 때, 만일 그것이 (이름) 전체에서 나온다면 음절들 각각에서 나올 것이고, 만일 이것들로부터[182] 나온다면 낱글자들과 합성구조로부터 나오는 것과 같은 일이 될 것이다.[183] 따라서 불이나 그런 성질의 것들로부터 살과 뼈가 형성되었다면, (스페르마는) 오직 이런 요소들에서 나올 것이다. 어떻게 (스페르마가) 합성구조에서

---

180 **비동질적인 것들은 그것들로 합성되며**(synkeitai ta anomoiomerē ex ekeinōn, 722a25): '합성되다'라고 옮긴 synkeisthai는 『동물발생론』에서 자주 쓰이지 않는다. 그 대신 '합성', '형성'과 관계된 synistasthai(형성되다), systasis(형성, 형성체) 등이 더 자주 쓰인다. 더 단순한 것들이 합해서 더 복잡한 것이 '형성된다면(synistasthai)' 그렇게 생겨난 형성체 혹은 형성(systasis)은 합성구조(synthesis)(722a30)를 가진다.

181 '비동질적인 부분들'은 '동질적인 것들'이 일정한 '합성구조'에 의해서 결합된 것이기 때문에 이렇게 말하는 것이다. '합성구조'에 대해서는 『형이상학』의 다음 구절들도 참조: V 2, 1013b22; V 4, 1014b37; VIII 2, 1042b16; 1043a13; VIII 6, 1045b11 등.

182 즉 음절들(syllabai)로부터.

183 다음과 같은 유비적 대응 관계가 성립한다. 비동질적인 부분 : 동질적인 부분 : 요소 = 이름(onoma) 전체 : 음절(syllabē) : 낱글자(stoicheia).

722b 나올 수 있을까? 하지만 이 합성구조 없이는 유사성들은 존재하지 않을 것이다. 이 합성구조를 (스페르마가 아닌) 어떤 것이 나중에 '제작한다'[184]면, 유사성의 원인은 그것이지 (스페르마가) 몸 전체에서 나온다는 사실이 아닐 것이다.

(5) 또 만일 부분들이 스페르마 안에 찢겨진 상태로[185] 들어 있다면 그것들이 어떻게 살아 있을까? 거꾸로 그것들이 연속체 상태로 있다면 (스페르마 안에서 그 부분들은) 작은 동물[186]의 상태에 있을 것이다. (6) 또 생식기의 부분들은 어떨까? 이런 말을 하는 이유는 수컷에게서 나오는 것과 암컷에게서 나오는 것이 유사하지 않을 것이기 때문이다.

(7) 또 만일 (스페르마가) 부모 양쪽의 모든 부분에서 똑같이 나온다면 두 마리 동물이 생겨난다. 왜냐하면 (합쳐진) 스페르마는 부모 양쪽에 속한 모든 것을 가질 것이기 때문이다. 이런 이유에서, 그런 식으로 말해야 한다면, 엠페도클레스도 그 이론과 가장 일치하는 말을 하는 것 같다.[187] 왜냐하면 그는 수컷과 암컷 안에 부절[188] 같은 것이 들어

184 **제작한다**(dēmiourgein, 722b2), **제작자**(dēmiourgos, 730b27), **제작하는 것**(to dēmiourgon, 738b21): 이런 표현들은 자연이나 스페르마의 작용을 의인화한 표현으로 자주 사용된다. 다음 구절들을 참조: I 22, 730b2, b27, b31; II 4, 738b21; IV 2, 767a19; IV 4, 771b22, 772b32 등.

185 **찢겨진 상태로**(diespasmena, 722b3): 신체의 부분들이 찢겨서 조각난 상태로 스페르마 안에 들어 있음을 뜻한다. '연속해서' 혹은 '연속체 상태로(synechē)'(722b4)와 반대되는 표현이다.

186 **작은 동물**(zōion mikron, 722b4~5): 이런 상상은 서양의 중세나 18세기에 이르기까지 스페르마 안에 '작은 사람(homunculus)'이 들어 있다는 주장으로 이어졌다.

187 722b9~10의 to gē tosouton, all' eiper heterai pēi, ou kalos(이 정도는 그렇지만, 다른 방식으로 말한다면 옳은 말이 아니다)를 삭제했다.

188 **부절**(symbolon, 722b11)은 서로 짝이 맞아 하나의 온전한 대상을 만들어내는 두 부분(tally)을 가리킨다.

있어서 전체가 어느 한 쪽에서 나오지 않고,

"부분들의 본성이 찢겨져, 한쪽은 남자의… 안에…"[189]

라고 말하기 때문이다. 이렇게 말하는 이유는 다음과 같은 질문이 생길 수 있기 때문이다. 만일 (스페르마가) 몸 전체에서 나오고 암컷들이 수용처[190]를 가지고 있다면, 왜 그들은 자기 자신으로부터 (혼자) 생산하지 못할까? 추측컨대 (스페르마는) 몸 전체에서 나오지 않거나, 아니면 그가 말한 대로, 부모 양쪽에서 똑같은 것들이 나오지 않아 상호 교접이 필요하다. 하지만 이 역시 불가능하다. 왜냐하면 그것들은 — 크기가 클 때도 그렇지만 — 찢겨진 상태에서는 생존하면서 생명을 갖기[191] 불가능하기 때문이다. 이는 마치 엠페도클레스가 다음과 같은 말로써 사랑의 지배 아래 발생이 이루어진다고 말하는 것과 같다.

"거기서 목덜미 없는 여러 개의 머리가 자라났다."

그는 그 다음 단계에서 이것들이 '합쳐서 자란다'[192]고 말한다. 이것이 불가능하다는 것은 분명하다. 왜냐하면 (그렇게 불완전한 부분들은)

189 *DK* 31B63와 IV 1, 764b18 참조.

190 수용처(hypodochē, 722b14): '받아들임', '수용'의 뜻이지만 여기서는 '수용처'의 뜻으로 쓰였다. 자궁이 새끼를 배는 '수용처'이다.

191 생존하고 생명을 갖기(sozesthai kai emphycha einai, 722b18~19): 찢긴 상태에서는 스페르마가 보존되고 살아 있을 수 없음을 뜻한다.

192 합쳐서 자란다(symphyesthai, 722b21): 말 그대로 '함께 자란다', '붙어 자란다'는 뜻이다.

영혼도, 어떤 종류의 생명[193]도 갖지 않은 상태에서는 생존할 수도 없고, 여럿이 (이미) 동물처럼 있다가 (나중에) 합쳐서 자라나 다시 하나가 될 수도 없기 때문이다. 그러나 (스페르마가) 몸 전체에서 나온다고 말하는 사람들은 결과적으로 그런 방식으로 말하는 셈이 된다. 왜냐하면 — 그들의 관점에서 보면 — 한때 사랑이 지배할 때 땅에서 일어났던 일이 몸 안에서 일어나기 때문이다. 부분들이 연속체 상태로 있는 것, 즉 그것들이 (몸 전체에서) 나와서 한 곳으로 함께 모이는 것은 불가능하다.[194] (8) 또 어떻게 위에 있는 것과 아래 있는 것, 오른쪽에 있는 것과 왼쪽에 있는 것, 앞에 있는 것과 뒤에 있는 것이 찢겨질 수 있을까? 이 모든 것이 불합리하다.

(9) 나아가 부분들 중 일부는 능력에 의해서, 일부는 속성에 의해서 규정되는데, 혀나 손과 같은 비동질적인 부분들은 무언가를 할 수 있는 능력을 갖는다는 사실에 의해서, 동질적인 부분들은 딱딱함과 말랑함을 비롯해서 그런 종류의 다른 속성들에 의해서 규정된다. 그렇다면 아무 상태에서나 피나 살이 존재하는 것은 아니다.[195] 그러므로 (부모의 몸에서) (스페르마를 통해서) 밖으로 나온 것이 (몸에 속한) 부분들과
723a 이름이 같을[196] 수 없다는 것은 명백하다. 즉 피가 피에서 나오고, 살

••

193 영혼(psychē, 722b22), 생명(zōē): 이 두 낱말은 많은 경우 같은 뜻으로 쓰인다. 하지만 번역의 통일성을 위해서 psychē를 어원으로 갖는 empsychon 등은 '살아 있는'이 아니라 '영혼이 있는', '영혼을 갖춘'으로 옮겼다. II 1, 731b29에 대한 각주 참조.

194 I 18, 723b14 이하와 I 20, 729a7 이하 참조.

195 스페르마 안에 있는 피의 부분과 그것의 출처가 되는 피는 '이름이 같지(synōnymon)' 않다. '피'는 일정한 성질을 가지고 일정한 기능을 할 때 진짜 피인데, 스페르마 안에 있는 피의 부분은 그렇지 않기 때문이다. 몸에서 잘려나간 '손'이 진짜 손이 아닌 것과 같다.

196 이름이 같다(synōnymon, 722b35): 어떤 대상 a와 b가 '이름(onoma)'뿐만 아니라 이

이 살에서 나오는 것은 있을 수 없는 일이다.[197] 그렇지만 만일 다른 어떤 것이 있고 그것으로부터 피가 생겨난다면, 모든 부분으로부터 나온다는 것은 — 그렇게 주장하는 사람들이 말하는 대로 — 유사성의 원인이 될 수 없을 것이다. 왜냐하면 피가 피로부터 생겨나지 않는다면, (몸 전체의 부분들로부터가 아니라) 하나로부터 나오는 것만으로 충분하기 때문이다. 왜 모든 것도 하나로부터 생겨날 수 없겠는가? 이는 아낙사고라스의 이론, 즉 동질적인 것들 가운데 어떤 것도 생겨나지 않는다는 이론과 똑같은 이론인 것 같기 때문이다.[198] 다만 그가 모든 동질적인 것들에 대해서 그런 주장을 하는 데 반해, 이들은 동물들의 발생과 관련해서 그런 이론을 지어낸다. (10) 나아가 몸 전체로부터 나온 이것들이 어떤 방식으로 자라게 될까? 이런 질문을 하는 이유는 영양분으로부터 살이 살에 더해진다는 아낙사고라스의 말이 이치에 맞기 때문이다.[199] 이런 주장을 내세우지 않고 몸 전체에서 (스페르마가) 나온다고 말하는 사람들은 어떤 말을 할까? 만일 (영양분으로서) 더해진 것이 (신체의 부분으로) 변화하지 않는 한, 어떻게 다른 어떤 것이 더해짐으로써 동물이 더 커질 수 있을까? 그런데 만일 더해진 것이 변화할 수 있다면, 왜 처음부터 곧장 스페르마가 — 그것 자체는 피와 살이 아니지만

이름에 부합하는 '정의(horismos)'를 공유할 때 그 둘은 '이름이 같다'고 불린다. 예를 들어 몸에서 잘려나간 손과 몸에 속해 있는 손은 모두 '손'이라고 불리지만 전자에는 '손'에 부합하는 정의가 적용되지 않기 때문에 그 둘은 '이름이 같은' 것이 아니라 '이름만 같다(homōnymon)'. 다음 구절들을 참조: I 19, 726b24; 『형이상학』 IV 2, 1003b12~15; IV 4, 1006b18.

197 피의 기능을 갖지 못하는 '피'는 아직 '피'가 아니기 때문이다.

198 『형이상학』 I 3, 984a13 이하 참조.

199 *DK* 59A46, B10 등 참조.

— 그것으로부터 피와 살이 생겨날 수 있는 성질을 갖지 못할까? 물론 그들은 물이 더해져서 포도주가 늘어나듯이 '혼합 과정에 의해서 뒤에 자란다'고 말할 수도 없다. 왜냐하면 어떤 것이든 섞이지 않은 상태의 처음 단계에서 가장 많이 자신의 성질을 갖겠지만, 사실상 살과 뼈와 각각의 나머지 부분들은 나중에[200] 더 높은 정도로 (이름에 맞게) 존재하기 때문이다. 그 주장이 스페르마에 속해 있는 어떤 것이 '힘줄'이고 '뼈'라고 말하는 것이라면, 이는 우리의 이해 방식에서 멀리 동떨어진 것이다.

(11) 게다가 암컷과 수컷이 배태 상태에서 구별된다고 해보자. 이런 뜻으로 엠페도클레스는 이렇게 말한다.[201]

> "정결한 곳에 그것이 쏟아졌다. 일부는 마지막에 여자들이 되는데
> 냉기를 만났기 때문이다…"

그런데 분명히 여자들뿐만 아니라 남자들도 변화한다. 즉 그들은 생식력이 없다가 생식력이 있는 상태로 변화하며, 그와 마찬가지로 딸을 낳는 상태에서 아들을 낳는 상태로 변화한다. 이는 그 원인이 몸 전체에서 (스페르마가) 나오는지 여부에 있는 것이 아니라, 여자와 남자에게서 나오는 것이 균형 상태에 있거나 불균형 상태에 있다[202]는 것을 보

200 즉 범생론 옹호자들의 주장처럼, 스페르마 안에 있을 때가 아니라 완전한 몸 안에 있을 때.

201 *DK* 31B65; IV 1, 764a2 이하, 765a8 이하 참조.

202 균형 상태에 있거나 불균형 상태에 있다(en tōi symmetron ē asymmetron einai, 723a29): IV 2, 767a16; IV 4, 772a17 참조.

여준다. 그래서 만일 우리가 이것을 사실로 내세울 수 있다면, 암컷은 (스페르마가) 어떤 특정한 부분에서[203] 나오는 데 달려 있는 것이 아니며, 따라서 수컷과 암컷이 고유하게 갖는 부분도 그와 마찬가지라는 것이 분명하다.[204] 동일한 스페르마가 암컷도 되고 수컷도 될 수 있다면, 이는 스페르마 안에 그 부분이 있지 않기 때문이다. 이 부분에 대해서 말하는 것과 다른 부분들에 대해서 말하는 것 사이에 무슨 차이가 있을까? 왜냐하면 만일 자궁에서 스페르마가 나오지 않는다면, 다른 부분들에도 동일한 설명이 적용될 것이다.

(12) 또 몇몇 동물은 동류에 속한 동물들에게서 생겨나지도 않고 유가 다른 것들에게서 생겨나지도 않는다.[205] 예를 들어 날파리와 이른바 벼룩[206]의 부류들이 그렇다. 이들로부터 동물들이 생겨나지만, 생겨난 것들은 더 이상 본성이 (낳는 자들과) 유사하지 않고 특정한 부류의 애벌레[207]이다. 그렇다면 스페르마가 모든 부분에서 나오고 이로부터 유가 다른 것들이 생겨나지 않는 것이 명백하다. 유사성이 몸 전체로부터 (스페르마가) 나온다는 데 대한 징표라면, 그것들은 유사할 것이기 때문이다.[208]

---

203 즉 암컷의 생식기 혹은 자궁에서. 이에 대해서는 I 18, 722b5 참조.

204 즉 부모의 성별이나 고유한 생식기 부분들이 스페르마에 먼저 들어 있다가 그로부터 자식들의 성별이나 생식기 부분들이 생겨나는 것이 아니라는 뜻이다.

205 I 1, 715a18 이하 참조.

206 날파리(myiai, 723b4), 벼룩(psylla): I 16, 721a8 참조.

207 특별한 부류의 애벌레(genos ti skōlēkōn, 723b6): 날파리와 벼룩 등은 — 아리스토텔레스에 따르면 – 자연발생적으로 생겨나기 때문에 그것들에게서 생겨나는 애벌레들은 낳는 자들과 같지 않다. 물론 이 애벌레들은 성체로 자랄 수도 없다. I 16, 721a5 이하 참조.

208 즉 범생론은 파리에서 파리와 닮지 않은 애벌레가 생겨나는 것을 설명할 수 없다.

(13) 또 동물들 가운데 몇몇은 한 번의 교접을 통해 많이 낳고, 식물들은 모든 경우에 그렇다. 왜냐하면 식물들이 한 번의 운동으로부터 매년 열매를 맺는다는 것은 명백하기 때문이다.[209] 스페르마가 몸 전체로부터 배출된다면, 어떻게 이것이 가능할까? 한 번의 교접과 한 번의 분비에서는 한 번의 (스페르마) 배출이 일어날 수밖에 없기 때문이다. 하지만 그렇다고 해서 자궁 안에서 (스페르마가) 떨어져 분리되기는 불가능하다.[210] 왜냐하면 (그런 일이 일어난다면) 이 분리는 이미 새로운 식물이나 동물로부터 일어나는 것과 같은 일이지 스페르마로부터 일어나는 일이 아닐 것이기 때문이다.[211]

(14) 또 꺾어 심은 것들[212]은 자기 자신으로부터 스페르마를 낸다. 그런데 그것들은 잘려 나오기 전에도 똑같은 크기에서 열매를 맺은 것이 명백하고 스페르마가 전체 식물에서 나온 것이 아님도 명백하다.

우리는 이런 사실들에 대한 가장 확실한 증표를 곤충들의 경우에 충분히 관찰한 바 있다. 왜냐하면 모든 경우에 그런 것은 아니지만, 대다수의 경우 (곤충들은) 교미를 할 때 암컷이 수컷 안으로 자신의 어떤 부분을 뻗어 넣기 때문이다.[213] [이 때문에 곤충들은, 앞서 말했듯이,[214] 교미도 이런 방식으로 한다.] 즉 아래쪽에 있는 것들이 위쪽에 있는 것

209 뜻이 분명치 않다. 동물은 새끼를 낳기 위해서 매번 짝짓기를 하지만 식물의 경우 한 번 씨가 땅에 뿌려진 다음 계속 열매를 맺는다는 뜻일 수 있다. 이렇게 이해한다면 다음과 같이 유추가 가능하다. 스페르마 : 동물 : 새끼 = 씨 : 식물 : 열매.

210 I 20, 729a8 이하 참조.

211 본문이 훼손된 것 같다. 그 의미에 대해서는 I 20, 729a6 이하 참조.

212 꺾어 심은 것들(ta apophyteuomena, 723b16): '꺾어 심은 가지들(sparagmata apophyteuomena)'(761b28)을 가리킨다.

213 II 4, 739a18~20 참조.

214 I 16 참조.

들 안으로 분명히 들어가는데, 모든 경우에 그런 것은 아니지만 우리가 관찰한 것들 중 대다수의 경우에 그렇다. 따라서 수컷들 가운데 정액을 내보내는 것들도 (스페르마가) 몸 전체에서 나오기 때문이 아니라 다른 어떤 방식으로 발생의 원인이 되는 것이 분명한데, 이에 대해서는 나중에 따져보아야 한다.[215] 사람들이 말하는 대로, 설령 몸 전체로부터 나온다고 하더라도 모든 (부분들)로부터 나온다고 주장할 것이 아니라, 오로지 '제작하는 것'으로부터만 나온다고, 이를테면 질료로부터가 아니라 목수로부터 나온다고 주장해야 마땅하다. 하지만 사실상 그들은 (스페르마가) (낳는 자의) 신발에서도 나오는 것처럼 유사성에 대해 이야기를 하고 있다. 왜냐하면 대개 (아버지와) 유사한 아들은 아버지가 신는 것과 유사한 신발을 신기 때문이다.

(15) 성교[216]에서 강렬한 쾌감이 생긴다면, 그 원인은 (스페르마가) 몸 전체에서 나온다는 데 있는 것이 아니라 자극이 세다는 데 있다. 이런 이유에서 이런 성교가 자주 일어나면, 관계를 맺는 사람들에게 희열이 줄어든다. 또 희열[217]은 마지막에 온다. 하지만 (스페르마가 몸 전체에서 나온다고 주장하는 사람들의 말이 옳다면) 즐거움이 각각의 부분에서 생겨야 할 것이고, '동시에' 생기는 것이 아니라 일부에서는 '먼저', 일부에서는 '나중에' 생겨야 할 것이다.

(16) (범생설이 옳다면) 불구자들로부터 불구자들이 생겨나는 원인과 자식들과 낳는 자들이 유사한 원인은 똑같을 것이다. 하지만 불구자들

215 I 18, 724a35 이하 참조.

216 성교(hē homilia hē tōn aphrodisiōn, 723b33): I 19, 726b8의 aphrodisiazein 참조.

217 희열(chara, 724a1): '쾌감(hēdonē)' 대신 쓰인 말이다.

로부터 불구자가 생겨나지 않는 일도 있는데, 이는 자식들과 낳은 자들이 유사하지 않은 일이 있는 것과 같다. 이에 대해서는 나중에[218] 그 원인을 고찰해야 한다. 왜냐하면 이 문제는 그들이 당면한 문제와 똑같기 때문이다.

(17) 또 암컷이 스페르마를 내지 않는다면, 똑같은 이유를 들어 (스페르마가) 몸 전체에서 나오지 않는다고 말할 수 있다.[219] 그리고 몸 전체에서 나오지 않는다면, 암컷으로부터는 (스페르마가) 나오지 않고[220] 암컷은 다른 방식으로 발생의 원인이라고 말해도 불합리할 것이 전혀 없다. 스페르마가 모든 부분에서 배출되지 않는다는 것이 분명해졌으니, 이제 방금 말한 것에 대해서[221] 추가로 살펴보아야겠다.

(b) 스페르마에 대한 정의

이 탐색과 이어지는 탐색들의 시작점은 먼저 스페르마에 대해 그것이 무엇인지를 파악하는 것이다. 그래야 그것의 작용들과 그와 관련해서 일어나는 일들에 대해 더 잘 고찰할 수 있을 것이기 때문이다.[222] 자

218 IV 3 이하 참조.

219 논변이 압축되어 있지만 다음과 같이 논변을 재구성해볼 수 있다. 사람들은 부모와 자식이 몸 전체나 부분에서 닮는다는 사실을 증거로 들어 스페르마가 부모의 몸 전체에서 나온다고 가정한다. 그런데 어미가 스페르마를 내놓지 않는다면, 어미와 자식의 닮음은 스페르마가 몸 전체에서 나온다는 데 대한 증거가 될 수 없다. 아비와 자식의 닮음의 경우에도 마찬가지다. 따라서 부모와 자식의 닮음은 스페르마가 몸 전체에서 나온다는 가정의 근거가 될 수 없다.

220 I 14, 721b10 참조.

221 즉 암컷이 어떤 방식으로 생성의 원인이 되는지에 대해서.

222 여기서 아리스토텔레스가 따르는 연구 절차는 『분석론 후서(*Analytica posteriora*)』 I 4와 I 7 등에서 제시된 방법과 다르지 않다. 먼저 정의의 내용(본질, to ti ēn einai 혹은 to ti esti)을 아는 데서 시작해서 그에 따라 나오는 부수적인 것들(ta kath' auta

연적으로 형성된 것들[223]이 생겨날 때 그 출처로서 첫째가는 것이라는 데 스페르마의 본성이 있다.[224] 그런데 '어떤 것이 다른 것으로부터 생겨난다'는 말의 뜻은 여러 가지이다. (1) '낮으로부터 밤이 생겨난다,' '아이로부터 사내가 생겨난다'고 말한다면, 이는 '이것 다음에 저것이 생긴다'는 뜻에서 그렇다.[225] 하지만 (2) '청동으로부터 조각상이 생겨난다,' '나무로부터 침대가 생겨난다'고 말하는 것은 다른 뜻이다. '생겨나는 것들은 질료로부터 생겨난다'고 우리가 말할 때와 유사한 다른 경우들에서는 (생겨난 것) 전체가 밑에 놓여 있으면서 형태를 얻은 어떤 것으로부터[226] 생겨나 존재한다. (3) '교양 있는 상태로부터 교양 없는 상태가 생겨난다,' '건강한 상태로부터 병든 상태가 생긴다'고 말하는 것은 또 다른 뜻인데, 일반적으로 말해서 반대되는 것은 반대되는 것으로부터[227] 생겨난다. (4) 또 이것들 이외에 에피카르모스의 점층구[228]

symbebēkota)을 탐구한다.

223 **자연적으로 형성된 것들**(ta kata physin synistamena, 724a18): 기술이 아니라 자연적으로 혹은 본성적으로 생겨난 식물과 동물들을 가리킨다.

224 724a19~20의 ou tōi … to sperma(예를 들어 사람이 그렇듯이, 만들어내는 어떤 것이 존재할 때 그것의 출처가 된다는 뜻에서 그런 것은 아니다. 왜냐하면 자연적으로 형성된 것들이 그것으로부터 생겨나는 이유는 그것이 스페르마이기 때문이다)를 삭제하고 읽었다. 자연적으로 형성된 것들, 예를 들어 특정한 사람은 '사람으로부터 생겨난다'고 말할 수도 있고, '스페르마로부터 생겨난다'고도 말할 수 있다. 아리스토텔레스는 이런 두 가지 뜻의 '~로부터(ex hou)'를 구별하려고 한다.

225 이 경우에는 '~로부터(ex)'가 시간적 선후 관계를 말한다.

226 **밑에 놓여 있으면서 형태를 얻은 어떤 것으로부터**(ek tinos enhyparchontos kai schematisthentos, 724a25): 모든 종류의 생성은 '밑에 놓여 있는 것', 즉 '기체(基體)'로서 주어진 질료가 형태를 얻는 과정이다. 『형이상학』 VII 8, 1033a25 이하 참조.

227 **반대되는 것은 반대되는 것으로부터**(to enantion ek tou enantiou, 724a27~28): 『형이상학』 VIII 5, 1044b21 이하 참조.

228 **점층구**(漸層句, epoikodomē, 724a29): 시켈리아의 에피카르모스(Epicharmos)는 『시

에 나오듯이, '멸시로부터 욕설이, 욕설로부터 싸움이 생겨난다'고 말할 때 그 말이 갖는 또 다른 뜻이 있다. 이런 것들은 모두 운동의 원리인 한에서의 어떤 것으로부터[229] 생겨나는데, 이런 것들 중 일부의 경우에는 운동의 원리가 (생겨나는 것들) 자체 안에 있으니 방금 말한 것의 경우가 그렇고(왜냐하면 멸시는 모든 교란의 한 부분이기 때문이다), 일부의 경우에는 (생겨나는 것들) 밖에 있으니, 예를 들어 기술은 제작되는 것들 밖에 있고 횃불은 불타는 집 밖에 있다.

스페르마는 다음의 둘 중 어느 하나에 속하는 것이 분명하다. 즉 생겨나는 것이 그것의 '질료로부터 생겨난다'는 뜻에서 (스페르마로부터) 생겨나거나, 아니면 '운동을 낳은 첫째가는 것[230]으로부터 생겨난다'는 뜻에서 (스페르마로부터) 생겨난다. 그 이유는 이렇다. (스페르마로부터 어떤 것이 생겨난다는 것은) '이것 다음에 저것이 온다'[231]는 뜻에서, 예를 들어 '판아테나이아 제전으로부터 항해가 생겨난다'는 뜻에서 그런 것도 아니고, 또 어떤 것이 그것과 반대되는 것으로부터 생겨난다는 뜻에서 그런 것도 아니다. 왜냐하면 반대되는 것은 그와 반대되는 것이 소멸하면서 그것으로부터 생기고, 그런 과정에 속한 첫째가는 것으로서 그 과정의 출처가 될 다른 어떤 것이 기체로 놓여 있어야 하기 때문이

학』 3, 1448a33 이하에서 언급된다. 아리스토텔레스는 여기서 'A로부터 B가 나오고, B로부터 C가 나오고, C로부터 D가 나오고…'와 같은 형태의 싯구절을 언급하고 있다.

229 운동의 원리인 한에서의 어떤 것으로부터(ek tinos hēi archē tēs kinēseōs, 724a30): '~인 한에서(hēi)'의 쓰임에 대해서는 IV 3, 768a5 이하 참조.

230 운동을 낳은 첫째가는 것(to prōton kinēsan, 724a36): '운동을 낳는 원리(hē kinousa ⟨archē⟩)'(765b13), '운동을 낳은 원리(kinēsasa archē)'(778b1) 등과 비교.

231 이것 다음에 저것이 온다(tode meta tode, 724b1): 이 표현은 인과 관계가 아닌 단순한 시간적 선후 관계를 가리킨다.

다.[232] 따라서 스페르마가 위에서 말한 두 경우 중 어떤 것에 배정되어야 하는지를 파악해야 한다. 즉 (생겨나는 것이 스페르마'로부터' 생겨난다고 할 때) 그것은 질료이자 작용받는 것으로서 그런 것인지, 어떤 형상이자 작용하는 것으로서[233] 그런 것인지, 아니면 두 경우 모두에 해당하는지를 파악해야 한다. 왜냐하면 반대자들로부터 진행되는 발생이 어떻게 스페르마로부터 생겨나는 모든 것에 속하는지도 그와 함께 명백해질 것이기 때문이다. 이렇게 말하는 이유는 반대자들로부터 진행되는 발생도 자연적이기 때문이다. 즉 어떤 것들은 반대자들로부터, 즉 수컷과 암컷으로부터 생겨나는 데 반해, 어떤 것들은 오직 하나로부터 생겨나는데, 식물들과 일부 동물들이 그렇다. 이런 것들의 경우 암컷과 수컷이 분화되어 떨어져 있지 않다.[234]

[그런데 '생식액'은 본성상 짝짓기하는 것들의 경우에 낳는 자로부터 나오는 것, 즉 발생의 원리를 가진 첫째가는 것을 일컫는 데 반해, '스페르마'는 이미 짝짓기를 한 양쪽으로부터 나온 원리들을 가진 것을 일컫는다. 예를 들어 식물들이나 일부 동물들에게 속한 스페르마가 그런데, 이들에게서는 암컷과 수컷이 떨어져 있지 않다. 이는 암컷과 수컷

232 그런 과정에 속한 첫째가는 것으로서 그 과정의 출처가 될 다른 어떤 것이 기체로 놓여 있어야 하기 때문이다(kai heteron ti dei hypokeisthai ex hou estai protou enhyparchontos, 724b4): 교양 없는 사람이 교양 있는 사람이 되는 경우, 교양 없음과 교양 있음은 서로 반대되는 것(enantia)이고 그 변화의 밑바탕에는 사람이 '기체로서 놓여 있다(hypokeisthai)'. 이와 마찬가지로 스페르마가 사라져 어떤 동물이 생겨난다면, 무언가 그 변화의 밑바탕에 놓여 있는 것이 있어야 한다. 『형이상학』 VIII 1, 1042b32 이하와 XII 10, 1075b22 이하 등을 참조.

233 질료이자 작용받는 것으로서(hōs hylēn kai paschon, 724b5), 어떤 형상이자 작용하는 것으로서(hōs eidos ti kai poioun, 724b6).

234 I 1, 715a18 이하 참조.

으로부터 생겨나는 것이 최초의 혼합체,[235] 예를 들어 배아나 알인 것과 같은 이치다. 왜냐하면 이것들도 그 둘로부터 나온 것을 이미 포함하기 때문이다.][236]

스페르마와 열매는 선후 관계에 따라[237] 차이가 난다. 열매는 다른 것으로부터 생겨나서 존재하는 것이라는 점에서 (뒤에 오는 것이고), 스페르마는 그것으로부터 다른 것이 존재한다는 점에서 (앞에 오는 것이다). 이 둘은 사실상 동일한 것이다.

'스페르마'라고 불리는 것의 본성, 첫째가는 본성이 무엇인지 다시 이야기해야 한다.

우리가 몸에서 취할 수 있는 것은 모두 (1) 본성적인 것들, 즉 비동질적인 부분들이나 동질적인 부분들 중 하나이거나, (2) 종양처럼 본성에 어긋난 부분들 중 하나이거나, (3) 잔여물이거나, (4) 노폐물이거나, (5) 영양분일 수밖에 없다.[238] 그런데 영양분의 나머지를 '잔여물'이라고 하고, 본성에 어긋난 분해 때문에 성장에 쓰일 몫으로부터 떨어져 나온 것을 '노폐물'이라고 한다.

---

235 **최초의 혼합체**(prōton migma, 724b17): 이에 해당하는 '배아'와 '알'에 대해서는 I 13, 719b33과 I 23, 731a5 이하 참조.

236 Peck의 설명대로 이 단락은 삽입구 같다. 논증의 흐름을 끊어놓는다. 게다가 '생식액(gonē)'과 '스페르마(sperma)'에 대한 정의도 적절하지 않다. 아리스토텔레스는 『동물발생론』 전체에 걸쳐 gonē와 sperma를 구별 없이 사용한다. 하지만 이 단락에서 sperma가 암수동체 생물들의 경우에 수정을 통해 생겨난 통일체의 뜻으로, 즉 '최초의 혼합체'의 뜻으로 쓰였다.

237 **선후 관계에 따라**(tōi hysteron kai proteron): 『형이상학』 V 11, 1018b9 이하 참조.

238 **(1) 본성적인 것들**(ta kata physin), **(2) 종양**(phyma), **(3) 잔여물**(perittōma), **(4) 노폐물**(syntēgma), **(5) 영양분**(trophē): 각각 무엇인지는 이어지는 논의에서 소개된다. '종양'에 대해서는 IV 4, 772b29를, '노폐물'에 대해서는 I 18, 725a27, 726a21~22와 『잠과 깨어 있음에 관하여』 456b34 이하 함께 참조.

그렇다면 스페르마가 (1) 부분이 아니라는 것은 분명하다. 스페르마는 (만일 그것이 부분이라면) 동질적인 부분일 텐데, 이것으로부터는 — 힘줄이나 살로부터 (비동질적인 부분이) 합성되는 것과 달리 — 아무것도 합성되지 않기 때문이다. 또 스페르마는 떨어져 있지 않은 데 반해, 다른 모든 부분은 떨어져 있기 때문이다. 그렇지만 스페르마는 (2) 본성에 어긋난 것들 가운데 하나도 아니고 결함의 산물[239]도 아니다. 왜냐하면 스페르마는 (a) 모든 것 안에 있고,[240] (b) 그것으로부터 자연물이 생겨나기 때문이다. 한편, (스페르마는 영양분도 아닌데) (5) 영양분은 분명히 밖에서 유입될 수 있는 것이다. 그러므로 스페르마는 (4) 노폐물이거나 (3) 잔여물일 수밖에 없다.

그런데 옛날 사람들은 스페르마가 노폐물이라고 생각했던 것 같다. 왜냐하면 스페르마가 운동에서 오는 열기 때문에 몸 전체에서 나온다고 말하는 것은 그것이 노폐물에 속한다고 말하는 것과 같은 힘을 갖기 때문이다. 하지만 노폐물은 본성에 어긋난 것들에 속하는 것이고, 본성에 어긋난 것들로부터는 본성에 따르는 것이 결코 생겨나지 않는다. 그렇다면 스페르마는 잔여물일 수밖에 없다. 다만 모든 잔여물은 무용한 영양분의 일부이거나 유용한 영양분의 일부이다. 본성에 기여하는 바가 전혀 없고 필요 이상으로 소비되면 몸에 아주 해로운 영양분을 일컬어 '무용하다'고 하고, 그 반대인 것을 일컬어 '유용하다'고 한다. 그렇다면 스페르마가 그런 (무용한) 성질의 잔여물이 될 수 없으리

239 결함의 산물(perōma, 724b32): '변형', '기형', '훼손'을 뜻하는 perōsis(maiming, deformation)의 결과물, 부산물을 가리킨다. perōsis의 그런 쓰임에 대해서는 『니코마코스 윤리학』 V 2, 1131a9; VII 5, 1148b17 등을 참조.

240 '스페르마'는 동물의 정액뿐만 아니라 식물의 씨도 함께 가리킨다.

라는 것은 분명하다. 그런 (무용한) 영양분은 나이나 질병 탓에 몸이 아주 나쁜 상태에 있는 사람들에게 아주 많지만, 스페르마는 아주 적기 때문이다. 왜냐하면 그들은 스페르마를 전혀 갖지 않거나, 스페르마가 무용하고 병적인 잔여물이 섞여 있기 때문에 생식력을 갖지 못하기 때문이다.

그렇다면 스페르마는 유용한 잔여물의 한 부분이다. 최종 단계의 잔여물은 가장 유용하고 그로부터 각각의 부분들[241]이 직접 생겨난다. 이렇게 말하는 이유는 다음과 같다. 잔여물에 선후 관계가 있다. 첫 단계의 영양분의 잔여물은 점액[242]이나 그런 종류의 다른 어떤 것이다. 점액은 유용한 영양분의 잔여물이기 때문이다. 그 징표는 점액이 순수한 영양분과 섞여 (신체에) 영양분을 제공하고 질환들이 있으면 소모된다는 것이다. 반면에 대부분 영양분의 마지막 것은 분량이 가장 적다.[243] 동물들과 식물들은 매일 소량의 영양분을 취해 자란다는 사실을 우리는 염두에 두어야 한다. 왜냐하면 동일한 것에 더해지는 양이 아주 적어도 크기가 엄청 커질 수 있을 것이기 때문이다.

(c) 스페르마는 잔여물이다

따라서 우리는 옛 사람들이 말했던 것과 반대로 말해야 한다. 왜냐하면 그들은 스페르마가 '몸 전체에서 나오는 것'이라고 말했던 반면

241 즉 '동질적인 부분들과 비동질적인 부분들을 포괄하는 '본성에 따르는' 부분들.

242 점액(phlēgma, 725a15): "영양분을 섭취한 뒤에 증기가 뇌 쪽으로 올라갔다가 거기서 냉각되어 장액(serum)과 점액(phlegm)으로 응축된다. 신체에 무용한 소변이나 대변과 달리 그것들은 (대체로) 유용하다"(Reeve).

243 IV 1, 765b29 이하 참조.

에, 우리는 '본성상 몸 전체로 가는 것'[244]이라고 말하고, 그들은 스페르마가 노폐물이라고 말했지만, 스페르마는 오히려 잔여물임이 분명하기 때문이다. 왜냐하면 다른 곳으로 가는 최종적인 것과 그런 성질을 가진 것의 일부로서 거기서 생겨난 잔여물이 유사하다고 보는 것이 훨씬 더 이치에 맞기 때문인데, 이는 마치 화가들의 경우 보통 이미 사용된 물감과 동질적인 물감이 그림을 그린 뒤에 남는 것과 같다. 반면에 노폐물이 된 것은 모두 소멸하고 본성에서 일탈한다.[245]

스페르마가 노폐물이기보다 잔여물이라는 데 대한 증표는 상대적으로 큰 동물들이 새끼를 적게 낳고 작은 동물들은 다산적이라는 사실이다. 더 큰 동물들의 경우 노폐물이 더 많지만 잔여물은 더 적을 수밖에 없기 때문이다. 왜냐하면 (이런 동물들의 경우) 몸이 커서 대부분의 영양분이 몸으로 소모되어 잔여물이 줄어들기 때문이다.

또 노폐물은 본성적으로 어떤 장소에도 배당되어 있지 않고 몸속 통과할 수 있는 곳으로 흘러가지만, 모든 본성적인 잔여물의 경우에 그런 것은 아니다. 예를 들어 마른 영양분의 잔여물에는 아래쪽 장이 있고 축축한 것의 잔여물에는 방광이 있고 유용한 것의 잔여물에는 위쪽 장[246]이 있으며, 스페르마 성분의 잔여물에도 자궁과 생식기와 젖가슴[247]이

244 몸 전체에서 나오는 것(to apo pantos apion, 725a22), 본성상 몸 전체로 가는 것(to pros hapant' ienai pephykos): 이 두 표현이 범생론의 스페르마 이론과 그것을 뒤집은 아리스토텔레스의 스페르마 이론의 차이를 압축적으로 표현한다.

245 IV 3, 768a2 이하 참조.

246 아래쪽 장(hē kato koilia, 725b1), 위쪽 장(hē ano koilia): 각각 대장과 소장을 가리킨다.

247 아리스토텔레스에 따르면 경혈과 젖은 본성이 같다. IV 8, 776a15 이하와 777a15 이하 참조.

있다. 그래서 이런 곳들로 잔여물이 몰려들어 함께 흐른다.

실제로 일어나는 일들이 스페르마가 지금 말한 것과 같다는 데 대한 증거들이다. 즉 그 잔여물의 본성이 그런 성질을 갖고 있기 때문에 (스페르마의 작용과 관련해서) 다음과 같은 일들이 일어난다. (1) 스페르마가 아주 적은 양으로 나올 때도 피로[248]가 눈에 띄는데, 이는 신체가 영양분에서 생겨난 마지막 결과물[249]을 빼앗길 때와 사정이 같다. (몇몇 사람의 경우 (절정의) 나이에 있을 때 짧은 기간 동안 스페르마가 나와서 몸을 가볍게 해준다. 양이 너무 많을 때 그런데, 이는 마치 첫 단계의 영양분이 양적으로 과도할 때 그런 것과 사정이 같다.[250] 이 첫 단계의 영양분도 밖으로 나가면 몸이 훨씬 더 편해지기 때문이다. 또 다른 잔여물들이 함께 빠져나갈 때도 그렇다. 왜냐하면 스페르마뿐만 아니라 그것과 혼합된 다른 힘들까지 그와 함께 빠져나가기 때문이다. 이것들은 병적인[251] 것들인데, 이런 이유에서 일부의 경우 밖으로 빠져나가는 것이 스페르마 성분을 적게 가지고 있어서 생식력이 없다. 하지만 대다수 사람들에게는 성행위를 하면 대다수의 경우 피로와 무력감[252]이 뒤따르는데, 이는 앞서 말한 이유 때문이다.)

또 (2) 어린 나이에도, 노령에도, 병약한 상태에서도[253] 스페르마가

248 피로(eklysis, 725b6): 어원적으로 몸이 풀어져 늘어지는 상태를 가리킨다.

249 즉 피.

250 많이 먹으면 몸이 무거워지듯이, 스페르마가 너무 쌓이면 몸이 무거워진다는 뜻이다. 첫 단계의 영양분(protē trophē, 음식물)–피(haima, 마지막 결과물)–잔여물(perittōma, 스페르마)의 순서로 영양분은 몸에서 '열처리' 과정을 겪는다.

251 병적인(nosodeis, 725b14).

252 원문의 eklysis(725b18)와 adynamia를 각각 '피로'와 '무력감'으로 옮겼다.

253 노령(gēras, 725b20), 병약한 상태(arrōstiai): V 4, 784b33에 따르면 질병은 '획득된 노령(gēras epiktētos)'이고, 노령은 '본성적인 질병(nosos physikē)'이다.

없는데, 몸이 아플 때는 신체의 무능력 때문에, 노령에서는 본성이 충분한 양을 열처리하지 못하기 때문에, 어렸을 때는 성장 과정 때문에 그런 것이다. 왜냐하면 (어린아이 때는 영양분이) 모두 소모되어 사라지기 때문이다. 사람의 경우 대개 다섯 살이면 나중에 몸이 완전히 컸을 때 크기의 절반이 된다는 것이 일반적인 의견이다.

많은 경우 동물이건 식물이건 부류에 따라서 스페르마에 차이가 있고 동일한 부류 안에서도 동종적인 것들 사이에[254] 차이가 있다. 예를 들어 사람과 사람 사이에, 포도나무와 포도나무 사이에 차이가 있다. 어떤 경우에는 스페르마가 많고, 다른 경우에는 스페르마가 적으며, 또 다른 경우에는 스페르마가 전혀 없는데, 이는 (모두) 허약함 때문이 아니라 어떤 경우에는 오히려 그 반대 이유 때문이기도 하다. 몇몇 사람들의 경우에 그렇듯이, 영양분이 몸으로 완전히 소모되기 때문이다. 그런 사람들은 건강한 상태에 있어서 살이 찌거나 지방이 많아 스페르마를 더 적게 배출하고 성행위에 대한 욕구를 덜 갖는다. 영양분 때문에 마구 자라는 '염소 포도나무'가 겪는 수동적 변이[255]는 이와 유사하다. (염소들도 지방이 많아지면 교미를 덜 하고, 이런 이유에서 (교미를 하기 전에) 몸이 날씬해진다. 사람들은 염소들이 겪는 수동적 변이를 생각해서 포도나무들이 '염소가 된다'[256]고 말한다.) 지방이 많은 사람들이 —

254 동종적인 것들 사이에(tois homoeidesi pros allēla, 725b27).

255 염소 포도나무가 겪는 수동적 변이(to peri tas tragōsas ampelous pathos, 725b34). 여기서 '수동적 변이'라고 옮긴 pathos는 외부의 작용을 받음(paschein)으로써 생기는 모종의 변화를 가리킨다. 이런 유형의 '수동적 변이' 혹은 그 결과로서 '변이태들(pathēmata)'에 대해서는 V 1 이하에서 자세히 다루어진다.

256 염소가 된다(tragan, 726a2): 숫염소를 가리키는 용어인 tragos로부터 만들어진 동사이다.

남자이건 여자이건 — 지방이 없는 사람들보다 생식력이 떨어지는 것처럼 보이는데, 이는 영양 상태가 좋은 사람들의 경우에 잔여물이 열처리되어 지방[257]이 되기 때문이다. 지방도 잘 먹어서 생긴 건강한 잔여물이기 때문이다.

어떤 것들은 전혀 스페르마를 내놓지 못하는데, 예를 들어 버드나무와 포플러[258]가 그렇다. 이런 수동적 변이의 원인은 두 가지이다. 왜냐하면 그런 것들은 무능력 때문에 열처리를 못하기도 하고 — 위에서 말했듯이[259] — 능력 때문에 (영양분을 남김없이) 소모하기 때문이다. 이와 똑같이 어떤 것들은 능력 때문에, 또 어떤 것들은 무능력 때문에 스페르마를 많이 내놓고 스페르마의 양도 많다. 왜냐하면 (그런 동·식물들의 경우) 많은 양의 무용한 잔여물이 (스페르마와) 함께 섞여 나와서, 잔여물의 배출이 원활하지 않을 때 질병[260]이 발생하는 경우들도 있다. 그중 어떤 것들은 건강을 회복하지만 다른 것들은 죽기도 한다. 그런 방식으로 (무용한 영양분이) — 마치 오줌으로 흘러들듯이 — (스페르마 안으로) 함께 흘러들기 때문이다. 이것도 어떤 사람들에게는 질병을 초래한 적이 있다.

[또 잔여물과 스페르마에 대해 동일한 관이 있다. 두 가지 잔여물,

257 지방(pimelē, 726a6): I 19, 727a34 참조.

258 버드나무(itea, 726a7), 포플라(aigeiros): 이런 발언은 고대 그리스인들 사이에는 널리 퍼져 있던 오해를 배경으로 이해해야 한다. 특히 iteai ōlesikarpoi(익기도 전에 열매가 떨어지는 버드나무)는 그들에게 죽음을 연상시켰다. 『오뒷세이아』에는 페르세포네의 원림에 대해서 이런 구절이 있다. "키 큰 백양나무들(aigeiroi)과 익기도 전에 열매가 떨어지고 마는 버드나무들(iteai)이 서 있는 곳에 닿거든"(『오뒷세이아』 10:510).

259 I 18, 725b32~33 참조.

260 질병(arrōstēma, 726a12): V 1, 780a14 참조.

즉 축축한 영양분에서 나온 잔여물과 마른 영양분에서 나온 잔여물을 갖는 것들의 경우, 축축한 것의 배출이 일어나는 곳에서 정액의 배출도 일어난다. (왜냐하면 (정액은) 축축한 것의 잔여물이기 때문이다. 모든 동물의 영양분은 더 축축하다.) 축축한 영양분을 갖지 않는 동물들의 경우에는 마른 것의 침전물이 분리 배출되는 방식으로 정액의 배출이 일어난다. 또 노폐물 분비는 항상 병적이지만,[261] 잔여물의 제거는 유익하다. 스페르마의 분리 배출은 두 가지 특징을 갖는데, 유용하지 않은 영양분이 (스페르마에) 더해지기 때문이다. 하지만 (스페르마 배출이) 노폐물 분비라면 언제나 몸에 해롭겠지만, 실제로 스페르마는 그런 결과를 낳지 않는다.][262]

모든 동물이 스페르마를 내놓건 그렇지 않건 간에 스페르마가 유용하고 최종 단계의 영양분의 잔여물이라는 것은 이제까지 논의한 것들로부터 분명하다.

261 노폐물 분비는 항상 병적이다(hē men syntēxis aei nosodēs, 726a21): '점액이… 질환들이 있는 경우에 소모된다'(725a17)와 '노폐물은 본성에 어긋나는 것들에 속하는 것(ta de syntēmata tōn para physin ti)'(725a1~2)을 참조. Platt은 syntēxis를 'waste-products'라고 옮겼다.

262 Platt은 726a16~25를 삭제했다.

19장

(B) 경혈

726a28 그다음 (스페르마가) 어떤 성질의 영양분의 잔여물인지 규정해야 한
30 다. 경혈과 관련해서도 그렇게 해야 한다. 왜냐하면 일부 태생동물들에
게는 경혈이 생기기 때문이다. 그러므로 이들을 살펴보면, 암컷과 관련
해서도 그것이 수컷처럼 스페르마를 내놓고 생겨나는 것은 실제로 그
두 스페르마로 이루어진 하나의 혼합체인지, 아니면 암컷으로부터는
스페르마가 전혀 배출되지 않는 것인지 분명해질 것이다. 그리고 만일
35 암컷으로부터 스페르마가 전혀 배출되지 않는다면, 암컷이 오직 (생명
체가 생겨나는) 장소를 제공하는 것 이외에 발생에 기여하는 것이 아무
것도 없는지, 아니면 무언가 기여하는지, 그리고 (후자의 경우라면) 이것
726b 이 어떻게 어떤 방식으로 기여하는지 분명해질 것이다.

피 있는 동물들에게는 피가, 피 없는 동물들에게는 그것에 대응하는

것이 최종 단계의 영양분이라는 사실은 이미 앞에서 말했다.[263] 생식액도 영양분, 즉 최종 단계의 영양분의 잔여물이기 때문에, 그것은 피이거나 그것에 대응하는 것이거나 혹은 그것들로 이루어진 어떤 것일 것이다. 그런데 (몸의) 각 부분은 피가 열처리되고 모종의 방식으로 분배됨으로써[264] 생겨난다. 반면에 스페르마는 열처리를 겪은 뒤 피와 다른 상태로 배출되지만 열처리가 안 된 상태에서 배출되기도 한다. 즉 어떤 사람이 자주 성행위를 해서[265] (스페르마의 배출을) 강제하면, 어떤 경우에는 (스페르마가) 배출될 때 피와 같은 형태를 띤다. 이런 점들을 놓고 볼 때 스페르마가 피의 성질을 가진 영양분의 잔여물, 즉 부분들로 흩어져 배분되는 최종 단계의 영양분의 잔여물[266]일 것이라는 사실이 분명하다. 그리고 이런 이유에서 스페르마는 큰 능력을 가지며 — 이렇게 말하는 이유는 깨끗하고 건강한 피가 배출되면 피로해지기 때문이다 — 후손들이 낳은 자들과 유사하게 되는 것[267]도 이치에 맞는다. 왜냐

263 『동물부분론』 II 3, 650a34; II 4, 651a15; IV 4, 678a8 이하 참조.

264 **피가 열처리되고 모종의 방식으로 분배됨으로써**(tou haimatos pettomenou kai merizomenou pōs, 726b5): 아미노산의 결합물을 일컫는 '펩티드(peptide)'는 아리스토텔레스의 관점에서 보면 열에 의해 처리된 것이다. '분배(merizesthai)'에 대해서는 I 20, 729a14와 II 3, 737a20 등을 참조.

265 **성행위를 해서**(tōi aphrodisiazein, 726b8): IV 5, 773b31~32 참조.

266 **부분들로 흩어져 배분되는 최종 단계의 영양분의 잔여물**(perittōma trophēs … tēs eis ta merē diadidomenēs teleutaias, 726b10~11): 스페르마가 피의 잔여물이라는 뜻이다. 『동물부분론』 IV 4, 678a8 이하 참조.

267 **후손들이 낳은 자들과 유사하게 되는 것**(to homoia gignesthai ta engona tois gennēsasin, 726b14~15): 726b10 이하에는 스페르마가 피의 잔여물이라는 사실로부터 유전적 유사성을 설명하는 일종의 약식논증(enthymēma)이 포함되어 있다. 그 주장은 다음과 같이 삼단논법 형식으로 풀어낼 수 있다. '피는 정해진 방식으로 분배됨으로써 몸의 각 부분을 만들어낸다. 스페르마는 피와 성질이 같다. 따라서 스페르마도 피처럼 일정한 방식으로 몸의 각 부분을 만들어낼 수 있다.' 이로부터 유전

하면 신체의 부분들로 이미 옮겨간 것은 남아 있는 것과 유사하기 때문이다. 따라서 손이나 얼굴이나 동물 전체의 스페르마[268]는 분화되지 않은 상태의 손이나 얼굴이나 동물 전체이다. 그리고 그 각각의 부분이 '현실적으로' 특정한 성질을 갖는다면, 스페르마는 '가능적으로' 그런 성질을 갖는다. 스페르마는 자기 자신의 덩어리를 통해서[269] 그렇다는 뜻에서나 혹은 어떤 능력을 자기 자신 안에 가지고 있다는 뜻에서 '가능적으로' 있다. (지금까지 규정된 것들에 근거해서는 이 점이 아직 명

적 유사성이 이렇게 설명된다. '낳는 자 A의 피는 일정한 방식으로 분배되어 그의 신체 부분들 a, b, c…를 이룬다. A의 스페르마는 A의 피에서 온 것이다. 따라서 A의 스페르마는 새로 태어난 개체 안에서 신체 부분들 a, b, c…를 만들어낼 수 있다. 그런데 A의 피와 A의 스페르마의 작용 방식이 같기 때문에, A의 피가 만들어낸 신체적 부분들 a, b, c…와 A의 스페르마가 만들어낸 그의 후손 A′의 신체적 부분들 a′, b′, c′…는 닮는다.' 다음 구절들을 참고: I 18, 725a25 이하; IV 1, 766b7 이하; IV 2, 767a16 이하.

268 **동물 전체의 스페르마**(to sperma…to holou tou zōiou, 726b15~16): 이 말은 '범생설'의 주장대로 몸의 각 부분에서 스페르마가 나온다는 뜻이 아니라 스페르마가 몸 전체를 만든다는 뜻이다. 스페르마는 모든 신체 부분을 만들어낼 수 있는 큰 능력(dynamis)을 가지고 있다. 하지만 이 능력은 현실화되어야 한다. 그래서 현실화되기 이전의 스페르마는 "분화되지 않은 상태로(adihoristōs) 손이나 얼굴이나 동물 전체이다." 즉 스페르마는 i) 가능적으로 동물이며, ii) 이는 스페르마가 개체의 신체적 부분들이 될 수 있다는 뜻에서가 아니라 신체적 부분들을 만들어낼 수 있다는 뜻에서 그렇다. 그런 뜻에서 아리스토텔레스는 이어지는 진술에서 "그 각각의 부분이 현실적으로(energeiai) 특정한 성질을 갖는다면, 스페르마는 가능적으로(dynamēi) 그런 성질을 갖는다"고 말한다.

269 **자기 자신의 덩어리를 통해서**(kata ton onkon ton heautou, 726b18): 스페르마는 아직 형태를 얻지 못한 대리석과 같다는 뜻에서, 즉 질료라는 뜻에서 '가능적으로' 있는 것이 아니다. 스페르마가 '가능적' 존재라는 말은 '능력'을 갖고 있다는 뜻에서, 즉 어떤 작용을 낳을 수 있지만 아직 그렇지 않은 도구에 대해서 그것이 '가능적' 존재라고 말할 때와 같은 뜻이다. 다시 말해서 스페르마는 '어떤 성향과, 운동의 발생적 원리(tina hexin kai archēn kinēseōs gennētikēn)'(726b21)를 가지고 있다는 뜻에서, 발생 과정의 '작용인'이라는 뜻에서 가능적인 존재다.

백하지 않다. 즉 스페르마의 본체[270]가 발생의 원인인지, 아니면 스페르마가 어떤 성향과, 생산을 낳을 수 있는 운동의 원리를 가지고 있는지는 아직 명백하지 않다.) 왜냐하면 손이나 다른 어떤 부분도 영혼이나 다른 어떤 능력이 없이는 손이나 다른 어떤 부분도 아니며,[271] 단지 이름만 같은[272] 손이나 부분이기 때문이다.

[스페르마 성질의 노폐물 분비가 일어나는 동물들의 경우 이것 역시 잔여물이라는 사실도 분명하다. 이런 일은 그것이 먼저 (노폐물 형태로) 밖으로 나온 것으로 풀어질 때 일어나는데, 이는 벽에 바른 벽토층이 곧장 떨어지는 것과 마찬가지다. 왜냐하면 (새로) 나온 것과 처음에 덧붙여진 것이 같기 때문이다. 이와 똑같이 마지막 잔여물은 처음 생겨난 노폐물과 똑같은 것이다. 이것들에 대해서는 이런 방식으로 규정한 것으로 해두자.][273]

(1) 상대적으로 약한 동물의 경우에도 더 많거나 더 적게 열처리된

---

270 **스페르마의 본체**(to sōma tou spermatos, 726b20): 스페르마를 구성하는 물질적 부분을 가리킨다. 여기서 '본체'라고 옮긴 sōma는 726b18에서 '덩어리'라고 옮긴 onkos와 같은 뜻으로 쓰였다.

271 **손이나 다른 어떤 부분도 아니다**(oude gar hē cheir oude allo tōn moriōn ouden…, 726b22): 이 말은 두 가지 뜻으로 풀이할 수 있을 것이다. (1) 손이나 그밖의 다른 신체 기관이 어떤 능력을 갖고 있듯이, 스페르마도 그에 고유한 어떤 능력을 갖고 있다. (2) 손이나 그밖의 다른 신체 기관의 능력은 스페르마 속에 가능적으로 들어 있다. 그 이유는 스페르마에서 손이나 몸의 기관들이 생겨난다면, 손이나 몸의 기관들에 고유한 능력 역시 스페르마 안에 가능적으로 들어 있다고 보아야 할 것이기 때문이다.

272 **이름만 같은**(homōnymon, 726b24): I 18, 722b35에 대한 각주 참조.

273 Aubert-Wimmer와 Platt은 726b24~29를 삭제했다. Peck은 이 단락을 앞의 726a16~25에 삽입된 단락에 이어지는 것으로 보고, Balme도 마찬가지로 이 단락을 726a25 뒤로 옮겨 읽기를 제안한다.

잔여물이 생겨나는 것은 필연적이고, (2) 그런 성질을 가지고 있는 한 그 잔여물이 피와 같은 성질을 가진 다량의 물기인 것은 필연적이다. 그런데 (3) 본성적으로 열기를 적게 가진 것은 더 약하고, 앞서 말했듯이 (4) 암컷이 본성상 그런 성질을 갖는다. 그렇기 때문에 암컷에게서
727a 생겨나는 피의 성질의 배출물도 잔여물인 것이 필연적이다. 이른바 경혈의 방출이 이런 방식으로 일어난다.

그렇다면 경혈이 잔여물이라는 것과, 수컷에게 정액이 있듯이 암컷에게는 그것에 대응하는 것으로서 경혈이 존재하는 것이 분명하다. 그것들과 관련해서 일어나는 일들이 이 말이 옳다는 데 대한 징표이다. 즉 수컷에게서 정액이 생겨나기 시작해서 배출될 때와 똑같은 나이에 암컷에서는 경혈이 흘러나오고 목소리가 바뀌며 젖가슴 주변이 변화의 징표를 드러낸다. 그리고 나이가 들면 수컷들에게는 생산할 수 있는 능력이 중단되고 암컷들에게는 경혈이 중단된다.

또 다음과 같은 점들도 암컷에게서 나오는 바로 그 방출물이 잔여물이라는 데 대한 징표들이다. 대다수의 경우 경혈이 멈추지 않으면 여성들에게 출혈도 없고 코피도 나지 않고 그밖에 다른 것도 없다. 그 가운데 어떤 일이 일어나면 월경[274]이 힘들어지는데, 이는 배출물이 그런 것들로 바뀜을 보여주는 징표이다.

또 암컷들은 수컷들에 비해 혈관들이 눈에 띄지 않고 털이 없고 (피부가) 더 매끈한데, 이는 그것들로 가는 잔여물이 경혈에 섞여 함께 배

274 월경(katharseis, 727a14): katharsis는 보통 '경혈의 배출'(774a1)을 의미하는 '월경'의 뜻으로 쓰인다. 그밖에 '배출'(738a29), '배출물'(747a19), '순수화'(728a29)의 뜻으로도 쓰인다.

출되기 때문이다. 태생동물들의 경우 수컷보다 암컷이 몸집[275]이 더 작은 원인도 바로 거기에 있다고 생각해야 한다. 왜냐하면 오직 태생동물들에게서만 경혈이 몸 밖으로 흘러나오기 때문인데, 여자들에게서는 경혈이 확연히 눈에 띈다. 동물들 가운데 여자가 가장 많은 양의 배출물을 내보내기 때문이다. 바로 이런 이유에서 여자는 확연히 눈에 띄게 언제나 피부가 하얗고 혈관들이 눈에 띄지 않으며 수컷에 비해 신체적인 결핍[276]이 분명하다.

수컷들에게 정액이 생겨나듯이 암컷들에게 생겨나는 것은 바로 그것이고 두 가지 스페르마 성분의 배출물이 동시에 생겨날 수는 없기 때문에, 암컷이 발생을 위해서 스페르마를 제공하지 않는다는 것은 분명하다. 만일 암컷들에게 스페르마가 있다면 경혈은 있지 않을 것이기 때문이다. 그런데 암컷에게는 경혈이 생겨나기 때문에 스페르마는 생겨날 수 없다.

그런데 왜 경혈이, 스페르마가 그렇듯이, 잔여물인지는 이미 이야기했다. 어떤 사람은 동물들에게서 일어나는 일들 중 몇몇을 그에 대한 증거들로 삼을 수 있을 것이다. (1) 앞서 말했듯이 지방이 많은 것들은 지방이 없는 것들보다 스페르마가 적다. 지방도 스페르마와 똑같이 잔여물이라는 것이 그 원인이다. 즉 그것도 열처리된 피이지만 그 처리 방식이 스페르마의 경우와 다르다. 따라서 잔여물이 지방으로 소비될 때 정액의 자원이 부족해지는 것은 이치에 맞는데, 이는 예를 들어 피 727b

275 몸집(onkos, 727a19): onkos는 '몸집', '덩어리', '부피' 등 여러 가지 뜻으로 쓰인다.

276 신체적인 결핍(hē elleipsis tou sōmatos, 727a24): '결핍'은 작은 체구, 털 없음 등 여러 가지 특징을 포괄하는 표현이다.

없는 동물들 중 연체동물들과 갑각류가 배태 시기에[277] 가장 좋은 (신체) 상태에 있는 것과 마찬가지다. 그런 동물들은 피가 없고 그들에게는 지방이 생겨나지 않기 때문에, 그들에게 속한 지방에 대응하는 것이 스페르마 성분의 잔여물로 배출되는 것이다.

(2) 암컷이 수컷이 내놓는 것과 같은 성질의 스페르마를 내놓는 것도 아니고, — 어떤 사람들이 주장하듯이 — (스페르마가) 혼합해서 발생이 일어나는 것도 아니라는 데 대한 징표는 암컷이 성교의 쾌감이 없는 상태에서[278] 임신을 하는 경우가 자주 있다는 것이다. 또 암컷이 (수컷에) 못지않게 쾌감을 느끼고 함께 보조를 맞추었다고 하더라도, 이른바 경혈의 액체가 균형을 이루지 못하면[279] 암컷은 새끼를 낳지 못한다. 이런 이유 때문에 (*a*) 경혈이 전혀 생겨나지 않을 때 암컷은 생산을 못하고, (*b*) 경혈이 생겨나서 흘러나올 때는 대다수의 경우 생산을 못하며 (*c*) 월경 뒤에 생산을 한다.[280] 왜냐하면 (*a*) 어떤 때는 암컷이 영양분도, 수컷에서 유래해서 정액 안에 내재하는 능력[281]이 동물을 형성해내는 데 출처가 될 수 있는 질료도 제공하지 못하고, (*b*) 어떤 때는 경혈의 양이 많은 탓에 정액이 쓸려 나가기 때문이다. 하지만 (*c*) 경혈이 생

---

277 즉 스페르마 성분의 잔여물이 배출되지 않는 시기에.

278 성교의 쾌감이 없는 상태에서(ou genomenēs… tēs en tēi homiliai hēdonēs, 727a8~9): I 17, 721b13 이하 참조.

279 이른바 경혈의 액체가 균형을 이루지 못한다(ean mē hē tōn kaloumenōn katamēniōn ikmas hyparchei symmetros, 727b11): I 18, 723a29~30 참조.

280 실제 가임기에 맞지 않는 주장이다. 아리스토텔레스가 이런 주장을 하는 이유는, 몸 밖으로 배출되고 남은 부분이 있어서 이것으로부터 스페르마의 작용에 의해서 배아가 형성된다고 보았기 때문일 것이다.

281 수컷에서 유래해서 정액 안에 내재하는 능력(hē apo tou arrenos enhyparchousa en tēi gonēi dynamis, 727b15): I 19, 726b19 참조.

긴 뒤 밖으로 나가면, 남은 것이 (배아로) 형성된다. 하지만 암컷들이 경혈이 나오지 않은 상태에서 임신하거나[282] 경혈이 생기는 중에 임신하지만 나중에 그렇지 못한 경우들이 있는데, 그 원인은 다음과 같다. 앞의 경우는 월경 뒤 생산력 있는 상태로 남을 정도의 분량으로 액체가 생겨날 뿐 그 이상 몸 밖으로도 나올 만큼 생겨나지 않기[283] 때문이고, 뒤의 경우는 월경 뒤에 자궁의 입구가 닫히기 때문이다. 그러므로 (경혈이) 많이 밖으로 나왔고 아직 월경이 진행 중이지만 스페르마를 함께 흘려보낼 정도가 아니라면, 그때 '가까이하면'[284] 여성은 다시 임신할 수 있다. 임신 상태의 여성들에게서 경혈이 계속 생긴다고 해도 전혀 터무니없는 일이 아니다. 왜냐하면 그 뒤에도 일정 시점까지 경혈이 나오지만, 양이 적고 (임신 기간) 전체에 걸쳐 그런 것은 아니기 때문이다. 하지만 이것은 병적인 상태이며, 그렇기 때문에 그런 일은 소수에 한해서 드물게 일어난다. 대다수의 경우에 발생하는 것들이 본성에 가장 잘 따르는 것이다.

그렇다면 암컷이 발생을 위해서 질료를 제공하고, 이것은 경혈 내부의 형성체 안에 주어져 있으며,[285] 경혈은 잔여물이라는 것이 명백하다.

282 원문의 syllambanein(727b18~19)은 '함께 모으다', '닫다', '잡다'는 뜻이지만 여자나 암컷에 대해 쓰일 때는 '임신하다'를 뜻한다.

283 이 경우가 일반적인 경우에 해당한다.

284 가까이하다(plesiazein, 727b25): I 15, 720b32에 대한 각주 참조.

285 "경혈이 배아가 형성되는 물질적 실체라는 아리스토텔레스의 생각은 여러 세기 동안 의문 없이 지배력을 행사했다. … 16세기에는 Jacob Rueff가 쓴 *De conceptu et generatione hominis*(사람의 임신과 발생에 관하여, 1544)와 같은 산부인과 관련 저술에서는 그림도 볼 수 있다. 이것이 거짓이라는 사실을 결정적으로 증명한 것은 William Harvey이다. Harvey는 *Exercitationes de generatione animalium*(동물의 발생에 관한 연구, 1651)에서 성교 뒤 여러 단계에서 자궁의 해부 결과들을 기술한

다. 예상했던 피 덩어리와 스페르마는 발견되지 않았다. Harvey 자신도 이 사실을 발견하고 엄청 당황했다. 그의 사후 오랜 시기가 지나도록 포유동물의 난자는 발견되지 않았기 때문이다. 이제 우리는 월경이 성적인 주기의 한 단계이고 보통 이 단계에 뒤이어 난소로부터 난자가 주기적으로 배출되고 이 난자가 수정되면 자궁벽에 달라붙는다는 사실을 알고 있다"(Peck).

20장

어떤 사람들은 암컷들에게도 수컷들이 느끼는 것과 유사한 희열이 727b33
생길 때가 있고 그와 동시에 축축한 것의 배출이 일어난다는 것을 이
유로 들어 암컷이 교접[286] 중에 스페르마를 제공한다고 생각한다. 하지 35
만 이 액체[287]는 스페르마의 성질을 가진 것이 아니라 각각의 암컷에게 728a

∴

286 교접(synousia, 727b34): I 1, 715a18에 대한 각주 참조.

287 액체(hygrasia, 727b36): "(액체가 분비되는) 부위는 자궁 입구 정면에 있다(II 4, 739a37). 그 액체가 오르가슴의 순간에 만들어진다는 사실(I 20, 727b35)을 함께 고려해보면, '액체'는 질액(vaginal mucus)과, 성적 흥분과 혈관 팽창이 이루어지면서 나오는 '땀(sweating)'일 것이라는 사실을 시사한다. 하지만 그 양은 수컷의 스페르마의 양보다 많지 않으며, 설령 많다고 해도 '많이 초과'하지는 않는다(I 20, 728a4~5). 액체가 백대하(leucorrhea)일 가능성도 있는데, 그 양은 상당히 많을 수 있다. 하지만 이 액체는 오르가슴의 순간에 나오는 것이 아니고 어린 소녀들의 경우에도 생긴다(II 4, 738b25). 세 번째로 '액체'는 이른바 여성 정액(female ejaculate)일 수 있는데, 사람들은 이것이 (남성의 전립선과 같은 조직으로 이루어진) 스케네 분비샘(Skene's

속한 부위에 고유한 물질이다. 왜냐하면 자궁에서 나오는 방출물이 있으며, 이것이 어떤 것들에게는 생기고 다른 것들에게는 생기지 않기 때문이다. 대다수의 경우 피부가 하얗고[288] 여성다운 외모를 갖는 것들에게는 그런 것이 생기고, 피부가 검고 남성다운 외모를 갖는 것들에게는 생기지 않는다. 암컷에게 그런 것이 생긴다면, 그 분량은 때때로 스페르마의 사출 양에 비할 수 없고 그 분량을 훨씬 초과한다. 또 음식이 달라지면 방출에 큰 차이를 낳아 방출의 양이 줄기도 하고 늘기도 한다. 예를 들어 어떤 매운 음식은 배출을 눈에 띄게 늘린다.

교접의 시점에 쾌감이 뒤따르는 것은 스페르마가 빠져나오기 때문만이 아니라 프네우마[289]가 빠져나오기 때문이기도 한데, 이 프네우마가 응집되면서[290] 스페르마가 빠져나온다. 이는 아직 스페르마를 내보낼 수 없지만 그럴 나이에 가까운 아이들이나 생식력 없는 남자들의 경우를 보면 명백하다. 왜냐하면 이들 모두에게는 수음을 통해 쾌감이 생기기 때문이다. 생식 능력을 상실한 사람들의 경우에도 잔여물이, 열

gland)에서 생산된다고 믿는다. 이 액체는, 스페르마는 포함하고 있지 않지만 화학적 구성에서는 정액과 유사하게 나타난다. 이 액체는 오르가슴의 순간에 방출되긴 하지만 양은 적다. 일부 여성들의 경우 전립선특이효소(PSA)와 섞인 소변이 오르가슴의 순간에 방출되고 양이 아주 많을 수 있다"(Reeve).

288 『동물지』 VII 2, 583a11 참조.

289 **프네우마**(pneuma): 다음 구절들을 참조: I 6, 718a4; 736a1; II 4, 738a1 등.

290 **응집되면서**(synistamenou, 728a11): synistanai는 더 단순한 것들이 합쳐져서 통일체를 만드는 작용(set together, combine)을 가리킨다. 배아를 형성하고 일정한 형태를 갖게 하는 과정에 대해서도 이 동사가 쓰인다. 이런 경우에는 '합성하다', '형성하다'로 옮길 수 있다. 하지만 그런 복잡한 유기체 형태가 아니라 스페르마와 같은 단순한 물질을 만들어내는 과정에 대해서도 같은 동사가 사용되는데 이 경우에는 '응집하다'가 적절한 번역어일 것이다. 이 번역에서는 '응집하다', '응집되다', '형성하다', '형성되다'는 말로 옮겼다.

처리를 거쳐 스페르마가 될 수 없는 상태에서 장(腸)으로 배출됨으로써 장의 부담이 해소될 때가 있다.[291]

아이는 형태에서도 여자를 닮았고 여자는 마치 정액이 없는 남자와 같다. 암컷의 특징은 '일종의 무능력'에 있는데,[292] 본성의 냉기 때문에 최후의 영양분(이것은 피, 또는 피 없는 동물들의 경우에는 그것에 대응하는 것이다)을 열처리해서 스페르마를 만들어낼 능력이 없는 것이 암컷의 특징이다. 그런데 열처리 부족 때문에 장에서 설사가 일어나는 것과 마찬가지로 혈관들 안에서 나머지 피 성분의 물질들[293]과 경혈의 흐름[294]이 생겨난다. 왜냐하면 경혈도 출혈이지만, 다른 것들은 질병에 의한 것인 데 반해 경혈은 본성적인 것이기 때문이다.

따라서 분명히 이것으로부터 발생이 일어나는 것은 이치에 맞다. 왜냐하면 경혈은 순수하지 않고 가공작업이 필요한 스페르마[295]이기 때문이다. 이는 열매가 생겨날 때와 사정이 똑같다.[296] 즉 영양분이 그 안에 있다고 하더라도 아직 정제되지[297] 않아서 순수해지기 위해 가공작업이 필요한 것과 마찬가지다. 따라서 경혈은 정액과 섞이고 이것은 순

291 I 20, 728a22에서 언급된 '설사(diarroia)'의 경우를 염두에 둔 말이다.

292 IV 1, 765b9 참조.

293 나머지 피 성분의 물질들(hai allai haimorroides, 728a23): 이 표현에 대해 여러 가지 번역이 있다. 'all discharges of blood'(Platt), 'discharges of blood of various sorts'(Peck), 'various hemorrhages'(Reeve). '치핵'에 대해서는 I 19, 727a12 이하 참조.

294 경혈의 흐름(hē tōn katamēniōn rhysis, 728a23): Peck을 따라 rhysis를 넣어 읽었다.

295 순수하지 않고 가공작업이 필요한 스페르마(sperma ou katharon alla deomenon ergasias, 728a26~27): III 3, 737a29 참조.

296 '영양분:열기:열매 = 경혈:스페르마의 작용:배아'의 대응 관계를 생각할 수 있다.

297 정제되지(diēthēmenē, 728a28): diēthēmenē는 '거르다', '여과하다(strain through, filter)'는 뜻의 동사 diēthein의 과거분사이다. 어떤 사람들은 diēttēmenē로 읽었는데, 이 분사의 원형 diattan 역시 '걸러내다(sift, riddle)'는 뜻이다.

수한 영양분과 섞이기 때문에[298] 한쪽은 낳고 다른 쪽은 영양분을 제공한다.[299]

성교 중 접촉에 의해서 수컷과 똑같은 부위에서 쾌감이 생긴다는 것도 암컷이 스페르마를 내보내지 못한다는 것을 보여주는 징표이다. (똑같은 부위에서 쾌감이 생긴다고 하더라도) 이들이 거기서 액체를 내보내는 것은 아니다.[300] 또 모든 암컷의 경우에 이런 방출이 일어나는 것은 아니고 피 있는 동물들에게서 그런 일이 일어나며, 또 이들 모두에게서 그런 것이 아니라 자궁이 횡격막 근처에 있지 않고 알을 낳지 않는 동
728b 물들의 경우에 그런 일이 일어나며,[301] 피가 아니라 그것에 대응하는 것을 가진 것들의 경우에도 경혈의 배출은 일어나지 않는다. 그런 동물들의 경우에는 피 있는 동물에게서 피에 해당하는 것이 다른 배합물[302]로 주어져 있다. 이것들이나 피 있는 동물들 가운데 앞서 말한 동물들, 즉 자궁을 아래쪽에 가지고 알을 낳지 않는 동물들에게서 월경이 일어나지 않는 원인은 몸의 건조함[303]에 있다. 그래서 잔여물을 남기지만, 생산에 충분할 뿐 밖으로 나오지 않을 정도로 적게 남긴다. 알을 품지

298 경혈이 스페르마와 섞여서 유용하게 된다는 말의 뜻에 대해서는 『정치학』 III 11, 1281b37 이하 참조: "모두 함께 모이면 충분한 감각을 갖고 (그렇지 못한 사람들도) 더 나은 사람들과 섞이면 국가를 이롭게 하기 때문이다. 이는 마치 순수하지 않은 영양분이 순수한 영양분과 함께 섞이면 그 전체가 적은 분량의 (순수한) 영양분보다 더 유용한 것과 마찬가지다." 두 종류의 영양분에 대해서는 II 6, 744b32 이하 참조. '순수한 영양분(kathara trophē)'에 대해서는 I 18, 725a17 이하 참조.

299 한쪽은 낳고 다른 쪽은 영양분을 제공한다(hē men gennai, hē de trophei, 728a30).

300 II 4, 739b15 참조.

301 I 20, 728b21 이하 참조.

302 다른 배합물(hetera synkrisis, 728b2).

303 몸의 건조함(hē xerotēs tōn sōmatōn, 728b5).

않고 새끼를 낳는 것들에게서는 — 사람을 비롯해서 뒷다리를 안쪽으로 굽히는[304] 네발동물들이 그렇다. 이들은 알을 품지 않고 새끼를 낳는다 — 모든 경우에 배출이 일어난다. 다만 노새[305]처럼 발생 과정에 무언가 결함이 있으면, 월경이 사람들에게서 그렇듯이 겉으로 드러나지 않는다. 각각의 동물의 경우에 이것들이 어떻게 일어나는지는 『동물지』에서 자세하게 기록했다.[306]

동물들 가운데 여자들이 월경의 양이 가장 많고, 남자들은 그들의 몸의 크기에 비하면 스페르마의 사출 양이 많다. 형성체로서 몸[307]이 축축하고 뜨거운 것이 그 원인인데, 그런 몸을 가진 경우 잔여물이 가장 많이 생길 수밖에 없기 때문이다. 또 사람들은 다른 동물들의 경우와 달리 잔여물이 흘러갈 만한 부분들이 없다. 그들은 몸 전체에 걸쳐 털의 양이 많지 않고, 뼈나 뿔이나 이빨이 몸 밖으로 뻗어 나오는 일들도 없기 때문이다.

경혈 안에 스페르마가 있다[308]는 데 대한 징표는 다음과 같다. 앞에

304 뒷다리를 안쪽으로 굽히는(kamptei ta opisthia skelē entos, 728b8~9): '안쪽으로(entos)'는 '몸의 중심부 쪽으로'를 뜻한다. 다음 구절들을 참조: 『동물이동론』 1, 704a19 이하; 12, 711a8 이하; 『동물지』 II 1, 498a3 이하.

305 노새(oreus, 728b11): II 8, 747a23 이하 참조.

306 『동물지』 VI 18, 572b29 이하 참조.

307 형성체로서 몸(hē tou sōmatos systasis, 728b16): 직역하면 '몸의 형성' 혹은 '몸의 형성체'이지만 사실은 몸 자체가 형성된 것임을 가리키는 표현으로 보아야 할 것이다. '체질'의 뜻으로 이해할 수 있다.

308 경혈 안에 스페르마가 있다(en tois katamēniois to sperma estin, 728b22): '암컷의 경혈이 수컷의 스페르마 역할을 한다'는 뜻이다. 아리스토텔레스는 I 18, 725b3에서 암컷이 "스페르마 성분의 잔여물"을 제공한다고 말한다. "경혈은 스페르마가 아니지만, 그럼에도 불구하고 일종의 스페르마이다(728a26 참고). 경혈에 대한 자신의 고유한 이론에도 불구하고, 아리스토텔레스는 아마도 그런 제한적인 뜻에서 암

서 말했듯이, 이 잔여물이 수컷들에게 생겨나면 그와 같은 나이에 암컷들에게도 경혈의 징표가 드러난다. 또 각각의 잔여물을 수용하는 부위들이 틈새를 드러내는 시점도 같다. 각 성별에서 인근 부위들이 팽창되면서[309] 음모가 무성해진다. 틈새가 드러낼 때가 오면 이 부위들이 프네우마의 작용에 의해서 솟아오른다. 수컷들의 경우에 고환 근처에서, 암컷들의 경우 젖가슴 근처에서 더 눈에 띄게 그런 징표가 드러난다. 왜냐하면 젖가슴이 손가락 두 개 높이로 솟아오르면, 대다수의 암컷들에게는 경혈이 생기기 때문이다.

생명은 있지만 암수 구별이 없는 것들의 경우 스페르마가 배아의 역할을 한다. 나는 암컷과 수컷으로부터 생겨난 최초의 혼합체[310]를 일컬어 '배아'라고 부른다. 그 때문에 한 톨의 밀알에서 한 줄기가 생겨나듯이 하나의 스페르마에서 한 몸이 생겨난다. 이는 알 하나에서 한 마리
729a 동물이 생겨나는 것과 같다(알들 가운데 쌍알[311]은 두 개의 알이다). 암컷과 수컷이 분화된 부류에서는 한 스페르마에서 많은 동물이 생겨날 수 있다. 이는 식물과 동물에서 스페르마가 다른 것과 마찬가지다.[312] 한 번에 새끼를 하나 이상 낳을 수 있는 능력을 가진 것들에게서 한 번

∴

컷의 스페르마에 대해 말하는 것일 것이다. 다음 구절들을 참고: 725b3, 737a28, 766b14"(Balme).

309 **팽창되면서**(araioumenon, 728b26): 해당 부위의 밀도가 낮아지면서 그 틈새에서 음모(trichōsis)(728b27)가 자람을 뜻한다. 앞 행의 '틈새를 드러내는(diistamenōn tōn topōn)'(728b25)도 그런 변화를 뜻한다.

310 **암컷과 수컷으로부터 생겨난 최초의 혼합체**(to prōton migma ek thēleos kai arrenos, 728b34): '배아(kyēma)'에 대한 정의이다.

311 **쌍알**(didyma, 728b36): IV 4, 770a13 참조.

312 I 18, 723b10과 I 20, 728a27 참조.

의 교미[313]로부터 새끼가 더 많이 생겨나는 것이 그것을 보여주는 징표이다. 그런 측면에서 보면 정액이 몸 전체에서 나오지 않는다는 것이 명백하다. 왜냐하면 (만일 정액이 몸 전체에서 나온다면) 정액이 동일한 부분에서 떨어져 분리된 상태에서 즉시 (여러 묶음으로 나뉘어) 배출될 수도 없을 것이고, 자궁에 들어가는 동시에 거기서 떨어져 분리될 수도 없을 것이기 때문이다.[314] 그런 일이 일어나는 이유는, 이치가 그렇듯이, 수컷은 형상과 운동의 원리를 제공하고 암컷이 몸과 질료를 제공하기[315] 때문이다. 이는 마치 젖이 응고될 때 젖은 몸이고 무화과즙이나 레닛은 응집의 원리를 갖고 있는 것[316]과 같다. 이와 같은 방식으로 수컷에게서 온 것이 암컷 안에서 분배된다.[317] (무슨 이유 때문에 어떤 때는 더 많은 수로, 어떤 때는 더 적은 수로, 어떤 때는 하나로 분배되는지는 또 다른 논의거리다.[318]) 하지만 (스페르마가 제공하는) 형상에는 아무 차이가 없어서, 나뉜 것이 질료와 균형을 이루기만 하면 새끼가 더 많이 생겨난다. 즉 분량이 너무 적어 질료를 열처리하지도 못하

313 교미(ocheia, 729a5): I 18, 715a18에 대한 각주 참조.

314 I 18, 722b28과 723b14 참조. 하나의 스페르마로부터 다수의 배아가 생긴다면, 범생설은 이를 어떻게 설명할 수 있을까? 정액 자체가 즉시 다수의 묶음으로 분리된다고 가정할 수도 없고, 자궁 안에 들어가서 그렇게 분리된다고 가정하는 것도 불가능하다.

315 수컷은 형상과 운동의 원리를 제공하고 암컷이 몸과 질료를 제공한다(to men arren parechetai to tē eidos kai tēn archēn tēs kinēseōs to de thēly to sōma kai tēn hylēn, 729a9~11): 다음 구절들을 참조: I 2, 716a2 이하; I 21, 729b8 이하, 730a27 이하; I 22, 730b8 이하; II 1, 732a3 이하; II 4, 738b20 이하, 740b24 이하; IV 1, 765b6 이하, 766b12 이하; IV 4, 771b18 이하.

316 응집의 원리를 갖고 있는 것(to tēn archēn echon tēn synistasan, 729a12~13): '무화과즙(opos)'과 '레닛(pyetia)'에 대한 이 말의 뜻에 대해서는 II 4, 739b23 이하 참조.

317 I 19, 726b5에 대한 각주 참조.

318 IV 4, 771b14 이하 참조.

고 형성시키지도 못할 정도가 아니고 너무 많아 질료를 말려버릴 정도가 아니라면 새끼가 더 많이 생겨난다.[319] 처음 (스페르마가 질료를) 형성할 때 형성하는 그것이 하나이면, 그로부터 하나밖에 생기지 않는다.

암컷은 발생을 위해서 정액을 제공하지 않고 다른 어떤 것을 제공하며, 이것은 경혈이라는 형성체[320]이고 피 없는 동물들의 경우에는 그에 대응하는 것이다. 이 사실은 이론에 따라 보편적으로 탐색하는 사람들에게도 이제껏 말한 것들로부터 명백하다. 낳는 것과 (발생의) 출처[321]가 필연적으로 있어야 하고, 설령 그 둘이 하나라고 하더라도[322] 적어도 형상에서 차이가 나고 그것들의 로고스가 다르다는 점에서 달라야 한다. 그리고 그 두 능력을 따로 분리해 갖는 것들의 경우, 작용하는 것과 작용받는 것[323]은 신체뿐만 아니라 본성도 달라야 한다. 그런데 수컷이 운동을 낳고 능동적으로 작용하는 역할을 한다면, 암컷은 —

---

319 "스페르마가 독립된 묶음들로 나뉘면, 각 묶음은 주변의 질료 묶음에 동일한 운동을 일으킨다. 그 결과 묶음의 수만큼 많은 새끼가 생겨난다"(Balme). IV 4, 772a12 참조.

320 경혈이라는 형성체(hē tōn katamēniōn systasis, 729a22): I 2, 716a9과 I 20, 728b16에 대한 각주 참조.

321 낳는 것과 (발생의) 출처(to gennōn kai ex hou, 729a25): 각각 스페르마와 경혈보다는 수컷과 암컷을 가리키는 것으로 보아야 할 것이다. 이는 '만일 그 둘이 하나라고 하더라도'라는 표현이 자웅동체 동물을 가리킨다는 데서 확인된다. I 2, 716a22에서는 '수컷'과 '암컷'을 가리키는 낱말로 각각 '낳는 것'과 '발생의 출처'(ex hou, 축자적 의미는 '~으로부터')가 쓰였다. 이에 따르면 자웅동체 동물조차 '적어도 형상에서 차이가 나고 그것들의 로고스가 다르다'는 말은 수컷과 암컷이 겉으로 드러나는 감각적 '형상(eidos)'이나 '로고스(logos)', 즉 정의에서 차이가 난다는 사실을 뜻한다. 암수에서 나타나는 정의 차이와 감각적인 차이에 대해서는 I 1, 716a17 이하 참조.

322 즉 자웅동체라고 하더라도. 식물의 경우가 그렇다.

323 작용하는 것(to poioun, 729a28), 작용받는 것(to paschon): 수컷과 암컷은 각각 '작용할 수 있는 것(to poiētikon)'과 '작용받을 수 있는 것(to pathētikon)'이라고도 불린다. I 21, 729b12 이하 참조.

암컷인 한에서 — 작용받는 역할을 한다. 그래서 암컷은 정액이 아니라 질료를 수컷의 정액에 제공할 수 있을 것이다. 분명히 이런 일이 일어난다. 경혈의 본성은 첫째 질료[324]에 해당한다.

324 첫째 질료(protē hylē, 729a32): '동질적인 부분들'이나 '비동질적인 부분들'은 몸 전체의 질료이지만 그런 부분들의 질료 역할을 하는 것은 경혈이다. I 1, 715a9 이하 참조.

21장

(C) 추가

(a) 발생 이론에 대한 세부적 논의

729a34 이런 문제들에 대해서는 이런 방식으로 규정된 것으로 하자. 그와 동시에, 이어서 더 살펴보아야 할 것들이 무엇인지도 그로부터 분명하
729b 다. 즉 수컷은 도대체 어떻게 발생에 기여하는가? 그리고 수컷에게서 나오는 스페르마가 어떻게 생겨나는 것의 원인인가? 즉 스페르마는 암컷에게서 오는 질료와 혼합되어 생겨나는 신체 안에 내재하면서 직접 그것의 부분을 이룬다는 뜻에서 원인인가, 아니면 스페르마의 본체는 (발생에) 전혀 관여하지 않고 오직 그 안에 있는 능력과 운동[325]만 관여

325 스페르마의 본체(to sōma tou spermatos, 729b5)와 그 안에 있는 능력과 운동

하는가? 이렇게 말하는 이유는 이 능력과 운동은 능동적으로 작용하는 것인 데 반해, 암컷 안에 있는 잔여물의 나머지 부분은 형성되어 형태를 얻는 것[326]이기 때문이다.

이론적으로나 사실적으로나[327] 그런 것이 분명하다. 왜냐하면 보편적으로 더 살펴보면, 분명히 작용받을 수 있는 것과 작용할 수 있는 것으로부터 하나가 생겨나는 것은 작용하는 것이 생겨나는 것 안에 내재하기 때문이 아니며, 일반적으로 운동하는 것과 운동을 낳는 것으로부터도 그렇게 하나가 생겨나는 것은 아니기 때문이다. 그와 달리 암컷은 암컷인 한에서[328] 작용받을 수 있는 것이고, 수컷은 수컷인 한에서 작용할 수 있는 것이자 운동이 시작되는 출처이다. 따라서 그 두 극단이 — 한쪽은 작용할 수 있는 것이자 운동을 낳는 것이고, 다른 쪽은 작용받을 수 있는 것이고 운동하는 것인 한 그렇게 부를 수 있다 — 취해진다면, 그것들로부터 생겨나는 것이 하나가 되는 것은 아니다. 오히려 그것들이 하나가 되는 것은 목수와 나무로부터 침대가 생겨나고 밀랍과 형상으로부터 구형체가 생겨나는 것과 같은 방식으로 이루어진다. 이로부터 다음과 같은 사실도 명백해진다. 즉 필연적으로 수컷으로부터 무언가 밖으로 나와야 할 필요는 없다. 또 만일 어떤 것이 밖으로 나온다면, 바로 그 점 때문에 그것은 생겨나는 것의 출처가 되지만, 내재적인 부분이라는 뜻에서가 아니라 운동을 낳는 것과 형상이라는 뜻

(dynamis kai kinēsis)의 구별에 대해서는 I 19, 726b20 참조.

326 형성되어 형태를 얻는 것(to synistamenon kai lambanon tēn morphēn, 729b7): 배아와 동물의 '형성 과정(synistasthai)'은 형태(morphē)를 얻는 과정이기도 하다.

327 이론적으로나 사실적으로나(kata ton logon… epi ton ergon, 729b22): I 21, 729b21 참조.

328 I 2, 716a27 이하 참조.

에서[329] 그런 역할을 한다. 이는 마치 건강해진 사람이 의술로부터 건강해졌다고 말할 때와 같다.

이 이론에 일치하는 일들이 실제 사례들에서도 일어난다. 바로 이런 이유에서 수컷들 중 일부는 암컷과 짝짓기를 할 때 분명히 어떤 부분도 암컷의 몸 안에 삽입하지 않고 반대로 암컷이 수컷 안으로 몸의 일부를 삽입하는데, 이런 일이 몇몇 곤충들에게 (실제로) 일어난다.[330] 왜냐하면 그런 동물들의 경우, 스페르마를 내놓는 동물들에게서 스페르마가 암컷의 몸 안에서 만들어내는 것을 동물 자체 안에 있는 열기와 능력이 만들어내기 때문인데, 이는 암컷이 잔여물을 수용하는 부분을 (수컷의 몸에) 삽입함으로써 이루어진다. 그리고 이런 이유 때문에 이런 종류의 동물들은 긴 시간 동안 몸을 붙이고 있고, 몸이 떨어지면 금방 (무언가를) 낳는다. 왜냐하면 몸의 결합은, 정액이 그렇듯이, 형성해내는 과정을 끝낼 때까지[331] 지속되기 때문이다. 반면에 붙었던 몸이 떨어지면 즉시 배아를 내놓는다. 왜냐하면 (그렇게 생산하는 동물들은) 불완전한 상태로 배아를 낳기 때문이다. 즉 그런 동물들은 모두 애벌레를 낳는다.[332]

새들과 알을 낳는 물고기들의 부류에서 일어나는 일은, 스페르마가

329 **운동을 낳는 것과 형상이라는 뜻에서**(hōs ek kinēsantos kai tou eidous, 729b20): 암컷과 수컷의 역할에 대한 I 20, 729a9~11의 발언을 참조.

330 I 18, 723b27 이하와 I 16, 721a13 이하 참조.

331 **형성해내는 과정을 끝낼 때까지**(mechri hou an systēsēi, 729b31): '수컷의 몸 안에 있는 능력이 암컷 안에 있는 질료를 굳혀서 형태를 부여할 때까지'를 뜻한다. '수정이 이루어질 때까지'라고 바꿔 말할 수도 있겠다.

332 **애벌레를 낳는다**(skōlēkotokei, 729b32): '애벌레(skōlēx)'의 불완전함에 대해서는 II 1, 733b13 이하와 III 3, 754a31 이하 등을 참조.

모든 부분에서 나오지 않고 수컷이 생겨난 것 안에 내재하는 그런 어떤 부분을 내놓지도 않으며 단지 정액 안에 있는 능력을 통해서 생명을 부여한다[333]는 것을 보여주는 가장 큰 징표인데, 이는 암컷이 수컷의 몸 안에 어떤 부분을 삽입하는 곤충들의 경우를 놓고 이야기한 바와 같다. 암탉이 무정란[334]을 품고 그 뒤 알이 완전히 노란 상태에서 하얗게 되도록 변화를 겪기 전에 짝짓기를 하면, 그 알은 무정란이 아니며 생식력을 갖게 된다. 그런데 암탉이 또 다른 수탉과 짝짓기를 하고 (알이) 아직 노란 상태라면,[335] 새끼들의 무리 전체[336]는 나중에 짝짓기를 한 수탉의 형질을 받고 태어난다. 이런 이유에서 혈통이 좋은 새들을 얻으려 애쓰는 사람들 가운데 어떤 사람들은 처음 씨수컷과 나중의 씨수컷을 바꾸면서[337] 그런 방식으로 작업한다. 그 이유는 그들이 스페르마가 알과 섞여서 (알 안에) 내재한다고 생각하지도 않고, 스페르마가 몸 전체에서 나온다고 생각하지도 않기 때문이다. 그렇지 않다면, 두 마리 수탉에게서 스페르마가 나와서 새끼는 똑같은 부분들을 이중으로 가질 것이기 때문이다. 하지만 수컷의 스페르마는 능력을 통해서 암컷 안에 있는 질료와 영양분을 어떤 종류의 개체로 '조립한다'.[338] 나중에 추

333 원문의 zōiopoiein(730a2)은 '동물을 만들어낸다'는 뜻이다.

334 무정란(hypēnemia, 730a4): III 1, 751b1 이하 참조.

335 III 7, 757b2 이하 참조.

336 새끼들의 무리 전체(to genos pan to tōn neottōn, 730a9): 같은 어미닭에게서 생겨난 병아리 무리를 가리킨다.

337 처음 씨수컷과 나중의 씨수컷을 바꾸면서(metaballontes ta prōta ocheia kai ta hystera, 730a10~11): 직역하면 '처음 교미와 나중의 교미를 바꾸면서'이다.

338 어떤 종류의 개체로 조립한다(poian tina kataskeuazei, 730a15): kataskeuazein은 본래 장비를 '조립하다', '만들다'는 뜻이다. 『동물발생론』에서는 이 단어가 여기서 한 번 쓰였다.

가로 들어온 스페르마가 뜨겁게 하고 열처리를 함으로써 이런 일을 행할 수 있다. 알은 자라는 기간 동안 영양분을 취하기 때문이다.[339]

알을 낳는 물고기들의 발생 과정에서도 똑같은 일이 일어난다. 왜냐하면 암컷이 알을 낳아놓으면 수컷이 어백을 뿌리기 때문이다. 이 어백이 접촉한 알들은 생식력을 갖고, 그렇지 않은 것들은 생식력을 갖지 못한다. 수컷은 양적인 측면에서가 아니라 질적인 측면에서 새로 생기는 동물들에게 기여하기 때문이다.

지금까지의 이야기로부터 다음과 같은 사실이 명백하다. 스페르마를 배출하는 동물들의 경우에 스페르마는 몸 전체에서 나오지 않는다. 또 발생을 위해서 암컷이 형성되는 것들에 기여하는 방식은 수컷이 기여하는 방식과 똑같지 않고, 수컷은 운동의 원리를, 암컷은 질료를 제공한다. 이런 이유에서 암컷 혼자 그 자체로서 낳지 못하는데, 암컷은 (새끼를 낳기 위해서) 원리, 즉 장차 (질료에) 운동을 낳고 분화를 일으킬 것[340]을 필요로 한다. (하지만 새들과 같은 일부 동물들의 경우 일정한

339 알은 자라는 동안 영양분을 취하는데 스페르마는 본래 암컷으로부터 주어진 질료와 나중에 추가되는 영양분을 모두 어떤 종류의 개체들로 조직한다.

340 장차 운동을 낳고 분화를 일으킬 것(to kinēson kai dihorioun, 730a29): dihorioun은 dihorizein의 미래분사이다. dihorizein은 어떤 것의 '내용이나 의미를 밝혀 정하다,' '규정하다'라는 뜻으로 자주 쓰인다. 하지만 dihorizein은 본래 '경계(horos)를 나누다,' 즉 '구획하다'의 뜻이다. 『동물발생론』에서 dihorizein은 이런 구체적인 뜻으로, 즉 형태가 없는 질료를 경계를 가지고 분화된 여러 부분들을 가진 하나의 유기체를 만드는 스페르마의 작용을 가리키는 낱말로 자주 쓰인다. 예를 들어 740a17, 741b37, 768b27 등을 참조. 무형의 질료인 경혈은 그렇게 스페르마의 작용에 의해 분화되어 '정의(horismos)' 내용에 부합하는 종적인 개체가 된다(742a13 참조). 스페르마가 '로고스를 제공한다'는 말(732a5 참조) 역시 같은 맥락에서 이해할 수 있다. 730a29의 구절에 대한 다음 번역들을 참조: "a principle, i. e. something to begin the movement in the embryo and to define the form it is to

시점까지 자연이 발생을 이끌 수 있다. 왜냐하면 이런 동물들은 무언가를 형성해내지만, 이른바 불완전한 상태의 무정란을 형성해내기 때문이다.)

••

assume"(Platt); "some source or principle to supply the material with movement and to determine its character"(Peck); "somethig that will cause movement and give definition"(Reeve).

22장

(b) 암컷 혼자서는 낳을 수 없다

730a32 생겨나는 것들의 발생 과정은 암컷 안에서 일어난다. 하지만 수컷의
730b 몸 안으로 수컷이나 암컷이 정액을 배출하는 일은 없고, 둘 다 자신들에게서 생겨나는 것을 암컷의 몸 안에 제공하는데, 그 이유는 '제작되는 것'[341]의 출처인 질료가 암컷 안에 들어 있기 때문이다. 그리고 최초의 배아가 형성될 때 그 출처가 되는 질료는 처음부터 양이 충분히 주어져 있어야 하고, 배태된 것[342]이 자라기 위해서는 항상 질료가 추가되어야 한다. 따라서 출산은 암컷 안에서 이루어질 수밖에 없다. 왜냐

341 경혈이 제작되는 것(to dēmiourgoumenon, 730b2)이라면, 스페르마는 제작하는 것(to dēmiourgoun), 제작자(dēmiourgos)이다. I 18, 722b2에 대한 각주 참조.

342 최초의 배아(to kyēma to prōton, 730b3), 배태된 것(to kyoumenon, 730b4): 이 둘은 똑같은 것을 가리킨다.

하면 목수는 목재에, 도기장이는 진흙에, 일반적으로 모든 가공작업과 최종적인 운동은 질료에 관계해야 하는데, 예를 들어 집짓기는 지어지는 것들 안에서 이루어진다.

이로부터 우리는 수컷이 어떻게 발생에 기여하는지도 파악할 수 있겠다. 모든 수컷이 스페르마를 내보내는 것은 아니고, 수컷들 가운데 스페르마를 내보내는 것들의 경우에도 스페르마는 생겨나는 배아의 어떤 부분도 되지 않는다. 이는 마치 목수에게서 목재들로 이루어진 질료에 덧붙여질 것이 아무것도 나오지 않고 목공술의 어떤 부분도 생겨나는 것 안에 속해 있지 않으며, 형태와 형상이 목수로부터 운동을 통해 질료 안에 생겨나는[343] 것과 마찬가지다. 형상을 가진 영혼과 앎[344]은 일정한 성질의 운동을 제공해서 — 생겨나는 것이 다르면 이 운동이 다르고, 생겨나는 것이 같으면 운동이 같다 — 두 손이나 다른 어떤 부분을 운동하게 하고, 두 손은 도구들을, 도구들은 질료를 그런 방식으로 운동하게 한다.

이와 같이 스페르마를 내보내는 동물들에게 속한 수컷의 본성은 스페르마를 도구이자 현실적으로 운동을 갖는 것으로서 사용하는데, 이는 기술에 따라서 생겨나는 것들에게서 도구들이 운동하는 것과 마찬가지다. 왜냐하면 이 도구들 안에는 어떤 뜻에서 '기술의 운동'[345]이 들

343 형태와 형상이 목수로부터 운동을 통해 질료 안에 생겨난다(hē morphē kai to eidos ap' ekeinou engignetai dia tēs kinēseōs en tēi hylēi, 730b14~15): 이 말은 동물의 발생 과정과 기술적 제작 과정의 평행성을 요약한다.

344 형상을 가진 영혼(hē psychē en hēi to eidos, 730b15~16), 앎(epistēmē): 기술적인 앎에서 비롯되는 운동에 대해서는 『형이상학』 VII 7, 1032a27 이하와 『동물부분론』 I 1, 639b16~641a14 참조.

345 기술의 운동(hē kinēsis tēs technēs, 730b22): 예를 들어 목공술이 연장들을 통해 실

어 있기 때문이다. 그런데 스페르마를 내보내는 동물들은 이런 방식으로 발생에 기여하지만, 스페르마를 내보내지 않고 암컷이 수컷의 몸 안에 자신에 속한 부분들 가운데 어떤 부분을 삽입하는 동물들은, 마치 어떤 사람이 제작자[346]에게 질료를 가져갈 때 만들어내는 사람과 유사하게 작용한다. 왜냐하면 그런 종류의 수컷들은 허약함 탓에 다른 것들을 도구로 삼아서는 본성이 할 수 있는 것들을 전혀 할 수 없고, 이 본성 자체가 질료와 직접 접촉할 때 운동들이 겨우 힘을 행사하기 때문인데, 이는 목수들이 아니라 도공들과 닮았다.[347] 그때 본성은 다른 어떤 것을 도구로 삼아 접촉을 통해서 형성체를 제작하는 것이 아니라, 그 자체가 자신에게 속한 부분들을 통해서 제작하기 때문이다.[348]

현되듯이 '기술의 운동'은 기술을 실현하는 도구들의 운동이다. II 1, 735a1의 '기술의 로고스를 가진, 도구들의 운동(hē kinēsis hē ton organon echousa logon tēs technēs)'을 참조.

346 제작자(dēmiourgos, 730b27): I 18, 722b2에 대한 각주 참조.

347 이는 목수들이 아니라 도공들과 닮았다(kai eoike tois plattousin, ou tois tektainomenois, 730b30): 목수들은 연장을 가지고 작업하지만(tektainesthai) 도공들은 직접 손으로 흙을 만지면서 모양을 만든다(plassein).

348 목수들과 '흙에 형태를 부여하는 사람들(hoi plattontes)', 즉 도공들은 모두 '제작자'라는 점에서는 똑같다. 하지만 한쪽은 제작 과정에서 다른 연장들을 사용하고, 다른 한쪽은 직접 신체의 부분들을 이용해서 작업한다.

23장

(c) 동물과 식물의 비교

그런데 이동 능력이 있는 모든 동물의 경우 암컷과 수컷이 떨어져 730b33
있고 암컷 동물과 수컷 동물은 다르지만 종이 동일하다.[349] 예를 들어
양쪽 모두 사람이거나 말이다. 반면에 식물들에게는 그 두 능력이 섞여 731a
서 암수가 떨어져 있지 않다. 이런 이유에서 그것들은 그 자체로서 자
기 자신으로부터 생산을 하며, 생식액이 아니라 배아를 내놓는데,[350]
사람들은 이것을 일컬어 '스페르마'라고 부른다. 이것도 엠페도클레스
가 시적인 말로 잘 표현했다.

349 종이 동일하다(tōi eidei tauton, 730b35): II 8, 747b31의 '동종의(homoeidēs)'와 같은 뜻이다.

350 식물의 스페르마, 즉 씨는 그 자체가 '배아'이다.

"이렇게 커다란 나무들이 알을 낳는다. 처음에는 올리브가…"

이렇게 말하는 이유는 알이 배아이기 때문인데, 그 안에 있는 무언가로부터 생명체가 생겨나지만 나머지는 영양분이고, 스페르마의 부분으로부터 식물이 자라며 나머지는 싹이나 첫 뿌리의 영양분이 된다.

어떤 측면에서 보면 이와 똑같은 일이 암컷과 수컷을 따로 갖는 동물들에게서도 일어난다. 왜냐하면 생산을 해야 할 경우 암컷과 수컷은 — 식물들의 경우처럼 — 떨어져 있을 수 없게 되고, 그것들의 본성이 하나가 되기를 '바라기'[351] 때문이다. 바로 이 점은 [즉 그 둘로부터 하나의 동물처럼 되는 것은] 그들이 섞여서 짝짓기를 할 때 분명히 나타난다.

스페르마를 내놓지 않는 동물들은 배아가 형성될 때까지 오랜 시간 동안 붙어 있는데, 예를 들어 곤충들 가운데 짝짓기를 하는 것들이 그렇다. 반면에 어떤 것들은 수컷이 그 자신에게 속한 주입 가능한 부분들 중 어떤 것[352]을 내보낼 때까지 붙어 있는데, 이것은 더 오랜 시간에 걸쳐 배아를 형성해낸다. 예를 들어 피 있는 동물들의 경우에 그렇다. 이렇게 말하는 이유는 앞의 동물들이 하루의 일정 부분 동안 서로

351 그것들의 본성이 하나가 되기를 바라기(bouletai hē physis auton hen gignesthai, 731a12): 『동물발생론』에서는 '자연', '본성'이라는 뜻의 physis나 그 밖의 다른 사물이 주어인 문장에서 '바라다'라는 뜻의 동사 boulesthai가 쓰이는 경우가 자주 있다. 물론 그런 경우 이 동사는 어떤 것에 속한 본성적 경향성을 가리킨다. 본래적인 의미의 '바라다(boulesthai)'나 '바람(boulēsis)'은 이성적 욕망으로서 이성을 가진 존재에게만 속한다. 이런 엄밀한 뜻에서의 boulesis에 대해서는 다음 구절들을 참조: 『영혼론』 III 9, 432b5, 433a23; 『니코마코스윤리학』 III 2, 1111b11 이하; III 4, 1113a15 등.

352 즉 정액(gonē) 혹은 스페르마.

붙어 있는 데 반해, 정액은 여러 날에 걸쳐 (배아를) 형성해내기 때문이다. (수컷이) 이런 성질을 가진 것을 내보내면 (암컷과 수컷이) 서로 떨어진다. 사실, (짝짓기를 마친) 동물들은 나뉜 식물들과 닮았다. 이는 누군가 식물들이 씨를 배출한 뒤 그것들을 둘로 나누어 그 안에 있는 암컷과 수컷으로 떼어놓은 것과 같을 것이다.[353]

자연은 이 모든 일도 이치에 맞게 '제작한다.'[354] 식물들의 본질[355]에는 스페르마의 생산 이외에 다른 기능이나 활동이 속하지 않는다. 따라서 이것은 암컷과 수컷의 짝짓기를 통해서 일어나기 때문에, 자연은 둘을 섞어서 함께 붙여놓았다. 그래서 식물들의 경우 암컷과 수컷은 따로 떨어져 있지 않다. 하지만 식물들에 대해서는 다른 곳에서[356] 살펴보았다. 반면에 동물의 경우 단지 생산을 위한 기능만이 — 이 기능은 살아 있는 모든 것에 공통적인 것이다 — 속하는 것이 아니다. 그뿐만 아니라 모든 동물은 일종의 앎[357]을 가지는데, 어떤 것들은 더 많이, 어떤 것들은 더 적게, 또 어떤 것들은 앎을 아주 적게 갖는다. 왜냐하면 모든 동물은 감각을 갖기 때문인데, 감각은 일종의 앎이다. 이런 종류의 앎이 갖는 고귀함과 미천함은 실천적 지혜[358]와 비교하는가, 생명이

353 교미를 위해서 붙어 있는 암수는 암수동체 식물과 같고, 교미 이후에 암수가 떨어지면 이는 암수동체 식물이 암과 수로 나뉘는 것과 같다는 뜻이다.

354 제작한다(dēmiourgei, 731a24): I 18, 722b2에 대한 각주 참조.

355 식물들의 본질(tōn phytōn ousia, 731a25): 이 기능에 대해서는 I 3, 717a20 참조.

356 언급된 저술은 전해지지 않는다. 하지만 이 저술은 I 1, 716a1~2와 V 3, 783b20~24에서도 언급된다.

357 일종의 앎(gnōsis tis, 731a34): 이하에서 언급되듯이 모든 동물은 감각을 갖는데, 감각은 일종의 앎이다. 참조: II 1, 732a13; II 3, 736a30.

358 실천적 지혜(phronēsis, 731a35): 동물의 '실천적 지혜'에 대해서는 III 2, 753a7 이하 참조.

731b 없는 것들의 부류와 비교하는가에 따라 큰 차이가 난다. 왜냐하면 실천적 사유활동[359]과 비교해보면 단순히 촉각과 미각을 갖는 것은 아무것도 아닌 것처럼 여겨지지만, 무감각에 비하면 그것은 더없이 훌륭한 것으로[360] 여겨질 것이기 때문이다. 사람들은 죽어서 비존재[361]의 상태에 있기보다는 이런 앎을 갖기를 선호할 것이다. 동물들은 감각을 갖고 있다는 점에서 단순히 살아 있는 것들과 차이가 나기 때문이다. 하지만 동물은 동물인 한에서 살아 있어야 하기 때문에, 살아 있는 것의 기능을 수행해야 할 경우 짝을 지어 교합하면서 — 앞서 말한 바와 같이 — 식물과 같은 상태가 된다.

동물들 가운데 유각류[362]는 동물과 식물의 중간 상태에 있다. 양쪽 부류에 속해 있어서 둘 중 어느 하나의 기능도 수행하지 못한다. 즉 한편으로는 식물로서 암수의 구별이 없어서 다른 개체 안에 (새로운 개체를) 낳지 못하고, 다른 한편으로는 동물로서 — 식물처럼 — 혼자 힘으로 열매를 내지 못하며, 흙 성분의 어떤 축축한 형성체로부터 형성되고 생겨난다. 하지만 이런 것들의 발생에 대해서는 나중에[363] 이야기해야 한다.

359 사유활동(phronein, 731b1): phronein의 동사적 의미를 살려 '실천적 사유활동'이라고 옮겼다.

360 무감각에 비하면 그것은 더없이 훌륭한 것으로(pros de anaisthēsian beltiston, 731b2): OCT는 pros de phyton ē lithon thaumasion(식물이나 돌에 비하면 놀랍다)로 읽었다.

361 비존재(mē on, 731b4).

362 유각류(ta ostrakoderma): III 11, 761a13 이하와 763a25 이하 참조.

363 III 11 참조.

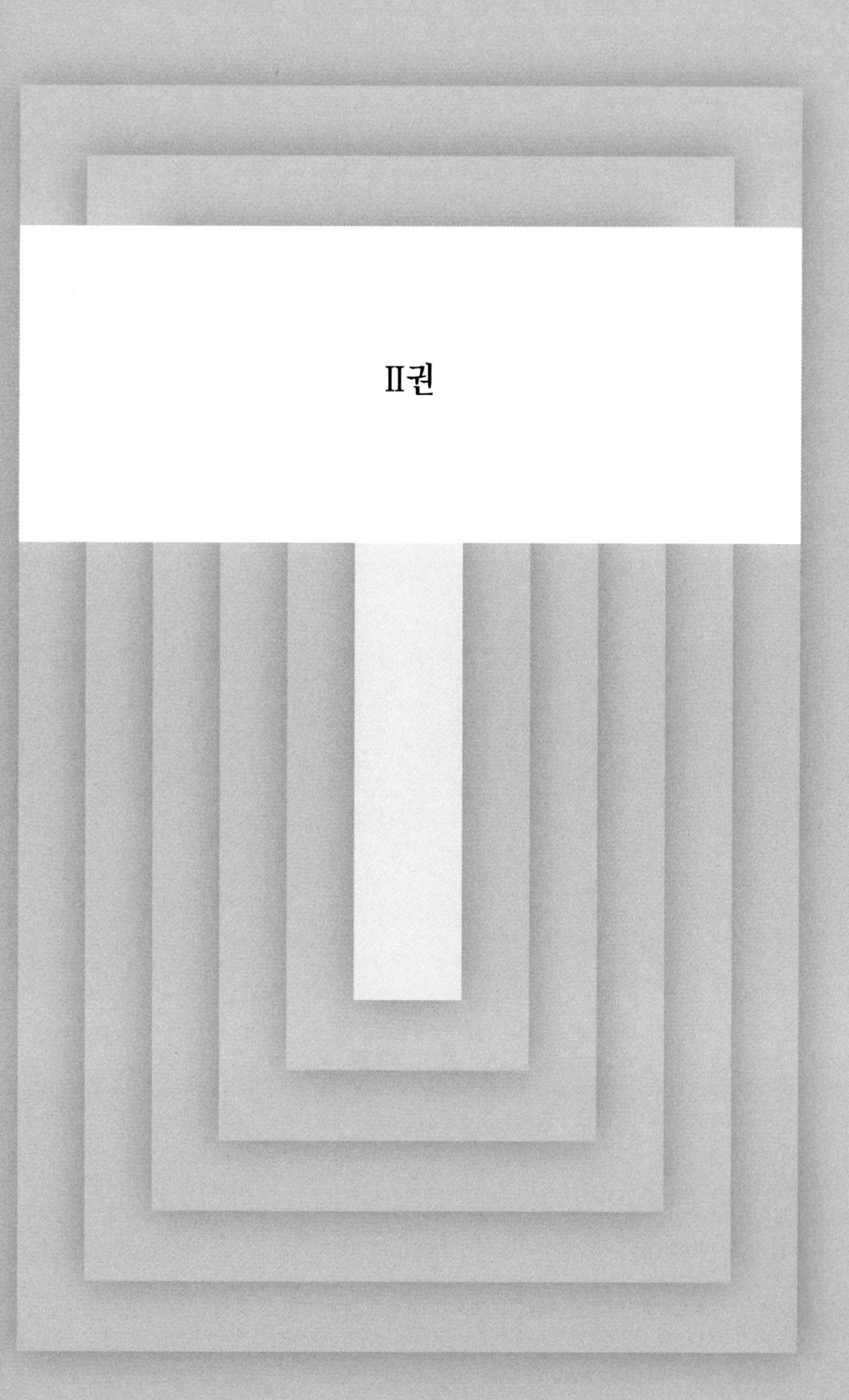

II권

1장

(D) 성별의 목적

암컷과 수컷이 발생의 원리들이라는 것과 그것들 각각의 능력과 본질의 로고스[1]가 무엇인지는 앞에서 이야기했다. 왜 어떤 것은 암컷이 되고 어떤 것은 수컷이 되며, 왜 암수의 구별이 있는지, 이 물음에 대해서 우리는 한편으로는 필연성으로부터, 즉 첫째 운동인과 일정한 성질의 질료를 출발점으로 삼아 설명을 제시해야 하지만, 다른 한편으로 더 좋은 것과 지향점이라는 뜻의 원인[2]에 의한 설명은 높은 곳으로부

1 본질의 로고스(logos tēs ousias, 731b19~20): I 1, 715a5에 대한 각주 참조.

2 필연성(anankē, 731b21), 더 좋은 것(to beltion, b23), 지향점이라는 뜻의 원인(hē aitia hē heneka tinos): I 4, 717a16에 대한 각주 참조. Peck은 '높은 곳으로부터(anothen)'가 자연세계 전체의 운동인인 신을 가리키는 것으로 보지만, Balme은 '보다 일반적인 뜻의 목적인(a more general final cause)'을 가리키는 것으로 생각한다.

터 원리를 취한다.

그 이유는 이렇다. 있는 것들 가운데 어떤 것들은 영원하고 신적이지만, 어떤 것들은 있을 수도 있지 않을 수도 있다. 그런데 아름다운 것과 신적인 것은 그 자신의 본성에 따라서 항상, 달리 있을 수 있는 것들 가운데서 더 좋은 것의 원인이 되는 데 반해, 영원하지 않은 것은 있을 수도 있고 있지 않을 수도 있으며 더 나쁜 쪽으로나 더 좋은 쪽으로 변화할 수 있는 가능성을 가지고 있다. 그런데 영혼이 신체보다 더 좋고 영혼이 있는 것은 영혼 덕분에 영혼이 없는 것[3]보다 더 좋으며, 있음은 있지 않음보다 더 좋으며 살아 있음은 살아 있지 않음보다 더 좋다. 바로 이런 이유들 때문에 동물들의 발생이 있다. 왜냐하면 그런 성질을 가진 유의 본성[4]은 영원할 수 없기 때문에, 그것이 해낼 수 있는 방식에 따라서 생겨나는 것은 영원하기 때문이다. 그런데 수적으로 그렇기는[5] 불가능하지만 — 있는 것들 가운데 실체는 개별자[6]에 있기 때문인데, 만일 어떤 것이 영원하다면 바로 그런 것이 영원할 것이다[7] — 종적으로 영원히 존재할 수 있다.[8] 이런 이유에서 사람들의 유와 동물들의

3 **영혼이 있는 것**(to empsychon, 731b29), **영혼이 없는 것**(to apsychon): 각각 '생명이 있는 것'과 '생명이 없는 것'과 같은 뜻으로 쓰인다. I 18, 722b22에 대한 각주 참조.

4 **그런 성질을 가진 유의 본성**(hē physis tou toioutou genous, 731b32): 있을 수도 있고 있지 않을 수도 있는 가능성을 가진 것을 가리킨다.

5 즉 수적으로 혹은 하나의 개체로서 영원히 존속하는 것.

6 **개별자**(to kath' hekaston, 731b34)로서의 '실체(ousia)'에 대해서는 IV 3, 767b33~34, 768a13, b13, 769b13 참조. 『형이상학』 VII 1, 1028a27과 VII 15, 1039b28 등도 함께 참조.

7 만일 있는 것들 가운데 영원한 어떤 것이 존재한다면 개별적 실체가 그럴 것이라는 말이다.

8 **종적으로 영원히 존재할 수 있다**(eidei d' endechetai, 731b35): 『영혼론』 II 4, 415a25 이하 참조.

유와 식물들의 유는 영원하다. 그런데 암컷과 수컷이 이것들의 원리이기 때문에, 암컷과 수컷의 구별을 가진 것들 안에는 발생을 위해서 암컷과 수컷이 있을 것이다. 운동을 낳는 첫째 원인은 — 그 안에 로고스와 형상[9]이 내재한다 — 본성상 질료보다 더 좋고 더 신적이기 때문에 더 우월한 것이 더 열등한 것과 떨어져 있는 것이 더 좋다. 이런 이유 때문에 암수의 구별이 가능한 것들에게는 그 구별이 가능한 만큼, 수컷은 암컷과 떨어져 있다. 왜냐하면 [수컷인] 운동의 원인은 생겨나는 것들을 위해서 더 좋고 더 신적이기 때문인데, 암컷은 질료이다. 수컷은 가공작업을 위해서 암컷과 짝을 지어 교합한다. 이 활동은 그 둘 모두에 공통적이기 때문이다.

[(어떤 것들은) 암컷과 수컷의 성질을 함께 가짐으로써 살아 있고, 그런 이유에서 식물들도 생명[10]이 있다. 동물들의 부류는 감각에 의해서 존재한다.[11] 이들 가운데 이동 능력이 있는 거의 모든 동물에게서는 앞서 말한 원인들 때문에 암컷과 수컷이 떨어져 있다. 그리고 이들 중 어떤 것들은 짝짓기를 할 때, 앞서 말했듯이, 스페르마를 내놓고 어떤 것들은 내놓지 않는다. 더 고귀한 동물들은 본성상 더 자족적이기도 해

9 **로고스와 형상**(ho logos kai to eidos, 732a5): 여기서 '로고스'는 '말'이 아니라 질료 안에 형상으로서 실현되어야 할 형상적 원리를 가리킨다. 이런 로고스가 '운동을 낳는 첫째 원인(hē aitia hē kinousē prōtē)'(732a4)에 내재한다는 말의 뜻에 대해서는 II 1, 734b32 이하를 함께 참조.

10 **생명**(zōē, 732a12): 아리스토텔레스는 '생명'이라는 뜻의 zōē와 '생존 방식'을 가리키는 bios를 구별해서 사용한다. 750a5와 753a33 참조.

11 **동물들의 부류는 감각에 의해서 존재한다**(kata de tēn aisthēsin to tōn zōiōn esti genos, 732a12~13): 감각은 식물로부터 동물을 구별할 수 있게 하는 능력, 즉 동물에 본질적인 능력이다. 731a34에 대한 각주 참조.

서 큰 몸을 갖는 것이 그 원인이다. 그런데 이것은 영혼의 열기[12] 없이는 불가능하다. 왜냐하면 더 큰 것의 운동은 더 많은 힘에 의해서 이루어지는 것이 필연적인데, 뜨거운 것이 운동을 낳을 수 있기 때문이다. 그러므로 전체적으로 말하면, 피 있는 동물들이 피 없는 동물들보다 더 크고, 이동 능력이 있는 것들이 고착동물들[13]보다 더 크다. 그것들이 스페르마를 내놓는 것은 열기와 크기 때문이다.]

암컷과 수컷에 대해서 왜 그것들 각각이 있는지 이야기했다.

다양한 발생 방식의 분류

알과 애벌레의 차이

동물들 중 일부는 자신과 유사한 것을 완성시켜 밖으로 내보내는데, 예를 들어 보기에 뚜렷한 형태로 새끼를 낳는 것들이 그렇다. 반면에 일부는 미분절 상태이고 자신의 형태를 아직 갖추지 못한 상태로 낳는다. 이런 종류의 동물들 가운데 피 있는 것들은 알을 낳고, 피 없는 것들은 〈알을 낳거나〉 애벌레를 낳는다. 알과 애벌레[14]는 차이가 있다.

---

12 영혼의 열기(thermotēs psychikē, 732a18): 혹은 '생명의 열기'. 스페르마의 운동을 통해 경혈에 전달됨으로써 생명체를 생겨나게 하는 열기를 가리킨다. 이 열기는 『동물 발생론』에서 '영혼의 열기'(752a2~3) 이외에 '생명의 열기(thermotēs zōtikē)'(739b23), '본성적인 열기(thermotēs physikē)'(732b32), '가장 순수한 열기(thermotēs katharotatē)'(744a24) 등. '뜨거운 것(to thermon)'도 자주 이 열기를 가리키는 낱말로 쓰인다. 예를 들어 '영혼을 낳는 뜨거운 것의 본성(hē tou psychikou thermou physis)'(755a20)을 참조. 스페르마가 생식력을 갖게 하는 '뜨거운 것'에 대해서는 II 3, 736b34 이하를 함께 참조.

13 고착동물들(monima zōia, 732a22): 『동물지』 I 1, 487b6 이하와 IV 2, 537b24 참조.

14 알(ōion)과 애벌레(skōlēx): 이것들은 모두 배아(kyēma)의 출발점이다. 동물은 알의 일

왜냐하면 알은 그것의 일부가 생겨나는 것의 출처가 되고 나머지는 생겨나는 것에 영양분이 되는 반면, 애벌레는 그 전체가 생겨나는 것 전체의 출처가 되기 때문이다.

겉보기에 (낳는 것들과) 유사한 동물을 완성시켜 새끼를 낳는 것들 중 일부는 직접 자기의 몸 안에 새끼를 낳는데, 예컨대 사람, 말, 소, 그리고 바다에 사는 것들 가운데 돌고래나 그와 같은 종류의 다른 동물들이 그렇다. 반면에 다른 일부는 먼저 자신의 몸 안에 알을 낳은 다음 몸 밖으로 새끼를 낳는데, 예를 들어 이른바 연골어들[15]이 그렇다. 알을 낳는 것들 가운데 일부는 완전한 알을 낳는데, 예를 들어 새들과 알을 낳는 네발동물들과 발이 없는 동물들, 예컨대 도마뱀들과 거북들과 뱀들 가운데 대다수의 부류가 그렇다. (왜냐하면 이들의 알은 밖으로 나왔을 때 더 이상 성장을 거치지 않기 때문이다.) 반면에 일부는 불완전한 상태의 알을 낳는데, 예를 들어 물고기와 갑각류와 이른바 연체류가 그렇다. 왜냐하면 이 동물들의 알은 밖으로 나온 뒤 자라기 때문이다.

그런데 새끼를 낳는 동물들이나 [알을 낳는 동물들은] 모두 피가 있고, 피가 있는 것들은 — 전적으로 생식력이 없지 않는 한 — 새끼를 낳거나 알을 낳는다. 그러나 피 없는 동물들 가운데 곤충들은 애벌레를 낳는데, 이들은 짝짓기를 통해서 생겨나거나 (짝짓기를 통해서 생겨나지 않았지만) 그 자신들은 짝을 짓는다.[16] 이렇게 말하는 이유는 곤충들

부를 영양분으로 취해 생겨나는 반면, 애벌레는 그 전체가 동물로 변화한다. 다음 구절들을 참조: III 2, 752a27 이하; III 9, 758b10 이하; 『동물지』 I 5, 489b6 이하.

15 연골어들(ta selachē, 732b1): I 11, 719a7에 대한 각주 참조.

16 I 16, 721a3 이하 참조.

가운데, 자연발생적으로 생겨났지만 암컷과 수컷이 있는 것들이 몇몇 있으며, 이들이 짝을 지으면 그로부터 무언가 생겨나지만 이때 생겨나는 것이 불완전하기 때문이다. 그 원인은 앞서 다른 곳에서[17] 이미 이야기했다.

동물의 분류

유들 사이에서는 많은 점에서 중첩이 일어난다.[18] 이렇게 말하는 이유는 다음과 같다. 모든 두발동물이 새끼를 낳는 것도 아니고(새들은 알을 낳기 때문이다) 그들 모두 알을 낳는 것도 아니다(사람은 아이를 낳기 때문이다). 또 모든 네발동물이 알을 낳는 것도 아니고(말과 소와 그 밖의 많은 동물이 새끼를 낳기 때문이다) 그들 모두가 새끼를 낳는 것도 아니다(도마뱀과 악어를 비롯해서 그 밖의 많은 동물이 알을 낳기 때문이다). 또 발을 갖는지 여부에 (유의) 차이가 달려 있는 것도 아니다. 예를 들어 독사와 연골어는 발이 없지만 새끼를 낳고, 물고기들의 유와 나머지 뱀들[19]의 유는 (발이 없지만) 알을 낳기 때문이다. 발이 있는 것들 가운데 많은 것은 알을 낳고, 앞서 말한 네발동물들은 새끼를 낳는다. 자신의 몸 안에 새끼를 낳는 것들 가운데 사람처럼 발이 있는

17 I 16, 721a3~10과 『동물지』 V 2, 539b7~14 참조.

18 유들 사이에는 많은 점에서 중첩이 일어난다(symbainei de pollē epallaxis tois genesin, 732b15): 이 말은, 이어지는 설명에서 드러나듯이, 사람, 네발동물, 파충류, 양서류, 새, 물고기 등의 유들이 가지는 분류적 속성들, 예를 들어 발의 형태와 생산 방식 등이 항상 일치하는 것은 아니라는 뜻이다. Platt과 Peck은 epallaxis를 각각 cross-division과 overlapping으로 옮겼다. 동사형 epallattein에 대해서는 I 15, 720b10에 대한 각주 참조.

19 즉 독사(echeis)를 제외한 다른 뱀들(opheis).

것들이 있고, 고래와 돌고래처럼 발이 없는 것들이 있다.

그렇다면 이런 차이에 의해서 (유를) 나눌 수는 없고, 또 이동 기관들 가운데 그 어느 것도 (나눔을 위한) 차이의 원인이 될 수 없다.[20] 하지만 본성이 더 완전하고 더 순수한 원리에 관여하는 것들이 새끼를 낳는다. 왜냐하면 숨[21]을 들이쉬고 내쉬지 않는 동물은 어느 것도 자신의 몸 안에 새끼를 낳지 않기 때문이다. 본성상 더 뜨겁고 축축하고 흙 성분이 적은 것들이 더 완전하다.

피 있는 동물들의 경우 폐는 본성적인 열기의 '경계'[22]이다. 전체적으로 폐를 가진 동물들이 폐를 갖지 않은 것들보다 더 뜨겁고, 폐를 가진 동물들 중에서도 해면성도 아니고 견고하지도 않고 피의 양이 적지도 않으며 피를 갖되 말랑한 폐를 갖는 것들이 더 뜨겁기 때문이다. 새 733a
끼는 완전하지만 알과 애벌레는 불완전하듯이, 완전한 것이 더 완전한 것으로부터 생겨나는 것은 자연의 이치이다.

폐를 갖기 때문에 본성상 더 뜨겁지만 더 마른 것들이나, 더 차갑지만 더 축축한 것들을 살펴보자. 이들 중 (*a*) 일부는 완전한 알을 낳고, (*b*) 일부는 먼저 알을 낳은 뒤 자신의 몸 안에 새끼를 갖는다. 왜냐하면 새들과 각질비늘 동물들[23]은 열기 때문에 (알을) 완전하게 만들지만 건

20 '다리를 가진 것들', '다리가 없는 것들', '새끼를 낳는 것들', '알을 낳는 것들' 등을 분류군으로 삼아 유(genos)를 나눌 수 없다.

21 숨(pneuma, 732b30): I 6, 718a3 이하 참조.

22 본성적인 열기의 경계(tēs thermotētos tēs physikēs horos, 732b32): 본성적인 열기가 있다면 폐가 있고, 폐가 있다면 본성적인 열기가 있다는 뜻에서 폐는 본성적인 열기의 유무를 따지는 '경계' 혹은 '기준(horos)'이다.

23 각질비늘 동물들(ta pholidōta, 733a6): pholidōtos는 733a13의 '물고기비늘(lepidōtos)'과 대비되는 뜻으로 쓰인다. II 1, 733b9도 함께 참조.

조함 때문에 알을 낳는 데 반해, 연골어들은 이들보다 덜 뜨겁지만 더 축축해서 두 특성을 함께 갖는다. 이렇게 말하는 이유는 연골어는 처음에 알을 낳고 그다음 자신의 몸속에 새끼를 갖기 때문이다.[24] 그들이 알을 낳는 것은 (몸이) 차갑기 때문이고 새끼를 낳는 것은 축축하기 때문이다. 왜냐하면 축축한 것은 생명을 낳을 수 있지만, 마른 것은 영혼이 있는 것[25]과 거리가 멀기 때문이다. (연골어들은) 깃털도, 각질비늘도, 물고기비늘도 없기 때문에 — 이것들은 본성이 더 건조하고 흙 성분이 더 많다는 징표들이다 — 말랑한 상태의 알을 낳는다. 흙 성분은 그들 자신에서도, 알에서도 표면에 드러나지 않기 때문이다. 그리고 이 때문에 그들은 자기 몸속에 알을 낳는다. 왜냐하면 몸 밖으로 나오면 보호를 받지 못해서 알이 훼손되기 때문이다.

그에 비해 차갑고 건조한 동물들은 알을 낳지만 알이 불완전하고 겉이 딱딱하다. 이는 알이 흙 성분이고 불완전한 상태로 나오기 때문인데, 이것은 껍질을 가짐으로써 알이 보호받도록 하기 위함이다. 그런데 물고기들은 비늘이 있고, 갑각류는 흙 성분을 갖기 때문에 겉이 딱딱한 알을 낳는다. 반면에 연체류는 그 자신의 몸의 본성이 끈끈한데, 이와 같은 상태로 불완전한 알을 내놓아서 보호한다. 이렇게 말하는 이유는 이 동물들은 배아 주변에 다량의 끈끈이를 둘러 내놓기 때문이다.

모든 곤충은 애벌레를 낳는다. 곤충은 모두 피가 없으며, 그렇기 때문에 몸 밖으로 애벌레를 낳는다. 하지만 피 없는 동물들이 모두 무제한적으로 애벌레를 낳는 것은 아니다. [곤충들과] 애벌레를 낳는 것들

24 다음 구절들을 참조: I 10, 718b32 이하; I 11, 719a12 이하; III 1, 749a19 이하.

25 영혼이 있는 것(to empsychon, 733a11~12): II 1, 731b29에 대한 각주 참조.

과 불완전한 알을 낳는 동물들(예를 들어 비늘 있는 물고기들, 갑각류와 연체류)은 서로 중첩되기[26] 때문이다. 이렇게 말하는 이유는 후자의 동물들이 낳는 알은 애벌레와 같은 성질을 갖기 때문이다(이들은 몸 밖에서 성장을 거치기 때문이다). 반면에 곤충들이 낳는 애벌레는 진행 단계를 거쳐 알처럼 된다. 그 방식에 대해서는 나중에 규정할 것이다.[27]

우리는 자연이 얼마나 훌륭하게 연속적으로 발생을 이루어내는지 생각해보아야 한다.[28] 그 이유는 이렇다. (1) 동물들 가운데 더 완전하고 더 뜨거운 것들은 질적인 측면에서 완전한 상태로 새끼를 낳는다. (양적인 측면에서는 어떤 동물도 그렇지 않은데, 생겨난 것은 모두 성장을 거치기 때문이다). 그리고 이런 동물들은 자신의 몸 안에서 즉시 새끼를 낳는다. (2) 둘째 단계의 동물들은 자신의 몸 안에 즉시 완전한 새끼를 낳지 않지만(이들은 먼저 (안에서) 알을 낳은 다음 (밖으로) 새끼를 내놓기 때문이다) 몸 밖으로 새끼를 낳는다. (3) 다음 단계의 동물들은 완전한 상태로 새끼를 낳지 않고 알을 낳는데, 이 알은 완전하다. (4) 본성이 이들보다 더 차가운 동물들은 알을 낳지만 알이 완전하지 않고 알은 몸 밖에서 완전하게 되는데, 예를 들어 비늘 있는 물고기들[29]의 부류와 갑각류와 연체류가 그렇다. (5) 다섯째 단계의 가장 차

26 중첩되다(epallattein, 733a27): II 1, 732b15에 대한 각주 참조.

27 III 9 참조.

28 이른바 '자연의 사다리(scala naturae)'는 해당 동물들의 열기의 정도와 그에 따르는 발생의 방식에 따라서 나눈다. 즉 (1) 태생동물, (2) 난태생동물, (3) 완전한 알을 낳는 난생동물, (4) 불완전한 알을 낳는 난생동물, (5) 애벌레를 낳는 동물들이 하나의 계열을 이룬다. 그리고 가장 아래 단계에는 자연발생적으로 생겨나는 동물들(유각류와 일부 곤충들)이 있다.

29 비늘 있는 물고기들(lepidōtoi ichthyes, 733b9): 다른 수중동물, 예를 들어 고래나 연골어와 다른 물고기들을 가리키는 표현이다.

가운 부류는 자신의 몸에서 알을 낳지 않고 — 방금 이야기했듯이 — 밖에서 그런 종류의 수동적 변이가 일어난다.[30] 왜냐하면 곤충들은 먼저 애벌레를 낳고 애벌레는 진행 단계를 거친 다음 알처럼 되기 때문이다. (이른바 '크뤼살리스'[31]는 알이 가진 능력을 갖고 있다.) 애벌레로부터 세 단계의 변화[32]를 거쳐 마침내 발생의 마지막에 이르러 동물이 생겨난다.

그런데, 앞서 말했듯이, 동물들 중 일부는 스페르마로부터 생겨나지 않는다. 하지만 피 있는 동물들은 모두 스페르마로부터 생겨난다. 즉 짝짓기에서 생겨나는 동물들의 경우, 수컷이 정액을 암컷의 몸 안에 내놓으면 이것이 안으로 들어간 다음 이로부터 동물들이 형성되고 고유한 형태를 얻는다.[33] 어떤 것들은 새끼를 낳는 동물들 자체의 몸 안에서 이런 과정을 겪고, 어떤 것들은 알 속에서 [그리고 스페르마와 그와 같은 성질을 가진 다른 배출물들 안에서] 이런 과정을 겪는다.

---

30 "아리스토텔레스에 따르면 애벌레는 나중에 알, 즉 번데기로 바뀌지만 이 번데기를 성충이 '자신의 몸에서(ex hautou)' 낳지는 않는다"(Platt). II 1, 733a31도 함께 참조.

31 **크뤼살리스**(chrysallis, 733b14): 변태 과정의 한 단계인 '번데기(pupa)'. III 9, 758b31에 대한 각주 참조.

32 **변화**(metabolē, 733b15~16): 나비의 변태 과정. 이에 대해서는 III 9, 758b15 이하 참조. 아리스토텔레스는 『동물지』 V 19, 551a14 이하에서 나비의 완전 변태를 다음과 같이 기술한다. "이른바 나비는 초록 잎사귀에서 자라는 애벌레에서 생긴다. 주로 '라파누스' 잎사귀들에서 자라는데, 어떤 사람들은 이들을 '양배추'라고도 부른다. 처음에 낟알보다도 더 작지만, 작은 애벌레(skōlēkes)로 자라고 그 다음에는 작은 모충(kampai, caterpillas)으로 자라며 사흘이 지나면 번데기가 된다. 그 다음에는 계속 자란 뒤 움직임을 멈추고 형태가 바뀐다. 이것을 일컬어 '번데기(chrysallis, pupa)'라고 부른다. 겉껍질은 딱딱하고 건드리면 움직인다."

33 **동물들이 형성되고 고유한 형태를 얻는다**(ta zōia synistatai kai lambanei tēn oikeian morphēn, 733b20~21): 종에 '고유한 형태'를 가리키는 것으로 보아야 할 것이다.

3. (요약) — 유성생식 이론

(a) 배아는 어떻게 형상을 얻을까?

우리가 다룰 의문들 가운데 하나는 식물이나 동물들 가운데 어떤 것이든 그것이 도대체 어떻게 스페르마로부터 생겨나는가의 문제이다. 이것이 의문을 낳는 이유는 다음과 같다. 생겨나는 것은 필연적으로 어떤 것으로부터, 어떤 것의 작용을 받아, 어떤 것이 된다.[34] 그런데 (생겨나는 것의) 출처는 질료인데, 어떤 동물들은 첫째 질료[35]를 어미로부터 얻어서 자신 안에 가진다. 예를 들어 새끼로 태어나지 않고 애벌레나 알로 태어나는 동물들이 그렇다.[36] 반면에 어떤 동물들은 일정한 시점까지 젖을 빨아 어미로부터 (영양분을) 얻는데, 예를 들어 몸 밖에서나 몸 안에서 새끼로 태어나는 동물들[37]이 이와 같다. 그렇다면 바로 이런 종류의 질료[38]가 생겨나는 출처가 된다.

하지만 이제 우리의 탐구 대상은 어떤 것으로부터 부분들이 생겨나는지가 아니라 어떤 것의 작용에 의해서[39] 생겨나는지의 문제다. 밖에

---

34 생겨나는 것은 필연적으로 어떤 것으로부터, 어떤 것의 작용을 받아, 어떤 것이 된다(anankē gar to gignomenon kai ek tinos ginesthai kai hypo tinos kai ti, 733b24~25): 기술적 제작과 동물의 발생을 포괄하는 생성의 이 일반적 규정에 대해서는 『형이상학』 VII 7, 1032a13~14를 참고.

35 첫째 질료(prōtē ⟨hylē⟩, 733b29): I 20, 729a32 참조.

36 이런 동물들의 경우 그것들을 이루는 질료는 암컷, 즉 어미로부터 오지만, 질료가 암컷의 몸 안에 있지 않고 알이나 애벌레의 형태로 암컷의 몸 밖에 있다.

37 몸 밖에서나 몸 안에서 새끼로 태어나는 동물들(hosa zōiotokeitai mē monon ektos alla kai entos, 733b30): 난태생동물들과 태생동물들을 가리킨다.

38 이런 종류의 질료(hē toiautē hylē, 733b31): 경혈과 젖을 가리킨다.

39 어떤 것으로부터(ex hou, 733b32), 어떤 것의 작용에 의해서(hyph' hou): 4원인설의 틀에서 보면 각각 질료인과 작용인을 가리킨다. 이하에서 이루어지는 배아의 형성 과

있는 어떤 것이 그것들 각각을 만들어내거나, 아니면 정액이나 스페르마 안에 있는 어떤 것이 그렇게 할 것이다. 그리고 정액과 스페르마 안
734a 에 있는 그것은 영혼의 특정한 부분이거나 영혼이거나 영혼을 가지고 있을 것이다. 그런데 밖에서 오는 어떤 것이 내장기관들이나 나머지 부분들 각각을 만들어낸다는 것은 불합리하게 여겨질 수도 있을 것이다. 왜냐하면 접촉 없이[40] 어떤 것도 다른 것을 운동하게 할 수 없고 운동을 낳지 못하는 것으로부터는 어떤 것도 작용받을 수 없기 때문이다.

따라서 배아 자체 안에 이미 어떤 것이 그것의 부분으로서, 혹은 그것과 떨어져 있는 것으로서 들어 있어야 한다. 그런데 (배아와) 다른 어떤 그것이 '배아와 떨어져 있다'는 말은 불합리하다. 그 이유는 이렇다. (어떤 것이 배아와 떨어져 있는 것으로서 들어 있다면) 동물이 생겨난 다음에 그것은 소멸할까, 아니면 그대로 남을까? 하지만 식물이나 동물 전체의 부분이 아니면서 그 안에 들어 있는 것은 분명히 아무것도 없다. 또 그것이 모든 부분을 만들어내거나 몇몇 부분을 만들어낸 뒤 소멸한다는 것도 터무니없다. (뒤의 경우라면) 무엇이 나머지 부분을 만들어낼까?[41] 그것이 심장을 만들어내고 그 다음에 사라진다고 가정해보자. 그렇다면 심장은 또 다른 어떤 부분을 (만들어내고 그 다음에 사라질 것이고), 동일한 논리에 의해서 모든 것이 소멸하거나 모든 것이 남거나 둘

정에 대한 분석의 탐구적 성격에 대해서는 '부록 4: 아리스토텔레스의 "탐구적 추론"'과 『동물지』 V 21 참조.

40 접촉 없이(mē haptomenon, 734a3~4): II 1, 734b13 이하 참조.

41 이 문장과 이어지는 문장 사이에 다음과 같은 물음이 함축되어 있다. '따라서 그것은 모든 부분을 만들어내야 한다. 하지만 그것이 모든 부분을 만들어낸 뒤 사라질 수 있을까?'

중의 하나다. 따라서 (실제로 생겨난 모든 것은) 보존된다.[42] 따라서 (동물을 생겨나게 하는 것은) 배아의 부분이고, 이것은 처음부터 스페르마 안에 들어 있다. 그런데 몸의 어떤 부분에도 속하지 않은 것은 그 어느 것도 영혼의 일부일 수 없다면,[43] 그 부분은 처음부터 영혼을 가진 것일 것이다.

그렇다면 (스페르마에 들어 있던 배아의 부분으로부터) 다른 부분들이 어떻게 생길까? 다시 말해서 모든 부분, 예를 들어 심장, 폐, 간, 눈을 비롯해서 나머지 부분들 각각은 '동시에' 생길까, 아니면 오르페우스의 시에 나오듯이 '연속적으로' 생길까?[44] 왜냐하면 그는 이 시에서 그물이 짜이는 것과 똑같은 방식으로 동물이 생겨난다고 말하기 때문이다. 그런데 부분들이 '동시에' 생기지 않는다는 것은 감각을 통해서도 분명하다. 왜냐하면 어떤 부분들은 이미 안에 들어 있는 것처럼 보이지만, 어떤 부분들은 그렇지 않기 때문이다. 보이지 않는 이유가 크기가 작기 때문이 아니라는 것은 명백하다. 폐는 심장보다 더 크지만, 발생의 시작 단계에서는 심장보다 나중에 나타나기 때문이다. (그렇다면 '연속해서' 생겨야 한다.) 하지만 어떤 것이 먼저 생기고 어떤 것이 나중에 생긴다면, 이는 다음의 둘 중 어떤 뜻인가? A가 B를 만들어내고 이때 B는 A와 인접해 있기 때문에[45] 존재한다는 뜻인가, 아니면 그보다 이것 '다

42 이 문장과 이어지는 문장 사이에 다음과 같은 문장이 함축되어 있다고 보아야 할 것이다. '하지만 배아에 속한 부분이 다른 부분들을 만들어낸 다음에 보존될 가능성은 이미 위에서 부정되었다.'

43 II 1, 735a6 이하와 II 3, 736b22 이하 참조.

44 부분들이 '동시에(hama)' 생기는지, 아니면 '연속해서(ephexēs)' 생기는지에 대해서 아리스토텔레스는 후자의 설명을 취함으로써 후성설을 지지한다.

45 인접해 있기 때문에(dia to echomenon, 734a26): 붙어 있기 때문에.

음에' 저것이[46] 생긴다는 뜻인가? 내 말의 뜻은 예를 들어 '심장이 생겨나서 이것이 간을 만들고 간이 다시 다른 어떤 기관을 만든다'는 뜻이 아니라, [아이 다음에 어른이 생기는 것처럼] 저것 '다음에' 이것이 오는 것일 뿐, 저것의 '작용에 의해서' (이것이) 생기는 것은 아니라는 것이다. 이에 대한 설명은 다음과 같다. 자연적으로 생겨나는 것에서나 기술에 의해 생겨나는 것에서나 가능적으로 있는 것은 완전한 상태로 있는 것의 '작용에 의해서' 생겨나므로,[47] (만일 나중에 생겨난 것이 먼저 생겨난 것의 작용에 의해서 생겨난다면) 먼저 생겨난 것 안에는 뒤에 생겨나는 것의 형상과 형태[48]가 들어 있어야 할 것이다. 예를 들어 심장 속에는 간의 형상과 형태가 들어 있어야 할 것이다. (하지만 이것은 사실이 아니다.)

다른 방식으로 살펴보아도 이런 설명은 터무니없고 허구적이다. 모든 것이 스페르마와 정액으로부터 생겨난다면, 동물이나 식물의 특정한 부분이 이미 생겨난 상태로 즉시[49] 스페르마 안에 들어 있기는 — 그 부분이 다른 부분들을 만들어낼 수 있는 능력을 갖건 그렇지 않건 간에 — 불가능한 일이다. 그 이유는 이렇다. 만일 그 부분이 (이미 생겨난 상태로) 즉시 스페르마 안에 들어 있다면, 그것은 스페르마를 만
734b 들어낸 것의 작용에 의해서 생겨났으리라는 것이 명백하다. 그러나 스페르마가 (어떤 부분보다도) 더 먼저 생겨야 하는데, 그것도 낳는 자의

46 이것 다음에 저것이(meta tode tode, 734a26~27)는 인과 관계가 아닌 시간적 선후 관계를 뜻한다. '저것의 작용에 의해서(hyp' ekeinou) (이것이)'와 대비되는 표현이다.

47 『형이상학』 VII 7, 1032a12 이하와 IX 8, 1049b25 이하 참조.

48 형상(eidos, 734a31), 형태(morphē): 이 둘의 동의적 쓰임에 대해서 『영혼론』 II 1, 412a8과 『형이상학』 V 8, 1017b 25~26 참조.

49 즉 스페르마가 생겨남과 동시에.

작용이다. 따라서 (스페르마 안에는) 어떤 부분도 들어 있을 수 없다.[50] 그러므로 (스페르마는) 부분들을 만들어내는 것[51]을 자신 안에 가지고 있지 않다. 하지만 그렇다고 해서 그것이 (앞서 말했듯이 스페르마) 밖에 있을 수도 없다. 하지만 그것은 스페르마 밖에 있거나 안에 있거나 해야 한다.

이제 이런 점들을 해결하려고 시도해야 한다. 아마도 앞에서 말한 것들 가운데 어떤 것은 무제한적인 뜻에서 옳은 것이 아닐 것이기 때문이다. 이를테면 '밖에 있는 것의 작용에 의해서' 발생이 일어날 수 없다는 것은 도대체 어떤 뜻에서일까? 이런 질문을 하는 이유는 어떤 뜻에서는 그럴 수 있고, 어떤 뜻에서는 그럴 수 없기 때문이다. '스페르마'라고 말하건 '스페르마의 출처'[52]라고 말하건 간에, 이 출처가 일으킨 운동을 스페르마가 자신 안에 가지고 있는 한 아무런 차이가 없다. A가 B를 운동하게 하고, B가 다시 C를 운동하게 할 수 있는데, 마치 인형극의 자동인형[53]처럼 그런 연쇄 운동이 존재할 수 있다. (자동인형의) 부분들은 정지 상태에서도 어떤 뜻에서 능력을 가지고 있으며, 밖에 있는 것들 가운데 어떤 것이 첫 부분을 운동하게 하면 곧장 인접한 것이 현실적으로 (운동하게) 되기 때문이다. 그렇다면 자동인형의 경우에 그

50 스페르마가 다른 어떤 부분보다 먼저 생겨야 하기 때문이다.

51 **부분들을 만들어내는 것**(to poioun ta moria, 734b3): "모든 부분이 스페르마의 작용에 의해서 만들어진다면, 어떤 부분도 처음부터 스페르마 '안에' 있지 않다는 것은 분명하다"(Platt). 이어지는 논의에서 드러나듯이, 스페르마 안에 있는 것은 스페르마를 제공한 아비에게서 온 운동이다. 이 운동에 의해서 부분들이 만들어진다. 아래의 734b17~18 참조.

52 **스페르마의 출처**(aph' hou to sperma, 734b7~8).

53 **인형극의 자동인형**(ta automata tōn thaumatōn, 734b10): 이런 연쇄 운동에 대해서는 II 5, 741b7과 『동물운동론』 7, 701b2 이하 참조.

렇듯이 어떤 뜻에서 바깥의 작용인은 지금 이 순간에는 어떤 것과도 접촉하지 않지만[54] 이전에 접촉이 있었기 때문에 운동을 낳는다. 이와 똑같은 방식으로 스페르마의 출처나 스페르마를 만들어낸 것은 어떤 뜻에서는 이전에 어떤 것[55]과 접촉했기 때문에, 계속 접촉이 이루어지지 않아도 (부분들의 발생에 필요한 운동을 낳는다). 하지만 어떤 방식으로는 (스페르마 안에) 내재하는 운동이 (부분들의 발생에 필요한 운동을 낳는데), 이는 마치 집짓기가 (운동을 통해) 집을 만드는 것과 같다.

그렇다면 (부분들을) 만드는 어떤 것이 (스페르마 안에) 존재하지만, 이것은 '이것'[56]이 존재하는 것과 같은 방식으로 존재하는 것도 아니고, 처음부터 완성된 상태로 (스페르마 안에) 내재하는 것으로서 존재하는 것도 아니라는 것이 명백하다.

도대체 각 부분이 어떻게 생겨나는지, 우리는 우선 다음의 사실을 시작점으로 삼아 이 문제부터 파악해야 한다. 본성적으로 생겨나는 것이나 기술적으로 생겨나는 것은 현실적으로 있는 것의 작용에 의해서, 가능적으로 그런 것으로부터 생겨난다.[57] 그런데 스페르마가 그런 것이다. 즉 스페르마는 운동과 원리를 갖고 있는데, 이 운동이 끝나면 각 부분이 생겨나고 영혼을 가질 수 있게 된다.[58] 영혼을 갖지 않고서는

54 접촉하지 않지만(ouch haptomenon, 734b14): II 1, 734a2~3 참조.

55 즉 경혈.

56 개별적 실체를 가리키는 용어로서의 '이것(tode ti)'에 대해서는 다음의 구절들을 참조: 『형이상학』 III 5, 1001b32; V 7, 1017b25; VII 3, 1029a28; VII 4, 1030a4, VII 14, 1039a30.

57 II 1, 734a30 참조. '현실적으로 있는 것(energeiai on)'은 '완성태로 있는 것(to entelecheiai on)'과 같은 뜻으로 쓰였다.

58 "텍스트가 온전하다면, 이것은 스페르마를 제공한 아비에 의해 전달된 최초의 운동을 가리킬 따름이다. 이 운동은 위에서 언급된 자동기계에 전달된 최초의 운동과 비교할

얼굴도, 살도 있을 수 없고, (이런 부분들이) 생명을 잃으면[59] 이름만 같이[60] '얼굴', '살'이라고 불리는데, 이는 돌이나 나무로 만들어질 때도 그렇게 불릴 수 있는 것과 마찬가지다.

그런데 동질적인 부분들과 기관들[61]은 동시에 생겨난다. 우리는 불 혼자서는 도끼도 다른 도구도 만들 수 없다고 말할 수 있을 텐데, 발과 손에 대해서도 이와 똑같이 말할 수 있다. 살의 경우에도 이와 같은데, 그 안에도 어떤 기능이 속해 있기 때문이다. 딱딱함, 말랑함, 끈끈함, 부스러짐을 비롯해서 생명 있는 부분들에 속하는 그런 종류의 나머지 속성들을 만들어내는 것은 열기와 냉기이겠지만, 이것들은 어떤 것은 살이, 또 어떤 것은 뼈가 되게 하는 로고스를 만들어낼 수 없으니,[62] 이 로고스를 제공하는 것은 완전한 상태에 있는 낳는 자에게서 오는 운동이며,[63] 발생의 출처[64]는 그런 것이 될 수 있는 가능성의 상태에 있다. 기술을 통해 생겨나는 것들의 경우에도 똑같다. 뜨거운 것과 차가운 것이 쇳덩이를 딱딱하고 말랑하게 만들지만, 그것을 칼로 만드는 것은 735a
기술의 로고스를 가진, 도구들의 운동[65]이다. 왜냐하면 기술은 생겨나

수 있을 것이다"(Peck).

59 **생명을 잃으면**(phtharenta, 734b25).

60 **이름만 같이**(homōnymōs, 734b25): I 18, 722b35와 I 19, 726b24 참조.

61 **동질적인 부분들**(ta homoiomerē, 734b27), **기관들**(ta organika): I 1, 715a10에 대한 각주 참조.

62 부분들을 만들어내는 발생 과정의 세 계기는 '운동(kinēsis)', '열기(thermotēs)'와 '냉기(psychrotēs)', '로고스(logos)'이다. II 6, 743a21 이하 참조.

63 다음 구절들을 참조: II 1, 732a3 이하; II 6, 743a21 이하; IV 2, 767a12 이하.

64 **발생의 출처**(to ex hou ginetai, 734b36): 질료, 즉 경혈은 그것이 유래한 완전한 상태의 동물과 같은 것이 될 수 있는 가능성을 가지고 있다.

65 **기술의 로고스를 가진, 도구들의 운동**(hē kinēsis hē tōn organōn echousa logon tēs technēs, 735a1): I 22, 730b22와 II 4, 740b32~33 참조.

는 것의 원리요 형상이기 때문인데, 이것들은 다른 것 안에 들어있지만, 본성의 운동은 현실적으로 형상을 가진 다른 자연물로부터 나와서 (생겨나는 것) 자체 안에 들어 있다.

스페르마는 영혼을 갖고 있을까, 그렇지 않을까? 똑같은 설명이 (몸의) 부분들에도 적용된다. (*a*) 영혼은 그것이 속해 있는 것 이외의 다른 어떤 곳에서는 아무것도 아닐 것이며,[66] (*b*) (영혼을) 갖지 않은 부분은 죽은 사람의 눈처럼 이름만 같이 불릴 뿐이기 때문이다. 그렇다면 (스페르마가 영혼을) 갖고 가능적으로 있다[67]는 것은 명백하다. 그런데 (스페르마) 그 자체는 가능적으로 자기 자신에 더 가까울 수도 있고 더 멀리 있을 수도 있으니,[68] 이는 마치 잠자는 기하학자가 깨어 있는 기하학자보다 (완전히 현실적인 존재로부터) 더 멀리 있고, 이 기하학자는 (실

⁂

66 다음 구절들을 참조: II 1, 734a15; II 3, 736b22~23; 『영혼론』 I 3, 407b20~26.

67 **(스페르마가 영혼을) 갖고 가능적으로 있다**(… hoti kai echei kai esti dynamei, 735a8~9): 이 말은 무슨 뜻일까? 스페르마는 생명 기능을 갖춘 부분을 '제작하는' 원리라는 점에서 '영혼' 혹은 '영혼의 원리(psychikē archē)'를 가지고 있다. 하지만 스페르마의 물질적 부분, 즉 '스페르마의 본체'(726b20)가 발생 과정을 거쳐 영혼을 현실적으로 '가진' 것, 즉 '영혼을 갖춘 신체(sōma empsychon)'(738b19~20)가 되는 것은 아니다. 영혼을 '가진' 동물이 되는 것은 경혈이고 스페르마는 단지 이 경혈을 배아로 형성시키는 작용을 할 뿐이기 때문이다. 따라서 스페르마가 '가능적으로 있다'는 말은 스페르마가 경혈에 작용해서 영혼의 능력들을 갖춘 유기체를 만들어낼 수 있다는 뜻으로 받아들여야 할 것이다. 그런 점에서 Peck의 번역 "it is Soul, potentially"은 오해를 낳는다. Reeve는 "(it) is [alive]"로 옮겼다. "Clearly therefore it does have soul and exists—potentially"(Balme).

68 **(스페르마) 그 자체는 가능적으로 자기 자신에 더 가까울 수도 있고 더 멀리 있을 수도 있으니**(engyterō de kai porrōterō auto hautou endechetai einai dynamei, 735a9~10): 스페르마에 가능적으로 내재하는 상태들 가운데 어떤 것은 스페르마의 현재 상태에 더 가깝고 어떤 것은 더 멀다. 스페르마에 내재한 가능성이 현실화될수록 현재의 가능적 상태로부터 멀어질 것이다.

제로) 고찰하고 있는 기하학자보다 더 멀리 있는 것과 마찬가지이다.[69] 그렇다면 이런 발생의 원인은 (배아나 스페르마 안에 있는) 어떤 부분도 아니고, 밖에서 처음 운동을 낳은 것[70]이다. 왜냐하면 어떤 것도 스스로 자기 자신을 낳지 않지만, 어떤 것이 생겨난 뒤에는 언제나 스스로 자기 자신을 자라게 할 것이기 때문이다. 바로 이런 이유 때문에 맨 처음 어떤 부분이 생겨나는 것이지 모든 것이 '동시에' 생겨나지 않는다. 그런데 성장의 원리[71]를 가진 것이 필연적으로 맨 처음 생겨나야 한다. 왜냐하면 식물이건 동물이건 간에, 모든 것 안에는 똑같이 이 영양섭취 능력이 들어 있기 때문이다. 그런데 이것은 자기 자신과 같은 종류의 다른 개체를 낳는 생산 능력[72]이다. 왜냐하면 이것은 — 동물이건 식물이건 — 자연적으로 완전한 모든 것에 속한 기능이기 때문이다. 그런데 어떤 것이 생겨난 다음에는 항상 자라는 것이 필연적이라면, 이는 필연적으로 그 기능 때문일 수밖에 없다. 그렇다면 사람이 사람을 낳았듯이, 낳은 것은 이름이 같은 것[73]이지만, 성장은 (생겨나는 것) 그 자신에 의해서 이루어진다. 그렇다면 생겨나는 것은 어떤 것이 (그 안에) 있기 때문에[74] 자기 자신을 자라게 한다. 그래서 이것이 단일한 어떤 것이면서 첫째가는 것이라면, 필연적으로 이것이 맨 처음 생겨나야 한다. 그

69 아마도 다음과 같은 비례 관계를 생각할 수 있을 것이다. 스페르마 : (스페르마의 작용에 의해서 현실화된) 배아 : (성장 과정을 통해 더) 분화되고 성장한 태아 = 잠자는 기하학자 : 깨어 있는 기하학자 : 계산하는 기하학자.

70 밖에서 처음 운동을 낳은 것(to prōton kinēsan exōthen, 735a13).

71 성장의 원리(auxēseōs archē, 735a16).

72 영양섭취 능력(to threptikon, 735a17), 생산 능력(to gennētikon, 735a18): 이 둘의 동일성에 대해서는 II 4, 740b36 이하 참조.

73 이름이 같은 것(to synōmymon): I 1, 715b4에 대한 각주 참조.

74 어떤 것이 있기 때문에(ti on, 735a22): 성장 과정을 이끄는 어떤 것이 있기 때문에.

러므로 몇몇 동물들에서는 맨 처음 심장이 생겨나고 심장이 없는 것들 안에서는 그것에 대응하는 것이 생겨난다면, 심장이 있는 것들의 경우에는 이 심장으로부터, 다른 것들의 경우에는 그것에 대응하는 것으로부터 (성장이) 시작될 것이다.

그렇다면 앞에서 의문으로 제기된 것들에 대해서, 각 부분이 생겨날 때 그 시작이라는 뜻에서 처음에 운동을 낳고 '제작하는'[75] 원인이 무엇인지 이야기했다.

75 처음에 운동을 낳고 제작하는(kinoun prōton kai dēmiourgon, 735a28): I 18, 722b2에 대한 각주 참조.

2장

(b) 스페르마의 물질적 특성

어떤 사람은 스페르마의 본성에 관해서 의문을 가질 것이다. 왜냐하면 스페르마는 진하고[76] 하얀 상태로 동물에게서 밖으로 나오고, 차가

76 진하고(pachy, 735a31): Reeve는 '거칠다(coarse-grained)'는 뜻으로 해석한다. "'작은 부분들을 갖는 것은 알갱이가 미세하고(leptotēs, fine-grained) 큰 부분들을 갖는 것은 알갱이가 거칠다(pachytēs, coarse-grained)'(『천체론』 III 5, 303b26~27.) 따라서 pachy를 '조밀한(dense)' 혹은 '두꺼운(thick)'이라고 번역하고 pachyein을 '두껍게 하다' 혹은 '조밀하게 하다'고 번역하는 것은 오해의 여지가 있다. 『동물발생론』 II 2, 735b7~16 참고. 하지만 피부, 막, 뇌를 덮은 뼈와 같은 것들에 대해 쓰일 때는 알갱이가 거칠다는 것은 두께움(thickness)을 함축하고 그 반대도 참이다. 알갱이가 거친 질료의 단일층은 알갱이가 미세한 질료의 단일층보다 필연적으로 두꺼울 수밖에 없기 때문이다. 그래서 때때로 pachy는 '거친'으로, leptos는 '미세한'('가는')으로 옮길 수 있다. V 3에서 머리털에 대한 논의가 대표적인 경우다. 머리털의 미세함(가늚)이나 거침은 피부에 있는 관들 혹은 통로들의 크기를 말해주기 때문이다. 즉 피부의 미세함(fine-grainedness)이나 거침(coarse-grainedness)이다"(Reeve).

워지면 물처럼 축축해지고 물의 색깔을 띠기 때문이다. 이것이 터무니 없는 일로 여겨질 수도 있을 것이다. 왜냐하면 물은 뜨거운 것에 의해서 진해지지 않는 데 반해, 스페르마는 뜨거운 (몸에서) 밖으로 나올 때는 진하지만, (몸 밖에서) 차가워지면 축축해지기 때문이다. 게다가 물의 성분을 가진 것들은 굳어지지만, 스페르마는 서리가 내린 곳에[77] 내놓으면 굳어지는 것이 아니라 축축해지는데, 이는 그것이 (차가운 것과) 반대되는 것에 의해서 진해졌음을 보여준다. 그렇지만 스페르마가 뜨
735b 거운 것의 작용에 의해서 진해진다는 것도 이치에 맞지 않는다. 왜냐하면 흙을 많이 가진 것들, 이것들은 가열되면 응집되어 진해지기 때문이다. 예를 들어 젖도 그렇다. 그래서 스페르마는 차가워지면 단단해져야 할 것이다. 하지만 실제로 전혀 단단해지지 않고 모든 점에서 물처럼 된다.

그렇다면 여기에 의문이 있다. 만일 스페르마가 물이라면, 물은 분명히 뜨거운 것에 의해 진해지지 않지만, 스페르마는 진하고 뜨거운 상태로 몸이 뜨거울 때 밖으로 나온다. 하지만 만일 스페르마가 흙으로 이루어지거나 흙과 물의 혼합이라면, 그 전체가 축축해져서 물이 되어서는 안 될 것이다.

아니면 (스페르마에게) 일어나는 일들을 모두 우리가 분류하지 않은 것일까? 이렇게 말하는 이유는 물과 흙으로 형성된 축축한 것만 진해지는 것이 아니라 물과 프네우마로 형성된 것도 진해지기 때문이다. 예

77 서리가 내린 곳에(en tois pagois, 735a35): 『동물발생론』에서는 서리를 가리키는 말로 pagos와 pachnē가 쓰였다. 둘을 각각 '서리'와 '흰서리'로 옮긴다.

를 들어 거품[78]도 (차가워지면) 더 진하고 하얗게 되며, 기포가 더 작아지고 더 눈에 띄지 않게 될수록 덩어리는 그만큼 더 하얗고 더 견고하게 나타난다. 올리브유도 똑같은 변화를 겪는다. 프네우마와 섞이면서 올리브유가 진해지기 때문이다. 이런 이유에서 하얗게 되는 것도 더 진해진다. 안에 있는 물의 성분이 뜨거운 것에 의해 분화되어 프네우마로 되기 때문이다. 납도 물이나 올리브유와 섞이면, 작았다가 덩어리가 늘어나고 축축한 상태에서 견고해지고 검정색에서 하얀색이 된다. 프네우마가 함께 섞이는 것이 그 원인인데, 프네우마는 덩어리를 늘리고 — 거품이나 눈(雪) 속에 있는 것처럼 — 하얀 색깔이 나타나게 한다. 왜냐하면 눈도 거품이기 때문이다. 물 자체도 올리브유와 섞이면 진하고 하얗게 된다. 왜냐하면 마찰에 의해 프네우마가 섞이고, 올리브유 자체가 프네우마를 많이 포함하고 있기 때문이다. 기름기 있는 것은 흙이나 물이 아니라 프네우마로 이루어지기 때문이다. 그래서 기름기 있는 것은 물의 표면에 떠오른다. 왜냐하면 공기가 마치 그릇 안에 있듯이 그 안에 들어 있어서 (기름기 있는 것을) 위로 올려 표면에 떠오르게 하고 가벼움의 원인이 되기 때문이다. 차갑고 서리가 내린 곳에서는 올리브유가 진해지지만 굳어지지는 않는다. 올리브유가 굳어지지 않는 것은 열기 때문이고(공기는 뜨겁고 굳어지지 않기 때문이다), 더 진하게 되는 것은 차가운 것에 의해서 공기가 (일정한 형태로) 응집되고 압축되기 때문이다.

이런 원인들 때문에 스페르마도 안에서 밖으로 나올 때 견고하고 하얀데, 이는 몸 안 열기의 작용에 의해 (생겨난) 다량의 뜨거운 프네우마

78 거품(aphros, 735b10): V 6, 786a7 참조.

를 갖고 있기 때문이고, 반면에 밖으로 나온 뒤에는 뜨거운 것이 발산되어 공기가 차가워지면 축축하고 검게 된다. 왜냐하면 (그런 경우) 마치 점액에서 그렇듯이[79] 말라가는 스페르마 안에도 물과 아무리 적은 양이긴 하더라도 흙 성분이 남기 때문이다.

736a 그렇다면 스페르마는 프네우마와 물이 합쳐진 것이고, 프네우마는 뜨거운 공기이다.[80] 그런 이유에서 (스페르마는) 본성적으로 축축한데, 물로 이루어지기 때문이다. 크니도스의 크테시아스가 코끼리의 스페르마에 대해 말했던 것들은 분명히 잘못된 것이다. 그는 (스페르마가) 마르면 딱딱하게 되어 그 결과 호박과 유사하게 된다고 말한다. 하지만 이런 일은 생기지 않는다. 필연적으로 어떤 스페르마는 다른 스페르마에 비해 흙 성분을 더 많이 갖는데, 덩치에 비해서 흙 성분을 많이 가진 동물들의 경우에 그런 일이 가장 흔하다. 프네우마가 섞임으로써 스페르마는 진하고 하얗게 된다. 이렇게 말하는 이유는 모든 동물의 스페르마는 하얗기 때문이다. 헤로도토스는 마치 피부색이 검은 사람들에게 속한 것은 모두 검을 수밖에 없는 것처럼 에티오피아인의 정액이 검다고 말하는데,[81] 이는 참말이 아니다. 그는 그들의 이빨이 하얀 것을 보면서도 그렇게 말한다. 하지만 스페르마가 하얀 원인은 정액이 거품이고 거품은 하얗기 때문이다. 특히 아주 작은 부분들, 즉 기포 하나하나가 눈에 보이지 않을 만큼 작은 부분들로 이루어진 것이 하얀데, 앞서 말했듯이 물과 올리브유를 섞어 흔들 때 이런 일이 일어난다. 옛날

79 I 18, 725a15 이하 참조.

80 프네우마는 뜨거운 공기이다(to de pneuma esti thermos aēr, 736a1): '프네우마'에 대한 이런 정의와 관련해서는 I 6, 718a4; 736a1; II 4, 738a1 등을 참조.

81 헤로도토스, 『역사』 3.101 참조.

사람들도 스페르마의 본성이 거품의 성질을 갖는다는 것을 간과하지 않은 것 같다. 어쨌든 그들은 이 능력을 고려해서 교합을 주관하는 여신[82]의 이름을 불렀다.

그렇다면 앞서 말한 의문의 원인은 이야기되었고, 분명히 스페르마는 이런 이유 때문에 굳어지지 않는다. 그것은 굳어질 수 없는 공기이기 때문이다.

82 교합을 주관하는 여신(hē kyria theos tēs mixeōs, 736a20): 즉 '아프로디테(Aphroditē)'는 '거품(aphros)'과 어원이 같다.

3장

(c) 스페르마는 영혼을 포함하는가?

이어서 우리가 의문을 제기하고 논의할 수 있는 것은 이것이다. 정액을 암컷의 몸 안으로 내보내는 동물들의 경우 안으로 들어간 것이 생겨나는 배아의 어떤 부분도 아니라고 해보자. 정액이 그 자신 안에 내재하는 능력을 통해서 작업한다면, 그것의 물질 성분은 어디로 갈까? 이제 우리는 암컷의 몸 안에서 형성되는 것[83]이 안으로 들어간 것으로부터 무언가를 취하는지, 아니면 전혀 그렇지 않은지를 규정해야 하고, 또 어떤 것이 '동물'이라고 불리는 데 근거가 되는 영혼에 관해서 (동물은 영혼의 한 부분인 감각 능력에 의해서 존재한다)[84] 영혼이 스

83 형성되는 것(to synistamenon, 736a28): II 4, 738b12 참조.

84 동물은 영혼의 한 부분인 감각 능력에 의해서 존재한다(zōion d' esti kata to morion

페르마와 배아 안에 있는지 그렇지 않은지, 또 어디서 오는지를 규정해야 한다.

어느 누구도 '배아는 모든 측면에서 볼 때 생명을 결여하고 있기 때문에 영혼이 없다'는 주장을 내세우지는 않을 것이다. 스페르마들과 동물들의 배아는 식물에 못지않게 살아 있고 어느 시점까지 발생 능력을 갖기 때문이다.[85] 그렇다면 배아가 영양섭취-영혼[86]을 가지고 있다는 사실은 분명하다. (무엇 때문에 그것이 처음에 필연적으로 이 영혼을 가져야 하는지는 다른 글에서[87] 영혼에 관해 규정된 것들을 놓고 볼 때 분명하다.) 하지만 배아가 발전된 단계로 나아가면서 감각-영혼도 갖추게 되는데, 이것 때문에 그것은 '동물'이라고 불린다. 왜냐하면 배아가 '동시에' 동물과 인간이 되는 것도, '동시에' 동물과 말이 되는 것도 아니며, 이는 다른 모든 동물의 경우도 마찬가지이기 때문이다. 목적[88]은 가장 늦게 생겨나고, 각자에게 고유한 것이 발생의 목적이기 때문이다. 이런 이유에서 지성[89]에 관해서도, 이 원리를 갖는 것들이 언제 어떻게 지성을 획득하고 어디서 그것을 얻는지는 가장 어려운 의문거리이며, 능력을 다해서 할 수 있는 만큼 이 문제에 대한 대답을 얻도록 마음을 써야 한다.

---

tēs psychēs to aisthētikon, 736a30): I 23, 731a34 참조

85 무정란이 증거다. III 7, 757b1 이하 참조.

86 **영양섭취-영혼**(threptikē psychē, 735a35): 영혼의 기능을 고려한 명칭들을 다음과 같이 옮긴다. '감각-영혼(aisthētikē psychē)'(736b14), '지성-영혼(noētikē psychē)'(736b14).

87 II 1, 735a13 이하와 『영혼론』 II 4 참조.

88 물론 여기서 telos는 '목적'과 '완성'의 뜻을 함께 갖는다.

89 **지성**(nous, 736b5): 736b27 이하 참조.

다음과 같은 사실은 명백하다. 영양섭취-영혼을 놓고 보면 스페르마와 아직 (모체에서) 떨어져 있지 않은 배아[90]는 가능적으로 그런 영혼을 갖지만 현실적으로는 갖고 있지 않다. 배아들 가운데 (모체와) 떨어져 있는 것들이 그렇듯이, 배아가 (스스로) 영양분을 끌어들이고 그런 종류의 영혼의 기능을 행하기 전에는 (영양섭취-영혼을 현실적으로 갖고 있는 것이 아니다). 그 이유는 이렇다. 그런 종류의 것들은 모두 처음에 식물의 삶을 사는 것 같다. 그런데 감각-영혼에 대해서뿐만 아니라 지성-영혼에 대해서도 이에 부합하는 방식으로 말해야 한다는 것이 명백하다. 왜냐하면 모든 영혼이 현실적으로 있기에 앞서 먼저 가능적으로 있는 것은 필연적이기 때문이다.

모든 영혼은 다음의 세 가지 가능성 가운데 어느 한 가지 조건에서 생겨날 수밖에 없다. 즉 (1) 먼저 아무것도 없거나, (2) 모든 것이 미리 주어져 있거나, (3) 어떤 것들은 있고 어떤 것들은 없어야 한다. 또 (모든 영혼이나 그 일부가) 생겨난다면, 수컷의 스페르마 안에 있다가 안으로 들어오는 일이 없이 질료 안에서 생겨나거나, (수컷의 스페르마로부터) 들어와서 거기에서[91] 생겨야 한다. 수컷 안에서 생겨난다면 문밖에서 (수컷의 스페르마 안으로) 모든 것이 들어오거나 아무것도 들어오지 않거나 일부는 들어오고 일부는 들어오지 않아야 한다.

그런데 모든 것이 미리 주어져 있는 것이 불가능하다는 사실은 다음과 같은 점들을 놓고 볼 때 명백하다. 신체의 활동[92]을 통해 실현되는

90 아직 (모체에서) 떨어져 있지 않은 배아(ta kyēmata ta mēpo chōrista, 736b9): OCT를 따라 읽었다. Peck은 '떨어져 있지 않은 배아(ta kyēmata ta achōrista)'로 읽었다.

91 즉 질료에서.

92 신체의 활동(energeia sōmatikē, 736b22~23): 영혼과 신체의 관계에 대해서는 II 1,

원리들의 경우, 이 원리들은 분명 신체 없이 있을 수 없다. 예컨대 다리 없이는 걸을 수 없다. 그러므로 그런 것들은 '문밖에서'[93] 안으로 들어올 수 없다. 즉 그것들은 (신체와) 떨어져 있을 수 없기 때문에 그 자체로서 안으로 들어올 수 없고, 또 어떤 물체 안에 있다가 (그 물체와 함께) 안으로 들어올 수도 없다. 왜냐하면 스페르마는 영양분이 변화할 때 거기서 나온 잔여물이기 때문이다. 남는 것은 오직 지성만 '문밖에서' 추가적으로 안으로 들어오고 오직 이것만 신적인 것이라는 사실인데, 신체의 활동은 지성의 활동과 공유하는 점이 전혀 없기 때문이다.

(d) 영혼을 전달하는 물질적 실체는 프네우마이다

그런데 모든 영혼의 능력은 이른바 요소들과 다르고 이것들보다 더 신적인 물체[94]와 결속되어 있는 것 같다. 영혼들이 고귀함과 미천함에 따라 서로 구별되듯이, 그런 (물체에 해당하는) 자연물도 그렇게 서로 구별된다. 이렇게 말하는 이유는 다음과 같다. 모든 것의 스페르마 안에는 스페르마로 하여금 생식력을 갖게 하는 것, 즉 '뜨거운 것'이라고 불리는 것이 들어 있다. 이것은 불도, 그와 같은 종류의 다른 어떤 능력도 아니고, 스페르마와 거품 속에 싸여 있는 프네우마이고 이 프네우마에 들어 있는 자연물인데, 이것은 별들을 이루는 요소[95]에 대응하는 것이다. 이런 이유에서 불은 어떤 동물도 낳지 못하고, 불기 있는 것이 737a

735a6~7 참조

93 문밖에서(thyrathen, 735b24): II 6, 744b21 참조.

94 더 신적인 물체(theioteron sōma, 736b31): 이것은 아래에서 '별들을 이루는 요소'라고 불린다.

95 별들을 이루는 요소(to tōn astrōn stoicheion, 737a1): 흙, 물, 불, 공기와 다른 '제5원소(quinta essentia)'.

나 축축한 것이나 마른 것에서는 분명히 아무것도 형성되지 않지만, 태양의 열기와 스페르마를 통해 이루어지는 동물의 열기뿐만 아니라, 그와 달라도 그런 본성을 갖는 어떤 잔여물이 있다면 그것 역시 똑같이 생명의 원리를 가지고 있다. 그렇다면 동물들 안에 있는 열기는 불도 아니고 또 불에서 비롯되는 원리를 갖지도 않는다는 것이 이로부터 분명하다.

정액에 속한 물체 안에는 그것과 함께 배출되는 영혼의 원리[96]가 들어 있다. (이 원리에 속한) 어떤 것은 그 물체와 떨어져 있을 수 있는데 신적인 어떤 것(이른바 지성이 그런 것이다)을 안에 포함하는 것들의 경우에 그렇고, 다른 것은 떨어져 있을 수 없다. 정액에 속한 물체가 풀어져서 프네우마가 되는데, 축축하고 물 같은 본성을 갖고 있기 때문이다. 그러므로 우리의 탐구에서는 그것이 항상 '문밖으로'[97] 빠져나간다고 생각해도 안 되고, 이미 형성된 형태의 한 부분이 된다고 생각해도 안 되는데, 이는 젖을 (응고된 것으로) 형성하는 무화과즙이 (형성 과정을 거쳐 응고된 젖의 한 부분이 되지 않는 것과) 마찬가지다. 왜냐하면 이것은 변화를 낳지만, 형성된 덩어리의 부분은 되지 않기 때문이다.

그렇다면 영혼에 관해서, 어떤 뜻에서 배아와 정액이 영혼을 갖고 또 어떤 뜻에서 갖지 않는지 이제까지 규정했다. (배아와 정액은) 가능적으로 (영혼을) 갖지만, 현실적으로는 갖지 않는다.

96 전승된 텍스트의 to sperma tēs psychikēs archēs(영혼의 원리의 스페르마)(737a8)에서 sperma는 삭제하고 읽었다. '영혼의 원리'에 대해서는 II 3, 737a29~30 참조. 위에서 언급한 '생명의 원리(zōikē archē)'(737a5)와 같은 뜻으로 쓰였다.

97 문밖으로(thyraze, 737a13): II 6, 744b21 참조.

(e) 경혈은 가능적으로 신체의 모든 부분을 포함한다

한편 스페르마는 잔여물이고 운동하는데, 이 운동은 최종 단계의 영양분이 분배되어 신체가 자라날 때 따르는 것과 똑같은 운동이다. 그래서 스페르마가 자궁 안으로 들어오면 암컷의 잔여물을 (일정한 형태를 가진 형성물로) 형성하면서 운동하게 하는데, 이 운동은 그 스페르마 자체가 운동할 때 따르는 것과 똑같은 운동이다.[98] 왜냐하면 경혈도 잔여물이고, 가능적으로 모든 부분을 가지고 있지만 현실적으로는 어떤 부분도 가지고 있지 않기 때문이다. 이렇게 말하는 이유는 경혈 안에 암컷과 수컷이 차이를 갖는 부분들까지 가능적으로 들어 있기[99] 때문이다. 결함 있는 것들로부터 결함 있는 것들이 생겨날 때도 있고 그렇지 않을 때도 있듯이, 암컷으로부터도 암컷이 생겨날 때도 있고 그렇지 않고 수컷이 생겨날 때도 있기 때문이다. 암컷은 마치 결함 있는 수컷과 같고, 경혈은 스페르마이지만 순수하지 않다.[100] 그것은 (수컷의 스페르마가 가진 것에 비해) 오직 하나, 즉 영혼의 원리를 가지고 있지 않기 때문이다. 이런 이유 때문에 동물들 중에서 무정란을 낳는 것들의 경우, 형성되는 알은 (가능적으로는) 암컷과 수컷, 두 쪽의 부분을 모두 갖지만 그 원리를 갖고 있지 않아서 영혼을 가진 동물이 되지 못하는 것

98 대략 다음과 같은 등식이 성립한다: 신체의 성장 운동≈스페르마의 운동≈스페르마가 암컷의 잔여물에게 제공하는 운동.

99 경혈 안에 암컷과 수컷이 차이를 갖는 부분들까지 가능적으로 들어 있다(kai gar ta toiaut' echei moria dynamei hēi diapherei to thēly tou arrenos, 737a24~25): 경혈은 스페르마의 상호작용의 양상에 따라서 수컷으로도 암컷으로도 형성될 수 있기 때문에 이렇게 말할 수 있다. IV 3, 767b10 이하 참조.

100 마치 결함 있는 수컷과 같고(hōsper arren pepērōmenon, 737a28), 경혈이 순수하지(katharos) 않다: I 20, 728a26 이하 참조.

이다. 수컷의 스페르마가 바로 이 원리를 제공하기 때문이다. 암컷의 잔여물이 이 원리를 갖게 될 때 배아가 된다.

[끓는 것이 차가워질 때 그렇듯이, 축축한 물질 성분이 뜨거워지면 둘레를 더께가 둘러싼다. 그런데 모든 물체는 끈끈한 것이 함께 이어 준다. 발생 과정이 진행되고 크기가 늘어나면서 생겨나는 것들의 경우 힘줄의 본성이 바로 그런 일을 하는데, 이 힘줄이 동물들의 부분들을 이어준다. 어떤 동물들의 경우에는 힘줄이, 또 어떤 동물들의 경우에는 그에 대응하는 것이 그런 일을 한다. 피부와 혈관과 막과 그런 성질을 가진 모든 부류가 동일한 형태에 속하는데, 이것들은 더 많음과 더 적음에 의해서, 일반적으로 과도와 부족에 의해서[101] 차이가 난다.

101 더 많음과 더 적음에 의해서, 일반적으로 과도와 부족에 의해서(tōi mallon kai ētton kai holōs hyperochēi kai elleipsei, 737b6): 『동물지』 I 1, 486a15 이하 참조.

4장

피 있는 동물들의 발생 — I. 태생동물

동물들 가운데 더 불완전한 본성을 갖는 것들은, 동물이 아직 완전 737b8
하지 않아도 배아가 완전하게[102] 되면 그것을 밖으로 내보낸다. 어떤 원인들 때문에 그런지 앞서 이야기했다.[103] 배아에 암수 구별이 있으면 배아는 이미 완전하다. (생겨나는 것들에 그런 성별의 차이가 있는 경우에 그렇다. 이렇게 말하는 이유는 어떤 동물들은 암컷도 수컷도 낳지 않는데, 그 자체가 암컷과 수컷으로부터 생겨나지도 않고 동물들의 교합을 통해서 생겨나지도 않는 것들이 그렇기 때문이다. 그런 것들의

102 완전하게(teleion, 737b9): 이런 '배아'는 알을 가리킨다.

103 II 1, 732a24~733b23 참조.

발생에 관해서는 나중에[104] 이야기할 것이다.)

자신의 몸 안에 새끼를 낳는 것들이 동물들 가운데 완전한 것들이다. 이런 동물들은 동물을 낳아 밖으로 내보낼 때까지, 생겨나는 동물을 자신의 몸에 붙어 자라는 상태로[105] 품고 있다.

반면에 몸 밖으로 새끼를 낳지만 먼저 몸 안에 알을 낳는 것들이 있다. 이런 동물들이 (몸 안에서) 알을 완전한 상태로 낳으면, 이들 중 일부의 경우에는 (a) 알이 — 밖으로 알을 낳는 동물들의 알이 그렇듯이 — (모체에서) 떨어지고[106] 이 알로부터 암컷의 몸 안에서 동물이 생겨난다. 또 (b) 다른 일부의 경우에는 알이 그 안에 포함된 영양분이 소진되면 자궁으로부터 (영양을 공급받아) 완전하게 되는데, 이런 이유에서 알은 자궁에서 떨어지지 않는다.[107] 연골어에 속하는 물고기들이 이런 차이를 보여주는데, 이들에 대해서는 나중에 따로 이야기해야 한다.[108]

이제 먼저 첫째가는 동물들에서부터 시작해야 한다. 완전한 것들이 첫째가는 동물들인데, 새끼를 낳는 동물들이 그렇고, 이들 중 첫째가는 것은 사람이다.

(a) 생식에 필요한 잔여물 배출

그런데 모든 동물들의 경우 다른 잔여물의 배출이 일어나는 것과 같은 방식으로 스페르마의 배출이 일어난다. 프네우마가 아무 강제력도

104 III 8과 11에서 각각 곤충들과 유각류들에 대해서 이야기한다.
105 붙어 자라는 상태로(symphyēs, 737b17): '탯줄을 통해 이어진 상태로'
106 떨어지고(apolyesthai, 737b19): 알이 모체에 연결되어 있지 않음을 뜻한다.
107 III 3, 754b25 이하 참조.
108 III 3 참조.

행사하지 않거나[109] 그런 종류의 다른 어떤 원인이 강제하지 않으면, 각자는 자신에게 고유한 장소로 이동하기 때문이다. 이는 몇몇 사람들이 하는 말과 같은데, (다만) 이들은 숨의 강제력에 의해 생식기들이 부황처럼 잔여물을 끌어들인다고 말하며, 그렇게 강제되지 않으면 이 잔여물이나 축축한 영양분이나 마른 영양분이 다른 어떤 곳으로 옮겨갈 수 있을 것처럼 말한다. 그들이 이렇게 주장하는 이유는 숨이 모였을 때 (동물들이) 이런 것들을 함께 밖으로 내보낸다는 데 있다. 하지만 이는 운동을 일으켜야 하는 것 모두에 공통적으로 적용되는 것인데, (모은) 숨을 멈춤으로써 힘이 생기기 때문이다. 그런데 해당 장소들이 늘어지고 잔여물로 가득 차면, 잠들어 있을 때도 강제적이 아닌 그런 상태에서 잔여물이 방출된다. 누군가 식물들의 경우 프네우마의 작용에 의해[110] 열매를 맺는 곳들로 매 순간 스페르마를 배출한다고 말할 수 있다면, 이와 유사한 것을 말하는 셈이 될 것이다. 하지만 그 원인은, 앞서 말했듯이, 모든 동물에게 무용한 잔여물들뿐만 아니라 유용한 잔여물들에 대해서 저장하는 부분들이 있다는 사실에 있다. [예를 들어 마른 것과 축축한 것을 담는 부분들이 있고 피를 위해서 혈관들이 있다.]

암컷의 자궁 부위에 관해서 이야기해보자. (몸의) 위쪽에서부터 두 개의 혈관, 즉 굵은 혈관과 대동맥이 둘로 갈라지고[111] 여러 개의 미세

109 프네우마가 아무 강제력도 행사하지 않거나(outhen apobiazomenou tou pneumatos, 737b29~30): 프네우마가 서로 다른 방향으로 운동하는 흙, 불, 물, 공기를 조절해서 배아를 만들어낸다는 것을 염두에 둔 말이다.

110 즉 바람의 힘에 의해.

111 두 개의 혈관, 즉 megalē pleps과 aorthē pleps(738a11)는 각각 '굵은 혈관'(=대정맥)과 '대동맥'을 가리킨다. 자궁으로 이어진 이 두 개의 혈관에 대해서는 II 4, 740a27 이하 참조.

한 혈관들이 자궁 안으로 이어져 끝난다.[112] 이 혈관들이 영양분[113]으로 가득 차면 (암컷의) 본성은 냉기 탓에 영양분을 열처리할 수 없기 때문에, 이 영양분이 가장 미세한 혈관들을 거쳐 자궁 안으로 방출된다. 혈관들이 좁아 너무 많은 양을 수용할 수 없기 때문이다. 이때 출혈 같은 수동적 변이가 생긴다. 그런데 그 주기가 여성들에게 정확히 정해져 있는 것은 아니지만, 이치에 따라 달(月)이 기울 때 돌아오기를 '바란다'.[114] 동물들의 신체가 더 차가워지는 것은 주변 환경도 그렇게 되는 일이 일어날 때인데, 달이 기울기 때문에 매달 초에 기온이 떨어진다. 그래서 매달 초는 중순 때보다 날씨가 더 추워지는 결과가 뒤따른다. 그래서 잔여물이 일단 피로 바뀐 뒤에는 경혈이 위에서 말한 주기에 따라서 발생하기를 '바라지만', 열처리가 되지 않는 경우 수시로 조금씩 무언가가 배출된다. 이런 이유 때문에 '하얀 것'[115]이 아직 몸이 작고 유년기에 있는 여자 어린아이들에게도 생긴다. 그래서 이 두 종류의 잔여물의 배출이 적절하면 신체가 보존된다. 신체적 질병의 원인이 되는 잔여물들의 배출이 일어나기 때문이다. 하지만 그런 일이 일어나지 않거나 (정도 이상으로) 더 많이 일어나면 신체에 해롭다. 그런 일은 질병이나 신체의 소진을 낳기 때문이다. 그런 이유 때문에 '하얀 것'이 계속해서 생겨나고 양이 늘어나면 어린아이들의 성장을 저해한다.

그렇다면 이런 잔여물은 지금 말한 원인들 때문에 필연적으로 생긴

112 II 4, 740a28 이하 참조.

113 즉 피.

114 바란다(bouletai, 738a17): I 23, 731a12에 대한 각주 참조.

115 하얀 것(ta leuka, 738a31): Reeve의 추측대로 백대하(白帶下, leukorrhea)를 가리키는 것 같다.

다. 즉 본성이 (영양분을) 열처리할 수 없기 때문에 무용한 영양분의 잔여물이 생겨날 수밖에 없을 뿐만 아니라 혈관들 안에 그 잔여물이 가득 차서 가장 미세한 혈관들을 따라 차고 넘칠 수밖에 없는 것이다. 하지만 더 좋은 것과 목적을 위해서 본성은 (이 잔여물을) 이 부위로[116] 옮겨 (잔여물이 소비될 때) 생길 예정이었던 것과 같은 종류의 다른 개체가 생겨날 수 있도록 발생을 위해서 사용한다. 왜냐하면 (그 잔여물은) 배출이 일어난 신체와 같은 종류의 것으로서[117] 가능적으로 존재하기 때문이다.

모든 암컷에게서 잔여물이 생겨날 수밖에 없는데, 피 있는 동물들의 경우 (잔여물의) 양이 많고, 그중 사람의 경우에 가장 많다. 다른 동물들의 경우에도 어떤 형성체가 자궁 부위로 모일 수밖에 없다. 왜 피 있는 동물들의 경우에 이 잔여물의 양이 많고, 그 가운데 사람들의 경우에 가장 많은지, 그 원인은 이미 앞에서 말했다.[118]

모든 암컷의 몸 안에는 이런 성질의 잔여물이 속해 있지만, 모든 수컷의 몸 안에 그런 것이 있는 것은 아니다. 왜냐하면 어떤 것들은 정액을 내놓지 않기 때문이다. 하지만 이런 동물들도 (정액을) 내놓는 동물들이 정액 안의 운동을 통해서 암컷 안에 있는 질료로부터 형성된 생명체를 '제작하는'[119] 것과 똑같은 방식으로 스페르마가 배출되는 부분

116 즉 자궁 안으로.

117 배출이 일어난 신체와 같은 종류의 것으로서(on toiouton hoiouper esti sōmatos apokrisis, 738b3~4): 스페르마와 마찬가지로 경혈도 어미의 몸으로 변화될 최종 잔여물(피)에서 생겨난 것이다.

118 I 19, 727a21 이하와 I 20, 728a30 이하 참조.

119 형성된 생명체를 제작하는(dēmiourgei to synistamenon, 738b12): I 18, 722b2에 대한 각주 참조.

에서 자기 자신 안에 있는 운동을 사용해서 똑같은 결과를 만들어내고 (생명체를) 형성한다. (횡격막을) 가진 모든 동물의 경우 횡격막 주변 부위가 바로 그런 곳이다. 왜냐하면 심장과 그것에 대응하는 것이 (동물의) 본성의 원리이기 때문인데, 그 아랫부분은 그것을 위해서 붙어 있는 부속물이다. 모든 수컷이 생산할 수 있는 잔여물을 갖는 것은 아니지만 모든 암컷은 그런 잔여물을 갖는데, 그 원인은 동물이 영혼을 갖춘 신체[120]라는 데 있다.

(b) 수컷의 배아 형성 작용

언제나 암컷은 질료를, 수컷은 제작하는 것[121]을 제공한다. 우리는 이들이 각각 바로 이런 능력을 가지며 이것이 암컷과 수컷의 본질[122]이라고 말한다. 따라서 암컷은 필연적으로 몸과 덩어리를 제공하지만, 수컷은 그렇게 해야 할 필연성이 없다. 도구들도, 만드는 것도 생겨나는 것들 안에 있어야 할 필연성이 없기 때문이다. 그런데 신체는 암컷에게서 오지만 영혼은 수컷에게서 오는데, 영혼은 특정한 신체의 실체이기 때문이다.[123] 그리고 이런 이유 때문에 동류에 속하지[124] 않으면서 암컷과 수컷이 교합하는 것들의 경우 (교합) 시기가 같고 배태 기간이 서로 가깝고 신체 크기에서 간격이 크지 않은 것들은 서로 교합한다.

120 영혼을 갖춘 신체(sōma empsychon, 738b19~20): I 18, 722b22에 대한 각주 참조.

121 제작하는 것(to dēmiourgon, 738b21): I 18, 722b2에 대한 각주 참조.

122 본질(to einai, 738b22): II 5, 741a16 참조.

123 영혼은 특정한 신체의 실체이기 때문이다(hē gar psychē ousia sōmatos tinos estin, 738b26~27): 『영혼론』 II 1, 413a3 이하 참조.

124 동류에 속하는(homegenēs, 738b28): '동종의', '같은 종에 속하는(homoeides)'(747b31)과 같은 뜻으로 쓰였다.

처음에 생겨나는 것은 — 예컨대 여우와 개에게서 생겨나는 것들이나 자고와 닭에게서 생겨나는 것들이 그렇듯이 — 양쪽의 특징을 공유하면서 (그들과의) 유사성을 갖게 되지만, 시간이 지나고 다른 것들로부터 다른 것들이 생겨나서[125] 마지막에는 암컷을 따라 형태를 갖추게 되는데,[126] 이는 외래종의 씨들이 토양에 따라 변화되는 것과 마찬가지다. 왜냐하면 씨들에 질료와 (식물의) 몸을 제공하는 것은 바로 토양이기 때문이다. 그리고 이런 이유 때문에 암컷에게 있는 수용하는 부분은 관이 아니고 자궁은 일정한 넓이를 갖는다. 반면에 스페르마를 내놓는 수컷 739a
들에게는 관들이 있고 이 곳에는 피가 없다.

각각의 잔여물은 고유한 장소에 있게 되면서 동시에 (생산에 관여하는) 잔여물이 된다. 그 이전에는, 커다란 강제에 의해서 본성에 어긋나게 하는 그런 경우가 아니라면 그런 잔여물이 존재하지 않는다.

어떤 원인 때문에 동물들에게서 생산할 수 있는 잔여물들이 배출되는지에 대해 이야기했다.

스페르마를 내놓는 것들에 속한 수컷에게서 스페르마가 나오면, 이것은 항상 (암컷이 내놓는) 잔여물 가운데 가장 순수한 부분을 (생명체로) 형성해낸다. 이렇게 말하는 이유는 대부분의 잔여물은 무용하고 경혈 안에서 — 수컷의 정액 중 가장 축축한 것이 그렇듯이 — 축축한 상태에 있기 때문이다. 그리고 대다수의 동물들에게서는 한 번에 나오는 사

125 다른 것들로부터 다른 것들이 생겨나서(ex heteron hetera gignomena, 738b33): 다음 번역들을 참조. "one generation springs from another"(Platt); "successive generations are produced"(Peck); "one offspring comes from another"(Reeve).

126 암컷을 따라 형태를 갖추게 되는데(apobainei kata to thēly tēn morphēn, 738b33~34): 『동물지』 VIII 28, 607a3 이하 참조.

출물 가운데 먼저 나오는 것이 뒤의 것보다 더 생식력이 없다. 앞에 나오는 것은 열처리 부족 때문에 영혼의 열기[127]를 더 적게 가지고 있는 반면, 이미 열처리가 된 것은 진하고 물질 성분이 더 많기[128] 때문이다.

여자들이나 다른 동물들 가운데 몸 밖으로 어떤 사출도 일어나지 않는 경우들이 있다. 이는 그런 종류의 배출물 안에는 쓸모없는 잔여물이 많이 들어 있지 않기 때문이다. 그런 경우 생겨나는 것은 몸 밖으로 잔여물을 내보내는 동물들의 경우 (몸 안에) 남아 있는 분량만큼의 양을 취한다. 배출된 스페르마 안에 있는 수컷의 능력은 바로 그 정도 분량의 잔여물을 (생명체로) 형성해낸다. 혹은 자궁에 대응하는 것이 수컷의 몸 안에 들어옴으로써 그런 일이 일어나는데, 몇몇 곤충들의 경우 분명히 이런 일이 일어난다.[129]

암컷들의 경우 쾌감과 함께 생겨나는 액체가 배아를 형성해내는 데 아무 역할도 하지 않는다는 것은 앞에서 이야기했다.[130] 무엇보다도, 남자들에게 그렇듯이 여자들에게도 '몽정'[131]이라고 불리는 것이 밤에 일어난다는 이유 때문에 그렇게 여겨질 수도 있을 것이다.[132] 하지만

127 **영혼의 열기**(thermotēs psychikē, 739a11): '생명의 열기(thermotēs zōtikē)'(739b23)와 동의어처럼 쓰인다.

128 **물질 성분이 더 많기**(sesōmatōtai mallon, 739a12~13): "육상 태생동물들의 경우 스페르마의 열처리는 교합 과정 중에 일어난다(717b24와 718a5 참조). 이것이 여기서 언급된 현상을 설명해준다. 반면 물고기나 뱀의 경우 스페르마는 짝짓기 순간 이전에 이미 열처리되어 있다"(Peck).

129 I 18, 723b20 참조.

130 I 20 참조.

131 **몽정**(exoneirōttein, 739a23): ex(밖으로)와 oneirōttein(꿈꾸다)의 합성어이다.

132 암수 모두에게서 쾌감과 함께 생겨나는 액체가 배아를 형성한다고 생각하는 것을 말한다.

그것은 아무 징표도 되지 않는다. 왜냐하면 거의 때가 되었지만 아무것도 내놓지 못하는 사내아이들이나 아직도 생식력이 없는 잔여물을 내놓는 아이들에게도 그런 일이 일어나기 때문이다.

그렇다면 (*a*) 교접 중에 일어나는 수컷의 사출 없이는 배태가 불가능하고, 이와 마찬가지로 (*b*) 여자의 잔여물 없이도 — 이것이 몸 밖으로 나오건 몸 안에 충분한 양이 들어 있건 — 배태가 불가능하다. 성교 때 여자들에게 일상적으로 생겨나는 쾌감이 뒤따르지 않는다고 하더라도, 그 부위가 흥분 상태에 있고 몸 안의 자궁이 내려온 상태라면 배태가 이루어진다.[133] 하지만 대다수의 경우 그런 방식으로 배태가 일어나는 것은 정액의 방출이 발생할 때 자궁 입구가 막혀 있지 않기 때문이다. 이 방출과 함께 남자들에게나 여자들에게나 보통 쾌감이 생기곤 한다. 이런 상태에 있을 때 남자의 스페르마에도 더 적합한 통로가 마련된다.

(정액의) 분사는 — 어떤 사람들이 생각하는 것처럼 — 자궁 안에서 일어나는 것이 아니라(자궁의 입구가 좁기 때문이다) 그 앞부분에서 일어난다. 바로 그곳에 암컷이 가끔 생겨나는 액체를 내보내면, 거기에 수컷도 (정액을) 내보낸다.[134] 어떤 때는 정액이 이 장소에 머물러 있고, 어떤 때는, 즉 월경 때문에 자궁이 적절한 상태에 있고 뜨거울 때는 자궁이 (정액을) 안으로 흡수한다. 그 징표는 이렇다. 페서리[135]를 넣을 때는 축축한데, 떼어낼 때는 말라 있다. 또 새나 새끼를 낳는 물고기들처

133 IV 5, 774a11~12 참조.

134 739b2의 ean tis exiskmasēi(어떤 것이 액체를 내놓으면)은 빼고 읽었다.

135 페서리(prostheta, 739b5): "페서리는 생명의 자리인 신체의 중심부를 경유하는 운동들을 끌어올린다. 페서리는 냄새가 강하기 때문에 이 냄새가 운동들과 함께 올라오고 흉부의 빈 공간에 들어찬 다음에는 숨과 함께 입을 통해 밖으로 나온다"(Platt). '페서리'의 사용에 대해서는 II 7, 747a8 이하 참조.

럼 자궁이 횡격막 근처에 있는 동물들의 경우 스페르마가 흡수되지 않고 분사되자마자 (자궁 안으로) 들어가는 것은 불가능하다. 그곳은 거기 있는 열기 때문에 정액을 끌어들인다. 경혈의 방출과 축적은 그 부위의 열기에 불기운을 더하는데, 이는 마치 깔때기 모양의 그릇이 뜨거운 것으로 닦이고 나서 입구가 아래쪽으로 뒤집어져 있는 경우 물을 자신 안으로 끌어들이는 것과 같다. 흡수는 이런 방식으로 이루어지는 것이지, 어떤 사람들이 주장하듯이 교접을 위한 도구 역할을 하는 부분들을 통해서는 어떤 방식으로도 이루어지지 않는다. 한편 여자들도 스페르마를 내놓는다고 말하는 사람들이 있는데, 실제로 일어나는 것은 그 반대이다. 여자들이 밖으로 스페르마를 내놓는다면, 남자의 정액과 섞이도록 그것을 다시 몸 안으로 흡수하는 일이 자궁을 통해서 일어날 것이기 때문이다. 이런 일은 번잡하며, 자연은 결코 번잡한 일을 하지 않는다.[136]

자궁 속 암컷의 배출물이 수컷의 정액에 의해서 형성될 때 정액의 작용은 레닛이 젖에 가하는 작용과 유사하다.[137] 왜냐하면 레닛도 생명의 열기를 가진 젖이고, 이 열기는 동질적인 것을 하나로 모아 형성해내며,[138] 정액도 경혈의 본성에 대해 이와 똑같은 관계에 있다. 동일한 본성이 젖과 경혈에 속하기 때문이다. 물질 성분이 굳으면 물기가 방출되고 흙 성분이 마르면서 둘레에 둥글게 막이 형성되는데, 이는 '필연적

136 자연은 결코 번잡한 일을 하지 않는다(hē de physis ouden poiei periergon, 739b19~20): II 5; 741b4f.; II 6, 744a36f; V 8, 788b20f. 참조.

137 "이것은 배아의 발생 중에 일어나는 효소작용(fermentation)에 대한 놀라운 직관이다"(Peck).

138 동질적인 것을 하나로 모아 형성해내며(to homoion eis hen agei kai synistesi, 739b23~24).

으로' 일어나는 일이기도 하고 '무언가를 위해서' 일어나는 일이기도 하다. 그 이유는 이렇다. (*a*) 가장 바깥 부분들[139]은 뜨거워질 때도, 차가워질 때도 필연적으로 마를 수밖에 없고, (*b*) 동물은 축축한 것 안에 있는 것이 아니라 그것과 떨어져 있어야 한다. 그런데 그런 것들 가운데 어떤 것은 '막'이라고 불리고, 어떤 것은 '융모막'[140]이라고 불리는데, 그 둘은 더 많음과 더 적음에 의해서[141] 차이가 난다. 알을 낳는 것들이나 새끼를 낳는 것들 안에 똑같이 이런 것들이 들어 있다.

(c) 배의 발달 과정

배아가 일단 형성되면 배아는 땅에 뿌려진 씨와 비슷한 일을 한다. 씨들 자체에도 첫째 원리가 들어 있다. 그런데 이것이 먼저 가능적으로 존재하다가 떨어져 나오면 그로부터 싹과 뿌리가 뻗어 나온다. 뿌리는 영양분을 받아들이는 데 쓰이는 부분이다. 왜냐하면 식물은 성장이 필요하기 때문이다. 이와 똑같이 배아 안에도 어떤 뜻에서는 모든 부분이 가능적으로 존재하고 원리가 가장 먼저 출현한다. 이런 이유에서 처음에 심장이 현실적으로 떨어져 나온다.

심장

그리고 이것은 감각을 통해서뿐만 아니라(실제로 이런 일이 일어나

139 가장 바깥 부분들(ta eschata, 739b29): II 6, 743b11 참조.

140 융모막(choria, 739b31): 임신 중 태아나 양수를 싸고 있는 막을 가리킨다. 이와 관련해서는 II 7, 745b35 참조. 더 자세한 내용은 『동물지』 VI 3 참조.

141 더 많고 더 적음에 의해서(tōi mallon kai ētton, 739b31~32): II 3, 737b6; III 11, 761b14; V 1, 779b33~34 참조.

기 때문이다) 이론적으로도 명백하다. 왜냐하면 생겨나는 것이 부모 양쪽으로부터 떨어져 나오면, 그것은 마치 아버지 집에서 분가한 자식처럼 스스로 자신을 돌봐야 하기 때문이다. 따라서 그것은 원리를 가져야 하며, 그로부터 나중에도 동물들에게서 신체의 질서 있는 배치[142]가 일어난다. 왜냐하면 만약 그것이 언젠가 밖에서 들어와서 나중에 안에 있게 된다면, 언제 그런 일이 일어나는지 의문이 제기되고, 또 각각의 부분이 떨어져 있다면 필연적으로 다른 부분들을 위한 성장과 운동의 출처가 처음부터 주어져 있어야 하기 때문이다. 바로 이런 이유에서 데모크리토스처럼[143] — 마치 나무나 돌로 된 동물들이 그렇게 생겨나듯이 — 동물들의 바깥에 있는 것들이 먼저 갈라져 나오고, 나중에 안에 있는 것들이 갈라져 나온다고 말하는 것은 옳지 않다. 나무나 돌로 된 동물들은 전혀 원리를 갖지 않는 데 반해, 모든 동물은 원리를 갖고 내부에 그것을 갖기 때문이다.[144] 그러므로 모든 피 있는 동물의 경우 먼저 심장이 분화되어[145] 나타나는데, 바로 이것이 동질적인 부분들뿐만 아니라 비동질적인 부분들의 원리이기 때문이다. 그것은 이미 동물 혹은 합성체[146]의 원리라고 불리는 것이 마땅한데, 그 합성체가 영양분을 필요로 하는 시점에 이를 때 그렇다. 왜냐하면 존재하는 것은 분명 자

142 신체의 질서 있는 배치(hē diakosmesis tou sōmatos, 740a8).

143 *DK* 68A145 참조.

144 이 점은 기술적 제작과 동물 발생의 근본적인 차이 가운데 하나이다. II 6, 741b25 이하 참조.

145 분화되어(dihōrismenē, 740a17~18): I 21, 730a29에 대한 각주 참조.

146 합성체(systēma, 740a20): III 1, 752a7와 III 9, 758b3 참조. 같은 어원을 가진 낱말들인 synistasthai(형성되다), systasis(형성, 형성체) 등에 대해서는 I 18, 722a25에 대한 각주 참조.

라날 것이기 때문이다. 그런데 동물의 최종 단계의 영양분은 피와 그것에 대응하는 것이다. 혈관들은 이런 것들을 담는 그릇이다. 그런 이유 때문에 심장은 그것들의 원리이다. 이것은 『동물지』나 『해부도설』의 논의를 통해 볼 때 명백하다.[147]

그런데 (배아 단계의) 동물은 이미 가능적으로 존재하지만 불완전하기 때문에, 다른 곳으로부터 영양분을 취할 수밖에 없다. 그래서 그것은, 마치 식물이 땅을 활용하듯이, 이미 이동 능력을 갖춘 동물로 완전하게 될 때까지, 영양분을 얻기 위해서 자궁, 즉 어미[148]를 활용한다. 이 때문에 자연은 처음에 심장으로부터 두 갈래의 혈관을 미리 마련해 놓았다.[149] 거기서 나온 미세한 혈관이 자궁에 붙어 있는데, 이것이 이른바 탯줄[150]이다. 탯줄은 혈관이기 때문인데, 어떤 동물들은 이 혈관이 하나이지만 어떤 동물들은 더 많다. 이 혈관들 둘레에 피부 같은 껍질이 있는데,[151] 이것이 있는 이유는 혈관들이 약해서 보호와 덮개가 필요하기 때문이다. 그런데 이 혈관들은 마치 뿌리를 내리듯 자궁에 달려 있고, 그 혈관들을 통해서 배아가 영양분을 얻는다. 동물이 자궁 안에 머무는 것은 이를 위해서이기 때문이다. 그 목적은 — 데모크리토스가 말하듯이 — (생겨나는 것들의) 부분들이 어미의 부분들을 주형으로 삼아 만들어지기 위해서가 아니다.[152] 이것은 알을 낳는 동물들을 보면

147 『동물지』 III 3 참조.

148 어미(hē echousa, 740a25): '배아를 품은 자'를 뜻한다.

149 megalē pleps(굵은 혈관, 대정맥)와 aortē pleps(대동맥)에 대해서는 II 4, 738a9 이하 참조.

150 원문의 omphalos(740a30)는 '배꼽'이 아니라 '탯줄(umbilical cord)'을 가리킨다.

151 740a32의 ho kaloumenos omphalos(이른바 탯줄)은 빼고 읽었다.

152 어미의 부분들을 주형으로 삼아 만들어지기 위해서(hina diaplattetai…kata ta moria

740b 분명하다. 이들은 모체와 떨어져 알들 안에서 분화를 겪기 때문이다.

누군가는 이런 의문을 가질 것이다. 피가 영양분이고 심장이 피를 갖는 것으로서 맨 처음 생겨나며[153] 영양분은 밖에서 온다고 해보자. 첫 단계의 영양분은 어디에서 들어왔을까? 아마도 모든 영양분이 '밖에서 온다'는 말은 참이 아닐 것이다. 식물의 씨 안에 이런 성질의 것, 즉 처음에 젖처럼 보이는 것이 들어 있듯이, 동물들의 질료 안에도 (배아의) 형성 과정 뒤에 남은 잔여물이 처음부터 영양분으로 들어 있다.

그런데 배아의 성장은, 마치 식물의 성장이 뿌리를 통해 일어나는 것과 똑같은 방식으로 탯줄을 통해서 일어난다.[154] 이에 대해서는 논의하기에 적절한 때가 오면 나중에 이야기해야 한다.[155]

(d) 경혈에 미치는 스페르마의 작용과 영양섭취-영혼

하지만 부분들의 분화는, 몇몇 사람들이 상정하듯이,[156] 본성상 유사한 것이 유사한 것 쪽으로 옮겨가기 때문에 일어나는 것이 아니다.[157] (이 설명이 갖는 다른 여러 가지 난점 이외에, 누군가 이런 인과

tēs echouses, 740a36~37): 740a13 이하 참조. diaplassein은 동물의 '형태를 완성하다(to form completely, mould)'를 뜻한다.

153 740b4의 to d' haima trophē(피는 영양분이다)는 빼고 읽었다.

154 749b10~11의 kai tois zōiois autois, hotan apolythosin, ek tēs en hautois trophēs(동물들 자체의 경우에도, 떨어져 나온 뒤에는 자신들 안에 있는 영양분으로부터 (성장이 이루어진다))는 빼고 읽었다.

155 III 2, 752a11~754a20 참조.

156 II 5, 741b10 이하 참조.

157 "살이 불어나면서 프네우마의 작용에 의해서 서로 구별되는 신체 부위들로 형성된다. 촘촘한 것은 촘촘한 것으로, 느슨한 것은 느슨한 것으로, 물기 있는 것은 물기 있는 것으로, 그 안에 있는 각각의 물질은 자기와 유사한 것으로 간다. 각자 그것이 생겨나고 가까운 부분에 상응해서 적절한 장소에 자리를 잡는다. 즉 부모의 몸 안에서

적 설명을 받아들이면, 각각의 동질적인 부분이 독립적으로, 예를 들어 뼈와 힘줄은 그 자체로서, 살도 그 자체로서 생겨난다는 결론이 뒤따른다.) 하지만 암컷의 잔여물은 본성상 해당 동물과 같은 종류의 것이 될 수 있는 가능성의 상태에 있으며, 현실적으로 아무것도 아니지만 가능적으로는 그 안에 부분들이 내재한다. 동질적인 부분들 각각은 바로 이런 원인에 의해서 생겨난다. 또 작용할 수 있는 것과 작용받을 수 있는 것[158]은 그중 하나가 작용할 수 있고 다른 하나가 작용받을 수 있는 그런 방식으로 서로 접촉하면(내가 말하는 '방식'은 '어떻게', '어디서', '언제'를 말한다), 즉시 하나는 작용하고, 다른 하나는 작용받는다. 그런데 암컷은 질료를 제공하고, 수컷은 운동의 원리를 제공한다. 그런데 기술의 작용에 의해서 생겨나는 것들은 도구들을 통해서, 더 진실에 가깝게 말하면 도구들의 운동을 통해서 생겨나는데, 바로 이것이 기술의 활동이다. 다만 기술은 (생겨나는 것과) 다른 것 안에 있는, 생겨나는 것들의 형태이다. 이와 똑같이 영양섭취-영혼의 능력은, 나중에 그것이 (완전히 자란) 동물들이나 식물들 자체 안에서 영양분을 통해 성장을 이루어낼 때 그렇게 하는 것과 마찬가지로, (처음부터) 열기와 냉기를 도구로 사용해서 (배아를 만들어낸다). (바로 그런 열기와 냉기에 영

촘촘한 부분에서 나온 부분들은 그 자체가 촘촘하고 물기 있는 부분에서 나온 것들은 물기가 있고 다른 것들 역시 성장 과정에서 똑같은 방식에 따라서 생겨난다. 뼈들은 열기에 의해서 굳어져서 딱딱해지고 나아가 그것들은 나무가 가지를 치듯이 뻗어나간다. 신체의 내부와 외부는 더욱 더 분명하게 부분들로 분화되기 시작한다"(히포크라테스, 『아이의 본성에 관하여(*peri physeōs paidiou*)』 17.1~9 = Littre VII.499 = Lonie, p. 9)(Reeve).

158 작용할 수 있는 것과 작용받을 수 있는 것(to men poiētikon kai to de pathētikon, 740b21~22): I 20, 729a28 참조.

양섭취-영혼의 운동이 들어 있고 각 부분은 어떤 로고스에 따라서 생겨난다),[159] 본성에 따라서 생겨나는 것은 처음부터 이렇게 형성된다. 왜냐하면 최초의 생명체가 자라는 데 쓰이는 질료와 생명체가 형성되는 출처인 질료는 똑같은 것이며, 따라서 (성장 과정에서나 발생 과정에서) 작용하는 능력도 똑같기 때문이다.[160] 그래서 영양섭취-영혼이 바로 이런 것이라면, 바로 이것이 생명체를 낳는 영혼[161]이다. 그리고 바로 이것은 각 (생명체의) 본성으로서 모든 식물과 동물 안에 들어 있다. 영혼의 다른 부분들은 어떤 동물들에게는 주어져 있기도 하고, 어떤 동물들에게는 그렇지 않기도 하다.

그런데 식물들의 경우에는 암컷과 수컷이 떨어져 있지 않은 반면, 암수가 떨어져 있는 동물들의 경우에는 암컷이 수컷을 추가로 필요로 한다.

159 각 부분은 어떤 로고스에 따라서 생겨난다(logōi tini hekaston ginetai, 740b32~33): II 1, 735a1 참조.

160 740b36의 to ex archēs. meizon de hautē estin(처음부터 있는 것과. 하지만 이것이 더 크다)는 빼고 읽었다.

161 생명체를 낳는 영혼(hē gennōsa ⟨psychē⟩, 740b37): 물론 영혼이 신체와 떨어진 상태로 먼저 있다가 동물을 생겨나게 한다는 뜻이 아니라 영혼의 영양섭취 능력이 곧 생산 능력이라는 뜻이다. 두 능력의 동일성에 대해서는 II 1, 735a16 이하 참조. 이런 능력들은 심장이 생겨나면서 그것의 기능으로서 생겨난다.

5장

(e) 왜 암컷 혼자서 낳을 수 없는가?

그렇지만 누군가는 어떤 원인 때문에 그런지 의문을 가질 것이다. 741a6
암컷이 바로 그 영혼을 가지고 있고 질료가 암컷의 잔여물이라면, 무엇 때문에 암컷은 수컷을 추가로 필요로 하는가?[162] 암컷은 왜 스스로 자기 몸에서 낳지 못할까? 그 원인은 동물이 감각을 가짐으로써 식물과 다르다는 데 있다. 현실적으로나 가능적으로나, 특정한 뜻에서나 무제한적인 뜻에서나, 감각-영혼[163]이 없다면 얼굴이나 손이나 살이나 그 밖의 다른 어떤 부분도 존재할 수 없다. 그런 것은 시체나 시체의 부분

162 암컷이 영양섭취-영혼을 이미 가지고 있고 이 영혼이 곧 생명체를 낳는 영혼과 똑같은 것이라면, 암컷 혼자서 생산을 할 수 없을까?

163 감각-영혼(aisthētikē psychē, 741a11): 영혼의 감각 능력과 신체 부분의 관계에 대해서는 『동물지』 I 11, 492b27 이하 참조.

과 같을 것이기 때문이다. 그런데 암컷과 수컷이 떨어져 있는 경우 수컷이 그런 영혼을 만들어낼 수 있는 것이라면, 암컷이 스스로 자신의 몸에서 동물을 낳는 것은 불가능하다. 지금 말한 것이 바로 수컷의 본질[164]이기 때문이다.

위에서 제기된 의문이 이치에 맞는다는 것은 무정란을 낳는 새들의 경우를 보면 분명하다. 왜냐하면 (이런 경우) 암컷이 적어도 어느 정도까지는 낳을 수 있기 때문이다. 나아가 이것도 의문을 낳는다. 그런 새들의 알들도 생명을 갖는다고 어떻게 말할 수 있을까? 왜냐하면 그런 알들은 생식력이 있는 알들과 같은 상태에 있지도 않고(그렇다면 그것들로부터 현실적으로 영혼이 있는 것이 생겨날 것이기 때문이다) 그렇다고 나무나 돌과 같은 상태에 있지도 않기 때문이다. 이렇게 말하는 까닭은 그런 알들도 부패하기 때문인데, 이는 그것들이 이전에 어떤 뜻에서 생명을 갖고 있기 때문에 일어나는 일이다. 그렇다면 무정란이 가능적으로 어떤 영혼을 갖는다는 것은 명백하다. 그렇다면 어떤 종류의 영혼인가? 분명 그것은 가장 기본적인 것[165]일 수밖에 없다. 그런데 영양섭취-영혼이 바로 그런 것이다. 이것은 모든 동물과 식물에 똑같이 속하기 때문이다. 그렇다면 왜 (영양섭취-영혼을 가진 무정란으로부터) 부분들과 동물이 완전하게 생겨나지 않는가? 그 이유는 (그렇게 되기 위해

164 수컷의 본질(to arreni einai, 741a16): 혹은 '수컷임'. II 4, 738b22 참조. 일정 수준까지는 암컷 혼자서 생산을 담당할 수 있다. 예를 들어 암컷이 낳은 무정란은 일정한 수준까지 자란다. 하지만 동물은 감각을 가진 존재이기 때문에, 동물이 생겨나기 위해서는 — 무정란과 같은 식물적 수준 이상으로 — 발생을 진행될 수 있게 하는 원리가 필요하다. 이 원리가 바로 수컷이 제공하는 스페르마이다.

165 가장 기본적인 것(eschatē, 741a24): 여기서는 발생의 순서나 기능들 가운데 '최종적인' 것을 뜻한다.

서는) 그것들이 감각-영혼을 가져야 하기 때문이다. 왜냐하면 동물들의 부분들은 식물의 부분들과 같지 않기 때문이다. 이런 이유에서 수컷의 공동 작용[166]이 필요한데, 동물들의 경우에는 수컷이 (암컷과) 떨어져 있기 때문이다. 바로 이것이 실제로 일어난다. 왜냐하면 무정란은 적절한 때에 수컷이 (암컷에 붙어) 교미하면, 무정란이 생식력을 갖게 되기 때문이다. 하지만 그런 것들의 원인에 대해서는 나중에 규정할 것이다.[167]

암컷이 있지만 수컷을 따로 갖지 않는 어떤 유가 있다면, 그 동물은 (수컷과의 짝짓기 없이) 자기 자신으로부터 생명을 낳을 수 있다.[168] 적어도 지금까지는 신뢰할 만큼 여러 사례들이 목격되지 않아서 단정하기 어렵지만, 물고기들의 부류에 속하는 몇몇 경우가 그런 것 같다. 이른바 에뤼트리노스[169]의 수컷은 전혀 눈에 보인 적이 없지만, 배아를 품은 암컷들은 눈에 띄었기 때문이다. 그런데 우리는 이들에 대해서 아직까지 믿을 만한 경험[170]을 갖고 있지 않지만, 물고기의 유 가운데는 암컷도 아니고 수컷도 아닌 것이 있다. 예를 들어 뱀장어들과 습지대의 강 근처에 사는 어떤 부류의 숭어[171]가 그렇다. 하지만 암컷과 수컷이

166 공동 작용(koinōnia, 741a28): 혹은 '참여'. IV 10, 777b24('공동 관계') 참조.

167 다음 구절들을 참조: III 1, 750b3 이하; III 7, 757b1 이하; 『동물지』 VI 1, 539b1 이하.

168 '트로코스(trochos)'에 대한 III 6, 757a6의 언급을 참조.

169 에뤼트리노스(erythrinos, 741a36): III 5, 755b21과 III 10, 760a8 참조.

170 믿을 만한 경험(peira axiopistos, 741a37~38).

171 뱀장어들과… 어떤 부류의 숭어(hai t' encheleis kai genos ti kestreōn, 741b1): 뱀장어(enchelys, Anguilla anguilla)는 민물에서 살다가 성장하면 먼 바다로 나가 깊은 곳에 알을 낳는다. 알에서 유생의 단계를 거쳐 발달한 실뱀장어는 바닷길을 따라 다시 민물로 돌아온다. 그래서 뱀장어의 발생은 20세기 중반까지 의문거리였다. 1920년대에 와서야 덴마크의 해양생물학 연구자 Johannes Schmidt에 의해 유럽 뱀장어

떨어져 있는 동물들의 경우, 암컷이 스스로 완전한 상태로 (생명체를) 낳을 수는 없다. 그럴 경우 수컷은 헛것일 텐데, 자연은 헛된 일을 하지 않는다.[172] 바로 이런 이유에서 그런 종류의 동물들의 경우 언제나 수컷이 발생을 완성 상태로 이끈다. 수컷이 — 자기 자신을 통해서[173]나 정액을 통해서나 — 감각-영혼을 불어넣기 때문이다.

질료 안에는 부분들이 가능적으로 내재하기 때문에, 운동의 원리가 제공되면, 마치 신기한 자동인형에서 그렇듯이[174] 연쇄 과정이 이어진다. 어떤 자연학자들이 내세우고 싶어 하는 주장, 즉 "유사한 것으로 옮겨간다"[175]는 주장은, 부분들이 장소를 바꾸면서 운동한다는 뜻이 아니라, 같은 곳에 머물면서 말랑함이나 딱딱함, 색깔을 비롯해서 동질적인 부분들에 속하는 다른 차이들을 통해서 질적으로 변화함으로써 이전에 가능적으로 주어져 있던 것들이 현실적으로 된다는 뜻으로 이해해야 한다.

그런데 처음에 원리가 생겨난다. 그런데 거듭 이야기했듯이, 피 있는

의 발생지인 북대서양의 사르가소 해역(Sargasso Sea)과 이동 경로가 확인되었다. 숭어(kestreus, Mugilidae spp.)의 발생도 관찰하기 어렵다. 왜냐하면 숭어는 가을에서 겨울에 걸쳐 바다 깊은 곳에 수백만 개의 알을 낳는데 이 알들은 바닥에 가라앉는다. 며칠 뒤에 새끼가 나온다. 알에서 나온 새끼는 봄에 떼를 지어 강으로 올라온다. 숭어에 대한 언급은 『동물지』 VI 15, 569a21 이하 참조. 요하네스 슈미트의 뱀장어 연구에 대해서는 P. Svensson, 『삶, 죽음, 그리고 세상에서 가장 신비로운 물고기』, 신승미 옮김, 서울: 무의 철학, 2020 참조.

172 **자연은 헛된 일을 하지 않는다**(hē physis ouden poiei matēn, 741b4~5): II 6, 744a36~37 참조.

173 **자기 자신을 통해서**(di' hautou, 741b6~7): I 21, 729b1 이하와 I 21, 730a4 이하 참조.

174 **마치 신기한 자동인형에서 그렇듯이**(hosper en tois automatois thaumasi, 741b8~9): II 1, 734b10 이하 참고.

175 **유사한 것으로 옮겨간다**(pheresthai eis to homoion, 741b10): II 4, 740b12 이하 참조.

동물들에게는 심장이 그런 원리이고, 나머지 동물들에게는 그것에 대응하는 것이 원리이다. 심장이 처음에 생겨난다는 사실은 감각을 통해서뿐만 아니라 마지막을 놓고 보아도[176] 분명하다. 왜냐하면 생명은 거기서 마지막으로 (작용을) 멈추기 때문이다. 어떤 경우나 마지막에 생겨나는 것이 처음에 작용을 멈추고, 가장 먼저 생겨나는 것이 마지막에 작용을 멈추는 일이 일어난다. 자연은 반환점 있는 경로를 돌아 그것이 떠난 시작점으로 되돌아오는 것과 마찬가지다. 발생은 있지 않은 것으로부터 있는 것으로 가는 과정이며, 소멸은 있는 것으로부터 다시 있지 않은 것으로 가는 과정이기 때문이다.

176 마지막을 놓고 보아도(peri tēn teleutēn, 741b18): 생명의 마지막 순간을 뜻한다.

6장

(f) 이어지는 배아의 발달 과정

앞서 말했듯이,[177] 원리가 생겨난 뒤 밖에 있는 것들보다 안에 있는 것들이 먼저 생겨난다. 크기가 있는 것들이 더 작은 것들보다 먼저 나타나지만 그중 어떤 것들은 먼저 생겨나지 않는다. 하지만 횡격막 위에 있는 것들이 먼저 분절되어서 크기가 뚜렷한 반면, 그 아래 있는 것들은 더 작고 덜 분화되어 있다. 위아래가 나뉘는 모든 동물에게서 그렇다. 예외는 곤충들뿐이다. 곤충들 가운데 애벌레를 낳는 것들의 경우에는 성장이 위쪽으로 진행된다. 이렇게 말할 수 있는 이유는 처음에는 윗부분이 더 작기 때문이다. 이동 능력이 있는 것들 가운데 유일하게 연체동물들은 위와 아래를 나눌 수 없다. 이 말, 즉 발생에서 위

177 II 4, 740a12 이하 참조.

쪽 몸통[178]이 아래쪽에 앞선다는 말은 식물들에도 들어맞는다. 왜냐하면 씨는 싹을 내기에 앞서 먼저 뿌리를 뻗기 때문이다.

(g) 부분들의 분화와 프네우마의 작용

동물의 부분들은 프네우마에 의해서 분화되지만,[179] 이 프네우마는
어미[180]에게 속한 것도 아니고, 어떤 자연학자들이 말하듯이,[181] 자기
자신에게[182] 속한 것도 아니다. 이는 물고기와 새와 곤충을 보면 분명 742a
하다. 왜냐하면 (이들 중 일부는) 어미와 떨어져 있는 상태로 알에서 생겨나고, 알 속에서 분절 과정[183]을 거치기 때문이다. 또 어떤 동물들은 전혀 숨을 쉬지 않고 애벌레나 알의 상태로 태어난다. 반면에 숨을 쉬는 동물들은 모체 안에서도 분절 과정을 겪지만 폐가 완전한 상태에

---

178 위쪽 몸통(to ano kytos, 741b35): kytos는 본래 '우묵한 곳', '용기', '통'을 가리킨다. I 13, 720a35에 대한 각주 참조.

179 동물의 부분들은 프네우마에 의해서 분화되지만(dihorizetai de ta merē tōn zōiōn pneumati, 741b37): I 21, 730a29에 대한 각주 참조.

180 어미(hē gennōsa, 741b38): 암컷으로서 낳는 자를 가리킨다.

181 히포크라테스, 『아이의 본성에 관하여(*peri physeōs paidiou*)』 17(vii. 496~498 Littre) 참조: "그런데 살(=몸체)이 커가면서 프네우마에 의해서 구분되고, 서로 동질적인 것이 각각 같은 곳으로 모인다. … 각 부분은 숨(pnoē)에 의해서 떨어져 구분되는데, 모든 부분은 자라면서 친족 관계에 따라 서로 격리되기 때문이다."

182 자기 자신에게(autou, 741b38): 모체의 태아 자체를 가리킨다. 히포크라테스는 배아가 탯줄을 통해 영양분을 얻고 숨을 쉰다고 말했는데, 아리스토텔레스는 이를 반박한다. 아리스토텔레스에 따르면, 신체의 부분들을 분화시키는 프네우마는 숨을 쉬기 이전부터 이미 배아에 갖춰져 있는 것, 즉 '타고난 프네우마(symphyton pneuma)'(744a3, 781a24)이다.

183 분절 과정(diarthrōsis, 742a3): 동사 diarthroun은 본래 '마디(arthron)가 나뉜다'는 뜻이지만, 배아의 '분화'를 뜻하는 동사로도 쓰인다. 『동물지』 489b9 참조. '분화되다'라고 옮긴 dihorizesthai와 뜻이 같다.

이르기 전에는 숨을 쉬지 못한다. 폐뿐만 아니라 그에 앞선 부분들도 숨을 쉬기 전에 분절 과정을 겪는다. 또 네발동물들 가운데 여러갈래발동물들, 예를 들어 개, 사자, 늑대, 여우, 자칼은 모두 눈을 뜨지 않은 상태의 새끼를 낳고 눈썹은 출생 이후까지 떨어져 자리를 잡지 못한다. 따라서 다른 모든 동물의 경우에도 이와 똑같은 방식으로 과정이 이루어진다는 것은 명백하다. 즉 성질의 측면에서뿐만 아니라 양의 측면에서도 그것은 먼저 가능적으로 있다가 나중에 현실적으로 되며, 이는 (종적인) 성질이 분화될[184] 때 작용하는 원인들과 동일한 원인들에 의해서 이루어진다. 하나로부터 둘이 되는 것이다. 하지만 필연적으로 프네우마[185]가 주어져 있을 수밖에 없는데, (발생의 최초 단계에 이미) 축축하고 뜨거운 것이 있기 때문이다. 이 가운데 하나는 작용하고, 다른 하나는 작용받는다.

(h) 부분들의 발달 과정 순서

옛날 자연연구자들 가운데 어떤 사람들은 부분들 중에서 어떤 것이 어떤 것 '다음에' 생겨나는지 이야기하려고 했지만, 실제로 일어나는 일들에 대해 충분히 경험할 수 없었다. 다른 것들에서도 그렇듯이, 부분들 가운데 하나가 본성적으로 다른 것보다 앞선다. 그런데 '앞선다'는 이미 여러 가지 뜻으로 쓰인다. (*a*) 다른 것의 지향점과 (*b*) 그것을 지

184 (종적인) 성질이 분화될(to poion dihorizetai, 742a13): I 21, 730a29에 대한 각주 참조.

185 프네우마(pneuma): 호흡을 통해 몸을 드나드는 숨이 아니라 '타고난 프네우마(symphyton)'(744a3)를 가리킨다. 이 프네우마는 동물이 숨을 쉬기 이전부터 배아에 들어 있어서 신체를 분화시키기 때문이다. '축축하고 뜨거운 것(hygron kai thermon)'은 물론 경혈과 스페르마의 열기를 가리킨다.

향하는 것[186]은 다르고, 그 가운데 뒤의 것은 발생에서 앞서고, 앞의 것은 실체에서 앞선다. 나아가 다른 것을 지향하는 것에도 두 가지 차이가 있는데, 하나는 (*i*) 운동이 시작되는 출처이고 다른 하나는 (*ii*) 지향점이 수단으로 사용하는 것[187]이다. 내가 말하는 것은 예를 들어 (*i*) 낳을 수 있는 것과 (*ii*) 생겨나는 것을 위해 도구적인 것이다. 이들 가운데 앞의 것, 즉 작용할 수 있는 것이 먼저 주어져 있어야 한다. 예를 들어 가르치는 자가 배우는 자보다 앞서고, 아울로스는 아울로스 연주를 배우는 자보다 뒤에 온다. 왜냐하면 아울로스 연주법을 알지 못하는 사람들이 아울로스를 갖는 것은 불필요한 일이기 때문이다.

그렇다면 세 가지가 있다. 하나는 (1) 우리가 (발생 과정의) 지향점이라고 부르는 목적이고, 나머지 둘은 이 목적을 지향하는 것들 중 (2) 운동 능력과 생산 능력을 가진 원리이고(왜냐하면 제작하고 생산할 수 있는 것은 — 그런 가능성을 갖는 한 — 제작과 생산을 '위해서' 있기 때문이다) (3) 유용한 수단, 즉 목적에 사용되는 수단이다. 그렇기 때문에 필연적으로 먼저 운동의 원리가 들어 있는 어떤 부분이 있어야 하고(이것은 처음부터 목적의 한 부분이자 가장 중추적인 부분[188]이기 때문이다), 이것 다음에 (동물) 전체이자 목적이 있고, 셋째이자 마지막으로 일정한 용도들을 위해서 이들에 기여하는 도구적인 부분들이 있어야 한다. 따라서 동물들에 필연적으로 속해야 하는 이런 성질의 부분이

186 다른 것의 지향점(to hou heneka, 742a20), 그것을 지향하는 것(to toutou heneka): A와 B의 관계에서 A가 B의 '지향점'이라면, B는 A를 '지향하는 것'이다.

187 운동이 시작되는 출처(hothen hē kinēsis, 742a23), 지향점이 수단으로 사용하는 것(hōi chrētai to hou heneka).

188 가장 중추적인 부분(to morion kyriōtaton, 742a34).

742b 있다면 — 즉 자연물 전체의 시작점이자 종결점을 가진 것이 있다면 — 필연적으로 이것은, 운동을 낳을 수 있는 것으로서 가장 먼저 생겨나야 하고, 목적의 한 부분으로서 전체와 함께 생겨나야 한다.

따라서 도구적인 부분들 중 본성상 생산 능력을 가진 것들이 항상 먼저 주어져 있어야 하고(그것들은 시작점으로서, 다른 어떤 것을 '위해서' 있기 때문이다), 다른 것을 위해서 있는 것들 중 그렇지 않은 부분들은 나중에 존재한다. 그래서 부분들 가운데 다른 것을 위해서 있는 것들이 앞서는지, 아니면 다른 것들의 지향점이 되는 것들이 앞서는지를 나누기가 쉽지 않다.[189] 왜냐하면 발생에서는 부분들 가운데 운동을 낳을 수 있는 것들이 목적에 앞서 존재하지만, 운동을 낳을 수 있는 부분들을 도구적인 부분들과 비교해보면 (어떤 것이 발생에서 앞서는지를) 나누기가 쉽지 않기 때문이다. 그렇지만 이런 연구 방법에 따라서 어떤 것이 어떤 것 다음에 생기는지를 탐구해야 한다. 왜냐하면 목적은 어떤 것들에 비해서는 뒤에 오지만, 다른 것들에 비해서는 앞서기 때문이다. 이런 이유 때문에 먼저 시작점을 가진 부분이 생겨나고, 그런 다음에 그것에 이어서 위쪽 몸통[190]이 생긴다. 그래서 태아를 보면 처음에는 머리 주변 부위와 눈이 가장 크게 나타나고, 탯줄 아래 부위, 예를 들어 사지[191]는 작게 나타난다. 아랫부분들은 윗부분들을 위해서 있기 때문인데, 그것들은 목적에 속하는 부분들도 아니고 목적을 낳을 수 있는 부분들도 아니다.

189 I 18, 724a20 이하 참조.

190 위쪽 몸통(to ano kytos, 742b14): II 6, 741b35에 대한 각주 참조.

191 사지(kōla, 742b16): 물론 다리를 가리킨다.

"항상 이렇게 발생한다"고 말하면서 이것[192]을 그런 경우들에 있어서 원리라고 여기는 사람들은 올바른 말을 하는 것도 아니고, 그런 발생의 인과적 필연성[193]을 제시하는 것도 아니다. 압데라의 데모크리토스가 그러한데, 그는 이렇게 말한다. "항상적이고 무한정한 것[194]에는 원리가 속하지 않는다. 그런데 '무엇 때문에'는 원리이고 항상 그런 것은 무한정한 것이다. 따라서 그런 것들 중 어떤 것에 관해서 '무엇 때문에' 그런지 묻는 것은 무한정한 것의 원리를 탐구하는 일이다." 그렇지만 '무엇 때문에'를 찾아서는 안 된다고 주장하면서 사람들이 근거로 삼는 논리에 따르면, 영원한 것들 가운데 아무것에 대해서도 논증이 존재하지 않을 것이다. 하지만 여러 대상에 대해서, 즉 한편으로는 생겨나는 것들에 대해서, 다른 한편으로는 항상 있는 것들에 대해서 분명히 논증이 존재한다. 삼각형의 내각의 합이 두 직각과 같다는 것은 항상 그렇고 대각선이 두 변의 길이와 통약불가능하다는 것은 영원하지만, 그럼에도 불구하고 그것들에 대해서는 특정한 원인이 있고 논증[195]이 있기 때문이다. 그렇다면 '모든 것에 대해서 원리를 찾아서는 안 된다'고 주장하는 것은 옳지만, '항상 있는 것들과 생겨나는 것들의 원리를 찾아서는 안 된다'고 주장하는 것은 옳지 않다. 물론 영원한 것들 중에서 원리에 해당하는 것들에 대해서는 그 말이 옳다. 원리에 대해서는 논증

192 이것: '항상 이렇게 발생한다(houtos aei gignetai)'(742b19)는 사실, 즉 항상 일정한 방식으로 발생 과정이 진행된다는 사실 그 자체.

193 인과적 필연성(tou dia ti tēn anankēn, 742b18): 직역하면 '"무엇 때문에"의 필연성'이다.

194 항상적이고 무한정한 것(to aei kai apeiron, 742b20).

195 '원인(aition)'에 대한 앎으로서 '논증(apodeixis)'에 대해서는 『분석론 후서』 I 2, 71b25 이하와 I 31, 87b33 이하 참조. 삼각형의 내각의 합에 대한 논증에 대해서는 『분석론 후서』 II 3, 90b7 이하 참조.

이 아닌 다른 앎[196]이 속하기 때문이다. 부동적인 것들의 경우에는 '무엇'[197]이 원리이고, 반면에 생겨나는 것들의 경우에는 여러 가지 원리가 있어서 그 방식이 다르고 모든 원리가 동일한 방식으로 있는 것이 아니다. 운동이 시작되는 출처는 그 원리들 가운데 하나다. 그렇기 때문에 모든 피 있는 동물은, 앞서 말했듯이, 처음에 심장을 갖는다. 그밖에 다른 동물들에게는 처음에 심장에 대응하는 것이 생겨난다.

(i) 혈관들, '동질적인' 부분들과 그 외의 부분들

743a 심장으로부터 혈관들이 (몸 전체에 걸쳐) 뻗어 있다. 그 모습은 마치 담벼락에 인체 모형을 그리는 사람들이 그려 놓은 것과 같다.[198] 부분들이 그 주변에 있는데, 혈관들로부터 그 부분들이 생겨나기 때문이다.

동질적인 부분들의 발생은 냉각과 열기의 작용에 의존한다. 이 부분들 가운데 일부는 차가운 것에 의해서, 다른 일부는 뜨거운 것에 의해서 형성되고 굳어지기 때문이다. 하지만 그것들의 차이에 대해서는, 즉

196 다른 앎(allē gnōsis, 742b32): 논증의 출발점이 되는 앎에 대해서는 『분석론 후서』 II 19 참조.

197 무엇(to ti estin, 742b33): 이것이 어떻게 원리가 되는지에 대해서는 『자연학』 II 7, 198a14 이하 참조: "원인들이 있고 수적으로 우리가 말한 만큼이라는 것은 분명하다. 왜냐하면 '무엇 때문에?(to dia ti)'에 대한 대답이 수적으로 그만큼의 원인을 포괄하기 때문이다. '무엇 때문에?'에 대한 대답은 움직이지 않는 것들의 경우에 궁극적으로 '무엇'으로 소급되거나(예를 들어 수학적 대상들의 경우에 궁극적으로 직선이나 통약 가능한 것 혹은 다른 어떤 정의로 소급된다) '첫째 원동자'로 소급되거나(예를 들어 무엇 때문에 전쟁을 시작하였는가? 저들의 약탈 때문이다) '지향점'으로 소급되거나(지배하기 위해서이다) 생겨나는 것들의 경우에 '질료'로 소급된다."

198 『동물지』 III 5, 515a34~35에서 아리스토텔레스는 "그려진 인체모형들(kanaboi)에서 그렇듯이, 혈관들(phlebes)은 몸 전체의 형태(schēma)를 가지고 있다"고 말한다. '담벼락(teichoi)'은 아마도 아리스토텔레스의 강의실 벽을 가리키는 것 같다. IV 1, 764b29~31 참조.

어떤 성질의 부분들이 축축한 것이나 불에 의해서 풀어지고, 어떤 성질의 것들이 축축한 것에 의해서 풀어지지 않고 불에 의해서 녹지 않는지는 앞서 다른 곳에서[199] 이야기했다. 그런데 영양분은, 마치 물이 아직 구어지지 않은 도기 안에서 스며드는 것처럼, 혈관들과 각 부분들 안에 뻗어 있는 관들을 통해서 (부분들로) 침투하고, 살이나 그것에 대응하는 것은 차가운 것의 작용에 의해 형성되는데, 이런 이유에서 살은 불에 의해서 풀어진다. 크기가 자라는 것들 가운데 흙 성분이 너무 많고 물기와 열기를 적게 가진 것들은 축축한 것과 뜨거운 것과 함께 날아가면서 차가워져 딱딱하고 흙과 같은 형태를 갖추게 된다. 예를 들어 손발톱, 뿔, 발굽, 부리가 그렇다. 이런 이유 때문에 그것들은 불에 의해 말랑해지지만 녹지 않는다. 반면 어떤 것들, 예를 들어 알의 껍질 같은 것들은 축축한 것들에 의해서 풀어진다.

몸속 열기의 작용에 의해서 물기가 마르면서 힘줄과 뼈가 생긴다. 이런 이유에서 뼈는 도기처럼 불의 작용에 의해서 풀어지지 않는다. 뼈는 마치 가마 안에서 구운 것처럼 발생 과정에서 불에 의해서 구워졌기 때문이다. 이 열기는 우연히 주어진 아무것이나 살이나 뼈로 만드는 것도 아니고, 아무 곳에서 아무 때나 그런 것들을 만드는 것도 아니며, 본성적으로 적합한 것을, 본성에 알맞은 곳에서, 본성에 알맞은 때 만들어낸다.[200] 왜냐하면 가능적으로 있는 것이 현실적 활동을 갖지 못한 채 운동을 낳을 수 있는 것에 의해서[201] 생겨날 수도 없고, 현실적 활동

199 『기상학』 IV 7~10 참조.

200 II 1, 734b33의 logos에 대한 발언을 참조.

201 현실적인 활동을 갖지 못한 채 운동을 낳을 수 있는 것에 의해서(hypo tou me tēn energeian echontos kinētikou, 743a23~24): 어떤 것이 운동을 낳는 능력을 가지고

을 가진 것이 우연히 주어진 것으로부터 무언가를 만들어낼 수도 없기 때문이다. 이는 마치 목수가 나무를 재료로 쓰지 않고는 궤짝을 만들 수 없고, 목수 없이는 나무로부터 궤짝이 생겨나지 않는 것과 마찬가지다.

(j) 가열과 냉각이 배아의 발달 과정에서 도구로 사용된다

열기는 각 부분에 적절하게 균형을 맞추어 양적으로나 질적으로 정해진 운동과 현실적 활동을 가진 상태로 스페르마 성분의 잔여물 속에 들어 있다.[202] 부족하고 과도한 정도에 따라 열기는 생겨나는 것을 열등하거나 비정상적인 것으로 만든다. 이는 영양분의 섭취나 다른 어떤 가공작업을 위해서 외부의 것들이 끓임에 의해서 형성될 때와 사정이

∴

있더라도 그 능력을 현실적으로 실행하지 않는다면 그것은 다른 것에 운동을 낳지 못하기 때문에 이렇게 말한다. 이어지는 목수의 비유를 빌면, 일하는 목수가 아니라 잠자는 목수는 나무를 궤짝으로 만들 수 없다.

202 암컷의 경혈을 질료로 취해서 생명체를 만들어내는 것은 '스페르마 성분의 잔여물(spermatikon perittōma)', 즉 스페르마의 역할이다. 스페르마가 이런 일을 할 수 있는 것은 그 안에 열기(thermotēs)가 들어 있기 때문인데, 스페르마의 열기는 — 마치 조리용 불이 식자재에 열을 가해 음식을 만들어내듯이 — 경혈에 작용해서 동물을 만들어낸다. 물론 음식을 만들 때는 불이 너무 세도 안 되고 너무 약해서도 안 된다. 또 재료의 내용에 따라 그것을 익히는 데 적절한, 즉 균형 있는(symmetros) 열도 다를 수밖에 없다. 스페르마와 경혈의 상호작용도 이와 비슷하다. 스페르마 안에 있는 열기는 '각 부분에 균형을 맞추어, 양적으로나 질적으로 정해진 운동과 현실적 운동을 가진 상태로(tosautēn kai toiautēn echousa tēn kinēsin kai tēn energeian hosē symmetros eis hekaston tōn moriōn)'(743a28~29) 스페르마 안에 들어 있다. 스페르마가 경혈에 작용해서 생명체를 만들어낼 수 있는 까닭은 스페르마의 열기에서 비롯되는 운동 작용이 이렇게 양적으로나 질적으로 일정한 내용을 갖추고 있어 이에 따라 몸의 각 부분을 만들어낼 수 있기 때문이다. 다음 구절들을 참조: II 1, 734b27 이하; IV 2, 767a17 이하, 767a28 이하 참조.

비슷하다. 하지만 이때는 우리가 그 운동을 낳는 열기의 균형[203]을 조절하지만, 앞의 경우에는 낳는 자의 본성이 (그렇게 균형에 맞는 열기를) 제공한다. 자연발생적으로 생겨나는 것들의 경우에는 계절의 운동과 열기가 그 원인이다.

냉각은 열기의 결핍이다. 자연은 이 둘을 모두 사용한다. 이들은 필
연적으로[204] 어떤 것은 이렇게, 또 어떤 것은 저렇게 만들 수 있는 능력 743b
을 가지고 있다. 하지만 생겨나는 것들 안에서 그것들을 차갑게 하는 작용과 뜨겁게 하는 작용은 '무언가를 위해서' 일어나며, 각 부분이 생겨나는 것도 마찬가지다.

살

살이 말랑하게 되는 것은 한편으로는 (냉기와 열기가) 필연적으로 (살을) 그런 것으로 만들기 때문이지만, 다른 한편으로는 어떤 것을 '위해서' 그런 것으로 만들기 때문이다. 그런 방식으로 힘줄은 건조하고 탄력성을 갖게 되며, 뼈는 건조하고 부서지기 쉽게 된다.

피부

피부는 살이 말라서 생겨나는데, 이는 마치 끓는 것의 표면에 이른바 더껑이가 생기는 것과 같다.[205] 피부의 발생은 두 가지 원인에 의해서 일어난다. 그것이 (몸의) 가장 바깥에 있는 것이기 때문이기도 하고,

203 열기의 균형(hē tēs thermotēs symmetria, 743a33): IV 2, 767a17 이하 참조.

204 냉기와 열기는 각각 그 자연적인 성질에 의해 '필연적으로(ek anankēs)' 어떤 것을 냉각시키고 가열한다. 여기서 말하는 '필연적'이란 '기계적', '맹목적'과 거의 같은 뜻이다.

205 II 1, 734b 27 이하 참조.

끈끈한 것이 날아갈 수 없어서 표면에 남기 때문이기도 하다.

다른 동물들의 경우 끈끈한 것이 말라 있는 데 반해(이런 이유 때문에 피 없는 동물들의 가장 바깥 부분들은 껍질이 딱딱하거나 부드럽다[206]), 피 있는 동물들의 경우에는 끈끈한 것에 기름기가 있다. 본성상 흙 성분이 별로 많지 않은 동물들의 경우 지방 성분이 피부 보호막 아래 모이는데, 피부는 그런 성질의 끈끈한 것으로부터 생겨나는 것 같다. 기름기 있는 것은 끈끈한 성질을 가지기 때문이다. 하지만 이 모든 것은, 앞서 말했듯이, 한편으로는 '필연적으로' 생겨나지만 다른 한편으로는 필연적으로 생겨나는 것이 아니라 '무언가를 위해서' 생겨난다고 말해야 한다.

그렇다면 처음에 위쪽 몸통[207]이 발생 과정에서 분화되고, 하체 부위는 시간이 지나면서 성장 과정을 거친다. 피 있는 동물들의 경우에 그렇다. 하지만 모든 것은 먼저 윤곽에 따라 분화되고[208] 나중에 색깔과 말랑함과 딱딱함을 얻는다. 이는 자연의 화가에 의해서 제작물들이 만들어지는 것과 똑같다. 화가들은 이렇게 선들을 이용해서 밑그림을 그린 다음 색깔을 써서 동물을 칠하기 때문이다.

206 껍질이 딱딱하거나 부드럽다(ostrakoderma kai malakostraka, 743b10~11): 유각류와 갑각류를 가리킨다.

207 위쪽 몸통(to ano kytos, 743b18): I 13, 720a35에 대한 각주 참조.

208 윤곽에 따라 분화되고(tais perigraphais dihorizetai, 743b20).

(k) 뇌와 눈

그런데 감각들의 원리[209]가 심장에 있기 때문에 동물 전체에서 그것이 가장 먼저 생겨난다. 하지만 심장의 열기 때문에, 차가움은 위쪽으로 혈관들이 끝나는 곳에 심장 주변의 열기에 맞서는 대응체[210]로서 뇌를 형성해낸다. 그렇기 때문에 심장이 생긴 뒤 연속적으로 머리 주변 부분들이 생기며 이 부분들은 다른 부분들에 비해 크기에서 차이가 난다. 뇌는 처음부터 부피가 크고 축축하기 때문이다.

동물들의 눈 주변에서 일어나는 일은 의문을 낳는다. 보행동물들에게서나 유영동물들에게서나 비행동물들에게서나[211] 눈은 처음에 가장 커 보이지만, 부분들 가운데 마지막에 완성된다. 중간에 눈이 줄어들기 때문이다.[212] 그 이유는 다음과 같다. 눈의 감각기관[213]은 다른 감각기관들과 마찬가지로 관들과 연결되어 있다. 하지만 촉각기관과 미각기관은 직접 동물의 몸이거나 몸의 일부이지만, 후각과 청각은 바깥 공기와 이어진 관들인데, 그 관들은 타고난 프네우마[214]로 가득 차 있고 심장으로부터 뻗은 뇌 주변의 혈관들로 이어진다. 그에 반해 눈은 감

---

209 감각들의 원리(archē tōn aisthēseōn, 743b25~26): 이른바 공통 감각(koinon aisthētērion)' 또는 '감각 중추(kyrion aisthētērion)'에 대해서는 『영혼론』 III 2, 426b17 이하와 「잠과 깨어 있음에 관하여」 2, 455a12 이하 참조.

210 대응체(antistrophon, 743b28): III 11, 761a20에 대한 각주 참조.

211 보행동물들(ta peza, 743b34), 유영동물들(ta plōta), 비행동물들(ta ptēna): I 1, 715a27에 대한 각주 참조.

212 『동물지』 VI 3, 561a19 이하 참조.

213 눈의 감각기관(to tōn ophthalmōn aisthētērion, 743b36): '눈들로 이루어진 감각기관', 즉 '시각기관'을 가리킨다.

214 호흡을 통해 몸 안에 들어온 프네우마가 아니라 '타고난 프네우마'가 동물의 발생을 주도하는 '열기(thermotēs)' 혹은 '뜨거운 것(thermon)'의 원천이다. II 6, 741b38 이하 참조.

각기관들 가운데서 유일하게 고유한 물체[215]를 갖고 있다. 이것은 축축하고 차가우며, (처음에는 눈의 완성 이후에 속하는) 장소에 존재하지 않는다. 그런 점에서 (처음에) 가능적으로 있다가 나중에 현실적으로 생겨나는 다른 부분들과 다르다. 눈에서 시작해서 뇌 주변의 막으로 이어지는 것이 분명한 관들을 통해서[216] 뇌 주변의 물기로부터 가장 순수한 것이 배출되어 나온다.

그에 대한 증표가 있다. 머리에는 뇌 말고는 축축하고 차가운 다른 부분이 없지만, 눈은 차갑고 축축하다. 그렇다면 필연적으로 그곳은 처음에는 크지만 나중에는 줄어든다. 왜냐하면 뇌의 경우에도 이와 똑같은 일이 일어나기 때문이다. 처음에 그것은 축축하고 크다. 하지만 공기가 빠지고 열처리가 이루어져 더 물체가 되고[217] 응축되는데, 뇌뿐만 아니라[218] 두 눈의 크기도 그렇다. 하지만 처음에는 뇌 때문에 머리가 가장 커 보이고, 두 눈 안에 있는 물기 때문에 눈이 커 보인다. 하지만 눈은 마지막에 완성되는데, 뇌 역시 뒤늦게 형성되기 때문이다. 왜냐하면 뇌를 가진 모든 동물들의 경우에 뇌는 냉기와 물기를 늦게 떨쳐내고, 사람들의 경우에는 가장 늦게 그렇게 되기 때문이다.

이런 이유 때문에 브레그마[219]가 뼈들 가운데 가장 마지막에 생겨난

215 고유한 물체(sōma idion, 744a5): 눈동자(korē). V 1, 780a27과 b23 참조.

216 눈에서 시작해서 뇌 주변의 막으로 이어지는 것이 분명한 관들을 통해서(dia ton poron hoi phainontai pherontēs ap' auton pros tēn meninga tēn peri ton enkephalon, 744a9~11): 시신경을 가리키는 것 같다.

217 더 물체가 된다(sōmatoutai te mallon, 744a16~17): 더 단단하고 딱딱해진다는 뜻이다.

218 744a18의 kai ta sōmata(물체들과)는 빼고 읽었다.

219 브레그마(bregma, 744a24): '브레그마'는 신생아가 자랄 때 '대천문(大泉門)'이라고 불리는 두개골 꼭대기의 공간 위로 자라는 뼈를 가리킨다. 『동물부분론』 II 7, 653a34

다. 이미 태아가 생겨나 밖으로 나온 뒤에도 갓난아이들에게 속한 이 뼈는 말랑하다. 사람들의 경우에 이런 일이 가장 높은 정도로 일어나는 이유는 사람이 동물들 가운데 가장 축축하고 가장 큰 뇌를 갖고 있기 때문이며, 그런 뇌를 갖는 이유는 사람이 가장 순수한 열기를 심장에 갖고 있기 때문이다. (사람의) 사고력은 혼합의 훌륭함을 명백히 보여준다. 왜냐하면 사람이 동물들 가운데 가장 지혜롭기 때문이다.[220] 뇌의 무게 때문에 갓난아기들도 오랫동안 머리를 가누지 못한다. 운동에 필요한 부분들의 경우도 똑같다. 운동의 원리는 나중에 마지막에 가서야 윗부분들을 통제하기 때문이다. 이 부분들의 운동은 — 사지(四肢)의 운동이 그렇듯 — 그 원리와 (아직) 연결되어 있지 않기 때문이다. 속눈썹도 그런 부분이다. 자연은 불필요한 일도, 헛된 일도 하지 않기 때문에, (자연의 작용은 적절한 때보다) 더 늦게 일어나지도, 더 먼저 일어나지도 않는다는 것이 명백하다. (만일 그렇다면) 생겨난 것은 헛되거나 불필요한 것일 테니까. 따라서 눈썹[221]은 갈라져 나옴과 동시에 움직일 수 있어야 한다. 그렇다면 동물들의 눈이 늦게 완성되는 것은 뇌 주변에서 일어나는 열처리의 양이 많기 때문이고, 눈이 마지막에 완성되는 것은 부분들 가운데 그 원리로부터 멀리 있고 냉각된 것들을 운동하게 하기 위해서는 그 운동이 강력한 통제력을 가져야 하기 때문이다. 그런 본성을 가진 눈썹이 이를 명백히 보여준다. 왜냐하면 잠이나 술취함이나 그

와 『동물지』 I 7, 491a31을 참조.

220 사람의 **사고력**(dianoia, 744a30)과 **가장 지혜로운**(phronimōtatos) 특징을 **혼합의 훌륭함**(eukrasia, 744a30)을 통해 설명하는 이 구절은 정신과 신체의 공속 관계에 대한 아리스토텔레스의 생각을 분명하게 보여준다.

221 **눈썹**(blepharon, 744a36): 속눈썹을 가리킨다.

런 종류의 다른 어떤 것 때문에 머리가 무거워지면, 우리는 그것의 무게가 아주 가벼움에도 불구하고 눈썹을 들어올릴 수 없기 때문이다.

그러면 눈들에 관해서 그것들이 어떻게 어떤 원인에 의해서 생겨나고, 어떤 원인 때문에 가장 마지막에 분절 과정을 겪는지 이야기했다.

(l) 뼈 등

나머지 부분들은 각각 영양분으로부터 생겨난다. 그 가운데 가장 고귀하고 가장 중추적인 원리를 포함하고 있는 것들은 열처리되고 가장 순수하며 첫째가는 영양분[222]으로부터 생겨나고, 이 부분들을 위해서 필요한 부분들은 나머지 잔여물들 가운데 더 열등한 것으로부터 생겨난다. 마치 훌륭한 가정관리인이 그렇게 하듯이, 자연도 유용하게 쓰일 수 있는 것들 가운데 아무것도 허비하지 않는다. 그런데 가정살림[223]에서 생겨난 음식물 가운데 가장 좋은 것은 자유인들에게, 열등한 것과 그로부터 남은 잔여물은 가속들에게, 가장 나쁜 것들은 함께 먹고 사는 동물들에게 배당된다. 그렇다면 (가족의) 부양을 위해 문밖에서 오는 지성[224]이 이런 일들을 하듯이, 생겨나는 것들 자체 안에서는 자연이 가장 순수한 질료로부터 살을 만들고 다른 감각기관들에 속한 신체를 형성해내며 나머지 잔여물들로부터 뼈와 힘줄과 털을, 나아가 손발

222 가장 순수하며 첫째가는 영양분(katharōtatē kai prōtē trophē, 744b13~14): 피를 가리킨다. 피에서 스페르마나 경혈처럼 '가장 고귀하면서 가장 중추적인 원리를 포함하고 있는 것들(ta timiōata kai meteilephota tēs kyriotatēs archēs)'이 생긴다.

223 가정관리인(oikonomos, 744b16), 가정살림(oikonomia, b18): 『정치학』 I 3, 1253b1 이하와 I 10, 1258a25 이하 참조.

224 문밖에서 오는 지성(ho thyrathen nous, 744b21~22): II 3, 736b27 이하와 737a13 참조.

톱과 발굽과 그런 것들 모두를 형성해낸다. 그래서 이런 것들은 자연의 잔여물이 이미 생겨나고서 가장 마지막에 형성 과정에 이른다.

(m) 영양분의 두 가지 기능

뼈들의 본성은 부분들의 처음 형성 단계에서는 스페르마 성분의 잔여물로부터 생겨나고, 동물이 자란 뒤에는 중추적인 부분들이 자라는 데 필요한 것과 똑같은 자연적인 영양분으로부터 성장에 이른다. 그렇지만 바로 이 영양분에 잉여분과 잔여물[225]이 있다. 왜냐하면 어떤 것에나 영양분의 첫째 단계와 둘째 단계가 있어서 앞의 것은 영양섭취에 관계하고, 뒤의 것은 성장에 관계하기 때문이다. (1) 영양섭취에 관계하는 것은 (동물) 전체와 그 부분들에 존재를 제공하고,[226] (2) 성장에 관계하는 것은 크기에 양적인 증가를 낳는다. 이에 관해서는 나중에[227] 더 규정해야 한다. 뼈가 형성되는 것과 같은 방식으로 힘줄들도 형성되는데, 그것들의 출처는 똑같은 것들, 즉 스페르마 성분의 잔여물과 영양섭취에 관계하는 잔여물이다. 손발톱, 머리털, 발굽, 뿔, 부리, 새들이 가진 며느리발톱을 비롯해서 그런 성질을 가진 다른 부분은 추가된 영양분, 즉 성장에 관계하는 영양분으로부터 생겨나는데, 이것은 암컷으로부터, 즉 밖에서 추가로 얻어진 것이다. 이런 이유 때문에 뼈들은 일정한 시점까지 성장 과정을 거친다. 모든 동물에게는 크기의 한계가 있고, 그 때문에 뼈들의 성장에도 크기의 한계가 있기 때문이다. 만

225 잉여분과 잔여물(ta hypoleimmata kai ta perittōmatika, 744b31~32).

226 존재를 제공하고(to einai parechetai, 744b34).

227 어디를 가리키는지 명백하지 않다. 하지만 바로 위에서 언급한 영혼의 능력에 대해서는 II 1, 735a18 이하와 II 3, 736a32 이하 참조.

일 뼈들이 항상 성장한다면, 동물들 가운데 뼈나 그것에 대응하는 것을 가진 것들도 살아 있는 동안 계속해서 자라날 것이다. 뼈와 그것에 대응하는 것이 동물들의 크기의 경계이기 때문이다. 왜 동물들이 끊임없이 성장을 거치지 않는지, 그 이유에 대해서는 나중에[228] 이야기해야 한다. 털이나 그와 친족 관계에 있는 것들은, 그것들이 존속하는 한 계속 자라고, 질병이 있을 때나 신체가 노쇠하고 기운이 없을 때 더 많이 자란다. 노령과 질병 때문에 (영양분이) 중추적인 부분들에 더 적게 소비되어 잔여물이 더 많이 남기 때문이다. 하지만 나이 때문에 잔여물까지 부족해지면 털도 줄어든다. 뼈는 그와 반대다. 뼈는 신체와 다른 부분들과 함께 쇠약해진다. 털은 죽은 상태에서도 자라지만, (그런 상태에서) 새로 생겨나지는 않는다.

(n) 이빨

누군가는 이빨에 대해서 의문을 가질 것이다. 그 이유는 이렇다. 이빨은 뼈와 동일한 본성을 가지고 뼈에서 생겨나는 데 반해, 발톱과 털과 뿔을 비롯해서 그런 종류의 것들은 피부에서 생겨나며, 이런 이유 때문에 그런 것들은 피부와 함께 색깔을 바꾼다. 즉 그런 부분들은 하얗게 되거나 검게 되며 피부색에 따라 각종 색깔을 띤다. 하지만 이빨은 전혀 그렇지 않다. 이빨과 뼈를 가지고 있는 동물들의 경우 이빨의 출처는 뼈이기 때문이다. 이빨은 뼈들 가운데 유일하게 평생에 걸쳐 자란다.[229] 이는 비스듬히 자라서 서로 맞물리지 않는 이빨들의 경

228 어디를 가리키는지 확실치 않다.

229 이빨이 평생에 걸쳐 자란다(dia biou, 745a25)는 말은 물론 사실이 아니다.

우를 보면 명백하다. 이런 성장의 원인, 즉 지향점이라는 뜻에서의 원인은 그것들이 행사하는 기능에 있다. 보충되는 부분이 없다면 이빨은 곧 마모될 것이기 때문이다. 그렇지 않아도 마구 먹어대지만 큰 이빨을 갖지 않은 몇몇 동물들은 늙어가면서 이빨이 완전히 마모된다. (이빨이) 자라는 것에 비해 더 높은 비율로 마모되기 때문이다. 이 때문에 그런 결과에 대비해 자연은 훌륭하게 '장치를 마련했다'.[230] 즉 자연은 노령과 죽음에 맞추어 이빨을 빠지게 한다. 삶이 천년만년 이어진다면, 이빨들이 처음부터 엄청나게 크고 여러 번에 걸쳐 다시 나야 할 것이다. 왜냐하면 설령 이빨들이 연속적으로 자란다고 해도, 닳아 없어져서 작업을 하는 데 쓸모없게 될 것이기 때문이다. 이빨이 무엇을 위해서 자라는지는 이미 이야기했지만, 이빨들이 다른 뼈들과 동일한 본성을 갖는 일은 일어나지 않는다. 뼈들은 모두 첫 형성 단계에서 생겨나고 나중에는 전혀 생겨나지 않는 반면, 이빨들은 나중에 생겨나기 때문이다. 이 때문에 이빨은 빠진 뒤에도 다시 생길 수 있다. 이빨들은 뼈들과 붙어 있지만, 그것들과 함께 자라지 않기 때문이다. 하지만 뼈로 가는 영양분에서 이빨들이 생겨나고(이런 이유에서 뼈와 이빨은 동일한 본성을 갖는다), 이런 일은 뼈들이 이미 (완전함에 이르는 데 필요한) 수를 이미 갖추었을 때 일어난다. 다른 동물들은 — 무언가 본성에 어긋나는 일이 일어나지 않는 한 — 이빨이나 그에 대응하는 것을 가지고 태어난다. 이들은 사람보다 더 완전한 상태로 발생 과정을 끝내고 떨어져 나오기 때문이다. 그에 반해 사람은 — 무언가 본성에 어긋나는

230 이런 결과에 대비해 자연은 훌륭하게 장치를 마련했다(eu memēchanetai pros to symbainon hē physis, 745a31~32): I 4, 717a30에 대한 각주 참조.

일이 일어나지 않는 한 — 이빨을 가지고 태어나지 않는다. 어떤 이유 때문에 이빨들 가운데 일부는 생겨났다가 빠지고, 일부는 빠지지 않는지는 나중에[231] 이야기하게 될 것이다.

이런 종류의 부분들은 잔여물로부터 생겨나고, 이 때문에 사람은 신체적인 측면에서 볼 때 다른 모든 동물 가운데 가장 무방비 상태에 있고 신체의 크기에 비해서 가장 작은 손발톱을 갖고 있다. 그 이유는 사람이 흙 성분의 잔여물을 가장 적게 갖는 데 있다. 열처리되지 않은 것은 잔여물이고, 신체에서 흙 성분을 가진 것은 모든 것 가운데 가장 열처리가 되지 않은 것이다.

그렇다면 각각의 부분이 어떻게 형성되고 발생의 원인이 무엇인지 이야기했다.

231 V 8 참조.

7장

(o) 탯줄과 태반의 기능

새끼를 낳는 것들의 경우 태아[232]는, 앞서 말했듯이,[233] 탯줄이 붙어서 이를 통해 성장 과정을 거친다. 동물들 안에는 영혼의 영양섭취 능력도 들어 있기 때문에, 이것이 즉시 마치 뿌리를 뻗듯이 자궁 안으로 탯줄을 내보낸다. 그런데 탯줄은 껍질 안에 든 혈관들이며, 소나 그런 종류의 동물들처럼 몸집이 더 큰 동물들의 경우에는 혈관들이 많고 중간 크기의 동물들의 경우에는 혈관들이 둘이고, 크기가 가장 작은 것들의 경우에는 혈관이 하나다. 이 탯줄을 통해 태아가 피 성분의 영양분을 얻는데, 자궁은 여러 혈관의 종착점이기 때문이다.

232 태아(embryon, 745b22): I 12, 719b33에 대한 각주 참조.

233 II 4, 740a24 이하 참조.

그런데 (a) 윗턱에 앞니가 없는 동물들[234]과 (b) 위아래에 앞니를 가진 동물들은 — 이들의 자궁은 (자궁 전체를) 관통하는 하나의 굵은 혈관을 갖는 것이 아니라 하나의 혈관을 대신해 많은 수의 혈관들을 조밀하게 가지고 있다 — 자궁에 이른바 '코튈레돈들'[235]을 가지고 있어서, 탯줄이 이곳으로 이어지고 거기에 붙어 있다. 왜냐하면 탯줄을 관통하는 혈관들은 이리저리 뻗어 자궁의 전체 부위에 걸쳐 갈라지기 때문이다. 이 혈관들이 끝나는 곳에서 코튈레돈들이 생기며, 이것들의 바깥쪽은 자궁을 향하고, 우묵한 쪽은 태아를 향해 있다. 자궁과 태아의 746a 중간에는 융모막과 다른 막들[236]이 있다. 그런데 태아가 자라면서 완성되는 과정에서 코튈레돈들은 줄어들고 마침내 태아가 완전한 상태에 이르면 사라진다. 왜냐하면 자연은 태아를 위해서 이곳으로 자궁에 속한 피 성분의 영양분을 제공하며(젖가슴에 그것을 제공할 때도 그렇다), 여러 개가 조금씩 뭉치기 때문에 코튈레돈의 본체는 발진이나 염증 부위처럼 되어간다.[237] 태아가 작을 때는 많은 영양분을 취할 수 없

234 **윗턱에 앞니가 없는 동물들**(ta mē amphōdonta, 745b30): '되새김 동물들(ruminants)'. "하지만 아리스토텔레스가 이어서 기술하는 동물들로써 그런 부류의 동물들을 뜻한다고 말하기는 어렵다"(Platt).

235 **코튈레돈들**(kotylēdones, 745b33): "현대적인 의미의 'cotyledons(배상와들)'와 똑같은 것은 아니다. 아리스토텔레스는 태아 외막의 융모가 들어가는 자궁 벽의 구멍들을 가리킨다"(Peck).

236 **융모막과 다른 막들**(to chorion kai hoi hymenes, 745b35): II 4, 739b31과 III 2, 753b22 참조.

237 **코튈레돈의 본체는 발진이나 염증 부위처럼 되어간다**(hoion exanthēma kai phlegmasia ginetai to sōma to tēs kotylēdonos, 746a5~6): "'본체(sōma)'란 태반이 자리잡은, 자궁벽의 '볏살(caruncle)' 혹은 '부은 부분(swelling)'을 가리킨다. '조금씩 뭉친다'는 말의 뜻은 분명치 않지만, 볏살 부분은 실제로 '염증 부위 같이(like an inflammation)' 된다"(Reeve).

어서 코틸레돈들이 (눈으로 보기에) 명백하고 더 크지만, 태아가 자라면 쪼그라든다.

뿔이 없고 위아래에 앞니를 가진 동물들 가운데 다수는 자궁에 코틸레돈들을 갖지 않고 탯줄이 뻗어 나와 하나의 혈관으로 이어지며 이 혈관이 자궁을 관통하여 굵게 뻗어 있다. 그런 동물들 가운데 일부는 새끼를 하나 낳고 일부는 많이 낳는데, 태아가 하나일 때나 더 많을 때나 그 방식은 똑같다. 하지만 이런 문제는 『해부도설』[238]이나 『동물지』[239]에 그린 본보기 사례들을 이용해서 고찰해야 한다. 왜냐하면 본성상 동물의 출처는 탯줄이고 탯줄의 출처는 혈관이며, 이들은 마치 정원의 물길들처럼[240] 흘러가는 혈관을 따라 서로 이어져 있다. 태아의 둘레에는 막들과 융모막이 있다.

새끼들이 자궁 안에서 살점 같은 것[241]을 삼키면서 영양분을 얻는다고 말하는 사람들의 주장은 옳지 않다. (그 말이 옳다면) 다른 동물들의 경우에도 똑같은 일이 일어나겠지만, 이런 것은 나타나지 않기 때문이다. (이 점은 해부를 통해서 쉽게 관찰할 수 있다.) 비행동물들이든 유영동물들이든 보행동물들이든, 이들의 태아 둘레에는 똑같이 미세한 막이 둘러 있어서 이것들이 태아를 자궁이나 그 안에서 생기는 양수[242]

238 『해부도설』(hai anatomai)은 전해지지 않는다. 하지만 아리스토텔레스는 그의 저술 여러 곳에서 그에 대해서 언급한다. 『동물지』 I 17, 497a32과 IV 1, 525a8 등을 참조.

239 아마도 『동물지』 VII 8을 가리키는 것 같다.

240 마치 정원의 물길들처럼(hōsperanei par' ocheton, 746a17): ochetos는 물길로 쓰인 '수관'을 가리키는데, 가죽, 나무, 돌 등으로 만들어졌다.

241 살점 같은 것(sarkidion ti, 746a20).

242 양수(hygra, 74ba25): '축축한 것', '물기'를 가리킨다.

와 떨어지게 한다. 막들 자체 안에 그런 것[243]은 전혀 들어 있지 않고, 태아는 그것들을 통해서 어떤 것도 (영양분으로) 소비할 수 없다. 알에서 생겨나는 것들은 모두 모체에서 떨어져 나온 상태로 밖에서 성장에 이르는 것이 분명하다.

(p) 이종결합과 불임

짝짓기는 본성에 따라서 동류에 속하는 동물들[244] 사이에서 일어난다. 하지만 크기가 비슷하고 배태 기간이 같으면, 본성이 서로 가깝고 종에서 차이가 많이 나지 않는 것들 사이에서도[245] 일어난다. 그런데 다른 동물들의 경우에는 그런 일들이 드물지만 개, 여우, 늑대, 자칼의 경우에는 그런 일이 일어난다. 인도의 개들[246]은 개와 닮은 어떤 야수와 개 사이에서 생겨난다. 교미를 많이 하는 새들의 경우에도, 예를 들
746b 어 자고들과 닭들의 경우에도 이런 일이 일어나는 것이 목격되었다. 일

243 746a20에서 언급한 '살점 같은 것'.

244 **동류에 속하는 동물들**(ta homogenē, 746a30): II 4, 738b28에 대한 각주 참조. II 8, 747b31에서는 '동종의', '동종적인'을 뜻하는 homoeides가 쓰인다.

245 **본성이 서로 가깝고 종에서 차이가 많이 나지 않는 것들 사이에서도**(kai tois men synengys tēn physin echousin, ouk adiaphorois de tōi eidei, 746a31~32): adiaphorois tōi eidei는 '종에서 차이가 나지 않는', 즉 '동일한 종에 속하는'(748a1 참조)이라는 뜻이다. 하지만 아리스토텔레스가 제시하는 사례들, 즉 개, 여우, 늑대, 자칼 등은 종이 동일하지는 않고 '종에서 차이가 많이 나지 않는' 동물들이다. Peck 역시 'not very different in species'라고 옮겼다.

246 **인도의 개들**(Indikoi kynes, 746a34): 『동물지』 VIII 28, 607a4 이하 참조. "사람들은 호랑이와 암캐 사이에서 인도의 개가 생겨난다고 말한다. 하지만 그들 사이에서 곧장 생겨나는 것이 아니라 세 세대의 교배 결과 인도의 개가 생긴다. 왜냐하면 그들의 말에 따르면 처음 태어난 것은 야생 짐승과 비슷하다. 그런데 사람들이 암캐들을 사슬에 묶어서 버려진 곳으로 데려갔다. 야생 짐승이 교미를 하려고 발정이 나지 않는 경우, 여러 마리 개들이 잡혀 먹었다."

반적인 의견에 따르면 부리 굽은 새들 가운데서는 종에서 차이가 나는 매들[247]이 서로 교합하고 나머지 일부 새들의 경우에도 사정이 똑같다. 바다에 사는 것들의 경우에는 어떤 언급할 만한 것도 목격되지 않았지만, 이른바 '리노바토스'는 리네와 바토스[248] 사이에서 생겨난다는 의견이 가장 일반적이다. "리뷔아는 언제나 새로운 것을 길러낸다"는 리뷔에에 관한 속담이 있는데, 이런 속담이 생긴 것은 같은 혈통에 속하지 않는 동물들도 서로 교합하기 때문이다. (리뷔에에는) 물이 흔치 않기 때문에 모든 동물이 샘이 있는 몇몇 장소로 모여들어 동류에 속하지 않는 동물들[249]도 교합한다.

그런데 그런 종류의 교합을 통해 생겨난 것들 가운데 나머지 동물들은 분명히 다시 서로 짝짓기를 하고 교합해서 암컷이나 수컷을 낳을 수 있지만, 그런 것들 가운데 노새들[250]이 유일하게 생식력이 없다. 이들은 자기들끼리도, 다른 동물들과 교합해서도 새끼를 낳지 못하기 때문이다. 무슨 이유 때문에 수컷과 암컷이 생식력이 없는지는 보편적인 문제[251]다. 왜냐하면 생식력이 없는 남자들과 여자들이 있고, 다른 동

247 **종에서 차이가 나는 매들**(hoi ierakes hoi diapherontes tōi eidei, 746b3): II 8, 746a31~32와 747b33를 참조

248 **리네**(rhinē, 746b6), **바토스**(batos): "리네는 아마도 상어의 일종이고 바토스는 가오리(ray)일 것이다. 앞의 것은 꼬리가 두껍고 뒤의 것은 꼬리가 얇다. 리노바토스는 꼬리가 두껍지만 몸의 앞면은 바토스를 닮은 물고기였다. 내 생각에는 전자리상어(Squantina vulgaris)를 가리키는 것 같다"(Platt). 『동물지』 VIII, 566a27 이하에서도 '리노바토스'가 언급되는데, Thompson은 이를 'rhinobatus'(가래상어)로 옮겼다.

249 **동류에 속하지 않는 동물들**(ta mē homogenē, 746b11): '같은 혈통에 속하지 않는 동물들(ta mē homophyla)'(746b9)이라는 표현도 함께 쓰인다.

250 **노새들**(oreis, 746b14): hēmionoi, 즉 '반나귀들'이라고도 불린다.

251 **보편적인 문제**(ta problēma katholou, 746b16): 생식불능의 문제는 노새들에게 국한된 문제가 아니라는 말이다.

물들 중에는 개별적인 부류들에서, 예를 들어 말들이나 양들에게서 이런 경우들이 있기 때문이다. 하지만 이 부류, 즉 노새들의 부류는 그 전체가 생식력이 없다. 다른 동물들의 경우에 생식불능의 원인은 여러 가지다. 태어날 때부터 교합에 쓰이는 부위들이 결함을 갖고 있다면, 여자나 남자나 생식불능이 되어 여자들은 성숙기에 이르지 못하고 남자들은 수염이 나지 않고 평생 동안 거세된 사내처럼[252] 산다. 어떤 사람들은 나이가 들어서 그와 똑같은 것을 겪는 일이 있는데, 어떤 경우에는 신체의 영양 상태가 너무 좋기 때문에 이런 일이 일어난다. (여자들의 경우에는 지방이 너무 많고 남자들의 경우에는 건강 상태가 너무 좋으면 스페르마 성분의 잔여물이 몸으로 소비되어 여자에게는 경혈이 생기지 않고 남자들에게는 정액이 생기지 않는다.) 또 어떤 경우에는 질병 때문에 남자들은 축축하고 차가운 정액을 내놓고, 여자들의 월경은 병적인 잔여물로 가득하고 부실한 경우가 있다.

많은 남녀의 경우 신체 부분들이나 성교에 쓰이는 부위들과 관련된 결함의 결과 때문에 그런 수동적 변이를 겪는 일이 일어난다. 그런데 그런 것들 가운데 어떤 것들은 치료할 수 있지만, 어떤 것들은 치료할 수 없다. 특히 첫 형성 단계에서[253] 그런 (결함을) 갖게 된 것들은 평생 동안 생식력이 없다. 여자들은 남자처럼 되고 남자들은 여자처럼 되어서, 여자들에게는 경혈이 생겨나지 않고 남자들에게는 스페르마가 묽고 차갑기 때문이다. 그러므로 남자들의 정액이 생식력이 없으면 물

252 거세된 사내처럼(eunouchias, 746b24): IV 1, 766a26과 V 3, 784a6 참조.

253 첫 형성 단계에서(kata tēn prōtēn systasin, 746b35): II 6, 744b27와 745b4 참조

에서 실험을 통해 검사하는 것이 이치에 맞다.[254] 왜냐하면 묽고 차가운 것은 물의 표면에서 빨리 풀어지지만, 생식력이 있는 것은 바닥으로 가라앉는다. 열처리가 잘 된 것은 뜨겁고, 응집되어 진한 것은 열처리가 된 것이기 때문이다. 여자들은 (a) 페서리[255]를 통해서 (생식력을) 검사받는다. 즉 냄새가 아래에서부터 위로 올라와서 밖으로 내쉬는 숨에 스며들어 있는지 확인한다. 또 (b) 눈에 드러난 색깔을 보고 그 색깔이 입안 타액의 색깔을 띠는지 확인한다. 이런 일들이 일어나지 않는다면, 이는 신체 안에서 잔여물이 분비되는 관들이 막히고 닫혀 있음을 보여주는 것이다. 왜냐하면 머리 근처의 부분들 가운데 눈 주변의 부위가 스페르마와 가장 많이 관련 있기 때문이다. 성교를 할 때는 오직 이 부위가 눈에 띄게 모양이 바뀌고 성행위를 많이 하는 사람들의 경우에는 눈에서 그것이 분명히 드러나기 때문이다.[256] 정액의 본성이 뇌의 본성과 유사하다는 것이 그 원인이다. 왜냐하면 그것의 질료는 물과 같고 열기는 나중에 획득된 것이기 때문이다.[257] 스페르마 성분의

254 실험을 통해 검사하는 것이 이치에 맞다(eulogos basanizetai tais peirais, 747a3).

255 페서리(prostheta, 747a8): II 4, 739b5 이하 참조. "Hippocrates, vol. i, p. 468, iii 6, 7, 747 참조. 이 저술들 중 1권에는 다양한 페서리 사용법이 나오는데, 몰약(myrrh), 갈바눔(galbanum) 등 여러 향을 지닌 약초들을 사용한다. 아리스토텔레스의 이 구절은 남자와 여자들이 결혼 전 아이를 낳을 수 있는지 검사를 받았다는 사실을 시사한다"(Platt). Platt의 각주에서 인용한 판본은 다음과 같다. Karl Gottlob Kühn: *Magni Hippocratis opera omnia*. 3 Bände. Leipzig, 1827(= *Medicorum Graecorum operae quae extant*. Band 21~23). 최근의 문헌으로는 다음의 자료를 참고: P. Potter(trans.), *Hippocrates*(Loeb Classical Library), Vol. X('On Semen or Generation or On Intercourse') & XI('On the Diseases of Women'), 2018을 참조.

256 『문제집』 IV 2, 876a36~b17 참조.

257 『동물부분론』 II 3, 649b21~27 참조. "스페르마는 피에서 생겨난 것으로서 피가 그렇듯이 심장에 의해 가열된다"(Reeve).

배출물[258]도 횡격막 부위에서 유래하는데, 거기에 본성의 원리가 있어서 음부에서 시작된 운동들이 가슴까지 도달한다. 가슴에서 나오는 냄새가 날숨을 통해서 감각을 낳는다.[259]

258 스페르마 성분의 배출물(spermatikai katharseis, 746a19): 경혈(katamēnia).

259 "페서리는 상향 운동들을 낳는데, 이 운동들은 다른 부위의 모든 운동이 그렇듯이 생명의 자리로서 신체의 중심부에 도달한다. 페서리는 냄새가 많이 나기 때문에 이 냄새들은 운동들과 함께 위로 올라가서 흉부 안으로 들어가 숨과 함께 밖으로 나온다"(Platt).

8장

(q) 노새와 그 밖의 이변들

그런데 앞서 말했듯이 사람들이나 다른 동물들 사이에서는 부분적 747b23
으로 그런 종류의 결합이 뒤따르지만, 노새의 유는 전체가 생식력이 없다.[260] 엠페도클레스와 데모크리토스가 그 원인에 대해서 말하는데, 한 사람의 말은 분명치 않고 데모크리토스의 말이 훨씬 더 이해가 가지만 둘 다 옳게 말한 것은 아니다. 왜냐하면 그들은 친족 관계에 어긋나게 짝짓기를 하는 것들[261]을 모두 아울러 똑같이 논증을 제시하기 때문이다.

---

260 II 7, 746b12~20 참조.

261 친족 관계에 어긋나게 짝짓기를 하는 것들(ta para tēn syngeneian syndyazomena, 747a29): II 7, 746a29 이하 참조.

데모크리토스는 노새의 관들이 자궁 안에서 멸실되었으며 그 원인은 그 동물들이 처음부터 친족 관계에 있는 동물들로부터 생겨나지 않은 데 있다고 말한다.[262] 하지만 다른 동물들의 경우에도 이런 일이 일어나지만,[263] 그들은 (친족 관계의 다른 동물들에) 못지않게 새끼를 낳는다. 그런데 (데모크리토스의 말대로) 그것이 생식불능의 원인이라면, 그런 방식으로 교합하는 동물들[264]도 생식력이 없어야 할 것이다.

엠페도클레스는 양쪽의 정액이 (조직이) 유연해서 이로부터 스페르마들의 혼합체가 조밀해지는 데서 원인을 찾는다. 즉 오목한 것들이 상대편의 조밀한 것들에 함께 들어맞는다[265]는 것인데, 이런 조건에서 — 마치 구리가 주석과 혼합되듯이 — 유연한 것들로부터 딱딱한 것이 생겨난다는 것이다.[266] 그런데 그는 구리와 주석의 경우에도 (그것들이 혼합되어 단단하게 되는) 원인을 올바로 이야기하지 못하고, (그에 대해서

262 *DK* 68A149, 151 참조.

263 II 7, 746a29 이하 참조.

264 그런 방식으로 교합하는 동물들(ta mignymena ton tropon touton, 747a34): 이종 결합하는 동물들.

265 오목한 것들이 상대편의 조밀한 것들에 함께 들어맞는다(synarmottein gar ta koila tois pyknois allēlōn, 747b1~2): '조밀한'이라고 옮긴 pyknos의 뜻은 분명치 않다. Platt와 Peck은 이를 '조밀하다(dense)'는 뜻으로 옮겼다. '조밀한 것들(ta pykna)'은 '오목한 것들(ta koila)'과 결합되는 '볼록한 것들'을 뜻하는 것 같다. A와 B에 각각 요철 부분이 있어서 이것들이 서로 들어맞아 혼합체 AB로 결합한다는 뜻일까? 다음 번역을 참조: "Die hohlen Partikelchen nämlich passten in die dichten der beiderlei Samen hinein"(Aubert–Wimmer); "for the hollows in each fit into the densities of the other"(Platt); "because the hollows of one fit into the densities of the other"(Peck). 반면에 Reeve는 pyknos를 '조밀하다'가 아니라 '거칠다'는 뜻으로 이해한다.

266 *DK* 31B92와 31A82를 참고. 이 구절의 의미 역시 분명치 않다.

는 『문제집』에서[267] 이야기했다) 알 수 있는 것들을 원리들로 삼는 것도 전혀 아니다. 오목한 것들과 단단한 것들이 서로 들어맞아서[268] 어떻게 포도주와 물의 혼합물 같은 것을 만들어낼까? 왜냐하면 이 말은 우리의 이해 수준을 넘어서기 때문이다. 포도주와 물의 오목함을 어떻게 파악해야 할지는 우리의 감각적 관찰의 범위를 넘어선다.

또 말들로부터 말이 생겨나고 나귀들로부터 나귀가 생겨나고 — 둘 중 어떤 것이 수컷이건 암컷이건 상관없이 — 말과 나귀로부터 노새[269]가 생겨나는 일이 일어난다면, 무엇 때문에 한편으로는 그것들로부터 (나온 정액의 혼합물이) 조밀해서[270] (그것으로부터) 생겨난 것이 생식력이 없고, 다른 한편으로는 암말과 수말이나 암나귀와 수나귀로부터 나온 것이 생식력이 없지 않을까? 실제로 수말의 것뿐만 아니라 암말의 것도 유연하지만, 그럼에도 불구하고 암말과 수말은 나귀와 교미를 한다. 암말은 수나귀와, 수말은 암나귀와 교미를 한다. 그의 말에 따르면 이 둘로부터 생식력이 없는 새끼가 생겨나는 이유는 스페르마가 모두 유연한데, 그 둘로부터 〈조밀한〉 하나의 통일체가 생겨나기 때문이다. 그렇다면 수말과 암말로부터 생겨나는 것도 그래야 할 것이다. 만일 어느 한

267 『문제집』에서는 출처를 확인할 수 없다. 『생성 · 소멸론』 I 10, 328b6~14 참조.

268 오목한 것들과 단단한 것들이 서로 들어맞아서(ta koila kai ta sterea harmottonta allēlois, 747b6~7): 다음 번역들을 참조: "How do the 'hollows' and 'solids' fit into one another to make the mixing, e.g. in the case of wine and water?"(Platt); "How do the hollows and solids by 'fitting on to one another' produce 'the mixture as of wine and water'?"(Peck); "[H]ow do the hollows and the coarse-grains fit together to produce the mixture, for example of wine and water?"(Reeve).

269 그래서 '노새'는 '반나귀(hēmionos)'(747b11~12)이다.

270 II 8, 747a35 참조.

쪽만 교미를 한다고 가정한다면, 다른 한쪽은 나귀의 정액과 유사하지 않아서 이것이 출산하지 못하는 데 대한 원인이라고 말할 수 있을 것이다. 하지만 실제로 나귀와 교미할 때 어떤 성질이든, 그것은 친족 관계에 있는 동물이 가진 것과 성질이 똑같다.[271]

더욱이 엠페도클레스의 논증은 양쪽에 모두, 즉 (노새의) 암컷과 수컷에 똑같이 적용된다. 하지만 사람들이 말하는 바에 따르면, 수노새는 일곱 살 때 낳는다. 하지만 암컷은 전혀 생식력이 없는데, 그 이유는 (배아를) 마지막 완성 단계까지 양육하지 못하기 때문이다. 암노새가 배아를 갖는 것은 이미 알려져 있다.[272]

아마도 논리적인 논증이 이제까지 말한 것들보다 훨씬 더 설득력 있는 것처럼 여겨질 수 있을 것이다. 내가 '논리적'이라는 말을 하는 이유는, 논증이 더 보편적일수록 고유한 원리들로부터 더 멀리 떨어져 있기 때문이다. 어쨌건 이 논증은 다음과 같다. 동종의 수컷과 암컷으로부터는 본성상 낳는 부모와 동종적인[273] 것이 생겨난다. 예를 들어 수캐와 암캐로부터 수캐나 암캐가 생겨나고, 종이 다른 것들로부터는 종이 다

271 747b20~7의 논증은 많은 부분이 생략되어 있어서 뜻을 이해하기가 쉽지 않다. 다음과 같이 보충해서 읽어야 할 것 같다: "만일 (엠페도클레스가 이런 반박을 피하기 위해서) (암말과 수말 가운데) 어느 한쪽만 (수컷 혹은 암컷 나귀와) 교미를 한다고 가정한다면, (그는) (나귀와 교미하지 않는) 다른 한쪽은 나귀의 정액과 유사하지 않아서 이것이 (아예 노새 같은 새끼조차) 출산하지 못하는 데 대한 원인이라고 말할 수 있을 것이다. 하지만 실제로 나귀와 교미할 때 (말의 정액이) 어떤 성질이든, 그것은 친족 관계에 있는 동물이 가진 것과 성질이 똑같다."

272 노새의 수컷은 번식력이 없지만, 암노새는 드물게 수태하여 새끼를 낳아 기를 때도 있다.

273 동종적인(homoeides, 747b31): II 7, 746a30 참조.

른 것[274]이 생겨난다. 예를 들어 개와 사자가 다르면, 수캐와 암사자로부터 (그들과 종이) 다른 것이 생겨나고, 수사자와 암캐로부터도 (그들과 종이) 다른 것이 생겨난다. 따라서 수컷 노새와 암컷 노새는 서로 종 748a 이 다르지 않지만 말과 나귀로부터 노새가 생겨나고, 이때 말과 나귀는 노새들과 종이 다르기 때문에 노새들로부터는 생산이 있을 수 없다. 그 이유는 이렇다. (a) 노새들로부터는 다른 부류가 생겨날 수 없는데, 그 이유는 동종의 암컷과 수컷으로부터는 동종적인 것이 생겨나기 때문이다. 하지만 (b) (노새들에게서) 노새가 생겨날 수 없는데, 노새는 종이 다른 말과 나귀로부터 생겨나기 때문이다. 종이 서로 다른 것들로부터는 다른 종의 동물이 생겨난다는 사실은 이미 정립되었다.[275] 하지만 이런 설명은 너무 보편적이고 공허하다. 왜냐하면 고유한 원리들을 출발점으로 삼지 않는 설명들은 공허하고, 실제로는 사태들에 부합하지 않으면서 (단지) 그렇게 여겨질 뿐이기 때문이다.[276] 즉 기하학의 원리들에서 시작하는 설명들이 기하학적인 설명들이며, 다른 경우들에도 똑같다. 반면에 공허한 것은 뭔가 있는 것처럼 여겨지지만 사실은 아무것도 아니다. 하지만 (그 설명은) 참이 아닌데, — 앞에서 말한 바와 같이[277] —

274 종이 다른 것(heteron tōi eidei, 747b33): 여기서 eidos는 '질료'와 대비되는 뜻에서 '형상'이 아니라 '유(genos)'와 대비되는 '종(species)'을 가리킨다. 746b3의 '종에서 차이가 나는 매들(hoi ierakes hoi diapherontes tōi eidei)'과 같은 표현을 참조. 이어지는 748a5의 tauto tōi eidei도 마찬가지로 '종에서 동일한 것'을 뜻한다.

275 노새들로부터 새끼가 태어난다고 가정해보자. 이 새끼는 노새인가 아닌가? 1) 노새가 아닐 수 없다. 왜냐하면 부모가 모두 노새인데 새끼는 노새가 아닌 것은 불가능하기 때문이다. 2) 노새일 수도 없다. 왜냐하면 노새는 말과 나귀에게서 태어나기 때문이다.

276 『분석론 후서』 I 9, 76a16 이하 참조.

277 II 7, 746a29~b11과 II 8, 747a31~33 참조.

동종적이 아닌 것들로부터 생겨난 것들 가운데 다수가 생식력을 갖게 되기 때문이다. 다른 동물들의 경우에도 이런 방식으로 탐구해서는 안 되고, 자연적인 것들의 경우에도 그렇게 해서는 안 된다.

말의 부류와 나귀의 부류에 속하는 것들에서 시작해서 고찰함으로써 우리는 원인을 더 잘 포착할 수 있을 것이다. 그 이유는 다음과 같다. 첫째, 둘 다 친족 관계에 있는 동물들로부터 새끼를 하나 낳는다. 둘째, 암컷들은 수컷들에 의해서 항상 배태를 할 수 있는 것이 아니며, 그 때문에 사람들은 시간 간격을 두고 말들을 교미시킨다. [암말은 연속해서 그럴 수 없기 때문이다.][278] 암말은 경혈을 많이 내지 못하고 네발동물들 가운데 가장 적은 양의 경혈을 내놓는다.[279] 반면에 암나귀는 (수나귀와의) 교미를 받아들이지 못하고 정액을 오줌과 함께 쏟아낸다. 그렇기 때문에 사람들은 (교미를 한 다음에) 막대기를 들고 암나귀를 뒤따른다.[280] 게다가 이 [수나귀] 동물은 몸이 차갑다. 그래서 본성상 (추위에) 민감하기 때문에 예를 들어 스퀴티아 지역이나 그 인근 지역과 같이 추운 곳에서는 생겨날 수 없다.[281] 이베리아 반도 위쪽의 켈트족 지역에서도 그렇다. 이 지역은 춥기 때문이다.[282] 이런 이유 때문에 사람

278 OCT, Peck, Platt은 이 문장을 삭제했다.

279 신체의 크기에 비해서 가장 적은 양의 경혈을 내놓는다는 뜻이다. 『동물지』 VI 18, 573a11 참조.

280 『동물지』 VI 23, 577a21 이하 참조.

281 헤로도토스, 『역사』 IV 28 참조. 748a23~24의 ou thēlei gignesthai는 직역하면 '생겨나기를 바라지 않는다'이다. 하지만 여기서 사용된 동사 thēlein도 boulesthai와 같이 본성적 경향성을 뜻한다. 731a12에 대한 각주 참조.

282 피레네 산맥 북쪽 지역을 가리킨다. "헤로도토스(II 23, IV 49)는 켈트족이 다뉴브강 상류 지역과 유럽의 서쪽 끝 지역에 산다고 말한다. 이들은 오늘날의 마르세이유 근처에 산다고 언급되기도 한다"(Reeve).

들은 — 말들에게 그렇게 하듯이 — 춘분이나 추분 때 수나귀에게 교미를 시키지 않고 하지 때 그렇게 한다. 따뜻한 시기에 새끼들이 생겨나도록 하기 위해서이다. (새끼는 교미한 시기와 같은 때 태어나는데, 말과 나귀는 배태 기간이 일 년이기 때문이다.) 앞서 말했듯이, 나귀는 본성상 몸이 차갑고, 그런 성질을 가지고 있기 때문에 정액도 차가울 수밖에 없다. (이에 대한 징표는 다음과 같다. 즉 바로 그런 이유 때문에 말이 나귀와 교미한 암컷에 올라타면 나귀의 교미를 망쳐놓지 않지만, 나귀가 (말과 교미한 암말에) 다시 올라타면 말의 교미를 망쳐놓는다.[283] 스페르마의 냉기 때문이다.) 그런데 이들[284]이 서로 교미하면 한쪽의 열기에 의해서 교미 결과가 보존되는데, 말에게서 배출된 것은 더 뜨겁기 때문이다. 나귀에게 속한 것은 질료도 정액도 차갑지만, 말에 속한 것은 질료도 정액도 더 뜨겁기 때문이다. 하지만 뜨거운 것이 차가운 것에 더해져 섞이든, 차가운 것이 뜨거운 것에 더해져 섞이든 똑같은 일이 일어난다. 즉 (a) 그 둘로부터 생겨난 배아는 보존되고, (그렇기 때문에) 교차해서[285] 교미하는 동물들은 생식력이 있다. 하지만 (b) 이들로부터 생겨난 것은 더 이상 생식력이 없어서 온전한 새끼를 낳을 만큼의 생식력을 갖고 있지 않다.

일반적으로 양쪽[286] 모두 본성상 생식불능의 경향이 있고, 나귀에게는 그밖에도 앞서 말한 다른 요인들이 있어서,[287] 만일 처음 이빨을 간

283 『동물지』 VI 22, 577a13, 577a28 참조.
284 즉 수나귀와 암말.
285 교차해서(ex allēlōn, 748b6): 'when crossed with each other'(Peck).
286 즉 말과 나귀.
287 경혈의 부족, 스페르마를 오줌과 함께 배출, 차가운 본성 등이 그렇다.

뒤[288] (새끼를) 낳기 시작하지 않으면, 더 이상 낳을 가능성이 전혀 없다. 이와 같이 나귀들의 몸은 생식력이 없는 것에 가깝다. 말도 마찬가지다. 왜냐하면 말도 본성상 생식불능의 경향이 있으며, (말의) 몸에서 배출되는 것이 더 차가워질수록, 그에 비례해서 생식력이 없는 상태에 가까워진다. 그런데 (말의 배출물이) 나귀의 배출물과 섞이면, 바로 이런 일이 일어난다. 이와 마찬가지로 나귀는 같은 종 안에서 짝짓기를 해도[289] 생식력이 없는 새끼를 낳기 쉽다. 그래서 그 둘로부터 새끼를 하나 생산할 수 있는 가능성이 겨우 있는 형편에 본성에 어긋나는 것이 더 추가되면, (그렇게 본성에 어긋나게 짝짓기를 한) 그들로부터 생겨난 것은 더더욱 생산력이 없고 본성에 어긋난 것이어서 생식력이 없는 상태가 되기에 전혀 부족함이 없고 필연적으로 생식력이 없게 될 것이다.

경혈로 갈 배출물이 성장에 영양분을 제공하기 때문에 노새의 몸집이 커지는 일이 일어나기도 한다. 그런데 이런 것들의 출산도 한 해가 걸리기 때문에, 암노새는 그 기간 동안 배태하고 영양을 공급해야 한다. 이것은 경혈이 생겨나지 않는 한 불가능하다. 그런데 암노새들에게는 경혈이 생겨나지 않으며, 영양분의 쓸모없는 부분은 방광의 잔여물과 함께 방출되고(이런 이유 때문에 수노새들은 — 다른 통짜발 동물들의 경우에 그렇듯이 — 암노새들의 음부에서 냄새를 맡지 않고, 잔여물 자체에서 냄새를 맡는다), 영양분의 나머지는 신체의 성장과 몸을 키우는 데 활용된다. 따라서 간혹 암노새가 배태할 수는 있지만 — 분명히 그런 일이 일어난다 — 새끼를 끝까지 양육해서 출산할 수는 없

288 30개월째가 이 시기에 해당한다. 『동물지』 VI 23, 577a18 참조.

289 같은 종 안에서 짝짓기를 해도(kata to oikeion syndyasmon, 748b15).

다. 하지만 수노새는 간혹 다음과 같은 두 가지 이유 때문에 낳을 수 있을 것이다. 즉 (a) 수컷은 암컷보다 더 뜨겁고, (b) 수컷은 (신체를 이루는) 혼합을 위해서 어떤 신체적인 것도 기여하지 않기 때문이다. 그리고 그때 최종 결과로서 기노스가 생기는데, 이것은 비정상적인 노새이다.[290] 왜냐하면 배아가 자궁에서 질병을 얻으면, 말과 나귀로부터도 기노스들이 생겨나기 때문이다.[291] 기노스는 돼지들 가운데 메타코이론들[292]과 비슷하다. 왜냐하면 돼지들 가운데 자궁 안에서 결함을 갖게 된 것을 일컬어 '메타코이론'이라고 부르기 때문이다. 돼지들 가운데 우연히 그런 것이 생길 수 있다. 난쟁이들도 똑같은 방식으로 생긴다. 왜냐하면 이들은 배태 중에 신체 부분들과 크기에서 결함을 갖게 되고, 그래서 메타코이론들이나 기노스들과 비슷하기 때문이다.

290 "『동물지』 VI 1, 577b21에 따르면 기노스(ginnos)는 노새와 암말의 새끼, '비정상적인 노새(hēmionos anapēros)'다. 하지만 실제로 그런 동물은 없다"(Platt).

291 이에 따르면 '기노스'는 말과 나귀 사이에서도 태어나고, 이들 사이에서 태어난 노새와 암말 사이에서도 태어날 수 있다.

292 메타코이론들(metachoira, 749a1): IV 4, 770b7 참조.

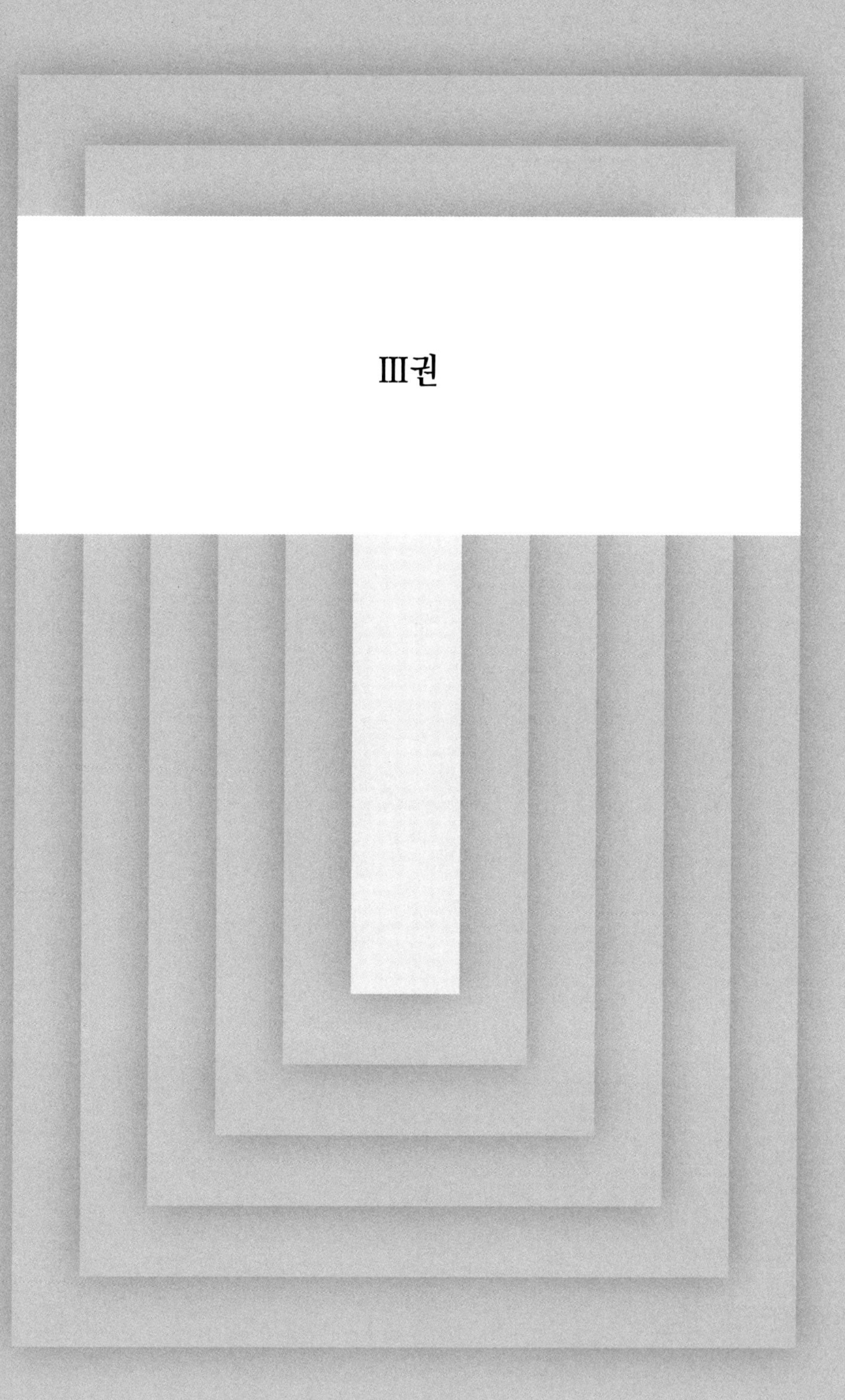

Ⅲ권

1장

피 있는 동물들의 발생 — II. 난생동물(완전한 알을 낳는 동물)

새들과 네발동물들

(a) 일반적 논의

이제까지 노새의 불임에 관해서, 그리고 몸 밖이나 몸 안에서 새끼를 낳는 동물들에 관해서 이야기했다.[1] 그런데 피 있는 동물들 중 알을 낳는 동물들의 경우는 어떨까? 생산과 관련된 점들을 놓고 보면 어떤 측면에서는 이들과 보행동물들[2]은 사정이 비슷해서 그 모두에 대해서 749a10

1 이제까지 태생동물들, (완전한 알을 낳는) 난생동물들, 난태생 동물들에 대해서 이야기했다. 이제 불완전한 알을 낳는 난생동물들에 대한 논의가 이어진다.

얼마간 똑같은 점을 얻어낼 수 있지만, 어떤 측면에서는 그들 서로간이나 보행동물들과 비교해보거나 차이가 난다.

전체적으로 볼 때 모든 동물은 짝짓기로부터 생겨나고, 수컷이 정액을 암컷 안으로 내보내기 때문에 생겨난다. 그런데 알을 낳는 동물들 중에서 새들은, 질병 때문에 어떤 결함이 있지 않는 한, 완전하고 겉이 딱딱한 알을 내보내며, 새들의 알은 모두 두 가지 색깔[3]을 띤다. 반면에 물고기들 가운데 연골어는, 앞서 여러 번 말했듯이,[4] 자신의 몸 안에서 알을 낳은 뒤 (밖으로) 새끼를 낳는데, 알은 자궁의 한 곳에서 다른 곳으로 자리를 옮긴다. 이들의 알은 껍질이 말랑하고 색깔이 똑같다. 하지만 그런 종류의 물고기들 가운데 오직 하나만 자신의 몸 안에 새끼를 낳지 않는데, 이른바 '바트라코스'[5]가 그렇다. 그 원인에 대해서는 나중에 이야기해야 한다.[6] 하지만 다른 것들, 즉 물고기들 가운데 알을 낳는 것들은 한 가지 색의 알을 내놓으며 이 알은 불완전하다. 이렇게 말하는 이유는 알이 밖에서 성장할 때, 이것이 알들 중 (모체) 안에서 완전해지는 것들이 성장할 때 그 원인이 되는 것과 똑같은 원인에 의해서 이루어지기 때문이다.

⁘

2 **보행동물들**(ta peza, 749a13): "보행동물들(the walking animals)은 여기서 땅에 사는 동물들만을 가리킨다. 난생동물들은 대개 날거나 헤엄치는 동물들이지만, 아리스토텔레스는 여기서 땅에 사는 파충류와 양서류를 전혀 생각하지 않은 것 같다"(Platt).

3 **두 가지 색깔**(dichroa, 749a18): 흰자와 노른자. 단색의 알들에는 이런 구별이 없다. III 1, 751a31~33 참조.

4 다음 구절들을 참조: I 10, 718b32; II 1, 732a32 이하, 733a9 이하.

5 **바트라코스**(batrachos, 749a23): 아귀(Lophius) 과에 속하는 여러 종들을 가리키는 것 같다. III 3, 754a25 이하의 외형에 대한 기술을 참조. "이 물고기는 연골어가 아니라 경골어이고 알을 많이 낳는다"(Platt).

6 III 3, 754a25 이하 참조.

그런데 자궁들에 관해서 그것들이 어떤 차이들을 갖고 어떤 원인들에 의해서 그런지 앞서 이야기했다.[7] 이렇게 말하는 이유는 새끼를 낳는 것들 가운데 어떤 것들은 위쪽으로 횡격막 근처에 자궁들이 있고, 어떤 것들은 아래쪽으로 음부 근처에 자궁들이 있기 때문이다.[8] 위쪽에 자궁을 가진 것들은 연골어들이고, 아래쪽에 가진 것들은 자신의 몸 안에서 새끼를 낳고 밖으로 출산하는 것들인데, 예를 들어 사람이나 말이나 그런 종류의 다른 동물들이 각각 그렇다. 알을 낳는 것들 가운데 일부는, 물고기들 중 난생동물들이 그렇듯이, 아래쪽에, 다른 일부는, 새들이 그렇듯이, 위쪽에 자궁을 가지고 있다.

(b) 무정란

새들의 경우 어떤 배아들은 자연발생적으로 형성되는데, 이것들을 일컬어 사람들은 ‘무정란’[9]이라고 부르고 어떤 사람들은 ‘제퓌리아’라고 부른다. 그런데 이런 일은 새들 중 잘 날지 못하고 발톱이 굽지 않았지만 다산하는 새들에게서 일어난다. 그 이유는 이들이 잔여물을 많이 갖기 때문이다. (반면에 발톱이 굽은[10] 새들의 경우 그런 성질의 배출물이 날개나 깃털을 만드는 데 전용되고, 그들의 몸은 작고 건조하고 뜨겁다.[11]) 또 다른 이유는 경혈의 성질을 가진 배출물과 정액이 잔

7 I 3을 보라.

8 I 8, 718a35 이하 참조.

9 무정란(hypēnemia, 749b1): 어원적으로 ‘바람-알’, ‘풍란(風卵)’이라는 뜻이다. zephyria 역시 서풍을 뜻하는 Zephyros에서 나왔다(『동물지』 IV 2, 560a6 참조). zephyria에 대해서는 III 2, 753a22에 대한 각주 참조.

10 발톱이 굽은(gampsōnyx, 749b3): 갈고리 모양으로 발톱이 굽은 것을 뜻한다.

11 『동물부분론』 IV 12, 694a8~10 참조.

여물이라는 데 있다. 그런데 깃털의 본성과 스페르마의 본성은 잔여물로부터 생겨나기 때문에, 자연은 양쪽 모두를 위해서 많은 것을 쌓아 둘 능력이 없다. 바로 이런 원인 때문에 발톱이 굽은 것들은 교미를 자주 할 수 없고 다산적이지도 않다. 반면에 (몸이) 무겁고 잘 날 수 있는 것들 가운데 몸이 통통한 것들, 예를 들어 비둘기나 그런 것들은 교미를 자주 하고 다산적이다. 예를 들어 닭이나 자고나 그런 종류의 다른 새들처럼 무겁고 잘 날지 못하는 것들의 경우 그런 성질의 잔여물이 많이 생겨나기 때문이다. 이런 이유에서 그 가운데 수컷들은 교미를 자주 할 수 있고 암컷들은 많은 양의 질료를 내놓는다. 그리고 그런 새들 가운데 일부는 알을 많이 낳고 일부는 자주 낳는데, 많이 낳는 것으로는 예를 들어 닭, 자고, 리뷔아 타조가 있고, 그에 비해 비둘기류[12]는 알을 많이 낳지 않지만 자주 낳는다. 왜냐하면 이들은 발톱이 굽은 것들과 (몸이) 무거운 것들 사이의 중간에 있기 때문이다. (비둘기류는) 발톱이 굽은 새들처럼 잘 날 수 있지만, 몸이 무거운 것들처럼 몸에 (살이) 많기 때문이다. 그 결과 잘 날 수 있고 거기에 잔여물을 써야 하기 때문에 (알을) 적게 낳지만, 몸이 통통하고 장이 뜨겁고 열처리를 잘할 수 있기 때문에, 게다가 발톱이 굽은 것들은 어렵게 영양분을 조달하지만 비둘기들은 영양분을 쉽게 조달할 수 있기 때문에 알을 자주 낳는다.

새들 가운데 작은 것들은, 식물들 중에서 작은 것들이 가끔 그렇듯이 교미를 자주 하고 다산한다. 신체의 성장에 쓰일 영양분이 스페르마 성분의 잔여물로 되기 때문이다. 이런 이유에서 아드리아 닭들[13]은 가

12 비둘기류(ta peristerōdē, 749b18): 750a15 참조.

13 아드리아 닭들(alektoridai Adrianikai, 749b28~29): 『동물지』 VI 1, 558b16~17 참조.

장 많이 낳는다. 왜냐하면 몸집의 크기가 작기 때문에 (알을) 산출하는 데 영양분이 사용되기 때문이다. 또 혈통이 좋지 않은 것들이 혈통이 좋은 것들보다 더 많이 낳는다.[14] 그들의 몸은 더 축축하고 더 통통한 데 반해, 혈통이 좋은 것들의 몸은 더 날씬하고 더 건조하기 때문이다. 왜냐하면 좋은 혈통의 고귀한 기개[15]는 그런 종류의 몸에서 더 많이 생기기 때문이다. 또 사지가 가늘고 허약한 것도 그런 종류의 본성을 가진 것들이 교미를 자주 하고 다산하는 데 기여하는데, 사람들의 경우에도 그렇다. 왜냐하면 사지에 들어갈 영양분이 그런 동물들의 경우 스페르마 성분의 잔여물로 전용되기 때문이다. 자연은 이쪽에 있는 것을 취해서 다른 쪽에 덧붙인다. 하지만 발톱이 굽은 것들은 강한 발을 갖고 다리가 굵은데, 생존방식 때문이다. 따라서 이 모든 원인들 때문에 발톱이 굽은 것들은 교미도 잦지 않고 다산하지도 않는다. 황조롱이[16]가 가장 다산적이다. 왜냐하면 이 새가 거의 유일하게 발톱이 굽은 새들 중 물을 마시기 때문이다. 타고난 물기와 획득된 물기[17]가 이 새의 몸속 열기와 공동으로 스페르마를 만들어낼 수 있다. 하지만 이 새도 알을 많이 낳는 일은 거의 없고, 많아야 네 개의 알을 낳는다.

빼꾸기는 발톱이 굽어 있지 않지만 (알을) 적게 낳는다. 그들의 본성

"밴텀 닭의 일종인 것 같다"(Reeve).

14 『동물지』 I 1, 488b18~29와 『수사학』 II 15, 1390b21~23 참조.

15 고귀한 기개(ho thymos ho gennaios, 749b33): '기개'에 대해서는 『니코마코스윤리학』 III 8, 1116b15 이하와 『정치학』 VII 7, 1327b40 이하 등 참조.

16 황조롱이(kenchrēis, 750a7): 황조롱이는 한 번에 보통 4~6개의 알을 낳는 것으로 알려져 있다.

17 타고난 물기와 획득된 물기(hē symphytos 〈hygrotēs〉 kai hē epaktos, 750a8~9): '타고난(symphytos)' 혹은 '본성적인(physikos)'과 '획득된(epiktētos)'의 대비에 대해서는 I 17, 721b29, V 4, 784b33 등의 사례를 참조.

이 차갑기 때문이다(이 새의 비겁함이 이를 명백히 보여준다). 반면에 스페르마가 많은 동물들은 뜨겁고 축축할 수밖에 없다. 뻐꾸기가 비겁한 것은 분명하다. 왜냐하면 뻐꾸기는 모든 새들에게 쫓김을 당하고 다른 새의 둥지에 새끼를 낳기 때문이다.

비둘기류는 대다수가 알을 두 개 낳는 경향이 있다. 왜냐하면 그들은 알을 하나 낳는 새도 아니고(뻐꾸기를 제외하면 어떤 새도 알을 하나 낳지 않고, 그 새도 때때로 알을 두 개 낳는다), 많이 낳지도 않기 때문이다. 그들은 종종 두 개, 최대 세 개의 알을 낳지만, 대다수의 경우에 두 개의 알을 낳는다. 이 숫자가 하나와 많음 사이의 중간이기 때문이다.

많이 낳는 동물들의 경우 영양분이 스페르마로 전용된다는 것은 실제로 일어나는 일들을 보면 분명하다. 왜냐하면 나무들 중에서 다수는 열매를 너무 많이 맺은 뒤 수확이 끝나면 몸에 영양분이 남지 않아 말라버리기 때문이다. 한해살이들도 같은 일을 겪는 것 같은데, 예를 들어 콩과 식물들과 곡류[18]와 그런 종류의 식물들이 그렇다. 왜냐하면 이들은 모든 영양분을 씨에 사용하기 때문이다. 이런 부류의 식물들은 씨의 양이 많기 때문이다. 닭들 중에서도 어떤 것들은 알을 많이 낳아서 하루에 두 개도 낳지만, 알을 많이 낳은 뒤 죽어버렸다. 왜냐하면 새들이나 식물들이나 힘이 소진되기 때문이다. 잔여물의 방출이 과도하면 이런 수동적 변이가 생긴다. 사자가 나이 들어서 생식불능이 되는 것도 이런 수동적 변이가 원인이다. 왜냐하면 처음에 사자는 대여섯을 낳지만, 다음 해에 넷을 낳고 그다음에 세 마리 새끼사자를, 그다음에 둘을, 마침내 하나를 낳다가, 그다음에는 새끼를 전혀 낳지 못한다. 잔여물이 소진되

18 곡류(sitos, 750a25): 밀(pyros)과 보리(krithē) 등을 가리킨다.

고 나이가 들어 스페르마가 감소하기 때문에 그런 것 같다.

새들 중에서 무정란을 낳는 것들이 어떤 것들이고, 그들 중 어떤 새 750b
들이 많이 낳고 어떤 것들이 적게 낳는지, 그리고 어떤 원인들 때문에 그런지 이야기했다.

무정란이 생겨나는 것은, 앞에서도 말했듯이,[19] 암컷 안에 스페르마 성분의 질료가 들어 있는데, 새들에게서는 피 있는 태생동물들에게서처럼 경혈의 배출이 일어나지 않기 때문이다. 경혈의 배출은 모든 동물에게서, 어떤 것들의 경우는 많이, 또 어떤 것들의 경우는 적게, 또 다른 것들의 경우는 징표를 드러낼 정도의 분량으로 일어나기 때문이다. 하지만 물고기들의 경우에는 새들의 경우와 같지 않다. 이런 이유에서 [새들의 경우에도 그렇듯이] 물고기들에게도 교미 없이 배아들의 형성 과정이 일어나지만,[20] 상대적으로 눈에 잘 보이지 않는다. 왜냐하면 물고기들의 본성이 더 차갑기 때문이다. 태생동물들에게서 일어나는 경혈의 배출은, 새들의 경우 그 잔여물이 적절한 시점에 형성되고, (몸이) 큰 것들의 경우 횡격막 주변의 장소가 뜨겁기 때문에 (알들이) 완성되지만, 이들뿐만 아니라 물고기들의 알들도 유사하게 수컷의 정액 없이는 발생을 이루기에 불완전하다. 그 원인은 앞서 이야기했다.[21]

하지만 새들 가운데 잘 날 수 있는 것들의 경우에는 무정란이 생기지 않는데, 이는 그런 새들이 알을 많이 낳지 못하는 데 대한 것과 똑같은

19 II 5, 741a16~32와 III 1, 749a34~b3 참조.

20 I 21, 730a19~20과 III 1, 750b26 이하와 비교. "아리스토텔레스는 산란 이전에 물고기 암컷의 알들이 수컷에 의해 배태된다고 생각한다. 그렇다면 이 단락은 그런 식의 배태 이전에도 미발달 단계의 알들(rudimmentary eggs)을 암컷들 안에서 찾을 수 있다는 것을 뜻한다"(Platt).

21 II 5 참조.

원인 때문이다. 왜냐하면 발톱이 굽은 것들의 경우 잔여물이 적고, 잔여물의 방출 충동이 일어나기 위해서는 그에 더해서 수컷이 있어야 하기 때문이다. 무정란은 생식력이 있는 알들보다 수가 더 많지만 크기가 더 작은데, 둘 다 한 가지 똑같은 원인 때문에 그렇다. 즉 한편으로 불완전한 것은 크기가 더 작기 때문이고, 다른 한편으로 크기가 더 작은 것은 수가 더 많기 때문이다. 무정란은 열처리가 덜 되었기 때문에 맛이 덜하다. 왜냐하면 어떤 경우에나 열처리된 것이 더 달기 때문이다.

그런데 새들의 알도, 물고기들의 알도 수컷들이 없으면 발생에 이를 만큼 완성되지 못한다는 것이 충분히 목격되었지만, 물고기들의 경우 수컷들 없이 배아들이 생겨나는지는 (충분히 목격되지 않았다). 하지만 민물고기들의 경우 [에뤼트리노스와 관련해서] 그런 일이 일어나는 것이 가장 많이 목격되었다. 왜냐하면 분명히 몇몇 민물고기들은 즉시 알들을 갖는데, 이는 『동물지』에서 이들에 관해서 기록한 바와 같다.[22] 전체적으로 보면 적어도 새들의 경우 교미를 통해 생겨난 알들조차도, 연속적으로 교미가 이루어지지 않으면, 대다수의 경우 성장에 이르지 못한다. 그 원인은 이렇다. 즉 여자들의 경우에 남자들과 '가까이하면' 이것이 여자들의 배출물을 빨아올리는데(왜냐하면 자궁이 뜨거워져 축축한 것을 끌어들이고 (이때) 관들도 열리기 때문이다), 새들의 경우에도 경혈 성분의 잔여물이 조금씩 나오면서 그런 일이 일어난다. 이 잔여물은 양이 적고 자궁 위의 횡격막 근처에 있기 때문에 몸 밖으로 배출되지 않고 자궁 자체 안으로 흘러가 모인다. 이것이 알을 자라게 하는데, 자궁 속으로 흘러드는 것은 태생동물들의 태아들을 탯줄을 통해서

22 III 4, 756a15 이하와 『동물지』 VI 13, 567a30~31 참조.

자라게 하듯이, 알을 자라게 한다. 왜냐하면 일단 새들은 한 번 교미하면, 거의 예외 없이 — 알이 아무리 작다고 하더라도 — 알을 가진 상태를 끝까지 유지하기 때문이다.

이 때문에 어떤 사람들은 무정란들에 관해서 이것들이 새로 생겨나는 것이 아니라 앞선 교미의 결과로 남은 것이라고 주장하곤 한다. 하지만 이 말은 거짓이다. 왜냐하면 병아리들이나 거위 새끼들의 경우에도 교미 없이 무정란이 생기는 것이 목격되었기 때문이다. 또 사냥을 위한 유인용 암컷 자고들은, 교미를 했건 하지 않았건, 수컷의 냄새를 맡고 목소리를 들으면 한쪽은 알을 품고 다른 쪽은 곧바로 알을 낳는다.[23] 이런 수동적 변이의 원인은 사람들이나 네발동물들의 경우에 일어나는 것과 똑같다. 왜냐하면 성교를 하려고 몸이 달아오르면, 일부는 암컷을 보기만 해도, 일부는 작은 마찰만 있어도 스페르마를 내놓기 때문이다. 새들 가운데 그런 것들은 본성상 교미를 많이 하고 스페르마가 많아서, 몸이 달아오른 경우 작은 운동만 있으면 즉시 방출이 일어난다. 그래서 교미를 하지 않은 것들에게서는 무정란이 형성되고, 교미를 한 것들에게서는 빠른 시간에 (알들이) 자라나 완성된다.

몸 밖으로 알을 낳는 것들 가운데 새들은 완전한 알을 내놓고 물고기들은 불완전한 알을 내놓는다. 이 알들은, 앞에서도 말했듯이,[24] 밖에서 성장 과정을 거친다. 그 원인은 물고기들의 부류가 다산적이기 때문이다. 그래서 많은 알이 몸 안에서 완성 상태에 이르기는 불가능하고, 바

23 '한쪽'과 '다른 쪽'은 각각 교미를 하지 않은 암컷 자고들과 교미를 끝낸 암컷 자고들을 가리킨다. 『동물지』 VI 2, 560b10 이하 참조. "사냥꾼의 이야기!"(Aubert-Wimmer, Platt).

24 II 1, 749a25~27 참조.

로 이런 이유 때문에 밖으로 나온다. 내보내기가 빨리 일어난다. 왜냐하면 몸 밖으로 알을 낳는 물고기들의 자궁은 음부 근처에 있기 때문이다.

(c) 노른자와 흰자의 차이

새들의 알은 두 가지 색이고, 모든 물고기의 알은 단색이다. 두 가지 색의 원인은 각 부분, 즉 하얀 부분과 노란 부분[25]에 속한 능력에서 볼 수 있을 것이다. 왜냐하면 배출은 피로부터 일어나고 [(피가 없는 어떤 동물도 알을 낳지 못하기 때문이다)],[26] 피가 몸의 질료라는 데 대해서는 여러 번 이야기했기 때문이다.[27] 그런데 알의 한 부분, 즉 뜨거운 것[28]은 생겨나는 [부분들의] 형태에 더 가깝고, 그에 반해 흙 성분이 더 많은 것은 몸의 형성 과정을 떠맡고 (몸의 형태에서) 더 멀리 있다.[29] 바로 이런 이유에서 두 가지 색의 알들의 경우[30] 동물은 발생의 원리를 하얀 부분에서 취하고(영혼의 원리는 뜨거운 것에 속해 있기 때문이다) 노란 부분에서 영양분을 얻는다. 그런데 동물들 가운데 본성이 더 뜨거운 것들의 경우 그 원리의 출처가 되는 것과 영양분의 출처가 되는 것

25 하얀 부분(to leukon, 751a33), 노란 부분(to ōchron): III 1, 751a30, 752a10 참조.

26 피가 없는 어떤 동물도 알을 낳지 못하기 때문이다(outhen gar anaimon ōiotokei zōion, 751a34): Platt과 Peck은 이 문장을 삭제했다. 그 이유는 아리스토텔레스가 여러 곳에서 여러 피 없는 동물들, 즉 무척추동물들이 알을 낳는다고 말하기 때문이다.

27 예를 들어 II 4, 740b34~35 참조.

28 뜨거운 것(to thermon, 751b3): 하얀 부분. 바로 이어지는 논의와 『동물부분론』 II 7, 652b7 이하 참조.

29 II 6, 744b32 이하 참조.

30 두 가지 색의 알들의 경우(hosa dichroa esti tōn ōiōn, 751b4~5): II 6, 744b32 이하와 III 2, 753a35 이하 참조. 오늘날에는 노른자와 흰자 모두 영양분으로 알려져 있다. 아리스토텔레스는 노른자 표면의 배아가 발생하는 부분에 대해서 몰랐던 것 같다.

이 둘로 갈라져 분리되는데, 한쪽은 하얀 부분이고 다른 쪽은 노란 부분이다. 그리고 하얗고 순수한 부분이 노랗고 흙 성분이 있는 부분보다 항상 더 많다.

반면에 덜 뜨겁고 더 축축한 동물들의 경우에는 노란 부분이 더 많고 더 축축하다. 바로 이것이 습지의 새들[31]에게 일어나는 일인데, 이들은 땅에 사는 새들보다 본성상 더 물기가 있고 더 차갑기 때문이다. 그 결과 그런 종류의 새들의 알들에서도 이른바 난황이 많고 덜 노란데, 하얀 부분이 떨어져 분리된 정도가 덜하기 때문이다. 반면에 알을 낳는 동물들 가운데 본성이 차갑고 게다가 더 축축한 것들은 — 물고기의 부류가 그런 성질을 갖고 있다 — 하얀 부분을 떨어져 나뉜 상태로 갖지 않는데, 이는 한편으로는 몸집이 작기 때문이고, 다른 한편으로는 (몸 안에서) 차갑고 흙 성분을 가진 부분의 분량이 많기 때문이다. 바로 이런 이유에서 물고기들의 알은 모두 단색이며, 노란색이라고 보기에는 하얗고, 하얗다고 보기에는 노랗다. 새알과 무정란은 이런 두 가지 색을 가지고 있다. 왜냐하면 그 안에 두 부분이 각각 생겨나게 될 출처, 즉 원리의 출처와 영양분의 출처[32]가 들어 있기 때문이다. 하지만 이것들은 불완전하고 추가로 수컷이 필요하다. 왜냐하면 적절한 때 수컷에 의해서 교미가 이루어지면 무정란들도 생식력을 갖게 되기 때문이다.[33] 두 가지 색의 원인은 수컷과 암컷이 아니다. 즉 수컷으로부터 하얀 부분이 오고, 암컷에게서 노란 부분이 오는 것이 아니다. 둘

31 습지의 새들(limnaia ornea, 751b12).

32 원리의 출처와 영양분의 출처(hothen hē archē kai hothen hē trophē, 751b22~23): 751b4에 대한 각주 참조.

33 II 5, 741a30 이하 참조.

다 암컷에게서 생겨나지만 한 부분은 차갑고 다른 부분은 뜨겁다. 뜨거운 것이 많은 동물들의 경우에는 그 두 부분이 서로 떨어져 분리되지만, 뜨거운 것이 적은 동물들의 경우에는 그럴 수 없다. 이런 이유에서 뒤의 경우에 해당하는 동물들의 배아들은, 이미 말했듯이,[34] 단색이다.

하지만 정액은 (이미 생겨난 배아를) 형성해내는 일을 할 뿐이다. 그리고 이런 이유 때문에 새들의 경우 처음에는 배아가 하얗고 작게 보이지만, 과정이 진행되면서 계속해서 더 많은 피의 성분이 함께 섞이기 때문에 전체가 노랗게 된다. 하지만 마지막에 뜨거운 것이 떨어져 분리되면서 — 마치 물이 끓을 때 그렇듯이 — 둥글게 하얀 것이 둘러싸고 전체에 걸쳐 똑같게 된다. 왜냐하면 하얀 것은 본성적으로 축축하고, 자신 안에 영혼의 열기를 갖기 때문이다. 이런 이유에서 (하얀 것이) 둥글게 떨어져 분리되고, 노랗고 흙 성분을 가진 것은 안쪽에서 분리된다. 누군가 여러 개의 알을 주머니나 그와 같은 것 안에 함께 넣고, 뜨거운 것의 운동을 낳는 불을 이용해서 알들 안에서 분리가 일어나는 것보다 더 빠르지 않게 가열하면, 마치 한 개의 알 안에서 그런 일이 일어나듯이, (주머니 안에 있는) 모든 알로부터 합성체가 생기는데, 중간에 있는 것은 노랗고 주변에 있는 것은 하얗다.[35]

그렇다면 왜 어떤 알들은 단색이고 어떤 알들은 두 가지 색인지 이야기했다.

34 III 1, 750b10~19 참조.

35 "알들을 살살 (주머니에—옮긴이) 넣으면 노른자가 깨어지지 않는다. 노른자와 흰자가 떨어지기 시작할 때 그것들을 부드럽게 가열하면 그중 어느 것도 익지 않고 노른자는 중심으로, 흰자는 외곽으로 움직인다. 그런 다음 알을 주머니에서 꺼내면 익은 노른자는 익은 흰자에 둘러싸여 있다"(Reeve). 『동물지』 VI 2, 560a30~b3 참조.

2장

(d) 알의 형태

수컷에서 오는 원리는 알들 안에서, 알이 자궁에 붙어 있는 지점에 752a10
서 떨어져 분리된다.[36] 그리고 두 가지 색을 가진 알들의 모양은 (전체 형태가) 유사하지 않게[37] 되는데, 전체가 둥근 것이 아니라 양쪽으로 더

36 **수컷에서 오는 원리는 … 알이 자궁에 붙어 있는 지점에서 떨어져 분리된다**(apokrinetai … hē tou arrenos archē kath' ho prospephyke tēi hysterai to ōion, 752a10~11): 그 지점에서 배의 발달이 이루어진다는 뜻이다. III 3, 754b8 이하 참조. Platt은 '알이 자궁에 붙어 있는 지점'에 대해서 이렇게 말한다. "노른자위의 배점(胚点, cicatricula). 발생이 시작되는 이 지점은 알의 끝에 있는데, 이곳은 난소에 붙어 있다. 아리스토텔레스는 이곳이 더 뾰족한 곳이라고 생각했다. 하지만 배점은 알의 어느 쪽 끝에도 있지 않고 노른자위의 적도 위 한 지점에 있다. … 성숙된 알 속 노른자위의 어떤 부분이 분리의 순간에 난소에 붙어 있는 부분에 상응하는지도 우리는 말할 수 없다."

37 **유사하지 않다**(anhomoion, 752a11): 알의 형태가 '한결같지 않다', '고르지 않다'는 뜻이다.

뾰족하게 된다. 그 이유는 그 원리[38]가 들어 있는 하얀 부분은 (나머지 부분과) 차이가 나야 하기 때문이다. 바로 이런 이유에서 알은 아래쪽보다[39] 그곳이 더 딱딱하다. 그 원리를 감싸고 보호해야 하기 때문이다. 그리고 이런 이유 때문에 알의 뾰족한 곳이 나중에 밖으로 나온다. 왜냐하면 (자궁에) 붙어 있는 것은 나중에 밖으로 나오는데,[40] (알은) 위에서 말한 원리가 있는 지점에서 (자궁에) 붙어 있으며, 원리는 뾰족한 곳에 있기 때문이다. 식물들의 씨의 경우에도 사정이 똑같다. 왜냐하면 씨의 원리는 어떤 경우는 가지에, 어떤 경우는 껍질에, 어떤 경우는 열매 껍질에 붙어 있기 때문이다. 이는 콩과 식물들의 경우에 명백하다. 콩이나 그런 종류의 식물의 씨들은 두 반면(半面)[41]이 접촉하는 곳에서 (모체 식물에) 붙어 있다.[42] 씨의 원리가 거기 있기 때문이다.

(e) 알의 성장

알들의 성장 과정에 대해서 누군가는 의문을 가질 것이다. 이 과정이 자궁으로부터 어떤 방식으로 일어날까? 어떤 동물들은 탯줄을 통해

38 즉 '수컷에서 오는 원리.'

39 아래쪽보다(ē katothen, 752a14): 즉 알의 뭉뚝한 끝보다.

40 (자궁에) 붙어 있는 것은 나중에 밖으로 나오는데(to gar prospephykos hysteron exerchetai, 752a16~17): 알이 자궁에 붙어 있는 지점은 원리의 분화가 시작되는 곳이고 이곳은 뾰족하다. 이 부분이 나중에 나온다. III 3, 754b9 이하 참조.

41 두 반면(to dithyron, 752a22): 완두콩이나 콩의 씨앗 양쪽의 반면들(cotyledons)을 가리킨다.

42 「젊음과 노령에 대하여」 3, 468b18~23 참조: "씨로부터의 발생은 항상 중간 부분에서부터 일어난다. 왜냐하면 그것들은 모두 양쪽 반면(dithyron)으로 이루어져 있고, 성장하는 것들의 뿌리나 줄기는 바로 그 두 부분의 본성적인 매듭 혹은 중간에서 자라기 때문이다. 그래서 원리는 그것들의 중간이다."

서 영양분을 취하는데, 알들은 무엇을 통해서 영양분을 취할까? 그것들은 애벌레들처럼 스스로 자기 자신을 통해서[43] 자라나지 않는다. 하지만 알들을 자궁에 붙어 있게 하는 어떤 것이 있다면, 알이 완전해졌을 때 그것은 어디로 옮겨갈까? 탯줄이 (태생)동물들과 함께 나오는 것처럼, 그런 부분이 알과 함께 나오지 않는다. 왜냐하면 알이 완전해졌을 때 둘레의 딱딱한 껍질이 생겨나기 때문이다. ― 이런 말을 하는 사람은 올바로 탐구하고 있다. 하지만 거기서 사람들이 간과한 것이 있다. 즉 딱딱한 껍질이 되는 것은 처음에 말랑한 막이라는 사실이다. 알이 완전해지면 이 막이 딱딱하고 부서지기 쉬워지며 적절한 균형을 맞춰 (모체에서) 밖으로 나올 때는 아직 말랑하고(그렇지 않으면 알을 낳는 것이 힘들 것이다), 나온 다음 즉시 차가워져 굳어진다. 축축한 것의 양이 적기 때문에 그것이 금방 날아가 흙 성분만 남는 것이다. 이 막에 속한 어떤 것이 처음에 뾰족한 곳에서 탯줄 역할을 하고, 알이 아직 작을 때는 아울로스처럼 돌출해 나와 있다. 이 점은 알이 작은 상태에서 유산된 것들을 보면 분명하다. 왜냐하면 어미새가 물에 젖거나 다른 어떤 방식으로 몸을 떨다가 알을 낳게 되면, 배아는 핏덩이 같이 보이며 배아 전체를 관통하면서 탯줄 같은 작은 돌기[44]를 가지고 있다. (배아가) 크게 성장하면 이 부분은 둥글게 말리면서 작아진다. 알이 완성 단계에 들어서면 그 끝은 알의 뾰족한 부분에 놓이게 된다.[45] 그 아래에

43 애벌레들(skōlēkes)이 **스스로 자기 자신을 통해**(auta di' hauton, 752a27) 자란다는 말의 뜻에 대해서는 II 1, 732a29~32 참조.

44 **탯줄 같은 작은 돌기**(stolon mikron omphalōdē, 752b6): "작은 돌기(a small tail)는 두 개의 알끈(chalazae) 중 하나를 가리키는 것 같다. 알끈은 노른자를 껍질의 양쪽 끝과 연결하는 꼬인 막 형태의 끈(twisted membranous strips)이다"(Reeve).

45 **그 끝은 알의 뾰족한 부분에 놓이게 된다**(to oxy tou ōiou touto symbainei to peras,

안쪽 막이 있는데, 이것이 경계를 나누어[46] 하얀 부분과 노란 부분을 그 부분으로부터 떼어놓는다. 배아가 완성 단계에 도달한 뒤 알 전체가 (모체에서) 떨어져 나오는데, 탯줄이 나타나지 않는 것은 당연한 이치이다. 그것은 알의 (한쪽) 맨끝의 꼭지점[47]이기 때문이다.

알과 새끼가 밖으로 나오는 것은 정반대로 이루어진다. 왜냐하면 새끼는 머리와 시작점 쪽이 먼저 밖으로 나오고, 알의 경우 발에 해당하는 곳이 그렇기 때문이다. 그 원인은 이미 이야기했다. 알은 원리가 있는 곳에서 (자궁에) 붙어 있기[48] 때문이다.

(f) 어미에 의한 부화

알로부터의 발생 과정은 새들의 경우 어미새가 알을 품고 함께 열기를 더함으로써 일어난다.[49] 이때 알의 일부로부터 동물이 떨어져 나오는 반면, 나머지 부분으로부터 영양분을 취해서 성장하고 완성 단계에 이른다. 왜냐하면 자연은 알 속에 (새끼) 동물의 질료와 함께 성장에 충

752b8~9): 이 말의 뜻을 정확히 파악하기는 어렵지만, 알 속의 탯줄 같이 생긴 돌기 혹은 꼬리(stolos)가 계속 줄어들어 알의 뾰족한 끝 부분에서 한계에 이른다는 말인 것 같다.

46 경계를 나누어(horizein, 752b9): dihorizein에 대한 I 21, 730a29에 대한 각주 참조.

47 맨끝의 꼭지점(tou eschatou to akron, 752b12).

48 원리가 있는 곳에서 (자궁에) 붙어 있다(kata tēn archēn prosphephyken, 752a17): III 2, 752a10~18 참조.

49 "일부 종(예를 들어 벌새와 북아메리카의 모든 일부다처제 새들)의 경우에는 암컷만이 알을 품는다. 하지만 일처다부 종들의 경우 알을 품는 것은 수컷뿐이다(예를 들어 아리스토텔레스가 III 1, 749b17에서 언급한 타조의 경우가 그렇다). 하지만 대다수 종의 경우 수컷과 암컷이 모두 알을 품는다. 하지만 일부 종(예를 들어 Australian bush turkey)의 경우에는 암컷도, 수컷도 알을 품지 않고, 막힌 둥지에서 알이 부화되는데 암컷과 수컷은 둥지의 온도를 조절한다"(Reeve).

분한 영양분을 넣어두기 때문이다. 어미새는 자신의 뱃속에서 (새끼를) 완전하게 만들 수 없기 때문에, (알을 낳을 때) 알 속에 영양분을 '함께 낳는' 것이다. 이렇게 말하는 이유는 태생동물의 새끼들의 경우 영양분은 다른 부분에 들어 있기 때문인데, 젖가슴 안에 있는 이른바 젖이 그렇다. 하지만 새들의 경우 자연은 알 속에 이런 조건을 만들어내는데, 그 상황은 사람들이 생각하고 크로톤의 알크마이온[50]이 말하는 것과 정반대다. 왜냐하면 하얀 것이 아니라 노란 것이 젖이기 때문이다. 이 노란 것이 새끼들에게 영양분이다.[51] 그에 반해 사람들은 색깔의 유사성 때문에 하얀 것이 젖이라고 생각한다.

앞서 말했듯이, 어미새가 알을 품으면 새끼[52]가 생겨난다. 하지만 그 밖에도 날씨가 온화하고 알이 놓인 장소가 따뜻하면, 새들의 알들이나 네발 난생동물들의 알들이 열처리되어 부화가 이루어진다.[53] (왜냐하면 이들은 모두 땅에 알을 낳는데, 땅속 열기에 의해서 열처리가 함께 이루어지기 때문이다. 그에 비해 네발 가진 난생동물들 가운데 오가면서 알을 품는[54] 것들은 (알들을 포식자로부터) 보호하기 위해서 그렇게 한다.)

똑같은 방식으로 새들의 알과 네발동물들의 알이 생겨난다. 왜냐하 753a

---

50 크로톤의 알크마이온(Alkmaiōn ho Krotōniatēs, 752b25): 알크마이온은 피타고라스학파의 일원으로 피타고라스의 제자였던 것 같다. 전해오는 이야기에 따르면 피타고라스는 529년 이탈리아로 건너갔고 약 20년 동안 크로톤에서 살았다. 따라서 알크마이온은 대략 510년~480년에 활동했을 것이다.

51 III 2, 753b11 이하 참조.

52 새끼(neottos, 752b28): 위의 752b15~17 참조.

53 부화가 이루어진다(ekpettetai, 752b31): III 6, 757a6 참조.

54 오가면서 알을 품는(epoiazei phoitonta, 752b34): 항상 알을 품고 있지 않다는 뜻이다. 거북과 악어들은 알을 땅속에 묻어두기도 하고 알 위에서 잠을 자기도 한다. 가까운 곳에서 알을 지키기도 한다. 『동물지』 V 33 참조.

면 네발동물들의 알은 겉이 딱딱하고 두 가지 색이며, — 새들의 알이 그렇듯이 — 횡격막 근처에서 형성되며 그 밖의 다른 점에서도 모두 안과 밖이 똑같기 때문이다. 따라서 이 모든 것의 원인은 동일한 고찰의 대상이다. 다만 네발동물들의 알은 강하기 때문에 날씨에 의해 열처리가 되어 부화가 이루어지는 데 반해, 새들의 알은 더 약해서 어미새를 필요로 한다. 자연도 새끼를 돌볼 수 있는 감각을 마련해주는 경향이 있는 것 같다.[55] 하지만 자연은 열등한 동물들에게는 이것이 단지 새끼를 낳을 때까지, 다른 동물들에게는 새끼가 완전해질 때까지 유지되도록 만들어놓았으며, 실천적 지혜가 더 많은 것들의 경우에는 양육의 시기에도[56] 계속되도록 해놓았다. 실천적 지혜가 가장 많은 것들의 경우에는 새끼들이 완전해진 뒤까지 친밀함과 애착[57]을 보인다. 인간과 네발동물 가운데 일부의 경우가 이렇고, 새들의 경우에는 새끼를 낳고 양육할 때까지 (이런 친숙함과 애정이 이어진다). 바로 이런 이유 때문에 암컷들은 알을 낳고 나서 품지 못하면, 마치 타고난 것들 중 어느 것 하나를 빼앗긴 듯이 스트레스 상태에 놓인다.[58]

55 물론 여기서 언급된 동물들의 '실천적 지혜(phronēsis)'는 인간이 가진 '사고의 탁월함(aretē dianoētikē)', 즉 숙고를 잘 하게 하는 능력을 뜻하는 것이 아니라 타고난 '예지 능력(dynamis pronoētikē)'을 뜻한다. 『니코마코스 윤리학』 VI 7, 1141a25~28과 『동물지』 IX 1, 608a11~21을 참조. '새끼를 돌볼 수 있는 감각(tōn teknōn aisthēsis epimelētikē)'(753a8)에 대한 그의 말도 "새끼를 돌보는 데 필요한 고유한 감각이 있다는 뜻이 아니라 다양한 감각을 통해서 이 일을 수행하는 능력이 있다는 뜻이다"(Reeve).

56 양육의 시기에도(kai peri tēn ektrophēn, 753a11).

57 친밀함과 애착(synetheia kai philia, 753a12~13).

58 스트레스 상태에 놓인다(diatithentai cheiron, 753a16): '더 나쁜 상태에 놓인다'는 뜻이다.

알들은 따뜻한 날에 더 빨리 완전해져서 동물들이 된다. 왜냐하면 날씨가 함께 작용하기 때문인데, 열처리는 일종의 열기이기 때문이다. 땅은 열기를 통해 함께 열처리를 돕고, 알을 품는 어미새도 이와 똑같은 일을 한다. 어미새 안에 있는 뜨거운 것이 함께 발산되기 때문이다. 뜨거운 날씨에는 알들이 부패해서 이른바 '우리온'[59]이 되기도 한다. 이는 이치에 맞는다. 왜냐하면 날이 뜨거우면 침전물이 솟아올라(이것이 포도주가 상하는 원인이다) 포도주가 시큼해지는 것처럼, 알 안에 있는 난황도 그렇게 된다. 두 경우 모두 그 안에 흙 성분이 들어 있고, 그런 이유에서 포도주는 침전물과 섞이면 탁해지고, 상한 알들은 난황과 섞여 탁해진다.

다산하는 새들에게 이런 일이 일어나는 것은 이치에 맞다. (왜냐하면 모든 알에 알맞은 열을 제공하는 것은 쉽지 않고, 어떤 것들에게는 열이 부족하고 어떤 것들에게는 열이 많아서, 이 열기가 — 마치 부패를 야기하듯이 — 알을 혼탁하게 만들기 때문이다.) 하지만 적은 수의 알을 낳는 발톱이 굽은 새들에게도 그에 못지않게 그런 일이 일어난다. 왜냐하면 둘 중 하나는 대개 우리온이 되고 셋 중의 하나는 사실상 항상 그런 상태가 되기 때문이다. 발톱이 굽은 새들은 본성상 (몸이) 뜨거워서 이것이 알들 속에 든 물기를 끓어오르는 것 같은 상태에 있게 만드는 것이 그 원인이다. 왜냐하면 노란 부분과 하얀 부분은 반대되는 본성을 갖기 때문이다.

59 우리온(ourion, 753a32): ourios는 '오줌 같은', '부패한'이라는 뜻의 형용사이다. III 2, 753a33과 753b7 참조. 『동물지』 VI 2, 560a5 이하에 따르면 ouria는 여기서와 달리 주로 여름에 생겨난 무정란을 일컫는다. 그에 비해 zephyria(749b1)는 봄에 생겨난 무정란을 일컫는다.

(g) 부화 과정에서 흰자와 노른자의 역할

753b 노란 부분은 서리 내린 곳에 놓이면 굳어지고 뜨거워지면 축축해진다. 이런 이유에서 땅에서 열기가 더해지거나 (어미가) 알을 품으면 축축해지고, 그런 성질을 갖기 때문에 형성 과정에 있는 동물들에게 영양분이 되는 것이다. 불기운이 가해지거나 데워지면 노란 부분은 딱딱하게 되지 않는데,[60] 이는 본성상 밀랍과 똑같이 흙 성분을 갖기 때문이다.[61] 그리고 이런 이유에서 [축축한 잔여물로 이루어진 것이 아니라면] 더 쉽게 뜨거워져 묽어지고 우리온이 된다. 그에 반해 하얀 부분은 서리를 맞아 굳어지는 일이 없고 오히려 축축해지며(그 원인은 앞에서[62] 이야기했다), 불기운이 더해지면 단단해진다. 이런 이유에서 동물들의 발생 과정에서 열처리가 되어 진하게 된다. 왜냐하면 바로 이것으로부터 동물이 형성되고 노란 부분은 영양분이 되기 때문이다. 그리고 부분들 가운데 계속 형성되는 것들의 양적인 성장은 그것을 영양분으로 삼아 이루어진다. 이런 이유에서 노란 부분과 하얀 부분은 서로 다른 본성을 가진 것으로서 막들에 의해 떨어져 분화된다.

(h) 탯줄에 대한 기술 등

그런데 정확하게 말해서 발생의 시점과 동물들이 형성되는 과정에서 이들이 어떤 방식으로 서로 관계하는지, 또 그것들에 속하는 막들과 탯줄들에 관해서는 『동물지』의 기록을 통해서 고찰해야 한다.[63] 현재의

60 『동물지』 VI 2, 560a24~27 참조.

61 『기상학』 IV 10, 388b33~389a1 참조.

62 II 2, 735a34~36 참조.

63 『동물지』 VI 3, 561a3~562b2 참조. 이 구절의 뜻도 분명치 않지만, Reeve의 추측대로

탐색을 위해서는 분명 이 정도의 이야기로 충분하다. 즉 처음에 심장이 형성된 다음 그로부터 굵은 혈관이 분화되어 나오고 그 뒤 이 혈관에서 두 개의 탯줄이 뻗어 나온다. 그중 하나는 노란 부분을 둘러싼 막으로 뻗어 있고, 다른 하나는 새끼를 감싼 융모막 형태의 막으로 뻗어 있다. 이것은 (알 안에서) 딱딱한 껍질의 막 주변에서 감긴다.[64] 이 두 개의 탯줄 가운데 하나를 통해서 (발생 과정 중의 새끼는) 노란 부분으로부터 영양분을 취하고, 노란 부분은 양이 늘어난다. 열기를 얻으면 더 축축한 상태가 되기 때문이다. 그렇게 되는 이유는 — 식물들의 경우에 그렇듯이 — 영양분은 축축한 물질 성분이어야 하기 때문이다. 알 속에서 생겨나는 것들과 어미 동물들 안에서 생겨나는 것들은 처음에 식물의 삶을 산다. 왜냐하면 이들은 무언가에 달라붙어서 그것으로부터 최초의 성장 단계를 거치고 영양분을 취하기 때문이다.

다른 탯줄[65]은 (새끼를) 감싸고 있는 융모막 안으로 뻗어 있다. (a) 알에서 생겨나는 것들과 노란 부분의 관계는, 모체 안에 있을 때 새끼를 낳는 것들의 태아와 모체의 관계와 같다고 상정해야 하기 때문이다. 알에서 생겨나는 것들은 모체 안에서 영양분을 완전히 제공받지 못하기 때문에 모체의 일부[66]를 취해서 밖으로 나오는 것이다. 또 (b) 알에

상세한 그림이 그려져 있었을 수 있다. III 8, 758a23~25 참조.

64 융모막 형태의 막으로 뻗은 탯줄에 대한 "이 기술은 6일에서 10일 무렵의 병아리 상태에 관한 것 같다. '굵은 혈관'은 심장에서 꼬리 쪽으로 이어진 등쪽의 대동맥이다. '탯줄'은 (1) 노른자 주머니가 배아에서 나와 매달려 있게 하는 탯줄 줄기(umbilical stalk)와 (2) 요막 줄기, 즉 배아에서 자라서 뻗어 나와 껍질 아래 밀착되어 있는 주머니이다. 하지만 이것들이 '혈관에서 뻗어 나온다'는 말은 사실에 잘 들어맞지 않는다"(Platt).

65 노른자로부터 영양을 공급받는 데 쓰이는 탯줄과 다른 탯줄.

66 모체의 일부(ti meros tēs metros, 753b34): 노른자.

서 생겨나는 것들과 가장 바깥에 있는 피 성분의 막의 관계는 새끼를
754a 낳는 것들의 태아들과 자궁의 관계와 같다.[67] 하지만 동시에 자궁에 대응하는 것인 알의 딱딱한 껍질이 노란 부분과 막을 함께 둘러싸고 있다. 이는 마치 누군가 태아 자체와 모체 전체를 둘러싸놓은 것과 마찬가지다. 그 이유는 태아는 자궁 안에서 모체에 붙어 있어야 하기 때문이다. 그런데 새끼를 낳는 것들의 경우에는 자궁이 모체 안에 있지만, 알에서 생겨나는 것들의 경우에는 그 반대다. 어떤 사람은 이를 두고 '모체가 자궁 안에 있다'고 말할 수 있을 텐데, 그 이유는 노란 부분은 모체로부터 생겨난 것[68]이기 때문이다. 완전한 영양 공급이 모체 안에서 이루어지지 않는 것이 그 원인이다.

(알 속의 배아가) 자라면서 먼저 융모막과 연결된 탯줄이 사라지는데, 그 이유는 이런 방식으로 동물이 밖으로 나와야 하기 때문이다. 하지만 노란 부분의 나머지와 노란 부분으로 이어진 탯줄은 나중에 사라진다.[69] 생겨나는 것이 곧장 영양분을 얻어야 하기 때문이다. 생겨나는 것은 모체로부터 젖을 얻지도 못했고, 자기 자신의 힘으로 곧장 영양분을 마련할 능력도 없기 때문이다. 바로 이런 이유에서 노란 부분은 탯줄과 함께 (알) 속으로 들어가고 주변에서 살이 생겨난다.

완전한 알에서 생겨나서 밖으로 나오는 것들은 새들의 경우나, 네발동물들 중 겉이 딱딱한 알을 낳는 것들의 경우나 이런 방식으로 생겨

67 "가장 바깥에 있는 막은 요막(allantois)이다. 하지만 이것을 자궁에 비교하기는 어렵다. 요막은 주로 조류와 포유류에서 호흡을 위해 필요하다"(Reeve).

68 즉 영양분.

69 "이 기술은 옳지 않다. 난황주머니는 줄기(stalk)와 함께 19일 째 병아리의 복부강으로 들어간다. 하지만 요막은 오그라지고 배꼽(umbilicus)은 20일쯤 닫힌다"(Platt).

난다. 이는 큰 동물들의 경우에 훨씬 더 명백하다. 작은 동물들에서는 덩치가 작은 탓에 겉으로 나타나지 않기 때문이다.

3장

피 있는 동물들의 발생 — III. 난태생동물(완전한 알을 낳는 동물들)

물고기들 (A) 연골어

알을 낳는 것에는 또 물고기의 부류가 있다. 이들 중 아래쪽에 자궁을 가진 것들은 앞서 말한 원인 때문에 불완전한 알을 낳지만,[70] 물고기들 가운데 이른바 연골어들은 자신의 몸속에 완전한 알을 낳고 밖으로 새끼를 낳는다.[71] 사람들이 '바트라코스'라고 부르는 것 하나는 예외다. 이 물고기가 유일하게 밖으로 완전한 알을 낳는다. 그 원인은 신체의 본성에 있다. 이 물고기는 머리가 나머지 몸의 몇 배가 되고 가시가

70 I 8, 718b23~27 참조

71 II 4, 737b18 이하 참조.

있고 매우 거칠기 때문이다. 바로 이런 이유 때문에 (바트라코스는) 나중에 새끼들을 다시 (입안으로) 받아들이지도 못하고,[72] 처음부터 새끼를 낳지도 않는다. 머리의 크기와 거친 표면이 안으로 들어가는 것과 밖으로 나오는 것을 방해하기 때문이다. 연골어들의 알은 껍질이 말랑하지만(연골어들은 (알의) 둘레를 딱딱하게 말릴 수 없기 때문이다. 이들은 새들보다 몸이 더 차갑기 때문이다), 바트라코스의 알이 유일하게 단단하고 견고하다. 밖에 나왔을 때 알을 보전하기 위해서이다. 나머지 물고기들의 알들은 본성상 축축하고 말랑한데, 그 이유는 어미의 몸 안에서 보호받기 때문이다.

(a) 배아의 발달 과정

밖에서 완전해지는 바트라코스들의 경우나 안에서 완전해지는 연골 754b
어들의 경우나 알로부터 진행되는 발생 과정은 똑같다. 그런데 연골어의 알들과 새들의 알들 사이에는 유사점도 있고 차이점도 있다. 먼저 이것들은[73] 둘레의 딱딱한 껍질 아래 융모막 안으로 뻗은 다른 탯줄을 갖고 있지 않다. 그 원인은 그것들이 (전체를) 둘러싼 딱딱한 껍질을 갖지 않는다는 데 있다. 그런 것은 전혀 쓸모가 없기 때문이다. 어미가 알을 보호하기 때문이다. 반면에 딱딱한 껍질은 밖으로 나온 알들이 바깥에서 해를 입지 않도록 하는 데 필요한 것이다. 나아가 (새들의 경우에 그렇듯이) 모체 안에서 완전해지는 연골어들의 경우에도 발생 과정은

72 『동물지』 VI 10, 565b23~31 참조. "새끼는 보호를 받기 위해 부모의 입안으로 헤엄쳐 들어가는 습관이 있다"(Peck).

73 즉 연골어의 알들은.

알의 꼭지점으로부터 이루어지지만 (새들의 경우처럼) 알이 자궁에 붙어 있는 곳에서 그런 것은 아니다. 왜냐하면 새들은 알의 뾰족한 곳으로부터 생겨나지만, 그곳은 (연골어들의 경우와 달리) 알이 붙어 있던 곳이기 때문이다.[74] 그 이유는 새의 알은 자궁에서 떨어지지만, 이런 종류의 물고기들의 알은 — 모든 경우에 그렇지는 않지만 대다수의 경우에 — 완전해진 상태에서도 자궁에 매달려 있기 때문이다. 새끼가 생겨나면 알은 꼭지점 근처에서 완전히 소모된다. (이는 새들의 경우나 (자궁에서) 떨어져 나온 다른 〈알들〉의 경우나 마찬가지다.) 그리고 마지막 단계에서 이미 완전한 태아들의 탯줄은 자궁에 붙어 있다. 이는 알들이 자궁에서 떨어져 있는 동물들의 경우와 유사하다. 그런 동물들 중 몇몇의 경우에는 알이 완전해지면 (자궁에서) 떨어진다.

(b) 새와 연골어의 차이들

누군가는 새들과 물고기들의 발생 과정이 이 점에서 왜 다른지 의문을 가질 수 있다. 그 원인은 새의 알은 하얀 부분과 노란 부분을 따로 떨어진 상태로 갖고 있는 데 반해 물고기의 알은 단색이고 모든 측면에서 혼재되어 있어서 반대쪽으로부터 시작점을 취해도 아무 문제될 것이 없다는 데 있다. 물고기의 알은 그것이 매달려 있는 곳이나 그 반대쪽 끝이나 같은 상태에 있고 바로 그 시작점에서 나온 어떤 관들을 통해서 자궁으로부터 영양분을 쉽게 끌어들인다.[75] 자궁에서 떨어져 있지

74 III 2, 752a16 이하와 그에 대한 각주 참조.

75 '관들'은 "새로 생겨나는 소낭으로부터 알을 거쳐 자궁으로 이어지는 혈관들이며, 이것들은 포유류의 탯줄이나 새들의 요막 줄기(allantoic stalk)에 해당한다"(Platt). 아리스토텔레스의 논점은 이런 것이다. 새알에서 시작점은 알의 뭉뚝한 끝에 있고 부착점은

않은 알들의 경우에는 이것이 명백하다.[76] 왜냐하면 몇몇 연골어들의 경우에는 알이 자궁에서 떨어져 있지 않고 자궁에 이어져 있어서 새끼의 출산을 위해서 아래로 내려가기 때문이다. 이런 연골어들의 경우 알이 완전히 소모된 뒤 새끼동물이 완전한 상태에 이르면 자궁에서 뻗어 나온 탯줄을 갖고 있다. 그런데 알이 아직 (앞으로 생겨날) 새끼를 둘러싸고 있던 이전 단계에서도 관들이 자궁으로 뻗어 있던 것이 분명하다. 이미 이야기했듯이, 매끈한 돔발상어[77]에게 이런 일이 일어난다.

이런 측면에서 물고기들의 발생 과정은 새들의 경우와 다르며, 그 차이는 앞서 말한 원인들 때문에 생긴다. 나머지 점에서는 똑같은 방식으로 발생 과정이 일어난다. 물고기들은 두 개의 탯줄 가운데 하나를 새들이 가진 것과 똑같은 방식으로 가지고 있어서 새들과 노란 부분의 관계는 물고기들과 전체 알의 관계와 같다. (왜냐하면 물고기들의 알

뾰족한 끝에 있어서 자궁으로부터 영양분을 끌어들이는 곳으로부터 멀리 떨어져 있다. 물고기들의 경우에는 그와 반대로 시작점이 부착점에 있을 수 있고, 이 때문에 영양분의 끌어들이기가 더 쉽다.

76 II 4, 737b21 이하 참조.

77 매끈한 돔발상어(leios galeos, Mustelus mustelus, 754b33): 『동물지』의 다음과 같은 기술을 보라. "이른바 '매끈한' 돔발상어는 다른 돔발상어처럼 알을 자궁의 중간에 가지고 있는데, 알이 떠다니다가 자궁의 양쪽 끝으로 내려간다. 새끼는 자궁에 이어진 탯줄을 가지고 태어난다. 그래서 알이 없어질 때 태아의 모습은 네발동물과 비슷하다. 긴 탯줄은 자궁 아래쪽에 붙어 있는데, 마치 떡잎에 붙은 것 같지만 간이 있는 태아의 중심부로 이어진다. 해부해보면 알이 없어도 영양분의 성질은 알과 같다. 네발동물처럼 각 태아는 난막과 특정한 막으로 싸여 있다. 초기에는 태아가 머리를 위로 두고 있지만, 완전히 성장하면 머리를 아래로 둔다. 태아를 잘라보면 네발동물과 비슷하고, 내장기관 중에는 간처럼 큰 것이 있으며 피가 많다"(VI 10, 565b2 이하). '매끈한 돔발상어'의 새끼가 일종의 태반을 통해 자궁과 연결되어 있다는 사실은 1842년 Johannes Müller의 논문 「아리스토텔레스의 매끈한 상어에 관하여(Über den glatten Hai des Aristoteles)」에서 공식적으로 인정되었다.

은 한 부분은 하얗고 다른 부분은 노란 것이 아니라 전체가 단색이기 때문이다.) 또 물고기 새끼들은 이로부터 영양분을 얻고, 알이 모두 소모되면 고르게 주변에서 살이 생겨난다.

4장

피 있는 동물들의 발생 — IV. 난생동물(불완전한 알을 낳는 동물들)

(B) 연골어를 제외한 다른 물고기들

자기 자신 안에서 완전한 알을 낳고 밖으로 새끼를 낳는 것들의 경 755a6
우에 발생의 방식은 똑같지만, 나머지 물고기들 가운데 대다수는 밖으로 알을 낳고, 바트라코스를 제외하고 모두 불완전한 알을 낳는다. 이에 관해서는 원인을 이미 이야기했다.[78] 불완전하게 알을 낳는 것과 관련해서도 원인을 이미 이야기했다.[79]

78 III 3, 754a26~31 참조.

79 I 8, 718b8~15 참조.

(a) 알의 성장

이런 것들의 경우에도 알로부터의 발생 과정은 몸 안에서 알을 낳는 연골어들의 경우와 똑같은 방식으로 일어난다. 단지 앞의 경우 성장이 빠르고 작은 상태에서 시작되며 알의 가장 바깥 부분이 더 딱딱하다는 데 차이가 있을 뿐이다. 반면에 알의 성장은 애벌레들의 경우와 유사하다. 왜냐하면 동물들 가운데 애벌레를 낳는 것들은 처음에는 작은 것을 밖으로 낳고, 이것이 다른 어떤 것에 달라붙지 않은 채 자신의 힘으로 자란다. 그 원인은 누룩에서 확인할 수 있는 것과 비슷하다. 누룩은 작은 상태에 있다가 커지는데, 더 단단한 것이 축축해지고 축축한 것이 프네우마가 되면서 이런 일이 일어나기 때문이다. 동물들 안에서는 영혼을 낳는 뜨거운 것의 본성[80]이 이런 결과를 만들어내고, 누룩 안에서는 그것과 혼합된 액즙[81]의 열기가 이런 작용을 만들어낸다. 그런데 알들은 '필연적으로' 한편으로는 이런 원인에 의해서(알들은 누룩 같은 잔여물을 포함하고 있기 때문이다), 다른 한편으로는 '더 좋은 것을 위해서' 자란다. 왜냐하면 자궁 자체 안에서 완전한 성장에 이르는 것은 불가능하기 때문인데, 이 동물들은 알을 많이 낳기 때문이다. 이런 이유 때문에 알들이 아주 작은 크기로 배출되고 빨리 성장한다. 크기가 작은 것은 많은 수의 알을 품기에 자궁이 비좁기 때문이고, 빨리 성장하는 것은 발생 과정에서 성장에 시간이 지체되어 그 유가 소멸하지 않

80 영혼을 낳는 뜨거운 것의 본성(hē tou psychikou thermou physis, 755a20): II 1, 732a18에 대한 각주 참조.

81 액즙(chymos, 755a21): 여러 가지 액체를 가리킨다. (1) 식물의 즙(『동물지』 V 22, 554a13, VIII 11, 596b17); (2) 동물의 체액(V 31, 556b22, 『동물부분론』 III 15, 676a16); (3) 미각의 고유한 대상(『영혼론』 II 6, 418a13); (4) 맛을 내는 향신료(414b13).

도록 하기 위해서다. 왜냐하면 (빨리 성장하는 것들 중에서) 지금도 밖으로 나온 배아들 가운데 다수가 소멸하기 때문이다. 바로 이런 이유 때문에 물고기들의 부류는 다산적인데, 자연은 양을 많게 함으로써 소멸에 맞선다. 예를 들어 이른바 벨로네[82]가 그렇듯이 물고기들 가운데는 알의 크기 때문에 터져나오는 것들이 있다. 왜냐하면 벨로네는 알이 많지 않고 그 대신 배아들을 큰 크기로 갖기 때문이다. 왜냐하면 자연이 수를 줄여 크기에 덧붙였기 때문이다.

알들 가운데 이런 것들이 자라난다는 사실과 어떤 원인에 의해서 그런지 이야기했다.

82 벨로네(belonē, 755a33): "실고기의 일종, 아마도 Syngnathus acus. 이 부류에서는 배 지느러미를 가지고 만들어진 알주머니에서 수컷이 알을 품는다"(Peck). 터져 나온 다음에 "양쪽이 다시 함께 자란다"(『동물지』 VI 13, 567b21~26).

5장

(b) 잘못된 이론들

755b 그런가 하면 이 물고기들[83]도 알을 낳는다는 데 대한 징표는 물고기들 가운데 새끼를 낳는 것들, 예를 들어 연골어도 자기의 몸 안에서 먼저 알을 낳는다는 데 있다. 왜냐하면 물고기의 부류 전체가 알을 낳을 수 있다는 것은 명백하기 때문이다. 그렇지만 암컷과 수컷의 구별이 있고 교미를 통해 생겨나는 것들의 알들 가운데 어떤 것도, 수컷이 어백을 뿌리지 않으면 완전한 상태에 이르지 못한다.[84]

연골어들을 제외하고 모든 물고기가 암컷이라고 말하는 사람들이 있는데, 이들의 말은 옳지 않다. 그들은 암컷들과 수컷으로 간주되는

83 즉 연골어들 이외의 물고기들.

84 I 6, 718a1 이하에 대한 각주 참조.

것들의 차이가, 식물들 가운데 어떤 나무들은 열매를 맺고 어떤 나무들은 열매를 맺지 못하는 것과 마찬가지라고 생각한다. 예를 들어 올리브와 보리수, 무화과나무와 카프리무화과나무[85] 같은 식물들과 물고기들이 똑같고 연골어들이 예외라는 것이다(이것들에 대해서 그들은 아무 논의도 펼치지 않는다). 하지만 어백 기관들[86]에 관한 한, 연골어의 수컷들이나 알을 낳는 물고기들의 부류에 속한 것들이나 똑같은 상태에 있고 두 경우 모두 분명히 스페르마가 때에 맞추어 빠져나온다. 암컷들은 자궁을 갖고 있다. 그러나 만일 (사람들의 말대로) (물고기의) 부류 전체가 암컷이고 그중 일부가 [바리짐승들[87]의 부류 가운데 노새들이 생식 능력이 없는 것처럼] (알을) 낳지 못한다면, 알을 낳는 물고기들뿐만 아니라 그렇지 않은 것들도 자궁을 가져야 할 것이고, 이들의 자궁의 형태는 알을 낳는 것들과 차이가 날 것이다. 하지만 실제로 물고기들 가운데 일부는 어백을, 다른 일부는 자궁을 가지며, 두 경우, 즉 에뤼트리노스와 칸네[88]를 제외한 모든 물고기에게 바로 그런 차이가 있다. 왜냐하면 그들 중 일부는 어백을 갖고 다른 일부는 자궁을 갖기 때문이다. 사람들로 하여금 그렇게 상정하게[89] 만든 의문은 실제로 일어나는 일을 직접 들은 사람들에게는 쉽게 풀린다. 사람들은 교미하는 것들 가운데 어떤 것도 새끼를 많이 낳지 않는다고 말하는데 이 말

85 I 2, 715b25에 대한 각주 참조.

86 어백 기관들(ta thorika, 755b13): I 3, 716b17의 '스페르마 관들(精管, poroi spermatikoi)'에 대한 기술을 참조.

87 바리짐승들(lophoura, 755b18~19)과 '반나귀', 즉 '노새(hēmionoi)'의 생식불능에 대해서는 IV 6, 777b5에 대한 각주와 746b12 이하 참조.

88 I 1, 715a21에 대한 각주 참조. II 5, 741a36도 함께 참조.

89 연골어들을 제외한 모든 물고기가 암컷이라는 사람들의 생각(III 5, 755b7)을 말한다.

은 옳다. 왜냐하면 자신의 몸에서 새끼이건 알이건 완전한 것을 낳는 것들은 — 물고기들 가운데 알을 낳는 것들이 그렇듯이 — 많이 낳지 않기 때문이다. 왜냐하면 그런 알들의 양이 엄청나기 때문이다. 하지만 사람들은 이 점, 즉 물고기들의 알들과 관련된 점들이 새들의 알들의 경우들과 유사하지 않다는 사실에 주목하지 않았다. 왜냐하면 연골어들 중 어떤 것까지 포함해서, 새들과 네발동물들 중 알을 낳는 것들은 완전한 알을 낳고 이 알은 밖으로 나온 뒤에 성장 과정을 거치지 않기 때문이다. 하지만 물고기들은 불완전한 알을 낳고 이 알들은 밖에서 성장 과정을 거친다. 게다가 연체류 동물들과 갑각류 동물들의 경우도 이와 똑같다. 이들은 긴 시간에 걸쳐 짝짓기를 하기 때문에 짝짓기를 하고 있는 것이 목격된다. 그리고 그 가운데 한쪽은 수컷이고 다른 쪽은 자궁을 가진 것이 분명하다. 태생동물들 사이에 수컷과 암컷
756a 이 있듯이, 전체 부류에 걸쳐 그런 능력의 차이가 있지 않다면 이는 터무니없는 일일 것이다. 앞서 말한 방식으로 주장하는 사람들이 갖는 무지의 이유는 그런 동물들의 교미나 발생과 관련해서 차이점들이 매우 다양한데 그것들이 명백하지 않아서 사람들은 소수의 사례를 관찰하고서 모든 경우에 똑같아야 한다고 생각하는 데 있다.

이런 이유에서 물고기의 암컷들이 스페르마를 삼켜서 배태가 이루어진다고 주장하는 사람들은 몇 가지 점을 파악하지 못해서 그런 말을 하는 것이다. 그 이유는 수컷들이 어백을 갖고 암컷들이 알을 갖는 일은 같은 시기에 일어나고, 암컷이 알을 낳는 시기에 점점 더 가까워지는 데 맞추어 수컷의 몸에 어백이 더 많아지고 더 축축한 상태가 되기 때문이다. 그리고 수컷의 어백과 암컷의 알은 같은 시기에 자라고, 이에 상응해서 방출도 똑같은 방식으로 일어난다. 왜냐하면 암컷들은 한

꺼번에 알을 내놓는 것이 아니라 조금씩 내놓고, 수컷들도 한꺼번에 어백을 방출하지 않기 때문이다. 이 모든 것도 이치에 맞게 일어난다. 왜냐하면 새들의 부류는 몇몇 경우 교미 없이 알들을 갖지만,[90] 그런 경우 (알의) 갯수가 적고 그런 일이 일어나는 빈도도 낮은 데 반해 대다수의 알은 교미를 통해서 갖는데, 이와 똑같은 일이 물고기들에게도 일어난다. 그런 일이 더 드물 뿐이다. 두 경우 모두 — 수컷이 있는 부류들의 경우 — 수컷이 (스페르마를) 뿌리지 않으면 자연발생적인 것들[91]은 생식력이 없다. 그런데 새들의 경우 완전한 알을 내놓기 때문에 알들이 아직 몸속에 있는 동안 그런 일이 일어나야 한다. 하지만 물고기들의 경우 알들이 불완전하고 예외 없이 밖에서 성장을 거치기 때문에, 알이 교미를 통해 생겨난다고 하더라도,[92] 밖에서 (수컷의 어백이) 뿌려진 것들이 보존되는데, 이런 상황에서 수컷의 어백이 소모된다. 이런 이유에서 암컷 속에 있는 알들이 줄면 어백이 함께 줄어들어 밖으로 나온다. 왜냐하면 수컷은 항상 암컷이 낳은 알들에 맞추어 (어백을) 뿌리기 때문이다.

따라서 암컷과 수컷이 존재하고, 암컷과 수컷을 나눌 수 없는 어떤 부류의 경우[93]가 아니면 모든 물고기가 교미한다. 수컷의 정액이 없다

90 교미 없이 알들을 갖지만(ischei men oia aneu kyēseōs, 756a16): 무정란의 생산을 뜻한다.

91 자연발생적인 것들(ta automata, 756a19): 교미 없이 암컷의 몸에서 자연적으로 생겨난 알들.

92 알이 교미를 통해 생겨난다고 하더라도(kan ex ocheias genetai to ōion): Platt을 따라 읽었다. OCT는 ei kai me⟨den⟩ entos ex ocheias genetai gonimon(어떤 알도 몸 안에서 교미를 통해 생식력을 갖게 되지 못하더라도)로 읽는다.

93 I 1, 715a21에 대한 각주 참조.

면 그런 유에 속하는 것들 가운데 어떤 것도 생겨나지 않는다.

다음과 같은 사실이 그들로 하여금 잘못을 범하게 한다. 즉 그런 종류의 물고기들의 짝짓기는 순식간에 일어나서 어부들 중에서도 많은 사람이 그것을 간과한다. 왜냐하면 어부들 가운데 누구도 앎을 얻기 위해서 그런 것을 지켜보지 않기 때문이다. 그럼에도 불구하고 짝짓기 756b 가 목격되었다. 왜냐하면 이와 같은 방식으로 돌고래들은 몸을 옆으로 붙여서 교미하고 [꼬리가 장애물이 되지 〈않는〉] 물고기들도 이와 똑같은 방식으로 교미한다.[94] 하지만 돌고래들의 사정에는 더 긴 시간이 걸리지만, (교미하는) 그런 종류의 물고기들의 사정은 빨리 이루어진다. 어부들은 이런 것을 보지 못했지만, (암컷들이) 어백과 알을 삼키는 것은 보았다. 또 어부들은 물고기들의 배태에 관해서 어리석은 설명을 하는데, 이야기 작가[95]인 헤로도토스도 말한, 잘 알려진 설명이다. 즉 그들은 암컷들이 어백을 삼켜서 물고기들이 배태된다고 말하는데, 이것이 불가능하다는 사실에 주목하지 않는 탓이다. 입을 통과하는 관은 자궁이 아니라 장으로 이어진다. 그리고 장으로 들어온 것은 필연적으로 영양분이 된다(장 안에서 모두 소화되기 때문이다). 그에 반해 자궁들은 분명히 알로 가득 차 있는데, 이것들은 어디서 들어온 것일까?[96]

94 물고기들의 이런 교미 방식에 대해서는 『동물지』 V 5, 540b10 참조.

95 이야기 작가(mythologos, 756b6~7): 헤로도토스의 기록에 대해서는 『역사』 II 93 참조.

96 즉 수컷의 어백에 의해서 착상된 결과가 아니라면.

6장

새들의 발생 과정에 관해서도 사정이 똑같다. 큰까마귀와 따오기는 입으로 교합하며 네발동물들 가운데 족제비는 입으로 새끼를 낳는다고 말하는 사람들이 있다. 아낙사고라스뿐만 아니라 다른 자연학자들 중 몇 사람도 이런 주장을 하는데, 매우 단정적이고 따져보지도 않고서 하는 말이다. 새들과 관련해서 그들은 추론의 결과 이런 잘못을 범했는데, 까마귀들의 교미는 별로 목격되지 않고 부리를 이용해서 서로 어울리는 것은 자주 목격되었기 때문이다. 이렇게 어울리는 것은 새들 중 까마귀류가 모두 하는 일이다. 이는 길들인 갈까마귀들의 경우를 보면 명백하다.[97] 비둘기의 부류도 이와 똑같이 행동한다. 하지만 이들은 분명히 교미도 하기 때문에 그런 소문이 생기지 않았다. 하지만

97 『동물지』 IX 24, 617b16~19 참조.

까마귀의 부류는 성욕이 강하지 않고(왜냐하면 이들은 소산적인 것들에 속하기 때문이다), 이 부류도 교미하는 것이 이미 목격되었다. 장은 — 마치 영양분을 그렇게 하듯이 — 그 안에 들어오는 것을 항상 소화시킨다. 그렇기 때문에 그런 장을 통과해서 어떻게 스페르마가 자궁에 이르는지를 그들이 추론하지 않는 것은 터무니없다. 이 새들도 자궁이 있고, 횡격막 근처에서 알이 나타난다. (2) 족제비도 다른 네발동물들과 똑같이 그곳에 자궁을 가지고 있다. 어떤 경로를 거쳐서 태아가 자궁에서 입으로 갈 수 있을까? 하지만 족제비는 발이 갈라진 다른 동물들이 그렇듯이 — 이에 대해서는 나중에[98] 이야기할 것이다 — 아주 작은 새끼를 낳기 때문에 새끼들을 입으로 물어 옮길 때가 많은데, 이것이 그런 의견을 낳았던 것이다.

어리석고 아주 잘못된 생각에 붙잡혀 있기는 (3) 트로코스[99]와 하이에나에 관해서 말하는 사람들도 마찬가지다. 왜냐하면 많은 사람들은 하이에나가 수컷 생식기와 암컷 생식기를 둘 다 가지고 있다고 말하고, 헤라클레아의 헤로도로스[100]는 트로코스가 그렇다고 말하기 때문이다. 그래서 이들은 트로코스가 혼자서 교미하고,[101] 하이에나는 해마다 번

---

98 IV 4, 771a21~b14 참조.

99 트로코스(trochos, 757a3): 어떤 동물인지는 분명치 않다. '하이에나(hyaina)'는 줄무늬 하이에나를 가리킨다. 『동물지』 VI 37, 579b15 이하 참조.

100 헤라클레아의 헤로도로스(Herodoros ho Herakleōtēs, 757a4~5): 역사가 헤로도토스와 동시대인이다. 헤라클레스와 아르고스 호 선원들의 행적에 대한 글을 썼다. 『동물지』 VI 5, 563a5~12와 IX 11, 615a8~14에서 그는 독수리들에 대해서도 유사한 잘못을 범한 인물로 소개된다. 그리스 세계에 헤라클레아라는 이름은 많지만, 헤로도로스의 고향 헤라클레아는 기원전 560년 무렵 메가라인들이 세운 흑해 연안의 도시이다.

101 혼자서 교미하고(hauton ocheuein, 757a6): 짝짓기 없이 새끼를 낳는다는 뜻이다. II 5, 741a32 이하 참조.

갈아 암수의 역할을 바꾸어 교미한다고 말한다. 이런 말이 생겨난 이유는 다음과 같다. 사람들에게 하이에나가 하나의 생식기를 가지고 있는 것이 목격되었고, 어떤 곳에서는 관찰이 이루어진 일이 거의 없다. 하지만 하이에나들은 꼬리 아래에 암컷의 생식기와 유사한 줄이 나 있다.[102] 그런데 수컷과 암컷 모두 그런 징표를 가지고 있지만, 수컷들이 더 많이 잡힌다. 이런 이유 때문에 피상적으로 관찰하는 사람들은 그런 의견을 갖게 된 것이다. 하지만 이런 점들에 관해서는 충분히 이야기되었다.

102 하이에나의 생식기(aidoion)에 대해서는 『동물지』 VI 32, 579b19 이하 참조.

7장

여러 가지 논점들

누군가는 물고기들의 발생 과정에 관해서 의문을 가질 것이다. 연골어들 가운데 암컷이 배아들을 쏟아내는 것도, 수컷이 어백을 쏟아내는 것도 사람들이 본 적이 없는데, 태생이 아닌 것들 사이에서 암컷이 알을, 수컷이 어백을 방출하는 것은 도대체 어떤 원인 때문일까? 그 원인은 연골어의 부류 전체가 스페르마를 많이 갖지 않는다는 데 있다. 게다가 암컷들은 횡격막 근처에 자궁이 있다.[103] 왜냐하면 수컷들이 수컷들과 서로 다른 것처럼, 암컷들은 암컷들과 서로 다르기 때문이다. 왜냐하면 연골어류는 정액을 많이 내놓지 않기 때문이다. 암컷들이 알을 밖으로 낳는 것이 양이 많기 때문이듯이, 알을 낳는 물고기들 가운데

103 연골어의 자궁 위치에 대해서는 I 8, 718b1 이하 참조.

수컷의 부류는 양이 많기 때문에 어백을 쏟아낸다. 왜냐하면 수컷들은 교미에 충분한 것보다 더 많은 양의 어백을 갖고 있기 때문이다. 자연은 어백을 최초의 형성 과정을 위해서 쓰기보다, 암컷이 알들을 밖으로 낳았을 때 그것들을 함께 키우기 위해서 쓰기를 '바라기'[104] 때문이다. 앞의 논의에서 말했고 지금의 논의에서도 그렇게 말하고 있듯이, 새의 알들은 안에서 완성되고 물고기의 알들은 밖에서 완성되기 때문이다.[105] 물고기들은 어떤 측면에서 애벌레를 낳는 것들과 닮았기 때문이다. 동물들 가운데 애벌레를 낳는 것들은 배아들을 더 불완전한 상태로 내보낸다. 새의 알들이나 물고기의 알들이나 모두 수컷이 그것들을 완전한 상태에 도달하게 하지만, 새들의 경우에는 몸 안에서(알이 안에서 완전해지기 때문이다), 물고기들의 경우에는 밖에서 그렇게(수컷에 의해서 완전하게) 된다. 물고기들은 알들을 불완전한 상태로 내보내기 때문이다. 하지만 적어도 마지막 결과는 두 경우에 똑같이 일어난다.

무정란

새들의 무정란은 (수컷에 의해서 교미가 이루어지면) 생식력이 있고, 먼 757b
저 다른 부류의 수컷들에 의한 교미를 통해서 생겨난 알들[106]은 나중에 교미한 것들 쪽으로 본성을 바꾼다. 그리고 처음 수컷과의 교미를 통

104 I 23, 731a12에 대한 각주 참조.

105 I 8, 718b5~27과 III 4, 755a11~b1 참조.

106 다른 부류의 수컷들에 의한 교미를 통해서 생겨난 알들(ta proocheumena hyph' heterou genous tōn arrenōn, 757b2): 이 말이 이종결합에 의한 산란을 뜻하는 것 같지는 않다. heteron genos는 '다른 무리'를 뜻하는 것으로 보아야 할 것 같다. 다음 구절들을 참조: I 21, 730a8 이하; III 1, 751b24~25; III 7, 757b27 이하.

해서 생겨난 알들[107]의 경우, 수컷이 교미를 끝냈을 때 아직 자라지 않은 알들은 수컷이 다시 교미하면 빨리 성장한다. 그렇지만 아무 때나 그렇지는 않고, 하얀 부분이 떨어져 나오는 단계로[108] 알이 변화하기 이전에 교미가 이루어져야 한다. 물고기들의 경우 그 시점이 정해져 있지 않고 수컷들이 (알을) 보존하기 위해서 재빨리 알 위에 어백을 뿌린다. 그 원인은 물고기 알들이 두 가지 색을 갖지 않는다는 데 있다. 바로 이런 이유에서 (물고기의 알들은) 새들의 경우처럼 (수정의) 시점이 정해져 있지 않다. 이런 일은 이치에 맞게 일어난다. 왜냐하면 하얀 부분과 노란 부분이 서로 떨어져 분화된 상태라면, 이때는 이미 알이 수컷의 원리를 가지고 있기 때문이다. 수컷이 이런 원리를 제공한다.[109]

그런데 무정란은 그것에 가능한 시점까지 발생 과정을 겪는다. 왜냐하면 동물의 단계로 완전해지는 것은 불가능하지만(그런 단계에서는 감각을 가져야 하기 때문이다[110]), 암컷과 수컷은 물론 살아 있는 것들은 모두 — 자주 이야기했듯이 — 영혼의 영양섭취 능력을 갖는다.[111] 바로 이런 이유에서 똑같은 '알'이라고 해도, 식물의 배아로서는 완전하고 동물의 배아로서는 불완전한 것이다.[112] 그런데 (무정란을 낳는) 새

---

107 757b3의 ta oikeia은 직역하면 '고유한 것들'이지만 맥락을 고려해서 '처음 수컷과의 교미를 통해서 생겨난 알들'로 옮겼다.

108 하얀 부분이 떨어져 나오는 단계로(eis tēn tou leukou apokrisin, 757b7): 보통 apokrisis는 정액이나 경혈의 '배출'을 뜻하지만 여기서는 노른자위와 흰자위의 '분리'를 뜻한다

109 IV 3, 767b17 이하 참조.

110 '감각-영혼(aisthētikē psychē)'은 수컷에게서 온다. II 5, 741a10~16 참조.

111 II 5, 740b36~741a3 참조. 무정란도 일정 시점까지 자라는 한에서 '살아 있는 것들(ta zōnta)'에 속한다.

112 무정란도 식물처럼 '영양섭취-영혼(threptikē psychē)'을 가지고 있기 때문이다.

들의 부류에 수컷이 없다면, 몇몇 물고기들의 경우에 그렇듯이 (무정란에서 자체적으로) 발생이 이루어질 수 있을 것이다. 수컷 없이 낳을 수 있는 부류가 존재한다면 말이다. 하지만 이들에 관해서는, 앞에서 이야기했듯이,[113] 아직 충분히 목격되지 않았다. 그런데 모든 새는 암컷과 수컷이 있다. 따라서 (무정란은) 식물의 측면에서는 이미 완전한 상태에 있고(이런 이유 때문에 교미 이후에 다시 변화하지 않는다) 식물이 아닌 측면에서는 아직 완전한 상태에 있지 않으며, 그로부터 다른 어떤 결과도 따라 나오지 않는다. 왜냐하면 (무정란은) 식물처럼 단적으로[114] 생겨난 것도 아니고, 동물처럼 짝짓기를 통해서 생겨난 것도 아니기 때문이다. 교미를 통해서 생겨난 알들은 하얀 부분으로 갈라져 나누어지면 처음에 교미한 수컷을 따라서[115] 생겨난다. 그런 알들은 이미 양쪽의 원리[116]를 가지고 있기 때문이다.

••
113 II 5, 741a35~37.

114 단적으로(haplōs, 757b27): '암컷과 수컷의 구별 없이.' I 23, 731a1 이하 참조.

115 처음에 교미한 수컷을 따라서(kata to prōton ocheusan, 757b29): '따라서'를 'take after the first impregnator'(Platt) 혹은 'nach dem Typus des Männchens, welches zuerst belegt hat'(Aubert–Wimmer)의 뜻으로 본다면, '처음에 교미한 수컷과 닮게'라고 옮길 수 있을 것이다. I 21, 730a8 참조.

116 영혼의 영양섭취 능력과 감각 능력을 가리킨다. 이 가운데 감각 능력은 '수컷의 원리'에 의해서 제공된다.

8장

피 없는 동물들의 발생

(A) 연체류와 갑각류

갑오징어를 비롯해서 그와 같은 종류의 연체동물들도 이와 똑같은 방식으로 새끼를 얻는다. 가재들이나 이들과 친족 관계에 있는 동물들인 갑각류[117]도 마찬가지다. 왜냐하면 이들도 교미를 통해서 알을 낳으며 수컷이 암컷과 짝짓기하는 것이 자주 목격되었기 때문이다. 이런 이유에서 물고기들이 모두 암컷이고 교미 없이 알을 낳는다고 말하는 사람들은 분명히 이런 점에서 조사를 하고서[118] 그런 이야기를 하는 것이

117 갑각류(ta malakostraka, 757b32): 분류에 대해서는 『동물부분론』 IV 7, 683b25 이하, 특히 IV 8, 684b25~28 참조.

아니다. 왜냐하면 연체류와 갑각류는 교미를 통해서 생겨나지만 물고기들이 그렇지 않다면, 이는 놀랄 만한 일일 것이기 때문이다. 사람들이 이 점을 간과했다면, 이것이야말로 그들의 무경험을 보여주는 징표이다. 하지만 이 모든 것들의 짝짓기는, 곤충의 짝짓기가 그렇듯이, 시간이 더 오래 걸리는데, 이는 이치에 맞는다. 그들은 피가 없고, 그래서 본성상 차갑기 때문이다.

그런데 갑오징어나 오징어의 경우 자궁이 분절되어 있어서 두 갈래로 보이기 때문에 알들이 두 개로 보인다. 하지만 팔완류의 알은 하나처럼 보이는데, 그 원인은 자궁의 형태가 겉보기에 둥글고 구형이기 때문이다. 알이 가득 차 있을 때는 틈새가 눈에 띄지 않는다.[119] 가재의 자궁도 두 갈래이다. 하지만 이들도 모두 배아를 불완전한 상태로 밖으로 낳는데 똑같은 이유 때문이다. 그런데 가재의 암컷은 자신의 몸에 붙여 알을 낳지만(이런 이유 때문에 수컷보다 암컷이 꼬리지느러미가 더 넓은데, 이는 알들을 보호하기 위해서이다), 연체류는 (알을) 밖에 낳아 놓는다. 마치 수컷 물고기들이 알들에 대해 그렇게 하듯이, 연체류의 수컷은 암컷에게 (정액을) 뿌리며, 이로부터 끈끈한 덩어리가 생긴다. 가재들의 경우 그런 일이 목격된 적도 없고 이치에 맞지도 않는다. 왜냐하면 가재의 배아는 암컷의 배 밑에 있고 겉이 딱딱하기 때문이다. 이런 알들과 연체류의 알들은 물고기의 알들이 그렇듯이 밖에서 성장 과정을 거친다.

118 조사를 하고서(historikōs, 757b35): historia의 본뜻에 비추어 본다면, 이 말은 직접 관찰뿐만 아니라 탐문 등의 간접 조사까지 포함한다. III 6, 757a11~12 참조.

119 I 3, 717a5 이하 참조.

발생 과정의 갑오징어는 알의 앞쪽에 붙어 있다. 이 곳이 붙어 있을 수 있는 유일한 곳이기 때문이다. 왜냐하면 오직 이 동물만이 앞부분과 뒷부분이 같은 방향을 향해 있기 때문이다.[120] 발생 단계의 갑오징어의 위치와 모양이 어떤지는 『동물지』에서 고찰해야 한다.[121]

120 I 14, 720b20 이하 참조.

121 『동물지』 V 18, 550a10 이하 참조. ☞ '부록 3'의 그림.

9장

(B) 곤충들

(a) 애벌레는 알의 초기 단계와 비슷하다

그러면 다른 것들, 즉 보행동물들과 비행동물들과 유영동물들[122]에 관해서 이야기되었다. 이제 앞서 제시된 연구 방법에 따라서 곤충들과 유각류들에 대해서 이야기해야 한다.

먼저 곤충들에 관해서 이야기하자. 이런 종류의 동물들 가운데 일부는 교미에 의해서, 다른 일부는 자연발생적으로 생겨난다는 것은 앞에

122 보행동물들(ta peza, 758a26), 비행동물들(ta ptēna), 유영동물들(ta plōta): I 1, 715a27에 대한 각주 참조.

서 이야기되었다.[123] 게다가 이들이 애벌레를 낳는다는 사실과 어떤 원인에 의해서 애벌레를 낳는지도 이야기되었다. 왜냐하면 거의 모든 곤충은 처음에 어떤 방식으로 애벌레를 낳는[124] 것 같기 때문이다. 불완전한 배아가 그런 성질을 가지고 있고, 모든 태생동물과 난생동물의 경우 배아는 완전한 알로서 처음에는 분화되지 않은 상태에서 자라기 때문이다. 애벌레의 본성도 그와 같다. 그다음 어떤 것들은 배아를 완전한 상태로 산란하고[125] 어떤 것들은 배아를 불완전한 상태로 산란
758b 해서 이것이 밖에서 완전하게 된다. 여러 번 이야기했듯이, 물고기들의 경우에 그렇다.[126] 반면에 자신 안에 새끼를 낳는 것들의 경우 (배아는) 최초의 합성체를 이룬 다음 알처럼 된다. 축축한 것을 미세한 막이 둘러싸기 때문인데, 이 막은 마치 누군가 알의 껍질을 벗겼을 때 모습과 같다. 이런 이유에서 사람들은 그때 일어나는 배아의 소멸을 일컬어 '유출'[127]이라고 부르기도 한다.

123 짝짓기 없이 자연발생적으로 생겨나는 것들에 대해서는 다음 구절들을 참조: I 16, 721a5~16; I 21, 729b25~33; II 1, 732b10~14, 733a24~32; III 4, 755a14~21.

124 **어떤 방식으로 애벌레를 낳는**(tropon tina skōlēkotokein, 758a32~33): "애벌레에는 두 종류가 있다. 하나는 알이다(하지만 아리스토텔레스는 그렇게 부르지 않는다). 다른 하나는 굼벵이(grub)인데, 아리스토텔레스는 이것이 알 없이 어미에게서 생겨난다고 생각한다. 이런 애벌레는 한동안 크기가 자라나 누에를 짜면서 '알이 된다.' 누에에서 탈피하는 것은 병아리가 알에서 나오는 것이나 포유동물의 배아가 양막에서 떨어져 나오는 것과 같다. 기이한 상상!"(Platt).

125 **배아를 완전한 상태로 산란하고**(ōiotokei to kyēma teleion, 758a37): 조류의 알처럼 추가 작용 없이 성체로 자라는 알을 낳는다는 뜻이다.

126 III 1, 749a24~27 참조.

127 **배아의 소멸**(tōn kyēmatōn phthora, 758b5~6), **유출**(ekryseis, 758b6): 『동물지』 VII 3, 583b11~12 참조. 이에 따르면 "7일 이내에 일어나는 배아의 소실은 '유출'이라고 불리고, 40일 이내에 그런 일이 일어나면 '유산(ektrosmoi)'이라고 불린다."

곤충들 가운데 낳는 것들은 애벌레를 낳고,[128] 교미에 의해서가 아니라 자연발생적으로 생겨나는 것들은 맨 처음 그런 성질의 형성체로부터[129] 생겨난다. 왜냐하면 우리는 모충[130]도 애벌레의 한 종으로, 거미의 산출물도 그런 것으로 내세워야 하기 때문이다. 그렇지만 이것들은 둘레의 모양 때문에 알과 같은 것으로 여겨질 수도 있는데, 그것들 가운데 일부나 다른 것들의 다수가 그렇다. 하지만 우리는 애벌레가 모양의 측면에서나 말랑함과 딱딱함의 측면에서가 아니라(이렇게 말하는 이유는 몇몇 곤충들의 배아는 딱딱해지기 때문이다) 전체적으로 변화한다고 말해야 하며 특정한 부분에서 동물이 생겨나는 것이 아니라고 말해야 한다.[131]

(b) 애벌레의 발달 과정

애벌레 같은 것들[132]은 모두 발전 단계를 거쳐 완전히 큰 단계에 이르면 알처럼 된다. 왜냐하면 그것을 둘러싸고 껍질이 딱딱해지며 그 기간 동안 움직이지 않기 때문이다. 이 점은 벌과 말벌의 애벌레들이나 모충들의 경우에[133] 명백하다. 그 원인은 (애벌레의) 본성이 자신의 불완

128 『동물지』 V 19, 550b26 이하 참조.

129 즉 애벌레와 같은 형성체로부터.

130 **모충**(毛蟲, kampē, 758b9): 아리스토텔레스의 동물학에서는 특히 누에나방의 에벌레인 '누에'를 가리킨다. 『동물지』 V 19, 551b13 이하 참조.

131 이것이 알과 애벌레의 차이다. II 1, 732a29~32 참조.

132 아리스토텔레스는 좁은 의미의 애벌레(skōlēx) 이외에 번데기, 크뤼살리스 등을 포괄하는 용어로서 **애벌레 같은 것들**(ta skōlēkōdē, 758b15)이라는 표현을 쓴다.

133 **벌과 말벌의 애벌레들이나 모충들의 경우에**(en tois skta skōlēxi kai tois tōn melittōn kai sphēkōn kai kampais, 758b18~19): 벌이나 말벌의 애벌레가 발전한 단계의 '이른바 번데기'는 nympē(758b33), 누에나방의 애벌레인 '누에'는 kampē라고 불린다.

전함 때문에 일찍 알을 낳는 것과 같다. 애벌레는 아직 성장 과정에 있는 말랑한 알이기 때문이다. 교미 없이 양털이나[134] 그런 종류의 다른 재료에서 생겨나거나 물에서 생겨나는 다른 것들에게도 이와 똑같은 일이 일어난다. 왜냐하면 그런 것들은 모두 애벌레의 본성을 거친 다음 운동을 멈추고 둘레가 마른 껍질에 둘러싸이는데, 그 다음에 껍질이 부서져 세 번째 발생 단계에서 — 마치 알로부터 생겨나듯이 — 완전한 동물이 밖으로 나온다.[135] 이들 가운데 [대다수] 깃털동물들은 보행동물들보다 〈크다〉.

많은 사람들에게 놀라움을 일으킨 것도 이치에 따라서 정당하게 일어난다. 모충들은 처음에 영양분을 취하지만 그 뒤에는 더 이상 영양분을 취하지 않으며, 어떤 사람들이 '크뤼살리스들'[136]이라고 부르는 것들은 움직이지 않는다. 거미와 벌의 애벌레들도 다음 단계에서 이른바 '번데기'[137]가 된다. [그리고 그런 종류의 것을 전혀 갖지 않는다.][138] 왜

134 I 16, 721a8에 대한 각주 참조.

135 애벌레(larva)-번데기(pupa)-성충(imago)의 단계를 염두에 둔 말이다.

136 크뤼살리스들(chrysallides, 758b31): 나비의 변태 과정의 한 단계인 '번데기(pupa)'. II 1, 733b14 이하 참조. 『동물지』 V 19, 551a13 이하에서 아리스토텔레스는 나비의 변태 과정을 이렇게 기술한다. "이른바 나비들(psychai)은 모충들(kampai)에서 생겨난다. 이들은 녹색 잎에서, 무엇보다도 어떤 사람들이 '크람베(krambe)'라고 부르는 배추(raphanos) 잎에서 생긴다. 처음에는 기장(kenchros)보다 더 작지만, 나중에 작은 애벌레로 자라고, 그 뒤 사흘이 지나면 작은 모충들이 된다. 이런 과정을 거쳐 다 자란 뒤 모충들은 움직이지 않고 형태를 바꾸는데, 이때 그것들은 '크뤼살리스들(chrysallides)'이라고 불린다. 이들은 딱딱한 껍질을 갖고 건드리면 움직인다.

137 이른바 번데기(hai kaloumenai nymphai, 758b33): 위의 758b19에 대한 각주 참조.

138 Platt은 이 구절(kai toiouton ouden echousin, 758b33)을 삭제했지만, Peck은 해당 구절을 759a1~2로 옮겨야 한다고 주장한다. 그의 주장이 옳다면 해당 문장, "다른 애벌레들은 밖에서 영양분을 얻는데"(759a1~2)는 '다른 애벌레들은 〈그런 종류의 부분을 전혀 갖지 않고〉 밖에서 영양분을 얻는데'로 옮길 수 있다.

냐하면 알들의 본성도 마지막 단계에 도달한 다음 성장을 멈추기 때문이다. 하지만 처음에는 자라고 영양분을 취하는데, 이 과정은 분화가 끝나서[139] 완전한 알이 될 때까지 이어진다. 애벌레들 가운데 일부는 자신 안에 어떤 종류의 부분을 가지고 있어서 그것을 영양분으로 취하고 [그런 성질의] 잔여물을 남긴다.[140] 예를 들어 벌들과 거미들의 애벌레들이 그렇다. 반면에 다른 애벌레들은 밖에서 영양분을 얻는데, 모충들과 그밖의 애벌레들 중 일부가 그렇다.

왜 이런 것들이 세 단계의 발생 과정을 거쳐 생겨나는지,[141] 그리고 어떤 원인 때문에 움직이는 것들이 다시 움직이지 않게 되는지 이야기했다. 그 가운데 어떤 것들은, 새들과 난생동물들과 대다수의 물고기들이 그렇듯이 교미를 통해서 생겨나고, 어떤 것들은 일부 식물들처럼[142] 자연발생적으로 생겨난다.

139 분화가 끝나서(dihoristhēi, 758b35).

140 『동물지』 V 19, 551a29 이하의 진술을 참조. “벌과 … 말벌의 애벌레들은 초기 단계에서 영양분을 취하고 분명히 잔여물을 가지고 있다.”

141 III 9, 758b27에 대한 각주 참조.

142 예를 들어 겨우살이(ixos, mistletoe)가 그렇다. I 1, 715b28 이하 참조.

10장[143]

(c) 벌: 꿀벌과 말벌

759a8 벌들의 발생은 많은 의문을 낳는다.[144] 왜냐하면 물고기들의 경우에도 어떤 것들의 발생은 교미 없이 낳는 방식으로 이루어진다면, 현상

143 '부록 4: 아리스토텔레스의 "탐구적 추론"'과 『동물지』 V 21 참조.

144 벌의 성별과 발생은 특이하다. 벌의 집단에는 세 부류가 있다. (1) 완전히 발달해서 생식력을 가진 암컷인 여왕벌, (2) 부분적으로 발달해서 생식력이 없는 암컷인 일벌, (3) 수컷인 수벌. 여왕벌이 알을 낳으면 미수정란에서 수벌이, 수정란에서는 여왕벌이나 일벌이 생긴다. 벌집에 벌들이 가득 차면 '집단 이주'가 일어나고 새로운 거처에 새로운 '이주 집단(colony)'이 자리를 잡은 다음 여왕벌이 짝짓기 비행에 나서고 수벌들이 여왕벌을 따른다. 공중에서 짝짓기를 한 다음 여왕벌은 벌집으로 돌아온다. 여름이 끝날 무렵 수벌들은 일벌들에게 쫓겨난다. 여왕벌과 일벌들은 똑같이 수정란에서 생겨나지만, 장차 여왕벌이 될 애벌레는 로얄젤리를 먹고 자란다. 물론 이런 사실이 모두 그리스인들에게 알려진 것은 아니었고, 그런 배경에서 아리스토텔레스는 벌들의 발생 과정에 대해서 설명하려고 한다. 그는 벌의 집단을 (1) '왕벌' 혹은 '우두머리(basileis, hēgemones)', (2) '일벌(melittai, ergatides)', (3) '빈둥벌(kēphēnes)'

들을 놓고 볼 때[145] 벌들의 경우에도 이런 일이 일어나는 것 같기 때문이다. 이렇게 말하는 이유는 다음 중 하나가 사실이어야 하기 때문이다. 즉 벌들은 — 어떤 사람들이 주장하듯이 — 자손[146]을 다른 곳에서 데리고 와야 한다. 이 경우 그것은 자연발생적으로 자란 것이거나 다른 동물이 낳은 것이어야 한다. 아니면 자손들을 스스로 낳거나, 일부는 데려오고 일부는 낳아야 한다. (어떤 사람들은 이런 말을 하기도 하는데, 그들은 벌들이 빈둥벌들의 자손만을 데려온다고 말한다.) 그리고 만일 벌들이 (자손들을 스스로) 낳는다면 교미하거나 교미하지 않아야 한다. 교미한다면, 각각의 부류가 자체적으로 낳거나 세 부류 가운데 하나가 다른 것들을 낳거나, 아니면 한 부류가 다른 부류와 짝짓기를 해서 낳아야 한다. 내 말은 예를 들어 일벌들[147]은 일벌들끼리 짝짓기를 해서 생겨나고 빈둥벌들은 빈둥벌들끼리 짝짓기를 해서 생겨나고 왕들은 왕들끼리 짝짓기를 해서 생겨나거나, 나머지 것들은 모두 한 부류, 예를 들어 이른바 왕들이나 우두머리들로부터 생겨나거나, 아니면 빈둥벌들과 일벌들이 짝짓기를 해서 생겨나야 한다는 뜻이다. (왜냐

로 나누고, 여왕벌이 처녀생식을 통해 다음 세대의 여왕벌과 일벌들을 낳고, 일벌들에서 빈둥벌들이 생긴다고 추론했다(III 10, 760a27~31). 아리스토텔레스의 설명은 현재 관점에서 보면 잘못된 것이지만, 벌의 발생을 다루는 III 10은 사실로부터 설명을 찾아가는 그의 과학적 추론 과정을 보여준다는 점에서 매우 흥미롭다. 아리스토텔레스는 벌의 성별 구별이 분명치 않은 상태에서 벌의 부류를 나누었기 때문에 basileis(hēgemones), melittai(ergatides), kēphēnes를 각각 '여왕벌', '일벌', '수벌'이 아니라 '왕벌' 혹은 '우두머리', '일벌', '빈둥벌'이라고 옮긴다.

145 현상들을 놓고 볼 때(ek tōn phainomenōn, 759a11): 현상과 이론(logos)의 관계에 대해서는 아래 760b27 이하 참조.

146 자손(gonos, 759a12): 애벌레 상태의 자손.

147 일벌들(melitta, 759a18): 일반적으로 '벌'을 가리키기도 하고, '일벌'을 가리키기도 한다. 여기서는 맥락에서 따라 구별해서 옮겼다.

하면 어떤 사람들은 빈둥벌들은 수컷이고 일벌들은 암컷이라고 말하고, 다른 사람들은 일벌들이 수컷이고 빈둥벌들은 암컷이라고 말하기 때문이다.)

하지만 우리가 벌들과 관련해서 고유하게 일어나는 일들이나 다른 동물들에게 더 공통된 것들로부터 추론해보면, 이것들은 모두 불가능하다. (벌들이 자손을) 낳지 않고 다른 곳에서 데려온다고 해보자. 그렇다면 — 벌들이 스페르마를 가지고 오지 않는다고 하더라도 — 그들이 그것을 가져오는 본래의 장소에서 벌들이 생겨나야 한다. 하지만 왜 벌들이 옮겨다 놓은 장소에는 있고 본래의 장소에는 없을까? 꽃에서 자연발생적으로 벌들이 생겨나거나 다른 어떤 동물이 그것들을 낳는다는 것도 그에 못지않게 적합하지 않다. 다른 어떤 동물이 스페르마의 출처라면, 그 동물은 벌이 아니라 자기 자신으로부터 생겨나야 한다. 게다가 벌들이 꿀을 모은다는 것은 이치에 맞지만(꿀은 영양분이기 때문이다), 영양분이 아닌 다른 부류의 자손을 모으는 것은 터무니없다. 무엇을 위해서 그렇게 할까? 새끼와 관련된 일을 하는 동물은 모두 자신의 부류에 속한 자손[148]으로 보이는 것을 위해서 힘든 일을 감수하기 때문이다.[149]

759b 일벌들은 암컷이고 빈둥벌들이 수컷이라는 것도 이치에 맞지 않는다. 왜냐하면 자연은 방어를 위한 무기를 어떤 암컷들에게도 주지 않는데, 빈둥벌들은 침이 없고 일벌들은 모두 침이 있기 때문이다. 반대

148 원문의 oikeios gonos(759a36)은 '고유한 자손'을 뜻한다. 하지만 여기서는 '다른 부류의 자손(allotrios gonos)'(759a34)에 반대되는 뜻으로 낳는 자 '자신의 부류에 속한'이라는 뜻으로 옮겼다.

149 예를 들어 뻐꾸기(kokkyx)도 그렇다. III 1, 750a15 참조.

로 일벌들이 수컷이고 빈둥벌들은 암컷이라는 말도 이치에 맞지 않는다. 왜냐하면 수컷들은 보통 새끼들을 위해서 힘든 일을 하지 않는 경향이 있는데, 일벌들은 그런 일을 하기 때문이다. 전체적으로 빈둥벌의 자손은 빈둥벌이 없을 때도 생겨나는 데 반해 일벌들의 부류는 분명히 왕들 없이는 생겨나지 않기 때문에(이런 이유 때문에 어떤 사람들은 빈둥벌들의 자손만이 다른 곳에서 옮겨져 온다고 말한다), (일벌들이나 빈둥벌들은) 교미를 통해서 생겨나지 않는다는 것이 명백하다. 각각의 부류 안에서 자체적으로 짝짓기가 이루어져 생겨나는 것도 아니고, 일벌들과 빈둥벌들 사이에서 짝짓기가 이루어져 생겨나는 것도 아니다. 빈둥벌의 부류만을 (다른 곳에서) 가져온다는 것은 앞서 말한 이유 때문에 불가능하고, 벌의 부류 전체에 그와 유사한 어떤 수동적 변이가 일어나지 않는다는 것도 이치에 맞지 않는다. 또 일벌들 자체 안에 수컷들과 암컷들이 있을 수도 없다. 어떤 부류에서나 암컷과 수컷은 (형태나 기능에서) 차이가 있기 때문이다. (그런 성별의 차이가 있다면) 일벌들이 일벌들을 낳을 수 있을 것이다.[150] 하지만 실제로 사람들 말대로 우두머리들이 (벌집) 안에 없으면, 분명히 일벌들의 자손은 생겨나지 않는다. 일벌들 사이에서 발생이 일어나거나 (일벌들과) 빈둥벌들 사이에서 발생이 일어나거나, 즉 (두 부류가 따로) 떨어져서 발생이 일어나거나 짝을 이루어 발생이 일어나거나, 두 가지 어떤 경우를 고려하건 그들이 교미하는 것은 전혀 목격된 적이 없다. 그런데 만일 그들 가운데 암컷과 수컷이 있다면 교미가 자주 일어날 것이다.[151] 결국 한 가지 가능

150 실제로 일벌들 사이에는 이런 성별 차이가 없다.

151 일벌들 사이에서 … 자주 일어날 것이다(759b20~23): 이 말이 빈둥벌들의 무리 안

성이 남는다. 만일 교미를 통해서 벌들이 생겨난다면, 왕들이 짝짓기를 통해서 벌들을 낳는 것이다. 하지만 (이것이 사실이라면 빈둥벌과 일벌 모두 왕벌들에게서 생겨나야 할 텐데) 빈둥벌들은 분명히 우두머리들이 (벌집) 안에 있지 않을 때도 생겨나고,[152] (그렇다고 해서) 일벌들이 그 자손을 다른 곳에서 가져오는 것도, 자신들끼리 짝짓기를 해서 낳는 것도 아니다.

그렇다면 몇몇 물고기들의 경우에 분명히 그런 일이 일어나듯이,[153] 일벌들은 교미 없이[154] 빈둥벌들을 낳을 가능성이 남는다. 즉 일벌들은 빈둥벌들을 낳는다는 점에서는 암컷이지만 식물들처럼 자신 안에 암수의 성질을 함께 갖는데, 이런 이유에서 방어를 위한 도구도 갖는다. 왜냐하면 수컷이 따로 떨어져 있지 않은 경우에는 '암컷'이라는 명칭을 써서는 안 되기 때문이다. 빈둥벌들의 경우 분명히 이런 일이 일어나고 이들은 교미 없이 (일벌들에게서) 생겨나기 때문에, 이미 이 점에서 볼 때 일벌들이나 왕벌들의 경우에도 동일한 설명이 적용되어야 하는 것이 필연적이다. 즉 그들은 교미 없이 생겨나야 한다. 그런데 만일 일벌

∴

에서 자체적으로 교미가 일어날 가능성까지 염두에 둔 것인지는 분명치 않다. 주로 1) 일벌들의 무리 자체 안에서 발생이 일어날 가능성과 2) 일벌들과 빈둥벌들 사이의 교미에 의해서 발생이 일어날 가능성을 염두에 둔 발언인 것 같다. 어쨌건 **그들이 교미하는 것은 전혀 목격된 적이 없다**(to mēdepote ōphthai ocheuomenen mēthen auton, 759b22)거나 **그들 가운데**(en autois)에서 '**그들**(auta)'은 일벌과 빈둥벌 모두를 가리킬 수 있다.

152 『동물지』 IX 40, 624b13 이하 참조. "사람들 말에 따르면 왕벌이 살아 있는 동안 빈둥벌들은 그와 떨어져서 생겨나고, 왕벌이 살아 있지 않다면 빈둥벌들은 일벌들의 벌집에서 일벌들로부터 생겨난다."

153 다음 구절들을 참조: I 1, 715a21; II 5, 741a35; III 5, 755b21.

154 빈둥벌들이 **교미 없이**(aneu ocheias, 759b29) 생긴다는 말은 맞다. 여왕벌의 무정란에서 생겨나기 때문이다.

의 자손이 분명히 왕벌들 없이 생겨난다면, 일벌들도 필연적으로 교미 760a 없이 자기 자신들에게서 생겨나야 할 것이다. 하지만 이 동물을 돌보는 양봉가들은 이를 부정하기 때문에,[155] 남는 것은 왕벌들이 자기 자신과 일벌들을 낳는 것이다.

벌의 부류는 특이하고 고유하기 때문에, 이들의 발생도 고유한 것처럼 보인다. 왜냐하면 만일 벌들이 교미 없이 낳는다면 이는 다른 동물들에게서도 일어나는 일이겠지만, 자신과 동일한 부류를 낳지 않는다는 것은 고유한 점이기 때문이다. 왜냐하면 에뤼트리노스는 (교미 없이 낳지만) 에뤼트리노스를 낳고, 칸네는 칸네를 낳기 때문이다.[156] 그 원인은 일벌들 자신도 날파리들[157]이나 그런 종류의 동물들과 같은 방식으로 생겨난 것이 아니라 친족 관계에 있는 다른 부류로부터[158] 생겨난다는 사실이다. 왜냐하면 일벌들은 우두머리들로부터 생겨나기 때문이다. 이런 이유에서 그들의 발생은 일정한 방식으로 비례 관계를 갖는다.[159] [우두머리들은 크기에서 빈둥벌들과 유사하지만 침이 있다는 점에서 일벌들과 유사하다. 일벌들은 이 점에서 우두머리들과 유사하고 빈둥벌들은 크기에서 우두머리들과 유사하다.] 왜냐하면 각자에게서 항상 그와 동일한 부류가 생겨나는 것이 — 하지만 이것은 불가능하

155 즉 왕벌 없이는 일벌들이 생겨나지 않기 때문에.

156 에뤼트리노스와 칸네는 교미 없이 동종의 새끼를 낳지만, 벌들의 경우는 그렇지 않다는 말이다. 715a20에 대한 각주 참조.

157 **날파리들**(myiai, 760a10): I 16, 721a8 참조.

158 **친족 관계에 있는 다른 부류로부터**(ex heterou syngenous de genous, 760a11): '다른 부류'는 '우두머리들의 부류'를 가리킨다.

159 서로 다른 종류의 발생 방식과 서로 다른 부류의 벌들 사이에 비례 관계가 있다는 뜻이다.

다. 왜냐하면 그럴 경우 모든 부류가 우두머리들일 것이기 때문이다 — 꼭 요구되는 일이 아니라면, 필연적으로 무언가 중첩되는 것이 있어야 하기 때문이다. 그런데 일벌들은 능력에서[즉 낳는다는 점에서] 우두머리들과 유사하고 빈둥벌들은 크기에서 우두머리들과 유사하다.

[만일 빈둥벌들이 침도 갖고 있다면, 그들은 우두머리들일 것이다. 그런데 이것은 의문으로 남는다. 왜냐하면 우두머리들은 동시에 양쪽 부류와 닮았기 때문인데, 침이 있다는 점에서는 일벌들과, 크기에서는 빈둥벌들과 닮았다.] 그런데 우두머리들이 어떤 것으로부터 생겨나야 함은 필연적이다. 그런데 이들은 일벌들로부터도, 빈둥벌들로부터도 생겨나지 않기 때문에, 필연적으로 자신이 자신을 낳아야 한다. [그들의 방들은 마지막에 생기고[160] 수가 많지 않다.] 따라서 우두머리들은 자신도 낳고 다른 부류(일벌들의 부류가 바로 이 부류다)도 낳고, 일벌들은 다른 부류, 즉 빈둥벌들을 낳고, 빈둥벌들은 아무것도 낳지 못하고 그런 능력을 갖고 있지 않다. 본성에 따르는 것은 항상 질서를 갖기 때문에, 이런 이유에서 빈둥벌들이 다른 부류를 낳는 능력을 갖지 못하는 것은 필연적이다. 바로 이것이 분명히 (빈둥벌들에게) 일어난다. 왜냐하면 빈둥벌들이 생겨나지만, 다른 어떤 것도 낳지 못하고 발생은 세 번째 단계에서 끝을 맺기 때문이다.[161]

160 그들의 방들은 마지막에 생기고(gignontai d' epi telei hoi kyttaroi, 760a26): "이 말은 옳다. 많은 수의 수벌들과 일벌들이 자란 다음, 일벌들은 하나 혹은 여러 개의 더 큰 방을 만들고 여기에 여왕벌은 알을 낳아 놓는다. 애벌레(grub)는 로얄젤리를 먹고 자라며, 이 특별한 영양분이 애벌레를 여왕으로 만드는 것 같다"(Platt).

161 결국 아리스토텔레스의 추론에 따르면 '왕들'은 두 부류, 즉 자신과 일벌들을 낳고, '일벌들'은 한 부류, 즉 빈둥벌들을 낳고, '빈둥벌들'은 아무것도 낳지 않는다. 이렇게 해서 발생 과정은 끝에 이른다.

그리고 이런 방식으로 본성적으로 훌륭하게 짜인 결과 부류들이 항 760b
상 존속하고 — 모든 것이 낳지 않아도 — (벌의 존속에) 전혀 부족함이 없다. [이런 일이 일어나는 것은 이치에 맞다. 온화한 때는 꿀과 빈둥벌들이 많이 생겨나고, 음습한 때는 전체적으로 자손을 많이 낳는다. 왜냐하면 물기는 우두머리들의 몸 안에 많은 잔여물을 만들어내고, 온화한 기운은 일벌들의 몸 안에 많은 잔여물을 만들기 때문이다. 일벌들은 크기가 더 작기 때문에 온화한 기운을 더 많이 필요로 한다.[162]]

다른 것들도 이치에 잘 들어맞는다. 왕벌들의 부류도, 마치 산출을 위해 만들어져 있는 것처럼, 벌집 안에 머물며 필요한 일들을 면제받고, 그들의 몸은 — 마치 산출 작용을 위해 형성된 것처럼 — 크기가 크다. 또 빈둥벌들은 먹을 것을 위해 싸움의 수단이 되는 무기를 전혀 갖고 있지 않고 몸이 느리기 때문에 게으르다. [일벌들은 크기가 이 둘의 중간이다. 그런 것이 작업(을 하는 데 유용하기 때문이다). 그리고 새끼들과 아비들을 부양하는 것처럼 일을 한다.][163] (a) 일벌들이 왕벌들의 시중을 드는 것도 일벌들이 그들로부터 생겨난다는 설명과 일치한다. (그렇지 않다면, 그들의 우두머리 역할과 관련해서 일어나는 일들에 대해 설명을 찾을 수 없을 것이다.) (b) 그들은 또 왕벌들을 부모처럼 여겨서 어떤 작업을 하는 것도 허용하지 않고,[164] 빈둥벌들을 자식으로 여겨서 처벌한다. 자식들과 하는 일이 전혀 없는 자들을 처벌하는 것이

162 “몸집이 더 작다는 것은 곧 몸 안의 열기가 더 적고, 그래서 성장과 번식에 필요한 영양분을 열처리하기 위해서 바깥의 열기를 더 많이 필요로 한다는 것을 뜻한다”(Reeve).

163 Aubert-Wimmer는 760b13~15의 ‘일벌들은 … 일을 한다’를 삭제했다.

164 『니코마코스 윤리학』 IX 3, 1165a21~4와 VIII 12, 1162a4~7 참조.

더 낫기 때문이다.[165]

적은 수의 우두머리들이 많은 수의 일벌을 낳는 것은 사자들의 발생과 비슷하게 일어나는 일인 것 같다.[166] 사자들은 처음에는 다섯을 낳지만 나중에는 더 적게 낳고 마지막에는 하나를 낳으면 그 뒤에는 하나도 새끼를 낳지 못하기 때문이다. 반면에 우두머리들은 처음에는 많은 수의 (일벌을) 낳고, 나중에는 적은 수의 우두머리들을 낳는다. 우두머리들의 자손은 일벌들보다 수가 더 적지만, 자연은 그들에게서 수를 취해서 우두머리들에게 크기를 덧붙였다.

일벌들의 발생과 관련된 것들은 이론적으로 이렇게 보이고 그들과 관련해서 실제로 일어난다고 여겨지는 것들을 보아도 그렇다. 그런데 실제로 일어나는 일들은 충분히 파악되지 않았다. 하지만 언젠가 이것들이 파악된다면, 그때는 이론들보다 감각에 더 신뢰를 두어야 하고, 이론들이 현상들과 일치하는 것들을 제시한다면, (그때는) 이론들에도 신뢰를 두어야 한다.[167]

[벌들의 자손이 봉방 안에 있을 때 분명히 작다는 것도 벌들이 교미를 통해서 생겨나지 않는다는 데 대한 징표이다. 곤충들 가운데 교미
761a 를 통해서 생겨나는 것들은 긴 시간 짝짓기를 하지만, 크고 애벌레 같이 생긴 것을 빨리 낳는다.]

이들과 친족 관계의 동물들, 예를 들어 호박벌들과 말벌들의 발생

---

165 실제로 여름이 끝난 무렵 벌들은 수벌들을 모두 죽인다.

166 III 1, 730a31~b1 참조.

167 이론들이 현상들과 일치하는 것들을 제시한다면, (그때는) 이론들에도 신뢰를 두어야 한다(kai tois logois ean homologoumena deiknyōsi tois phainomenois 760b32~33): 아리스토텔레스의 탐구 방법론의 "가장 중요한 원리"(Peck)를 압축한 주장이다.

에 관한 한,[168] 그것들 모두의 경우에 발생의 방식이 어떤 점에서는 (벌들의 발생 방식과) 비슷하지만, 특이한 점이 빠져 있다.[169] 이것은 이치에 맞다. 왜냐하면 그것들은 벌들의 부류처럼 아무 신적인 것도 갖고 있지 않기 때문이다.[170] 이른바 어미들이 (알을) 낳고 처음에 봉방을 함께 만들지만, 서로 짝짓기를 해서 (알을) 낳는다. 이들의 짝짓기는 자주 목격되었다. 그런 부류들이 각각 서로 얼마나 많은 차이를 갖고 또 벌들과 얼마나 많은 차이를 갖는지는 『동물지』의 기록을 통해서[171] 고찰해야 한다.

모든 곤충들의 발생에 관해서 이야기했으니 이제 유각류[172]에 관해서 말해야 한다.

168 호박벌들(anthrēnai, 761a3), 말벌들(sphēkoi): 『동물지』 IX 42, 628b32 이하와 IX 40, 627b23 이하 참조.

169 III 10, 760a4 참조.

170 아리스토텔레스는 벌들이 공동체 안에서 분업 질서를 유지하면서 산다는 이유를 들어 '신적인 것(theion)'을 인정하는 것 같다. 물론 벌들의 부류가 '신적인 것', 즉 지성을 갖는다는 말은 그들이 사람들처럼 지성을 갖는다는 뜻이 아니라 타고난 적응 능력을 갖고 있음을 뜻한다. 그런 뜻에서 『형이상학』에서 벌들은, '사려는 있지만 배우지 못하는(phronima aneu tou manthanein)'(980b2~3) 동물들의 사례로 소개된다. 벌들의 지적인 능력에 대해서는 『동물부분론』 II 2, 648a2~8도 함께 참조. 벌은 개미와 함께 '폴리스적(politika)'이라고 불리지만(『동물지』 I 1, 488a7~8), 이들의 '폴리스'는 말과 가치 공유을 통해 유지되는 인간의 폴리스와 본질적으로 다르다. 『정치학』 I 2, 1253a7 이하 참조.

171 『동물지』 IX 41 참조.

172 유각류(ta ostrakoderma, 761a14): I 1, 715b16에 대한 각주 참조.

11장

(C) 유각류: 동물과 식물 사이의 중간 단계

이것들의 발생과 관련된 점들은 다른 것들과 어떤 측면에서는 유사하고, 다른 측면에서는 유사하지 않다. 이런 것도 이치에 맞게 일어난다. 유각류는 동물들에 비해 보면 식물들과 닮았고, 식물들에 비해 보면 동물들과 닮았기 때문이다. 그래서 유각류는 어떤 방식으로는 분명히 스페르마에서 생겨나지만, 또 어떤 방식으로는 스페르마에서 생겨나지 않는다. 그리고 어떤 측면에서는 자연발생적으로, 다른 측면에서는 자기 자신들로부터 생겨나는데, 달리 말해서 어떤 것들은 뒤의 방식으로, 또 어떤 것들은 앞의 방식으로 생겨난다.[173] 유각류는 식물들에 대

173 다음 구절들을 참조: I 1, 715b25 이하; III 11, 761b23 이하, 763a25 이하.

응하는 본성을 갖고 있는데,[174] 이런 이유 때문에 유각류 가운데 어떤 것도 땅에서 생겨나지 않는다. 달팽이[175] 같이 작은 부류가 예외이고 그런 종류의 다른 것이 있다고 해도 드물며, 다수는 바다와 그와 유사한 조건의 축축한 곳에서 생겨나며 각양각색의 형태를 가지고 있다. 반면에 식물들의 부류가 바다나 그런 종류의 장소에서 생겨나는 경우는 드물고 사실상 전혀 없으며, 그런 것들은 모두 땅에서 생겨난다. 왜냐하면 유각류와 식물은 대응하는 본성을 갖고 있으며, 축축한 것이 마른 것보다, 물이 땅보다 생존에 유리한 정도만큼 유각류의 본성과 식물들의 본성 사이에 간격이 있기 때문이다. 식물들이 땅과 관계맺기를 '바라는'[176] 것처럼 유각류는 축축한 것과 관계맺기를 '바란다.' 식물들이 땅 위의 조개류와 같다면, 조개류는 물속의 식물들과 같기 때문이다.

이런 원인 때문에 축축한 것에서 사는 것들이 땅에 사는 것들보다 형태가 더 다양하다. 물은 본성상 흙보다 더 유연하면서도 흙에 비해 물질 성질이 많이 부족하지 않은데, 특히 바다 속에 있는 것들이 그렇다. 이렇게 말하는 이유는 강물은 달고 영양분이 많지만, 물질 성분이 부족하고 차갑기 때문이다. 이런 이유에서 피가 없고 본성이 뜨겁지 않은 것들은 석호나, 소금기 있는 물 중 강물의 성질이 더 많은 곳에서는 생겨나는 경우가 적다. 예를 들어 유각류, 연체류, 갑각류가 생겨날 뿐이다. (이들은 모두 피가 없고 본성이 차갑기 때문이다.) 반면에 소금

174 대응하는 본성을 갖고 있는데(antistrophon echein tēn physin, 761a20): antistrophē는 그리스 비극의 코러스 합창에서 선행하는 구절에 대답하는 구절, 즉 대구(對句)를 가리킨다. II 6, 743b28 참조.

175 달팽이(kochlioi, 761a22): III 11, 762a32 이하 참조.

176 I 23, 731a12에 대한 각주 참조.

기 있는 석호나 강물의 하구에서는 피가 없고 본성이 뜨겁지 않은 것들이 생겨난다. 왜냐하면 이들은 온기와 영양분을 함께 찾기 때문이다. 하지만 바다는 강물보다 훨씬 더 축축하고 물질 성분이 풍부하고 본성상 뜨거우며, 모든 부분, 즉 물과 바람과 흙의 성질을 함께 갖고 있어서,[177] [그 곳에서] 개별적으로 생겨난 모든 [동물들의] 성질을 갖는다. 왜냐하면 누군가는, 식물들은 흙에 속하고 수중동물들은 물에 속하며 보행동물들은 공기에 속하는 것으로 내세울 수 있을 것이기 때문이다.[178] 더 많음과 더 적음, 더 가까움과 더 멂이 놀라운 차이를 많이 만들어낸다. 넷째 부류의 동물을 이런 장소에서 찾아서는 안 된다. 그렇지만 적어도 어떤 것은 순서상 불의 자리에 오기를 '바란다'. 왜냐하면 이것이 물체들 중에서 네 번째 것으로 꼽히기 때문이다. 하지만 분명히 불은 언제든 고유한 형태를 갖는 일이 없고 다른 물체들 안에[179] 있다. 불에 탄 것은 공기나 연기나 흙으로 나타나기 때문이다. 하지만 그런 부류는 달 위에서 찾아야 한다. 왜냐하면 달은 분명히 (흙을 기준으로) 네 번째로 떨어진 것[180]에 관여하기 때문이다. 하지만 이런 문제들에 대해서는 다른 논의가 있어야 할 것이다.

177 "물, 바람, 흙이 월하 세계의 모든 부분으로 열거된다"(Reeve).

178 수중동물들(ta enhydra, 761b13), 보행동물들(ta peza, b14): 여기서는 I 1, 715a27에서처럼 이동 방식이 아니라 사는 장소를 기준으로 동물들을 분류한다. 따라서 '유영동물들(ta plota)' 대신에 '수중동물들(ta enhydra)'이 쓰였다. '보행동물들'을 가리키는 ta peza는 물론 땅에 사는 동물들을 가리킨다.

179 즉 불에 타는 것 안에.

180 네 번째로 떨어진 것: 흙, 물, 공기와 함께 네 가지 요소를 이루는 불을 가리킨다.

(a) 곁눈 번식 등

유각류 가운데 일부는 자연발생적으로 형성되고, 일부는 자기 자신으로부터 어떤 능력을 가진 것을 내보내지만,[181] 많은 경우 그것들[182] 역시 자연발생적 형성 과정으로부터 생겨난다. 우리는 식물들의 발생 과정을 파악해야 한다.[183] 이들 중 일부는 씨앗에서 생겨나지만 일부는 꺾어 심은 가지들에서 생겨나고, 또 일부는 곁눈에서 나오는데,[184] 양파의 부류가 이 마지막 경우에 해당한다. 그런데 홍합[185]이 이런 방식으로 생겨난다. 작은 것들이 항상 처음에 있던 것에 붙어서[186] 자라기 때문이다. 물레고동과 자주고동과 이른바 '벌집을 짓는 것들'[187]은 — 마치 스페르마 성분의 자연물로부터 내보내는 것처럼 — 점액질의 물기를 내보낸다. (우리는 이 중 어떤 것도 스페르마로 여겨서는 안 되고, 위에서 말한 방식으로 그것들이 식물과 유사성을 갖는다고 여겨야 한다.[188] 이런 이유에서 한 번 어떤 것이 생겨난 뒤에는 그런 성질을 가진 것들이 다량으로 생겨난다. 왜냐하면 그것들 모두가 생겨나는 것은 자연발생적으로 일어나는 일이지만, 비례적으로 먼저 있던 것들보다 더

181 III 11, 762a5~8 참조.

182 즉 어떤 능력(tina dynamin)을 가진 것을 내놓는 것들 자체. III 11, 762a28 참조.

183 유각류가 식물들과 비슷하기 때문에 그렇다. III 11, 761a16~17 참조.

184 곁눈에서 나오다(parablastanein, 761b29): I 18, 723b16에 대한 각주 참조.

185 "원문의 myes는 일반적으로 식용 홍합을 가리키는 것 같다"(Platt).

186 처음에 있던 것에 붙어서(para tēn archēn, 761b31).

187 물레고동과 자주고동과 이른바 벌집을 짓는 것들(kērykes kai porphyrai kai ta legomena kēriazein, 761b31~32): '벌집'은 실제로 '벌집을 짓는 것들'의 알이다. "고동류의 알 덩어리는 말벌의 벌집(wasp-comb)처럼 보인다"(Platt).

188 "즉 생식력이 있는 이 액체는 스페르마와 같은 독립된 기관의 배출물이 아니라 고동의 몸과 동질적인 물질일 뿐이다. 식물에서 잘라낸 가지와 같다"(Platt).

많이 형성되기 때문이다.) 각각 처음에 있던 것에 붙어서 모종의 잔여물이 많이 생겨나고, 붙어서 자라는 것들 각각이 그로부터 곁눈으로 뻗어 나온다는 것은 이치에 맞는 일이다. 영양분과 그것의 잔여물은 비슷한 능력을 갖기 때문에, '벌집을 짓는 것들'의 실체가 처음에 생겨난 형성체와 유사한 것은 그럴 듯한 일이다.[189] 이런 이유에서 이것으로부터도[190] 발생이 이루어지는 것은 이치에 맞다.

(b) 자연발생론

곁눈을 내지도 않고 '벌집'을 만들지도 않는 것들의 경우 이들 모두의 발생은 자연발생적이다. 하지만 이런 방식으로 형성된 것들은 모두 분명히 땅이나 물에서 생겨나는데, 이 과정은 부패와 함께 빗물이 섞이면서 일어난다. 단것이 배출되어 형성 과정에 있는 원리 안으로 들어가면, 그때 남아 있는 것이 그와 같은 형태를 취한다.[191] 하지만 발생은 부패 과정에 의해서가 아니라 열처리 과정에 의해서 이루어지고, 부패와 부패물은 열처리된 것의 잔여물이다. 왜냐하면 기술에 의해서 제작되는 것들의 경우에 그렇듯이, 어떤 것도 전부 다 사용해서 생겨나지는

189 762a6~7은 OCT를 따라 읽었다. 문장이 훼손된 듯하지만 그 의미는 분명하다. **벌집을 짓는 것들의 물질적 실체**(ousia)와 그것들이 생겨날 때 **처음에 생겨난 형성체**(hē ex archēs systasis, 762a7), 즉 **점액질의 물기**(myxōdeis hygrotēs, 761b33)는 성질이 유사하다는 뜻이다.

190 즉 스페르마와 같은 잔여물로부터 발생이 일어날 뿐만 아니라 '벌집을 짓는 것들'이 되는 과정에서 '처음에 생겨난 형성체'로부터도.

191 **그와 같은 형태를 취한다**(toiautēn lambanei morphēn, 762a13): 부패(sepsis) 과정을 겪는다는 뜻이다. 소금기 없는 빗물은 달다(『동물지』 I 5, 490a25, VIII 13, 598b5). 땅이나 바다에서 오는 열기에 대해서는 각각 III 2, 753a19~20과 11, 761b10 참조.

않기 때문이다. 만일 그렇지 않다면 만듦이 전혀 필요 없을 것이다.[192] 사실 기술은 쓸모없는 것을 내버리는데, 자연도 마찬가지다.

동물과 식물은 땅과 축축한 것에서 생겨난다. 땅속에 물이 있고, 물속에 프네우마가 있으며, 모든 프네우마 안에는 영혼의 열기가 있다. 그러니 어떤 뜻에서 모든 것은 영혼으로 가득 차 있다. 이런 이유에서 (프네우마와 영혼의 열기가) 어떤 것 안에 감싸이면 빠른 시간 안에 형성 과정이 진행된다. 그런데 축축한 물체들이 뜨거워지면 감싸는 표면이 생겨나고 마치 거품의 기포[193] 같은 것이 생겨난다. 형성되는 부류는 더 고귀하기도 하고 더 미천하기도 한데, 그런 차이들은 영혼의 원리를 감싸는 것에 달려 있고, 그 원인은 (발생이 일어나는) 장소들과 안에 감싸인 물체에 있다. 그런데 바다에는 흙 성분이 많이 있다. 그런 종류의 형성체로부터 유각류의 발생이 일어난다. 둘레에서 흙 성분이 딱딱하게 굳어지고 뼈나 뿔과 같은 방식으로 — 이런 것들은 불에 의해 용해되지 않는다 — 응고되며, 안에서는 생명을 가진 물체가 감싸인다.[194]

이런 것들 가운데 오직 달팽이들[195]의 부류만이 짝짓기를 하는 것으로 목격되었다. 그것들의 발생이 짝짓기에 의해서 이루어지는지 그렇지 않은지는 아직 충분히 목격되지 않았다.

올바로 탐구하기를 바라는 사람은 이런 문제를 탐구할 것이다. 그런 동물들의 경우 질료적 원리에 해당하는 형성체는 무엇인가? 이런 762b

192 '제작' 혹은 '만듦(poiein)'은 덜어냄의 과정이라는 뜻이다.

193 거품의 기포(aphrōdēs pompholyx, 762a23~24): 'a frothy bubble'(Peck), 'a foamy bubble'(Reeve).

194 II 6, 743a3~17 참조.

195 달팽이들(kochlioi, 762a33): 위의 761a22 참조.

질문을 하는 이유는 암컷들 안에는 동물에게 속하는 어떤 잔여물이 있기 때문이다. 이 잔여물은 그것의 출처와 같은 종류의 것이 될 수 있는 가능성의 상태에 있는데, 수컷에서 유래하는 원리가 그것을 운동하게 함으로써 동물로 완성시킨다. 하지만 우리가 문제 삼는 경우에 그런 성질을 가진 것은 무엇이라고 불러야 할까? 그것은 어디서 유래하며, 수컷의 역할을 하면서 운동을 낳는 원리는 무엇인가? (알이나 새끼를) 낳는 동물들에서도 동물 내부의 열기가 안으로 들어온 영양분으로부터 일정 부분을 갈라내고 함께 열처리함으로써[196] 잔여물을 만들어내는데, 이것이 배아의 원리라는 사실을 파악해야 한다. 식물들의 경우도 마찬가지다. 다만 식물들과 일부 동물들의 경우 (암컷의 잔여물은 발생을 위해서) 수컷의 원리를 추가로 가져야 할 필요가 전혀 없지만(그런 (원리를) 자신들 안에 혼합된 형태로 가지고 있기 때문이다), 대다수 동물의 잔여물은 (수컷의 원리를) 추가로 필요로 한다. 어떤 것들의 경우 물과 흙이 영양분이고, 다른 것들의 경우 그것들의 혼합물[197]이 영양분이다. 그래서 동물들의 몸속 열기가 영양분으로부터 만들어내는 것, 바로 이것을 주변 환경에 속한 계절의 열기가 바닷물과 흙으로부터 배합하고 열처리해서 형성해낸다.[198] 그리고 그 안에 포함되어 있거나 아니면 떨어져 나와 프네우마 안에 있는 영혼의 원리가 배아를 만들어내고 운동을 부여한다. 그래서 자연발생적으로 생겨나는 식물들의 형성 과정은 동종적이다. 왜냐하면 그것은 (동종의 다른 개체의) 한

196 함께 열처리함으로써(sympettousa, 762b8): III 2, 753a19 참조.

197 혼합물(ta ek toutōn, 762b13).

198 암수의 작용을 통해 생겨나는 동물들과 자연발생적인 것들 사이에는 다음과 같은 비례 관계가 있다. 몸의 열기 : 영양분 = 계절의 열기 : 바닷물과 흙.

부분으로부터[199] 생겨나는데, 그중 일부는 원리가 되고 다른 일부는 자라는 것들을 위한 첫 영양분이 되기 때문이다.

반면에 동물들 가운데 (자연발생적으로 생겨나는 것들은) 애벌레 상태로 태어나는데, 피 없는 것들 가운데 동물들로부터 생겨나지 않는 것들이 그렇고, 피 있는 것들 중에서는 예를 들어 숭어의 특정 부류와 다른 민물고기들과 뱀장어의 부류가 그렇다.[200] 왜냐하면 이들은 모두 본성상 피의 양이 적지만 그래도 피를 갖고 있으며, 부분들에 피를 제공하는 원리로서 심장을 가지고 있기 때문이다. 뱀장어의 몸이 그 안에서 생겨나는, 이른바 '땅의 내장'[201]은 애벌레의 본성을 갖는다.

이런 이유에서 사람들과 네발동물들의 발생에 관해서도, 만일 이들이 — 어떤 사람들이 말하듯이[202] — 언젠가 땅에서 생겨난 때가 있다면, 다음의 둘 중 어느 한 쪽 방식으로 생길 것이라고 가정할 수 있을 것이다. 즉 그것들은 최초로 애벌레가 형성되어 그로부터 생겨나거나, 아니면 알들에서 생겨났다고 가정할 수 있을 것이다. 왜냐하면 그것들은 성장에 필요한 영양분을 자기 자신 안에 갖거나(그런 배아가 애벌레

---

199 I 1, 715b27 이하 참조.

200 숭어(kestreoi, 762b23), 뱀장어(encheleis): 이들의 발생에 대해서는 II 5, 741b1에 대한 각주 참조.

201 땅의 내장(gēs entera, 762b26): Peck은 연가시 유의 고르디우스(Gordius)를 가리키는 것으로 추측한다. 이것들의 발생에 대해서는 『동물지』 VI 16, 570a15 이하 참조. "뱀장어들은 진흙이나 젖은 땅에서 자연발생적으로 형성되는 이른바 '땅의 내장들'로부터 생긴다." "이 '땅의 내장들'은 지렁이들을 가리키는 것이 거의 확실하다. 아리스토텔레스는 지렁이들이 자연발생적으로 생겨나 뱀장어들이 된다고 생각한다"(Platt).

202 이런 전통적인 견해에 대해서는 다음 구절들을 참고: 플라톤, 『정치가(*Politicus*)』 269b; 헤로도토스, 『역사』 VIII 55; 엠페도클레스, *DK* 31B62, B57, B96, B98. I 18, 722b20 이하도 함께 참조.

이다) 아니면 다른 곳에서 얻을 수밖에 없는데, 이 다른 곳은 어미이거나 배아의 부분[203]일 것이기 때문이다. 따라서 그중 하나, 즉 동물들의 경우 어미 동물에게서 영양분이 흘러나오는 것과 같은 방식으로 (영양분이) 땅에서 흘러나오는 것이 불가능하다면, 배아의 부분으로부터 영
763a 양분을 얻을 수밖에 없다. 하지만 우리는 이런 종류의 발생을 '알로부터의 발생'[204]이라고 부른다.

그래서 만일 모든 동물에게 어떤 발생의 원리가 있다면, 분명히 이 둘 중 어느 한 가지 방식으로 (동물이 발생하리라는 것은) 이치에 맞다. 하지만 알로부터 발생이 이루어진다는 것은 근거가 더 약하다. 우리는 어떤 동물도 그렇게 생겨나는 것을 보지 못하고, 우리가 앞서 말한 피 있는 동물들[205]의 경우뿐만 아니라 피 없는 동물들의 경우에도 다른 형태의 발생[206]을 보기 때문이다. 곤충들 가운데 일부와, 우리의 논의가 다루는 유각류가 바로 그렇다. 왜냐하면 이들은 — 알에서 생겨나는 것들처럼 — (알의) 한 부분에서 생겨나는 것이 아니라 애벌레와 유사한 방식으로 성장을 하기 때문이다. 애벌레들은 위쪽 부분들을 향해서, 즉 시작점 쪽을 향해서 자란다. 아래쪽 부분에 위쪽 부분들을 위한 영양분이 들어 있기 때문이다.

알에서 생겨나는 것들의 경우도 이와 유사하다. 다만 알에서 생겨나는 것들의 경우에는 알 전체가 소비되는 데 반해, 애벌레에서 생겨나는

203 어미(hē gennosē, 762b34), 배아의 부분(morion tou kyēmatos): 각각 암컷의 자궁과 알을 가리킨다.

204 알로부터의 발생(genesis ex ōiou, 763a2).

205 즉 숭어와 뱀장어. II 5, 741b1에 대한 각주 참조.

206 즉 애벌레의 상태에서 시작하는 자연발생.

것들의 경우에는 위쪽 부분이 아래쪽 부분에 속한 형성체로부터 자라고 그때 남은 부분으로부터 아래쪽 부분이 분절된다. 그 원인은 어떤 동물에서나 〈초기 단계에서뿐만 아니라〉 나중에도[207] 영양분이 횡격막 아래쪽 부분에서 생겨난다는 데 있다.

하지만 애벌레 같은 것들[208]이 이런 방식으로 자란다는 사실은 벌들이나 그런 종류의 동물들의 경우에도 명백하다. 처음에는 아래쪽 부분이 크고 위쪽 부분이 더 작기 때문이다. 유각류의 경우에도 성장은 이와 동일한 방식으로 이루어진다. 이는 나선형 껍질을 가진 동물들의 '나선들'의 경우에도[209] 분명하다. 왜냐하면 이들이 자랄 때는 항상 앞면 혹은 이른바 머리 쪽으로 점점 더 자라기 때문이다.

이들과 그밖에 자연발생적으로 생겨나는 것들의 발생 과정이 이와 같다는 것은 대략 이야기했다.

모든 유각류가 자연발생적으로 형성된다는 것은 다음과 같은 사실들에서도 분명하다.[210] 그것들은 거품이 있는 진흙이 썩으면서[211] 배(船)의 양쪽 편에서 생겨난다. 이전에 아무것도 없던 여러 곳에서 나중에 축축한 것이 결핍되어 그 곳이 뻘로 바뀌면[212] 유각류 중에서 이른바 '석호굴'[213]이 생긴다. 예를 들어 로도스 항구에 함선을 대던 중 도기

207 즉 그들이 완전히 자랐을 때도.

208 애벌레 같은 것들(ta skōlēkōdē, 763a18): 758b15에 대한 각주 참조.

209 나선형 껍질을 가진 동물들의 나선들의 경우에도(epi tōn strombōdōn en tais hēlikais, 763a22).

210 III 11, 761b23 이하 참조.

211 II 2, 736a13 이하 참조.

212 『동물지』 VI 15 참조.

213 석호굴(limnostrea, 763a30): 『동물지』 V 15, 547b11 이하 참조.

들이 바다에 빠진 적이 있다. 시간이 지나서 도기들 주변에 진흙이 들러붙었고 그 뒤 도기 안에서 조개류가 발견되었다. 그런 종류의 동물들은 자신의 몸에서 생산할 수 있는 어떤 물질도 배출하지 않는다는 것이 그
763b 증표이다. 왜냐하면 어떤 키오스 사람들은 레스보스의 퓌라[214]에서 조개류를 산 채로 잡아서 에우리포스와 같고[215] 파도가 치는 곳 여러 군데에 내놓았는데, 시간이 지나도 개체 수는 전혀 늘어나지 않고 크기가 훨씬 더 커졌다. 이른바 '알들'[216]은 발생에 기여하는 것이 전혀 없고, 좋은 영양 상태의 징표이다. 피 있는 동물들에게서 지방[217]과 같다. 이런 이유에서 이 시기에는 먹기에도 맛이 좋다. 이런 동물들, 예를 들어 피나,[218] 물레고동, 자주고동은 항상 그런 것을 가지고 있고, 수시로 커졌다 작아지는 차이가 있을 뿐이기 때문이다. 어떤 것들은 항상 가지고 있는 것이 아니라, 봄에는 '알'이 있다가 계절이 바뀌면 '알'이 줄어들고, 마지막에는 전혀 눈에 보이지 않는다. 예를 들어 가리비와 홍합과

214 퓌라(Pyrra, 763b1): 이 지명은 동물에 대한 아리스토텔레스의 연구가 레스보스 체류기에 이루어졌음을 보여준다.

215 에우리포스와 같고(euripodeis, 763b2~3): 물살이 빠르다는 뜻이다. '에우리포스'는 그리스 본토와 에우보이아 섬 사이의 '물살이 빠른' 좁은 해협을 가리킨다. 이 곳에서는 하루에도 일곱 번 이상 물살의 방향이 바뀐다. 다음 구절들을 참조: 『잠과 깨어 있음에 대하여』 3, 456b17~28; 『니코마코스 윤리학』 IX 7, 1167b6~7; 『기상학』 II 8, 366a23, 『동물지』 V 15, 547a6.

216 이른바 알들(ta legomena ōia, 763b4~5): "아리스토텔레스가 말하는 '이른바 알들'은 실제로 난소와 그 내용물이다. 무척추동물은 지방이 없다. 그래서 아리스토텔레스는 '이른바 알들'을 척추동물의 지방에 대응하는 것이라고 말한다"(Platt).

217 지방(piotēs, 763b6): I 19, 727a34 참조.

218 피나(pinna, 763b8): 몸집이 큰 지중해 대합조개의 한 종(Pinna nobilis, fan mussel)이다.

이른바 석호굴[219]이 그렇다. 왜냐하면 계절이 그 자체로서 이들의 신체적 조건에 이롭기 때문이다. 하지만 어떤 것들의 경우, 예를 들어 우렁쉥이의 경우에는 이런 일이 전혀 눈에 띄지 않게 일어난다.

이들 각각에 대해서나 어떤 장소에서 그것들이 발생하는지에 대해서는 『동물지』에서 관찰한 것으로 하자.[220]

219 가리비(kteis), 홍합(mys), 석호굴(limnostreon, 763b13): 『동물지』 I 9, 491b26 참조.

220 유각류에 대한 일반적인 논의는 『동물지』 IV 4를, 그것들의 발생과 영양섭취에 관해서는 각각 V 15와 VIII 2, 590a18~b3 참조.

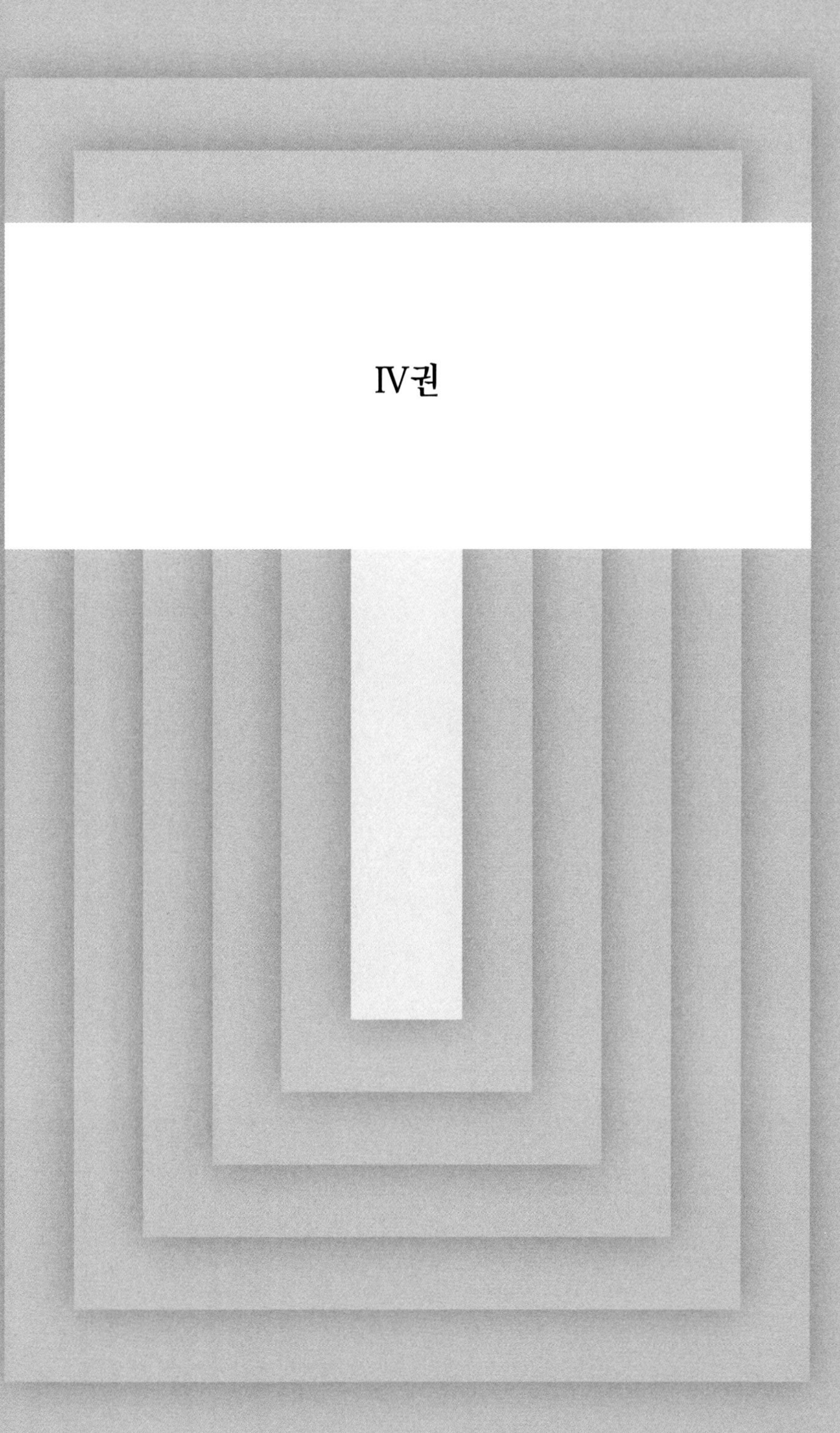

IV권

1장

성별 분화의 원리와 유전

(a) 다양한 이론들

동물들의 발생과 관련해서 모든 사례에 관해서 공통적으로나 독립적으로[1] 이야기했다. 그런데 동물들 가운데 가장 완전한 것들의 경우 암컷과 수컷이 떨어져 있고, 우리는 이런 (성적인) 능력들이 동물들뿐만 아니라 식물들까지 포함해서 모든 것의 원리들이라고 말한다. 하지만 그중 어떤 것들은 그런 능력들을 떨어져 있지 않은 상태로, 다른 것들은 떨어져 있는 상태로 가지고 있다. 그래서 (암수가 따로) 떨어져 있는 것들의 발생에 대해서 먼저 말해야 한다. 왜냐하면 (그렇게 암수 구별이

1 공통적으로나 독립적으로(koinēi kai chōris, 763b21): I 1, 715a1 참조.

있는 동물들의 경우) 유적으로 불완전한 단계에서도[2] 암컷과 수컷이 구별되기 때문이다. 암컷과 수컷의 차이가 우리의 감각에 명백해지기 전부터 있는지, 즉 모태에서 그런 차이를 얻는지 아니면 그 이전에 얻는지는 논란거리다.

아낙사고라스

어떤 사람들은 스페르마 안에 즉시 그런 반대 관계가 존재한다고 말한다. 예를 들어 아낙사고라스와 그 밖의 다른 자연연구자들이 그렇게 말한다. 그들의 말에 따르면 수컷에게서 스페르마가 생겨나고 암컷은
764a 장소를 제공하며 수컷은 오른쪽에서,[3] 암컷은 왼쪽에서 생겨나기 때문이다. [자궁의 오른쪽에 수컷이 놓여 있고, 왼쪽에 암컷이 놓여 있다.]

엠페도클레스, 데모크리토스, 레오파네스

그에 반해 어떤 사람들은 모체 안에서 (암수의 차이가 생긴다고) 주장하는데, 예를 들어 엠페도클레스가 그렇다. 즉 그는 (스페르마가) 뜨거운 자궁에 들어가면 수컷이 되고 차가운 자궁에 들어가면 암컷이 되며, 경혈의 흐름이 더 차가운지 더 뜨거운지, 더 오래된 것인지 최근 것인지[4] 여부가 (자궁의) 열기와 냉기의 원인이라고 말한다.[5] 반면에 압데라의 데모크리토스는 암컷과 수컷의 차이가 모체 안에서 발생한다고 주

---

2 **유적으로 불완전한 단계에서도**(atelōn ontōn en tōi genei, 763b26): 예를 들어 아직 닭이 되지 못한 병아리의 단계를 가리킨다. III 4, 737b8 이하 참조. "현미경으로 확인할 수 있는 성분화의 징표는 알이 부화하는 5일차 무렵에 나타난다"(Peck).

3 즉 오른쪽 고환에서. IV 1, 765a23~24 참조. *DK* 59A42,12도 함께 참조.

4 "물론 최근 것이 더 뜨겁다"(Peck).

5 I 18, 723a25 참조.

장하지만, 열기와 냉기 때문에 암컷과 수컷이 되는 것이 아니라 암컷과 수컷이 서로 차이 나는 부분[6]에서 나온 스페르마 가운데 어느 쪽이 지배하는가에 따라서 그런 일이 일어난다고 말한다.[7]

엠페도클레스는 참으로 (다른 사람들에 비해) 훨씬 더 경솔한 판단을 내렸다. 그는 (생식에 관여하는) 전체 부분들이 생식기와 자궁에 속한 큰 차이를 갖는 것을 보면서 이것들이 서로 차이 나는 것이 오직 냉기와 열기 때문이라고 생각했다. 그 이유는 다음과 같다.[8] 동물들이 모양을 갖춘 상태에서, 즉 한쪽은 모두 암컷의 부분들을 갖고 다른 쪽은 모두 수컷의 부분들을 갖춘 상태에서, 마치 가마 안에 들어가듯이 자궁 안으로 들어가, 자궁을 가진 것은 뜨거운 쪽으로, 그렇지 않은 것은 차가운 쪽으로 놓이게 된다고 전제해보자. 그렇다면 자궁을 갖지 않은 것은 암컷이 되고 자궁을 가진 것은 수컷이 될 것이다.[9] 하지만 이것은 불가능하다. 따라서 적어도 이 점에서는 데모크리토스의 말이 더 나을 것이다. 왜냐하면 그는 이 발생의 차이[10]를 탐구하고 이에 대한 설명을 시도하기 때문이다. 하지만 그의 말이 옳은지 옳지 않은지는 또 다른 논의거리이다.

게다가 (엠페도클레스의 말대로) 열기와 냉기가 그 부분들이 가진 차이의 원인이라고 하더라도, 그렇게 말하는 사람들은 이것을[11] 말했어

6 암컷과 수컷이 서로 차이 나는 부분(hoi diapherousin allēlōn to thēly kai to arren, 764a11): 특히 암컷의 생식기와 수컷의 생식기.

7 *DK* 68A143 참조.

8 엠페도클레스의 판단이 경솔한 이유에 대한 설명이 이어진다.

9 성별의 차이를 자궁 내의 열기나 냉기, 혹은 위치만으로는 설명할 수 없다는 말이다.

10 즉 성별 발생의 차이.

11 즉 열기와 냉기가 왜 성별의 차이를 낳는지를.

야 한다. 왜냐하면 바로 그것이 — 말하자면 — 수컷과 암컷의 발생에 관해서 설명하는 것이기 때문이다. 이것이 그들 사이의 차이를 분명하게 만들기 때문이다. 하지만 그 원리를 출발점으로 삼아 그런 부분들의 발생에 관해서 원인을 끌어대는 것[12]은 간단한 일이 아니다. 어떻게 동물의 (몸이) 차가워지면 필연적으로 그에 수반해서 사람들이 '자궁'이라고 부르는 바로 그 부분이 생겨나고, 뜨거워지면 그 부분이 생겨나지 않을까? 성교에 기여하는 부분들에 관해서도 사정이 똑같다. 왜냐하면 앞서 말했듯이,[13] 이것들도 (성별에 따라) 차이가 나기 때문이다.

또 자궁의 동일한 부분에서 암수 쌍둥이[14]가 동시에 생겨나는 일이 자주 있다. 우리는 이것을 해부를 통해서, 보행동물들뿐만 아니라 물고기들까지 포함해서 새끼를 낳는 모든 동물들에게서 충분히 관찰했다. 만일 그가[15] 그것들에 관해서 실제로 보지 못했다면, 그 원인을 제
764b 시하면서 잘못을 범한 것이 납득이 가지만, 만일 그가 실제로 보았다면, 그런 뒤에도 자궁의 열기나 냉기를 (성별 발생의) 원인으로 여기는 것은 터무니없는 일이다. (그의 말이 옳다면) 태어난 쌍둥이가 둘 다 암컷이거나 수컷이 될 텐데, 실제로 우리는 그런 일이 일어나는 것을 보지 못하기 때문이다.

그는 또 생겨나는 것의 부분들이 '찢겨진다'[16]고 말한다(왜냐하면 그의 말에 따르면 그것들 가운데 일부는 수컷 안에, 다른 일부는 암컷 안

---

12 즉 냉기와 열기라는 원리를 출발점으로 삼아 수컷의 생식기와 암컷의 자궁의 발생에 관해서 원인을 끌어대는 것(tēn aitian synagagein, 764a28).

13 I 2 참조.

14 쌍둥이(didyma, 764a33): IV 4, 772b14와 IV 6, 775a23 참조.

15 즉 엠페도클레스.

16 찢겨진다(diespasthai, 764b4): I 18, 722b12와 IV 1, 764b17 참조.

에 있으며, 그렇기 때문에 서로 성교를 욕구한다). 이 말이 옳다면, 그런 부분들의 크기도 반으로 나뉘고 나중에 결합이 일어나야 할 터인데, 그 원인은 냉각이나 열에 의한 것이 아니다.[17] 하지만 [스페르마에 대한][18] 그런 종류의 인과적 설명에 관해서는 많은 것을 말할 수 있을 것이다. 왜냐하면 전체적으로 그런 방식의 인과적 설명[19]은 허구적인 것 같기 때문이다. 그에 반해 스페르마와 관련된 사정이 우리가 말한 것과 같아서, 스페르마가 몸 전체에서 나오지도 않고 수컷에게서 나오는 것이 생겨나는 것들에게 전혀 질료를 제공하지도 않는다면, 우리는 엠페도클레스에 대해서뿐만 아니라 데모크리토스에 대해서도, 그리고 다른 어떤 사람이 그렇게 말한다면 그에 대해서도 유사하게 대응해야 한다. 즉 (a) 스페르마의 본체는 일부가 암컷 안에, 다른 일부가 수컷 안에 있게 되는 방식으로 찢겨질 수 없다. 다시 말해서 엠페도클레스의 말처럼 찢겨질 수 없다.

"부분들의 본성이 찢겨져, 한쪽은 남자의… 안에…"[20]

또 (b) (데모크리토스가 말하듯이) 양쪽으로부터 각각 모든 것이 배출

17 "태아의 부분들(예를 들어 심장)은 부모의 스페르마 안에서 이미 결합되어 있을 수 없다. 따라서 그것들은 (크기를 가진 사물들로서) 거기서 나뉘어 있다가 자궁에서 결합되어야 한다. 하지만 이는 냉각이나 가열에 의한 것일 수 없다. 왜냐하면 냉각은 암컷의 부분들을, 가열은 수컷의 부분들을 만들지만 많은 부분들은 암수를 불문하고 똑같기 때문이다"(Reeve).

18 764b8~9의 tou spermatos(스페르마에 대한)는 Peck을 따라 빼고 읽었다.

19 **그런 방식의 인과적 설명**(ho tropos tēs aitias, 764b9): 여기서는 aitia를 '원인'이 아니라 원인을 제시하는 '인과적 설명'이라고 이해하는 것이 더 적절할 것이다.

20 *DK* 31B63. I 18, 722b12 참조.

되어 한 부분이 다른 부분을 지배함으로써[21] 하나는 암컷이, 다른 하나는 수컷이 되는 일도 있을 수 없다.

전체적으로 보면 '한 부분의 지배적 우위가 암컷을 만든다'는 말이 그에 대해 아무것도 생각하지 않고서 뜨거운 것만을 원인으로 내세우는 것보다 더 낫다. 하지만 그와 동시에 생식기의 형태까지 (함께) 달라지는 일이 뒤따르기 때문에 이것들이 항상 동반 관계에 있다[22]는 데 대해 또 다른 설명이 필요하다. 만일 '그것들이 서로 가깝기 때문에 그렇다'고 대답한다면, (생식기뿐만 아니라) 나머지 부분들도 각각 그에 동반되어야 할 것이기 때문이다.[23] 즉 이기는 부분들 중 하나가 다른 하나와 가까워서, 결과적으로 암컷은 어미와 닮을 것이고 수컷은 아비와 닮을 것이기 때문이다.

또 신체 전체가 변화를 겪지 않은 상태에서 이 부분들만 생겨나야 한다고 생각하는 것도 터무니없다.[24] 특히 맨 처음 혈관들이 생기고 그 주변을 — 마치 밑그림의 둘레에 그렇게 되듯이[25] — 살로 이루어진 몸이 둘러싼다. 혈관들이 자궁 때문에 그런 성질을 갖게 되는 것이 아니라 혈관들 때문에 자궁이 그런 성질을 갖게 된다고 보는 것이 이치에 맞다. 둘 다 특정한 성질의 피를 담는 수용체이지만, 혈관들의 수용체

21 즉 한쪽의 생식기가 다른 쪽 생식기를 지배함으로써. IV 1, 764a10~11 참조.

22 동반관계에 있다(synakolouthein, 764b23): 생식기 부분과 자궁의 관계를 두고 하는 말이다.

23 예를 들어 자식이 아버지를 닮아 남자의 생식기를 가지고 있다면, 그 자식은 나머지 모든 부분에서도 아버지를 닮아야 한다는 말이다.

24 I 2, 716b2 이하와 IV 1, 766a24 이하 참조.

25 II 6, 743a1~2 참조.

가 더 앞서기 때문이다.[26] 운동을 낳는 원리가 필연적으로 항상 앞서고 그것이 특정한 성질을 가지고 있기 때문에[27] 발생의 원인이 된다. 그런데 암컷들과 수컷들에게는 그 부분들 사이의 차이가 속하지만, 이 차이는 원리도, 원인도 아니고 다른 것[28]이 그렇다고 생각해야 한다. 암컷이나 수컷으로부터 스페르마[29]가 배출되지 않고 다른 어떤 방식으로 생겨나는 것이 형성되는 경우에도 마찬가지다.

수컷은 오른쪽에서, 암컷은 왼쪽에서 생긴다고 말하는 사람들[30]에게도 엠페도클레스와 데모크리토스에게 해당되는 것과 동일한 주장이 적용된다. 그 이유는 이렇다. 만일 수컷이 아무 질료도 제공하지 않는다면, 그렇게 말하는 사람들은 아무것도 말하는 바가 없을 것이다. 반면에 그들의 말대로 수컷도 질료를 제공한다면, 필연적으로 엠페도클레스의 주장에 대해서도 똑같이 대응해야 하기 때문이다. 즉 엠페도클레스는 암컷과 수컷을 자궁의 열기와 냉기에 의해서 규정한다. 그런데 다른 사람들은 동일한 것이 이 일을 한다고 말하는 셈이다. 즉 그들은 암컷과 수컷이 (나머지) 부분들 전체에서도 차이가 나는 것을 보면서, 그 둘을 오른쪽과 왼쪽을 통해서 구분한다. 그렇다면 어떤 원인 때문에 왼쪽에서 생기는 것들에게는 자궁을 이루는 물체가 속하고, 오른쪽에

26 배아 발달 과정에서 심장의 혈관들이 자궁보다 먼저 생긴다. II 4, 740a17~19 참조.

27 그것이 특정한 성질을 가지고 있기 때문에(tōi poian einai tina, 764b35): 운동은 운동을 낳는 원리의 특정한 성질에 의존한다. 이를 일반화해서 아리스토텔레스는 "생성은 실체에 수반된다(tēi gar ousiai hē genesis akolouthei)"고 말한다. V 1, 778b6 참조.

28 IV 1, 766b2 이하에 따르면 암컷과 수컷의 차이는 심장의 열기의 차이에서 생긴다. 즉 심장의 열기의 차이가 암수 구별의 원리이자 원인이다.

29 765a3의 to sperma는 빼고 읽었다.

30 예를 들어 아낙사고라스가 그렇다. III 11, 762b33 참조.

서 생기는 것들에게는 그렇지 않을까? 만일 동물이 (왼쪽에서) 생기지만 이 부분을 갖지 않는다면 그것은 자궁 없는 암컷이 될 것이고, 사정에 따라서 우연히 자궁을 가진 수컷이 될 것이다. [더욱이 앞서 말한 대로, 암컷이 자궁의 오른쪽에 있고 수컷이 왼쪽에 있고 둘 다 같은 부분에 있는 것이 목격되었는데,[31] 이런 일은 (예외적으로) 단 한 번 있는 일이 아니라 자주 있는 일이다. 혹은 수컷이 오른쪽에, 암컷이 왼쪽에 있고 그에 못지않게 둘 다 오른쪽에서 생기는 경우가 있다.][32]

이와 비슷하게 어떤 사람들은 이런 설명에 설득되어, (정액을) 내놓는 것이 오른쪽 고환인가 왼쪽 고환인가에 따라서[33] 교미하는 자들이 수컷을 낳거나 암컷을 낳는 일이 뒤따른다고 말한다. 레오파네스[34]도 이렇게 말했다. 어떤 사람들은 한쪽 고환이 거세를 당한 동물들의 경우 이와 똑같은 일이 뒤따른다고 말한다. 하지만 이들의 주장은 옳지 않다. 그들은 그럴 듯한 것들을 출발점으로 삼아[35] 장차 일어날 결과를 추정하고 그런 일이 일어난 것을 보기도 전에 사실이 그렇다고 미리 판단한다. 게다가 그들은 동물들에게 속한 이런 부분들[36]이 수컷의 발생이나 암컷의 발생에 아무 역할도 하지 못한다는 것을 전혀 알지 못한다. 그에 대한 징표는 이렇다. 많은 동물에게 암수의 구별이 있고, 어떤 것은 암컷을, 어떤 것은 수컷을 낳지만 고환이 없다. 예를 들어 물고기

31 IV 1, 764a33~36 참조

32 Peck의 말대로 이 문장은 전체 논변과 무관하기 때문에 삭제해야 할 것이다.

33 IV 1, 763b33 참조.

34 레오파네스(Leophanes, 765a25)는 테오프라스토스(Theophrastos)의 『식물들의 원인들에 대하여(*De Causis Plantarum*)』 II 4, 11에서 인용된다.

35 그럴 듯한 것들을 출발점으로 삼아(ek tōn eikotōn, 765a27~28).

36 즉 오른쪽과 왼쪽의 고환.

의 부류나 뱀들의 부류처럼 발이 없는 것들이 그렇다.[37]

열기와 냉기가 수컷과 암컷의 원인이라고 생각하는 것, 즉 배출이 오른쪽에서 일어나는지 왼쪽에서 일어나는지가 그에 대한 원인이라고 생각하는 것은 어느 정도 근거가 있다. 왜냐하면 몸의 오른쪽은 왼쪽보다 더 뜨겁고 열처리된 스페르마가 더 뜨겁기 때문이다.[38] 응집된 것도 그런 성질을 갖는데, 응집된 것은 생식력이 더 뛰어나다.[39] 하지만 이렇게 말하는 것은 너무 멀리서 원인을 취하는 것이다. 우리는 최대한 첫째 원인들에 가까이 있을 수 있는 것들로부터 그 문제에 접근해야 한다.[40]

(b) 암수의 기본적인 차이

그런데 신체 전체와 그 부분들에 관해서 그것들이 각각 무엇이고 어떤 원인 때문에 있는지는 앞서 다른 곳에서[41] 이야기했다. 하지만 수컷과 암컷은 어떤 능력과 무능력에 의해서 구별되기 때문에(열처리를 하고 (배아를) 형성하며 형상의 원리[42]를 가진 스페르마를 방출할 수 있

37 I 3, 716b14 이하 참조.

38 그렇다면 오른쪽에서 나오는 스페르마가 더 뜨거울 것이다.

39 **응집된 것**(to synestos, 765b4): 응집된 것은 **생식력이 더 뛰어나**(gonimōteron) 수컷을 낳을 수 있다는 뜻이다.

40 『자연학』 I 1, 184a10 이하 참조. **첫째 원인들**(prōtai aitiai, 765b6)은 "결과에 더 가까이 있는 근접 원인들(proximate causes)을 가리킨다. 이런 원인들을 결과에 이르는 인과연쇄에서 첫째 자리에 오기 때문에 첫째 원인들이다"(Reeve).

41 『동물부분론』 II~IV 참조. I 1, 716a18 이하도 함께 참조.

42 **형상의 원리**(archē tou eidous, 765b11): I 18, 724b6; I 20, 729a9~11; II 1, 732a5 참조.

는 능력을 가진 것이 수컷이다.[43] 그런데 내가 말하는 '원리'란 낳는 자와 같은 종류의 동물이 생겨날 때 그것의 질료 역할을 하는 원리가 아니라 운동을 낳는 원리[44]를 가리킨다. 이것이 자기 자신 안에서나 다른 것 안에서[45] 그런 작용을 할 수 있다면 그렇게 불린다. 반면에 (그런 운동을) 수용하지만, 형성해내고 (스페르마를) 방출하는 능력을 갖지 못하는 것은 암컷이다), 또 모든 열처리가 뜨거운 것에 의해서 이루어지는 가공작업이라면, 동물들 가운데 수컷들은 암컷들보다 필연적으로 더 뜨거울 수밖에 없다. 왜냐하면 암컷이 신체의 특정한 부분들에 피가 많은 것은 냉기와 그런 무능력 탓이기 때문이다. 이는 몇몇 사람들이 암컷이 수컷보다 더 뜨겁다고 말하면서 제시하는 근거, 즉 암컷이 경혈을 내보낸다는 주장에 반대되는 징표이기도 하다. 즉 그들은 피가 뜨거운데 암컷이 더 많은 양의 피를 갖는다고 생각한다. 하지만 그들은 그런 수동적 변이가 피와 열기의 과잉 탓에 발생한다고 상정하는데, 이는 축축하고 색깔까지 피와 같으면 모든 것이 똑같이 피가 될 수 있다고 생각하면서, 영양섭취를 잘한 동물들의 경우에 피가 적어지고 더 순수해진다는 것을 고려하지 않는 것과 같다. 그들은 피를 장 안에 있는 잔여물과 같은 것처럼 여기고 피가 적은 것보다 많은 것이 더 뜨거운 본성의 징표라고 생각한다. 하지만 사실은 정반대이다.[46] 왜냐하면 열매와 연관된 가공작업들에 있어서 첫 단계의 영양분이 많아도[47] 유용한

43 I 18, 724a29 이하와 IV 1, 766b12 이하 참조.

44 운동을 낳는 원리(hē kinousa 〈archē〉, 765b13): IV 1, 764b34와 V 1, 778b1 참조.

45 I 18, 724a29 이하 참조.

46 IV 1, 766b22 이하 참조.

47 I 18, 725a17~18 참조.

것은 소량 배출될 뿐이고 마지막으로 최종적인 것은 처음의 많은 양에 비하면 없는 것과 마찬가지이듯이, 신체 안에서도 부분들은 (첫 단계의 영양분을) 나눠 받아 작업하며 가장 마지막에는 전체 영양분으로부터 아주 적은 양이 생겨나기 때문이다.[48] 이것은 어떤 동물들의 경우에는 피이고, 다른 것들의 경우에는 그것에 대응하는 것이다.

배아 안에서의 성별 결정

한쪽은 순수한 잔여물을 방출하는 능력이 있고 다른 쪽은 그럴 능력이 없다. 그런데 각각의 능력에 대해 특정한 기관이 있으며, 이 기관은 해당 능력을 완수하는 데서 더 못하건 더 낫건 동일하다. 또 '능력이 있다'[49]와 '능력이 없다'는 여러 가지 뜻으로 쓰이지만 암컷과 수컷은 바로 이런 방식으로 대립한다. 따라서 암컷에게나 수컷에게나 기관이 있어야 한다.[50] 그런데 암컷의 경우 자궁이, 수컷의 경우에는 '회음부'가 그런 기관이다. 자연은 각 동물에게 능력을 주면서 기관도 함께 준다. 그렇게 하는 것이 더 좋기 때문이다. 이런 이유에서 (몸의) 각 부위들이 방출물들 및 능력들과 함께 생겨나는데, 이는 눈 없이는 시각이 없고 시각 없이는 눈이 완전한 상태에 이르지 못하는 것과 마찬가지다. 장들과 방광도 (신체 안에) 잔여물이 생겨날 수 있는 능력이 갖춰지면 그와 동시에 생겨난다. 발생과 자라남의 출처는 동일한 것이기 때문에[51]

48 I 20, 728a25~30 참조.
49 능력이 있다(dynaton, 766a2): 여기서는 '더 잘 할 수 있다'는 뜻까지 포함한다. 『형이상학』 V 12와 IX 참조.
50 I 2, 716a33 이하 참조.
51 II 6, 744b32 이하 참조.

— 영양분이 그런 것이다 — 각 부분은 자신이 수용할 수 있는 것과 같은 종류의 질료로부터, 즉 그런 종류의 잔여물로부터 생겨날 수 있을 것이다. 또 달리 말하면, 우리가 말하듯이, 어떤 뜻에서는 그에 반대되는 것으로부터 생겨난다. 셋째로, 이런 점들에 덧붙여 소멸이 반대되는 것으로 일어난다면, 제작하는 것에 의해서 지배되지 않은 것은 필연적으로 그와 반대되는 것으로 변화할 수밖에 없다.[52] 이런 것들을 기본으로 삼는다면, 그때 이미 어떤 원인 때문에 암컷과 수컷이 생겨나는지가 더 분명해질 것이다. 왜냐하면 원리[53]가 지배하지 못하고 열기의 결핍 때문에 열처리를 할 능력이 없어 자신의 고유한 형상[54]으로 인도하지 못하고 그 측면에서 제압되면, (질료는) 필연적으로 반대되는 것으로 변화[55]할 수밖에 없기 때문이다. 그런데 수컷에 반대되는 것은 암컷이고 (이런 반대 관계는) 한쪽은 암컷이, 다른 쪽은 수컷이 되는 바로 그 측면에서 성립한다. 그런데 (암컷과 수컷은) 능력에서 차이를 갖기 때문에 이들에게 속한 기관도 차이가 나며, 그 결과 그런 것으로의 변화가

52 **제작하는 것에 의해서 지배되지 않은 것은 필연적으로 그와 반대되는 것으로 변화할 수밖에 없다**(to mē kratoumenon hypo tou dēmiourgontos anankē metaballein eis touantion, 766a15): 이 주장은 성별의 발생과 유전 현상에 대한 이어지는 설명에서 일반적 원리 역할을 한다. 766b15 이하와 768a2 이하 참조.

53 즉 수컷의 스페르마에 속한 운동의 원리. III 11, 762b2; IV 1, 765b11; IV 3, 767b17 이하 참조.

54 **자신의 고유한 형상**(to idion eidos to hautou, 766a19~20): Peck은 '고유한 형상'이 수컷의 성을 가리키는 것이라고 본다. 하지만 수컷의 형태(morphē)까지 포함하는 뜻으로 보아야 할 것이다. IV 3, 767b30 참조.

55 **반대되는 것으로 변화**(eis touantion metaballein, 766a20~21): 여기서 '변화하다 (metaballein)'의 주어가 생략되어 있어서 '무엇이' 반대되는 것으로 변화하는지가 분명치 않다. 하지만 IV 1, 766a15~16을 참고하면 '지배되지 않는 것(to mē kratoumenon)', 즉 질료(hylē)가 주어의 자리에 오는 것으로 보아야 할 것 같다. IV 3, 768a1 이하를 함께 참조.

이루어진다. 생명 활동에 중요한 한 부분이 변화하면 동물의 전체 형성 상태가 형상에서 많이 달라진다.[56] 거세된 사내들의 경우 한 부분이 거세되면 처음 형태가 크게 변화해서 여성의 겉모습[57]에 아주 가까워지는 것을 볼 수 있다. 부분들 가운데 어떤 것들은 시작이 되는 원리들이라는 것이 그 원인이다. 원리가 운동을 겪으면 그에 수반되는 많은 것이 필연적으로 달라진다.[58]

성 분화의 궁극적인 원인은 심장이다

(1) 수컷이 일종의 원리이자 원인이라면, (2) 수컷은 무언가를 할 수 있는 '한에서' 수컷이고, 암컷은 그것을 할 수 없는 '한에서' 암컷이다.[59] 그런데 (3) 능력과 무능력의 경계는 최후의 영양분을 열처리할 수 있는지 열처리할 수 없는지에 놓여 있다. 피 있는 동물들의 경우에는 그렇게 열처리된 것이 '피'라고 불리고 그 밖의 동물들의 경우에는 그것에 대응하는 것인데, (4) 그 원인은 원리 안에, 즉 본성적인 열기의 시작점을 가진 부분 안에 있다.[60] 따라서 피 있는 동물들의 경우에는 필연적

56 동물의 전체 형성 상태가 형상에서 많이 달라진다(holō hē systasis tou zōiou poly tōi eidei diapherei, 766a24~25): 이에 대해서는 다음의 영어 번역들을 참조: "the whole make-up the animal differs greatly in appearance and form"(Peck), "the whole composition of the animal differs greatly in form"(Reeve).

57 겉모습(idea, 766a28): 766a24 이하에서 '형상(eidos)', '형태(morphē)', '겉모습'은 같은 뜻으로 쓰인다.

58 IV 1, 764b24~25 참조.

59 IV 1, 765b8 참조.

60 그 원인은 원리 안에, 즉 본성적인 열기의 시작점을 가진 부분 안에 있다(toutou de to aition en tēi archēi kai tōi moriōi tōi echonti tēn tēs physikēs thermotētos archēn, 766a34~35): 본성적인 열기의 작용이 시작되는 부분인 심장이 피의 원인이라는 말이다.

766b 으로 심장이 형성되고 (그 결과) 생겨나는 것은 수컷이나 암컷이 될 것이다. 그리고 암컷과 수컷의 구별이 있는 나머지 부류들[61]의 경우에는 심장에 대응하는 것이 있다. 그런데 암컷과 수컷의 원리뿐만 아니라 원인 자체는 그 안에 있다. 암컷과 수컷의 차이를 이루는 부분들까지 가질 때, 그때 암컷과 수컷이 존재한다. 왜냐하면 보는 것과 듣는 것이 그렇듯, 암컷과 수컷은 임의적인 부분에 달려 있는 것이 아니기 때문이다.

성별의 차이를 갖는 부분들이 형성되는 데 따르는 결과들

(앞서 말한 것을) 다시 취해서[62] 우리는 스페르마가 영양분의 잔여물로서 그것의 최종적인 것으로 놓여 있다고 말한다. ('최종적인 것'이란 신체의 각 부분으로 옮겨지는 것을 가리킨다. 생겨난 것이 낳은 자와 닮는 것도 이런 이유 때문이다. 왜냐하면 '각 부분에서 나왔다'고 말하거나 '각 부분에 도달했다'[63]고 말하거나 (닮음을 설명하는 데서는) 둘 사이에 아무 차이도 없지만, 뒤의 방식으로 말하는 것이 더 옳기 때문이다.) 수컷의 스페르마는 자신 안에[동물 안에서도] 운동을 낳고 최종적인 영양분을 열처리해서 작업할 수 있는 원리를 가지고 있지만, 암컷의 (스페르마[64]는) 질료만을 가지고 있다는 점에서 차이가 난다. 그래

61 즉 피 없는 동물들.

62 이 단락은 IV 1, 765b8~766b7에 대한 요약이다.

63 각 부분에서 나왔다(ap' hekastou tōn moriōn apelthein, 766b10~11), 각 부분에 도달했다(pros hekaston proselthein, 766b11): 범생설이 유전 현상을 설명하는 방식에 대해서는 I 17, 721b13 이하, 특히 725a21~726a28 참조.

64 암컷의 (스페르마)(to tou thēleos, 766b14): 앞에서 나온 낱말 sperma를 보충해서 읽었다. 물론 이때 암컷의 '스페르마'는 경혈을 가리킨다.

서 (수컷의 스페르마가) 지배하면 (질료를) 자기 자신에게로 이끌지만,[65] 지배 당하면 그에 반대되는 것으로 변화시키거나 소멸로 이끈다. 암컷은 수컷에 반대되고, 열처리 부족과 피의 성질을 가진 영양분의 냉기를 특징으로 갖는다. 자연은 각 잔여물에 그것을 수용할 수 있는 부분을 제공한다. 스페르마는 잔여물이고, 이것은 피 있는 동물들의 경우 더 뜨거운 것들, 즉 수컷들 안에 적당량이 들어 있는데, 이런 이유에서 수컷들에게는 그런 잔여물을 수용하는 부분들이 관들이다. 반면에 암컷들의 경우에는 영양분의 열처리 부족 때문에 피의 성질을 가진 것의 양이 많고(아직 가공작업이 안 된 상태에 있기 때문이다), 따라서 필연적으로 그것을 수용할 수 있는 특정한 부분이 있어야 하고 그것은 (수컷의 정관들과) 유사하지 않고 일정한 크기를 가져야 한다. 이런 이유에서 자궁의 본성은 그런 성질을 갖는다. 바로 이 부분에 의해서 암컷은 수컷과 다르다.[66]

이제껏 어떤 원인 때문에 암컷과 수컷이 생기는지 이야기했다.

65 이 문장은 주어와 목적어가 생략되어 있다. 하지만 맥락을 따라 주어를 '수컷의 스페르마(to tou arrenos sperma)'(766b12)로, '이끌다'의 목적어를 앞 문장의 '질료'로 보아야 할 것이다. 질료를 '자신에게로 이끈다(eis hauto)'(766b15)는, 질료를 '자신의 고유한 형상으로(to idion eidos to hautou)'(766a19~20) 이끈다는 뜻이다. IV 1, 766a18~19 참조.

66 II 4, 738b35 이하 참조.

2장

(c) 이론을 뒷받침하는 사실들

766b28 실제로 일어나는 일들이 앞서 말한 것들에 대한 증표이다. 왜냐하면 어린 동물들은 절정기의 동물들보다 암컷을 낳는 경우가 더 많고, 더 나이를 먹은 동물들도 그렇기 때문이다. 앞의 경우에는 뜨거운 것이 아직 완전하지 않고, 뒤의 경우에는 부족하다.[67]

몸이 더 축축하고 여성적인 특징을 더 많이 가진 것들은 암컷을 낳는 경우가 더 많고, 또 응집된 것들보다 축축한 스페르마들이 그렇다. 왜냐하면 이런 일은 모두 본성적인 열기[68]의 결핍 때문에 일어난다.

또 북풍이 불어 수컷을 낳는 경우가 남풍이 불어 그런 경우보다 더

67 IV 1, 766a35~36, 2, 766b34 참조.

68 본성적인 열기(thermotēs physikē, 766b34): II 1, 732b32와 IV 1, 766a35 참조.

많은데,[69] 〈이런 일이 일어나는 것은 동일한 원인 때문이다. 남풍이 불면 신체들이 더 축축하기 때문이다.〉 그래서 잔여물을 더 많이 남긴다. 그런데 잔여물이 더 많으면 열처리가 더 어렵다. 이런 이유에서 남자들의 경우에는 스페르마가 더 축축하고, 여자들의 경우에는 방출되는 경혈이 그렇다.

본성상 경혈이 달들이 저물 때 더 많이 생기는 일도 똑같은 원인 때문에 일어난다. 매달 이 시기는 달이 기울고[70] 사라지기 때문에 더 차갑고 더 축축하다. 왜냐하면 태양은 한 해 전체에 걸쳐 겨울과 여름을 낳지만, 달은 매달 그런 일을 하기 때문이다. [이런 일은 동지나 하지 때문이 아니라 빛이 증가하거나 소멸하면서 일어난다.] 양치기들도 암컷의 출산과 수컷의 출산에 관련된 차이에 대해서 말하는데, 이들에 따르면 그 차이는 교미가 북풍이 불 때 일어나는지 남풍이 불 때 일어나는지에 달려 있을 뿐만 아니라, 교미하는 동물들이 북쪽을 바라보는지 남쪽을 바라보는지에도 달려 있다.[71] 이처럼 (양치기들의 말에 따르면) 때때로 작은 변화가 냉기와 열기의 원인이 되고 이것들이 발생의 원인이 된다.

(d) 균형의 중요성

그래서 전체적으로 볼 때 암컷과 수컷은 앞에서 말한 이유들 때문에 수컷의 출산 및 암컷의 출산과 관련해서 서로 간격이 있지만, 그뿐

69 "남쪽에서 바람이 불면 공기에 물기가 더 많기 때문에 그렇다는 말이다"(Platt). 『동물지』 VI 19, 573b34 참조.

70 IV 10, 777b24 이하 참조.

71 『동물지』 VI 19, 574a2 참조.

만 아니라 그것들은 서로 균형[72]을 이루어야 한다. 왜냐하면 기술이나 자연에 의해서 생겨나는 것은 모두 어떤 로고스[73]에 의존하기 때문이다. 뜨거운 것이 너무 지배하면 축축한 것들을 말리고, 너무 부족하면 그것을 형성하지 못한다. 열기는 제작되는 것과의 관계에서 중간의 로고스[74]를 갖추어야 한다. 그렇지 않으면, 마치 먹을 것을 익힐 때 불기운이 세면 태우고, 부족하면 익히지 못해서 두 경우 모두 생겨나는 것이 완전함에 이르지 못하는 일이 일어나는 것과 마찬가지로, 수컷과 암컷의 교합에도 적절한 균형이 필요하다. 그리고 이런 이유 때문에 많은 경우 수컷과 암컷이 몸을 섞어도 새끼를 낳지 못하다가 짝을 바꾸면 새끼를 낳는다. 이런 반대 상태들이 어떤 때는 젊은 사람들 사이에서, 또 어떤 때는 늙은 사람들 사이에서 발생하는데, 이는 출산, 생식불능, 수컷의 출산이나 암컷의 출산에 똑같이 관계된다.

기후의 영향

이런 측면에서 이 지역과 저 지역이 다르고 이 곳의 물과 저 곳의 물이 다른 것도 같은 이유 때문이다. 특히 영양분이나 신체의 체질이 어떤 성질을 갖는지는 주변 공기와 섭취하는 먹거리들의 배합에 달려 있고,[75] 특히 마시는 물에 달려 있다. 왜냐하면 몸에 들어오는 것 가운데

72 균형(symmetria, 767a16): 이에 대해서는 I 18, 723a30; IV 4, 772a17; IV 10, 777b25 참조.

73 어떤 로고스(logos tis, 767a17): 균형에 적합한 비율을 뜻한다. I 18, 725a25 이하와 II 1, 734b19~735a4 참조.

74 중간의 로고스(ho tou mesou logos, 767a19~20): '제작되는 것(demiourgomenon)', 즉 경혈을 새로운 생명체로 형성해내기에 적절한 균형을 이루는 로고스.

75 먹거리들의 배합에 달려 있다(dia tēn krasin tou periestōtos, 767a30~31): 체질

물이 가장 많은 부분을 차지하고, 물은 모든 것 안에, 심지어 마른 것들 안에도 영양분으로 들어 있기 때문이다. 이런 이유에서 세고 차가운 물은 어떤 경우에는 불임을, 어떤 경우에는 암컷의 출산을 초래한다.

••

(diathesis)이 먹거리의 배합에 의존한다는 말의 뜻에 대해서는 IV 10, 777b6~7 참조.

3장

(e) 부모와 자녀의 유사성. 유전 이론

767a36 동일한 원인들이 다음과 같은 사실들에도 해당된다. (어떤 자식들은) 산출한 자들과 닮았고[76] (어떤 자식들은) 닮지 않았다. 또 (어떤 자식들은)
767b 아버지와, (어떤 자식들은) 어머니와 닮는데, 신체 전체에서뿐만 아니라 각각의 부분에서도 그렇다. 또 조상들보다 부모들과 더 닮았으며, 아무 관계가 없는 사람들보다 조상들과 더 닮았고, 남아들은 아버지와, 여아들[77]은 어머니와 더 닮았으며, 일부는 친척들 가운데 누구와도[78]

---

76 산출한 자들과 닮았고(eoikota gignesthai tois teknōsasi, 767a36~37).

77 arren과 thēly는 보통 동물의 '수컷'과 '암컷'을 가리키지만 지금 맥락에서는 사람을 중심으로 유전 현상을 설명하고 있기 때문에 '남아'와 '여아'로 옮겼다.

78 친척들 가운데 누구와도(outheni tōn syngenōn, 767b4): I 1, 715b3에 대한 각주 참조.

닮지 않았지만 그럼에도 불구하고 어떤 사람과 닮았다. 일부는 겉모습이 사람과도 닮지 않고 이미 '이변'과 닮았다.[79] 왜냐하면 낳는 자들과 닮지 않은 자는 이미 어떤 측면에서 '이변'이기도 하기 때문이다. 이런 사례들의 경우 본성이 어떤 측면에서 유에서 벗어났기[80] 때문이다.

(f) 기본형으로부터의 일탈

수컷이 아니라 암컷이 되는 것이 (그런 이변의) 첫 시작이지만, (a) 그것은 본성상 필연적인 일이다.[81] 왜냐하면 암컷과 수컷으로 떨어져 있는 것들의 유가 보존되어야[82] 하기 때문이다. 그리고 (b) 나이가 어리거나 노령 때문에, 혹은 그런 종류의 다른 어떤 원인 때문에 수컷(의 힘)[83]이 지배할 수 없으면 필연적으로 동물들에게서 암컷의 출산이 일어난

79 겉모습이⋯ 이미 이변과 닮았다(tēn idean ⋯ ēdē terati, 767b5): '이변'이라고 옮긴 teras는 본래 하늘의 이상한 징조를 가리키는 말이다(『일리아스』 11:28; 12:229; 17:548). 하지만 『동물발생론』에서는 이 낱말이, 아비를 닮은 수컷이 태어나는 것 이외의 모든 현상을 뜻하는 것으로 아주 넓게 쓰인다.

80 유에서 벗어났다(parekbebēke ⋯ ek tou genous, 767b7): 동사 parekbainein은 existasthai(일탈)과 같은 뜻으로 쓰인다. IV 3, 768a2, 15, b8 참조.

81 여아의 출생은 '이변'이지만, 그렇게 불리는 다른 경우들과 달리 자연의 정상적 과정의 결과이다. 엄밀한 뜻의 '이변'에 대해서는 IV 3, 769b10 이하 참조. "이 문장의 초점은 본성적인 필연성으로서 암컷의 발생(IV 6, 775a15~16에서 여성성이 '본성적인 결함(anapēria physikē)'이라고 불리는 것도 같은 뜻이다)을 본성이 '어떤 측면에서 유에서 벗어났기 때문에'(IV 3, 767b6~7) 일어나는 이변의 발생과 구별하는 데 있다. 암컷의 발생은 분명 그런 종류의 일탈이 아니다. 일탈이 이루어진다면 자손은 양쪽 부모(geneusin)(767b6)와 닮지 않아야 하기 때문이다. 이것은 정상적인 암컷 새끼에는 들어맞지 않는 기술이다"(Reeve). IV 6, 775a15 이하도 함께 참조.

82 유가 보존되어야(sōzesthai to genos, 767b9): 『영혼론』 II 4, 415a24 이하 참조.

83 I 18, 725b19 이하 참조. 원문의 to arren은 '수컷'보다 '수컷의 힘'을 뜻한다.

다. 반면에 (엄밀한 뜻의) 이변[84]은 무언가를 위해서나 목적이라는 뜻의 원인 때문이 아니라 우연적인 뜻에서 필연적인 것인데,[85] 그 시작점을 우리는 다음의 사실에서 취해야 하기 때문이다.

경혈 안에 있는 스페르마 성분의 잔여물이 잘 열처리되면, 수컷에 속한 운동은 자기 자신을 따라서 (자식의) 형태를 만들어낼 것이다.[86] ('정액'이라고 말하건, '각 부분을 자라나게 한 운동'이라고 말하건 아무 차이가 없고, 또 (그 운동이 각 부분을) '자라나게 했다'고 말하건, '처음에 형성해냈다'[87]고 말하건 아무 차이가 없다. 모두 똑같이 운동에 대한 말이기 때문이다.) 따라서 (수컷에 속한 운동이) 지배했다면 암컷이 아니라 수컷을 만들어내고, (자식은) 어미가 아니라 낳은 자와 닮는다. 반면에 (수컷에 속한 운동이) 지배하지 못했다면, 이는 지배가 이루어지지 못했던 바로 그런 능력의 측면에서 결손을 낳는다.

나는 각각의 '능력'을 다음과 같은 방식으로 설명한다. 낳는 자는 남자일 뿐만 아니라 어떤 성질을 가진 남자,[88] 예를 들어 코리스코스이

84 767b5에서 말한 대로 '겉모습이 사람과 닮지 않은' 경우가 이에 해당한다. IV 3, 769b10 이하도 함께 참고.

85 여기서 다시 엄밀한 뜻의 '이변'은 암컷의 발생과 구별된다. 암컷의 발생은 자연의 합목적적 작용이고 이는 목적 실현을 위해서 '필연적인 것'이지만, 이변은 오직 **우연적인 뜻에서 필연적인 것**(kata symbebēkos anankaion, 767b14~15), 즉 다양한 요인들에 의해서 우연히 생겨날 수밖에 없는 것이다.

86 **수컷에 속한 운동은 자기 자신을 따라서 (자식의) 형태를 만들어낼 것이다**(kath' hautēn poiēsei tēn morphēn hē tou arrenos kinēsis, 767b17): IV 1, 766a18, 766b15; IV 4, 771b22, 772b32 참조.

87 **자라나게 하다**(auxein, 767b18), **형성해내다**(synistan): 이 두 낱말은 같은 뜻으로 쓰이고 모두 스페르마로부터 경혈에 전달되는 운동의 작용을 가리킨다.

88 **어떤 성질을 가진 남자**(toion arren, 767b25): 'a particular male'(Platt), 'a male with certain characteristics'(Peck). Reeve는 toion arren이 human male을 뜻한다고 본

거나 소크라테스이고, 또 코리스코스일 뿐만 아니라 사람이기도 하다. 그리고 이런 방식으로 어떤 것들은 — 낳는 능력을 갖춘 한에서[89] — 낳는 자에게 더 가까이 속해 있고, 어떤 것들은 더 멀리 속해 있지만, 우연적으로,[90] 예를 들어 낳는 자가 문법학자이거나 어떤 사람의 이웃인 한에서 낳는 자에게 속해 있는 것은 아니다. 발생과 관련해서는 언제나 고유한 것과 개별적인 것[91]이 더 크게 힘을 쓴다. 즉 코리스코스는 사람이면서 동물이지만, 동물보다 사람이 고유한 것에 더 가깝다. 한편, 낳는 것은 개별자일 뿐만 아니라 유이지만 더 큰 역할을 하는 것은 개별자인데, 바로 이것이 실체이기 때문이다. 생겨나는 것은 '어떤 성질을 가진 것'이자 '이것'[92]이 되는데, 이것이 실체이다.

바로 이런 이유에서 스페르마 안의 운동들은 이 모든 것들에 속한 능

다. 하지만 이런 해석은 toion arren의 사례가 '코리스코스'나 '소크라테스'와 같은 특정한 개인이라는 사실과 부합하지 않는다. 768a24에서도 '소크라테스'를 가리켜 'anēr toiosde tis'(768a24)라고 부른다. 뿐만 아니라 Reeve의 해석은 이어지는 767b32 이하의 "낳는 것은 개별자일 뿐만 아니라 유이기도 하지만, 더 큰 역할을 하는 것은 개별자"라는 주장과도 부합하지 않는다. 767b23 이하에서는 낳는 자(to gennōn)의 생물학적-유전적 특성을 (1) 남성(arren), (2) 개별성(toion arren), (3) 종적 특성(anthrōpos)으로 나눈다.

89 **낳는 능력을 갖춘 한에서**(katho gennētikon, 767b28): 성별, 개별적 형질, 종적 형질 등이 낳는 자 자체에 본질적으로 속함을 뜻한다.

90 **우연적으로**(kata symbebēkos, 767b28): 낳는 자에게 우연적으로 속하는 특성들은 발생 과정에서 인과적 역할을 하지 않는다.

91 **고유한 것과 개별적인 것**(to idion kai to kath' hekaston, 767b30): to kath' hekaston에 대해서는 II 1, 731b34에 대한 각주 참조. 여기서 '고유한 것'은 물론 종이나 유에 고유한 것이 아니라 소크라테스의 안장코처럼 개별적 실체에 고유한 것을 가리킨다.

92 **어떤 성질을 가진 것이자 '이것'**(poion ti, alla kai tode ti, 767b34~35): 개별적 '실체(ousia)'의 지시 가능성을 뜻하는 용어로서 '이것(tode ti)'에 대해서는 『형이상학』의 다음 구절들을 참조: III 5, 1001b32; V 8, 1017b25; VII 3, 1029a28; VII 4, 1030a4; VII 14, 1039a30, 1039b4.

력들에서 유래하고,[93] 가능적으로는 조상들에게 속한 능력들에서도 유
래하지만, 항상 개별자들에 더 가까운 것에 속한 능력들에서 더 많이 유
768a 래한다.[94] 내가 말하는 개별자란 코리스코스나 소크라테스를 가리킨다.

그런데 모든 것은 임의적인 것이 아니라 (본래 예정된 것과) 대립하는 것으로 일탈하기 때문에, 발생 과정에서 지배되지 않은 것 역시 필연적으로 일탈해서 (본래 예정되었던 것과) 대립하는 것이 될 수밖에 없으며,[95] 이때 (일탈은) 낳았고 운동을 일으키는 것[96]이 지배하지 못했던 바로 그 능력의 측면에서 이루어진다. 그래서 만일 (낳는 자가) 남자인 한에서[97] 지배하지 못하면 (자식은) 딸이 되고, 코리스코스나 소크라테스인 한에서 지배하지 못하면 아버지가 아니라 어머니와 닮게 된다. 왜냐하면 일반적으로 어머니가 아버지에 대해서 대립하듯이, 개별자로서의 아버지에 대해서도 개별자로서의 어머니가 대립하기 때문이다.[98] 인접한 능력

93 이 모든 것들에 속한 능력들에서 유래하고(apo tōn dynameōn… pantōn tōn toioutōn, 767b35): '스페르마 안의 운동들(hai kinēseis en tais spermasi)'(767b36)은 각기 개별적 형질, 성별, 사람의 종적 형질, 동물의 유적 형질을 대표하는 운동들로 이루어지기 때문에 이렇게 말한다.

94 항상 개별자들에 더 가까운 것에 속한 능력들에서 더 많이 유래한다(mallon de tou engyteron aei tōn kath' hekaston tinos, 767b37~768a1): '개별자들에 더 가까운 것'은 낳는 자로서의 개별자에 더 가까운 조상을 가리킨다. 767b27의 "낳는 능력을 갖춘 한에서(katho gennētikon) – 낳는 자에게 더 가까이 속해 있고, 어떤 것들은 더 멀리 속해 있지만…"을 참조.

95 IV 1, 766a15 참조.

96 낳았고 운동을 일으키는 것(to gennōn kai kinoun, 768a5): 아버지에게서 오는 스페르마.

97 남자인 한에서(hēi arren, 768a6): '남자라는 측면에서' 혹은 '남자의 성별을 유전적으로 대변하는 운동의 측면에서'라는 뜻이다.

98 768a8~9의 kai tōi kath' hekaston gennōnti hē kath' hekaston gennōsa에서는 '낳다(gennan)'의 남성형 분사(gennōn)와 여성형 분사(gennōsa)가 함께 쓰였다.

들의 측면에서도 유사하다. 왜냐하면 — 부계 쪽으로나 모계 쪽으로나 — 항상 조상들 가운데 더 인접한 것으로 이행하기 때문이다.

그런데 운동들 가운데 일부는 현실적으로, 일부는 가능적으로 내재하는데, 낳는 자와 사람이나 동물 같은 보편자에게 속한 운동들은 현실적이고,[99] 여자와 조상들에게 속한 운동들은 가능적이다. 그런데 (a) 일탈한 것은 대립되는 것으로 변화하는 데 반해, (b) 제작하는 운동들은 가까운 운동들로 이완된다.[100] 예를 들어 낳는 자의 운동이 이완되었을 경우 (그 정도가) 매우 작은 차이이면 (낳는 자의) 아버지에게 속한 운동으로 이행하고, 두 번째로 (낳는 자의) 할아버지에게 속한 운동으로 이행한다. 부계의 경우뿐만 아니라 모계의 경우에도[101] 이와 같은 방식으로 (이완이 이루어져) 어머니에게 속한 (운동)[102]은 (그녀의) 어머니에게 속한 (운동)으로, 그리고 이것으로 이완이 이루어지지 않는 경우에는 할머니에게 속한 (운동)으로 이완된다. 더 먼 선조들의 경우에도 이와 똑같다.

(1) 그래서 남자를 대표하는 (운동과) 아버지를 대표하는[103] (운동이)

---

99 낳는 자와 사람이나 동물 같은 보편자에게 속한 운동들은 현실적이고(hai 〈kinēseis〉 tou gennōntos kai tou katholou hoion anthrōpou kai zōiou, 768a13): '낳는 자'는 특정한 개인으로서의 아버지를 가리킨다.

100 제작하는 운동들은 가까운 운동들로 이완된다(lyontai de hai kinēseis hai demiourgousai eis tas engys, 768a15~16): '이완(lyesthai)'은 결국 낳는 자의 스페르마에 들어 있던 능력들이 '풀려 나와' 발현됨을 뜻한다.

101 768a18~19의 kai epi tōn arrenōn kai epi tōn thēleion(부계의 경우뿐만 아니라 모계의 경우에도)를 Peck은 생략했지만, Platt과 Reeve를 따라 넣어 읽었다.

102 어머니에게 속한 운동(hē tēs gennōsēs 〈kinēsis〉, 768a18): 이 운동에서도 이완이 일어난다. 이 표현은 경혈 안에도 — 스페르마의 경우에 그렇듯이 — 어머니의 다양한 형질들을 대변하는 운동이 내재한다는 사실을 명백히 보여준다. 아래의 768a35~36 참조.

103 768a21~22의 '남자인 한에서(hēi arren),' '아버지인 한에서(hēi pater)'는 '남자의 측면에서,' '아버지의 측면에서' 작용하는 스페르마의 운동을 가리키지만, 그 의미를 따

동시에 지배하고 지배당하는 것이 가장 자연스럽다. 왜냐하면 그 둘의 차이는 작아서, 둘이 동시에 일어나는 것은 어려운 일이 아니기 때문이다. 소크라테스는 이런저런 성질을 가진 어떤 남자[104]이다. 이런 이유에서 대다수의 경우 아들들은 아버지를 닮았고 딸들은 어머니를 닮았는데, (뒤의 경우) 이 두 방향으로 동시에 일탈이 일어났기 때문이다. 남자에게는 여자가, 아버지에게는 어머니가 대립하는데, 일탈은 대립된 것들 쪽으로 일어난다.[105]

(2) 남자에게서 유래하는 운동은 지배하지만 소크라테스에게서 오는 운동[106]이 지배하지 못하거나, 혹은 뒤의 것은 지배하지만 앞의 것이 그렇지 못하면, 그때는 아들이 어머니를 닮거나 딸이 아버지를 닮게 되는 일이 뒤따른다. (3) 반면에 운동들이 이완되면서 (i) 만일 그 가운데 남자를 대표하는 운동은 남아 있지만 소크라테스를 대표하는 운동[107]이 그의 아버지를 대표하는 운동으로 이완된다면, 아들이 할아버지를 닮거나 선대 조상들 가운데 어느 한 사람과 닮을 것이다. [여기서도 똑같은 설명이 적용된다.] (ii) 만일 남자를 대표하는 운동이 지배당하면 딸이 생겨날 것이고, 딸은 가장 많이 어머니를 닮지만, (어머니를 대표하는) 운동도 이완되면 — 동일한 이치에 따라서 — 어머니의 어머

라 각각 '남자를 대표하는 운동' '아버지를 대표하는 운동'이라고 옮길 수 있다. IV 3, 768a5 이하 참조.

104 **이런저런 성질을 가진 어떤 남자**(anēr toiosde tis, 768a24): 이에 대응하는 표현으로 위에서 사용된 '어떤 성질을 가진 남자(toion arren)'(767b25), '어떤 성질을 가진 것(poion ti)'(767b34) 등을 참조.

105 위의 768a3 참고.

106 **소크라테스에게서 오는 운동**(hē ⟨kinēsis⟩ apo tou Sokratous, 768a29).

107 즉 개별적인 남자인 한에서 소크라테스로부터 유래하는 운동.

니나 모계 조상들 가운데 어느 한 사람과의 유사성이 있게 될 것이다. 768b

동일한 방식이 부분들에도 적용된다. 즉 부분들 가운데 일부는 아버지와 닮고 일부는 어머니와 닮으며 일부는 조상들 중 어떤 사람들과 닮는 경우가 자주 있다. 왜냐하면 자주 이야기했듯이,[108] 부분들에도 현실적인 운동들과 가능적인 운동들이 속해 있기 때문이다.

가족 유사성의 부재: 일탈과 이완

보편적인 가설들[109]을 취해야 한다. 한 가지 가설은, 앞서 말한 대로, 운동들 가운데 일부는 가능적으로, 일부는 현실적으로 내재한다는 것이다. 다른 두 가설은 다음과 같다. (a) 지배당하면 대립되는 것으로 일탈하고,[110] (b) 이완되면 인접한 운동으로 이완되는데, 더 적게 이완되면 가까이 있는 운동으로, 더 많이 이완되면 더 멀리 있는 운동으로 이완된다. 마지막으로 이렇게 (여러 운동이) 뒤섞이면, 그 결과 집안사람들 및 친척들 가운데[111] 어느 누구와도 닮지 않고 공통적인 것만 남아서 사람인 결과가 생긴다. 이것은[112] 모든 개별적인 것들에 수반된다는

108 II 3, 737a18~30 참조.

109 **보편적인 가설들**(katholou hypotheseis, 768b5~6): 부계 혹은 모계의 유전 현상을 설명하기 위해 세운 '가설들' 혹은 '가설적 전제들.' 『형이상학』 V 1, 1013a15~16에 따르면 hypotheseis은 논증(apodeixeis)의 출발점이다.

110 낳는 자의 운동이 지배당하면 생겨나는 것은, 낳는 자에 대립하는 것, 즉 어미 쪽으로 일탈하고.

111 **집안사람들 및 친척들 가운데**(tōn oikeion kai syngenōn, 768b11): 아버지나 조상의 개별적인 형질들이 유전되지 않아 집안 식구들 중 누구와도 닮지 않고 모든 사람에게 속한 '공통적인 것(to koinon)', 즉 사람의 종적인 보편성만 남는다는 말이다.

112 즉 사람은.

것이 그 원인이다.[113] 사람은 보편적이지만, 아버지 소크라테스와 어머니는 — 누가 어머니였건 — 개별적인 것들에 속한다.

(g) 이완과 일탈의 기제

(1) 운동들이 이완되는 것의 원인은 작용하는 것이 작용받는 것[114]에 의해서 작용받기도 한다는 데 있다. (이는 마치 자르는 것이 잘리는 것에 의해서 무뎌지고 뜨겁게 하는 것[115]이 뜨거워지는 것에 의해서 차가워지는 것과 같다. 일반적으로 운동을 낳는 것은 — 첫째 원동자[116]를 제외하면 — 반작용을 받아 일정한 운동을 겪는데,[117] 이를테면 미는 것이 모종의 방식으로 반작용의 결과 밀리고, 누르는 것이 반작용의 결과 눌리는 것과 마찬가지다. 때때로 (원동자가) 작용하기보다 전적으로 작용을 받아 뜨겁게 하는 것이 차가워지고 차갑게 하는 것이 뜨거워지는 일이 있는데, (원동자가) (a) 전혀 작용하지 못했을 때도 있고, (b) 작용받은 것에 비해 더 약하게 작용했을 때가 있다.[118] 이에 관해서

---

113 보편성은 개별성에 수반되는(akolouthein, 768b13) 현상으로서 주어진다. 『토피카』 IV 4, 128b4 참조.

114 작용하는 것(to poioun, 768b16), 작용받는 것(to paschon): 이 둘은 각각 발생 과정에서 운동의 원리로서 능동적인 역할을 하는 스페르마와, 질료로서 수동적인 역할을 하는 경혈을 가리킨다.

115 뜨겁게 하는 것(to thermainon, 768b17): 스페르마의 열처리 작용을 염두에 둔 표현이다.

116 원동자(to kinoun, 768b18): 혹은 '운동을 낳는 것'. '첫째 원동자'(to prōton kinoun) 자체는 운동하지 않아야 한다. 그렇지 않다면 그것은 '첫째'가 될 수 없기 때문이다. 『동물운동론』 6, 700b35 이하와 『형이상학』 XII 8, 1073a23 이하 참조.

117 반작용을 받아 일정한 운동을 겪는데(antikineitai tina kinēsis, 768b19): 이런 작용과 반작용의 관계에 대해서는 『생성 · 소멸론』 I 7, 324a31 이하 참조.

118 작용받은 것에 비해 더 약하게 작용했을 때가 있다(hote de hētton ē pathon,

는 「작용함과 작용받음에 대하여」[119]라는 글에서, 작용함과 작용받음이 있는 것들 중 어떤 종류의 것들에 속하는지 이미 이야기했다.)

(2) 작용받는 것이 일탈하고 지배되지 않는 일이 있는데, 이런 일은 (a) 열을 가하고 운동을 낳는 것의 능력이 부족하기 때문에, 혹은 (b) 열처리를 겪고 분화되는 것[120]의 양과 냉기 때문에 일어난다. 이런 말을 하는 이유는 (열을 가하고 운동을 낳는 것이)[121] 어떤 측면에서는 지배하지만 다른 측면에서는 지배하지 못하면, 이는 형성체를 여러 형태로 만들기 때문이다. 예를 들어 운동선수들의 경우 과식 때문에 이런 일이 일어난다. 왜냐하면 (섭취) 영양분의 과다 때문에, 본성이 (몸이 음식에) 대응해서 자라고 형태가 유사하게 유지되도록[122] 지배 능력을 행사

• •

768b22~23): 이 말은 능동적인 작용의 힘이 수동적인 반작용보다 더 약한 경우를 뜻하는 것 같다. 스페르마의 열기가 경혈에 가하는 힘이 경혈의 반작용에 비해 더 약한 경우가 그럴 것이다. "Aubert-Wimmer의 지적대로 아리스토텔레스가 무엇을 생각하고 하는 말인지 분명치 않고, 이 진술은 참도 아니다. 작용과 반작용은 똑같아야 한다"(Platt).

119 여기서 언급된 「작용함과 작용받음에 대하여(peri tou poiein kai paschein)」는 남아 있지 않다. 이 문제와 관련해서는 『생성 · 소멸론』 I 7, 324a24~b13 참조.

120 **열처리를 겪고 분화되는 것**(to pettomenon kai dihorizomenon, 768b27): 이것은 물론 경혈을 가리킨다. 스페르마의 작용을 통해 경혈은 분화 과정을 거쳐 개별성과 종적 성질을 가진 완전한 개체, 즉 tode ti와 poion ti에 해당하는 것으로 형성된다. 767b34~35 참조. 이렇게 분화를 일으키는 스페르마의 작용을 가리켜 아리스토텔레스는 '경계를 정하다'는 뜻의 동사 dihorizein을 쓴다. 730a29에 대한 각주 참조.

121 주어가 생략되어 있지만, 바로 위 786b26에서 tou pettontos kai kinountos가 가리키는 '열을 가하고 운동을 낳는 것'을 주어로 볼 수 있을 것이다. 동물의 발생에서 원동자 역할을 하는 것은 물론 '스페르마의 운동'이다. IV 1, 766b15 참조.

122 **형태가 유사하게 유지되도록**(diamenein homoian tēn morphēn, 768b31~32): 전승된 사본을 따라 읽었다. Platt과 Peck는 dianemein homoios tēn trophēn(영양분이 고르게 배분되도록)으로 읽었다. 여기서 '유사하다(homoios)'는 '고르다', '한결같다'의 뜻에 가깝다.

할 수 없어서 부분들이 달라지고 심지어 어떤 부분도 이전의 모습과 닮지 않게 되는 경우도 가끔 있기 때문이다. 이른바 '사튀로스 질환'[123]이라고 불리는 병도 이런 경우와 비슷하다. [왜냐하면 이 경우 열처리되지 않은 유출물이나 프네우마가 다량으로 얼굴 부분들로 흘러든 탓에 얼굴이 다른 동물, 즉 사튀로스의 얼굴처럼 보이기 때문이다.]

769a 그렇다면 어떤 원인 때문에 여아와 남아가 생기고, 어떤 때는 (자식들이) 부모들을 닮는지, 즉 여아는 여자를, 남아는 남자를 닮는지, 또 어떤 때 여아가 아버지를, 남아가 어머니를 닮는지, 그리고 전체적으로 어떤 때 아이들이 조상들을 닮고 어떤 때 아무도 닮지 않는지, 그리고 왜 이런 일이 신체 전체나 각각의 부분들에서 일어나는지, 이 모든 것에 관해서 규정했다.

(h) 유사성에 대한 선행 이론들 검토

자연 연구자들 중 어떤 사람들은 이런 주제들과 관련해서, 어떤 원인 때문에 (자식들이) 부모들과 유사하게 되고 유사하지 않게 되는지에 대해서 달리 이야기했다. 그들은 두 가지 유형의 원인을 제시한다. (1) 어떤 사람들은 둘 중 어느 한쪽에서 스페르마가 더 많이 나오면 그쪽과 닮게 되고, 전체는 전체와, 부분은 부분과 유사하게 된다고 말한다. 각 부분으로부터 스페르마가 나오기 때문이라는 것이다. 반면에 양쪽으로부터 똑같은 양이 나오면 어느 쪽과도 유사하지 않게 된다고 말한다. 하지만 이것이 거짓이고 (스페르마가) 몸 전체에서 나오지 않는다면, 이

123 '사튀로스 질환'이라고 옮긴 동사 satyrian(768b34)은 'satyriasis를 겪다'는 뜻이다. 몸이 사튀로스처럼 변하는 질환을 가리킨다.

들이 말한 것이 결코 유사성과 비유사성에 대한 원인이 될 수 없다는 것은 명백하다. 또 어떻게 여아가 아버지와 닮고 남아가 어머니와 닮는지도 (이들의 주장이 옳다면) 쉽게 규정할 수 없다. 왜냐하면 엠페도클레스나 데모크리토스와 같은 방식으로 남아와 여아의 원인을 제시하는 사람들은 다른 방식으로 불가능한 것들을 주장하기 때문이다.[124] 남자와 여자로부터 스페르마가 더 많이 나오거나 더 적게 나오고 이 때문에 여아와 남아가 된다고 주장하는 사람들[125]은 어떤 방식으로 여아가 아버지와 닮게 되고, 남아가 어머니와 닮게 되는지를 논증할 수 없을 것이다. 왜냐하면 동시에 양쪽으로부터 더 많은 양이 배출되는 것은 불가능하기 때문이다. 또 어떤 원인 때문에 자식들은 대다수의 경우 조상들과 — 이들이 멀리 떨어져 있음에도 불구하고 — 닮게 되는가? 이런 질문을 하는 이유는 이들로부터 어떤 스페르마도 배출되지 않았기 때문이다.

(2) 유사성에 대해서 그 밖의 방식으로 말하는 사람들은 다른 문제들에 대해서뿐만 아니라 다음과 같은 문제에 대해서 더 나은 주장을 한다. 이렇게 말하는 이유는 생식액[126]은 단일하지만 여러 부분으로 이루어진 일종의 '스페르마 집적체'[127]라고 주장하는 사람들이 있기 때문이다. 어떤 사람이 여러 종류의 액즙을 한 가지 액체와 섞고 그런 다음

---

124 IV 1, 764a~765a 참조.

125 예를 들어 알크마이온(Alkmaiōn)이 그렇다. *DK* 24A14 참조.

126 생식액(gonē, 769a28): 보통 수컷에게서 오는 '정액'을 뜻한다. I 19, 727a3과 I 20, 729a20 참조. 하지만 다른 자연철학자들은 암컷도 gonē를 제공할 수 있다고 보았기 때문에, 이런 맥락을 고려해서 이 단락에서는 '생식액'이라고 옮긴다.

127 스페르마 집적체(panspermia, 769a29): panspermia의 관념은 아낙사고라스에게서 온 것이다. *DK* 59B4a. 하지만 아리스토텔레스는 데모크리토스에게서도 그런 생각을 찾는다. 『자연학』 III 4, 203a21~23 참조.

이로부터 일부를 취한다고 해보자. 그런 경우 항상 각각의 액즙으로부터 똑같은 양을 취할 수는 없고 어떤 때는 이 액즙을 더 많이, 다른 때는 다른 액즙을 더 많이 취하고, 또 어떤 때는 특정한 액즙을 취하지만, 다른 때는 그 액즙을 전혀 취할 수 없을 것이다. 여러 부분이 혼합된 생식액의 경우에도 이런 일이 일어난다. 이렇듯 부모 중 어느 한쪽으로부터 가장 많은 부분이 생겨 나온다면, 자식은 그쪽과 형태가 닮는다는 것이다. 이런 이론은 명확하지 않고 여러 가지 측면에서 작위적이지만, 그 이론이 언급하는 '스페르마 집적체'가 현실적이 아니라 능력
769b 을 가진 상태로 존재한다고 말하려 한다는 점에서 의도가 더 낫다. 왜냐하면 (스페르마 집적체가) 앞의 방식으로 존재하는 것은 불가능하지만 뒤의 방식으로 존재하는 것은 가능하기 때문이다.

어느 한 가지 원인을 제시하는 방식으로 모든 사례와 관련해서 원인들을 제시하기는 쉽지 않다. (1) 여아와 남아가 생겨나는 것의 원인이 무엇이고, (2) 무엇 때문에 여아가 아버지와 유사하고 남아가 어머니와 유사하게 되는 일이 자주 일어나는지, 또 (3) 조상들과의 유사성의 원인은 무엇인지, 또 (4) 어떤 때는 생겨난 아이가 사람이지만 조상들 중 어느 누구와도 닮지 않고, 또 어떤 때는 이렇게 진행되어 마침내 아이가 사람도 아니고 단지 모종의 동물 모습으로 나타난다면 — 이것은 분명 '이변'이라고 불린다 — 이런 일은 무슨 원인 때문인지, 이 모든 사례와 관련해서 원인들을 제시하기는 쉽지 않다.

(i) 이변 현상들

('이변'이라고 불리는) 그런 것들에 관해서 원인들을 이야기하는 일은 앞서 했던 논의에 이어진다. 왜냐하면 운동들이 이완되고 질료가 지배당

하지 않을 때 마지막에 가장 보편적인 것이 남기 때문이다. 이것이 바로 동물이다. (1) 또 어떤 사람들은 생겨난 아이가 숫양의 머리나 소의 머리를 가지고 있다고 말하고, 다른 동물들의 경우에도 이와 유사해서 (생겨난 새끼가) 다른 동물의 머리를, 즉 송아지가 아이의 머리를, 양이 소의 머리를 가지고 있다고 말한다. 이런 일들은 모두 앞에서 언급된 원인들 때문에 일어나지만, 사람들이 말하는 것들 가운데 어떤 것도 사실이 아니고 다만 그와 닮았을 뿐이다. 결함이 없는 경우에도[128] 이와 똑같은 일이 일어난다. 이런 이유에서 익살꾼들은 종종 못생긴 사람들을 들어 어떤 때는 불을 뿜는 염소에, 어떤 때는 머리를 들이받는 양에 비유한다. 또 관상학자들 가운데 어떤 사람은 모든 얼굴을 두세 종류의 동물의 얼굴들로 환원했고 그런 말을 하면서 사람들을 설득했다. 하지만 이런 종류의 이변, 즉 잡종동물[129]이 생겨날 수 없다는 것을 명백히 보여주는 것은 사람과 양과 개와 소의 배태 기간에 차이가 많다는 사실이다. 각각의 동물은 자신의 고유한 기간을 따르지 않고서는 생겨날 수 없다.

이변들 가운데 어떤 것들은 이런 방식으로 '이변'이라고 불리고, 또 어떤 것들은 — 다리가 많거나 머리가 많게 됨으로써 — 형태상 여러 부분을 갖는다는 점에서 그렇게 불린다.

이변들이나 비정상적인 동물들과 관련된, 원인에 대한 설명들은 서로 밀접하고 어떤 뜻에서는 서로 비슷하다. 왜냐하면 이변은 일종의 비정상이기 때문이다.

128 결함이 없는 경우에도(mē pepērōmenōn, 769b18): I 18, 724b32에 대한 각주 참조.

129 잡종동물(heteron en heterōi zōion, 769b22~23): '잡종'에 대해서는 II 7, 746a29 이하 참조.

4장

769b30 데모크리토스는 두 가지 생식액이 들어오기 때문에 이변들이 생긴다
고 말했다.[130] 한쪽 생식액[131]이 먼저, 다른 쪽 생식액이 나중에 쏟아져
두 번째 것이 밖으로 나와 자궁으로 들어가면[132] 그 결과 부분들이 함
께 자라나 혼재한다[133]는 것이다. [새들에게는 항상 교미가 빨리 일어
35 나기 때문에, 알들과 그것들의 색깔들도 혼재한다고 말한다.[134] 그런데
하나의 스페르마에서] 한 차례의 교접으로부터 새끼가 더 많이 생겨나
770a 는 일이 일어난다면, — 이런 일이 분명히 일어난다 — 우회로를 거치

130 *DK* 68A146 참조.
131 생식액(gonē): 769a28에 대한 각주 참조.
132 Platt는 이 구절이 훼손되었다고 지적하고 Peck도 이를 따른다.
133 혼재한다(epallattein, 769b34, 36): I 15, 720b10에 대한 각주 참조.
134 *DK* 68A146 참조. Peck은 이 문장이 후대 저자의 삽입문이라고 본다.

지 않고 지름길을 택하는 것이 더 낫다.[135] 왜냐하면 특히 그런 동물들의 경우[136] 이는 스페르마들이 분화되지 않은 채 함께 (자궁에) 도달할 때 필연적으로 일어나는 일이기 때문이다. 따라서 만일 수컷의 생식액에서 그 원인을 찾아야 한다면 이런 방식으로 설명해야겠지만, 전체적으로 보면 오히려 그 원인이 질료[137]와 형성 과정의 배아에 있다고 보아야 한다.

이런 이유에서 그런 종류의 이변들은 새끼를 하나 낳는 동물들에게서는 아주 드물지만, 새끼를 많이 낳는 동물들에게서는 더 많이 생기고, 새들에게서 가장 많이 생기는데, 새들 중에서는 닭들에게서 가장 많이 생긴다. 닭들은 새끼를 많이 낳는데, 이들은 비둘기들의 부류처럼 새끼를 여러 번 낳기 때문에 그럴 뿐만 아니라 동시에 여러 개의 배아를 갖고 계절을 가리지 않고 짝짓기를 하기 때문에 그렇다. 바로 이런 이유에서 닭은 쌍알[138]도 많이 낳는다. 왜냐하면 때때로 많은 열매껍질이 그렇듯이, 배아들이 서로 가까이 있는 탓에 함께 자라기 때문이다. 그런데 (이런 쌍알들 중에서) 난황들이 막에 의해서 분화되는 경우 두 마리 병아리가 따로 떨어져 생겨나고 어떤 특이점도 없다. 반면에 (난황들이) 서로 붙어 있고 (그 둘을) 갈라놓는 것이 전혀 없는 경우 이변에 해당하는 병아리들이 생겨나서 몸과 머리는 하나이지만 다리와 날개는 넷이 된다. 이는 (새끼들을 위해서) 난황의 영양분이 소비되면서 하얀 부

135 "데모크리토스는 알 색깔의 혼재를 이변의 출현과 똑같은 방식으로 설명함으로써 효율적인 설명을 제시하려고 한다는 뜻인 것 같다"(Reeve).

136 즉 한 번에 여러 마리 새끼를 낳는 동물의 경우.

137 물론 이 질료는 암컷에 의해 제공된 것이다.

138 쌍알(didyma, 770a13): I 20, 728b36 참조.

분으로부터 윗부분이 먼저 생겨나고 (*a*) 아랫부분이 나중에 생겨나지만, (*b*) 영양분은 하나이고 분화될 수 없기 때문이다.[139]

똑같은 원인 때문에 뱀이 머리가 둘인 경우가 이미 목격된 적이 있는데, 이 부류도 알을 낳고 새끼를 많이 낳기 때문이다. 하지만 뱀들의 경우 자궁의 모양 때문에 이변에 해당하는 경우가 더 드물다. 자궁의 길이 때문에 다량의 알들이 일렬로 놓여 있기 때문이다.[140] 또 벌들과 말벌들의 경우에도 이런 일은 전혀 일어나지 않는다. 이들의 출산은 벌집의 따로 떨어진 방 안에서 이루어지기 때문이다. 닭들의 경우에는 그와 정반대되는 일이 일어나는데, 그런 한에서 그런 일들의 원인을 질료에서 찾아야 한다는 것이 명백하다. 다른 동물들의 경우에도 많이 낳는 것들에게서 그런 일이 더 많이 일어나기 때문이다. 이런 이유에서 사람들에게서는 그런 일이 더 적게 일어난다. 사람은 대다수의 경우 아이를 하나 낳고 완전한 형태로 출산하기 때문이다. 다만 여자들이 다산하는 지역들에서는 그런 일이 더 많이 일어나는데, 예를 들어 아이귑토스 주변에서 그렇다.[141] 염소나 양의 경우 이런 일이 더 많은데, 이들은 새끼
770b 를 더 많이 낳기 때문이다. 여러갈래발 동물들의 경우는 더더욱 그렇다. 이런 동물들은 새끼를 많이 낳고 이들은 완전한 형태로 태어나지 않기

139 "뒤의 낱말들의 의미는 분명치 않지만 논변은 다음과 같다. '머리와 몸체는 하얀 부분의 한 지점에서 형성되고, 노란 부분은 이것들을 위한 영양분으로 사용될 뿐이다. 그러므로 노른자가 둘이라고 하더라도 머리와 몸통이 둘이 되는 일은 없다. 하지만 사지는 영양분과 질료를 노란 부분에서만 받아들여 나중에 형성되기 때문에 두 개의 노란 부분이 있으면 사지는 이중으로 형성된다'"(Platt).

140 "그래서 함께 자라날 가능성이 훨씬 더 적다"(Reeve).

141 『동물지』 VII 4, 584b7, 31 참조.

때문이다. 예를 들어 개가 그런데, 개는 눈이 먼 새끼를 많이 낳는다.[142]

어떤 원인 때문에 이런 일이 일어나고[143] 어떤 원인 때문에 개가 새끼를 많이 낳는지는 나중에 이야기해야 한다.[144] 하지만 불완전함 때문에 (낳는 자들이 자신들과) 유사한 것들을 낳지 못한다는 점에서[145] 이변의 출산은 자연에 의해서 이미 예정된 일이다. 그리고 이변도 (낳는 자와) 유사하지 않는 것들에 속한다.[146] 바로 이런 이유 때문에 이 징후는 본성상 그런 종류의 동물들[147] 사이에 널리 퍼져 있다. '메타코이론'[148]이라고 불리는 것들도 그런 종류의 동물들에게서 가장 많이 발생한다. 이들은 어떤 측면에서 이변에 해당하는데, 특정한 부분이 부족하거나 과도한 것은 이변에 해당하기 때문이다. 이변은 본성에 어긋나는 것들에 속하지만, 모든 경우에 적용되는 본성에 어긋나는 것이 아니라 대다수의 경우에 적용되는 본성에[149] 어긋나는 것이다. 항상, 그리고 필연적으로 적용되는 본성의 경우에는 어떤 것도 본성에 어긋나게 일어나는 법이 없지만, 대다수의 경우 일정한 방식으로 발생이 이루어지지만, 다른 방식으로도 발생이 일어날 수 있는 경우에는 그렇지 않다. 그렇

142 "그래서 눈을 뜨기 전에는 불완전한 상태에 있다"(Reeve).

143 IV 6 참조.

144 IV 4, 771a17~b14 참조.

145 즉 성체와 닮지 않은 알을 낳는 경우. 그와 반대되는 경우에 대해서는 II 1, 732a25 참조.

146 IV 3, 767b5~6 참조.

147 즉 자신과 유사하지 않은 상태로, 불완전한 형태의 새끼를 낳는 동물들. '징후(symptōma)'에 대해서는 『토피카』 IV 5, 126b36; 『자연학』 II 8, 199a1; 『수사학』 I 9, 1367b25 참조.

148 II 8, 749a1~6 참조.

149 IV 4, 772a35 이하 참조.

지만 동일한 질서에 반해서 어떤 일이 일어나는 경우에도, 그 결과는 항상 우연적으로 일어나는 것이 아니고 이변은 더더욱 그런 것처럼 여겨진다. 본성에 어긋나는 것 역시 어떤 측면에서는 본성에 따라서 일어나기 때문인데, 질료적인 본성을 형상적인 본성이 지배하지 못할 때[150] 이변이 생긴다. 바로 이런 이유 때문에 그런 종류의 것들을 사람들은 '이변'이라고 부르지 않고, 그밖에 어떤 것이 일상적으로 일어난다면 그런 경우들에 대해서도 '이변'이라는 말을 쓰지 않는다. 예를 들어 열매 껍질들의 경우에 그렇다. 즉 '탄색 포도'라고 불리는 특정한 종류의 포도 나무가 있다.[151] 이 포도 나무에서 검정색 포도알이 맺히면 사람들은 이를 이변으로 판단하지[152] 않는데, 이 포도 나무가 이런 결과를 낳는 것은 매우 자주 있는 일상사이기 때문이다. 그 원인은 이 포도 나무가 본성상 하양과 검정 중간에 있어서 (검정색으로의) 이행이 멀리서 오는 것도 아니고 딱히 본성에 어긋나는 일로 간주될 만한 것도 아니기 때문이다. 그것은 (전혀) 다른 본성으로의 이행이 아니기 때문이다.

그런데 많이 낳는 동물들의 경우에는 이런 일이 일어나는데, 이는 다산이 서로의 완전한 성장과 생산할 수 있는 운동들을 방해하기 때문이다.

150 질료적인 본성을 형상적인 본성이 지배하지 못할 때(hotan mē kratēsēi tēn kata tēn hylēn hē kata to eidos physis, 770b16~17): IV 1, 766a18, b15; IV 3, 767b21 등을 참조.

151 탄색 포도(kapnos, 770b20): 테오프라스토스, 『식물지(*Historia plantarum*)』 II 3.2 참조.

152 판단하다(krinein, 770b21): 본래 krinein은 감각적 차이의 분별과 같은 가장 기본적인 인지 활동을 가리킨다. 그래서 다른 곳에서는 '판단하다'보다는 '분간하다'라고 옮겼다. V 1, 780b20과 781a19 등의 용례를 참조. 780a22에 대한 각주 참조.

(j) 과잉과 결핍이 자손의 수에 대해 갖는 관계

많이 낳기, 부분들의 과잉, 적게 낳기와 하나 낳기, 부분들의 부족[153]과 관련해서 의문을 갖는 사람이 있을 것이다. 손·발가락을 더 많이 갖거나 하나만 갖는 경우가 때때로 일어나고, 다른 부분들의 경우에도 이와 동일하기 때문이다. 어떤 동물들은 부분들을 (보통의 경우보다) 더 많이 갖고, 또 어떤 것들은 (부족해서) 불구자[154]가 된다. 두 개의 생식기, 즉 수컷의 생식기와 암컷의 생식기를 함께 갖는 경우도 있는데, 사람들 사이에서도 이런 일이 있고, 특히 염소들의 경우에도 그렇다. 사람들이 '트라가이나이'[155]라고 부르는 염소들이 생겨나는데, 이들이 이렇게 불리는 것은 암컷과 수컷의 생식기를 모두 가지고 있기 때문이다. 염소가 다리에 뿔을 달고 태어난 적도 있다.

(신체) 내부의 부분들과 관련해서도 여러 가지 변화와 결함들이 발생한다. 어떤 부분들을 갖지 않거나 부족한 상태로[156] 갖거나 수가 더 많거나 자리가 바뀜으로써 그렇다. 그런데 심장을 갖지 않은 동물이 생겨난 적은 한 번도 없다. 하지만 비장이 없거나 두 개의 비장을 가진 동물이 태어난 적은 있고, 신장이 하나인 사례도 있다. 간을 갖지 않는 사례는 없지만 완전하지 않은 간을 가진 사례는 있다. 이런 일들은 모두 완전히 성체가 되어 살아 있는 동물들 가운데도 있다. 쓸개를 갖는 것이 본성임에도 불구하고 갖지 않은 사례도 발견된 적이 있고, 하나

153 많이 낳기(polytokia, 770b28), 부분들의 과잉(pleonasmos), 적게 낳기(oligotokia), 하나 낳기(monotokia, 770b29), 부분들의 부족(endeia).

154 불구자(kobola, 770b32~33): I 17, 721b17 이하 참조.

155 트라가이나이(tragainai, 770b35): '숫염소'를 가리키는 tragos와 '암염소'를 가리키는 aix의 합성어. 암수한몸(Hermaphrohites) 염소를 가리킨다.

156 부족한 상태로(kekolobomena, 771a2): 불구 상태로. 770b32 참조.

이상의 쓸개를 가진 사례들도 있다. (내장 기관의) 자리가 바뀐 상태로 생겨난 것들도 있는데, 간이 왼쪽에 있고 비장이 오른쪽에 있다. 이런 사례들도 — 이미 앞에서 말했듯이 — 동물들이 이미 완전하게 성체가 된 상태에서 목격되었다.[157] 반면에 갓 태어난 동물들의 경우에는 온갖 교란[158]이 많다. 보통 본성에서 조금 벗어난 것들은 생존하지만, 많이 일탈한 것들은 생존하지 못한다. 본성에 어긋나는 일이 생존에 중추적인 부분들에서[159] 일어나면 그렇다.

이런 사례들에 대해 우리는 하나 낳기, 부분들의 부족과 과잉, 많이 낳기의 원인을 동일한 것으로 간주해야 하는지 그렇지 않은지를 탐색한다.

그렇다면 우선 무엇 때문에 어떤 동물들은 많이 낳고 어떤 동물들은 하나를 낳는지에 대해 누군가 놀라움을 갖는다면 이는 이치에 맞는 일로 여겨질 것이다. 그 이유는 이렇다. 동물들 가운데 가장 큰 것들이 새끼를 하나 낳는데, 예를 들어 코끼리, 낙타, 말과 통짜발 동물들[160]이 그렇다. 이들 가운데 일부는 몸집이 다른 것들보다 더 크고, 일부는 크기에서 큰 차이가 난다. 개와 늑대와 여러갈래발 동물들은 거의 모두 새끼를 많이 낳고, 이들 중 쥐의 부류처럼 작은 것들도 그렇다. 두갈래발 동물들은 — 돼지를 빼놓고 — 새끼를 적게 낳는다. 돼지는 새끼를 많이 낳는 동물들에 속한다. (몸이) 큰 동물들이 새끼를 많이 낳고

157 IV 4, 771a5~6 참조.

158 교란(tarachē, 771a11): IV 6, 775b8 참조.

159 중추적인 부분들에서(en tois kyriois, 771a13): II 6, 742a32~b3 참조.

160 771a20 이하의 ta mōnycha, ta dichela, ta polyschidē는 각각 '발굽이나 발이 갈라지지 않은 동물들', '두 갈래로 갈라진 동물들', '여러 갈래로 갈라진 동물들'을 가리킨다. 이 번역에서는 '통짜발 동물들', '두갈래발 동물들', '여러갈래발 동물들'로 옮겼다.

더 많은 양의 스페르마를 배출할 수 있는 것은 이치에 맞다. 하지만 (우리를) 놀라게 하는 것 자체가 놀랍지 않음의 원인이다.[161] 왜냐하면 동물들이 새끼를 많이 낳지 않는 것은 크기 탓이기 때문이다. (몸집이) 큰 동물들의 경우 영양분이 몸의 성장에 소비되기 때문이다. 반면에 몸집이 더 작은 동물들의 경우 자연이 (몸의) 크기에서 덜어내서 그 과잉분을 스페르마 성분의 잔여물에 더해준다. 큰 동물이 갖는 생산을 위한 스페르마는 필연적으로 더 많을 수밖에 없지만, 작은 동물의 스페르마는 적다. 따라서 동일한 것에서 많은 것이 작은 크기로 생겨날 수 있지만, 큰 것이 많이 생겨나기는 어려울 것이다. [하지만 크기가 중간인 동물들에게 자연은 그 중간을 허락했다. 그런데 동물들 가운데 어떤 것들은 크고 어떤 것들은 더 작고 어떤 것들은 중간인 데 대한 원인은 우리가 앞에서[162] 이야기했다. 하지만 동물들 가운데 어떤 것들은 새끼를 하나 낳고, 어떤 것들은 적게, 어떤 것들은 많이 낳는다.][163] 대다수의 경우 통짜발 동물들은 새끼를 하나 낳고, 두갈래발 동물들은 새끼를 적게 낳고 여러갈래발 동물들은 새끼를 많이 낳는다. 대다수의 경

161 이 말의 뜻은 다음과 같이 풀이할 수 있을 것이다. 몸집이 큰 동물들이 새끼를 하나 낳는 것은 우리를 놀라게 할 수 있다. 그런 동물들은 더 많은 양의 스페르마를 배출할 수 있으리라고 생각되기 때문이다. 하지만 이치를 따져보면 몸집의 크기와 새끼 수 사이의 그런 상관 관계는 전혀 놀랍지 않다. 몸집이 큰 동물들의 경우 큰 몸집을 유지하기 위해서 영양분을 많이 소모하기 때문에 스페르마를 많이 배출하지 못한다. 『형이상학』 I 2, 983a17~21 참조. "모든 사람은 사물들의 존재 방식에 대한 놀라움에서 출발하지만, 마지막에는 그것과 반대되는 것과 — 속담에서 말하듯이 — 더 좋은 것으로 완결되는데, […] 우리는 앎을 얻을 때 그런 상태에 도달한다. 대각선이 측정 가능하게 될 때만큼 기하학 연구자를 놀라게 할 일은 없을 것이기 때문이다."

162 『동물부분론』 IV 10, 686b29~32 참조.

163 Peck은 771a34~771b2의 구절을 삭제하고 읽었다.

우 크기들이 이런 차이들에 따라서 규정된다는 것이 그 원인이다. 하지만 모든 사례에서 그런 것은 아니다. 몸의 크고 작음은 새끼를 적게 낳는 것과 많이 낳는 것의 원인이지만, 해당 부류의 발이 갈래가 없는지 여러 갈래인지 두 갈래인지는 (그런 현상의 원인이 아니다). 이에 대한 증거가 있다. 코끼리는 동물들 가운데 (몸이) 가장 크지만 발이 여러 갈래이고, 낙타는 나머지 동물들 중에서 몸집이 가장 크지만 발이 두 갈래이기 때문이다. 보행동물들뿐만 아니라 비행동물들과 유영동물들에 있어서도 몸집이 큰 것들은 새끼를 적게 낳고 작은 것들은 새끼를 많이 낳는데, 이것도 같은 원인 때문이다. 식물들의 경우에도 이와 유사하게 가장 큰 것들이 가장 많이 열매를 맺는 것은 아니다.

그렇다면 무엇 때문에 동물들 가운데 어떤 것들은 본성상 새끼를 많이 낳고 어떤 것들은 적게 낳고 어떤 것들은 하나를 낳는지 이야기했다. 방금 말한 의문과 비교해볼 때 누군가는 새끼를 많이 낳는 것들에 관해서 더 많은 놀라움을 가질 것이고, 이는 이치에 맞다. 분명히 이런 종류의 동물들은 많은 경우 한 차례의 교미를 통해서 새끼를 배기 때문이다. (이와 관련해서) 수컷의 스페르마의 작용을 생각해보자. 그것은 배아의 부분이 되고 암컷의 스페르마와 섞임으로써 질료에 기여하거나, 아니면 이런 방식이 아니라 우리가 말한 대로 암컷 안에 있는 질료, 즉 스페르마 성분의 잔여물을 함께 결합하고 '제작함'[164]으로써 질료에 기여하는데, 이 경우 무화과즙이 젖의 물기를 '제작하는' 방식과 비슷하다.[165] 그런데 (둘 중 어떤 방식이든) 수컷의 스페르마는 도대체 어

164 제작함(dēmiourgein, 771b21~22): II 4, 738b20에 대한 각주 참조.

165 II 3, 737a15 참조.

떤 이유 때문에 — 무화과즙의 경우에서처럼 — (몸이) 큰 하나의 동물을 완성시키지 않고 〈그 잔여물에서 많은 수의 새끼가 생겨날까?〉[166] [무화과즙은 일정한 양의 젖을 형성한 뒤 나눠지지 않고, 젖에 들어가는 무화과즙의 양이 많으면 많을수록 이 즙에 의해서 굳어진 것이 더욱 더 크다.]

자궁의 장소들은 스페르마를 끌어들이는데 이런 장소가 여럿이고 코튈레돈들[167]이 하나가 아니기 때문에 새끼가 더 많이 생겨난다고 말하는 것은 아무 뜻이 없다. 왜냐하면 자궁의 같은 장소에서 새끼가 둘 생겨나는 것은 흔한 일이며, 새끼를 많이 낳는 것들의 경우 자궁이 다수의 태아들로 채워지면 분명히 이것들은 붙은 채 놓여 있기 때문이다. 이것은 해부의 결과 명백하다. 하지만 동물들은 완전해진 상태에서도 제 각각 더 큰 쪽으로나 더 작은 쪽으로 일정한 크기를 가지며, 어떤 것도 (일정한 정도 이상으로) 더 커지거나 더 작아지는 일 없이 크기의 양쪽 간격 사이에서 상대적으로 과도와 부족을 가지고 있다. 그래서 어떤 사람은 더 크고 어떤 사람은 더 작게 되며 다른 동물들도 모두 그렇다. 이와 마찬가지로 새끼가 생겨나는 출처인 스페르마 성분의 질료도, 그 분량과 상관없이 새끼가 생겨날 수 있을 정도로 더 많은 쪽으로나 더 적은 쪽으로 무한정한 것이 아니다. 그래서 동물들 중에서 지금 언급된 원인 때문에 한 마리 동물의 시작점이 되기에 필요한 것보다 더 많은 양의 잔여물을 배출하는 것들은 그 잔여물 전체로부터 하나가 생겨날 수 없고 (해당 동물들의) 적절한 크기에 의해서 이미 규정되어 있는 만큼

166 Platt과 Peck의 제안에 따라 논변을 완전하게 하기 위해 이 구절을 삽입했다.

167 코튈레돈들(kotylēdones, 771b29): II 7, 745b30 이하 참조.

여러 마리 새끼가 생겨난다.

또 수컷의 스페르마, 혹은 달리 말해서 스페르마에 내재하는 능력은 본성상 정해진 것보다 더 많은 것이나 더 적은 것을 형성해내지 못할 것이다. 수컷이 (필요 이상으로) 많은 양의 스페르마를 내보내거나 나뉜 스페르마 안에 들어 있는 능력들이 (필요 이상으로) 많다면, 이때도 똑같이 그런 최대치의 스페르마가 새끼를 더 크게 만드는 것이 아니라 그와 반대로 남은 것은 말라서[168] 소멸할 것이다. 왜냐하면 불은 양이 더 많은 만큼 물을 더 뜨겁게 하는 것이 아니라 열기에는 정해진 어떤 경계가 있어서, 누군가 불을 더 키우면 열기는 유지되지만 뜨거운 정도는 더 이상 높아지지 않고 물이 더 많이 증기로 빠져나가서 마지막에는 보이지 않게 말라버리기 때문이다.

그런데 암컷의 잔여물과 수컷에서 오는 잔여물은 서로 일정한 균형[169]을 요구하는 것처럼 보인다. 수컷들은 스페르마를 배출하고, 새끼를 많이 낳는 동물들의 수컷은 분배되어[170] 다수의 새끼를 형성해낼 수 있는 만큼의 스페르마를 배출하고 암컷은 다수의 형성체가 생겨날 수 있는 만큼의 잔여물을 배출한다. (앞서 말한 젖의 사례[171]는 이와 유사하지 않다. 왜냐하면 스페르마의 열기는 일정한 양의 결과물뿐만 아니라 일정한 성질의 결과물[172]을 형성해내는 반면, 무화과즙과 레닛에 있는 열기는 일정한 양의 결과물만을 형성해내기 때문이다.) 그렇다면 새

168 I 20, 729a18 이하 참조.

169 일정한 균형(symmetria tis, 772a17): I 18, 723a30과 IV 2, 767a16 참조.

170 분배되어(merizomenon, 772a21): IV 5, 773b12 참조.

171 젖의 사례(to epi tou galaktos paradeigma): II 3, 737a15와 IV 4, 771b24 참조.

172 원문의 poion ti(772a24)는 '어떤 성질을 가진 것', '이러저러한 것'을 뜻하지만 여기서는 맥락을 고려해서 '일정한 성질의 결과물'이라고 옮겼다. IV 3, 767b34 참조.

끼를 많이 낳는 동물들에게서 많은 수의 배아들이 생겨나고 그 모두를 출처로 해서 하나의 연속체가 생겨나지 않는 데 대한 원인은 이것, 즉 배아는 임의적인 분량의 잔여물로부터 생겨나는 것이 아니라는 데 있다. (잔여물의) 분량이 적어도, 너무 많아도, 배아는 생겨나지 않는다. 왜냐하면 작용받는 것의 능력뿐만 아니라 작용하는 열기의 능력도 정해져 있기 때문이다.

동물들 중에서 새끼를 하나 낳고 (몸집이) 큰 것들에서도 사정이 똑같아서, 이들의 경우에도 다량의 잔여물로부터 새끼가 많이 생겨나지 않는다. 왜냐하면 이들의 경우에도 가공작업의 결과[173]는 일정한 양의 잔여물로부터 형성된, 일정한 양을 가진 것이기 때문이다. 그런데 그런 동물들은 앞서 말한 원인 때문에[174] 그런 성질의 질료를 더 많이 내놓지 않고, 그들이 내놓는 질료의 양은 본성상 단지 하나의 배아가 생겨날 정도의 양이다. 어쩌다 잔여물이 더 많이 나오면, 그때는 두 개의 배아를 낳는다. 그래서 그런 현상들은 이변에 해당하는 것으로 여겨진다. 대다수의 경우에 일어나는 결과나 일상적으로 일어나는 결과에 어긋나기 때문이다.

하지만 사람은 모든 부류의 특징을 공유한다.[175] 왜냐하면 사람은 772b
자식을 하나 낳지만 많이 낳을 때도 있고, 소수, 즉 두셋을 낳기도 하

173 가공작업의 결과(to ergazomenon, 772a32): I 20, 728a26~27; IV 1, 765b16 등을 참조.

174 IV 4, 771a17 이하 참조.

175 모든 부류의 특징을 공유한다(epamphoterizei pasi tois genesin, 772b1): '공유한다'라고 옮긴 epamphoterizein은 '양면성을 갖는다'는 뜻이다. 예를 들어 『자연학』 III 5, 205a28에 따르면 물은 흙에 비해 위로 올라가고 불에 비해 아래로 내려간다는 점에서 '양면성을 갖는다'. 『정치학』 VII 13, 1332b1~3도 함께 참조.

기 때문이다. 하지만 본성상 하나를 낳을 때가 가장 많은데, 많이 낳는 것은 신체의 물기와 열기 때문이지만[왜냐하면 스페르마의 본성은 축축하고 뜨겁기 때문이다], 두셋을 낳거나 하나를 낳는 것은 크기 때문이다. 동물들 가운데 오직 사람의 경우에만 배태 기간이 불규칙적인데, 이런 일도 그런 이유 때문에 일어난다.[176] 즉 다른 동물들의 경우 그 시간이 하나로 정해져 있지만, 사람들의 경우에는 (배태 기간이) 다양하다. 사람들은 일곱째 달이나 열째 달에 태어나기도 하고 그 중간 시점에 태어나기도 한다. 그리고 팔삭둥이들은 살아남지만, 생존 가능성이 낮다.[177] 그 원인을 누군가 방금 말한 것들로부터 알아낼 수 있을지도 모르지만, 그것들에 대해서는 『문제집』에서[178] 이야기되었다.

그러면 이런 문제들에 대해서는 이런 방식으로 규정된 것으로 하자.

(k) 근거 제시

본성에 어긋나게 부분들이 많아지는 것에 대한 원인은 쌍둥이 출산[179]의 원인과 동일하다. 즉 부분의 본성에 알맞은 것보다 더 많은 양의 질료가 (배아로) 형성되면, 그것이 벌써 배아들 안에서 (부분들의 과잉의) 원인이 된다. 그때 배아들은 다른 배아들이 가진 것보다 더 많은 부분을 갖게 되는 일이 일어나기 때문이다. 예를 들어 손가락, 손, 발, 그 밖의 말단 부분이나 지체 중 일부가 그렇다. 혹은 배아가 분할되면[180] 더 많

176 IV 8, 776a22 참조.
177 『동물지』 VII 584a33~b12 참조.
178 어느 곳인지 분명치 않다.
179 **쌍둥이 출산**(didymotokia, 772b14): IV 1, 764a33과 IV 6, 775a23 참조.
180 **배아가 분할되면**(schisthenthos tou kyēmatos, 772b18): 아래의 773a12~13에서 언급된 '배아들의 접합'과 비교.

은 부분이 생겨나는데, 이는 강물에서 소용돌이가 생겨날 때와 같다. 왜냐하면 강물에서 흘러가는 축축한 것은 운동 중에 있어서 〈다른 어떤 것〉과 충돌하면, 하나로부터 두 개의 소용돌이가 형성되며 이 둘은 동일한 운동을 갖기 때문이다.[181] 배아들의 경우에도 이와 똑같은 방식으로 일이 일어난다.[182] (부분들은) 주로 서로 가까운 곳에서 추가로 생겨나지만, 배아 안에서 생겨나는 운동 때문에 멀리 떨어져서도 그런 일이 일어날 때도 있다. 특히 (a) 질료가 (처음 그것이) 떨어져 나온 곳에 (다시) 과도하게 부여되고 (b) 그것이 과잉 상태에서 떨어져 나온 곳의 형상을 갖기 때문에 그런 일이 일어난다.[183]

이런 일이 일어나서 두 개의 생식기를, [즉 수컷의 생식기와 암컷의 생식기를] 갖는 경우가 있다. 그런 경우는 언제나 수가 많아진 것들 가운데 하나가 중추적인 역할을 하지만 다른 하나는 중추적인 역할을 하지 못한다. 뒤의 것은 본성에 어긋난 것이기 때문에 항상 영양 부족을 겪기 때문이다. 하지만 그것은 종양들[184]처럼 붙어 자란다. 그것도 —

181 I 22, 23과 767b18 등을 참조.

182 "시계바늘과 똑같은 방식으로 돌아가는 소용돌이를 가정해보자. 이 소용돌이가 강에서 있는 막대기와 부닥치면, 이 소용돌이는 더 작지만 같은 방식으로 운동하는 두 개의 소용돌이로 갈라진다. 태아 안에서 일어나는 운동들도 이런 소용돌이와 같다. 예를 들어 배아의 손가락을 형성하게 될 세포들이 갈라지면, 이들은 두 개의 손가락을 형성할 것이고 똑같은 운동이 각 세트의 세포들 안에서 진행될 것이다"(Platt).

183 문장이 매우 생략되어 있어서 원문의 뜻을 파악하기 쉽지 않지만, Peck의 설명을 참고해서 이 과정을 다음과 같이 이해할 수 있을 것이다. 너무 많은 양의 질료가 X로부터 떨어져 나온다. 그것은 Y에 더해지고 그 결과 이 질료는 발생 과정에서 Y의 형상을 취하기 시작한다. 하지만 이미 Y가 충분한 상태에서 질료가 거의 과잉 상태로 덧붙여진 것이기 때문에 다시 처음 떨어져 나온 곳, 즉 X로 되돌아간다. 그렇게 해서 X에 Y의 형상(eidos)이 생긴다.

184 종양들(phymata, 772b29): I 18, 724b25 참조.

비록 본성에 어긋나게 나중에 발생하긴 하지만 — 영양분을 취하기 때문이다. 제작하는 것[185]이 지배하거나 전적으로 지배당하게 되면 똑같은 성질의 생식기가 두 개 생기고, 한쪽 측면에서는 지배하지만 다른 쪽 측면에서는 지배당하면 하나는 암컷 생식기가, 다른 하나는 수컷 생식기가 된다. 이런 말을 부분들에 대해서 하건 신체 전체에 대해서 하건,[186] 즉 무슨 원인 때문에 어떤 것은 암컷이, 어떤 것은 수컷이 되는지 말하건 아무 차이가 없다. 한편, 그런 부분들, 예를 들어 어떤 말단 부분이나 다른 지체 부분들의 (크기나 수가) 부족한 경우들이 있는데, 우리는 생겨나는 것 전체가 유산된다면 이때 원인이 되는 것과 동
773a 일한 원인이 거기에 관여한다고 간주해야 한다. 배아들의 유산은 많이 일어난다.

[본성에 어긋한 것들과 많이 낳기의 차이는 방금 이야기한 것과 같고,[187] 이것들과 이변들[188]의 차이는 이들 중[189] 많은 것이 붙어 자란 것이라는 데 있다.] 〈변화도 (함께) 일어나는데, 어떤 경우에는 크기가 더 작고 중요하지 않은 부분들에서 그렇고〉 어떤 경우에는 이와 동일한 방식으로 크기가 더 크고 더 중추적인 부분들에서 변화가 일어나면 그런 이변들이 발생한다. 예를 들어 어떤 동물들은 두 개의 비장과 여러

---

185 제작하는 것(to dēmiourgoun, 772b31): IV 3, 767b17 이하 참조.

186 IV 3, 768b3 이하 참조.

187 IV 4, 772b13~773a2 참조.

188 이변들(terata, 773a3): 다른 점에서는 정상이지만 부모와 닮지 않은 자식들을 가리키는 것이 아니라 좁은 의미의 이변, 즉 비정상적 이변으로서 기형들을 가리킨다. '이변'에는 정도의 차이가 있다. Peck은 이 단락을 삭제했다. Platt은 '많은 것이 붙어 자란 것(symphysis)'(773a4)이라는 표현이 샴쌍둥이('Siamese' monsters)를 가리키는 것으로 추측한다.

189 즉 이변에 해당하는 현상들 중.

개의 신장을 갖는다. 더욱이 운동들의 방향이 어긋나고 질료가 자리를 바꿈으로써 부분들의 자리가 바뀌는 경우도 있다. 이번에 해당하는 동물이 하나인지, 아니면 더 많은 수로 함께 자란 것인지는 원리를 기준으로 판단해야 한다. 예를 들어 심장이 그런 원리에 해당하는 부분이라면, 하나의 심장을 가진 것은 하나의 동물이지만, 더 많은 부분들은 자연에 어긋난 것들로 간주해야 한다. 반면에 그 이상의 심장을 가진 것은 둘이지만 배아들의 접합[190] 때문에 함께 자라난 두 마리의 동물로 간주해야 한다.

(l) 그 밖의 비정상적 형태들

그런데 비정상적인 것으로 여겨지지 않는 많은 동물들 중에도 이미 완전히 성장이 이루어진 뒤에 관들이 함께 붙어 있거나 (본래 위치에서) 일탈해서 자라나 있는 일이 자주 일어난다. 왜냐하면 어떤 여자들의 경우 자궁의 입구가 계속 붙어서 자라나 경혈이 배출되고 통증이 올 시점이 되면 저절로 터지는 경우나 의사들에 의해서 절개되는 경우가 있기 때문이다. 또 관을 강제로 뚫거나, 이런 조치가 이루어질 수 없어서 자궁이 괴사하는 일이 일어났다. 또 어떤 남자 아이들의 경우 음경의 끝과 방광의 잔여물이 분비되는 관이 맞붙지 않고 관이 더 아래쪽에 놓인 경우가 있다. 그래서 이런 아이들은 앉아서 오줌을 누고, 고환을 들어 올리면 멀리 있는 사람들에게는 여자의 생식기와 남자의 생식기를 함께 가지고 있는 것처럼 여겨진다. 어떤 동물들의 경우에는 마른 영양분

190 배아들의 접합(hē tōn kyēmatōn synapsis, 773a12~13): 772b18에서 언급된, 배아들이 분할되는 경우와 비교.

이 배설되는 관이 (오줌의 관과) 붙어서 자라난 경우도 있는데, 양들뿐만 아니라 다른 동물들의 경우도 그렇다. 페린토스[191]에서 태어난 소의 경우 자잘한 영양분이 방광을 거쳐 배설되었다. 항문을 절개했지만 멀지 않아 두 부분이 다시 붙었고 갈라서 나눈 상태를 유지할 수 없었다.

새끼를 적게 낳는 경우와 많이 낳는 경우, 과도하거나 부족한 것들의 본성에 대해서, 그리고 그 밖의 이변에 해당하는 것들에 관해서 이야기했다.

191 페린토스(Perinthos, 773a26~27): 트라키아 지방의 마을이다.

5장

그 밖의 다양한 현상들

중복임신

동물들 가운데 어떤 것들은 전혀 중복임신을 하지 않지만[192] 어떤 것들은 중복임신을 하고, 중복임신을 하는 것들 가운데 어떤 것들은 배 773a32

192 773a32 이하에서는 epikyiskesthai(773a33), epikyēma(773b7), to epikyēthen(773b9) 등 동일한 어근의 낱말이 등장한다. 모두 배태가 이루어진 다음 '추가로' 배태가 이루어지는 과정이나 그것의 결과물을 가리킨다. 이런 뜻을 고려해서 '중복임신을 하다', '중복배아', '중복 배태된 것'이라고 옮겼다. "중복임신(superfetation)에는 두 종류가 있다. 동시에 생겨난 난자들이 두 번의 상이한 수정(impregnations)에 의해서 수정되거나(fertilized), 아니면 난자들 자체가 두 개의 서로 다른 기간에 생산되어 앞의 것과 나중의 것이 앞선 수정과 나중의 수정에 의해 수정될 수 있다. 아리스토텔레스는 후자의 경우에 대해서만 이야기한다(앞의 경우는 일반적으로 superfecundation이라고 불린다)"(Platt).

아들을 키울 수 있지만, 어떤 것들은 그렇게 할 수 있을 때도 있고 할 수 없을 때도 있다. 새끼를 하나 낳는다는 것이 중복임신을 하지 않는 773b 것의 원인이다. 통짜발 동물들은 중복임신을 하지 않고 이들보다 더 큰 동물들도 그렇기 때문이다. (몸의) 크기 때문에 잔여물이 배아를 키우는 데 소비되기 때문이다. 이런 종류의 모든 동물은 몸이 크고, 큰 동물들의 경우 태아도 그에 비례해서 크기 때문이다. 이런 이유 때문에 코끼리들의 태아는 송아지만큼 크다. 새끼를 많이 낳는 동물들은 중복임신을 하는데, 하나 이상 태어나는 것들 가운데 하나는 다른 것에 대해 중복배아[193]이기 때문이다.

이들 가운데 사람처럼 큰 동물들은 가까운 시점에 교미가 잇달아 일어나면 중복으로 배태된 것을 키워낸다. 이렇게 말하는 이유는 그런 일이 실제로 일어난 것이 이미 목격되었기 때문이다. 그 원인은 이미 말한 바와 같다. 즉 한 차례의 교접에서 (적정량보다) 많은 스페르마가 나오면 이것이 분배되어[194] 많이 낳게 만드는데, 이것들 중 어떤 것은 다른 것에 비해 더 늦다. 반면에 배아가 이미 자라난 상태에서 교미가 일어나면 그때 중복임신이 이루어지지만, 이런 일은 드문데 임신 기간 동안 여자들의 자궁은 대체로 닫혀 있기 때문이다. 그런데 그런 일이 일어나면(실제로 그런 일이 발생한 적이 있다) 어미는 완전히 키워낼 능력이 없어 (두 번째) 배아를 배출하는데 이는 이른바 조산[195]에 가깝다. 새끼를 하나 낳는 것들의 경우 크기 때문에 전체 잔여물이 이미 있는

193 중복배아(epikyēma, 773b7).

194 분배되어(meristhen, 773b12): IV 4, 772a21 참조.

195 조산(ektrōma, 773b18): Platt과 Peck은 abortions로, Reeve는 premature births로 옮겼다.

것을 위해 쓰이는데, 이런 경우들에서도[196] 그렇기 때문이다. 앞의 것들의 경우에는 즉시, 뒤의 것들의 경우에는 태아가 자란 다음에 그렇다는 데 차이가 있을 뿐이다. 이때 이들은 새끼를 하나 낳는 동물들과 비슷한 상태에 있기 때문이다. 이와 유사하게 사람은 본성상 자식을 많이 낳기[197] 때문에, 또 자궁의 크기와 잔여물의 양에 얼마간 여유가 있기 때문에 그렇다. 하지만 그런 (여분의) 정도는 다른 태아를 자라게 할 정도는 아니며 동물들 중에서 오직 여자와 암말이 임신 상태에서 교미를 할 수 있다. 여자가 그럴 수 있는 것은 앞서 말한 원인 때문이고, 암말이 그럴 수 있는 것은 본성의 불임성[198]과 자궁의 크기에 얼마간 여유가 있기 때문이다. (두 경우 모두) (새끼가) 하나 이상 들어설 정도의 여유가 있지만, 다른 (새끼를) 임신해서 완전하게 키울 정도는 되지 못한다.

실제로 암말은 불임동물들과 같은 상태에 있기 때문에 본성적으로 성욕이 강하다.[199] 불임동물들이 그런 성질을 갖는 것은 월경이 일어나지 않기 때문이다. (월경은 수컷들에게서 일어나는 사정[200]과 같다.) 그리고 암말들은 월경의 양이 가장 적다. 그런데 새끼를 낳는 모든 동물의 경우 암컷들 가운데 불임인 것들은 성욕이 강하다. 이들은, 스페르마가 모여 있지만[201] 밖으로 나오지 않는 상태에 있는 수컷들과 비슷하

196 즉 하나 이상의 새끼를 낳는 동물들의 경우들에서도.

197 **본성상 자식을 많이 낳기**(physei polytokon einai, 773b22~23): 뜻이 분명치 않다. IV 4, 772b1 이하의 진술을 고려하면, 사람은 '많이 낳을 때도 있다(polytokei pote)'를 뜻하는 것 같다.

198 **불임성**(sterrotēs, 773b27): II 8, 748a15 이하 참조.

199 **불임동물들**(ta sterra, 773b30), **성욕이 강하다**(aphrodisiastikos, 773b29).

200 773b31~32의 aphrodisiasai는 본래 '성교하다'는 뜻하지만, 여기서는 '스페르마의 배출,' '사정'이라는 뜻으로 쓰였다. I 19, 726b8 참조.

201 스페르마의 이런 상태에 대해서는 I 5, 717b25과 I 6, 718a6을 참조.

774a 기 때문이다. 암컷들에게 경혈의 배출은 스페르마가 밖으로 나오는 것과 같기 때문인데, 경혈은, 앞서 말했듯이,[202] 열처리가 안 된 스페르마이기 때문이다. 이런 이유 때문에 여자들 가운데 그런 종류의 성교에 대한 욕구를 자제하지 못하는 사람들은 자식을 많이 낳으면 흥분을 멈춘다. 스페르마 성분의 잔여물이 이미 방출되어 더 이상 그런 성교에 대한 욕구를 갖지 않게 하기 때문이다. 새들 가운데 암컷들이 수컷들보다 성욕이 강하지 않은 이유는 암컷들은 횡격막 근처에 자궁이 있는데 반해 수컷들은 그 반대이기 때문이다. 즉 수컷들 안에 있는 고환이 올라간 상태가 되면,[203] 그 결과 그런 종류의 [새들] 중 어떤 부류는 본성적으로 스페르마가 많아서 언제나 성교를 필요로 한다. 그래서 암컷들의 경우에는 자궁들이 내려오고 수컷들의 경우에는 고환이 올라가는 일이 일어날 때, 성교의 조건이 갖추어지게 되는 것이다.[204]

무슨 원인 때문에 어떤 동물들은 전혀 중복임신을 하지 않고 어떤 것들은 하는지, (중복임신이 가능한 것들은) 어떤 때 배아를 양육하고 어떤 때 양육하지 못하는지, 그리고 무슨 원인 때문에 그런 동물들 중에서 어떤 것들은 성욕이 강하고 어떤 것들은 성욕이 약한지 이야기했다.

중복임신을 하는 것들 가운데 몇몇은 교미에 긴 시간 간격이 있어도 배아들을 키울 수 있는데, 이런 부류의 동물들은 (a) 스페르마가 많고 (b) 몸집이 크지 않으며 (c) 새끼를 많이 낳는 것들에 속한다. 그런 부류는 (c) 새끼를 많이 낳기 때문에 자궁이 넓고, (a) 스페르마가 많기 때

202 I 19, 726b30~727a4 참조.

203 I 4, 717b10 이하 참조.

204 I 12, 719b2~4; II 4, 739a30 이하; III 1, 750b35 참조.

문에 월경 잔여물을 많이 내놓는다. 그런데 (b) 몸집이 크지 않고 배출량이 배아로 가는 영양분에 비해 훨씬 더 많기 때문에, 동물들을 (태내에서) 형성해내고 나중에도 이들[205]을 양육할 수 있다. 더욱이 그런 동물들의 자궁은 닫히지 않는데, 월경 잔여물이 남아 있기 때문이다. 이런 일은 여자들에게도 일어난다. 어떤 여자들의 경우 임신이 지속되는 동안에도 끝까지 월경이 일어나기 때문이다. 하지만 이런 경우에는 (임신 중 월경이) 본성에 어긋난 일이지만(이 때문에 배아에 해롭다), (본래) 그런 종류의 동물들의 경우에는 (똑같은 일이) 본성에 따라 일어난다. 처음부터 몸이 그런 방식으로 형성되었기 때문이다. 예를 들어 토끼가 그렇다. 즉 이 동물은 중복임신을 한다. 왜냐하면 토끼는 큰 동물들에 속하지 않으며 새끼를 많이 낳고(발이 여러 갈래이기 때문인데, 여러갈래발 동물들은 새끼를 많이 낳는다), 스페르마가 많기 때문이다. 털북숭이가 이를 명백히 보여준다. 왜냐하면 토끼는 털이 많은 점에서 다른 동물들을 능가하기 때문이다. 즉 토끼는 동물들 가운데 유일하게 발바
닥에도, 턱 안쪽에도 털[206]이 있다. 털북숭이는 잔여물이 많다는 데 대 774b
한 징표이며, 이런 이유에서 사람들 중에서 털이 많은 사람들은 매끈한 사람들보다 성욕이 더 강하고 스페르마의 양이 많다. 그래서 토끼는 배아의 일부를 불완전한 상태로 갖는 경우가 흔하지만, 새끼들 중 일부는 완전한 상태로 내놓는다.

205 중복임신에 의해서 생겨난 배아를 두고 하는 말이다.

206 털(trichōma, 774a34): 털과 관련된 이런 특징들 중 하나를 가진 고래도 있다. 『동물지』 III 12, 519a23~24 참조. "토끼는 입안에도 발바닥에도 털이 있는 유일한 동물이다. 수염고래(to mystakotētos)는 입안에 이빨이 없고 그 대신 돼지털과 같은 털이 있다."

6장

출생 시 새끼의 상태

새끼를 낳는 동물들 가운데 일부는 새끼를 불완전한 상태로, 일부는 완전한 상태로 낳는다. 통짜발 동물들과 두갈래발 동물들은 완전한 상태로, 여러갈래발 동물들 중 다수는 불완전한 상태로 낳는다. 그 원인은 통짜발 동물들은 새끼를 하나 낳지만, 두갈래발 동물들은 많은 경우 하나 혹은 둘을 낳고, 대다수의 경우[207] 힘들이지 않고 적은 수의 새끼들을 양육한다는 데 있다. 여러갈래발 동물들 가운데 불완전한 상태로 새끼를 낳는 것들은 모두 새끼를 많이 낳는다. 따라서 배아들이 초기 단계에 있을 때는 이들에게 영양분을 제공할 수 있지만, 자라나 크

207 IV 4, 771b5 이하 참조. 여기서 아리스토텔레스는 "모든 사례에서 그렇지는 않다"고 말한다.

기가 늘어나면 (어미의) 몸이 (더 이상) 영양분을 제공할 능력이 없어서 동물들 중에서 애벌레를 낳는 것들[208]처럼 새끼를 내놓는다. 그중 일부는 거의 미분절 상태의 새끼들을 낳고(예를 들어 여우, 곰, 사자가 그렇다) 다른 동물들 중에서도 몇몇은 이와 비슷하다. 거의 모든 새끼동물은 눈을 뜨지 못한다. 예를 들어 지금 말한 것들을 비롯해서 개, 늑대, 자칼이 그렇다. 돼지가 유일하게 새끼를 많이 낳으면서도 완전한 상태로 낳으며, 이 동물이 유일하게 양쪽에 걸쳐 있다. 즉 돼지는 (a) 여러 갈래발 동물들처럼 새끼를 많이 낳고, (b) 두갈래발이기도 하고 통짜발이기도 하기 때문이다. 이렇게 말하는 이유는 어떤 곳에는 통짜발 돼지들이 실제로 존재하기 때문이다.[209] 그래서 돼지들이 새끼를 많이 낳는 것은 (몸의) 크기로 가는 영양분을 스페르마 성분의 잔여물로 배출하기 때문이다. 돼지는 통짜발이기 때문에 몸집이 크지 않기 때문이다. 하지만 그와 동시에 — 통짜발의 본성에 마치 '반론을 제기하듯'[210] — 두갈래발인 경우가 더 많다. 이런 이유 때문에 돼지는 어떤 때는 새끼를 하나 낳지만 대다수의 경우 둘을 낳거나 많이 낳고, 신체 조건이 양호하기 때문에 새끼를 완전하게 키운다. 왜냐하면 돼지의 신체 조건은 식물들에게 충분하고 풍부한 영양분을 제공할 수 있는 기름진 땅과 같기 때문이다.

새들 중에서 몸이 크지 않아 알을 많이 낳는 것들은 불완전하고 눈이 먼 상태로 새끼를 낳는다. 예를 들어 까마귀, 어치, 참새, 제비가 그

208 애벌레를 낳는 것들(ta skōlēkotoka, 774b13): 불완전한 상태로 낳는 것들.

209 『동물지』 II 1, 499b12 이하 참조: "돼지는 두 가지 특징을 함께 갖는다(epamphoterizei). 왜냐하면 일리리아나 파이오니아나 그 밖의 다른 곳에는 통짜발 돼지가 있기 때문이다."

210 반론을 제기하듯(amphisbetoun, 774b22).

렇다. 그리고 적은 수의 알을 낳지만 부화에 필요한 풍부한 영양분을 제공하지 못하는 것들,[211] 예를 들면 산비둘기, 호도애, 비둘기가 그렇다. 이런 이유 때문에 제비들이 아직 어릴 때 누군가 눈을 집어내면 상처가 다시 아문다. 아직 완전히 생겨난 상태가 아니라 생겨나는 중에 상처가 나기 때문이다. 그래서 (눈이 다시) 생겨나 처음부터 발육이 이루어진다.[212] 일반적으로 완전한 상태의 출산[213]에 앞서 나오는 것은 양육이 불가능하기 때문이고, 불완전하게 태어나는 것은 일찍 나오기 때문이다. 이는 칠삭둥이들을 보면 확실하다. 왜냐하면 이들 중 몇몇은 불완전하기 때문에 태어날 때 자주 귓구멍이나 콧구멍과 같은 관들조차 분절된 상태를 갖추지 못한 채 태어나지만, 이후 성장 과정을 거치면서 관들이 분절되고, 그런 아이들 중 많은 수가 살아남기 때문이다.

사람들의 경우 여아들보다 남아들이 비정상적인 경우들이 더 많지만, 다른 동물들에게서는 전혀 그렇지 않다. 그 원인은 사람들의 경우 남자와 여자는 본성의 열기에서 큰 차이가 나고, 그래서 모태에 있을

211 즉 난황이 충분치 않은 것들.

212 "이 이야기의 출처는 분명치 않다. '집어낸다(ekkentein)'(774b32)가 '제거한다'는 뜻이라면 이 이야기는 참일 수 없다. 하지만 더 낮은 정도의 상처라면 그 뒤 기능이 복원되어 회복될 수도 있을 것이다. 이와 얼마간 유사한 현상으로서 잘 알려진 양서류의 'Wolffian regeneration'(Gustav Wolff가 1895년 이래 연구한 현상이기 때문에 이런 이름이 붙었다 — 인용자)이 있다. 이 경우 눈의 수정체를 제거한 뒤에 홍채 주변에서 새로운 수정체가 다시 생겨난다. 즉 정상적으로 그것이 있던 자리와 다른 자리에서 수정체가 생겨난 것이다. 실험이 반복되면, 이런 일은 수차례 연속해서 일어날 수 있다. 아리스토텔레스는 재생과 배아 성장 사이의 그런 연관성을 잘 파악했다. 하지만 물론 그와 다른 경우도 있다. 예를 들어 도롱뇽(newts)과 같은 동물들의 경우에 재생 능력은 평생에 걸쳐 유지된다"(Peck). 『동물지』 II 17, 508b4 이하 참조.

213 완전한 상태의 출산(teleiogonia, 774b34).

때 남아가 여아보다 더 많이 운동한다는 데 있다.[214] 즉 운동하기 때문에 더 많이 훼손되는데, 어린 것은 허약함 때문에 쉽게 파손된다. 여아들이 완전해지는 과정이 남아들의 경우와 똑같지 않은 것도 이와 똑같은 원인 때문이다. 〈왜냐하면 여자들의 자궁이 똑같은 상태에 있지 않기[215] 때문이다. 하지만 다른 동물들의 경우에는 암컷과 수컷이 똑같은 방식으로 완전하게 된다. 왜냐하면 암컷들의 발달이 수컷들의 경우보다 더 늦지 않기 때문이다.〉 여자들의 경우는 그와 다르다. 여아는 남아보다 모체 안에서 오랜 동안 분화 과정을 겪기[216] 때문이다.[217] 하지만 모체에서 나온 다음에는 모든 것이, 예를 들어 사춘기, 절정기, 노화가 남자들보다 여자들에게 더 빨리 온다.[218] 여자들이 본성상 더 약하고 더 차갑기 때문이다. 그래서 우리는 여성성을 본성적인 비정상 상태인 것처럼 상정해야 한다.[219] 그러므로 (모체) 안에서는 여아가 냉기 때문에 더디게 분화되고(왜냐하면 갈라져 나뉨은 열처리이고,[220] 열처

••

214 『동물지』 VII 4, 584a26 이하 참조.

215 즉 일반적으로 암컷의 열기가 부족하다는 점에서 자궁의 상태가 수컷의 생식기의 상태보다 열등하다는 말이다. IV 6, 775a30 이하와 IV 7, 776a10 참조.

216 다른 곳과 달리 이 단락에서는 배아의 분화 과정을 가리키는 낱말로 '갈라져 나뉘다'는 뜻의 동사 diakrinesthai와 명사 diakrisis가 쓰였다. Reeve는 이를 become disaggregated로, Platt과 Peck은 단순히 develop로 옮겼다.

217 『동물지』 VII 3, 583b22 이하 참조.

218 『정치학』 VIII 6, 1335a28~32과 1335b26~37 참조.

219 IV 3, 765b8~15 참조.

220 『생성 · 소멸론』 I 2, 329b26~28: "동류에 속하는 것들을 결합시키는 것(to synkrinon ta homogenē)은 '뜨겁다'. 왜냐하면 사람들이 불이 하는 일이라고 말하는 갈라냄(diakrinein)은 동종적인 것들을 결합하는 것(synkrinein ta homophyla)이기 때문이다. 이질적인 것들을 제거하는(exhairein ta allotria) 결과가 따라 나오기 때문이다." 그래서 배아의 발달 과정에서 분화는 배아의 여러 부분들의 분화로 귀결된다. 성 분화도 여기에 포함된다.

리를 하는 것은 열기이며, 더 뜨거운 것이 더 쉽게 열처리되기 때문이다) (모체) 밖에서는 허약함 때문에 절정기나 노령에 빨리 이른다. 왜냐하면 어떤 경우든 더 작은 것이 더 빨리 완성에 이르기 때문인데, 이는 기술적인 제작물들이나 본성에 의해서 형성되는 것들의 경우나 마찬가지다. 지금 말한 원인 때문에 사람들의 경우에도 쌍둥이가 성별이 다르면 생존 가능성이 더 낮지만, 다른 동물들의 경우에는 전혀 그렇지 않다. 왜냐하면 앞의 경우 공동 보조를 맞추는 것은 본성에 어긋나는 일이기 때문이다. 분화는 같은 시간 안에 일어나지 않고, 필연적으로 남아가 늦게 나오거나 여아가 빨리 나올 수밖에 없기 때문이다.[221] 하지만 다른 동물들의 경우 (성별이 다른 쌍둥이의 발달 과정이) 공동 보조를 맞추는 것은 본성에 어긋나는 현상이 아니다.

사람들의 경우와 다른 동물들의 경우에 배태와 관련된 차이도 있다. 왜냐하면 어떤 동물들은 대부분의 시간 동안 신체적으로 비교적 좋은 상태에 있지만, 많은 여자가 임신 기간 중 어려움을 겪기 때문이다. 그런데 그에 대한 한 가지 원인은 생존 방식에서 비롯되는 것이기도 하다. 왜냐하면 여자들은 앉아서 생활하기 때문에 (몸 안에) 잔여물이 들어찬다. 여자들이 고된 생활을 하는 종족들[222]의 경우 임신 중의 상태가 분명히 이와 달라서, 그런 곳에서는 여자들이 아이를 쉽게 낳는다. 여자들이 습관적으로 고된 일을 많이 하는 곳에서는 어디서나 그렇다. 고된 일

221 "여아는 발달 속도가 늦다. 그래서 만일 남녀 쌍둥이가 동시에 발달 과정을 겪는다면, 남아는 보통의 경우보다 늦게 태어날 것이다. 반면 쌍둥이 가운데 여아는 보통의 여아보다 더 빨리 태어날 것이다. 남아의 발달 속도에 맞춰 발달하기 때문이다"(Reeve).

222 종족들(ethnē, 775a33): 종족들에 대한 언급으로는 예를 들어 『정치학』 VII 2, 1324b11~12 참조.

은 잔여물을 소비하지만, 앉아서 생활하는 여자들의 경우 고된 일이 없고 임산부에게는 월경이 일어나지 않기 때문에 다량의 잔여물이 누적된다. 그러면 산통을 견디기 어렵다. 하지만 고된 일은 숨을 단련시켜 숨 775b 을 멈출 수 있게 하는데,[223] 그에 따라서 출산이 쉽거나 어렵다.

그런데 앞에서 말했듯이 실제로 그런 것들도 다른 동물들이나 여자들에게서 수동적 변이의 차이를 낳는 데 관계하며, 특히 어떤 동물들에게서는 월경이 적게 발생하고 어떤 것들의 경우에는 전혀 드러나지 않지만, 여자들의 경우에는 동물들 가운데 월경의 양이 가장 많아서, 임신 탓에 방출이 이루어지지 않으면 그것이 어떤 경우에는 신체적 교란[224]을 야기하기도 한다. 왜냐하면 임신을 하지 않았는데 월경이 발생하지 않으면 병이 뒤따르기 때문이다. 대다수의 여자들은 임신 초기에 더 많은 교란을 겪는다. 왜냐하면 한편으로는 배아가 월경을 방해할 수 있고, 다른 한편으로는 배아가 작기 때문에 처음에는 잔여물을 다량으로 소비하지 않기 때문이다. 하지만 나중에 배아가 잔여물을 함께 취하면 몸이 가벼워진다. 하지만 다른 동물들의 경우에는 월경의 양이 적기 때문에 태아의 성장과 균형을 이루고 영양섭취를 방해하는 잔여물이 소비되면서 신체가 훨씬 더 편안한 상태에 놓인다. 수중동물들과 새들의 경우도 이와 똑같다. 하지만 배아들이 커지고 있을 때 더 이상 (어미의) 신체에 좋은 영양 상태가 뒤따르지 않는다면, 그 원인은 잔여물 성분의 영양분보다 더 많은 양이 배아의 성장에 필요하기 때문이다. 소수의 어떤 여자들의 경우에는 임신 중에 신체가 더 좋은 상태

223 숨(pneuma)을 멈춤으로써 힘이 생긴다. II 4, 737b36 이하 참조.

224 IV 4, 771a11 참조.

에 있는 일이 일어난다. 몸 안에 잔여물이 적어서, 이 잔여물이 태아를 위한 영양분과 함께 모두 소비되는 경우에 그렇다.

7장

기태

이른바 '기태'[225]에 관해서 이야기해야 한다. 이것은 소수의 여자들에게 발생하며 임신 중인 사람들에게 이런 수동적 변이가 발생한다. 왜냐하면 소수의 여자들은 사람들이 '기태'라고 부르는 것을 낳기 때문이다. 남자와 성교해서 임신한 것으로 여겨졌던 어떤 여자에게서 이런 일이 일어난 적이 있다. 처음에는 복부의 부피가 늘어났고 그에 비례해서 다른 변화들도 일어났다. 그런데 출산할 때가 오자 이 여자는 아이를 낳지 못했고 배의 부피도 줄어들지 않았다. 이런 상태가 3~4년 동안 이어졌고 마침내 설사를 했고 이로 인해 위태로운 지경에 이른 뒤에 사

225 기태(畸胎, mylē, 775b25): 태반의 영양막 세포가 비정상적으로 증식하는 질환(Mola uteri)을 가리킨다.

람들이 '기태'라고 부르는 살덩이를 내놓았다. 또 이런 수동적 변이가
늙을 때까지 함께 따라가고 죽을 때까지 이어지기도 한다. 이런 것들
가운데 몸 밖으로 나오는 것들은 딱딱해져서 쇠붙이로도 쉽게 쪼개지
지 않을 정도다. 이런 수동적 변이의 원인에 대해서는 『문제집』에서 이
776a 미 이야기했다.[226] 배아는 모체 안에서, 끓이는 그릇들 안에서 설익는
것들이 겪는 것과 똑같은 상태를 겪는다.[227] 그것은 — 어떤 사람들이
말하듯이 — 열기 때문이 아니라 열기의 허약함 때문이다. (자연은 허
약해서 발생 과정을 완성시킬 능력이 없고 그 과정에 끝을 맺을 수 없
는 것 같기 때문이다. 그래서 이런 상태는 늙을 때까지 함께 따라가거
나 오랜 시간 유지된다. (그런 살덩이는) 완성된 상태에 있는 것도, 완전
히 다른 본성을 가진 상태에 있는 것도 아니기 때문이다.) 열처리 부족

226 어느 곳을 가리키는지 분명치 않다.

227 『기상학』 IV 3, 380b13~24 참조: "끓임(hepsēsis)은 전체적으로 볼 때 물기 있는 것 안의 무규정적인 것에 속한 물기 있는 열기에 의해서 이루어지는 열처리이지만, 그 이름은 주로 끓는 것들에만 적용된다. 그것(=무규정적인 것)은, 앞서 말했듯이, 공기 성분이나 물기 성분일 것이다. 하지만 열처리는 물기 있는 것에 속한 불 기운에서 비롯된다. 이렇게 말하는 까닭은 (물기 없이 뜨거운) 철판 위에 있는 것은 (끓지 않고) 구워지기 때문이다. (왜냐하면 그것이 밖에서 오는 뜨거운 것에 의해서 작용을 받기 때문이다. 반면에 뜨거운 것이 물기 있는 것 안에 있으면 그것이 물기를 자신 안에 받아들여서 물기 있는 것을 말린다.) 하지만 끓는 것은 그와 반대로 작용한다. (외부의 물기 있는 것 안의 열기의 작용에 의해서 거기서 물기가 빠져 나오기 때문이다.) 이 때문에 끓인 것들이 구운 것들보다 더 말라 있다. 왜냐하면 끓는 것들은 물기를 자신 안으로 빨아들이지 않기 때문인데, 외부에서 오는 열기가 안에 있는 열기를 지배하는 탓이다. 안에 있는 열기가 지배하면, 그것은 자신 안으로 그것을(=외부의 열기를) 끌어들일 것이다." 381a4~8도 함께 참조: "더 빽빽해지거나 작아지거나 무거워질 수 있는 것들은 모두 끓일 수 있다. 또는 한 부분은 그렇게 되지만 다른 부분은 그 반대 상태가 되는 것들은 — 마치 우유가 유장과 응유로 나뉘듯이 - 절반으로 나뉘어 일부는 빽빽해지고 일부는 엷어지는데, 이런 것들은 모두 끓일 수 있다."

이 딱딱함의 원인이다. 설익음도 일종의 열처리 부족이기 때문이다.[228]

(똑같은 상태가 일어났는데도) 무언가를 완전히 간과한 탓이 아니라면, 무엇 때문에 이런 일이 다른 동물들에게는 일어나지 않는지 의문이 든다. 우리는 그 원인이 동물들 중 여자만이 자궁이 민감하다는 데 있다고 보아야 한다.[229] 여자들은 월경이 많고 그것들을 모두 열처리할 수 없다. 그래서 그 액체가 잘 열처리되지 않은 채 배아가 형성되면, 그때 여성에게서 이른바 기태가 생겨나는 것은 이치에 맞다. 사람들에게 그런 일이 가장 빈번하거나 아니면 오직 사람들에게서만 그런 일이 일어난다.

228 일조량이 부족해서 과일이 충분히 익지 않아 딱딱한 경우도 이에 해당할 것이다. 열처리 부족(apepsia, 778a7)과 설익음(molynsis)의 이런 관계에 대해서는 『기상학』 IV 3, 381a12~22 참조.

229 동물들 중 여자만이 자궁이 민감하다(monon hysterikon estin hē gynē tōn allōn zōiōn, 776a10~11): hysterical의 어원을 알려주는 구절이다.

8장

젖

자신의 몸 안에서 새끼를 낳는 암컷들에게는 (1) 분만 시점에 맞추어 쓸 수 있도록 젖이 생긴다. 자연이 동물들에게 그것을 만들어준 것은 영양분이 몸 밖으로 나오게 하기 위함이어서, 그 시점에는 부족함도 지나침도 없다. 무언가 본성에 어긋나는 일이 일어나지 않으면, 분명히 때에 맞추어 그런 일이 일어난다. 나머지 동물들에게는 임신 기간이 하나로 정해져 있기 때문에 적절한 때에 맞추어 열처리가 이루어져 젖을 만들어낸다. 하지만 사람들의 경우에는 임신 기간이 더 다양하기 때문에 그중 최초의 시점에[230] 젖이 나오는 것이 필연적이다. 이런 이유에서 일곱 달이 차기 전에는 여자들에게 젖이 안 나오고, 그 무렵에 젖

230 최초의 시점에(kata ton prōton, 776a23): 가장 앞선 출산 시점, 즉 임신 7개월 시점.

이 나온다. 그런데 마지막 시기에 열처리가 완료되는 것은 (2) '필연적' 이라는 뜻의 원인의 관점에서도 이치에 맞게 일어나는 일이다. 왜냐하면 처음에는 젖과 같은 성질의 잔여물의 배출이 태아들의 발생을 위해서 소비되기 때문이다. 모든 것 가운데 이 영양분이 가장 달고 완전히 열처리된 상태여서, 그런 성질의 힘이 빠지면 나머지는 소금기를 띠고 냄새가 안 좋다.[231] 하지만 배아들이 완전히 성숙되면 잔여물이 많아져 남는 부분이 생기고(소비되는 것이 더 적기 때문이다) 더 단맛을 띠게 된다. 잘 열처리된 부분이 빠지지 않기 때문이다. 왜냐하면 그런 부분은— 마치 태아가 이미 종결점에 도달했기 때문에 그런 상태인 것처럼 — 더 이상 태아의 '조형'을 위해서가 아니라 조금씩 성장[232]에 소모되기 때문이다. 이렇게 말하는 이유는 배아의 경우에도 일종의 완성 과정이 있기 때문이다. 바로 이런 이유 때문에 (태아는) 밖으로 나와 (다른) 발생 과정을 취하는데, 마치 자기 자신에게 속한 것을 취하고 더 이상 자신의 것이 아닌 것은 취하지 않는 것과 같다.[233] 바로 이 시점에 젖이 생겨나 쓸모 있게 된다.

젖은 위에 있는 곳으로, 즉 젖가슴 쪽으로 모인다. 이는 (신체의) 형성 과정의 기본 질서[234] 때문이다. 즉 횡격막의 윗부분이 동물의 중추

⁘

231 『동물부분론』 IV 1, 676a33~35 참조: "방광을 가진 동물들의 경우 잔여물이 빠져나가면 장기들 안에 소금기 있는 흙 성분이 침전된다. 왜냐하면 달고 짜지 않은 것은 가벼움 때문에 살로 소비되기 때문이다."

232 조형(plasis, 776a33), 성장(auxēsis, 776a34): 아리스토텔레스는 여기서 '조형'과 '성장'을 구분하면서 출산 이전까지 태아의 발달 과정을 일컬어 '조형'이라고 부른다. 이것은 태아에게서 일어나는 '일종의 완성 과정(tis teleiōsis)'(776b1)이다. 동사 plassein의 의미에 대해서는 I 22, 730b30에 대한 각주 참조.

233 IV 8, 777a22 이하 참조.

234 (신체) 형성 과정의 기본 질서(hē ex archēs taxis tēs systasis, 776b4~5).

적인 부분이다. (아랫부분은 영양분과 잔여물이 속하는 곳이기 때문이다. 이는 동물들 중 이동 능력이 있는 것들이 자기 자신 안에 영양분의 자족적인 조건을 갖춘 상태로 장소를 옮기도록 하기 위해서이다.) 스페르마 성분의 잔여물도 그곳에서 나오는데, 이는 이 저술의 처음 부분에서[235] 이야기된 원인에 의해서 이루어진다. 그런데 수컷들의 잔여물과 암컷들의 경혈은 피의 본성을 가지고 있다. 이것과 혈관들의 시작점은 심장이고, 심장은 이 부분들에[236] 속한다. 이런 이유에서 거기서 맨 처음 그런 성질을 가진 잔여물의 눈에 띄는 변화가 일어날 수밖에 없다. 동물들이 스페르마를 내보내기 시작하면, 수컷들뿐만 아니라 암컷들의 목소리가 변화하는 것은 바로 그런 이유 때문이다(목소리의 시작점도 거기 있기 때문이다. 운동을 낳는 것의 성질이 달라지면 목소리도 달라진다).[237] 그리고 젖가슴이 솟아오르는데, 수컷들의 경우에도 그런 변화가 눈에 띄지만 암컷들의 경우에는 더욱더 그렇다. 즉 아래쪽에서 방출이 많이 일어나기 때문에 암컷들의 젖가슴 부위가 비워지고 푹신하게 되는 것이다. 아래쪽에 젖가슴을 가진 것들의 경우에도 사정이 똑같다.

그래서 각 부류의 동물들을 경험한 사람들에게는 다른 동물들의 경우에도 목소리와 젖가슴 부위의 변화가 눈에 띄지만, 사람들의 경우에 차이가 가장 크다. 암컷들 중에서는 여자들에게, 수컷들 중에서는 남자들에게 크기에 비해서 잔여물이 가장 많다는 것이 그 원인이다. [암컷들에게는 경혈의 사출이, 수컷들에게는 스페르마의 사출이 있다.] 그

235 II 4, 738b15~18와 II 7, 747a19~20 참조.

236 즉 횡격막의 위쪽에 있는 부분들에.

237 V 7, 특히 787b19~788a16 참조.

래서 태아가 한편으로는 그렇게 배출되는 것을 더 이상 취하지 않으면서, 다른 한편으로는 밖으로 나가는 것을 가로막으면, 모든 잔여물이 비어 있는 곳들로, 즉 동일한 관들에 의해 이어져 있는 곳들로 모일 수밖에 없다. 각 동물들의 경우 그런 젖가슴의 장소는 두 종류의 원인에 의해서, 즉 (a) 가장 좋은 것을 위해서, 그리고 (b) 필연적으로[238] 그런 성질을 갖추게 된 것이다. 동물들에게 있어서 열처리된 영양분은 그곳에서 형성되고 생겨난다. 열처리의 원인으로[239] 앞에서 말한 것을 들거나 그 반대되는 것을 들 수 있다. 왜냐하면 태아가 크면 더 많은 영양분을 취하고 그 결과 같은 시간 동안 더 적은 분량의 젖이 남는 것은 이치에 맞기 때문이다. 더 분량이 적은 것은 더 빨리 열처리된다.

젖이 각각의 동물에게 생겨날 때 그것의 출처가 되는 배출물과 동일한 본성을 갖는다는 것은 명백하며, 이는 앞서 이야기했다.[240] 왜냐하면 영양분을 제공하는 것과, 자연이 형성 작용을 통해 발생 과정을 낳을 때 그 출처가 되는 것은 동일한 질료이기 때문이다.[241] 피 있는 동물들의 경우 피 성분의 물기가 바로 그런 것이다. 왜냐하면 젖은 부패한 것이 아니라 열처리된 피이기 때문이다. 엠페도클레스는 젖에 대해서 시구를 지으면서[242] 옳지 않게 판단했거나 잘못된 은유를 사용했다.

"여덟 달 째 열흘이 되면 하얀 고름이 찬다."

238 가장 좋은 것을 위해서(heneka tou beltistou, 776b32~33), 필연적으로(ex anankēs, b33): 이 구별에 대해서는 I 4, 717a15에 대한 각주 참조.

239 배아를 위해서 영양분이 덜 필요하다는 사실을 가리킨다. IV 8, 776b25 참조.

240 II 4, 739b25~26 참조.

241 II 6, 744b35 이하 참조.

242 *DK* 31B68 참조.

부패와 열처리는 반대되는 것이다. 고름은 일종의 부패 현상이지만,[243] 젖은 열처리된 것들에 속한다. 젖을 먹이는 동안에는 월경도 없고 임신도 되지 않는 것이 자연적이다. 임신이 되면 젖이 마르는데, 젖과 경혈은 본성이 동일하기 때문이다. 자연은 두 가지 일을 함께 할 정도로 효율적이지 않다. 어떤 강제적인 것이 가해져서 대다수의 경우에 일어나는 것에 어긋나는 일이 일어나지 않는 한, 어느 쪽으로 배출이 일어나면 다른 쪽으로의 배출은 필연적으로 중단될 수밖에 없다. 거기서 벗어나는 것은 이미 본성에 어긋나는 경우다. 왜냐하면 본성에 따라 대다수의 경우에 일어나는 것은 달리 있음이 불가능하지 않고 달리 있을 수 있는 것들에 속하기 때문이다.

동물들의 발생 과정도 시간에 따라서 훌륭하게 경계가 나뉘어 있다.[244] 왜냐하면 (태아의) 크기 때문에 뱃속에 있는 것들에게 탯줄을 통해 제공되는 영양분이 더 이상 충분치 않을 때, 그와 동시에 젖이 [생겨나는 영양분을 위해서] 쓸모 있게 되고, 영양분이 탯줄을 통해 들어오지 않게 되면 이른바 탯줄이 겉옷처럼 둘러싸고 있는 혈관들은 함께 소멸한다. 이런 이유 때문에 그때 (새끼가) '문밖으로' 나오는 일이 일어난다.

243 고름은 일종의 부패 현상이지만(to de pyon saprotēs tis estin, 777a11~12): V 4, 784b11 참조.

244 경계가 나뉘어 있다(dihoristai, 777a21): dihorizein에 대한 I 21, 730a29에 대한 각주 참조.

9장

동물들은 머리부터 나온다

본성적으로 모든 동물의 출생은 머리 쪽으로 일어난다. 탯줄의 위쪽 777a28
부분들이 아래쪽 부분들보다 크기 때문이다. 그래서 멍에[245]가 그렇듯
이 탯줄에 매달려 무거운 쪽으로 기울어 있다. 큰 부분이 무게가 더 나 30
가기 때문이다.

245 멍에(zygoi, 777a30).

10장

임신 기간의 길이

777a32 각 동물의 임신 기간은 대다수의 경우 수명[246]에 비례해서 정해져 있
다. 왜냐하면 더 오래 사는 동물들의 경우 발생 과정도 더 오래 걸리
35 는 것이 이치에 맞기 때문이다. 물론 이것이 임신 기간을 결정하는 원
777b 인은 아니지만, 대다수의 경우에 실제로 그런 일이 일어난다. 왜냐하면
피 있는 동물들 가운데 (몸이) 더 크고 더 완전한 것들이 오래 살기도
하기 때문이다. 물론 (몸이) 더 큰 것들이 모두 더 수명이 긴 것은 아니
다. 왜냐하면 우리는 동물들과 관련해서 믿을 만한 경험을 가지고 있
는데, 코끼리를 제외한 모든 동물 가운데 사람이 가장 오래 살기 때문

246 여기서는 bios가 '삶'이나 '생존 방식'이 아니라 '수명(壽命)'의 뜻으로 쓰였다.

이다. 그렇지만 사람의 부류는 바리짐승들[247]이나 다른 여러 동물들보다 더 작다. 어떤 것이든 그 동물이 장수하는 데 대한 원인은 몸이 주변의 공기에 잘 맞게 혼합되어 있는 데 있고[248] 그에 부합하는 다른 본성적 징후들 때문에 그런데, 이것들에 대해서는 나중에[249] 이야기할 것이다. 하지만 임신과 관련해서 기간이 다양한 원인은 태어나는 동물들의 크기에 있다. 왜냐하면 동물들이나 다른 것들이나, 일반적으로 어떤 것이든 크기가 큰 형성체들은 짧은 시간 안에 완성을 보기가 쉽지 않기 때문이다. 바로 이런 이유 때문에 말들이나 그들과 친족 관계에 있는 동물들은 사람들보다 수명이 더 짧지만 더 긴 시간 동안 임신한다. 왜냐하면 말들의 출산에는 한 해가 걸리고 다른 것들의 출산에는 대다수의 경우 열 달이 걸리기 때문이다. 이와 동일한 이유 때문에 코끼리의 출산에도 긴 시간이 걸린다. 이들의 임신은 몸집 크기의 과도함 때문에 두 해가 걸린다.

우주의 순환 주기에 의해 지배되는 동물들의 생존 주기

임신, 탄생, 수명 등 모든 것의 시간들은 본성적으로 다양한 주기를 척도로 삼기를 '바라는데',[250] 이는 이치에 맞다. 내가 말하는 '주기'란 낮과 밤, 달과 해를 비롯해서 이것들을 척도로 삼는 시간들이며, 달의 주기들도 거기에 포함된다. 하지만 달의 주기는 만월과 삭월[251]과 그

247 바리짐승들(lophoura, 777b5): 『동물지』 I 6, 491a1을 참고. 말, 나귀, 노새 등을 가리킨다.

248 IV 2, 767a28~35 참조.

249 「장수와 단명에 관하여(De longitudine et brevitate vitae)」.

250 바라는데(boulontai, 777b18): I 23, 731a12에 대한 각주 참조.

251 만월(panselēnos, 777b21), 삭월(phthisis): IV 2, 767a5 참조.

사이의 시간들을 절반으로 나눈 구간들이다. 이 구간들을 기점으로 달은 태양에 합세한다. 왜냐하면 한 달은 달과 태양에 공통된 주기[252]이기 때문이다. 그런데 달은 태양과의 공동 관계 및 태양 빛의 분유[253] 덕분에 원리로서 존재한다. 왜냐하면 달은 또 하나의 작은 태양 같이 되기 때문이다.

이런 이유에서 달은 모든 발생과 완성에 기여한다. 왜냐하면 열기와 냉각은 일정한 균형 상태에 이르기까지 각종 발생을 낳고, 그것을 넘어서면 각종 소멸을 낳기 때문이다. 시작이나 끝이나 이들의 한계는 그런 천체들의 각종 운동에 달려 있다.[254] 왜냐하면 우리는 바다를 비롯해서 모든 축축한 것의 본성이 정지하거나 변화할 때 이것이 바람의 운동과 정지에 따라 이루어지고[255] 공기와 바람은 태양과 달의 주기에 따라서 이루어지는 것을 보는데, 이와 마찬가지로 그것들로부터 자라나는 것들이나 그것들 안에[256] 있는 것들도 필연적으로 그것에 수반되어
778a 야 하기 때문이다. 덜 중추적인 것들의 주기는 더 중추적인 것들의 주기에 수반되는 것이 이치에 맞기 때문이다. 바람에도 일종의 수명이 있

252 주기(periodos, 777b23): 아리스토텔레스의 발언은 '주기'가 본래 circuit이나 cycle을 뜻한다는 것을 염두에 두고 이해해야 한다. 만월과 삭월을 거쳐 진행되는 한 달(meis)(777b23)의 기간은 '달의 독립적 주기'가 아니라 '달과 태양의 공동 주기'이다. "달의 둥근 형태가 얼마나 많이 조명되는지는 태양에 대한 달의 상대적 위치에 의해서 결정되기 때문이다"(Peck).

253 공동 관계(koinōnia, 777b24), 분유(metalēpsis, b25).

254 『기상학』 I 2, 339a21 이하 참조.

255 IV 2, 766b31~767a13 참조.

256 즉 바다 혹은 물기의 본성을 가진 것들 안에. 물기 있는 것은 생명을 낳을 수 있기 때문이다. II 1, 733a11 참조.

고[257] 생성과 소멸이 속하기 때문이다. 이런 천체들의 원환 운동에 대해서는 아마도 다른 어떤 원리들[258]이 있을 것이다.

그래서 자연은 이들에게 속한 수들을 통해 각종 생성과 종결을 계산하기를 '바라지만'[259] 정확하지는 않다. 질료의 무규정성 때문에, 그리고 본성적인 생성과 소멸을 방해하면서 본성에 어긋난 현상들의 원인들이 되는 많은 원리가 존재하기 때문에 그렇다.

그렇다면 (모체) 안에서 이루어지는 동물들의 영양 공급과 몸 밖으로의 발생에 대해서, 각각의 부류에 관해서는 독립적으로 혹은 모든 것들에 관해서는 공통적으로 이야기했다.

257 바람에도 일종의 수명이 있다: '수명(bios)'은 바로 뒤에 따라 나오는 말을 통해 추측할 수 있듯이 생성과 소멸의 과정이 있다는 말이다. 그래서 Peck은 lifespan이라고 옮겼다. 북풍이나 남풍과 같은 바람은 강이나 봄에 대응하며, 그래서 단순히 공기의 운동이 아니라 고유한 원천과 원인을 가지고 있다(『기상학』 II 4, 360a17~b26). 그런 뜻에서 아리스토텔레스는 『생성 · 소멸론』 I 3, 318b33~34에서 바람(pneuma)과 공기(aēr)를 두고 "이것들은 흙에 비해 진정으로 '이것(tode ti)'이고 형상(eidos)이다"라고 말한다.

258 다른 어떤 원리들(heterai tines archai, 778a4): 부동의 원동자들을 가리키는 것 같다. 이 문제는 『천체론』 I권과 II권에서 자세히 다루어진다. 『형이상학』 XII 8 참조.

259 I 23, 731a12에 대한 각주 참조.

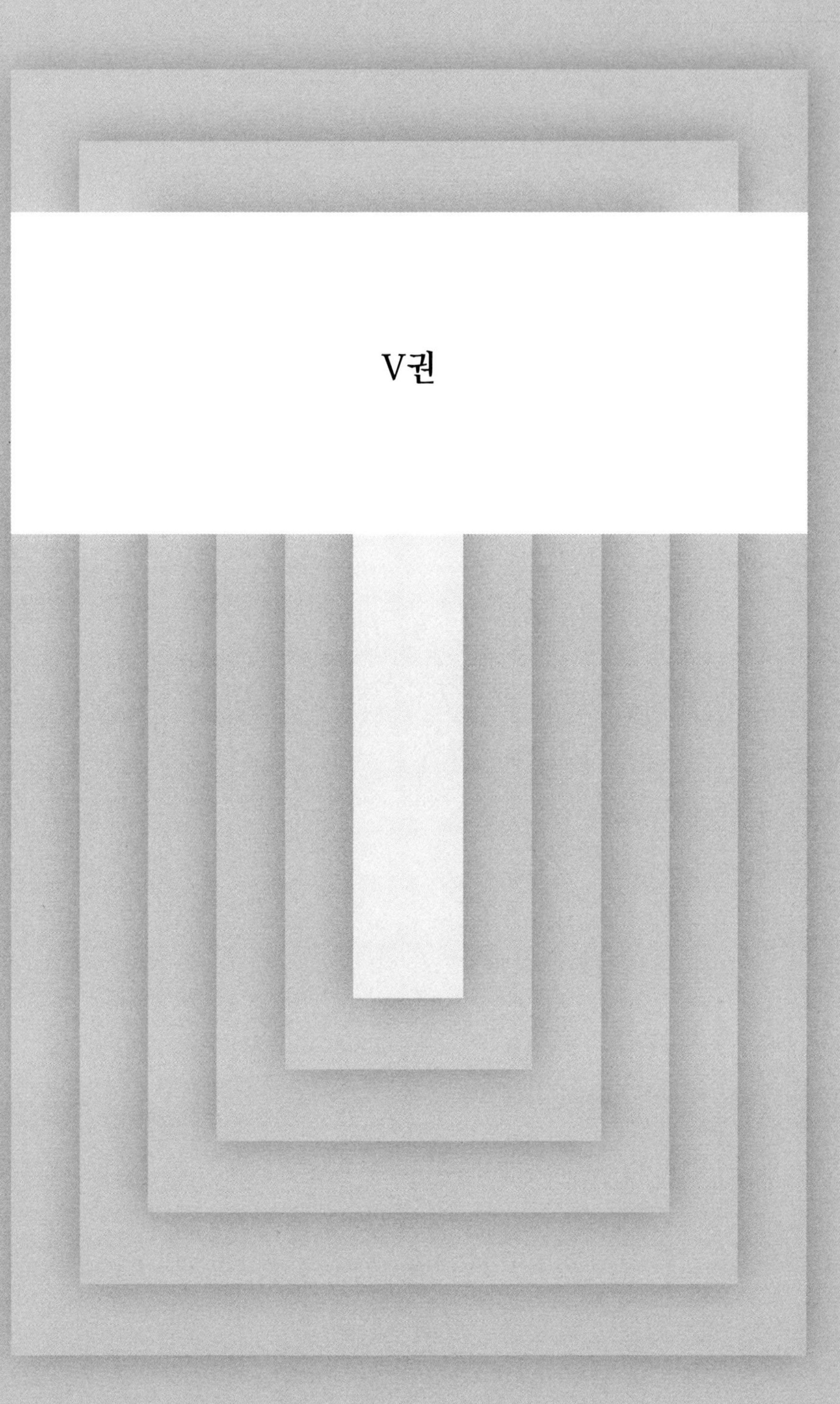

V권

1장

이차적인 특징들

들어가는 말

이제 동물이 가진 부분들 사이의 차이를 낳는 변이태들[1]에 대해서 고찰해야 한다. 내가 말하는 것은 부분들에 속한 다음과 같은 변이태들이다. 예를 들어 눈의 청색[2]과 검정, 목소리[3]의 높음과 낮음, (피부) 색깔이나 [신체나] 털이나 깃털에 속하는 차이들[4]이 그렇다. 그런데 이 778a16

1 변이태들(pathēmata, 778a16): I 18, 725b34에 대한 각주 참조.

2 청색(glaukotēs, 778a18): 아래의 779a32에 대한 각주 참조.

3 목소리(phōnē, 778a18~19): 목소리의 높낮이에 대한 더 자세한 설명은 V 7, 787a28 이하 참조.

4 색깔이나 [신체나] 털이나 깃털에 속하는 차이들(kai chrōmatos [ē sōmatos] kai trichōn ē pterōn diaphoras, 778a19~20): 이 구절에 대해서는 여러 가지 제안이 있지만 여기서

런 것들 중 일부는 (해당 동물) 부류 전체에 속하고 일부는 — 우연적으로 — 그 가운데 몇몇에 속하는데, 이런 일은 사람들에게 가장 많이 일어난다. 게다가 나이의 변화에 따라서 어떤 것들은 모든 동물에게 똑같이 속하고, 어떤 것들은 그와 반대로 (개별 동물들에게 저마다 다른 방식으로 속하는데), 이를테면 목소리나 털의 색깔과 관련해서 그런 일이 일어난다. 왜냐하면 어떤 동물들은 노화에 따라 눈에 띄게 (털이) 하얗게 세지 않는 반면, 사람은 나머지 동물들 가운데 가장 빈번하게 이런 상태를 겪기 때문이다. 그리고 어떤 것들은 (동물들이) 생겨나자마자 즉시 그들에 수반되지만, 어떤 것들은 나이가 들어 동물들이 늙어갈 때 명백해진다.

이것들이나 그런 성질의 모든 상태에 관해서 똑같은 유형의 원인이 있다고 생각해서는 안 된다. 왜냐하면 본성에 공통적이지도 않고[5] 각 부류에 고유하지도 않은 것들 가운데 그 어떤 것도 '무언가를 위해서' 그런 성질을 가지고 존재하거나 그런 성질을 갖게 되는 것이 아니기 때문이다.[6] 즉 눈은 '무언가를 위해서' 있지만, (눈의) 청색은 — 그런 속성이 해당 부류에 고유한 것이 아닌 한 — 무언가를 위해서 있는 것이 아니다. 일부 동물들의 경우 그런 것들은 본질의 로고스[7]로 이어지지 않고, '필연적으로' 생겨난다는 이유에서 질료와 운동을 낳은 원리[8]로 그

는 OCT와 Peck을 따라 읽었다.

5 778a30~31의 hosa gar mē tēs physeōs erga koinei(본성에 공통적이지도 않고… 작용들 가운데)에서 erga는 빼고 읽었다.

6 목적(telos)과 무관하게 우연적으로 생겨나는 현상들이 있다는 말이다. 『동물발생론』 V권은 이런 현상들이 논의 주제다.

7 **본질의 로고스**(logos tēs ousias, 778a34~35): I 1, 715a5에 대한 각주 참조.

8 **질료**(hylē), **운동을 낳은 원리**(kinēsasa archē, 778b1): 경혈과 스페르마.

원인들을 소급해야 한다. 처음에 논의의 첫 부분에서 이야기했듯이,[9] 778b 질서 속에서 경계가 정해진 자연의 작품들[10]의 경우 그 각각이 어떤 성질의 개체로서 존재하는 이유는 그것이 어떤 성질의 개체가 되는 과정을 거치기 때문이 아니라, 거꾸로 그것들이 이런저런 성질의 것들이기 때문에 그런 것들로 되는 과정을 거친다. 왜냐하면 생성이 실체에 수반되고 실체를 위해서 있는[11] 것이지 실체가 생성에 수반되는 것이 아니기 때문이다. 옛날 자연 연구자들은 그와 반대로 생각했다. 그들은 원인이 더 많다는 사실을 보지 못하고 오직 질료의 원인과 운동의 원인밖에 보지 못했다는 데 그 이유가 있다. 이것들마저 그들은 분명한 규정 없이 남겨두었고 로고스와 목적은 탐색하지 않았다.[12]

각 대상은 '무언가를 위해서' 존재하지만, 그것이 생겨나는 것은 바로 그 원인[13]과 나머지 원인들 때문[14]인데, 이것들에 해당하는 것은 i) 각자의 로고스 안에 속해 있는 것들이거나 혹은 ii) '무언가를 위해서' 있거나 iii) 다른 것의 지향점으로서 있는 것들이다. 반면에 이런 성질을

9 I 1, 715a1 이하와『동물부분론』I 1, 640a3~b4 참조.

10 **질서 속에서 경계가 정해진 자연의 작품들**(hosa tetagmena kai horismena erga tēs physeōs estin(778b4~5): '질서를 부여하고 경계를 나누는 자연의 작용에 의해 생겨난 것들(the things that are ordered and determined works of nature)'을 가리킨다. '어떤 성질의 개체'라고 옮긴 poion ti(778b3)에 대해서는 IV 4, 772a24에 대한 각주 참조.

11 **생성이 실체에 수반되고 실체를 위해서 있다**(tēi gar ousiai hē genesis akolouthei kai tēs ousias heneka estin, 778b6): 아래의 778b15~16에 대한 각주 참조.『동물부분론』I 1, 640a16 이하도 함께 참조.

12 『형이상학』I 7, 988a18~b16; I 10, 993a11~17 참조.

13 즉 목적인.

14 **나머지 원인들 때문**(dia tas loipas, 778b12): 이 표현이 가리키는 세 가지 원인은 각각 i) 정의의 내용이 되는 것들, ii) 다른 것의 수단이 되는 것들, iii) 다른 것의 목적이 되는 것들이다.

갖지 않는 것들의 경우, 그것들이 생겨난다면 우리는 이들의 원인을 — 그것들이 형성 과정 자체에서 차이를 갖게 된다고 생각하면서 — 운동에서, 즉 발생 과정에서 찾아야 한다. 그 이유는 이렇다. (각 개체는) 필연적으로 눈을 가질 것이다(왜냐하면 동물은 기본적으로 그런 성질의 것으로서 존재하기[15] 때문이다). 반면에 (그 동물이) 이런저런 눈을 갖는다는 것은 필연적으로 일어난 일이지만, 이 필연성은 (위에서 말한 것과) 같은 종류의 필연성이 아니라 다른 유형의 필연성이다. 즉 본성적으로 이런저런 방식으로 작용을 하고 작용을 받는다는 사실[16]에서 오는 필연성이다.

15 **동물은 기본적으로 그런 성질의 것으로서 존재한다**(toinde gar zōion hypokeitai on, 778b16~17): 발생 과정을 통해 생겨날 동물이 어떤 종에 속한 동물인지는 이미 본질적으로 결정되어 있다. 이런 뜻에서 "생성이 실체에 수반되고 실체를 위해서 있다"(V 1, 778b5~6).

16 **본성적으로 이런저런 방식으로 작용을 하고 작용을 받는다는 사실**(hoti toiondi ē toiondi poiein pephyke kai paschen, 778b18~19): 특정한 종(species)의 동물에 시각 능력이 종적인 본성으로서 속한다고 해보자. 이 동물이 '눈을 갖는다'는 것은 시각 능력의 실현을 위한 필요조건이라는 뜻에서 '필연적으로(ex anankēs)' 그 동물에게 속한다. 하지만 그 동물이 '파란색 눈을 갖는다'는 것은 '시각 능력을 가진 존재로서' 그것의 본질과 무관하게 다른 원인들, 즉 질료인이나 운동인에 의해서 생겨나는 파생적 결과이다. 이 성질도 물론 특정한 원인들 때문에 '필연적으로' 생겨난 것이지만, 그때의 필연성은 목적이나 종적인 본질에 기반한 필연성과 다르다. 앞의 필연성이 어떤 목적을 실현하기 위한 필요조건으로서 필연성, 즉 '가설적 필연성' 혹은 '가설 의존적 필연성(to anankaion ek hypotheseōs)'이라면(『동물부분론』 I 1, 639b24), 뒤의 필연성은 특정한 질료적 조건으로부터 따라 나오는 필연성이다. 예를 들어 IV 3, 767b14의 '우연적인 뜻에서 필연적인 것(kata symbebēkos anankaion)'과 같은 표현이 이런 종류의 필연성을 가리킨다. 이 두 종류의 필연성에 대해서는 『동물부분론』 I 1, 642a31~b4; 『자연학』 II 9, 199b34~200a30 참조. 또 그 밖에 to anankaion 혹은 anankē의 여러 가지 뜻에 대해서는 『형이상학』 V 5과 XII 7, 1072b11 이하도 함께 참조.

(a) 태아는 거의 잠든 상태에 있다

이런 것들이 규정되었으니 이제 그에 뒤따라 연속해서 일어나는 것들에 관해서 이야기해보자. 그러면 먼저 모든 동물의 새끼들, 특히 불완전한 〈상태로 출산하는〉 동물들의 새끼들은 보통 잠을 자는데, 이렇게 말하는 이유는 처음 감각을 얻을 때 모체 안에서도 줄곧 잠을 자기 때문이다.[17] 하지만 (새끼들의) 최초의 발생에 관해서 의문이 든다. 깨어 있음이 동물들에게 먼저 속할까, 아니면 잠이 먼저 속할까? 이런 의문이 드는 이유는 나이가 들어갈수록 분명히 더 많이 깨어 있기 때문에, 최초의 발생 단계에서는 그 반대, 즉 잠든 상태가 먼저 있는 것이 이치에 맞기 때문이다. 게다가 있지 않음으로부터 있음으로의 변화가 중간 단계를 거쳐서 일어난다는 이유에서도 그렇다. 잠은 본성상 — 이를테면 살아 있음과 살아 있지 않음의 중간에 놓인 것으로서 — 그런 (중간에 해당하는) 것들에 속하고, 잠자는 것은 완전히 있지 않음도 아니고, 있음도 아닌 것으로 여겨진다. 살아 있음이 무엇보다도 깨어 있음에 속하는 이유는 무엇보다도 감각 때문이다.[18] 동물이 감각을 갖는 것이 필연적이라면, 바로 그때, 즉 감각이 처음 생겨날 때 동물이 처음 존재한다. 그래서 최초의 상태는 잠이 아니라 잠과 유사한 것으로 간주해야
하며, 식물의 부류도 바로 그런 상태에 있다. 왜냐하면 이 시점에서 동 779a
물들은 식물의 생존 방식을 따라 사는 속성이 있기 때문이다. 하지만 식물들에게는 잠이 속할 수 없다. (동물들에게) 깨어날 수 없는 잠은 없

---

17 감각 능력을 가진 것들만 잠을 잘 수 있다. "잠과 깨어 있음은 이 감각기관, 즉 촉각기관이 겪는 상태이기 때문이다"(『잠과 깨어 있음에 대하여』 2, 455a25~26).

18 동물은 감각을 가진 존재로서 정의되는데, 이 감각은 깨어 있을 때 작용한다. I 23, 731b4 참조. 『니코마코스 윤리학』 I 7, 1098a5~7도 함께 참조.

지만, 잠에 대응하는 식물들의 속성은 깨어날 수 없는 것이다. 그래서 동물들이 오랜 시간 잠을 자는 것이 필연적인 이유는 성장과 (거기서 오는) 무게가 위쪽 부위들에 더해지기 때문이다.[19] (잠의 원인이 이런 것이라는 사실은 다른 글에서[20] 이미 이야기했다.) 하지만 그럼에도 불구하고 (새끼들은) 분명히 모체 안에서도 깨어 있다. (이는 해부를 통해서나 알에서 생겨나는 것들을 보면 명백하다.)[21] (하지만) 그다음 즉시 새끼들은 잠을 자고 다시 (수면 상태에) 빠져든다. 바로 이런 이유에서 새끼들은 밖으로 나온 다음에도 오랜 시간 동안 계속 잠을 잔다.

갓난아이들은 깨어 있을 때는 웃지 않지만, 잠잘 때는 눈물을 흘리기도 하고 웃기도 한다. 이는 잠잘 때도 동물들에게 감각들이 속하기 때문이다. 그런 사례는 이른바 꿈뿐만 아니라 꿈 이외에도 있다. 잠든 상태에서 몸을 일으켜 전혀 꿈을 꾸는 일 없이 많은 것을 하는 경우가 그렇다. 즉 잠든 상태에서 몸을 일으켜, 마치 깨어 있는 사람들처럼 눈을 뜨고 걸어 다니는 사람들이 있다. 이런 사람들에게는 주변에서 일어나는 일들에 대한 감각이 있지만, 그들은 깨어 있지 않고 그렇다고 꿈을 꾸는 것과 같은 상태도 아니다. 갓난아이들은 — 마치 깨어 있음을 아직 배우지 못한 것처럼 — 잠든 상태에서도 친숙함에 의해 감각을 하고 살아 있는 것 같다. 시간이 지나서 하체 쪽으로 성장이 진행되면

19 「잠과 깨어 있음에 관하여」 3, 457a3 이하 참조. II 6, 741b28 이하와 『동물부분론』 IV 10, 686b2 이하도 함께 참조.

20 『동물부분론』 II 7, 653a10 이하; 「잠과 깨어 있음에 관하여」 2, 455b28 이하, 특히 456b17 이하 참조.

21 "아리스토텔레스는 태아가 난생동물의 알에서 나오거나 혹은 포유동물의 경우 어미의 뱃속에서 절개되어 나올 때 깨어 있는 상태로 끄집어낼 수 있다는 뜻에서 이런 말을 하고 있다"(Platt).

이미 그때는 깨어 있을 때가 많고 더 많은 시간을 그렇게 보낸다. (갓난아이들은) 처음에는 다른 동물들에 비해 더 많은 시간을 잠든 상태로 보낸다. 왜냐하면 갓난아이들은 완전한 상태로 태어난 것들 중에서 가장 불완전하게 태어나고[22] 주로 신체의 윗부분에서 성장을 거치기 때문이다.

(b) 눈의 색깔

모든 갓난아이의 눈은 더 청색을 띠지만, 나중에는 장차 그들에게 속하게 될 본성 쪽으로 변화한다. 하지만 다른 동물들에게는 이런 일이 눈에 띄게 일어나지 않는다. 그 이유는 다른 동물들의 눈은 (사람들에 비해) 단색인 경우가 더 많기 때문이다. 예를 들어 소의 눈은 검은색이고 모든 양의 눈은 물색이며, 다른 동물들의 경우 부류 전체가 (눈이) 청회색이거나 청색이지만,[23] 일부는 염소 눈빛이며 대다수 염소들 자신도 그와 똑같다. 반면에 사람들의 눈은 여러 색깔을 띠는 일이 있다. 즉 어떤 사람들은 청색 눈, 어떤 사람들은 청회색 눈, 어떤 사람들은 검은 눈이고, 또 염소 눈빛을 가진 사람들도 있다. 따라서 다른 동물들의 경우 눈의 색깔이 서로 차이가 나지 않듯이, (시간이 지나도) 자신의 이전 상태와 차이를 보이지 않는다. (그들의 눈은) 본성상 하나 이상의

---

22 IV 4, 770a33에서 보았듯이 "사람은 대다수의 경우 아이를 하나 낳고 완전한 형태로 출산한다." 하지만 발이 갈라진 동물들, 예를 들어 개는 새끼들을 '불완전한 형태'로 낳는다. 새끼들은 아직 눈을 뜨지 못한다.

23 779a32~33의 chropos와 glaukos를 각각 '청회색', '청색'으로 옮겼는데, 정확히 어떤 색깔을 가리키는지는 확실하지 않다. 영어 번역도 제 각각이다. Peck은 chropos와 glaukos를 greyish-blue와 blue로, Reeve는 bluish-gray와 blue로 옮겼다. '염소눈빛(aigopos)'은 노란색이다.

색깔을 갖지 않기 때문이다. 하지만 나머지 동물들 중에서 말은 가장 빈번하게 여러 가지 색깔의 눈을 갖는다. 말들 가운데 일부는 한쪽 눈이 청색이 되기[24] 때문이다. 나머지 동물들 가운데 눈에 띄게 이런 변화를 겪는 경우는 없지만, 사람들은 일부 한쪽 눈이 청색이 된다.

나머지 동물들은 어릴 때와 더 늙어갈 때 눈에 띄는 변화를 전혀 겪지 않지만 어린아이들에게는 이런 일이 일어나는데 여기에는 충분한 원인이 있다고 생각해야 한다. 즉 그 부분이 (다른 동물들의 경우에는) 단색이고, (사람들의 경우에는) 다색이라는 것이 그 원인이다. (아이들의 눈이) 더 청색을 띠고 다른 색깔을 갖지 않는 것의 원인은 어린 동물들에게 속한 부분들이 더 약하다는 데 있다. 청색은 일종의 허약함이다.[25]

보편적으로 눈의 차이에 관해서, 어떤 원인 때문에 어떤 눈들은 청색이고 어떤 눈들은 청회색인지, 또 어떤 눈들은 염소 눈빛이고 어떤 눈들은 검정색인지 파악해야 한다. 그런데 엠페도클레스가 주장하듯이, 청색 눈들은 불의 성분이 많고 검은 눈들은 불보다 물을 더 많이 갖고 있으며, 이 때문에 어떤 눈들, 즉 청색 눈들은 물이 부족해서 낮에 선명하게 보지 못하고, 다른 눈들은 불이 부족해서 밤에 선명하게 보지 못한다고 상정하는 것은 옳지 않다. 어떤 경우든 시각기관[26]은 불이 아니라 물로 이루어져 있다고 전제해야 하기 때문이다. 더욱이 색깔의 원인을 다른 방식으로도 제시할 수 있다. 하지만 먼저 「감각과 감각

24 779b4의 heteroglaukoi는 '한쪽이 청색이다'라는 뜻이다. 즉 두 눈의 색깔이 서로 다르다는 말이다.

25 V 1, 779b21~34 참조.

26 779b19의 opsis는 문맥상 '시각'이 아니라 '시각기관'을 가리킨다. 하지만 이하에서는 '시력', '시각', '시각기관' 등 여러 가지 뜻으로 쓰인다.

대상에 관하여」에서, 그리고 그에 더 앞서서 『영혼론』에서[27] 규정되었듯이, 이 감각기관이 물로 이루어진다는 사실과 어떤 원인 때문에 이 기관이 공기나 불이 아니라 물로 이루어지는지가 이미 규정되었다면, 앞에서 말한 것들에 대해서도 동일한 원인을 상정해야 한다. 즉 눈들 가운데 어떤 것들은 균형에 맞는 운동[28]에 필요한 것보다 더 축축하고 어떤 것들은 더 물기가 적으며 또 어떤 것들은 균형에 맞다. 그래서 눈들 중에서 더 축축한 것들은 검정색인데 양이 많으면 쉽게 투시되지 않기 때문이고, 물이 적은 것들은 청색이다. (이와 같은 현상은 바다에서도 나타난다. 바다에서 쉽게 투시할 수 있는 곳은 청색으로 나타나고, 투시성이 떨어지는 곳은 물처럼 흐릿하며 깊이를 규정하기 어려운 바다는 검고 검푸르다.[29]) 그 중간에 있는 눈들은 (그 안에 포함된 물의 양의) 더 많음과 더 적음에 의해서 차이가 난다.

(c) 시력의 차이

청색 눈이 낮에 선명하게 보지 못하고 검은 눈이 밤에 선명하게 보지 못하는 데 대한 원인도 똑같다고 생각해야 한다. 왜냐하면 청색 눈은 축축한 것이 적어서 빛과 가시적인 것들에 의해 더 많이 운동하기 때문인데, '축축한 한에서', 즉 '투명한 한에서' 그렇다. '축축한 한에서'

27 「감각과 감각 대상에 관하여」 2, 438a5 이하와 『영혼론』 III 1, 425a3~6 이하 참조. "그런데 감각기관들(aisthēria)은 단순한 물체들 중 오로지 그 둘로, 즉 공기나 물로 이루어져 있다. 동공(korē)은 물로, 청각기관(akoē)은 공기로, 후각기관(osphrēsis)은 물과 공기 중 어느 하나로 이루어져 있기 때문이다."

28 균형에 맞는 운동(symmetros kinēsis, 779b27): 이에 대한 자세한 설명은 780a1 이하와 780b24에서 이어진다.

29 물처럼 흐릿하다(hydatōdes, 779b32), 검푸르다(kyanoeides, 779b33).

가 아니라 '투명한 한에서' 이 부분의 운동이 시각 활동[30]이다. 검은 눈은 축축한 것이 많기 때문에 더 적게 운동한다. 밤의 빛은 약하고, 동시에 밤에는 일반적으로 축축한 것의 운동 능력이 둔해지기 때문이다.[31] 하지만 (잘 보기 위해서는) (a) 축축한 것은 — 투명한 한에서 — 운동이 전혀 없어도 안 되고 (b) (적절한 정도 이상으로) 더 많이 운동해서도 안 된다. 더 강한 운동이 더 약한 운동을 내몰기 때문이다.[32] 이런 이유에서 강한 색깔들에서 (다른 색깔로 시선을) 바꾸거나 햇살 아래 있다가 어둠 속으로 (자리를) 바꾸면 잘 보지 못한다. 왜냐하면 (눈 안에) 내재한 운동이 강해서 밖에서 오는 운동을 가로막기 때문인데, 일반적으로 강한 시력도, 약한 시각 능력도 빛나는 것을 잘 볼 수 없으니, 이는 (눈 안에 있는) 축축한 것이 (적절한 정도보다) 더 많은 변화를 겪고 운동하기 때문이다. 각각의 경우 시각기관에서 발생하는 질병들[33]도 이를 명백히 보여준다. 왜냐하면 백내장은 (검은 눈보다) 청색 눈에서,[34]

---

30 **시각 활동**(horasis, 780a4): 혹은 '봄'.

31 "빛은 불이나 위에 있는 물체와 같은 종류의 어떤 것에 의해서 현실적으로 투명한 상태에 있을 때, 투명한 것에 속한 색깔과 같은 것이다"(『영혼론』 II 7, 418b11~13). "따라서 어떤 물기이든 — 그것이 눈 안에 있건 다른 곳에 있건 — 가능적으로 투명한 만큼, 그것은 현실적으로 투명해지고, 그런 방식으로 다른 것에 의해서, 예를 들어 태양 빛에 의해서 운동한다. 밤에는 현실적으로 덜 투명하기 때문에, 눈 안의 물기는 시각 대상들에 의해 운동하기가 더 어렵고 그래서 그것들에 대한 시각은 덜 선명하다"(Reeve).

32 「감각과 감각 대상에 관하여」 7, 477a15, 22; 『니코마코스 윤리학』 VII 14, 1154a27; X 5, 1175b8 등을 참조. "눈 안에 있는 투명한 액체의 운동이 시각 대상에 의해 야기된 운동보다 훨씬 더 강하면, 앞의 운동이 뒤의 운동을 내몰아 대상을 보이지 않게 만들 것이다"(Reeve).

33 **질병들**(arrōstēmata, 780a14): I 18, 726a12 참조.

34 '백내장'을 가리키는 glaukōma(780a15)라는 낱말도 이 질환이 청색(glaukos) 눈(omma)에서 많이 발생한다는 이유에서 붙여진 이름인 것 같다.

이른바 야맹증을 가진 사람들[35]은 검은 눈에서 더 많이 생기기 때문이다. 백내장은 일종의 눈의[36] 건조함인데, 이런 이유에서 늙어가는 사람들에게 더 많이 일어난다. 다른 신체가 그렇듯이, 이 부분들도 노령에 가까워지면서 말라버리기 때문이다. 야맹증은 물기의 과잉 현상인데, 이런 까닭에 비교적 나이가 어릴 때 더 많이 발생한다. 아이들의 뇌는 더 축축하기 때문이다. 물기의 많음과 적음의 중간 상태[37]가 최고의 시

35 야맹증을 가진 사람들(hoi nyktalopes kaloumenoi, 780a16): nyktalopes는 본래 'nyx(밤)'와 'ōps(눈)'의 합성어이다. 따라서 nyktalopes는 본래 '밤에 보는', '밤눈이 밝은'이라는 뜻이다. 하지만 아리스토텔레스에게서는 그 뜻이 정반대로 바뀌어 '밤에 보지 못하는'을 뜻한다. 이하 780a20에서는 '야맹증'이라는 뜻으로 nyktalōp라는 낱말이 쓰였다.

36 Peck을 따라 780a17~18의 mallon을 삭제하고 읽었다.

37 중간 상태(mesē, 780a22): 『영혼론』 III 7, 431a11에서 언급된 '감각적 중간(aisthētikē mesotēs)'을 가리킨다. 이 중간은 감각 능력을 가진 부분의 구성요소로서 감각으로 하여금 고유한 감각 대상들 사이의 차이를 포착할 수 있게 하는 천칭 혹은 저울추 같은 작용을 한다. 이 '감각적 중간'은 감각 능력을 가진 부분을 — 말하자면 – 이런저런 방식으로 기울게 함으로써 활동하게 한다. "그렇기 때문에 우리는 (감각기관과) 똑같은 열기나 냉기, 혹은 딱딱함과 부드러움을 갖고 있는 것을 감각하지 못하고 과도한 것들을 감각하는데, 감각은 감각 대상들에 속하는 반대 상태에 대한 일종의 중간과 같은 것이기 때문이다. 그리고 이것 때문에 감각은 감각 대상들을 분간한다(krinei). 왜냐하면 중간에 있는 것이 분간할 수(kritikon) 있기 때문이다. 이것은 양쪽에 있는 것들 각각에 대해서 하나의 극단이 되기 때문이다. 하양과 검정을 지각하려는 주체는 현실적으로 그 둘 중 어느 것이어서도 안 되지만, 가능적으로 둘 모두여야 한다. (다른 경우들에서도 마찬가지다.) 촉각의 경우에도 (촉각기관은) 뜨겁지도 차갑지도 않아야 한다"(『영혼론』 II 11, 424a2~10). 그리고 이 감각 성질들의 내용에 따라 감각 능력을 가진 부분의 활성화에는 즐거움이나 고통이 따른다. "이런 까닭에, 혼합되지 않는 순수한 것들이어도, 예컨대 신 것이나 달콤한 것이나 짠 것이어도, 비율에 맞춰진 때라면 쾌적하거니와, 사실 그것들이 쾌적한 것은 이때이다. 하지만 일반적으로는 혼합된 것이, 그러니까 화음이 날카로운 것이나 둔중한 것보다 더 쾌적이고, 가열될 수 있거나 냉각될 수 있는 것이 촉각에 더 쾌적이다. 감각은 비율이다. 그리고 과도한 것들은 이 비율을 해체하거나 망친다"(『영혼론』 III 2, 426b3~7).

력이다. 왜냐하면 그런 경우 (물기의) 양이 적은 이유로 교란을 겪어서 색깔들의 운동을 방해하는 일도 없고, 양이 많은 이유로 (색깔들의) 운동을 둔하게 하는 일도 없기 때문이다.

지금 말한 것들만이 아니라 이른바 눈동자[38]를 덮은 피부의 본성도 시각 작용의 흐릿함과 선명함의 원인들[39]에 해당한다. 왜냐하면 피부가 투과성이 있어야 하기 때문인데, 그런 피부는 필연적으로 얇고 하얗고 평평해야 한다. 얇은 것은 밖에서 오는 운동이 직진하기 위해서 필요하고, 평평한 것은 주름이 져서 그늘을 만들지 않도록 하기 위해서 필요하고(바로 이런 이유로 노인들은 선명하게 보지 못한다. 다른 피부도 그렇지만, 눈의 피부는 주름지고 늙어감에 따라 더 거칠어지기 때문이다) 하얀색이어야[40] 하는 것은, 검정색은 투과성이 없기 때문이다. 빛이 투과하지 않는 것, 이것이 바로 검정이다. 바로 이런 이유에서 초롱들도 표면을 그렇게 만들면 빛을 낼 수 없다.

780b 그런데 노쇠와 질병 상태에서는 이런 원인들 때문에 눈이 선명하게 보지 못하고, 갓난아기들은 축축한 것이 적기 때문에 처음에 눈이 청색으로 나타난다. 특히 사람들과 말들이 이런 원인 때문에 한쪽 눈이 청색이 되는데, 사람이 유일하게 백발이 되고 나머지 동물들 가운데 말이 유일하게 늙어가면서 눈에 띄게 털이 하얗게 되는 것도 바로 그런 이유 때문이다.[41] 백발은 뇌에 있는 축축한 것의 일종의 약화이자 열처리 부

38 눈동자(korē, 780a27): 『동물지』 I 9, 491b20~21 참조.

39 780a25~26의 aitia tou ambly ē oxy horan을 직역하면 '둔감하게 보거나 선명하게 봄의 원인들'이라는 뜻이다.

40 하얗다(leukon, 780a28): 빛의 색깔을 가리키는 낱말로 '투명하다'는 뜻이다.

41 V 5, 785a11 이하 참조. "개가 백발이 된다는 것을 아리스토텔레스가 알지 못했다는 것이 이상하다. 바다사자도 백발이 된다"(Platt).

쪽이고 (눈의) 청색도 그런 것이기 때문이다. 왜냐하면 너무 묽거나 너무 진한 것은 각각 조금 축축한 것과 많이 축축한 것과 동일한 능력을 갖기 때문이다. 그래서 자연이 양쪽 눈동자의 축축한 것을 똑같이 열처리하거나 열처리하지 않음으로써 균형을 이룰 수 없어서 한쪽은 (열처리를) 하고 다른 쪽은 그렇게 하지 못하면, 그때 한쪽 눈이 청색이 되는 일이 일어난다.

'선명하게 본다'의 두 가지 뜻

동물들 가운데 일부는 선명하게 보고 일부는 그렇지 못한데, 이와 관련해서 두 종류의 원인이 있다. 왜냐하면 '선명하다'[42]는 대체로 두 가지 뜻으로 쓰이며, 이는 듣기나 냄새 맡기와 관련해서도 사정이 똑같기 때문이다. 즉 '선명하게 본다'는 말은 한편으로는 (a) '멀리 있는 것을 볼 수 있음'을 뜻하지만, 다른 한편으로는 (b) '보이는 것들의 차이점들을 최대한 잘 분간할 수 있음'을 뜻하기 때문이다. 그런데 이것[43]은 똑같은 것들에 의해서 일어나지 않는다. 똑같은 사람이 눈 위에 손으로 그늘을 만들어보거나 아울로스를 통해서 보면, 색깔의 차이들을 분간하는[44] 데는 더 나을 것도 더 못할 것도 없지만, 더 멀리 본다. 어쨌건 사람들은 흔히 속이 파인 구덩이나 우물 속에서 별들을 바라본

42 선명하다(oxy, 780b14): oxy는 '뾰족하다', '날카롭다'는 뜻이지만 여기서는 시각과 관련해서 '선명하다'는 뜻으로 쓰였다. '날카로운'(789a9) 이빨을 가리킬 때도 같은 낱말이 쓰인다.

43 즉 '멀리 있는 것을 볼 수 있음(to porrōthen dynasthai horan)'(780b16)과 '보이는 것들의 차이점들을 최대한 잘 분간해낼 수 있음(to tas diaphoras hoti malista diaisthanesthai tōn horomenōn)'(780b17).

44 분간하는(krinein, 780b20): IV 4, 770b21에 대한 각주 참조.

다. 따라서 만일 어떤 동물이 눈 윗부분이 많이 솟아 있지만 눈동자 안의 축축한 것이 맑지 않고 밖에서 오는 운동에 대해 균형을 이루지 못하며[45] 표면의 피부도 얇지 않다면, 이런 동물은 색깔의 차이들을 정확하게 식별하지 못하지만, (가까운 곳에서뿐만 아니라) 멀리서도 잘 볼 것이다. 그에 비해 축축한 것이 맑고 보호막[46]이 (얇지만) 눈두덩이 없는 동물들은 멀리서 보는 능력이 뒤떨어진다. 그 이유는 다음과 같다. (a) 이렇게 선명하게 보아서 차이들을 잘 분간하는 데 대한 원인은 바로 눈 자체에 있다. 마치 깨끗한 겉옷에서는 작은 얼룩도 눈에 잘 보이는 것과 마찬가지로, 맑은 시각기관에는 작은 운동들도 선명해서 감각을 만들어내기 때문이다. 반면에 (b) 멀리서 잘 보고 멀리서 오는 시각대상들의 운동이 (눈에) 잘 도달하는 데 대한 원인은 눈의 위치에 있다. 눈이 튀어나온 동물들은 멀리서 잘 보지 못하고, 안쪽으로 움푹 파인
781a 곳에 눈을 가진 동물들은 멀리 있는 것들을 잘 보는데 (이 경우) 운동이 허공으로 분산되지 않고 직진하기 때문이다. 어떤 사람들이 말하듯이 '시각[47]이 밖으로 나감으로써 본다'[48]고 하건, '보이는 것들로부터 오는 운동에 의해서 본다'고 하건 아무 차이도 없다. ('시각이 밖으로 나감으로써 본다'고 가정하면) 눈앞에 아무것도 없으면, (시각이) 사방으로 분산되

45 V 1, 779b27 이하 참조.

46 **표면의 피부**(to epipoles derma, 780b25), **보호막**(skepasma, 780b28): 모두 눈꺼풀을 가리킨다.

47 **시각**(opsis, 781a3): '시각(sight)' 혹은 '시각 기관(organ of sight)'을 뜻하지만 여기서는 일종의 빛을 가리키는 것 같다"(Reeve).

48 *DK* B84(=「감각과 감각 대상에 관하여」 437b26~438a2). 플라톤의 『티마이오스』 45b~46c도 함께 참조. 두 이론은 눈에서 나간 빛이 투명한 매질을 거쳐 대상에 반사되어 돌아오는 데서 시각 작용이 이루어진다고 본다.

어 시각 대상들에 부딪히는 정도가 적을 수밖에 없고 멀리 있는 것들은 더더욱 보지 못할 수밖에 없다. 어떤 경우이든 똑같이 시각도 운동에 의해 보는 것이 필연적이겠기 때문이다. 그래서 아울로스 같은 것이 시각기관으로부터 보이는 것에 이르기까지 곧장 이어져 있다면, 멀리 있는 것들이 더없이 잘 보일 텐데, 그런 경우 시각 대상에서 오는 운동이 흩어지지 않을 것이기 때문이다. 반면에 그렇지 않다면,[49] 필연적으로 (아울로스와 같은 관이) 멀리 뻗어 있는 정도에 비례해서 멀리 있는 것들이 정확하게 보일 것이다.

눈들의 차이에 대해서는 이런 원인들이 있다고 해두자.

49 즉 눈과 시각 대상이 아울로스와 같은 관에 의해서 직접 이어져 있지 않다면.

2장

(d) 후각과 청각의 예리함

청각 및 후각과 관련해서도 같은 방식의 설명이 적용된다. '정확하게 듣는다'거나 '정확하게 냄새 맡는다'는 것은 어떤 뜻에서는 (a) '앞에 놓인 감각 대상들의 모든 차이점을 가능한 한 잘 감각한다'는 뜻이고, 또 어떤 뜻에서는 (b) '멀리 있는 것을 듣거나 냄새 맡는다'는 뜻이기 때문이다. 그래서 (a) 차이점들을 잘 분간[50]하는 것의 원인은 감각기관에 있다. 시각의 경우에 그렇듯이, (잘 분간하려면) 감각기관이 순수하고 그 주변의 막도 그래야 한다.[51] [왜냐하면[52] 모든 감각기관의 통로들[53]은

50 분간(krinein, 781a19): IV 4, 770b21에 대한 각주 참조.

51 V 1, 780b29~31 참조. 『영혼론』 II 8, 420a13 이하도 함께 참조.

52 Peck은 781a20~781b5을 삭제했다.

53 통로들(poroi, 781a20): '통로' 혹은 '관'을 가리키는 poros는 『자연학 소논문집』「감각

—「감각과 감각 대상에 관하여」에서 이야기했듯이 — 심장으로 이어지고, 심장을 갖지 않은 것들의 경우에는 (통로들이) 심장에 대응하는 것으로 이어지기 때문이다. 그런데 (청각의) 감각기관은 공기로 차 있기 때문에,[54] 청각의 통로는, 타고난 프네우마가 몇몇 동물들에게는 심장박동[55]을 낳고 다른 동물들에게는 호흡[56]을 낳는 지점에서 끝난다. 이런 이유에서 말로 전달된 것들에 대한 배움도 생기고, 이미 들은 것을 다시 발설하기도 한다.[57] 왜냐하면 감각기관을 통해서 안으로 들어온 운동과 같은 성질의 운동이 다시 — 마치 하나의 동일한 흔적[58]에서 유

과 감각 대상에 대하여」 2, 438b14;「잠과 깨어 있음에 대하여」 3, 457a13, 26, b13;「젊음과 노령에 대하여」 13, 473b3, 27, 480b16)에서 사용되고『영혼론』에서는 단 한 번 사용된다(II 9, 422a3). 그러나 감각기관과 심장 사이의 연결은 거기서나 다른 곳에서나 확고한 이론이다(「감각과 감각 대상에 대하여」 2, 439a1~2;「잠과 깨어 있음에 대하여」 3, 469a2~23;『동물부분론』 II 1, 647a24~31; 10, 656a27~29).『생성 · 소멸론』 I 9, 326b34~327a1도 함께 참조.

54 II 6, 743b35~744a5 참조. '타고난 프네우마(symphyton pneuma)'(781a24)는 외부에서 숨을 통해 들어 오는 프네우마와 달리 감각기관에 내적이고 본질적이다.

55 심장박동(sphyxis, 81a25).

56 781a25의 anapnoēn kai eispnoēn(호흡과 들숨)에서 kai eispnoēn은 삭제하고 읽었다.

57 V 7, 786b23~25 참조.

58 흔적(charaktēr, 781a28): 원어는 본래 인장이나 동전 등에 새겨진 표식을 가리킨다. 같은 뜻으로 typos가 자주 쓰인다. 예를 들어「기억과 상기에 관하여」 1, 450a25 이하에서 아리스토텔레스는 기억을 감각이 남긴 흔적, 즉 typos에 의해서 다음과 같이 설명한다: "누군가는 이런 의문을 제기할 수 있을 것이다. 수동적 변이(pathos)는 현재하지만 실제 대상이 사라진 상태에서 도대체 어떻게 현재하지 않는 것이 기억되는가? 그 이유는 분명 감각을 통해 영혼 안에, 그리고 영혼을 가지고 있는 신체의 부분 안에 발생하는 것이 그런 성질을 갖는다고 생각해야 하기 때문이다. 즉 그것(=현실적 감각의 결과로서 그렇게 남겨진 수동적 변이태)은 일종의 그림(zōgraphēma ti)과 같은데, 그것의 소유 상태를 일컬어 우리는 '기억'이라고 부른다. 왜냐하면 (현실적인 감각에서) 발생하는 운동은 감각내용(aisthēma)의 일종의 흔적(typos)을 각인하기 때문인데, 이는 마치 도장을 찍는 사람들이 도장을 가지고 그렇게 하는 것과 마찬가지이다."

래하는 것처럼 — 목소리를 통해서 생겨나고 그 결과 들은 것을 말하게 되기 때문이다. 하품을 하거나 숨을 내쉴 때는 숨을 들이쉴 때보다 잘 듣지 못하는데, 이는 청각에 관계하는 감각기관의 시작점이 프네우마와 관계하는 부분 위에[59] 놓여 있고 이 기관이 프네우마를 운동하게 함과 동시에 (그 시작점도) 진동해서 운동하기 때문이다. [그 기관은 운동을 낳으면서 (그 자신도) 운동하기 때문이다.[60]] 축축한 계절과 기후에서도 똑같은 수동적 변이가 발생하며, 귀가 프네우마로 가득 차 있는
781b 것은 (청각기관의) 시작점이 프네우마와 관련된 곳 옆에 있기 때문인 것으로 여겨진다. 소리뿐만 아니라 냄새의 경우에도 차이점들과 관련된 분간의 정확성[61]은 감각기관과 (이 기관의) 표면을 덮은 막의 순수함에 달려 있다. 왜냐하면 시각의 경우에 그렇듯이, 그런 것들의 경우에도 (그때) 모든 운동이 뚜렷하게 구별되기 때문이다.

(b) 멀리서 일어나는 감각 활동도[62] 시각의 경우와 똑같이 일어난다. 왜냐하면 감각기관들 앞쪽에, 부분들을 관통하는 '물길들'[63]에 해당하

---

59 프네우마와 관계하는 부분 위에(epi tōi pneumatikōi moriōi, 781a31): Peck은 이 표현이 심장을 가리키는 것으로 보지만, Platt과 Reeve는 폐를 가리키는 것으로 본다. "심장이나 그 주변의 한 부분은 청각의 시작점 혹은 더 정확히 말해서 종결점이다. 그 둘이 통로로 연결되어 있기 때문이다. 그런데 심장은 폐 옆에 놓여 있기 때문에 숨을 내쉴 때 폐의 운동에 의해 영향을 받아서 잘 듣지 못한다. 하지만 숨을 들이쉴 때는 왜 그렇지 않을까? 게다가 하품은 들이쉼인데, 하품을 할 때 우리가 잘 듣지 못한다는 아리스토텔레스의 말은 더 이상하다. 숨을 들이쉴 때 우리가 더 잘 듣는다는 것도 사실이 아니다. 그가 이렇게 말하는 이유는 그것이 우리가 귀의 타고난 공기(symphyēs aēr)와 귀의 통로를 통해서 듣는다는 자신의 이론에 부합하기 때문이다"(Platt).

60 Peck은 kineitai gar kinoun to organon(781a33~34)을 삭제하고 읽었다.

61 분간의 정확성(akribeia tēs kriseōs): IV 4, 770b21에 대한 각주 참조.

62 781b7의 ta de mē aisthanesthai(그렇지 않은 것들을 감각하는 것)를 삭제하고 읽었다.

63 물길들(ochetoi, 781b8): II 7, 746a17 참조.

는 것이 길게 나온 동물들은 멀리서 감각하는 능력이 있기 때문이다. 이런 이유에서 긴 콧구멍을 가진 것들, 예를 들어 라코니아의 개들[64]은 냄새를 잘 맡는다. 왜냐하면 감각기관이 위에 있어서[65] 멀리서 오는 운동들이 흩어지지 않고 직진하기 때문인데, 이는 눈앞에 손그늘을 만드는 사람들에게 그런 일이 일어나는 것과 마찬가지다.[66] 크고 처마처럼 멀리 튀어나온 귀를 가진 동물들의 경우에도[67] 이와 똑같은데, 네발동물들 가운데 일부는 그런 귀를 가지고 있고 안쪽으로 긴 '나선'이 있다. 이런 귀는 멀리서 운동을 포착해서 감각기관에 제공한다.

그런데 멀리서 일어나는 감각들의 정확성[68]은 크기에 비례해서 볼 때 동물들 가운데 사람이 가장 떨어지지만, 차이점들과 관련된 정확성에서는 모든 동물들 중 사람의 감각이 가장 좋다. 그 원인은 (사람의) 감각기관이 순수하고 흙 성분과 물질 성분을 가장 적게 갖는다는 데 있는데, 사람은 본성상 동물들 가운데 크기에 비해 피부가 가장 얇다.

자연은 물개의 귀들도 이치에 맞게 만들어냈다. 왜냐하면 물개는 네발동물이고 새끼를 낳지만 귀가 없고 오직 (귓속의) 관들만 갖기 때문이

64 라코니아의 개들(Lakōnika kynidia, 781b10): 『동물지』 VI 20, 574a16 이하 참조.

65 감각기관이 위에 있어서(ano ontos tou aisthētēriou, 781b10~11): 이 표현은 뜻이 분명치 않다. Peck은 "the sense-organ is set well back in the interior"라고 옮겼다. "사람의 경우 코의 감각하는 부분이 콧구멍보다 위에 있어서 아리스토텔레스는 다른 동물들의 경우에도 그런 위치를 고려해서 느슨하게 '위에' 라는 용어를 사용한다. '뒤에' 라고 말하는 것이 더 옳을 것이다"(Platt).

66 V 1, 780b19 이하 참조.

67 『동물부분론』 II 15, 658b16 이하 참조.

68 정확성(akribeia, 781b17): "여기서 말하는 '정확성(exactness)'은 감각 능력의 정확성을 뜻한다. 여기서 언급된 감각기관은 감각 능력과 관계된 기관을 일반적으로 가리키는 것 같다. 사람의 피부의 얇음(fineness)은 해당 기관의 표면 위 조직에까지 미친다(781b3~4)"(Reeve).

다. 그 원인은 물개의 삶이 축축한 것 안에서 이루어진다는 데 있다. 귀에 딸린 (바깥) 부분은 멀리서 오는 공기의 운동을 보존하기 위해서 관들에 달려 있다. 그런데 물개에게는 그런 부분이 전혀 쓸모가 없고, 오히려 (그런 부분이 있다면) 많은 양의 물을 귀에 받아들임으로써 그 반대 효과를 만들어낼 것이다.[69]

시각과 청각과 후각에 대해서 이야기했다.

69 물개(phōkē, 781b23): 물개의 귀에 대한 이 단락은 동물 부분들의 형태를 환경에의 적응과 자연선택의 결과로 보는 진화론의 입장에 가장 가까운 논의이다.

3장

(e) 털의 차이, 대머리

털은 사람들의 경우에 나이에 따라서 서로 차이가 나지만, 털[70]이 있는 다른 부류의 동물들과 비교해보아도 차이가 난다. 하지만 자신의 몸 안에서 새끼를 낳는 동물들은 거의 모두 털이 있다. 가시가 있는 것들도 일종의 털을 가지고 있다고 상정해야 하기 때문이다. 예를 들어 땅 위의 고슴도치들[71]이 그렇고 새끼를 낳는 동물들 가운데 그런 동물이 있다면 그 경우도 마찬가지다. 털은 뻣뻣함과 유연함에 따라서,[72]

70 털(trichōmata, 781b30), 털(triches, 781b32): thrix는 좁게는 '머리털'을, 넓게는 몸의 '털' 전체를 가리킨다. trichōma는 몸 전체의 털을 가리킨다.

71 땅 위의 고슴도치들(chersaioi echinoi, 781b35): I 5, 717b27에 대한 각주 참조.

72 뻣뻣함과 유연함에 따라서(kata sklerotēta kai malakotēta, 782a2): sklerotēs와 malakotēs는 보통 '딱딱함'과 '말랑함'을 뜻하지만 여기서는 털의 상태를 가리키기 때문에 '뻣뻣함'과 '유연함'이라고 옮겼다.

길고 짧음에 따라서, 직모와 곱슬에 따라서, (숱의) 많음과 적음에 따라서, 그밖에도 색깔에 따라서, 즉 하양, 검정, 그 중간색에 따라서[73] 차이가 있다. 이런 차이들 중 몇 가지 점들과 나이에 따라서 어린 동물과 늙은 동물 사이에 차이가 난다. 이는 사람들에게서 가장 눈에 띈다. 왜냐하면 더 늙어갈수록 (머리)털이 더욱더 거칠어지고 어떤 사람들은 머리 앞부분이 벗겨져 대머리가 되기 때문이다. 아이일 때는 대머리가 되지 않고 여자들도 대머리가 되지 않지만, 남자들은 나이가 들어가면 대머리가 된다. 사람들은 나이가 들어가면서 머리가 백발이 되기도 한다. 다른 동물들 중에서는 어떤 경우에도 이런 일이 — 말하자면 — 눈에 띄지 않지만, 나머지 동물들 가운데 말에게서 그런 일이 가장 눈에 띈다. 또 사람들은 머리 앞부분이 대머리가 되고 관자놀이가 먼저 백발이 되기 시작한다. 이 부분이나 머리 뒷부분이 대머리가 되는 경우는 없다. 동물들 중에서 털이 없고 그것에 대응하는 것을 가진 것들이 있는데, 예를 들어 새는 깃털을, 물고기의 부류는 비늘을 갖고 있다. 이들에게도 일부 이런 종류의 변이태들이 같은 이치에 따라 일어난다.

자연이 무엇을 위해서 동물들에게 각종 털을 만들어놓았는지는 동물의 부분들과 관련된 원인들을 다루는 글[74]에서 이미 이야기했다. 어떤 것들이 사실로 주어져 있고 어떤 필연성 때문에 그 각각이 일어나는지를 명백히 보이는 것이 지금 진행하는 연구의 과제이다.

73 그 중간색에 따라서(kata … tas metaxy toutōn, 782a5): "색들이 하양과 검정의 혼합으로부터 생겨나듯이, 맛은 단맛과 쓴맛으로부터 생겨난다"(『감각과 감각 대상에 대하여』 4, 442a12~13).

74 『동물부분론』 II 14, 658a18 이하 참조. 이 구절에 따르면 머리털은 '덮개로 쓰이기 위해서(skepēs charin)' 있다.

(털의) 거칢이나 가늚의 원인[75]은 무엇보다 피부에 있다. 왜냐하면 어떤 동물들의 피부는 거칠고 다른 동물들의 피부는 얇으며, 어떤 동물들의 피부는 (조직이) 느슨하고 다른 동물들의 피부는 조밀하기[76] 때문이다. 또 (피부) 안에 있는 물기의 차이도 보조원인이다. 왜냐하면 어떤 동물들의 피부는 기름기가 있고 어떤 동물들의 피부는 물의 성분이 많기 때문이다. 일반적으로 피부의 본성은 기본적으로 흙 성분이다. (신체의) 표면에서 물기가 빠져나가면 단단해져 흙처럼 되기 때문이다. 그에 반해 털과 그것에 대응하는 것들은 살에서 생겨나는 것이 아니라 피부에서 생겨난다. [피부에 있는 축축한 것이 증기로 빠져나가고 증발하면서[77] 생겨난다. 거친 털은 거친 피부에서, 가는 털은 얇은 피부에서 생긴다.][78] 그래서 만일 피부가 (조직이) 더 느슨하고 더 거칠면, 흙 성분의 많은 양과 (피부 안의) 관들의 크기 때문에 털이 거칠다. 반면에 만일 피부가 더 조밀하면, 통로들이 좁기 때문에 털이 가늘다. 나아가 액체가 물처럼 묽어지면 빨리 마르고 털이 길게 자라지 않는다. 반면에 기름기가 있으면 그 반대 경우가 생긴다. 왜냐하면 기름기 있는 것은

75 (털의) 거칢이나 가늚의 원인(pachytētos kai leptotētos aition, 782a24): 735a31에 대한 각주 참조.

76 느슨하고 … 조밀하기(manon … pyknon, 782a26): 피부의 차이를 낳는 느슨함과 조밀함에 대해서 『자연학』 VIII 7, 260b7~12 참조: "또 모든 가변 상태들은 조밀해짐(pyknōsis)와 느슨해짐(manōsis)에서 시작된다. 따라서 무거움, 가벼움, 부드러움, 거침, 뜨거움, 차가움은 어떤 형태의 조밀해짐과 느슨해짐으로 여겨진다. 조밀해짐과 느슨해짐은 결합(synkrisis)과 분리(diakrisis)이고, 이에 따라서 실체들의 생성과 소멸이 일어난다고 말한다." 느슨한 피부(derma)는 좁은 관들이 아니라 넓은 관들을 갖는다. 털은 이에 맞추어 자란다. V 3, 782a34~b2와 783a37~b2 참조.

77 증기로 빠져나가다(exatmizein, 782a32), 증발하다(anathymiousthai).

78 Platt과 Peck은 782a31~33의 구절을 삭제했다.

쉽게 마르지 않기 때문이다.[79]

바로 이런 이유에서 일반적으로 피부가 더 거친 동물들은 털이 더 거칠지만,[80] 그렇다고 해서 피부가 가장 거친 동물들이 (그런 피부를 가진 다른 동물들보다) 더 거친 털을 갖는 것은 아니다. 앞서 말한 이유들 때문에 예를 들어 소, 코끼리를 비롯해서 다른 동물들에 비해 돼지의 부류가 그렇다.[81] 그리고 같은 원인 때문에 사람의 털도 머리 부분에 있는 것이 가장 거칠다. 왜냐하면 머리의 피부가 가장 거칠고 아주 많은 양의 액체 위에[82] 있기 때문인데, 게다가 (머리의) 피부는 (조직이) 아주 느슨하다.

털이 길거나 [짧은] 원인은 물기가 빠져나가 쉽게 마르지 않는 데 있다. 그리고 물기가 쉽게 마르지 않는 데 대해서는 두 가지 원인이 있는데, (물기의) 양과 성질이다. 왜냐하면 축축한 것이 많으면 쉽게 마르지 않고, 기름기가 있어도 그렇기 때문이다. 이런 이유 때문에 사람의 머리털이 가장 길다. 왜냐하면 뇌는 축축하고 차가워 많은 양의 축축한 것을 제공하기 때문이다.

79 "(올리브유의) 물기는 그 둘(=열기와 냉기)에 의해서 진해지지만, 둘 중 어떤 것도 그것을 마르게 하지 않는다. (왜냐하면 태양도 한기도 그것을 마르게 하지 않기 때문이다.) 그 이유는 그것이 끈끈할 뿐만 아니라 공기를 포함하고 있기 때문이다. (올리브유) 물기는 마르지 않고 불에 끓지도 않는다. 끈기 때문에 증기가 발생하지(atmizei) 않는 탓이다"(『기상학』 IV 7, 383b33~384a2).

80 V 3, 783a2 이하 참조.

81 "털이 거친 것은 두 가지 변수에 달려 있다. 관의 굵기와 흙 성분의 양이 그 둘이다. 따라서 일단 관이 커서 털이 얇지 않고 굵어지면, 관들을 더 크게 만든다고 해서 털이 더 거칠어지는 결과가 필연적으로 따라 나오는 것은 아니다"(Reeve).

82 뇌 위에 있음을 뜻한다. 뇌의 물기에 대해서는 II 6, 743b25 이하 참조.

곧은털과 곱슬털[83]은 털에서 일어나는 증발 때문에 생긴다. 이 증발이 연기처럼 일어나면,[84] 뜨겁고 건조해서 털을 곱슬로 만든다. 왜냐하면 털이 두 방향으로 움직이면서 곱슬이 되기 때문이다. 즉 흙 성분은 아래로, 뜨거운 것은 위로 이동하기 때문이다. (힘의) 허약함 탓에 굽어지기 쉬워서 털이 (둥글게) 말린다. 바로 이것이 털의 곱슬이다. 그런데 (곱슬털의) 원인을 이렇게 파악할 수 있지만, 축축한 것이 적고 흙의 성분이 많은 데서도 원인을 찾을 수 있다. 즉 털이 주변 환경의 영향으로 말라서 수축되는 것이다. 곧은 것은 (물기가) 빠져나가면 굴곡이 생기고, 불에 탄 털을 보면 알 수 있듯이 수축된다. 곱슬은 주변의 열기에 의한 축축한 것의 결핍 때문에 일어나는 수축이라고 볼 수 있기 때문이다. 곱슬털이 곧은털보다 더 뻣뻣하다는 것이 그 징표이다. 마른 것은 뻣뻣하기 때문이다. 반면에 물기를 많이 가진 동물들은 털이 곧다. 이런 털들의 경우에는 축축한 것이 유동 상태에 있지만 흘러서 빠져나가지 않기 때문이다. 이런 이유 때문에 흑해 주변에 사는 스퀴타이인들과 트라키아인들은 털이 곧다. 왜냐하면 그들 자신도 축축하고[85] 그들 주변의 공기도 축축하기 때문이다. 반면에 에티오피아인들과 뜨거운 곳에 사는 사람들은 곱슬이다. 뇌와 주변의 공기가 건조하기 때문이다.

83 곧은털과 곱슬털(euthytricha de kai oulotricha, 782b18): I 18, 722a5와 II 6, 744b25 함께 참조.

84 아리스토텔레스에 따르면 두 종류의 '증발(anathymiasis)'이 있다. '연기와 같은(kapnōdēs)' 증발은 공기와 흙으로 이루어져 뜨겁고 건조하다. 물기의(atmidōdēs) 증발은 차갑고 축축하다. 「감각과 감각 대상에 대하여」 4, 443a21 이하와 『기상학』 II 4, 360a22 이하 참고. 아래의 784b10 이하도 함께 참고.

85 그들 자신도 축축하고(kar gar autoi hygroi, 782b34): 물기가 많은 체질이라는 뜻이다.

피부가 거친 몇몇 동물들은 앞에서[86] 말한 원인 때문에 털이 가늘다. 털구멍이 가늘수록 털이 가늘어질 수밖에 없다. 이런 이유에서 양들의 부류는 그런 성질의 털을 갖고 있다. 양털[87]은 다량의 털이다. 몇몇 동물은 털이 부드럽지만 덜 가늘다. 토끼의 부류를 양의 부류와 비교해 보면 그렇다. 이런 동물들의 경우 털이 피부 표면에[88] 있다. 이런 이유에서 (이런 털은) 길이가 길지 않고 아마포에서 떨어져 나온 부스러기와 속성이 비슷하다. 왜냐하면 이 부스러기도 길이가 전혀 길지 않지만 부드럽고 엮을 수 없기 때문이다. 하지만 추운 곳에 사는 양들은 (그런 곳에 사는) 사람들의 경우와 정반대이다. 왜냐하면 스퀴타이인들은 털이 부드럽지만, 사르마티아의 양들[89]은 털이 뻣뻣한데, 그 원인은 모든 야생 동물의 경우에서 볼 수 있는 것과 똑같다. 즉 냉기가 (축축한 것을) 굳어지게 해서 말리기 때문에 (털을) 뻣뻣하게 만든다. 뜨거운 것이 빠져나오면서 축축한 것이 함께 빠져나가고 그 결과 털과 피부는 흙 성분을 띠고 뻣뻣해진다.[90] 야생동물들의 경우 노천의 삶이 그 원인이고, 다른 경우에는[91] 그들의 서식지가 그런 것이 원인이다. 사람들이 배뇨곤란에 이용하는 '바다의 고슴도치들'[92]에게 일어나는 일이 그 징표이

86 V 3, 782a1 이하 참조.

87 양털(erion, 783a5): 굵은 털이 아니라 가는 다량의 털이라는 뜻이다.

88 피부 표면에(epipoles … tou dermatos, 783a8~9): 피부 속에 뿌리내리고 있지 않다는 뜻이다.

89 사르마티아의 양들(ta probata ta Sauromatika, 783a14): 사르마티아(Sarmartia)는 비스와강(the Vistula)와 도나우강(the Don) 사이의 지역이다. 지금의 폴란드와 러시아에 걸쳐 있다.

90 두 종류의 증발(anathymiasis)에 대한 위의 782b20에 대한 각주 참조.

91 위에서 언급한 사르마티아의 양들의 경우가 그렇다.

92 바다의 고슴도치들(pontioi echinoi, 783a20): 성게. I 5, 717b27에 대한 각주 참조. 성

다. 이들은 깊어서 — 이들은 예순 길[93]이나 그보다 더 깊은 곳에서 산다 — 바닷물이 차가운 곳에 살기 때문에, (몸은) 작지만 길고 딱딱한 가시가 있다. 가시가 긴 이유는 거기서 영양 공급이 이루어져 몸의 성장이 이루어졌기 때문이다. (이들은 열기가 적어서 영양분을 열처리하지 못하기 때문에 많은 잔여물을 남기는데, 가시나 털을 비롯해서 그런 부분들이 잔여물에서 생긴다.) 또 가시가 딱딱하고 돌 같은 이유는 냉기와 서리 때문이다. 이와 동일한 방식으로 다른 식물들도 북풍을 맞는 것들이 남쪽을 향해 있는 것들보다, 그리고 바람을 맞고 자라는 것들이 (바람이 불지 않는) 분지에서 자라는 것들보다 딱딱하고 흙 성분을 가져서 돌처럼 되는 일이 일어난다. (그런 곳에서는) 모든 식물이 더 차가워지고 축축한 것이 빠져나가기 때문이다. 그래서 뜨거운 것뿐만 아니라 차가운 것도 딱딱하게 만든다. 왜냐하면 두 가지 요인 모두에 의해서 축축한 것이 빠져나가는 일이 일어나는데, 뜨거운 것에 의해서는 그 자체로, 차가운 것에 의해서는 부수적으로 그런 결과가 따라 나온다. (뒤의 경우 뜨거운 것과 함께 축축한 것이 빠져나가고, 뜨거운 것 없이 축축한 것은 존재하지 않기 때문이다.)[94] 하지만 차가운 것은 딱 783b
딱하게 만들 뿐만 아니라 조밀하게 만드는 데 반해, 뜨거운 것은 (조직

게의 알은 방광 아래쪽의 염증이나 막힘 때문에 배뇨곤란(strangouria)이 있는 경우 이뇨제로 사용되었다.

93 길(orgyia, 783a22): 양쪽 팔을 벌린 길이이다. 우리말로 한 사람의 키 정도의 길이를 가리키는 '길'로 옮길 수 있다.

94 "본성상 물기 있는 것은 그에 고유한 열기가 빠져나가면서 그와 함께 증기로 빠져나가고(synexatmizetai) 물기를 끌어내는 것이 더 이상 존재하지 않는다. 물기를 모아서 끌어들이는 것은 고유한 열기(oikeia thermotēs)이기 때문이다"(『기상학』 IV 1, 379a23~26).

을) 느슨하게 만든다.[95]

바로 이런 원인 때문에 늙어갈수록, 털이 난 동물들의 경우 털이 더 뻣뻣해지고 깃털이나 비늘을 가진 동물들의 경우에는 깃털과 비늘이 더 뻣뻣해진다. 왜냐하면 더 늙어감에 따라서 피부가 더 뻣뻣해지고 거칠어지기 때문이다. 피부가 말라가는 탓이다. '노화'는 — 그 낱말이 보여주듯이 — 뜨거운 것을 잃고 그와 함께 축축한 것을 잃어서 '흙으로 됨'을 뜻한다.[96]

대머리

사람들은 동물들 가운데 가장 눈에 띄게 대머리가 된다. 하지만 그런 수동적 변이는 일반적이다. 왜냐하면 일부 식물들은 항상 잎이 달려 있지만 일부는 잎을 떨구고, 새들 중에서도 겨울잠을 자는 것들은 깃털을 떨어내기[97] 때문이다. 대머리가 되는 사람들의 경우에 대머리도 그런 수동적 변이다. 왜냐하면 잎이 모든 식물에게서 조금씩 줄어들고 깃털과 털을 가진 것들에게서는 그것들이 조금씩 줄어들지만, 그런 수동적 변이가 한꺼번에 일어날 때 이것이 앞서 말한 명칭들을 얻기 때문

95 "이 언급은 외부의 건조한 열기와 냉기에 대한 것이다. 외부의 건조한 열기와 물기 있는 열기의 작용에 대해서는 IV 7, 776a1에 대한 각주 참조. 열처리와 발생에 관여하는 내부의 타고난 열기의 효과들은 물론 이와 전혀 다르다"(Reeve).

96 아리스토텔레스는 gēras(노화, 노쇠)와 geēron(흙으로 된)이라는 두 낱말을 서로 연관시킨다.

97 잎을 떨구다(phyllobolein, 783b10~11), 깃털을 떨어내다(apoballein, 783b11): "이해하기 힘든 진술이다. 쑥독새(올빼미 목의 한 부류)만이 겨울잠을 자는 것으로 알려져 있기 때문이다. 게다가 많은 새들은 추운 겨울 동안 날개를 잃기보다 체온을 유지하기 위해서 날개를 더 부풀린다"(Reeve).

이다. 즉 그때 그것들은 '대머리가 된다'거나 '잎을 떨어낸다'[98]고 일컬어진다. 이런 수동적 변이의 원인은 뜨거운 물기의 결핍이고, 물기 있는 것들 가운데 기름기 있는 것이 그런 성질을 가장 많이 가진다.[99] 이런 이유에서 식물들 가운데 기름기 있는 것들은 항상 잎이 있는 경우가 더 많다. 하지만 이런 문제들에 관해서는 다른 곳에서[100] 원인을 이야기해야 한다. 왜냐하면 그들이 그런 수동적 변이를 겪는 데 대해서는 다른 보조원인들도 있기 때문이다. 하지만 식물들의 경우 겨울에 이 수동적 변이가 발생하고(바로 이 변화가 나이보다 더 중요하기 때문이다), 동물들 중에서 겨울잠을 자는 것들의 경우에도 그렇다(이들은 본성상 사람들보다 덜 축축하고 덜 뜨겁기 때문이다). 하지만 사람들은 나이를 먹으면서 (인생의) 겨울과 여름을 맞는다. 이런 이유에서 성행위를 할 때가 오기 전에는 누구도 대머리가 되지 않지만, 본성상 그런 성향이 더 강한 사람들은 그때 대머리가 된다. 왜냐하면 뇌는 본성상 몸에서 가장 차가운 곳이고 성행위는 몸을 차갑게 하기 때문이다. 성행위는 순수하고 본성적인 열기의 배출인 탓이다. 따라서 뇌가 맨 처음 그런 변화를 감지하는 것은 이치에 맞다. 왜냐하면 허약하고 열악한 상태에 있는 것들은 작은 원인이나 계기에 좌우되기 때문이다.[101] 따라서

98 대머리가 된다(phalakrousthai, 783b16), 잎을 떨어낸다(phyllorroein, b17).

99 즉 기름기 있는 것이 뜨거운 물기를 가장 많이 갖는다. 이와 관련해서는 「장수와 단명에 대하여」 5, 466a23~25와 『동물부분론』 III 9, 672a6~9 참조.

100 즉 식물에 대한 소실된 저술에서. I 1, 716a1과 I 23, 731a29~30 참조.

101 "아리스토텔레스의 견해에 따르면 뇌는 아주 중요한 기관이지만, 그 중요성은 긍정적이기보다 부정적이다. 열기는 생명의 중추적인 성질인데, 뇌는 주로 피를 차갑게 하기 위해 존재하고 몸에서 가장 차가운 부분이기 때문이다. 이런 차가움 때문에 뇌는 '허약하고 열악한 상태에 있는' 것이라고 기술된다"(Platt).

어떤 사람이 이렇게 유추한다면,[102] 즉 뇌 자체는 열기가 적고 그 주변의 피부는 더더욱 그런 성질을 띨 수밖에 없으며 털의 본성은 — 뇌에서 가장 멀리 떨어져 있는 만큼[103] — 더욱더 그럴 수밖에 없다고 유추한다면, 스페르마가 많은 사람들이 그 나이에 이르러 대머리가 되는 일이 일어나는 것은 이치에 맞다고 여겨질 것이다.[104] 이와 똑같은 원인 때문에
784a 오직 머리의 앞부분만 대머리가 되고 동물들 가운데 오직 사람들만 그렇게 되는데, 앞머리가 그렇게 되는 이유는 거기에 뇌가 있기[105] 때문이고, 동물들 가운데 사람들만 그렇게 되는 이유는 사람이 훨씬 더 큰 뇌를 갖고 가장 축축하기 때문이다. 여자들도 대머리가 되지 않는다. 여자들의 본성은 어린아이들의 본성과 비슷하기 때문이다. 즉 둘 다 스페르마를 배출하는 능력이 없다.[106] 거세된 사내는 여자로 변화되었기 때문에 대머리가 되지 않는다. 거세한 사내들은 늦게 자라는 털이 없으며, 우연히 털을 갖게 되면 잃어버린다. 음모는 예외다. 왜냐하면 여자들도 그런 털이 없지만 음모[107]는 갖기 때문이다. 바로 그 결함이 남자로부터 여자로의 변화이다.

겨울잠을 자는 동물들에게 다시 털이 나고 잎을 떨어낸 식물들에게

---

102 여기서는 '유추'의 뜻으로 syllogizesthai 대신에 analogizesthai(783b32)가 쓰였다.

103 뇌 위에 피부가, 피부 위에 털이 있다는 뜻에서 그렇다는 말이다.

104 "스페르마가 많기 때문에 성행위에 더 몰두한다"(Reeve).

105 『동물지』 I 16, 494b25~495a1과 『동물부분론』 II 10, 656b12 이하 참조. 『동물부분론』의 해당 구절에 대한 Ogle의 각주 참조. 이는 "오류이지만 … 냉혈동물들의 뇌를 검토한 결과 끌어낸 결론일 수 있다. 왜냐하면 어류와 파충류의 뇌는 두개골의 공간을 채울 만큼 크지 않기 때문이다." 『동물지』 I 16, 495b22~24도 함께 참조.

106 **스페르마를 배출하는 능력이 없다**(agona gar spermatikēs ekkriseōs amphotera, 784a5~6): agonos는 본래 불모 상태를 가리킨다.

107 원문의 ⟨triches⟩ epi tēi hēbēi(784a10)는 '성년에 이르면 자라는 털'을 뜻한다.

는 다시 잎이 나지만 대머리가 된 사람들에게는 다시 머리털이 나지 않는데, 그 원인은 다음과 같다. 겨울잠을 자는 동물들의 경우 네 계절이 신체의 전환점들이다. 그래서 계절이 바뀌면, 그에 따라 동물들은 깃털이나 털을 내거나 떨어내는 변화를 겪고 식물들은 잎들을 내거나 떨어내는 변화를 겪는다. 반면에 사람들의 경우 나이에 따라서 겨울과 여름, 봄과 가을을 맞이한다. 그래서 나이에 따른 시기들은 (순환적으로) 변화하지 않기 때문에 — 비록 유사한 원인이 작용한다고 하더라도 — 그에 따라 일어나는 수동적 변이들이 (순환적으로) 달라지는 것은 아니다.

털이 겪는 수동적 변이들에 관해서 대략 이야기했다.

4장

(f) 털의 색깔

784a23 다른 동물들의 경우 (털) 색깔의 원인은 — 단색이건 여러 색이건 — 피부의 본성에 있다. 하지만 사람들의 경우, 노화 때문이 아니라 질병 때문에 백발이 되는 때를 제외한다면, 그렇지 않다.[108] 이렇게 말하는 이유는 이른바 '백색증'[109]에 걸렸을 때 머리털이 하얗게 되지만, (나이 때문에) 머리털이 하얗게 된다면 이 하양은 피부 상태에 수반되는 것이 아니기 때문이다. (앞의 경우) 그 원인은 털이 피부에서 자란다는 데 있

108 V 5, 785b6 이하 참조.

109 백색증(leukē, 784a26): "'이른바 백색증'은 피부 백변증(albinism)을 가리키는 것 같다. 이 질환은 피부뿐만 아니라 머리털에도 영향을 미치기 때문이다. 반면에 피부가 색소를 잃는 장기적인 피부 상태인 백반(leucodermia 또는 vitiligo)은 그렇지 않다. 플라톤이 『티마이오스』 85a에서 '흰 부스럼이 피부를 얼룩지게 한다'고 말한 질환은 백반을 가리키는 것일 수 있다"(Reeve).

다. 즉 피부가 질병에 걸린 상태에서 하얗게 되면 털도 함께 질병에 걸리며 백발은 털의 질병이다. 하지만 나이로 인한 머리털의 백발은 허약함과 열기의 결핍 때문이다. 왜냐하면 어떤 연령 때나 신체가 쇠약해지면 냉각 쪽으로 기울고, 특히 노령에 그렇기 때문이다. 노령은 차갑고 마른 것이기 때문이다.[110] 그런데 우리는 각 부분으로 들어가는 영양분을 각 부분에 고유한 열기[111]가 열처리하며, (열기가 이를 수행할) 능력이 없으면 해당 부분이 멸실되어 결함이나 질병이 생긴다고 생각해야 한다. 그런 성질의 원인에 대해서는 나중에 「성장과 영양에 대하여」[112]에서 더 자세하게 이야기해야 한다. 따라서 머리털은 본성상 열기가 적은데, 그에 비해 유입되는 물기가 너무 많은 경우, 그런 (체질의) 사람들의 경우에는 (머리털에) 고유한 열기가 영양분을 열처리할 수 없고 주변의 열기에 의해서 머리털이 부패한다. 그런데 부패는 모두 열기에 의해서 일어나지만 — 다른 저술에서 이미 이야기했듯이 — 타고난 열기[113]에 의해서 일어나는 것은 아니다. 그런데 부패는 물이나 흙을 비롯해서 그런 성질을 가진 모든 물체에서 일어나고, 이 때문에 흙 성분이 있는

110 V 3, 783b7과 「장수와 단명에 대하여」 4, 466a21 참조. 하지만 히포크라테스의 『섭생에 대하여(*Peri diaitēs*)』 I. 33 (vi. 512 Littre)에 따르면 늙으면 차갑고 습하게 된다.

111 **각 부분에 고유한 열기**(hē en hekastōi oikeia thermotēs, 784a35): 생명을 낳고 형상을 전달하는 타고난 열기. V 6, 786a20~21 참조. 『기상학』 IV 2, 379b18~35도 함께 참조.

112 이 저술은 전해지지 않는다.

113 **주변의 열기**(hē en tōi periechonti thermotēs, 784b6), **타고난 열기**(symphytos theromotēs, b7): 전자는 '외부의 열기(allotria thermotēs)'라고도 불린다. 『기상학』 IV 1, 379a16~18 이하 참조. "부패는 외부의 열기에 의해서 일어나는, 물기 있는 것 각자에 속한 고유하고 본성적인 열기의 소멸이다. 외부의 열기는 주변 환경에 속한 열기를 가리킨다." 이 두 종류의 열기의 차이에 대해서는 『생성 · 소멸론』 II 2, 330a12~24 참조.

증기에서도 일어난다.[114] 예를 들어 이른바 곰팡이가 그렇다. 왜냐하면 곰팡이는 흙 성분의 증기의 부패 현상[115]이기 때문이다. 따라서 머리털 안에 있는 그런 성질의 영양분도 열처리가 되지 않으면 부패하고, 그 결과 이른바 백발이 된다. 그것이 하얀 이유는 이른바 부패한 것들 가운데 곰팡이가 유일하게 하얗기 때문이다. (곰팡이가) 다량의 공기를 포함하고 있다는 것이 그 원인인데, 흙 성분의 증기는 모두 진한 공기의 능력을 갖기 때문이다. 그래서 곰팡이는 흰서리의 '역(逆)'과 같은데,[116] 상승하는 증기가 굳어지면 서리가 생기고, 부패하면 곰팡이가 되기 때문이다. 이런 이유 때문에 둘 다 표면에 붙어 있는데, 표면에서 증기가 생기기 때문이다. 실제로 시인들은 희극작품들에서 백발이 된 머리털을 늙음에서 오는 '곰팡이'이자 '흰서리'라고 부르면서 조롱을 섞어 멋진 비유를 든다. 하나는 유적으로, 다른 하나는 종적으로 (백발과) 동일하기 때문인데, 흰서리는 유적으로 동일하고(둘 다 증기이다), 곰팡이는 종적으로 동일하기 때문이다(둘 다 부패이다). 그것들의 성질이 같다는 것이 이에 대한 징표이다. 왜냐하면 많은 경우 질병 탓으로 백발이 되다가 나중에 건강해지면 대신 흑발이 자라기 때문이다. 그 원인은

114 V 3, 782b19~20의 '연기와 같은 증발(kapnodēs anathymiasis)'에 대한 진술을 참고. "왜냐하면 증기(atmis)는 가열하는 열기의 작용에 의해 물기 있는 것으로부터 공기와 바람 속으로 습기가 발산되는 것이다"(『기상학』 IV 9, 387a24~26). 털 안의 증기는 흙의 성분을 가지고 있다. 그것은 연기와 같은 증발로서 공기와 물의 혼합체이기 때문이다.

115 부패 현상(saprotēs, 784b11): IV 8, 777a11 참조.

116 784b16의 hōsper gar antestrammenon tēi pachnēi를 이렇게 옮겼다. antestrammenon는 '반대쪽으로 뒤집다'는 뜻의 동사 antistrephein의 과거분사 수동형이다. 논리학에서의 '환위 명제', 수학에서의 '역 명제'를 가리킨다. Peck은 as it were the opposite number of hoar-frost로 옮겼다.

이런 것이다. 병약한 상태에서는 몸 전체가 본성적 열기[117]의 결핍 상태에 있고 이와 마찬가지로 [다른] 부분들 중 아주 작은 부분들도 그런 종류의 병약한 상태에 있는데, 신체뿐만 아니라 부분들에서 잔여물이 많이 생겨난다. 바로 이런 이유에서 살에서 진행되는 열처리 부족이 백발의 머리털을 낳는다. 하지만 건강을 회복해서 힘이 솟으면 (신체 전체와 부분들이) 다시 변화하며, 마치 노인이 회춘하듯이 변화가 일어난다. 이런 이유 때문에 수동적 변이들도 함께 달라진다. 질병을 '획득된 노령'이라고 하고, 노령은 '본성적인 질병'[118]이라고 해도 틀린 말이 아니다. 어떤 질병들은 노령이 낳는 것과 동일한 (수동적 변이들)을 낳기 때문이다.

관자놀이가 먼저 하얗게 된다. 왜냐하면 (머리의) 뒷부분은 뇌가 없
기 때문에 물기가 없고 브레그마[119]는 물기가 많기 때문이다. 물기가 785a
많은 것은 잘 부패하지 않는다. 관자놀이의 머리털은 열처리가 이루어질 정도로 적은 양의 축축한 것을 갖고 있지도 않고 또 부패가 일어나지 않을 정도로 많은 양의 축축한 것을 갖고 있지도 않다. 그 부위는 그 둘의 중간 상태에 있고 그런 두 가지 속성에서 거리가 멀다.

사람들에게서 일어나는 백발에 대해서 그 원인을 이야기했다.

117 본성적 열기(physikē thermotēs, 784b26): 784a35, b6; V 6, 786a20 참조.

118 획득된 노령(gēras epiktētos, 784b33), 본성적인 질병(nosos physikē): '획득된(epiktētos)'과 '본성적인(physikos)'의 대비에 대해서는 I 17, 721b29, III 1, 750a8 등의 사례 참조.

119 브레그마(bregma, 785a1): V 3, 784a2 참조. II 6, 744a25에 대한 각주 참조.

5장

785a7 (사람을 제외한) 다른 동물들의 경우 그런 변화가 생기는 것은 나이 때문이 아닌데, 그 과정의 원인은 분명 대머리의 경우에 대해서 이미 이야기한 것과 똑같다. 왜냐하면 그런 동물들은 뇌가 작고 〈덜〉 축축하며,[120] 따라서 뜨거운 것이 열처리를 위해 작용할 능력이 없지 않기 때문이다. 하지만 우리가 아는 동물들 중 말들의 경우에[121] 가장 많이 그런 징표가 드러난다. 즉 말들은 (몸의) 크기에 비해서 뇌 주변의 뼈가 (사람 이외의) 다른 동물들 가운데 가장 얇다. 바로 그곳을 때리는 것이 말들에게 치명적이라는 것이 그 증표다. 이런 이유에서 호메로스도 이

120 Peck을 따라 뜻을 분명히 하기 위해서 ētton을 덧붙였다. 사람의 뇌에 물기가 가장 많다(V 3, 784a4 참조).

121 785a11의 auton을 삭제하고 읽었다. V 1, 780b5 이하 참조.

런 시구를 지었다.[122]

"말들의 머리끝에서 털이 가장 먼저
자라는 곳, 거기가 가장 치명적이다."

그래서 뼈가 얇기 때문에 물기가 밖으로[123] 쉽게 흘러나오고 나이 때문에 열기가 부족해지면 바로 거기서 머리털이 센다. 그리고 검은 머리털보다 붉은 머리털이 더 빨리 센다. 왜냐하면 (머리털의) 붉음은 병약한 상태와 같고 약한 것들은 모두 빨리 노화되기 때문이다.[124] 하지만 두루미들은 나이를 먹으면 검게 된다는 말이 있다. 아마도 깃털의 본성이 두루미[125] (몸) 전체에 비해 본성상 더 축축하고 두루미들이 노화를 겪을 때 깃털 안의 축축한 것이 더 많아 쉽게 부패하는 일이 없다는 것이 그런 수동적 변이의 원인일 것이다.[126]

(그렇다면) (a) 백발은 특정한 종류의 부패에 의해서 생긴다. 또 (b) 그것은 — 몇몇 사람들이 생각하듯이 — 탈수가 아니다. 모자나 다른

122 『일리아스』 8.83~84 참조.

123 즉 머리털이 있는 곳으로.

124 IV 6, 775a19 이하 참조.

125 **두루미**(geranoi, 785a22): "이 말은 왜가리(heron)에 대한 기술인 것 같다. 왜가리는 두루미와 쉽게 혼동된다. 적어도 '고운 납빛 회색 등(the fine leaden-grey back)'은 오직 다 자란 왜가리에게서만 볼 수 있다"(Platt).

126 785a23의 hygroteran(더 축축하고)는 Platt과 Peck을 따라 읽었다. 사본에 따라 leukoteran(더 하얗고)나 leptoteran(더 얇고)으로도 읽을 수 있다. 검게 되는 원인은 열처리되지 않은 물기가 많다는 데 있다. 이는 어떤 동물들에게서나 노령으로 인한 냉기와 건조함에서 따라 나오는 결과다. 물기가 열처리될 수 있는 것보다 더 많으면 부패를 막아 털이 세지 않게 한다. V4, 785a2 이하 참조.

덮개에 가려진 머리털은 더 빨리 백발이 된다는 것이 앞에서 말한 것에 대한 징표이다. (왜냐하면 프네우마는 부패를 저지하는 반면, 가림은 통풍이 안 되게 하기 때문이다.) 또 물과 올리브유를 섞어 바르는 것이 (백발의 진행을 막는 데) 도움이 된다는 것도 (또 다른 징표이다). 왜냐하면 물은 차갑게 하고 물과 섞인 올리브유는 머리털이 빨리 마르는 것을 막기 때문이다. 왜냐하면 물은 쉽게 마를 수 있기 때문이다. (b) 처음부터 백발이 자라나는 몇몇 사례가 있다는 사실은, 백발이 탈색이 아니고 머리털도 — 마치 풀이 탈수되어 색을 잃는 것처럼 — 하얗게 되는 것이 아니라는 데 대한 징표이다. 그에 반해 마른 풀이 자라는 일은 없다. 많은 경우 머리털도 끝에서 하얗게 된다. 맨끝의 가장 가는 부분에서 열기가 가장 약해지기 때문에 그런 일이 일어나는 것이다.

785b 털이 하얗게 되는 다른 동물들의 경우 이는 본성에 의해서 일어나는 일이지 (외부 영향에 따른) 수동적 변이 때문에 그런 것이 아니다. 다른 동물들의 경우 (털) 색깔의 원인은 피부이다. 왜냐하면 하얀 색깔들의 경우 피부가 하얗고, 검은 색깔들의 경우 피부가 검다. 반면에 다채색이고 혼합색을 띠는 경우 (피부가) 분명히 일부는 하얗고 일부는 검다. 하지만 사람들의 경우 피부는 결코 원인이 아니다.[127] 왜냐하면 피부가 하얀 사람들도 아주 검은 털을 갖기 때문이다. 그 원인은 다음과 같다. 사람은 크기에 비해서 모든 동물들 가운데 (피부가) 가장 얇고 이런 이유 때문에 피부가 털의 변화에 아무 영향도 미치지 못하지만 그 대신 허약함 때문에 피부색 자체의 색깔이 변하고 햇볕이나 바람에 의해서 더 검게 된다. 하지만 털이 함께 변하는 일은 없다. 반면에 다른 동물

127 V 4, 784a23 이하 참조.

들의 경우 피부가 거칠기 때문에 지역의 영향력에 좌우된다.[128] 이 때문에 털도 피부에 따라서 변화하지만, 피부는 바람이나 햇볕에 따라서 변화하지 않는다.

128 "즉 털의 색깔에 영향을 미치는 힘은 그 자체가 부분적으로 식생과 환경에 의존한다(IV 2, 767a28~32). 털은 거칠기 때문에, 사람의 얇은 피부와 달리 태양이나 바람의 영향에 영향을 적게 받는다"(Reeve).

6장

(g) 동물들의 변색. 혀의 색깔

785b16 동물들 가운데 일부는 단색이다(나는 부류 전체가 한 가지 색을 띠는 것들을 '단색'이라고 말하는데, 예를 들어 모든 사자가 붉은색을 띤다. 그리고 새들이나 물고기를 비롯해서 다른 동물들의 경우에도 똑같다).[129] 반면에 일부는 다색인데, 그중 일부는 '단일색'이고 (나는 몸 전

129 785b16 이하에서 아리스토텔레스는 **단색**(monochroos, 785b16), **다색**(polychroos, b19), **단일색**(holochroos, b19), **다채색**(poikilos, b21)을 나눈다. '단색'은 동류의 개체들이 모두 한 가지 색을 갖는 경우를 가리킨다. 예컨대 모든 사자는 붉은색, 즉 황갈색(pyrros)이다. '다색'은 동류의 개체들 사이에 색깔의 차이가 있는 경우(검은 소, 하얀 소, 얼룩소)를 가리킨다. '단일색'은 검은 소와 하얀 소처럼 개체들마다 색깔이 달라도 한 개체의 전체 색깔이 한 가지 색인 경우를, '다채색'은 (a) 부류 전체가 알록달록한 경우(표범, 공작 등)나, (b) 한 부류의 일부가 알록달록한 경우(얼룩소)를 가리킨다.

체가 같은 색깔을 띠는 것을 '단일색'[130]이라고 부르는데, 예를 들어 소는 온몸이 하얗거나 온몸이 검다) 다른 동물들은 다채색이다. 이 말에는 두 가지 뜻이 있는데, (a) 일부는 유적으로 그렇다. 예를 들어 표범이나 공작을 비롯해서 일부 물고기들도 그런데, 이른바 트라타들[131]이 그에 해당한다. 반면에 (b) 어떤 동물들은 부류 전체가 다채색은 아니지만, 몇몇은 다채색이 되는데, 예를 들어 소들과 염소들이 그렇고, 새들 가운데서는 예를 들어 비둘기들이 그렇다. 그리고 새들 가운데 다른 부류들도 똑같은 일을 겪는다. 그런데 단일색을 띠는 것들이 단색을 띠는 것들에 비해 더 많이 변화하는데,[132] 두 가지 방식으로 변화가 일어난다. (a) 서로 반대되는 단순한 색깔로 바뀌는데, 예를 들어 하양으로부터 검정이 되고 검정으로부터 하양이 된다. (b) 두 색깔이 섞이기도 하는데, 이는 한 가지 색깔을 갖지 않는 것이 부류 전체의 본성에 속하기 때문이다. 이 부류는 양쪽 방향으로 운동하기 쉬워서, 그 결과 상대쪽으로 변화하기도 하고 더 많은 경우에 다채색을 띠게 되기 때문이다. 단색의 동물들에게는 이와 반대되는 일이 일어난다. 왜냐하면 그들은 — (외부의 영향에 의한) 수동적 변이 때문이 아니면 — 변화하지

130 holochroos는 직역하면 '전체 색'이지만 몸 전체가 같은 색이라는 뜻에서 '단일색'이라고 옮겼다.

131 이른바 트라타들(hai kaloumenai thrattai, 785b23): 이 물고기는 『동물지』 IX 37, 621b16에서도 언급된다. Peck은 '청어(shad)'라고 추측하지만 정확한 정체 확인은 어렵다.

132 단일색을 띠는 것들이 … 변화하는데(metaballei de ta holochroa, 785b26~27): 문자 그대로 옮기면 '전체 색깔을 띠는 것들이 변화한다' 뜻이다. 하지만 이는 몸 전체가 단색인 부모들이 색깔을 바꾼다는 뜻이라기보다는 새끼들이 부모들과 다른 색깔을 띠어서, 그들이 속하는 종의 구성원 전체가 단색인 종보다 이런 종류의 변화를 더 많이 보인다는 뜻이다.

않고, 이런 변화도 드물다. 이렇게 말하는 이유는 이미 하얀 자고, 큰 까마귀, 참새, 곰이 목격되었기 때문이다.[133] 이런 일은 발생 과정에서
786a 뒤틀림이 일어날 때[134] 일어난다. 작은 것은 소멸되기도 쉽고 운동하기도 쉬운데, 발생 과정 중에 있는 것이 바로 그런 상태에 있기 때문이다. 발생 과정 중에 있는 것들의 시작점은 사소하기 때문이다.

본성적으로 단일색이지만 유적으로 다색인 동물들이 가장 많이 변화하는데, 여러 종류의 물 때문이다.[135] 왜냐하면 뜨거운 물은 털을 하얗게 만들고, 차가운 물은 검게 만들기 때문인데, 식물들의 경우에 그런 것과 마찬가지다. 뜨거운 것들은 물보다 프네우마를 더 많이 갖고 있다는 것이 그 원인이다. 반면에 공기는 투명체이기 때문에 하얗게 만드는데, 거품[136]도 그렇게 만드는 것과 마찬가지다. 그런데 (외부 영향으로 인한) 수동적 변이 때문에 생긴 하얀 피부와 본성으로 인한 하얀 피부가 차이가 나듯이, 털의 경우에도 질병이나 나이에 의한 털의 하양과 본성으로 인한 털의 하양은 원인이 다르다는 점에서 서로 차이가 난다. 어떤 것들은 본성적인 열기가 하얗게 만들고 어떤 것들은 외부의 열기[137]가 그렇게 만들기 때문이다. 어떤 것에서든 하얀색을 낳는 것은 그것 안에 포함된 증기 형태의 공기이다. 이런 이유에서 단색이 아닌 것들도 복부

133 아리스토텔레스의 설명대로 백변증(albinism)은 '본성적'인 것이 아니라 색소의 결핍 때문에 일어나는 변이(pathos)이다.

134 발생 과정에서 뒤틀림이 일어날 때(hotan en tēi genesei diastraphē, 785b36): diastrephein은 춤을 출 때 몸을 비틂, 얼굴의 일그러짐, 나무의 뒤틀림 등을 뜻한다.

135 IV 2, 767a28~32 참조.

136 거품(aphros, 786a7): II 2, 735b10~13 참조. IV 6, 775a9 이하도 함께 참고.

137 외부의 열기(allotria 〈thermotēs〉, 786a12): V 4, 784b7의 '주변에 있는 열기(hē en tōi periechonti thermotēs)'와 비교.

의 아래쪽은 모두 더 하얗다. 색깔이 하얀 동물들이 모두 더 뜨겁고 고기가 더 맛있는 것도 같은 원인 때문이다. 왜냐하면 열처리는 달게 만들고 뜨거운 것이 열처리를 낳기 때문이다. 단색의 동물들에게는 — 색깔이 검든 하얗든 — 같은 원인이 관계한다. 왜냐하면 열기와 냉기는 피부와 털에 속한 본성의 원인이기 때문이다. 각각의 부분은 고유한 열기[138]를 갖는다.

계다가 혀에 차이가 있다. 단순한[139] 색깔의 동물들과 다채색의 동물들과, 하양이나 검정처럼 색깔이 단순하지만 서로 차이가 있는 동물들의 혀는 서로 차이가 난다. 그 원인은 앞에서 이야기했다.[140] 즉 다채색의 동물들의 피부는 다채색이고 하얀 털을 가진 것들과 검정 털을 가진 것들의 피부는 각각 하얗고 검다. 우리는 혀가 입안에 숨어 있는 것이 아니라 손이나 발처럼 밖으로 드러난 부분들 가운데 하나라고 상정해야 한다. 따라서 다채색 동물들의 피부는 단색이 아니기 때문에 혀의 피부에 대해서도 그것이 원인이다.

계절에 따른 색깔 변화

일부 새들의 색깔과 일부 야생 네발동물들의 색깔은 계절에 따라 변화한다. 사람들이 나이에 따라 변화하듯이 그들에게도 계절에 따라 이런 변화가 일어난다는 것이 그 원인이다. 이 변화는 나이에 따른 뒤바뀜보다 더 크다.

138 고유한 열기(hē oikeia thermotēs, 786a20): V 4, 784a34, b6, b27 참조.
139 단순한(haplos): 785b20 이하에서 언급된 '단일색(holochroos)'을 가리키는 것 같다.
140 V 5, 785b2~6 참조.

섭생이 색깔에 미치는 영향

가장 많은 경우를 두고 말하면, 잡식성 동물들[141]이 더 다채색인데
786b 이는 이치에 맞는 일이다. 예를 들어 벌들이 호박벌이나 말벌보다 더 단색이다. 왜냐하면 영양분이 변화의 원인이라면, 다채색의 영양분이 운동들과, 털과 깃털과 피부의 소재가 되는 영양분의 잔여물들을 다채롭게 만드는 것은 이치에 맞기 때문이다. 색깔과 털의 여러 종류에 대해서는 이런 식으로 규정한 것으로 하자.

141 잡식성 동물들(ta pamphagōtera, 786a34): 『동물지』 I 1, 488a15와 VIII 3, 593b25 참조.

7장

(h) 목소리

목소리에 관해서 말하자면 어떤 동물들은 목소리가 낮고 어떤 동물 786b7
들은 목소리가 높으며[142] 어떤 것들은 듣기 좋고 양쪽 극단에 비해 균형 있는 목소리를 낸다. 또 어떤 동물들은 목소리가 크고 어떤 동물들은 목소리가 작다. 또 목소리의 매끈함과 거침이나 탄력성과 탄력성 결여에 따라 서로 차이가 난다. 이런 목소리들 각각에 대해서 어떤 원인들이 있는지 살펴보아야 한다.

(목소리의) 높음과 낮음에 관해서는 동물들이 어렸을 때와 더 늙었을 때 겪는 변화에 적용되는 것과 동일한 원인이 존재한다고 생각해야 한다. 왜냐하면 다른 모든 동물은 어려서는 더 높게 소리를 내지만 오직

142 목소리가 낮은(baryphōnos, 786b7), 목소리가 높은(oxyphōnos, b8): V 7, 787b1 참조.

소들의 경우만 송아지들이 더 낮게 소리를 낸다. 수컷과 암컷들의 경우에도 똑같은 일이 일어난다. 왜냐하면 다른 부류들에서 암컷은 수컷보다 더 높게 소리를 내기 때문이다(이것은 사람의 경우에 가장 분명하다. 왜냐하면 무엇보다 사람들에게 자연은 이런 능력을 부여했으니 이는 동물들 가운데 오직 사람들만 말을 사용하기 때문이다.[143] 목소리는 말의 질료이다). 하지만 소들의 경우에는 그와 반대다. 암소들이 황소들보다 더 낮게 소리를 내기 때문이다.

무엇을 위해서 동물들이 목소리를 갖는지, 목소리가 무엇인지, 일반적으로 소리가 무엇인지, 일부는 「감각과 감각 대상에 관하여」에서, 일부는 『영혼론』에서 이야기했다.[144] (소리의) 낮음은 운동의 느림에, 높음

143 "동물들 가운데 오직 사람들만이 말(logos)을 가지고 있다. 목소리(phōnē)는 고통과 쾌감을 전달하는 표시(sēmeion)이며, 그렇기 때문에 다른 동물들에게도 속한다. 어느 정도 그들은 고통과 쾌감을 감지하고 이것들을 서로에게 전달하는(sēmainein) 본성적인 능력을 부여받았기 때문이다. 하지만 언어는 이로운 것과 해로운 것, 결과적으로 정의로운 것과 불의한 것을 밝히는 데 쓰인다. 이것은 다른 동물들을 제외하고 인간들에게만 고유한 것이다. 즉 좋은 것과 나쁜 것, 정의로운 것과 불의한 것을 비롯해서 그 밖의 다른 것들을 감지하는 것은 인간뿐이다"(『정치학』 I 2, 1253a9~16).

144 아리스토텔레스는 '목소리(phōnē)'와 '소리(psophos)'를 구별한다. '목소리'는 성대에서 나는 소리이고, '소리'는 그와 무관하게 나는 소리, 예를 들어 곤충의 날개에서 나는 소리를 뜻한다. 다음 구절들을 참조: 『동물지』 IV 9; 「감각과 감각 대상에 대하여」 1, 436b18~437a17; 『영혼론』 II 8, 420a23~26; 420b5~6; 420b27~29. 새들의 '방언'에 대해서는 『동물지』 IV 9, 536b8 이하를 함께 참조. "목소리(phōnai)와 말소리(dialektoi)는 지역에 따라 차이가 난다. 목소리는 높낮이에서 가장 잘 드러나지만, 그 형태는 동일한 부류들에서는 아무 차이가 나지 않는다. 하지만 우리가 흡사 말소리와 같다고 말할 수 있는 분절음(hē en tois arthrois)은 동물들마다 다르고, 동일한 부류에 속하는 동물들의 경우에도 지역에 따라 차이가 난다. 예컨대 자고들(perdikes) 가운데 어떤 것들은 '칵칵' 소리를 내고(kakkabizousin), 어떤 것들은 '트리트리' 소리를 낸다(trizousin). 작은 새들의 경우에도 어떤 것들은 노래를 할 때 부모들과 다른 소리를 낸다. 멀리 떨어져 자라고 다른 새들의 노래 소리를 들으면 이런 일이 일어난다. 이미 사람들은 나이팅게일이 새끼를 가르치는 것(prodidaskousa)을 관찰한 바

은 운동[145]의 빠름에 달려 있기 때문에, 느림과 빠름의 원인이 운동을 낳는 것인지 아니면 운동하는 것인지가 의문을 낳는다.

어떤 사람들은 많은 것은 느리게 운동하고 적은 것은 빨리 운동하며 낮은 목소리와 높은 목소리의 원인도 이와 똑같다고 말하는데, 이 말은 어느 정도 훌륭하지만 전체적으로 보면 훌륭하지 않다. 그 이유는 이렇다. 전체적으로 느림이 운동하는 것의 크기에 달려 있다는 말은 옳은 것 같다. 하지만 만일 이것이 사실이라면, 작고 낮은 소리를 내는 것은 쉽지 않고 크고 높은 소리를 내는 것도 똑같이 쉽지 않을 것이기 때문이다. 또 낮은 목소리는 더 고귀한 본성에 속하는 것으로 여겨지고,[146] 멜로디에서도 낮은 음이 긴장된 것들[147]보다 더 좋다. 왜냐하면 더 좋은 것은 우위에 있고 낮은 음은 일종의 우위이기 때문이다. 하지만 목소리의 낮음과 높음은 큰 목소리나 작은 목소리와 다른 것이기 때문에(왜냐하면 높은 목소리를 내는 동물들도 큰 목소리를 내고 낮은 목소리를 내는 동물들도 작은 목소리를 내기 때문이다), 이들의 중간음에 대해서도 똑같은 이치가 적용된다. 그렇다면 그런 것들에 관해서

있다. 사람들은 말소리나 목소리가 본성적으로 동종적인 것이 아니라 변형될 수 있다(endechomenon plattesthai)고 여긴다. 사람들도 동일한 목소리를 내지만 말소리는 동일하지 않다."

145 소리의 낮음(bary)(786b26)과 높음(oxy)을 낳는 '운동(kinēsis)'은 공기의 운동이다. V 7, 787a29 참조

146 "또 완만한 움직임과 깊이 있는 목소리, 안정적인 말투는 포부가 큰 사람에게 속하는 것 같다. 중요하게 여길 것이 별로 없는 사람은 서두르는 일도 없으며, 대단한 일은 아무것도 없다고 생각하는 사람은 긴장하는 일도 없기 때문이다. 이런 일들 때문에 음성이 날카로워지고 몸짓이 재빨라지는 것이니까"(『니코마코스 윤리학』 IV 4, 1125a12~16). '더 고귀한'이라고 옮긴 gennaiotera의 쓰임에 대해서는 III 1, 749b30~31 참조.

147 긴장된 것들(ta syntona): 긴장된 소리들에 대해서는 『정치학』 VIII 7, 1342b20~23 참조.

— 큰 목소리와 작은 목소리를 두고 하는 말이다 — 운동하는 것의 많고 적음 이외의 다른 무엇에 의해서 규정할 수 있을까? 그런데 (다른 사람들이 하는) 주장에 따라서 높은 목소리와 낮은 목소리가 규정될 수 있다면, 낮은 목소리와 큰 목소리, 높은 목소리와 작은 목소리가 똑같은 것이 될 것이다. 하지만 이 말은 거짓이다. '큼'과 '작음', '많음'과 '적음'이라는 말이 무제한적인 뜻으로 쓰이기도 하고 상대적으로 쓰이기도 한다는 것이 그 이유이다. 그래서 큰 목소리는 운동하는 것이 무제한적인 뜻에서 양이 많다는 데 달려 있고 작은 목소리는 같은 뜻에서 양이 적다는 데 달려 있는 반면, 낮은 목소리와 높은 목소리는 상대적인 뜻에서[148] 그런 차이를 갖는다. 왜냐하면 운동하는 것이 운동을 낳는 것이 가진 힘에 비해 우위에 있다면, 이동하는 것은 필연적으로 느리게 이동할 수밖에 없고, 그 반대의 경우라면 빨리 이동할 수밖에 없기 때문이다.[149] 힘이 센 것은 강한 힘 때문에 어떤 때는 많은 것을 운동하게 하면서 그 운동이 느려지게 하는 반면, 어떤 때는 힘으로 압도해서 운동을 빠르게 만든다.[150] 똑같은 이치에 따라서 운동을 낳는 것들 가운데서도 약한 것들은 능력에 비해 더 많은 것을 운동하게 하면서 운동이 느려지게 만드는 반면, 어떤 것들은 허약함 때문에 적은 것을 운동하게 하면서 운동을 빠르게 만든다.[151]

(목소리의) 반대 상태들의 원인들은 이와 같다. (a) 왜 모든 새끼가

148 운동을 낳는 양과 운동하는 양의 상대적 관계를 뜻하는 것으로 보인다.

149 『자연학』 VII 5, 250a4~9 참조.

150 첫 번째 경우에는 '크고 낮은' 소리가 나고, '지배력(kratein)'(787a19) 때문에 운동이 빨라지는 두 번째 경우에는 '크고 높은' 소리가 난다.

151 첫 번째 경우에는 '작고 낮은' 소리가, 두 번째 경우에는 '작고 높은' 소리가 난다.

높은 목소리를 내는 것도, 낮은 목소리를 내는 것도 아니고, 나이가 더 먹은 동물들이 그런 것도 아니며, 수컷과 암컷이 (똑같이) 높은 목소리나 낮은 목소리를 내지 않는지, 게다가 (b) 왜 피곤한 상태에 있는 동물들과 몸이 좋은 상태에 있는 동물들이 (똑같이) 높은 목소리를 내는지, (c) (노년의) 나이는 새끼들의 나이와 반대됨에도 불구하고 왜 늙어가면서 소리가 더 높아지는지, 이에 대한 원인은 지금까지 말한 바와 같다.

그런데 대다수의 경우 동물들은 새끼이고 암컷일 때 무능력 때문에 적은 양의 공기를 움직여 소리가 높다. 왜냐하면 적은 것은 빨리 이동하고 빠른 것은 소리가 높기 때문이다. 하지만 송아지와 암소들의 경우 한쪽은 나이 때문에, 다른 한쪽은 암컷의 본성 때문에 운동을 낳는 수단이 되는 부분[152]이 힘을 쓰지 못하고 다량의 공기를 운동하게 하기 때문에 소리가 낮다. 느리게 이동하는 것은 낮고, 다량의 공기는 느리게 이동하기 때문이다. 이들[153]은 다량의 공기를 운동하게 하지만, 그 밖의 다른 동물들은 소량의 공기를 운동하게 한다. 그 이유는 이렇다. 뒤의 동물들의 경우 프네우마가 처음 이동하면서 통과하는 관의 간격이 커서 다량의 공기를 운동하게 할 수밖에 없는 데 반해, 앞의 동물들의 경우 숨이 쉽게 조절될 수 있다.[154] 하지만 나이가 들어가면서 각각의 동물들에 속한 운동을 낳는 이 부분이 더 힘을 얻고, 그 결과 반대

152 운동을 낳는 수단이 되는 부분(to morion hōi kinousi, 787a33): 기관(氣管, windpipe, arteria). 아래의 788a27 참조.

153 송아지와 암소들.

154 V 7, 788a28~34 참조.

쪽으로의 변화[155]가 일어난다. 그래서 높은 목소리를 내는 동물들은 목소리가 (그들이 처음에 냈던 목소리보다) 낮아지고 낮은 목소리를 내는 동물들은 목소리가 높아진다. 바로 이런 이유에서 황소들은 송아지들이나 암소들보다 더 높은 목소리를 내는 것이다.

그런데 어떤 경우든 힘은 힘줄들에 달려 있고, 이런 이유에서 절정기에 이른 동물들의 힘이 더 세다. 어린 동물들은 아직 마디가 발달해 있지 않고 힘줄들이 없다. 게다가 어린 동물들의 경우에는 (힘줄의) 긴장이 아직 팽팽하지 못한 반면, 이미 나이가 든 동물들의 경우에는 (힘줄이) 이미 느슨한 상태이다. 이런 이유에서 둘 다 힘이 없고 운동 능력도 없다. 황소들의 힘줄들이 가장 잘 발달되어 있으며, 심장도 그렇다. 이런 이유에서 동물들이 프네우마를 운동하게 하는 데 사용하는 이 부분은, 마치 힘줄들로 만든 줄처럼 긴장이 팽팽하다. 몇몇 소의 심장에서 뼈가 생기기도 한다는 사실은 소의 심장이 본성상 이런 성질을 갖고 있다는 것을 명백히 보여준다.[156] 뼈는 힘줄의 본성을 좇는다.[157]

155 **반대쪽으로의 변화**(metaballein eis touantion, 787b7): IV 1, 766a17 이하와 IV 3, 768a15 이하 참조.

156 "예외적으로 소들의 경우 심장에 특이점이 있다. 왜냐하면 모든 황소가 그런 것은 아니지만 어떤 부류의 황소는 심장에 뼈를 가지고 있기 때문이다. 말들의 심장에도 뼈가 있다"(『동물지』 II 15, 506a8~10). 『동물부분론』 III 4, 666b19~21도 함께 참조. "대형 포유동물, 특히 후피동물(Pachyderms)이나 되새김동물들(Ruminants)의 경우 심장의 대동맥이 시작되는 부위 아래에서 십자가형 뼈대를 발견하는 것은 드물지 않은 일이다. 황소의 경우에는 이것은 일상적인 형태이고 수사슴의 경우에도 그렇다. 그러나 후피동물들이나 말의 경우 이런 형태는 늙은 개체에서만 나타나며 이는 생리학적 퇴화의 결과인 것 같다"(Ogle).

157 787b19의 zētein은 본래 '탐구한다', '찾는다'를 뜻한다. '뼈가 힘줄의 본성을 좇는다'는 말은 뼈가 형성되는 것과 같은 방식으로 힘줄들도 형성된다는 뜻이다. 뼈(osta)와 힘줄들(neura)의 관계에 대해서는 II 6, 744b25 이하와 b36 이하 참조.

거세를 당한 동물들은 모두 암컷으로 변화하고 힘줄의 힘이 시작점에서 늘어지기 때문에[158] 암컷들이 내는 것과 유사한 목소리를 낸다.[159] 이런 늘어짐은 다음의 경우와 비슷하다. 사람들은 (힘줄로 만든) 줄을 늘이고 그 위에 무거운 것을 얹어 놓음으로써 줄을 팽팽하게 만든다. 베틀에서 천을 짜는 여인들이 하는 일이 이와 같다. 왜냐하면 여인들은 (베틀의) 날에 이른바 방추를 얹어서 팽팽하게 만들기 때문이다.[160] 이처럼 고환도 본성적으로 스페르마의 관들에 매달려 있고, 이 관들은, 목소리의 운동을 낳는 부분 옆에 있는 심장에 시작점을 갖는 혈관에서 뻗어 나온다.[161] 바로 이런 이유에서 이미 스페르마를 방출할 수 있는 나이에 이르러 스페르마를 운반하는 관들이 변화를 겪으면 그 부분[162]도 함께 변화한다. 그리고 이 부분이 변화하면 목소리도 변화하는데, 이런 일은 남자들에게서 더 많이 일어나지만 똑같은 일이 여자들에게도 일어난다. 여자들의 경우에는 단지 덜 명백할 뿐이다. 목소리가 고르지 않게 되면 어떤 사람들이 '염소 소리를 낸다'[163]고 말하는 일이 일 788a
어난다. 그런 뒤에 나이가 들어가면서 낮은 목소리와 높은 목소리를 갖추게 된다. 고환이 제거되면, 줄이나 (베틀의) 날에서 무거운 것이 제

158 788a3 이하 참조.

159 "암컷의 목소리 조건은 높은 소리이거나 황소의 경우에는 낮은 소리일 수 있다. 하지만 힘줄의 힘이 이완되면 그 결과는 뤼라의 현이 늘어질 때처럼 낮은 소리인 것 같다. 그래서 아리스토텔레스의 설명은 거세를 당한 황소의 경우에는 들어맞지만 거세된 사내의 경우처럼 목소리가 거세 결과 높아지는 경우에는 들어맞지 않는 것 같다"(Reeve).

160 **방추**(laiai, 787b26): 방추의 기능에 대해서는 I 4, 717a35 이하 참조.

161 IV 8, 776b17과 V 2, 781a27 이하 참조.

162 즉 787b28의 '목소리의 운동을 낳는 부분(tōi kinounti tēn phōnēn)'을 가리킨다.

163 **목소리가 고르지 않게 되면**(hotan anomalos ēi hē phōnē, 788a1), **염소 소리를 낸다**(tragizein, 788a1): 모두 변성기의 목소리를 염두에 둔 말이다.

거된 것처럼, (스페르마) 관들의 긴장이 느슨해진다. 그런데 무거운 것이 느슨해지면[164] 목소리를 만들어내는 시작점도 그에 비례해서 이완된다. 바로 이런 원인 때문에 거세를 당한 동물들은 암컷으로 변화해서 목소리와 형태가 달라지는데, 이것은 몸에 긴장의 출처가 되는 시작점이 늘어지는 일이 일어나기 때문이지 어떤 사람들이 상정하듯이 고환이 여러 시작점들이 함께 모이는 매듭이기 때문이 아니다. 실로 작은 변화들이 큰 변화의 원인이 되는 이유는 이런 변화들 자체 때문이 아니라 그 변화들에 따라서 시작점이 함께 변화하는 일이 일어나기 때문이다.[165] 왜냐하면 원리들[166]은 크기가 작아도 능력이 크기 때문이다. 많은 것의 원인이면서 그것 위에 있는 것이 아무것도 없다는 것, 바로 이것이 원리의 본질이다.

일부 동물들이 본성상 낮은 목소리를 내도록 (몸이) 형성되고 일부는 높은 목소리를 내도록 형성되게 하는 데 서식지의 열기와 냉기도 기여한다. 왜냐하면 뜨거운 숨은 거친 성질 때문에[167] 낮은 목소리를 만들어내고, 차가운 숨은 미세한 성질 때문에 그 반대 결과를 만들어내기 때문이다. 이는 아울로스를 보면 명백하다. 왜냐하면 숨을 상대적으로 뜨거운 상태로 사용하는 사람들, 즉 '아하' 소리를 내는 사람들처럼 숨

164 788a5의 분사구문 toutou d' aniemenou에서 toutou가 가리키는 것은 분명치 않다. 바로 앞의 단어 tou barous를 가리킬 수밖에 없는데, '무거운 것이 느슨해지면'은 뜻이 잘 통하지 않는다. '무거운 것이 제거되어 긴장이 느슨해지면'의 뜻으로 보아야 할 것 같다.

165 I 2, 716b3 이하 참조.

166 즉 '시작점들(archai)'.

167 788a19의 dia pachytēta를 Reeve는 '거칠기 때문에(because of being coarse-grained)'로 옮겼다.

을 내쉬는 사람들이 아울로스를 불면 낮은 소리가 난다.[168]

거친 소리나 매끈한 소리를 비롯해서 그런 성질의 모든 고르지 않음의 원인은 목소리가 전달되는 데 필요한 부분 및 기관이 거칠거나 매끈하고, 일반적으로 고르거나 고르지 않은 데 있다(이는 모종의 물기가 기관(氣管)[169] 주변에 있거나 어떤 수동적 변이에 의해서 거친 상태가 생겨날 때 살펴보면 명백하다. 왜냐하면 그런 때는 목소리도 고르지 않게 되기 때문이다).

그 기관이 유연한지 딱딱한지에 목소리의 탄력성이 달려 있다. 왜냐하면 유연한 것은 잘 조절되고 무엇이든 될 수 있는 데 반해서, 딱딱한 것은 그럴 수 없기 때문이다. 유연한 것은 작은 목소리와 큰 목소리를 낼 수 있고 그래서 높은 목소리와 낮은 목소리를 낼 수 있다. 그렇게 유연한 기관은 숨을 쉽게 조절할 수 있는데, 숨도 쉽게 커지고 작아지기 때문이다. 딱딱함은 그렇게 잘 조절될 수 없다.

목소리에 관해서 앞서 「감각과 감각 대상에 관하여」와 『영혼론』에서 규정하지 않았던 것들은 이 정도로 해두자.

168 "이 현상은 (하품을 하거나 신음을 할 때처럼) 연주자의 입안이 넓어지면 소리가 낮아지는 것을 염두에 둔 것 같다"(Reeve).

169 기관(arteria, 788a27): 위의 787a33 참조.

8장

(i) 이빨

788b3 우리는 앞에서[170] 이빨에 관해서 이렇게 이야기했다. 이빨은 한 가지 용도를 위해서 있는 것이 아니고 모든 동물이 똑같은 것을 위해서 이빨을 갖는 것도 아니다.[171] 일부 동물들은 영양섭취 때문에, 일부 동물들은 방어나 목소리에 담긴 말을 위해서 이빨을 갖고 있다. 왜 어떤 경우에는 앞니들이 먼저 생겨나고 어금니들은 나중에 생겨날까? 왜 어금니는 빠지지 않는데, 앞니들은 빠지고 다시 자랄까? 우리는 이에 대한 인과적 설명이 발생에 대한 논의들과 친족 관계에 있다고 생각해야 한다.

데모크리토스도 이 문제들에 관해서 이야기했지만, 그의 말은 옳지

---

170 『동물부분론』 II 9, 655b8 이하와 III 1, 661b1 이하 참조.

171 『동물지』 II 1, 501a8~b5; 『동물부분론』 II 9, 655b8~11; III 1, 661a34~b27 참조.

않다. 왜냐하면 그는 먼저 모든 사례에 대해 따져보지 않은 채 보편적으로 원인을 이야기하기 때문이다. 앞니들이 빠지는 것은 그것들이 동물들에게 너무 일찍 생겨나기 때문이고, 본성에 맞게 이빨들이 나는 것은 동물들이 — 사람들의 말대로 — 정점에 이르렀을 때라는 것이다.[172] 반면에 그는 젖을 빠는 것을 너무 일찍 이빨이 생기는 것의 원인으로 돌린다. 그러나 돼지도 젖을 빨지만 이빨을 갈지 않는다.[173] 더욱이 톱니 이빨을 가진 동물들[174]은 모두 젖을 빨지만, 이들 중 몇몇은 — 송곳니들을 제외하고는 — 이빨을 갈지 않는데, 예를 들어 사자들[175]이 그렇다. 그런데 (데모크리토스는) 모든 사례에서 일어나는 것을 다 따져보지 않은 채 보편적인 주장을 내세움으로써 잘못을 범했다. 우리는 모든 사례에 대해 따져보아야 한다. 왜냐하면 보편적인 주장을 하는 사람은 모든 사례에 관해서 무언가를 말하는 것일 수밖에 없기 때문이다.

그런데 우리는 우리가 눈으로 보는 것들에서 시작해서 가설을 세우는데[176] 이렇게 세운 가설에 따르면 자연은 각각의 대상에게서 일어날 수 있는 것들 가운데 어떤 것도 빠뜨리지 않고 어떤 것도 헛되이 만들어내지 않는다. 그렇기 때문에 젖을 뗀 다음에 영양을 섭취하게 될 것들은 영양분의 가공작업에 필요한 도구들을 가져야 한다. 그래서 그가

172 *DK* A147 참조.

173 『동물지』 II 3, 501b4 이하 참조. 실제로는 돼지들도 이빨을 간다.

174 **톱니 이빨을 가진 동물들**(ta karcharodonta, 788b16): 『동물부분론』 III 1, 661b16~19 참조.

175 『동물지』 VI 31, 579b11. 실제로 사자들은 송곳니들(kynodonta)은 갈지 않지만 유치는 간다. 이를 가는 다른 동물들에 대해서는 『동물지』 II 1, 501b1 이하와 VI 20, 575a5 이하 참조.

176 **가설을 세우다**(hypotithenai, 788b20): hypothesis(가설, 전제)에 대해서는 IV 3, 768b6 이하 참조.

주장하듯이 만일 이 일이 성숙기에 일어난다면, 자연은 자신이 만들어 낼 수 있는 것들 가운데 하나를 빠뜨리는 셈이 될 것이고 본성의 작용은 본성에 어긋나는 셈이 될 것이다. 왜냐하면 강제적인 것은 본성에 어긋나는 것인데 그는 이빨들[177]이 생겨나는 것이 강제적으로 일어나는 일이라고 말하기 때문이다. 이것이 참이 아니라는 것은 이런 점들을 보거나 그와 같은 다른 점들을 놓고 볼 때 분명하다.

앞니가 넓적한 이빨보다 먼저 생겨나는 데는 이유가 있다. (1) 첫째로, 앞니의 작용도 (넓적한 어금니의 작용보다) 앞서기 때문이다. (잘게 쪼개기가 부수기보다 먼저 이루어지는데, 넓적한 이들은 부수기에 알맞고 앞니들은 잘게 쪼개기에 알맞다.) (2) 그 다음, 작은 것은 — 동시에 자라기 시작한다고 하더라도 — 더 큰 것보다 본성상 더 빨리 자란
789a 다. 그런데 앞니는 어금니보다 크기가 작다. 왜냐하면 턱의 뼈는 넓적하고 입 주변의 뼈는 좁기 때문이다. 더 큰 것으로부터 필연적으로 더 많은 양의 영양분이, 좁은 것으로부터는 더 적은 양의 영양분이 흘러나올 수밖에 없다.

젖을 빠는 것 자체는 아무것도 기여하지 않지만, 젖의 열기는 이빨들이 빨리 자라나게 한다. 젖을 빠는 동물들 가운데 열기가 더 많은 젖을 쓰는 것들은 어렸을 때 이빨이 더 빨리 자란다는 것이 그 징표이다. 뜨거운 것은 성장을 낳기 때문이다.

이빨들이 생기고 나서 빠지는 것은 (a) '더 좋은 것을 위해서'인데, 날카로운 것은 빨리 무뎌지기 때문이다. 그래서 다른 이빨이 그 기능을 위해서 (빠진 이의 역할을) 물려받아야 한다. 하지만 넓적한 이빨들의 경

177 본성적으로 이빨이 생겨나기 이전에 생겨난 앞니들.

우에는 무뎌지지 않고 시간이 지나면서 마모되어 닳을 뿐이다. 동물들의 이빨이 빠지는 것은 (b) '필연성' 때문이기도 한데, 어금니의 뿌리는 턱의 넓고 뼈가 더 강한 곳에 박혀 있는 데 반해, 앞니의 뿌리는 약한 곳에 박혀 있어서 힘이 약하고 쉽게 움직인다. 하지만 다시 자라는데, 그 이유는 뼈가 자라면서 이빨이 빠지고 시간이 지나면서 이빨이 생겨나기 때문이다. 넓적한 이빨들도 오랜 시간에 걸쳐 자란다는 것이 그에 대한 징표이다. 마지막 이빨들이 솟아나는 것은 스무 살 무렵이며, 어떤 사람들의 경우에는 나이를 한참 먹은 뒤에야 마지막 이빨들이 완전히 자란다. 그 이유는 뼈의 넓은 부위에는 많은 영양분이 있기 때문이다. 하지만 앞니들은 얇기 때문에 빨리 최종 단계에 이르고 거기에서는 잔여물이 생겨나지도 않는다. 영양분이 고유한 성장에 사용되기 때문 789b
이다.

(j) 필연성과 목적인

데모크리토스는 지향점에 대해 말하는 것을 제쳐두고, 자연이 사용하는 모든 것을 필연성으로 환원한다.[178] 그런데 자연이 사용하는 것들이 그런 성질을 갖는 것은 사실이지만, 그것들은 또한 '무언가를 위해서' 있고 각자에게 '더 좋은 상태를 위해서' 있다. 따라서 이빨이 그렇게[179] 생겨나고 빠지는 것을 가로막는 점은 아무것도 없지만, (단지) 그것들 때문만은 아니고 목적 때문이기도 하다. 그런 것들은 (목적이라

178 『동물발생론』의 마지막 부분은 다시 목적(telos, to hou heneka)과 필연성(anankē)의 문제로 돌아간다.

179 즉 데모크리토스가 말하는 방식으로 '필연성'에 따라서.

는 뜻에서가 아니라) 운동인이자 도구라는 뜻에서, 그리고 질료라는 뜻에서 원인인데, (자연이) 프네우마를 도구로 사용해서 많은 것을 작업하는 것은 그럴 듯한 일이기 때문이다.[180] 이는 마치 기술들과 관련해서 어떤 것들이 다용도의 쓰임을 갖는 것과 마찬가지다. 대장장이의 기술에서 망치와 모루가 다양한 쓰임을 갖는 것처럼, 자연적인 형성체들의 경우에는 프네우마가 그런 쓰임을 갖는다. 원인들이 '필연적으로' 있다고 말하는 것은 어떤 사람이 수종증 환자들에게서 물이 빠져나간 이유를 놓고 그것이 '외과 의사의 칼 때문'이지, 수술에서 '칼의 사용이 목적으로 지향한 치료 때문'이 아니라고 생각하는 것과 유사하다.

이제 이빨들에 관해서 무슨 이유 때문에 어떤 것들은 빠지고 새로 나는데 어떤 것들은 그렇지 않은지, 그리고 일반적으로 어떤 원인 때문에 그런 일이 생겨나는지 이야기했다. '무언가를 위해서'가 아니라 '필연적으로', 즉 운동을 낳을 수 있는 원인 때문에 우연적으로 발생해서 부분들에 영향을 주는 그밖의 다른 변이태들에 대해서도[181] 이야기했다.

180 II 5, 741b37와 II 6, 742a16 등을 참조.

181 **필연적으로 … 우연적으로 발생해서 부분들에 영향을 주는 그밖의 다른 변이태들에 대해서도**(kai peri tōn allōn tōn kata ta moria pathēmatōn, hosa ginesthai symbainei … ex anankēs …, 789b19~20): 이 구절에 쓰인 'symbainei … ex anankes'는 '필연적으로 … 일어난다'는 뜻이지만, 내용상 IV 3, 767b14의 '우연적인 뜻에서 필연적인 것(kata symbebēkos anankaion)'과 같은 뜻으로 이해해야 할 것이다.

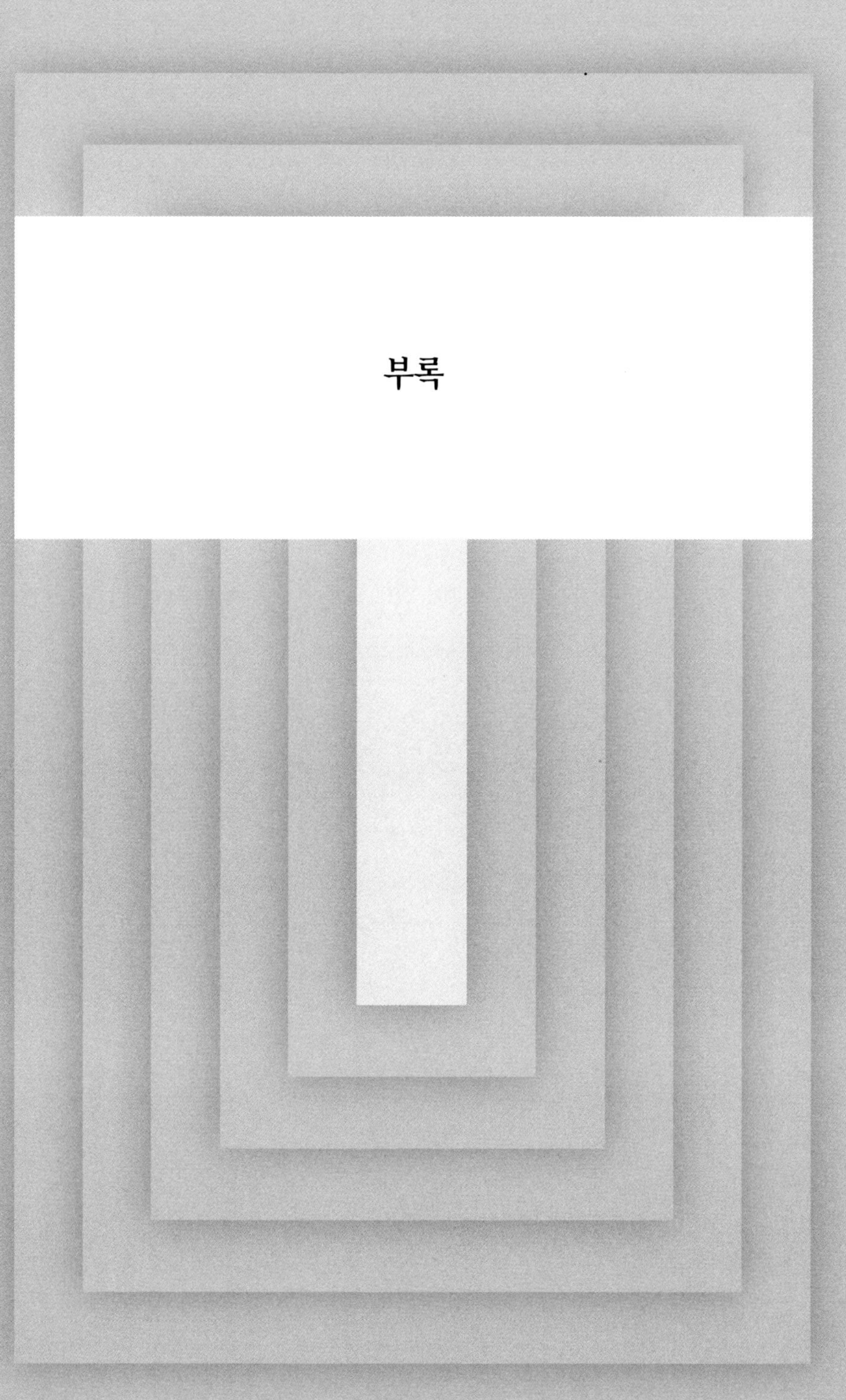

부록

부록 1

자연의 사다리[1]

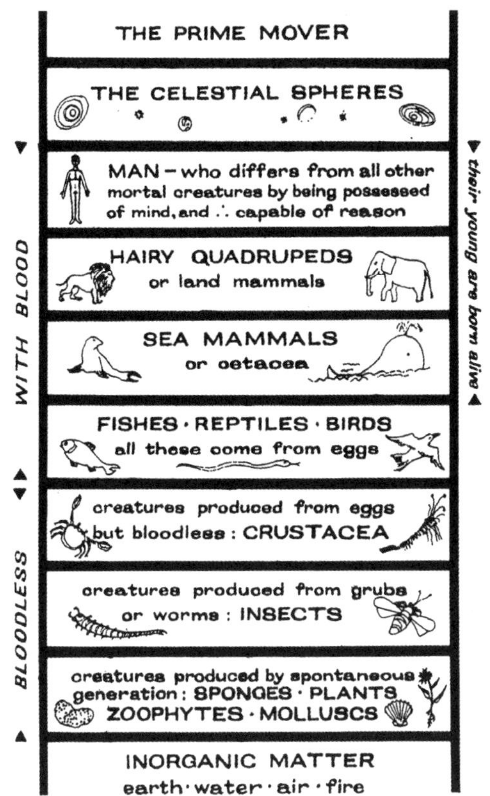

자연의 단계적 상승을 표현하는 '자연의 사다리(Scala naturae)' 관

1 B. Farrington, 1969, *Aristotle. Founder of scientific philosophy*, New York: F. A. Praeger, p. 83.

념은 아리스토텔레스의 저술 『동물지』 VIII 1, 588b4 이하, 『동물부분론』 IV 5, 681a12, IV 10, 686b26, 『동물발생론』 II 1, 733a32 이하 등에서 찾아볼 수 있다. 이에 따르면 세계는 크게 달을 기준으로 월상계(superlunar world)와 월하계(sublunar world)로 나뉜다. 월하계는 4원소에서 시작해서, 피 없는 동물들과 피 있는 동물을 거쳐 사람에 이르고, 그 위의 월상계는 천체들과 첫째 원동자로 이루어진다. 월하계에 속한 생명체들은 생식의 방식에 따라 등급이 나뉜다(『동물발생론』 II 1, 733a32 이하).

부록 2

태생동물의 생식기

그림 1 태생동물 수컷의 생식기(『동물지』 III 1, 510a12 이하)[2]

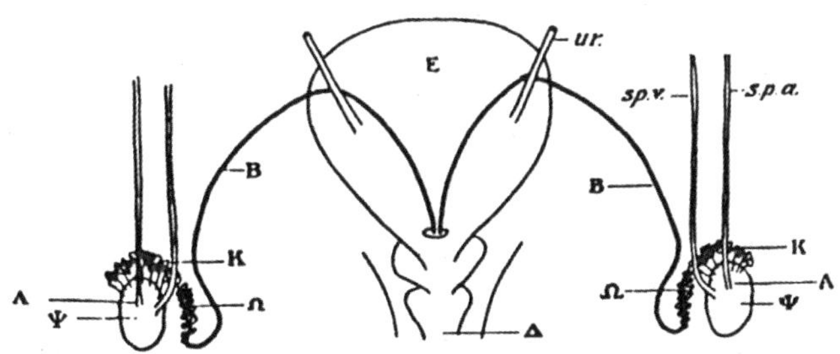

E 방광; ΨΨ 고환; Δ 음경; AA 대동맥에서 나온 관의 시작점
KK 고환의 머리 부분과 그에 속한 관들; ΩΩ 고환에서 나와 그 옆으로 뻗은 관들
BB 흰색 액체가 들어 있는 '우회관'(=정관)

그림 2 태생동물 암컷의 생식기 (『동물지』 III 1, 510b8 이하)

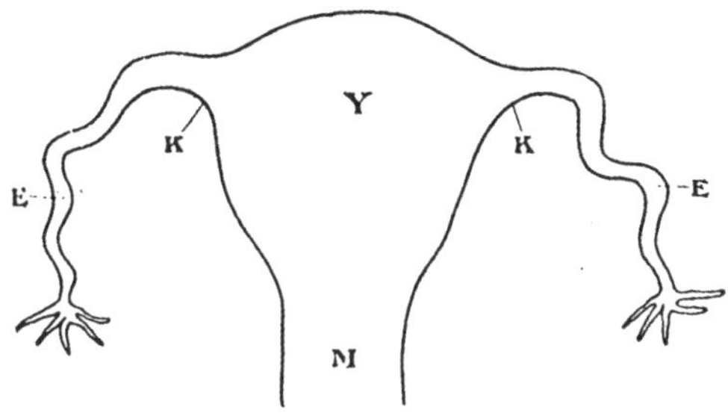

Y 자궁(=자궁강); M 자궁목; KK 자궁각; EE 나팔관(heligmoi, Fallopian tube)

2 이하의 그림들은 모두 톰슨(D.W. Thompson)의 영어 번역본의 해당 구절에 대한 도해에서 취한 것이다. D.W. Thompson, 1913, *History of Animals*, in: D. Ross(ed.), *The Works of Aristotle translated into English*, vol. IV, Oxford: Clarendon Press.

부록 3

발생 단계의 갑오징어

발생 단계의 갑오징어의 위치와 모양(『동물지』 V 17, 550a16 이하)

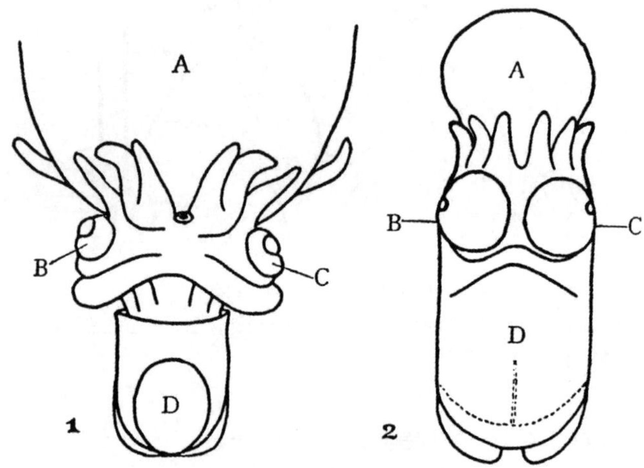

1과 2는 갑오징어의 발생 초기 단계와 후기 단계
A 알 혹은 난황주머니의 잔여물; B, C 눈; D '어린 갑오징어(to sepidion)'의 몸체

부록 4
아리스토텔레스의 '탐구적 추론'[3]

널리 알려져 있듯이 아리스토텔레스의 학문 방법론은 『분석론 후서』에서 전개된다. 하지만 이 저술에서 우리가 재구성해낼 수 있는 방법론은 일면적이다. 『분석론 후서』에서 아리스토텔레스의 관심은 주로 학문적 인식을 제공하는 논증(apodeixis)의 모델을 제시하는 데 쏠려 있어서, 논증의 출발점이 되는 전제들을 탐구하고 발견하는 방법에 대해서는 매우 제한된 논의가 이루어질 뿐이기 때문이다. 일부 연구자들은 '정의(horismos)'를 주제로 삼은 『분석론 후서』 II권이 전제들에 대한 '탐구와 발견의 방법'을 제시한다고 주장하지만, 그와 관련해서 지금까지 이루어진 연구 성과는 만족스럽지 못한다. 그렇다면 '논증의 전제들

3 더 자세한 논의는 다음의 논문을 참고: 조대호, 2024, 「아리스토텔레스와 '탐구적 추론」, 《철학연구》, 제147집: 129~159.

을 탐구하고 발견하는 방법'에 대한 보다 체계적인 논의는 아리스토텔레스의 어떤 저술, 어디에서 찾아야 할까? 그 방법의 진짜 모습은 어떤 것일까?

이런 물음들에 대한 대답을 얻는 데 『동물발생론』에 대한 이해는 매우 중요하다. 이 저술에 등장하는 많은 연구는 아리스토텔레스가 다양한 발생 및 유전 현상을 어떻게 '관찰(theōria)'하고, 그렇게 관찰된 현상들을 설명하기 위한 '전제들' 혹은 '가설들(hypotheseis)'을 어떻게 탐구하고 발견해내는지를 잘 보여주기 때문이다. 특히 『동물발생론』 I권 17장에서 이루어진 스페르마의 본성에 대한 탐구나 III권 10장의 꿀벌의 발생에 대한 탐구가 '탐구와 발견의 방법'을 잘 보여주는 전형적인 사례이다. 그 방법의 형식을 요약하면 대략 다음과 같이 정식화할 수 있을 것이다.

> '사실 F가 주어져 있다면, F에 대한 대안적 설명들 H_1, …. H_n을 상상하고, 그 가운데 F를 가장 잘 설명하는 H_i를 추론하라.'[4]

우리는 설명의 전제들을 탐구하기 위한 이런 형태의 추론을 '논증적 추론(apodeictic syllogism)'과 구별해서 '탐구적 추론(zetetic syllogism)'이라고 부를 수 있을 것이다. 이하에서는 이런 '탐구적 추론'

4 이 정식은 C.S. 퍼스(C.S. Peirce)의 귀추법(abduction)을 요약한 다음과 같은 정식에서 착안한 것이다: "Given evidence E and candidate explanations H_1, …. H_n of E, infer the truth of that H_i which best explains E." I. Douven, 2021, "Abduction," *Stanford Encyclopedia of Philosophy*, p. 11 이하 참조. https://plato.stanford.edu/entries/abduction/ 귀추법과 '탐구적 추론'의 형식적 일치는 결코 우연이 아니다. 그 둘이 동일한 방식으로 형식화될 수 있다는 사실은 둘 사이의 접점을 보여주는 증거이다.

이 탐구 과정에서 어떻게 적용되는지를 보이기 위해서 해당 구절을 다시 인용한다. 본문에서와 달리 아래에서는 '탐구적 추론'의 구조가 명확히 드러나도록 보조 기호들을 사용해서 해당 구절들을 분석했다.[5]

1) 『동물발생론』 I권 18장: 스페르마의 본성은 무엇인가?

'스페르마'라고 불리는 것의 본성, 첫째가는 본성이 무엇인지 다시 이야기해야 한다.

우리가 몸에서 취할 수 있는 것은 모두 (1) 본성적인 것들, 즉 비동질적인 부분들이나 동질적인 부분들 중 하나이거나, (2) 종양처럼 본성에 어긋난 부분들 중 하나이거나, (3) 잔여물이거나, (4) 노폐물이거나, (5) 영양분일 수밖에 없다. 그런데 영양분의 나머지를 '잔여물'이라고 하고, 본성에 어긋난 분해 때문에 성장에 쓰일 몫으로부터 떨어져 나온 것을 '노폐물'이라고 한다.

그렇다면 스페르마가 (1) 부분이 아니라는 것은 분명하다. 스페르마는 (만일 그것이 부분이라면) 동질적인 부분일 텐데, 이것으로부터는 — 힘줄이나 살로부터 (비동질적인 부분이) 합성되는 것과 달리 — 아무것도 합성되지 않기 때문이다. 또 스페르마는 떨어져 있지 않은 데 반해, 다른 모든 부분은 떨어져 있기 때문이다. 그렇지만 스페르마는 (2) 본성에 어긋난 것들 가운데 하나도 아니고, 결함의 산물도 아니다. 왜냐하면 스페르마는 (a) 모든 것 안에 있고, (b) 그것으로부터 자연물이 생겨나기 때문이다. 한편, (스페르마는 영양분도 아닌데) (5) 영양분은 분명

5 이런 '탐구적 추론'의 구조는 스페르마의 본성에 대한 탐구나 꿀벌의 발생에 대한 탐구에서뿐만 아니라 배아의 형성 과정에 대한 탐구(II 1, 733b32 이하)에서도 잘 드러난다.

히 밖에서 유입될 수 있는 것이다. 그러므로 스페르마는 (4) 노폐물이거나 (3) 잔여물일 수밖에 없다.

그런데 옛날 사람들은 스페르마가 노폐물이라고 생각했던 것 같다. 왜냐하면 스페르마가 운동에서 오는 열기 때문에 몸 전체에서 나온다고 말하는 것은 그것이 노폐물에 속한다고 말하는 것과 같은 힘을 갖기 때문이다. 하지만 노폐물은 본성에 어긋난 것들에 속하는 것이고, 본성에 어긋난 것들로부터는 본성에 따르는 것이 결코 생겨나지 않는다. 그렇다면 (3) 스페르마는 잔여물일 수밖에 없다. 다만 모든 잔여물은 (3-1) 무용한 영양분의 일부이거나 (3-2) 유용한 영양분의 일부이다. 본성에 기여하는 바가 전혀 없고 필요 이상으로 소비되면 몸에 아주 해로운 영양분을 일컬어 '무용하다'고 하고, 그 반대인 것을 일컬어 '유용하다'고 한다. 그렇다면 (3-1) 스페르마가 그런 (무용한) 성질의 잔여물이 될 수 없으리라는 것은 분명하다. 그런 (무용한) 영양분은 나이나 질병 탓에 몸이 아주 나쁜 상태에 있는 사람들에게 아주 많지만, 스페르마는 아주 적기 때문이다. 왜냐하면 그들은 스페르마를 전혀 갖지 않거나 스페르마가 무용하고, 병적인 잔여물이 섞여 있기 때문에 스페르마가 생식력을 갖지 못하기 때문이다.

그렇다면 (3-2) 스페르마는 유용한 잔여물의 한 부분이다. 최종 단계의 잔여물은 가장 유용하고 그로부터 각각의 부분들이 직접 생겨난다. 이렇게 말하는 이유는 다음과 같다. 잔여물에 선후 관계가 있다. 첫 단계의 영양분의 잔여물은 점액이나 그런 종류의 다른 어떤 것이다. 점액은 유용한 영양분의 잔여물이기 때문이다. 그 징표는 점액이 순수한 영양분과 섞여 (신체에) 영양분을 제공하고 질환들이 있으면 소모된다는 것이다. 반면에 대부분 영양분의 마지막 것은 분량이 가장 적다.

동물들과 식물들은 매일 소량의 영양분을 취해 자란다는 사실을 우리는 염두에 두어야 한다. 왜냐하면 동일한 것에 더해지는 양이 아주 적어도 크기가 엄청 커질 수 있을 것이기 때문이다.

2)『동물발생론』 III권 10장: 꿀벌들의 발생은 어떻게 일어나는가?

벌들의 발생은 많은 의문을 낳는다. 왜냐하면 물고기들의 경우에도 어떤 것들의 발생은 교미 없이 낳는 방식으로 이루어진다면, 현상들을 놓고 볼 때 벌들의 경우에도 이런 일이 일어나는 것 같기 때문이다. 이렇게 말하는 이유는 다음 중 하나가 사실이어야 하기 때문이다. 즉 벌들은 — 어떤 사람들이 주장하듯이 — (1) 자손을 다른 곳에서 데리고 와야 한다. 이 경우 그것은 (1–1) 자연발생적으로 자란 것이거나 (1–2) 다른 동물이 낳은 것이어야 한다. 아니면 (2) 자손들을 스스로 낳거나, (3) 일부는 데려오고 일부는 낳아야 한다. (어떤 사람들은 이런 말을 하기도 하는데, 그들은 벌들이 빈둥벌들의 자손만을 데려온다고 말한다.) 그리고 만일 벌들이 (2) (자손들을 스스로) 낳는다면 (2–1) 교미하거나 (2–2) 교미하지 않아야 한다. 교미한다면, (2–1–1) 각각의 부류가 자체적으로 낳거나 (2–1–2) 세 부류 가운데 하나가 다른 것들을 낳거나, 아니면 (2–1–3) 한 부류가 다른 부류와 짝짓기를 해서 낳아야 한다. 내 말은 (2–1–1) 예를 들어 일벌들은 일벌들끼리 짝짓기를 해서 생겨나고 빈둥벌들은 빈둥벌들끼리 짝짓기를 해서 생겨나고 왕들은 왕들끼리 짝짓기를 해서 생겨나거나, (2–1–2) 나머지 것들은 모두 한 부류, 예를 들어 이른바 왕들이나 우두머리들로부터 생겨나거나, 아니면 (2–1–3) 빈둥벌들과 일벌들이 짝짓기를 해서 생겨나야 한다는 뜻이다. (왜냐하면 어떤 사람들은 빈둥벌들은 수컷이고 일벌들은 암컷이라고 말하고, 다른 사람들은 일벌들이 수컷이고 빈둥벌들은 암컷이라고 말하기 때문이다.)

하지만 우리가 벌들과 관련해서 고유하게 일어나는 일들이나 다른 동물들에게 더 공통된 것들로부터 추론해보면, 이것들은 모두 불가능하다. (1) (벌들이 자손을) 낳지 않고 다른 곳에서 데려온다고 해보자. (1-1) 그렇다면 — 벌들이 스페르마를 가지고 오지 않는다고 하더라도 — 그들이 그것을 가져오는 본래의 장소에서 벌들이 생겨나야 한다. 하지만 왜 벌들이 옮겨다 놓은 장소에는 있고 본래의 장소에는 없을까? 꽃에서 자연발생적으로 벌들이 생겨나거나 다른 어떤 동물이 그것들을 낳는다는 것도 그에 못지않게 적합하지 않다. (1-2) 다른 어떤 동물이 스페르마의 출처라면, 그 동물은 벌이 아니라 자기 자신으로부터 생겨나야 한다. 게다가 벌들이 꿀을 모은다는 것은 이치에 맞지만(꿀은 영양분이기 때문이다), 영양분이 아닌 다른 부류의 자손을 모으는 것은 터무니없다. 무엇을 위해서 그렇게 할까? 새끼와 관련된 일을 하는 동물은 모두 자신의 부류에 속한 자손으로 보이는 것을 위해서 힘든 일을 감수하기 때문이다.

(2-1-3) 일벌들은 암컷이고 빈둥벌들이 수컷이라는 것도 이치에 맞지 않는다. 왜냐하면 자연은 방어를 위한 무기를 어떤 암컷들에게도 주지 않는데, 빈둥벌들은 침이 없고 일벌들은 모두 침이 있기 때문이다. 반대로 일벌들이 수컷이고 빈둥벌들은 암컷이라는 말도 이치에 맞지 않는다. 왜냐하면 수컷들은 보통 새끼들을 위해서 힘든 일을 하지 않는 경향이 있는데, 일벌들은 그런 일을 하기 때문이다. 전체적으로 빈둥벌의 자손은 빈둥벌이 없을 때도 생겨나는 데 반해 일벌들의 부류는 분명히 왕들 없이는 생겨나지 않기 때문에(이런 이유 때문에 어떤 사

람들은 빈둥벌들의 자손만이 다른 곳에서 옮겨져 온다고 말한다), (일벌들이나 빈둥벌들은) 교미를 통해서 생겨나지 않는다는 것이 명백하다. (2-1-1) 각각의 부류 안에서 자체적으로 짝짓기가 이루어져 생겨나는 것도 아니고, (2-1-3) 일벌들과 빈둥벌들 사이에서 짝짓기가 이루어져 생겨나는 것도 아니다. (3) 빈둥벌의 부류만을 (다른 곳에서) 가져온다는 것은 앞서 말한 이유 때문에 불가능하고, 벌의 부류 전체에 그와 유사한 어떤 수동적 변이가 일어나지 않는다는 것도 이치에 맞지 않는다. (2-1-1-1) 또 일벌들 자체 안에 수컷들과 암컷들이 있을 수도 없다. 어떤 부류에서나 암컷과 수컷은 (형태나 기능에서) 차이가 있기 때문이다. (그런 성별의 차이가 있다면) 일벌들이 일벌들을 낳을 수 있을 것이다. 하지만 실제로 사람들 말대로 우두머리들이 (벌집) 안에 없으면, 분명히 일벌들의 자손은 생겨나지 않는다. 일벌들 사이에서 발생이 일어나거나 (2-1-1-2) (일벌들과) 빈둥벌들 사이에서 발생이 일어나거나, 즉 (두 부류가 따로) 떨어져서 발생이 일어나거나 짝을 이루어 발생이 일어나거나, 두 가지 어떤 경우를 고려하건 그들이 교미하는 것은 전혀 목격된 적이 없다. 그런데 만일 그들 가운데 암컷과 수컷이 있다면, 교미가 자주 일어날 것이다. 결국 한 가지 가능성이 남는다. 만일 교미를 통해서 벌들이 생겨난다면, (2-1-2-1) 왕들이 짝짓기를 통해서 벌들을 낳는 것이다. 하지만 (이것이 사실이라면 빈둥벌과 일벌 모두 왕벌들에게서 생겨나야 할 텐데) 빈둥벌들은 분명히 우두머리들이 (벌집) 안에 있지 않을 때도 생겨나고, (그렇다고 해서) 일벌들이 그 자손을 다른 곳에서 가져오는 것도, 자신들끼리 짝짓기를 해서 낳는 것도 아니다.

그렇다면 몇몇 물고기들의 경우에 분명히 그런 일이 일어나듯이, (2-2) (2-2-d) 일벌들은 교미 없이 빈둥벌들을 낳을 가능성이 남는다.

즉 일벌들은 빈둥벌들을 낳는다는 점에서는 암컷이지만 식물들처럼 자신 안에 암수의 성질을 함께 갖는데, 이런 이유에서 방어를 위한 도구도 갖는다. 왜냐하면 수컷이 따로 떨어져 있지 않은 경우에는 '암컷'이라는 명칭을 써서는 안 되기 때문이다. 빈둥벌들의 경우 분명히 이런 일이 일어나고 이들은 교미 없이 (일벌들에게서) 생겨나기 때문에, 이미 이 점에서 볼 때 (2-2-w) 일벌들이나 왕벌들의 경우에도 동일한 설명이 적용되어야 하는 것이 필연적이다. 즉 그들은 교미 없이 생겨나야 한다. (2-2-w-1) 그런데 만일 일벌의 자손이 분명히 왕벌들 없이 생겨난다면, 일벌들도 필연적으로 교미 없이 자기 자신들에게서 생겨나야 할 것이다. 하지만 이 동물을 돌보는 양봉가들은 이를 부정하기 때문에, 남는 것은 (2-2-w-2) 왕벌들이 자기 자신과 일벌들을 낳는 것이다.

벌의 부류는 특이하고 고유하기 때문에, 이들의 발생도 고유한 것처럼 보인다. 왜냐하면 만일 벌들이 교미 없이 낳는다면 이는 다른 동물들에게서도 일어나는 일이겠지만, 자신과 동일한 부류를 낳지 않는다는 것은 고유한 점이기 때문이다. 왜냐하면 에뤼트리노스는 (교미 없이 낳지만) 에뤼트리노스를 낳고, 칸네는 칸네를 낳기 때문이다. 그 원인은 일벌들 자신도 날파리들이나 그런 종류의 동물들과 같은 방식으로 생겨난 것이 아니라 친족 관계에 있는 다른 부류로부터 생겨난다는 사실이다. 왜냐하면 일벌들은 우두머리들로부터 생겨나기 때문이다. 이런 이유에서 그들의 발생은 일정한 방식으로 비례 관계를 갖는다. [우두머리들은 크기에서 빈둥벌들과 유사하지만 침이 있다는 점에서 일벌들과 유사하다. 일벌들은 이 점에서 우두머리들과 유사하고 빈둥벌들은 크기에서 우두머리들과 유사하다.] 왜냐하면 각자에게서 항상 그와 동일한 부류가 생겨나는 것이 — 하지만 이것은 불가능하다. 왜냐하면 그렇다면 모든 부류가 우두머리들일 것이기 때문이다 — 꼭 요구되는 일이 아니라면, 필연적으로 무언가 중첩되는 것이 있어야 하기 때문이다. 그런데 일벌들은 능력에서 [즉 낳는다는 점에서] 우두머리들과 유사하고 빈둥벌들은 크기에서 우두머리들과 유사하다.

[만일 빈둥벌들이 침도 갖고 있다면, 그들은 우두머리들일 것이다. 그런데 이것은 의문으로 남는다. 왜냐하면 우두머리들은 동시에 양쪽 부류와 닮았기 때문인데, 침이 있다는 점에서는 일벌들과, 크기에서는 빈둥벌들과 닮았다.] 그런데 (2-2-q) 우두머리들이 어떤 것으로부터 생겨나야 함은 필연적이다. 그런데 이들은 일벌들로부터도, 빈둥벌들로부터도 생겨나지 않기 때문에, 필연적으로 자신이 자신을 낳아야 한다. [그들의 방들은 마지막에 생기고 수가 많지 않다.] 따라서 우두머리들은 자신도 낳고 다른 부류(일벌들의 부류가 바로 이 부류다)도 낳고, 일벌들은 다른 부류, 즉 빈둥벌들을 낳고, 빈둥벌들은 아무것도 낳지 못하고 그런 능력을 갖추고 있지 않다. 본성에 따르는 것은 항상 질서를 갖기 때문에, 이런 이유에서 빈둥벌들이 다른 부류를 낳는 능력을 갖지 못하는 것은 필연적이다. 바로 이것이 분명히 (빈둥벌들에게) 일어난다. 왜냐하면 빈둥벌들이 생겨나지만, 다른 어떤 것도 낳지 못하고 발생은 세 번째 단계에서 끝을 맺기 때문이다.

“우두머리들은 자신도 낳고 다른 부류(일벌들의 부류가 바로 이 부류다)도 낳고, 일벌들은 다른 부류, 즉 빈둥벌들을 낳고, 빈둥벌들은 아무것도 낳지 못하고 그런 능력을 갖추고 있지 않다”가 꿀벌의 발생에 대한 아리스토텔레스 추론의 최종 결론이다. 이 과정을 도표로 요약하면 대략 다음과 같다. 도식에서 q, w, d는 각각 '왕벌', '일벌', '빈둥벌'(=수벌)을 가리킨다.

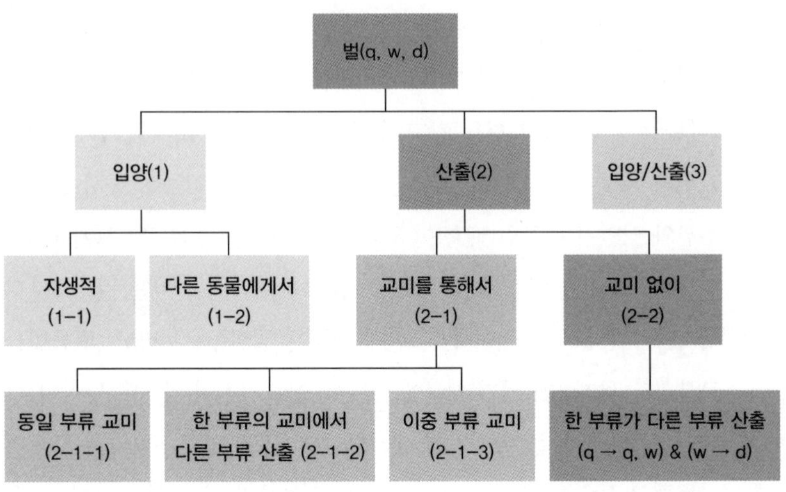

부록 5

아리스토텔레스의 생애

384 아리스토텔레스, 그리스 북부 칼키디케(Chalkidike) 반도의 동부 해안도시 스타기라(Stagira)에서 탄생. 그의 아버지 니코마코스(Nikomachos)는 인근 마케도니아의 왕 아뮌타스 III세(알렉산드로스 왕의 할아버지)의 주치의. 그의 어머니 파에스티스(Phaestis) 역시 의사 집안 출신.

377 아테나이의 주도 아래 제2차 아티카 해상동맹 결성.

371 레욱트라(Leuktra) 전투. 이 전투에서 승리한 테바이(Thebai)가 그 뒤 9년 동안 그리스의 패권을 장악.

370 원자론자 데모크리토스(Demokritos)와 서양의학의 아버지 히포크라테스(Hippokrates) 별세.

367 플라톤의 제2차 시켈리아 여행. 17세의 아리스토텔레스, 아카데미아에 입학[수학자이자 천문학자인 크니도스의 에우독소스(Eudoxos)가 플라톤을 대행한 것으로 추정됨].

349/8 스타기라의 이웃 도시 올린토스(Olynthos)가 마케도니아에 함락. 아테나이에서는 데모스테네스(Demosthenes, 384~322)를 중심으로 반(反)마케도

니아 운동. 데모스테네스의 반(反)필리포스 연설('Philippica').

347 플라톤의 죽음. 그의 조카 스페우시포스(Speusippos)가 아카데미아의 수장이 됨. 아리스토텔레스는 아테나이를 떠나 옛 동료 헤르메이아스(Hermeias)가 통치하는 아타르네우스(Atarneus)의 아소스(Assos)에 2년 동안 체류.

345 아리스토텔레스, 레스보스(Lesbos) 섬의 미틸레네(Mytilene)로 이주해서 평생의 동료이자 제자인 테오프라스토스(Theophrastos)와 공동 작업.

343 아리스토텔레스, 필립포스 II세의 초빙으로 마케도니아의 수도 펠라(Pella)로 가서 13세의 알렉산드로스(Alexandros)를 교육.

341 철학자 에피쿠로스(Epikuros)와 희극작가 메난드로스(Menandros) 탄생.

340 아리스토텔레스, 이 무렵 페르시아인들에 의해 살해된 헤르메이아스의 양녀(?)와 결혼하고 테오프라스토스와 함께 스타기라로 이주.

338 필리포스 II세가 카이로네이아(Chaironeia)에서 그리스 연합군을 격파. 스페우시포스 별세. 크세노크라테스(Xenokrates)가 아카데미아의 수장이 됨.

336 필립포스 II세의 피살. 20세의 알렉산드로스가 왕위 계승.

335 아리스토텔레스, 아테나이로 귀환해서 리케이온(Lykeion)을 세우고 가르침.

323 알렉산드로스, 많은 학자들을 대동하고 인더스 강까지 진군한 뒤 귀환 중 바빌로니아에서 사망. 아테나이에서는 다시 데모스테네스를 중심으로 아테나이의 주권회복 운동.

322 아리스토텔레스, 에우보이아 섬의 칼키스(Chalkis)로 도피. 63세의 나이로 병사.

부록 6

아리스토텔레스의 저술 목록

라틴어	영어	우리말
Categoriae	*Categories*	범주론
De interpretatione	*On Interpretation*	명제론
Analytica priora	*Prior Analytics*	분석론 전서
Analytica posteriora	*Posterior Analytics*	분석론 후서
Topica	*Topics*	토피카
De sophistici elenchi	*Sophistical Refutations*	소피스테스식 반박
Physica	*Physics*	자연학
De caelo	*On the Heavens*	천체론
De generatione et corruptione	*On Generation and Corruption*	생성 · 소멸론
Meteorologica	*Meteorology*	기상학
De Anima	*On the Soul*	영혼론
Parva naturalia:	*Little Physical Treatises:*	자연학 소논문집:
De sensu et sensibilibus	*On Sense and Sensibles*	감각과 감각물에 대하여
De memoria et reminiscentia	*On Memory and Recollection*	기억과 상기에 대하여
De somno et vigilia	*On Sleep and Waking*	잠과 깸에 대하여
De insomnis	*On Dreams*	꿈에 대하여
De divinatione per somnum	*On Divination in Sleep*	잠에서의 계시에 대하여
De longitudine et brevitate vitae	*On Longness and Shortness of Life*	장수와 단명에 대하여
De iuventute et senectute	*On Youth and Old Age*	젊음과 노령에 대하여
De vita et morte	*On Life and Death*	삶과 죽음에 대하여
De respiratione	*On Breathing*	호흡에 대하여
Historia animalium	*History of Animals*	동물지
De partibus animalium	*Parts of Animals*	동물부분론
De motu animalium	*Movements of Animals*	동물운동론
De incessu animalium	*Progression of Animals*	동물이동론
De generatione animalium	*Generation of Animals*	동물발생론
*Problemata**	*Problems*	문제집
Metaphysica	*Metaphysics*	형이상학
Ethica Nicomachea	*Nicomachean Ethics*	니코마코스 윤리학
Magna moralia	*Magna Moralia*	대윤리학
Ethica Eudemia	*Eudemian Ethics*	에우데모스 윤리학
Politica	*Politics*	정치학
Oeconomica	*Economics*	가정학
Rhetorica	*Rhetorics*	수사학
Poetica	*Poetics*	시학
Atheniensium respublica	*Constitution of the Athenians*	아테나이의 정체(政體)

1. 아리스토텔레스의 생물학과 『동물발생론』

아리스토텔레스 철학의 근본 특징은 생물학적인 성격에 있다. 그런 점에서 그의 철학은 수학적 진리처럼 엄밀한 진리를 추구하고 윤리적 가치의 본성을 탐구하는 데 몰두한 플라톤의 철학과 구별된다. 우리는 아리스토텔레스의 철학과 세계관의 생물학적인 성격을 그가 사용한 수많은 철학 개념들, 예를 들어 '실체(ousia)', '본질(to ti ēn einai)', '형상(eidos)', '질료(hylē)' 등의 쓰임뿐만 아니라 그가 남긴 저술들을 통해서 쉽게 확인할 수 있다. 아리스토텔레스의 생물학 관련 연구서는 그의 이름으로 지금까지 전승된 전체 저술의 삼분의 일이 넘는다.

거의 2300년 넘는 기간 동안 아리스토텔레스 연구의 주변부에 머물던 이 저술들은 지난 1970년대부터 새롭게 주목받기 시작했다. 이 새로운 방향의 관심과 연구는 무엇보다도 두 가지 점에서 큰 의의가 있다. 첫째, 아리스토텔레스 생물학에 대한 연구는 잃어버린 과학사의 복원이라는 점에서 중요하다. 이 연구를 통해 우리는 아리스토텔레스가 집대성한 고대 그리스인들의 생명에 대한 이해가 어떤 것이었으며 그것이 현대 생물학의 생명관과 어떤 접점들을 갖는지를 파악할 수 있기 때문이다.[1] 둘째, 아리스토텔레스의 생물학 저술들에 대한 연구는 서양 철학사에서 끊임없는 논란을 낳은 그의 철학의 중심 이론들과 문제들을 새로운 지평에서 바라볼 수 있게 한다. 예컨대 실체론, 본질론, 정의 이론, 질료-형상설, 분할 이론, 논증 이론, 개별화의 문제 등 논리학이나 존재론의 수많은 문제들이 아리스토텔레스의 생물학 저술들을 고려함으로써 새롭게 조명될 수 있기 때문이다. 하지만 아리스토텔레스의 생물학에 대한 연구가 갖는 이런 의의에도 불구하고 그 전체 내용을 속속들이 파헤치는 것은 쉬운 일이 아니다. 아리스토텔레스의 생물학 저술들 안에 담긴 내용이 매우 방대해서 심리학, 생리학, 형태론, 분류학, 발생학, 유전학, 동물행동학 등을 망라하기 때문이다. 이 해제에서는 아리스토텔레스 생물학의 전체적인 체계와 연구 방향을 요약하고 『동물발생론』의 주요 이론들을 소개하는 데 집중할 것이다.

아리스토텔레스 생물학은 '영혼(psychē)'에 대한 논의에서 시작한다. 영혼의 소유 여부가 '생명이 있는 것(to empsychon)'과 '생명이 없

1 W. Kullmann, 1998, *Aristoteles und die moderne Wissenschaft*(Philosophie der Antike Bd. 5), Stuttgart: Franz Steiner Verlag; J. G. Lennox, 2001, *Aristotle's Philosophy of Biology. Studies in the Origins of Life Science*, Cambridge: Cambridge univ. Press; A. M. Leroi, 2014, *The Lagoon. How Aristotle Invented Science*, New York: Viking; 조대호, 2019, 『아리스토텔레스, 에게해에서 만난 인류의 스승』, 서울: 아르테.

는 것(to apsychon)'을 구별하는 기준이기 때문이다. 물론 생물학의 맥락에서 아리스토텔레스가 사용한 '영혼'이라는 용어는 플라톤이 큰 관심을 두었던 '영혼'처럼 신체를 떠나서 그 자체로서 존재할 수 있는 자립적이고 신비한 실체를 가리키는 것이 아니다. 아리스토텔레스의 '영혼'은 영양섭취, 생식, 감각, 운동 등과 같은 동물의 생명 능력 전체를 총괄하는 개념이다. 이런 생각을 바탕으로 아리스토텔레스는 『영혼론(*De anima*)』에서 영혼의 본성과 기본 능력들을 일반적으로 분석한 뒤 그 밖의 다양한 의식 및 생리 현상들을 『자연학 소논문집(*Parva naturalia*)』에서 다룬다. 이를테면 감각, 기억, 잠과 깨어 있음, 꿈, 장수와 단명, 젊음과 노령, 삶과 죽음, 호흡 등이 이 소논문집이 다루는 주제들이다.

영혼에 대한 연구와 짝을 이루는, 아리스토텔레스 생물학의 또 다른 부분은 동물들의 신체에 대한 연구이다. 이런 생물학 연구 방법은, 영혼에 속한 어떤 기능도 신체적 부분 없이 실현될 수 없다고 확신한 아리스토텔레스에게는 아주 당연한 것이었다. 어떻게 눈 없이 볼 수 있으며 다리 없이 걸을 수 있을까? 어떻게 눈의 구조를 연구하지 않고 시력이나 시각에 대해 알 수 있으며, 어떻게 생식기에 대해 알지 못하고서 생식과 발생에 대해 연구할 수 있을까? 아리스토텔레스의 관점에서 보면 이는 불가능한 일이다. 왜냐하면 그가 『동물발생론』에서 천명하듯이 영혼은 "신체적인 활동(energeia sōmatikē)"(736b22~23)이기 때문이다.

영혼의 어떤 기능도 신체와 떨어져서 이해될 수 없다는 아리스토텔레스의 확신은 주로 『동물지(*Historia animalium*)』와 『동물부분론(*De partibus animalium*)』의 연구로 구체화된다. 이 저술들에서 우리의 눈길을 끄는 것은 무엇보다도 — 현대적인 용어로 하면 — '형태론

(morphology)'과 '분류학(taxonomy)'에 해당하는 연구이다. 아리스토텔레스는 신체의 부분들을 다루면서, 특정한 기능(ergon)을 수행하기 위해서 동물의 각 부분이 갖춘 형태(morphē)에 초점을 맞추었고, 동물들의 내부 기관이나 외부 기관의 다양한 형태에 대한 연구를 동물 분류의 기초로 삼았다. 하지만 그것이 전부는 아니다. 동물의 세계에서 관찰되는 다양한 생명 현상들에 대한 아리스토텔레스의 연구에는 형태학, 분류학 관련 주제 외에도 더 많은 주제들이 속한다. 『동물운동론(*De motu animalium*)』과 『동물이동론(*De incessu animalium*)』에서 이루어진 동물의 운동과 이동, 『동물발생론(*De generatione animalium*)』에서 관심을 둔 동물의 생식 혹은 발생(genesis)이 대표적이다. 이 가운데 『동물발생론』은 동물들을 '피 있는 동물들(척추동물)'과 '피 없는 동물들(무척추동물)'로 나누고 그들에게서 일어나는 각종 발생 및 유전과 관련된 현상들을 관찰하면서 그것들에 대한 설명을 시도한다.

아리스토텔레스의 생물학 저술들은 이처럼 다양한 각도에서 생명 현상 전반을 관찰하고 설명하려고 하지만, 그 중심에 있는 것은 특히 세 권의 저서, 즉 『동물지』, 『동물부분론』, 『동물발생론』이다. 『동물지』는 매우 체계적으로 구성된 '아리스토텔레스의 동물학 3부작'의 첫 저술이다. 『동물지』는 — Peri ta zōia historia라는 제목이 시사하듯이 — 동물들에 대한 탐문과 관찰의 기록이다. 거기에는 대략 550여 종에 이르는 동물 종들의 신체 부분과 기능, 동물들의 행동과 습성 등이 아홉 권에 걸쳐 상세히 기록되어 있다.[2] 한편, 『동물지』에 기록된 '사실들'은 『동물

2 서론과 탐구 방법에 대한 논의에서 시작해서 인간의 '비동질적인 부분들(외부 기관들, 내부 기관들)'(Book I), '피 있는 동물들(척추동물)'의 '비동질적인 부분들'(Book II

부분론』과 『동물발생론』에서 목적론이나 질료-형상설의 패러다임 안에서 '설명'되면서 체계적인 학문으로 재구성된다. 『동물부분론』에서 아리스토텔레스는 어떤 것들이 다양한 부류의 동물들에 공통적으로 혹은 고유하게 속하는 부분들인지, 그리고 그것들이 각각 어떤 기능을 실현하기 '위해서' 있는지를 보여주려고 한다. 즉 동물들이 가진 각종 조직들(살, 뼈, 피 등)과 내부와 외부 기관들(얼굴, 다리, 심장, 폐, 뇌 등)에 대해 '목적론적 설명'을 제시하는 것이 『동물부분론』의 의도이다. 『동물발생론』의 연구는 동물들의 부분들에 대한 이런 목적론적 설명의 최정점이다. 아리스토텔레스는 이 저술에서 살아 있는 모든 것에 공통된 기능, 즉 생식과 발생에 관계하는 신체적 부분들과 그것들의 기능들을 다루기 때문이다.

아리스토텔레스는 이렇듯 영혼의 능력에서 신체적인 부분들로, 신체의 외부 기관들에서 내부 기관들로, 기관들에서 조직들로 생물학적 관찰과 설명을 확대해 나간다. 사람에서 날파리까지, 인간에 고유한 지성능력에서 모든 생명체에 공통적인 생식과 발생의 능력까지 모든 생명현상이 그의 생물학의 관심사였다. 동·서양 학문의 역사에서 이런 방대한 탐구의 사례를 달리 어디서 찾아낼 수 있을까? 특히 '아리스토텔

1~III 1), '동질적인 부분들(피, 살 등의 조직)'(Book III 2~22), '피 없는 동물들(무척추동물)'(Book IV 1~7), 생리학(전체 동물)(Book IV 8~11), 생식, 자연발생, (피 없는 동물들의) 유성생식(Book V~VI), (조류, 어류, 네발동물의) 생식과 발생(Book V~VI), 인간의 생식과 발생(Book VII), 동물들의 생존 방식과 행동(Book VIII~IX), 인간의 불임의 원인들(Book X)이 그 내용이다. 이 가운데 X권의 진위는 논란의 대상이다. 관찰을 무시하는 이론을 거부했던 '관찰자'로서 아리스토텔레스의 진면목을 보여주는 것이 『동물지』이다. 『동물지』에 대한 가장 방대한 연구는 J. B. 마이어에 의해 이루어졌다. J. B. Meyer, 1855, *Aristoteles Tierkunde Ein Beitrag zur Geschichte der Zoologie, Physiologie und alten Philosophie*, Berlin: Weidmann.

레스의 동물학 3부작'의 정점인 『동물발생론』은 '유전학의 세기'를 사는 우리에게 놀라움을 안겨준다. 거기서 다뤄지는 주제의 중요성, 관찰의 정밀함, 관찰된 사실에 대한 기록의 다양함과 치밀함, 사실에 대한 설명의 넓이와 깊이, 발생 및 유전에 대한 가설들의 현재성 등 어떤 측면에서 보더라도 『동물발생론』은 아리스토텔레스 생물학의 완성이자 그의 철학 전체의 정점을 이룬다.

『동물발생론』은 '자연의 사다리(scala naturae)'와 '피 있는 동물들'과 '피 없는 동물들'의 이분법을 토대로 사람을 비롯한 태생동물(네발동물들과 고래류), 난태생동물(연골어류), (완전한 알을 낳는) 난생동물(조류, 양서류), 불완전한 알을 낳는 난생동물(어류), 애벌레에서 생겨나는 동물들, 자연발생을 통해 생겨나는 유각류와 곤충들의 생식과 발생을 그에 관여하는 생식기관들의 기능과 관련해서 설명한다. 그런 점에서 『동물발생론』은 철저히 생물학적이다. 하지만 동물의 발생에 대한 아리스토텔레스의 연구가 갖는 의의는 단순히 생물학적인 성취에 그치지 않는다. 아리스토텔레스 철학의 핵심 원리들, 예를 들어 실체와 생성, 4원인, 질료-형상, 목적과 필연성 등이 발생과 유전에 대한 『동물발생론』의 논의 곳곳에 등장하기 때문이다. 그런 뜻에서 우리는 『동물발생론』을 이해함으로써 아리스토텔레스 철학의 핵심 개념들과 원리들이 좁은 의미에서는 동물의 발생에, 넓은 의미에서는 생성 일반의 문제를 다루는 데 어떻게 적용되는지를 아주 분명하게 이해할 수 있다.

이 점을 더 분명하게 확인하기 위해서 생성(genesis)에 대한 논의가 아리스토텔레스 철학의 여러 분야에서 갖는 중요성을 떠올려보자. 널리 알려져 있듯이, 아리스토텔레스는 생성을 학문(epistēmē)의 주제로 내세움으로써, 그것을 학문적 탐구의 영역에서 배제한 그의 스승 플라톤과 다른 사유의 길을 간다. 생성을 다루는 여러 저술에서 아리스토텔레스가 생성을 보통 두 종류로, 즉 자연적인 또는 본성적인 생성과 기술적인 생성(제작)으로 나누면서 둘 사이의 평행성을 강조한다는 것도 잘 알려진 사실이다. 어떤 사물이 본성에 의해 자연적으로 생겨나건 기술에 의해 만들어지건, 생성의 원리들이나 전체 과정을 놓고 보면 크게 다를 바 없다고 아리스토텔레스는 생각했던 것이다. 그리고 이런 생각을 배경으로 아리스토텔레스는 『자연학』과 『형이상학』 여러 곳에서 자연적 생성을 설명하기 위한 기본 모델로 기술적인 제작 과정을 끌어들인다. 대표적으로 『자연학』 II권과 『형이상학』 VII권 7~9장이 그에 해당한다. 그런데 이렇게 '기술 모델(Techne-Modell)'을 실마리로 이루어진 생성에 대한 논의는 — 그것이 가진 직관적 설명 효과에도 불구하고 — 여러 가지 측면에서 불충분해 보인다. 무엇보다도 단순하지만 기본적인 질문, 즉 '기술모델은 구체적으로 자연물의 생성을 설명할 때 어떻게 적용될 수 있는가?'에 대한 어떤 구체적인 논의와 대답도 우리는 『자연학』이나 『형이상학』에서 찾아낼 수 없기 때문이다. 이 두 저술을 중심으로 지금까지 이루어진, 아리스토텔레스의 생성 이론에 대한 많은 연구들이 생명체의 생성에 대해 빈약한 논의밖에 할 수 없었던 것은 바로 그런 이유 때문이다.[3] '도토리에서 참나무가 나온다'는 이야기가 식물이나 동물과 같은 생명체의 발생 과정에 대한 예시로서 철학사에 떠도는 것도 같은 이유 때문이다. 도토리에서 참나무가 나오고 아이에서 어른이 나온다고 하자. 그렇다면 도토리 자체는 어떻게 생겨나고

3 K. Bartel, 1966, *Das Techne-Modell in der Biologie des Aristoteles*(Diss.), Tübingen과 같은 연구는 예외적인 경우에 해당한다.

아이 자체는 어떻게 생겨날까?

『동물발생론』은 『자연학』과 『형이상학』의 생성 이론이 남긴 이런 이론적 공백을 메운다. 아리스토텔레스는 이 저술에서 동물의 발생에 대한 논의를 크게 두 부분으로 나누어 전개한다. 그 하나는 — 오늘날의 용어를 써서 말하자면 — '발생학(배아 이론, embryology)'에 해당하는 부분이고, 다른 하나는 '유전학(genetics)'에 해당하는 부분이다. 이 두 이론은 아리스토텔레스 철학의 근본 개념들과 원리들이 생명체의 발생에 대한 생물학적 연구에서 어떻게 구체적으로 적용되는지를 보여줌과 동시에 생명체의 발생에 대한 아리스토텔레스의 이론이 어떤 점에서 현대 생물학과 만나고, 또 어떤 점에서 갈라지는지를 잘 보여준다. 그러니 『동물발생론』이 아리스토텔레스 생물학은 물론 그의 철학 전체의 맥락에서 갖는 의의를 어떻게 부정할 수 있을까? 그럼에도 불구하고 이 저술에 대한 연구는 여전히 미흡한 형편이다. 아리스토텔레스 철학의 전승사를 놓고 보아도 그렇고, 현대의 아리스토텔레스 수용의 맥락에서 보아도 마찬가지다.

잘 알려져 있듯이 아리스토텔레스의 사후 그의 생물학 연구는 거의 완전히 잊혀져 있었다.[4] 기원전 1세기 로마에서 그의 저술들이 재발견되고 안드로니코스 로도스(Andronikos v. Rhodos)에 의해서 『아리스토텔레스 전집(*Corpus Aristotelicum*)』이 편찬된 뒤에도 사정은 크게 달라지지 않았다. 아리스토텔레스 전집의 출간 이후 주석 작업이 활발히 이루어졌지만, 이 작업은 주로 『형이상학』, 『자연학』, 『니코마코스 윤리학』 등에 집중되었기 때문이다. 생물학 저술들에 대한 주석 작업이 전

4 Lennox, 2001, 특히 pp. 110~127.

혀 없는 것은 아니지만, 『동물발생론』은 크게 주목을 끌지 못했다. 아리스토텔레스의 저술들에 대한 이런 편향된 연구가 새로운 전기를 맞이한 것은 8세기 이후 아랍 세계에서 이루어진 아리스토텔레스 번역 덕분이었다. 아리스토텔레스의 저술 전체를 아랍어로 번역하는 방대한 작업의 일환으로 그의 생물학적 저술들도 『동물들에 대한 책(*Kitāb al-hayawān*)』이라는 제목 아래 번역되었는데 그중에는 『동물발생론』도 포함되어 있었다. 전체가 열아홉 권으로 이루어진 『동물들에 대한 책』에는 『동물지』(I~X권)와 『동물부분론』(XI~XIV권)에 이어 『동물발생론』(XV~XIX권)이 들어 있었던 것이다. 하지만 그 뒤에도 아리스토텔레스의 생물학 저술들이 서양 세계에 알려지기까지는 몇 세기가 더 필요했다. 『동물발생론』은 13세기 초, 아랍어 번역을 라틴어로 재번역한 M. 스코투스(M. Scotus)의 노력으로 서양 세계에 소개되었다. 그 뒤 1260년경 뫼르뵈케의 빌헬름(Wihelm von Moerbeke)에 의해 그리스 판본에 기초한 라틴어 번역이 이어졌고, 알베르투스 마그누스(Albertus Magnus)가 저술한 『동물지(*De animalibus*)』(전체 26권)로 정점에 이른다. 알베르투스 마그누스의 저술 가운데 생식과 발생을 다루는 XV~XIX권의 내용이 『동물발생론』에 기반을 둔 것이었다. 15세기 중반에는 르네상스 시기의 인문학자 테오도로스 가자(Theodoros Gaza)의 번역 작업이 이루어져 1476년에 이르러 『동물발생론』이 출판되었다.[5]

20세기 이후 아리스토텔레스의 연구가 부활하면서 『동물발생론』에 대한 번역이 늘어났지만, 본격적인 연구는 여전히 미흡한 형편이다.

5 T. Gaza, 1831, *De generatione animalium*, in: *Aristoteles latine*, ed. Academia regia borussica, Berolini, pp. 350~384.

1965년에는 옥스포드 클래식 텍스트(Oxford Classical Text)의 일부로 H. J. 드로사르트 룰로프스(H. J. Drossaart Lulofs)의 편집본, *Aristotelis de generatione animalium*(Oxford: Clarendon Press, 1965)이 나왔다. 그런데 이 편집본은 다양한 전승 사본들과 아랍어 번역본까지 고려한 점에서 의의가 있지만, OCT의 다른 판본들과 달리 정본으로 사용하기에 부적합한 점들이 있다.[6] 『동물발생론』을 널리 소개하는 데 기여한 것은 오히려 A. 플랫(A. Platt)의 영어 번역(*De generatione animalium*, in: The works of Aristotle translated into English, vol. V, Oxford, 1912)와 A. L. 펙(A. L. Peck)의 그리스어-영어의 대역본(*Generation of Animals*(Loeb), London-Cambridge/Mass., 1943)이었다. 펙의 대역본에는 매우 유용한 서론과 부록이 달려 있다는 점도 큰 장점이다. 가장 최근에는 C. D. C. 리브(C. D. C. Reeve)의 편역서 *Aristotle. Generations of Animals & History of Animals I, Parts of Animals I*(Indianapolis/Cambridge, 2019) 번역이 나왔지만 여기에는 텍스트 비평이 빠져 있다. 영어권 밖에서 이루어진 대역본으로는 H. 아우버트(H. Aubert)와 F. 빔머(F. Wimmer)의 번역(*Aristotelis de Generatione Animalium. Griechisch und Deutsch und mit sacherklärenden Anmerkungen*, Leipzig, 1860)과 P. 루이(P. Louis)의 그리스어-프랑스어 대역본(*Aristote. De la génération des animaux*(Collection Budé), Paris, 1961)을 손에 꼽을 수 있다. 독일에서는 아리스토텔레스 전집의 일환으로 새로운 번역과 주석 작업이 진행 중이다. 최근에 발간된 몇 권의 연구서는 『동물발생론』에 대한 높아진

6 A. L. Peck, 1966, "An Oxford Text of the *De Generatione Animalium*," The Classical Quarterly, Vol. 16, No. 2, pp. 171~173.

관심을 보여준다. A. Falcon and D. Lefebvre(eds.), 2018, *Aristotle's Generation of Animals. A Critical Guide*, Cambridge: Cambridge University Press과 S. Föllinger, 2022, *Aristotle's Generation of Animals: A Comprehensive Approach*(Philosophie der Antike, 43), Berlin-Boston: De Gruyter가 대표적이다.

2. 『동물발생론』의 내용

『동물발생론』은 『동물부분론(*peri zōiōn moriōn, De partibus animalium*)』과 더불어 아리스토텔레스가 남긴 가장 중요한 생물학 저술들 중 하나이다. 앞서 말했듯이 『동물부분론』이 동물들에게 속한 다양한 기능이 각각 어떤 신체 부분들을 통해 실현되는지를 다룬다면, 『동물발생론』은 생식 기능만을 따로 떼어내어 이 기능이 어떤 계기들의 관여 아래, 어떤 기관들을 통해 실현되는지를 다룬다. H. 마이어(H. Meyer)의 표현을 빌면, "생명체의 발생과 발달 과정을 그에 참여하는 계기들을 자세히 가려내어 파악하는 것"이 『동물발생론』의 목적이다.[7] 하지만 문제의식이 이렇게 단순해 보여도, 아리스토텔레스가 『동물발생론』에서 그 문제의식을 펼쳐나가는 방식은 매우 치밀하다. 위에서도 언급했듯이, 아리스토텔레스는 '자연의 사다리'와 '피 있는 동물들'과 '피 없는 동물들'의 이분법을 토대로 사람을 비롯한 태생동물, 난태생동물, 완전한 알을 낳

7 H. Meyer, 1918, "Das Vererbungsproblem bei Aristoteles," Philologus NF. 29, p. 325.

는 난생동물, 불완전한 알을 낳는 난생동물, 애벌레에서 생겨나는 동물들, 자연발생을 통해 생겨나는 동물들과 곤충들의 생식과 발생을 그에 관여하는 생식기관들의 기능과 관련해서 설명하려고 한다. 그리고 다른 주제를 다룰 때와 마찬가지로 아리스토텔레스는 생명체의 발생 문제를 다룰 때도 이 주제에 대한 지금까지의 이론들을 비판적으로 검토하는 데서 논의를 시작한다. 이렇게 체계적으로 진행되는 아리스토텔레스의 발생론은 모두 네 권에 걸쳐 이루어진다.[8]

I권

들어가는 말

1장 네 가지 원인. 동물들의 발생에 관여하는 작용인과 질료인이 『동물발생론』의 주요 주제이다.

(a) 성(性) 구별은 보편적이 아니다. 이 구별은 (*a*) 대다수의 피 있는 동물들을 비롯해서 연체류와 갑각류에서 발견되지만, 모든 곤충의 경우에 그런 것은 아니다. (*b*) 유각류에는 성 구별이 없다.

2~3장 (b) 암컷과 수컷에 대한 정의: 이것들은 모두 발생의 '원리들'인데, 수컷은 작용인을 제공하고, 암컷은 질료인을 제공한다. 따라서 생식기관에도 그에 상응하는 차이가 있지만, 생식기관들은 동물들마다 서로 다르다.

1. 피 있는 동물들의 생식기관

4~7장 (a) 수컷의 생식기관들

8~9장 (b) 암컷의 생식기관들

8 이 상세 목차는 A.L. Peck, 1942, *Generation of Animals*. Cambridge/Mass.: Harvard University Press, lxxi~lxxv를 참고한 것이다.

(1) 불완전한 알을 낳는 난생동물들

(2) 완전한 알을 낳는 난생동물들

10~11장 (3) 난태생동물들(연골어류와 독사)

(4) 태생동물

12~13장 (c) 생식기관들의 위치에 대한 추가 언급들

2. 피 없는 동물들의 짝짓기

14장 (a) 갑각류

15장 (b) 연체류(팔완류의 교접완에 대한 언급 포함)

16장 (c) 곤충들:

일부는 (1) 짝짓기에 의해서 생겨나서 서로 짝짓기를 하고 애벌레를 낳는다.

일부는 (2) 자연발생적으로 생겨나서 서로 짝짓기를 하고 애벌레를 낳는다.

일부는 (3) 자연발생적으로 생겨나며 서로 짝짓기를 하지 않는다.

(1)의 사례: 메뚜기, 매미, 독거미, 말벌, 개미

(2)의 사례: 벼룩, 날파리, 풍뎅이

(3)의 사례: 각다귀, 모기 등

3. 유성생식에 대한 이론

17~18장 (A) 스페르마의 본성은 무엇인가?

(a) 범생설에 대한 검토와 비판

(b) 스페르마에 대한 정의: 스페르마는 작용인이라는 뜻에서, 동물들이 생겨나는 '출처'이다. 스페르마는 피의 잔여물이며, 유용한 영양분의 잔여물이다.

(c) 스페르마는 잔여물이다.

19~20장 (B) 경혈. 경혈도 스페르마와 똑같이 피의 잔여물이지만 열처리가 되지 않았다. 경혈은 발생의 질료인이다. 수컷은 형상을 제공하기 때문에, 하나의 스페르마로부터 새끼가 여럿 생겨날 수 있다.

21장 (C) 추가

(a) 발생 이론에 대한 세부적 논의

22장 (b) 암컷 혼자서는 낳을 수 없다. 형상 및 감각-영혼을 제공할 수 없기 때문이다. 자연은 스페르마를 '도구'로 사용하며, 스페르마는 형상을 전달하는 '운동'을 가지고 있다.

23장 (c) 동물과 식물의 비교. 식물에서는 성별의 분리가 일어나지 않으며, 번식이 유일한 기능이다.

II권

1장 (D) 성별의 목적. 암수는 발생을 통해 종의 영속성을 보장하는 데 기여한다. 종의 영속성은 죽을 수밖에 없는 동물들이 영원한 존재에 참여하는 유일한 방식이다.

다양한 발생 방식의 분류

알과 애벌레의 차이.

동물의 분류(태생동물, 난태생동물, 완전한 알을 낳는 난생동물, 불완전한 알을 낳는 난생동물, 애벌레를 낳는 동물). 이 분류는 운동기관들의 차이에 상응하는 것이 아니라 해당 동물들의 '완전성' 정도에 상응한다. 이 가운데 가장 완전한 동물들은 이들이 숨을 쉰다는 사실에서 드러난다.

(1) 뜨겁고 축축한 동물들. 태생동물, 사람 등

(2) 차갑고 축축한 동물들. 난태생동물, 연골어류와 독사

(3) 뜨겁고 건조한 동물들. 완전한 알을 낳는 난생동물. 새들과 비늘 있는 동물들

(4) 차갑고 건조한 동물들. 불완전한 알을 낳는 난생동물. 어류, 갑각류, 연체류

(5) 가장 차가운 동물들. 애벌레를 낳는 동물들과 곤충

3. (요약) — 유성생식 이론

(a) 배아는 어떻게 형상을 얻을까? 범생설 대 후성설. 배에 형태를 부여하는 수컷, 혹은 달리 말해서 아비의 '운동'을 전달하는 스페르마이다. 따라서 암컷이 제공하는 경혈, 즉 질료는 살아 있는 신체가 될

수 있는 가능성을 가진 것이며 스페르마의 작용에 의해서 단계적으로 현실화된다. 신체의 부분들은 — 그에 상응해서 발생하는 영혼의 부분들이 그렇듯이 — 단계적으로 현실화된다. 가장 먼저 생겨나는 것은 심장과 영양섭취-영혼이다.

2장 (b) 스페르마의 물질적 특성. 스페르마는 거품이며, 물과 프네우마로 이루어져 있다.

3장 (c) 스페르마는 영혼을 포함하는가? 그렇다. 하지만 '가능적으로' 포함하고 있다. 신체를 통해서 활동하는 영혼의 모든 부분들은 먼저 가능적으로 작용하는 존재여야 한다. 지성의 기원 문제.

(d) 영혼을 전달하는 물질적 실체는 프네우마이다. 프네우마는 제5원소에 해당하는 에테르에 상응하는 '신적인' 물체이다.

(e) 경혈은 가능적으로 신체의 모든 부분을 포함한다. 하지만 감각-영혼을 갖고 있지 않다.

피 있는 동물들의 발생 — I. 태생동물

4장 (a) 생식에 필요한 잔여물의 배출. 모든 수컷 동물이 스페르마를 배출하는 것은 아니다.

(b) 수컷의 배아 형성 작용. 수컷은 — 스페르마를 통해서 혹은 직접적으로 — 암컷의 잔여물의 순수한 부분에 작용해서 배아를 형성해낸다.

(c) 배의 발달 과정. 영양섭취의 영혼의 자리인 심장이 가장 먼저 형성된다.

심장

(d) 경혈에 미치는 스페르마의 작용. 영양섭취-영혼은 열기와 냉기를 '도구'로 사용한다.

5장 (e) 왜 암컷 혼자서 낳을 수 없는가. 암컷 혼자는 낳을 수 없는데 감각-영혼을 갖지 않기 때문이다. (하지만 몇몇 동물들은 암수한몸이다.)

6장 (f) 이어지는 배아의 발달 과정. 상체 부분들이 먼저 발달한다. (하지만 곤충들과 연체류의 경우는 그렇지 않다.)

(g) 부분들의 분화와 프네우마의 작용

(h) 부분들의 발달 과정의 순서
(i) 혈관들, '동질적인' 부분들과 그외의 부분들
(j) 가열과 냉각이 배아의 발달 과정에서 도구로 사용된다. 필연성과 목.
(k) 뇌와 눈
(l) 뼈 등
(m) 영양분의 두 가지 기능: 영양분을 제공하고 성장에 기여
(n) 이빨

7~8장 (o) 탯줄과 태반의 기능
(p) 이종결합과 불임
(q) 노새와 그 밖의 이변들

III권

피 있는 동물들의 발생 — II. 난생동물(완전한 알을 낳는 동물들)

1장 새들과 네발동물들
(a) 일반적 논의
(b) 무정란
(c) 노른자와 흰자의 차이: 하얀 부분은 뜨겁고 영혼의 원리가 속한 곳 이다.

2장 (d) 알의 형태
(e) 알의 성장
(f) 어미에 의한 부화(네발동물들의 알은 그런 과정이 필요 없다)
(g) 부화 과정에서 흰자와 노른자의 역할
(h) 탯줄에 대한 기술 등

피 있는 동물들의 발생 — III. 난태생동물(완전한 알을 낳는 동물들)

3장 물고기들 (A) 연골어
(a) 배아의 발달 과정
(b) 새와 연골의 차이들(특히 '매끈한 돔발상어'의 경우)

피 있는 동물들의 발생 — IV. 난생동물(불완전한 알을 낳는 동물들)

4장 (B) 연골어를 제외한 물고기들

(a) 알의 성장: 누룩의 발효 과정과 비슷한 과정

5장 (b) 잘못된 이론들

(1) 물고기들은 알을 낳지 않고 성의 구별도 없다.

(2) 어백을 삼킨다.

6장 (3) 새들의 교미 방법

(4) 트로코스와 하이에나에 관한 소문들

7장 여러 가지 논점들; 무정란

피 없는 동물들의 발생

8장 (A) 연체류와 갑각류

9장 (B) 곤충들

(a) 애벌레는 알의 초기 단계와 비슷하다. 모든 곤충은 — 교미를 통해 생겨나건 자연발생적으로 생겨나건 — 애벌레로부터 생겨난다.

(b) 애벌레의 발달 과정

10장 (c) 벌: 꿀벌과 말벌

11장 (C) 유각류: 동물과 식물 사이의 중간 단계

(a) 곁눈 번식 등

(b) 자연발생론: 프네우마의 작용. 이 이론의 확대. 동물들의 기원에 대한 전통적 견해. 발달 과정은 애벌레의 발달 과정을 닮았다. 자연발생의 사례들

IV권

성별 분화의 원리와 유전

1장 (a) 다양한 이론들: 아낙사고라스, 엠페도클레스, 데모크리토스, 레오파네스

(b) 암수의 기본적인 차이. 수컷은 열처리를 하며 스페르마를 제공하고, 암컷은 열처리를 할 수 없고 스페르마를 제공하지 않으며 열처리 작용을 받아들인다. 배아 안에서의 성별 결정. 성 분화의 궁극적 원인은 심장이다. 심장이 열처리에 필요한 생명의 열기를 제공하기 때문이다. 성별의 차이를 갖는 부분들이 형성되는 데 따르는 결과들.

2장 (c) 이론을 뒷받침하는 사실들

(d) 균형의 중요성. 균형은 내적으로나 외적으로 중요하다. 기후의 영향

3장 (e) 부모와 자녀의 유사성. 유전 이론

(f) 기본형으로부터의 일탈

남아가 여아로 바뀐다.

아버지에서 할아버지 · 증조부로의 이완, 어머니에서 외할머니 · 외증조모로의 이완

이런 현상은 부분들과 몸 전체에 적용된다.

가족 유사성의 부재: 일탈과 이완

(g) 이완과 일탈의 기제

(h) 유사성에 대한 선행 이론들 검토

(i) 이변 현상들

4장 (j) 과잉과 결핍이 자손의 수에 대해 갖는 관계

(k) 근거 제시

(l) 그 밖의 비정상적 형태들

그 밖의 다양한 현상들

5장 중복임신

6장 출생 시 새끼의 상태. 사람들의 경우 여아보다는 남아의 이변 가능성이 더 높다. 여아의 탄생은 자연적인 현상이지만, 그 자체로서 일종의 이변이다.

7장 기태

8장 젖. 심장이 젖의 산출을 조절한다. 목소리의 경우도 마찬가지다. 젖은 열처리된 피이다.

9장 동물들은 머리부터 나온다.

10장 임신 기간의 길이. 우주의 순환 주기에 의해 지배되는 동물들의 생존 주기

V권

이차적인 특징들

1장 들어가는 말. 이 부분은 목적인과 무관하게 전적으로 필연성(운동인과 질료인)에 기인하는 특징들을 다룬다.

(a) 태아는 거의 잠든 상태에 있다.

(b) 눈의 색깔

(c) 시력의 차이는 눈 안에 있는 물의 양이나 눈동자 위 피부의 조건에 달려 있다. '선명하게 본다'의 두 가지 뜻. 멀리 있는 것을 볼 수 있는 능력과 색깔들을 분간할 수 있는 능력을 그렇게 부른다.

2장 (d) 후각과 청각의 예리함

3장 (e) 털의 차이, 대머리

4~5장 (f) 털의 색깔. 사람과 다른 동물들의 경우

6장 (g) 동물들의 변색. 혀의 색깔. 계절에 따른 색깔 변화. 섭생이 색깔에 미치는 영향

7장 (h) 목소리

8장 (i) 이빨

(j) 필연성과 목적인

3.『동물발생론』의 발생 이론

1) 스페르마 이론과 후성설[9]

아리스토텔레스는 생성(genesis)을 중심 주제로 다루는『형이상학』 VII권의 한 구절에서 이렇게 말한다. "스페르마가 어떤 것을 만들어 내는 방식은 기술자가 기술에 의해 제작물들을 만들어내는 방식과 같은데, 스페르마는 가능적으로 형상을 그 안에 가지고 있다"(VII 9, 1034a33~b1). 동물의 발생에 대한 그의 생각을 담은 매우 함축적인 발언이다. '아리스토텔레스의 발생 이론은 스페르마의 운동에 의해 질료 안에서 형상이 실현되는 방식에 대한 이론'이라고 말해도 좋을 정도로 스페르마의 작용에 대한 논의는 아리스토텔레스의 발생 이론 전체를 관통하기 때문이다. 하지만 그의 스페르마 이론은 어느 날 갑자기 섬광처럼 떠오른 이론이 아니다. 아리스토텔레스의 다른 이론들이 그렇듯이, 그의 스페르마 이론 역시 앞 세대 자연철학자들이 내세웠던 이론들과의 비판적 대결의 결과였기 때문이다.『동물발생론』의 I권에는 이 대결의 내용이 자세히 서술되어 있다.

거기서 아리스토텔레스가 검토의 대상으로 삼는 것은 주로 두 가지 이론이다. 하나는 이른바 스페르마가 "몸 전체에서 나온다(to apo pantos apienai)"(I 18, 723b34)는 이론인데, 많은 연구자들은 훗날 C. 다윈(C. Darwin)이 고안해낸 가설의 이름을 따서 그 이론을 '범생설

9 후성설(後成說, Epigenesislehre)에 대해서는 J. Ritter(Hrsg.), 1972, *Historisches Wörterbuch der Philosophie* Bd. 2, Basel/Stuttgart, Sp. 580~581을 참고.

(pangenesis)'이라고 부른다.[10] 다른 하나는 히포크라테스 학파가 내세운 이론으로, 수컷과 암컷이 둘 다 스페르마를 배출하고 이것이 뒤섞여서 수정과 배아(kyēma)의 발달이 진행된다는 가설이 그 핵심이다.[11] 아리스토텔레스는 여러 가지 이유를 들어 범생설을 비판하면서,[12] 스페르마는 몸 전체의 배출물이 아니라 영양분의 소화 과정에서 생겨난 마지막 형태인 피와 같은 성질을 가진 것, 즉 '최종 단계의 영양분의 잔여물(perittōma trophēs kai tēs eschatēs)'(I 19, 726b3)이라고 정의한다. 영양분은 소화 과정에서 열처리를 거쳐서 피가 되는데, 그 피가 다시 추가적인 '열처리(pepsis)' 과정을 거쳐 형성된 것이 바로 스페르마라는 말이다. 이런 '혈액 스페르마 이론(hämatogene Samenlehre)'[13]을 근거로 삼아 아리스토텔레스는 히포크라테스 학파의 이론, 즉 암컷도 스페르마를 제공한다는 이론을 거부하면서, 오직 수컷만이 스페르마를 제공한다고 주장한다. 몸에 열기가 충분한 수컷은 피를 정제해서 스페르마를 만들어내지만, 열기가 부족한 암컷은 스페르마를 만들어낼 수 없고 스페르마의 작용에 의해 더 열처리되어야 할 질료를 제공할 뿐이라는 것이 아리스토텔레스의 생각이다.[14] 이런 맥락에서 아리스토텔레스는 암

10 이런 생각은 데모크리토스(DK 68A57, 141과 B32)와 히포크라테스의 저술에 등장한다. 『동물발생론』 I 17, 721b11에 대한 Peck의 각주와 I. Düring, 1966, *Aristoteles*, Heidelberg: Winter, p. 546을 참고.

11 I 18, 721b 10과 724a 9~10을 보라. Kullmann, 1998, p. 30을 참고.

12 Kullmann, 1998, p. 297을 참고.

13 E. Lesky, 1950, *Die Zeugungs- und Vererbungslehren der Antike und ihr Nachwirken*. Abh. d. Akd. d. Wiss. u. d. Lit. in Mainz, Geistes-u. sozialwiss. Kl., Nr. 19, Wiesbaden, pp. 120 이하를 참고.

14 I 20, 728a17 이하와 II 3, 737a27 이하를 참고. 뒤의 구절에서 아리스토텔레스는 여자(암컷)를 "결함 있는 남자(수컷)(arren pepērōmenon)와 비슷하다"고 말하는데, 이 말은

컷이 제공한 '질료', 즉 경혈(katamēnia)에 '작용인'으로서 스페르마의 열 작용이 더해짐으로써 동물의 발생 과정이 이루어진다고 보았다.

스페르마가 작용해서 동물이 발생하는 과정을 두고도 아리스토텔레스는 이전 세대의 철학자들과 생각을 달리한다. 『동물발생론』 II권 1장에서 그는 동물의 발생 과정을 두고 이런 질문을 던진다. "그렇다면 (스페르마에 들어 있던 배아의 부분으로부터) 다른 부분들이 어떻게 생길까? 다시 말해서 모든 부분, 예를 들어 심장, 폐, 간, 눈을 비롯해서 나머지 부분들 각각은 '동시에(hama)' 생길까, 아니면 오르페우스의 시에 나오듯이 '연속적으로(ephexēs)' 생길까?"(734a16 이하). 이에 대해 아낙사고라스나 데모크리토스가 첫째 가능성을 옹호한 전성설[15]을 내세운 반면, 아리스토텔레스는 해부학적인 관찰들을 증거로 삼아 그런 설명을 반박한다.[16] 그리고 동물의 부분들이 단계적인 과정을 거쳐 '나중에' 생긴다는 후성설을 대안적 설명으로 제시하면서, 이런 방식의 발생 과정을 설명하기 위해서 "인형극의 자동인형(ta autōmata ton thaumatōn)"(II 1, 734b10)을 유추의 근거로 끌어들인다. 자동인형의 경우에 실린더의 움직임에 따라 다른 부분들이 차례로 움직이듯이, 생명체의 부분들 역시 차례대로 생겨나고 이 과정에서 심장이 중추적인 구실을 떠맡는다는 것이다.[17]

"바로 이런 이유 때문에 맨 처음 어떤 부분이 생겨나는 것이지, 모든

여자는 몸의 열기 부족 때문에 운동력 있는 스페르마를 만들어낼 수 없다는 뜻이다.

15 *DK* 59B10; 68B32. IV 1, 763b30 이하와 I 18, 722b4를 참고. 전성설(Präformationslehre)에 대해서는 Ritter(Hrsg.), 1989, Bd. 7, Sp. 1233~1234를 참고.

16 『동물발생론』 II 1, 734a21 이하, II 4, 740a3 이하.

17 『동물발생론』 II 1, 734b9 이하. Kullmann, 1998, p. 285를 참고.

것이 '동시에' 생겨나지 않는다. 그런데 성장의 원리를 가진 것이 필연적으로 맨 처음 생겨나야 한다. 왜냐하면 식물이건 동물이건 간에, 모든 것 안에는 똑같이 이 영양섭취 능력이 들어 있기 때문이다. 그런데 이것은 자기 자신과 같은 종류의 다른 개체를 낳는 생산 능력[18]이다. 왜냐하면 이것은 — 동물이건 식물이건 — 자연적으로 완전한 모든 것에 속한 기능이기 때문이다. … 그렇다면 생겨나는 것은 어떤 것이 (그 안에) 있기 때문에 자기 자신을 자라게 한다.[19] 그래서 이것이 단일한 어떤 것이면서 첫째가는 것이라면, 필연적으로 이것이 맨 처음 생겨나야 한다. 그러므로 몇몇 동물들에게서는 맨 처음 심장이 생겨나고 심장이 없는 것들 안에서는 그것에 대응하는 것이 생겨난다면, 심장이 있는 것들의 경우에는 이 심장으로부터, 다른 것들의 경우에는 그것에 대응하는 것으로부터 (성장이) 시작될 것이다"(II 1, 735a14~27).

2) 스페르마의 운동과 로고스

『동물발생론』에서는 다양한 종류의 생식 방법이 논의되지만, 아리스토텔레스가 동물 발생의 원리들과 과정을 분석할 때 기본으로 삼는 것은 유성생식, 특히 사람의 발생 과정이다. 그리고 이에 대한 논의의 출발점을 이루는 것은 암수의 성 역할에 대한 다음과 같은 구별이다.

18 "영양섭취 능력(to threptikon)"(735a16)과 "생산 능력(to gennētikon)"(735a18)의 동일성에 대해서는 II 4, 740b36 이하 참조.

19 "어떤 것이 있기 때문에(ti on)"(735a22): 성장 과정을 이끄는 어떤 것이 있기 때문에.

"언제나 암컷은 질료를, 수컷은 제작하는 것(to dēmiourgon)을 제공한다. 우리는 이들이 각각 바로 이런 능력을 가지며 이것이 암컷과 수컷의 본질(to einai)이라고 말한다. 따라서 암컷은 필연적으로 몸과 덩어리(onkos)를 제공하지만, 수컷은 그렇게 해야 할 필연성이 없다. 도구들(ta organa)도, 만드는 것도 생겨나는 것들 안에 있어야 할 필연성이 없기 때문이다. 그런데 신체는 암컷에게서 오지만 영혼은 수컷에게서 오는데, 영혼은 특정한 신체의 실체(ousia)이기 때문이다"(II 4, 738b20~27).

인용문에서 아리스토텔레스는 발생에 기여하는 방식에 차이를 두어 성별을 구별하고, 이어서 자신이 내세우게 될 발생 이론의 기본 관점을 간략하게 소개한다. 이에 따르면 암컷은 '질료(hylē)'인 경혈을, 수컷은 '제작자'인 스페르마를 제공한다. '기술 모델'에 따라서 구별하자면, 마치 대리석 덩어리가 조각가의 손과 도구의 움직임을 통해 제작됨으로써 조각상이 되듯이, 암컷의 몸에서 나온 경혈이 수컷이 제공한 스페르마의 도구적 운동에 의해 열처리됨으로써 생명체가 생겨난다는 말이다. 이때 중요한 것은 스페르마가 — 마치 도구가 생겨난 물건의 한 부분이 되지 않는 것과 똑같이 — 운동을 제공할 뿐, 생명체의 몸의 부분이 되지 않는다는 점이다. 다시 말해서 스페르마가 하는 일은 운동을 전달해서 '질료'를 분화시키고,[20] 각각 고유한 기능을 갖춘 몸의 부분과 유기체 전체가 생겨나게 하는 것인데, 아리스토텔레스는 스페르마의 그런 작용을 염두에 두고 '영혼', 즉 "신체의 실체(ousia sōmatos tinos)"가 수컷에게서 온다고 말하기도 한다. 하지만 이런 주장은 후속적인

20 『동물발생론』 I 21, 730a29 이하를 보라.

논의를 통해 뒷받침되기 전까지는 아직 선언적 의미만을 가질 뿐이다. 스페르마가 질료에 가하는 운동 작용은 구체적으로 어떤 것인가? 스페르마가 그런 형성 작용을 할 수 있는 근거는 무엇인가? 아리스토텔레스는 수컷 또는 스페르마에게서 영혼이 온다고 하는데, 그때 영혼의 발생은 구체적으로 어떤 방식으로 이루어지는가?

먼저 몸의 분화를 낳는 스페르마의 작용부터 살펴보자. 아리스토텔레스는 『동물발생론』 II권 1장 734b19 이하의 구절에서 자신의 현실태(energeia)–가능태(dynamis) 이론을 끌어들여 생성의 일반 구조를 다음과 같이 표현한다. "본성적으로 생겨나는 것이나 기술을 통해 생겨나는 것은 현실적으로 있는 것의 작용에 의해서, 가능적으로 있는 것으로부터 생겨난다." 논의 맥락에 비추어 볼 때 여기서 "현실적으로 있는 것(energeiai on)"과 "가능적으로 있는 것(dynamei on)"이 각각 낳는 자(수컷)와 암컷의 몸에서 나온 질료를 가리킨다는 데 대해서는 의심의 여지가 없다. 물론 "현실적으로 있는 것"의 작용이 질료 안에서 이루어질 수 있도록 운동의 전달자 역할을 하는 것은 스페르마다. 하지만 스페르마의 작용은 그것이 전부이다. 즉 스페르마는 운동의 전달자, 즉 운동의 매개자(媒介者) 역할을 할 뿐 앞으로 생겨날 동물의 몸의 일부가 되지는 않는다. 아리스토텔레스가 "스페르마는 운동과 원리를 갖고 있는데, 이 운동이 끝나면 각 부분이 생겨나고 영혼을 가질 수 있게 된다"(II 1, 734b22~24)고 말하는 것은 그 때문이다. 그렇다면 스페르마의 작용이 질료를 동물로 형성할 수 있는 근거는 어디에 있을까?

이 질문에 대한 아리스토텔레스의 대답을 압축적으로 보여주는 것은 『동물발생론』 II권의 다음과 같은 구절이다.

"그런데 동질적인 부분들과 기관들은 동시에 생겨난다. 우리는 불 혼자서는 도끼도 다른 도구도 만들 수 없다고 말할 수 있을 텐데, 발과 손에 대해서도 이와 똑같이 말할 수 있다. 살의 경우에도 이와 같은데, 그 안에도 어떤 기능(ergon)이 속해 있기 때문이다. 딱딱함, 말랑함, 끈끈함, 부스러짐을 비롯해서 생명 있는(empsychos) 부분들에 속하는 그런 종류의 나머지 속성들(pathē)을 만들어내는 것은 열기(thermotēs)와 냉기(psychrotēs)이겠지만, 이것들은 어떤 것은 살이, 또 어떤 것은 뼈가 되게 하는 로고스(logos)를 만들어낼 수 없으니, 이 로고스를 제공하는 것은 완전한 상태에 있는 낳는 자에게서 오는 운동이며, 발생의 출처는 그런 것이 될 수 있는 가능성의 상태에 있다. 기술을 통해 생겨나는 것들의 경우에도 똑같다"(II 1, 734b27~36).

아리스토텔레스는 여기서도 기술적 제작을 유추의 근거로 삼아 '동질적인 것들'과 '기관들'[21]의 발생 과정과 계기를 분석해내려고 한다. 예를 들어 대장간의 광경을 떠올려보자. 대장장이는 쇳덩이를 불에 달구어 망치로 때리고 찬물에 담그는 과정을 반복하면서 도끼를 만들어낸다. 도끼를 만드는 데는 이런 달굼질, 망치질, 담금질이 필수적이다. 하지만 이런 과정들은 도끼를 만들기 위한 필요조건일 뿐 충분조건이 아니다. 왜냐하면 대장장이는 앞으로 만들어낼 도끼의 형상(eidos)을 머릿속에 갖고서 이 형상에 따라 그 모든 작업을 수행하는데, 이 형상

21 "동질적인 부분들(ta homoiomerē)"과 "기관들(ta organika)"의 구별에 대해서는 Kullmann, 1982, "Aristoteles' Grundgedanken zu Aufbau und Funktion der Körpergewebe," Sudhoffs Archiv, 66, pp. 209~238 참조.

혹은 그에 대한 생각 자체는 달굼질이나 담금질을 비롯한 도구의 작용과 전혀 '다른 어떤 것'이기 때문이다.[22] 다시 말해서 도끼 만들기를 비롯한 모든 기술적 제작에서 도구의 운동은 미리 주어진 '프로그램'에 따라 이루어지는데, 이렇듯 도구의 운동을 주도하는 프로그램을 일컬어 아리스토텔레스는 '로고스(logos)'라고 부른다. "뜨거운 것과 차가운 것이 쇳덩이를 딱딱하고 말랑하게 만들지만, 그것을 칼로 만드는 것은 기술의 로고스를 가진, 도구들의 운동이다"(734b37~735a2). 결국 기술적인 제작을 가능하게 하는 도구들의 운동은 두 가지 계기에 의해 이루어지는 셈이다. 하나는 단순한 물리적-화학적 작용이고, 다른 하나는 이런 작용을 통제하는 프로그램인 '로고스'이다. 생명체의 발생 과정에서 도구 역할을 하는 스페르마의 작용에서도 똑같다. 스페르마는 한편으로는 열작용을 통해 딱딱함, 말랑함, 끈적함 등의 성질들이 몸의 부분들에 갖추어지도록 만든다. 하지만 살이나 뼈 같은 가장 단순한 부분조차도 그런 생화학 작용만으로는 충분히 설명될 수 없다. 이 부분들은 그보다 더 단순한 요소들이 일정한 방식에 의해서 결합됨으로써 형성되고 이 '결합의 방식' 덕분에 저마다 제 '기능'을 수행할 수 있게 되기 때문이다.[23] 이런 결합 방식이 바로 아리스토텔레스가 말하는 '로고스'이고,[24] 그에 따르면 이 로고스는 낳는 자에게서 오는 운동 안에, 즉 그 운동을 담지하는 스페르마의 운동 안에 있다.[25] 스페르마

22 이 표현에 대해서는 『형이상학』 VII 17, 1041b19 참조.

23 II 6, 743a36 이하 참조.

24 "혼합의 로고스(logos tēs mixeōs)"에 대해서는 D.-H. Cho, 2003, *Ousia und Eidos in der Metaphysik und Biologie des Aristoteles*, Stuttgart: Franz Steiner Verlag. pp. 178 이하와 pp. 224 이하 참조.

25 I 22, 730b19~23 참조.

의 운동은 일정한 로고스에 따라 질료에 작용해서 몸의 조직들과 기관들을 만들어낸다는 뜻이다.

하지만 이 말이 곧 생명체의 발생 과정과 기술적 제작 과정이 모든 점에서 동일하다는 뜻일까? 기술적인 제작의 경우 제작자는 만들려는 제작물의 형태(morphē) 혹은 형상(eidos)을 머릿속에서 미리 구상한 뒤 그것을 실현하기 위해 제작 과정을 계획하고 이 계획에 따라 물건을 만든다.[26] 기술적이고 인위적인 제작에서는 그렇듯 '의식적으로 설정된 목적'이 제작 과정 전체를 이끈다. 하지만 동물의 발생은 그와 다르다. 동물의 발생은 자연적인 생성의 과정이고 이 과정에서 낳는 자는 스페르마를 전달할 뿐 생겨날 결과를 '의식적으로' 계획하지는 않기 때문이다. 장차 생겨날 동물의 형상은 일종의 프로그램의 형태로 스페르마 안에 미리 저장되어 있다가 그 프로그램에 의해서 통제되는 발생 과정을 거쳐 '질료'에 실현되는데, 이런 발생 과정은 '자연적으로' 이루어진다. 그런 뜻에서 발생의 프로그램을 가리키기 위해 아리스토텔레스가 사용한 '로고스' 개념은 생명체의 기본 설계도(Bauplan), 전체 유전 정보와 다른 것이 아니다.[27] E. 마이어(E. Mayr)를 비롯한 몇몇 아리스토텔레스 연구자들이 그의 발생론을 일컬어, 철학사에서 많은 오해를 낳은 개념인 teleology 대신 teleonomy라고 불러야 옳다고 주장하는 근거도 바로 거기에 있다. 아리스토텔레스에 따르면 본성적 생성, 즉 동물의 발생 과정은 의식적인 목적 설정 없이 프로그램에 따라 이루어지

26 『형이상학』 VII 7, 1032b1 이하 참조.

27 M. Delbrück, 1971, "Aristotle-totle-totle," *Of Microbes and Life*, eds. by J. Monod and E. Borek, NY: Columbia University Press, pp. 50~55와 E. Mayr, 2002, 『이것이 생물학이다』, 최재천 외 옮김, 서울: 몸과 마음, pp. 247~248 참조.

는, 지향성을 가진 합법칙적 과정이다.[28]

3) 스페르마의 열작용과 프네우마

현대 생물학의 발생론에 따르면 유전 정보는 염색체의 DNA가 RNA로 복사되고 이 RNA의 지시에 따라 리보솜 안에서 아미노산이 합성되어 단백질이 만들어지는 복잡한 과정을 거쳐 생명체에 구현된다. 아리스토텔레스가 생각한 '로고스'의 실현 과정 역시 그에 못지않게 복잡하다. 하지만 스페르마에 내재하는 여러 방향의 '운동들(kinēseis)'을 통해 로고스가 실현되는 과정의 복잡한 메커니즘에 대한 이야기는 잠시 미뤄두고 먼저 '열작용'에 초점을 맞추어 스페르마의 운동을 살펴보자.

스페르마가 피와 같은 성질을 갖고 있다는 사실을 다시 떠올려보자. 이 점은 아리스토텔레스의 발생론에서 매우 중요하다. 그것은 그가 생각한 스페르마의 작용을 이해하는 데 열쇠 구실을 하기 때문이다. 아리스토텔레스에 따르면 피는 외부에서 온 영양분이 몸 안에서 소화·흡수되어 만들어진 "최종 단계의 영양분(eschatē trophē)"(I 19, 726b3)이며 이 피가 분배되어 생명 활동이 이루어진다. 그런데 피의 분배는 아무렇게나 이루어지는 것이 아니다. 피가 몸의 각 부분에 분배될 때 이 과정은 일정한 운동 방식을 따른다. 그러나 이처럼 피가 일정한 방식의 운동에 따라 온몸에 골고루 나누어진다면, 피가 열처리되어 만들어진 스

28 Kullmann, 1978, *Die Teleologie in der aristotelischen Biologie*, Heidelberg, p. 61; 박홍규·이태수, 1988, 「아리스토텔레스에 있어서 목적인과 운동인」, 『希臘哲學研究』, 서울: 종로서적, pp. 299 이하 참조.

페르마 역시 똑같은 방식으로 운동한다고 보아야 하지 않을까? 실제로 아리스토텔레스는 피의 운동과 스페르마의 운동이 본질적으로 같다고 본다. "스페르마는 잔여물이고 운동하는데, 이 운동은 최종 단계의 영양분이 분배되어 신체가 자랄 때 따르는 것과 똑같은 운동이다. 그래서 스페르마가 자궁 안으로 들어오면 암컷의 잔여물을 (일정한 형태를 가진 형성물로) 형성하면서 운동하게 하는데, 이 운동은 그 스페르마 자체가 운동할 때 따르는 것과 똑같은 운동이다"(II 3, 737a18 이하). 즉 피의 잔여물인 스페르마 안에는 피의 운동과 동일한 방식으로 진행되는 운동이 들어 있고, 바로 이 운동이 암컷이 제공한 질료를 형성한다는 것이다.

물론 스페르마는 피가 추가적으로 열처리된 것이기 때문에 모든 점에서 피와 똑같지는 않을 것이다. 아리스토텔레스는 몸에서 나온 스페르마가 끈적거리고 색깔이 희며 냉각되면 물기가 많아지고 물처럼 투명해진다는 사실을 관찰했다. 그리고 그런 경험적 관찰을 근거로 삼아 그는 열처리된 피의 잔여물로서 스페르마의 물질적 성분이 거품과 열기(熱氣)로 이루어져 있다고 주장하면서 이 열기의 원천을 '프네우마(pneuma)'에서 찾는다. "스페르마는 프네우마와 물이 합쳐진 것이고, 프네우마는 뜨거운 공기(thermos aēr)이다. 그런 이유에서 (스페르마는) 본성적으로 축축한데, 물로 이루어지기 때문이다"(II 2, 735b37 이하). 스페르마의 생식 능력이 프네우마의 작용에서 유래한다는 말인데, 이와 관련한 아리스토텔레스의 주장들 가운데 두 가지 점은 꼭 짚고 넘어가야겠다. 그 하나는 프네우마가 불이나 그와 비슷한 성질의 물질이 아니라 천체를 이루는 재료(aithēr)와 유사한 성질을 갖는다는 주장이다(II 3, 736b35 이하를 참고). 불은 생명체를 생겨나게 할 수 없지만 태양의 열기나 동물의 몸에 속한 열기는 생명의 원리가 될 수 있다는 것이 그 증거이다. 다른 하나는 프네우마가 호흡을 통해 밖에서 안으로 들어온 공기가 아니라 태어날 때부터 몸속에 주어져 있는 "타고난 프네우마(symphyton pneuma)"(781a24)라는 사실이다. 이 주장에도 근거가 있다. 폐가 생겨나서 배아가 숨을 쉬기 전에 이미 열기가 작용해서 배의 발달을 이끈다면 이것은 프네우마의 생득성(生得性)을 보여주는 것이 아닌가? 이로부터 경혈을 배아로 형성해내는 스페르마의 작용은 타고난 열기의 기능으로 드러난다. 그런 뜻에서 "동물의 부분들은 프네우마에 의해서 분화된다(dihorizetai)"(II 6, 741b37)고 아리스토텔레스는 말한다.

그렇다면 이 타고난 열기는 어떤 방식으로 작용할까? 우리는 이런 질문에 대한 아리스토텔레스의 대답을 『동물발생론』의 두 구절에서 읽어낼 수 있다. 그중 하나는 I권 19장의 다음 구절이다.

"그런데 (몸의) 각 부분은 피가 열처리되고 모종의 방식으로 분배됨으로써 생겨난다. 반면에 스페르마는 열처리를 겪은 뒤 피와 다른 상태로 배출되지만 열처리가 안 된 상태에서 배출되기도 한다. 즉 어떤 사람이 자주 성행위를 해서 (스페르마의 배출을) 강제하면, 어떤 경우에는 (스페르마가) 배출될 때 피와 같은 형태를 띤다. 이런 점들을 놓고 볼 때 스페르마가 피의 성질을 가진 영양분의 잔여물, 즉 부분들로 흩어져 배분되는 마지막 영양분의 잔여물일 것이라는 사실이 분명하다. 그리고 이런 이유에서 스페르마는 큰 능력(dynamis)을 가지며 — 이렇게 말하는 이유는 깨끗하고 건강한 피가 배출되면 피로해지기 때문이다 — 후손들이 낳은 자들과 유사하게 되는 것도 이치에 맞는다"(I 19, 726b5 이하).

스페르마가 열처리를 거친 피에서 생겨난다면, 그것은 피와 본성이 같고 피가 가진 것과 동일한 능력(dynamis)을 가지고 있을 것이다. 또 낳는 자의 몸에서 피가 작용하는 방식과 스페르마가 다른 동물을 만들어낼 때 작용하는 방식이 똑같다면, 낳는 자와 태어난 동물의 생김새도 비슷할 것이다. 이와 관련된 아리스토텔레스의 발언은 매우 중요하다. 왜냐하면 스페르마의 능력 때문에 "후손들이 낳은 자들과 유사하게 된다"는 그의 말은 개별적 특징의 출현, 즉 개별화가 질료에서 비롯되는 것이 아니라 스페르마의 작용에서 비롯됨을 함축하기 때문이다. 개별화의 원리가 질료에 있다는 전통적 주장에 대한 명백한 반론이다. 이런 생각은 유전 현상을 설명하는 『동물발생론』 IV권에서 본격적으로 전개된다.

한편, 아리스토텔레스는 스페르마의 작용 혹은 스페르마 속에 든 열기의 작용을 II권 6장에서 이렇게 설명한다.

> "열기(thermotēs)는 각 부분에 적절하게 균형을 맞추어(symmetros) 양적으로나 질적으로 정해진 운동과 현실적 활동(energeia)을 가진 상태로 스페르마 성분의 잔여물 속에 들어 있다. 부족하고 과도한 정도에 따라 열기는 생겨나는 것을 열등하거나 비정상적인 것으로 만든다. 이는 영양분의 섭취나 다른 어떤 가공작업을 위해서 외부의 것들이 끓임(hepsēsis)에 의해서 형성될 때와 사정이 비슷하다. 하지만 이때는 우리가 그 운동을 낳는 열기의 균형을 조절하지만, 앞의 경우에는 낳는 자의 본성이 (그렇게 균형에 맞는 열기를) 제공한다. 자연발생적으로 생겨나는 것들의 경우에는 계절의 운동과 열기가 그 원인이다"(II 6, 743a26 이하).

인용문에 따르면 스페르마 안에 있는 열기의 활동은 음식을 익힐 때의 불기운의 작용과 같다. 불이 식재료에 열을 가해 음식을 만들어내듯이 스페르마의 열기는 경혈이라는 재료를 열처리해서 동물을 만들어낸다. 물론 음식을 만들 때 불은 너무 세도 안 되고 너무 약해서도 안 된다. 불기운이 너무 세면 재료가 타고 너무 약하면 재료가 익지 않기 때문이다. 또 재료의 성분에 따라 익히는 데 필요한 불기운의 정도도 다를 것이다. 경혈에 대한 스페르마의 작용도 그와 다르지 않다. 아리스토텔레스에 따르면 스페르마 안에 있는 열기는 "각 부분에 적절하게 균형을 맞추어 양적으로나 질적으로 정해진 운동과 현실적 활동을 가지고 있다." 그리고 바로 이 때문에 스페르마는 경혈에 작용을 가해서 동물을 만들어낼 수 있다. 스페르마의 열기에서 비롯되는 운동 작용이 양적으로나 질적으로 일정한 내용을 갖추고 있어서, 이에 따라서 몸의 각 부분이 형성되기 때문이다.[29] 그런 점에서 우리는 스페르마의 작용을 요리책의 레시피에 따라 음식을 익히는 불의 작용에 비유할 수 있다. 위의 인용문에는 '로고스'에 대한 언급이 빠져 있다. 하지만 "각 부분에 적절하게 균형을 맞추어 양적으로나 질적으로 정해진" 열기의 운동이 앞서 말한 '로고스에 따른 스페르마의 작용'과 동일한 사태를 가리킨다는 것을 짐작하기는 어려운 일이 아니다.

4) 영혼 능력들의 발생

스페르마와 영혼의 발생 사이의 관계로 눈을 돌려보기로 하자. 아리

29 II 1, 734b27 이하와 IV 2, 767a17 이하 참조.

스토텔레스는 수컷 또는 스페르마로부터 영혼(psychē)이 온다고 말하는데, 이 말은 또 무슨 뜻일까? '영혼'에 대한 아리스토텔레스의 정의부터 확인하고 그 뜻을 따져보는 게 좋겠다.

『형이상학』이나 『영혼론』에서 우리가 쉽게 확인할 수 있듯이, 아리스토텔레스는 영혼을 '살아 있는 것의 실체,' '로고스에 따른 실체,' '형상,' '어떤 성질을 갖춘 몸의 본질' 등으로 부른다.[30] 또 『영혼론』의 잘 알려진 정의에 따르면, 영혼은 — 눈에 속한 시력이 그렇듯이 — "가능적으로 생명을 가진 자연적 신체의 첫째 완성태"[31]이다. 즉 신체와 영혼은 눈과 시력처럼 뗄 수 없는 관계에 있다는 말이다. 이렇게 영혼을 신체의 기능으로 규정한 아리스토텔레스의 관점에서 보면, '몸의 부분들이 어떻게 스페르마의 작용으로부터 발생하는가?'의 물음과 '영혼의 능력들이 어떻게 스페르마의 작용을 통해 발생하는가?'의 물음은 분리된 두 가지 질문이 아니다. 신체의 부분들이 생겨나는 과정은 곧 그에 속한 기능들이 생겨나는 과정이기도 하기 때문이다. 스페르마와 영혼의 관계에 대한 『동물발생론』 II권 1장의 발언을 읽어보자. "스페르마는 영혼을 갖고 있을까, 그렇지 않을까? 똑같은 설명이 (몸의) 부분들에도 적용된다. (*a*) 영혼은 그것이 속해 있는 것 이외의 다른 어떤 곳에서는 아무것도 아닐 것이며, (*b*) (영혼을) 갖지 않은 부분은 죽은 사람의 눈처럼 이름만 같이 불릴 뿐이기 때문이다. 그렇다면 (스페르마가 영혼을) 갖고 가능적으로 있다는 것은 명백하다"(II 1, 735a4 이하).

스페르마는 "영혼을 갖고 가능적으로 있다." 아리스토텔레스 자신이

30 『형이상학』 VII 10, 1035b14~18; 『영혼론』 II 1. Cho, 2003, pp. 203 이하 참조.
31 『영혼론』 II 1, 412a27~28.

끌어들인 비유에 따르면, 스페르마의 이런 상태는 마치 '잠자는 기하학자'와 같다. 기하학자가 잠들어 있다고 해서 계산 능력이 없는 것은 아니다. 그는 현실적으로 계산을 하고 있지 않을 뿐이다. 잠을 자고 있으니까. 스페르마의 경우도 마찬가지다. 스페르마는 새로운 생명체를 낳을 수 있는 능력을 갖고 있지만, 이 능력은 '아직' 현실적인 활동의 상태에 있지 않다. 스페르마가 혼자서 몸의 부분들과 기능들을 만들어낼 수는 없기 때문이다. 하지만 스페르마가 경혈에 작용을 가하면, 그때부터 이 작용을 통해 몸이 형성되고 그에 속한 여러 기능들이 함께 생겨난다. 즉 신체의 기능으로서 '영혼'이 생겨난다. 우리는 앞서 스페르마의 작용에 의해 어느 몸의 부분들이 생겨나는 과정이 단계적이고[32] 자동인형의 움직임과 비슷하다고 말했는데, 영혼의 발생 과정도 이와 똑같이 단계적이다. 다시 아리스토텔레스의 말을 들어보자.

> "어느 누구도 '배아는 모든 측면에서 볼 때 생명(zōē)을 결여하고 있기 때문에 영혼이 없다(apsychon)'는 주장을 내세우지는 않을 것이다. 스페르마들과 동물들의 배아는 식물에 못지않게 살아 있고 어느 시점까지 발생 능력을 갖기 때문이다. 그렇다면 배아가 영양섭취-영혼을 가지고 있다는 사실은 분명하다. (무엇 때문에 그것이 처음에 필연적으로 이 영혼을 가져야 하는지는 다른 글에서 영혼에 관해 규정된 것들을 놓고 볼 때 분명하다.) 하지만 배아가 발전된 단계로 나아가면 감각-영혼도 갖추게 되는데, 이것 때문에 그것은 '동물'이라고 불린다. 왜냐하면 배아가

32 아리스토텔레스의 설명에 따르면, 내장 기관이 외부 기관보다 먼저 생기고, 횡경막 위의 부분들이 아래 부분들보다 먼저 생긴다. 『동물발생론』 II 6, 741b25 이하 참조.

'동시에' 동물과 인간이 되는 것도, '동시에' 동물과 말이 되는 것도 아니며, 이는 다른 모든 동물의 경우도 마찬가지이기 때문이다. 목적(telos)은 가장 늦게 생겨나고, 각자에게 고유한 것(to idion to hekastou)이 발생의 목적이기 때문이다. 이런 이유에서 지성(nous)에 관해서도, 이 원리를 갖는 것들이 언제 어떻게 지성을 획득하고 어디서 그것을 얻는지는 가장 어려운 의문거리이며, 능력을 다해서 할 수 있는 만큼 이 문제에 대한 대답을 얻도록 마음을 써야 한다"(II 3, 736a32 이하).

영혼은 영양섭취-영혼(threptikē psychē), 감각-영혼(aisthētikē psychē), 지성(nous)의 단계를 거쳐 생겨난다. 『영혼론』에서 언급된 영혼의 다섯 가지 능력의 구분과 비교해보면,[33] 위의 인용문에는 '생식 능력'과 '운동 능력'에 대한 언급이 빠져 있다. 하지만 생략의 이유를 추측하기는 어렵지 않다. 아리스토텔레스는 영혼의 능력이 식물의 단계, 동물의 단계, 사람의 단계를 거쳐 연속적으로 발생함을 보여주려고 한다. 우리는 이런 생각을 '영혼의 계통발생론'이라고 부를 수 있지 않을까?

영혼의 계통발생은 생명체 전체의 발생과 평행하게 이루어진다. 특정한 종의 개체로서 동물이 발생하는 경우, 이 발생 과정은 동물(zōion), 유(genos), 종(eidos)으로의 분화 과정을 거치고,[34] 이 과정의 마지막 단계에 개별자(to kath' hekaston)가 온다. 그래서 개별자는 생성(genesis)의 순서에서 보면 가장 마지막의 자리를 차지하지만, 있음의

33 『영혼론』 II 3, 414a31 이하 참조.

34 조대호, 2001, 「아리스토텔레스의 논리학과 생물학에서 게노스와 에이도스의 쓰임」, 《논리연구》 제5집 제1호, pp.119~145 참조.

순서에서 보면 가장 으뜸가는 뜻에서 있는 것, 즉 실체(ousia)이다.[35] 바로 이 개별자가 발생 과정의 지향점이자 완결점이라는 사실을 아리스토텔레스는 『동물발생론』의 여러 곳에서 강조한다.[36] 하지만 영혼의 발생과 관련해서 그의 발언들이 모든 점에서 분명한 것은 아니다. "가장 어려운 문제"는 — 아리스토텔레스 자신도 인정하듯이 — 지성(nous)의 발생 문제인데, 그 어려움은 지성이 "신체의 활동(energeia sōmatikē)"(II 3, 736b22)인 영혼의 다른 능력들과 본성이 다르다는 데 있다. "오직 지성만 '문밖에서' 추가적으로 안으로 들어오고 오직 이것만 신적인 것이라는 사실인데, 신체의 활동은 지성의 활동과 공유하는(koinōnei) 점이 전혀 없기 때문이다"(II 3, 736b28~30). 그렇다면 지성은 언제, 어떻게 '문밖에서' 몸 안으로 들어올까? 몸 안으로 들어오기 전에 지성은 어떤 상태로 있을까? 많은 의문이 남지만, 아리스토텔레스는 『동물발생론』에서 이런 물음들을 열린 문제로 남겨두었다.

요컨대 지성의 유래와 기원 문제를 제외한다면, 영혼의 발생에 대한 아리스토텔레스의 주장들은 명백하다. 우리는 그의 주장들을 다음과 같이 요약할 수 있을 것이다.

첫째, 스페르마도, 배아도 어떤 의미에서는, 즉 가능적으로는 이미 영혼을 갖추고 있다. 스페르마는 '영혼을 생겨나게 할 수 있는 능력을 갖고 있다'는 뜻에서, 배아는 '이미 성장 능력을 갖추고 자라는 과정에 있다'는 뜻에서 그렇다.

둘째, 『동물발생론』의 영혼 발생론에 따르면, 몸의 부분들뿐만 아니

35 IV 3, 767b 24~35 참조.

36 예를 들어 『동물발생론』 IV 3, 767b24 이하와 IV 3, 768b12 이하 참조.

라 영혼의 능력들도 처음부터 있었던 것이 아니라 스페르마의 작용을 통해 '단계적으로' 생겨난다. 이런 이론에는 플라톤이 이데아에 대한 앎을 정당화하기 위해 끌어들인 영혼의 선재성(preexistence)에 대한 가정 같은 것은 들어설 자리가 전혀 없다.

셋째, 동물의 신체나 영혼의 발생은 모두 아리스토텔레스가 '열작용(pepsis, pettein)'이라고 부른 생화학적인 과정에 의존한다. 어떤 연구자들은 아리스토텔레스가 동물의 발생을 '비물질적인 힘'의 작용 탓으로 돌렸다고 주장하면서 그를 '생기론자(vitalist)'라고 부르기도 했지만,[37] 이런 주장은 근거가 없다. 아리스토텔레스에 따르면 새로운 동물은 모종의 '비물질적인 힘'이나 '형태를 부여하는 형상의 능력(eine gestaltende Formkraft)'에 의해서가 아니라 스페르마 안의 뜨거운 공기인 '프네우마'가 '로고스'에 따라 작용해서 생겨나기 때문이다. 그런 만큼 『동물발생론』의 발생론과 『영혼론』의 영혼론을 함께 고려해서 아리스토텔레스의 '영혼' 개념을 정의한다면, 우리는 이렇게 말할 수 있지 않을까? '영혼은 스페르마를 통해 제공되는 프네우마의 작용이, 그 작용을 통해 형성된 몸의 조직과 기관 안에 실현되어 생겨난 능력이다.' 스페르마 안에 '영혼의 원리(archē tēs psychēs)'(737a29)가 있다는 말을 달리 해석하기는 어려울 것 같다.

37 이를테면 Lesky와 Düring이 이렇게 주장한다. Lesky, 1950, p. 138과 I. Düring, 1966, *Aristoteles*, Heidelberg, p. 543 참조. 하지만 A. Preus의 다음과 같은 비례식이 영혼의 위치를 적절하게 표현하는 것으로 보인다. art: movements of tools(energeia of art): product : nature: movement of hot and cold in semen and in the body = power of nutritive/generative soul(energeia of nature): natural product. A. Preus, 1970, "Science and Philosophy in Aristotle's Generation of Animals," Journal of the History of Biology, vol. 3, no. 1, p. 42. 『동물발생론』 II 4, 740b24~741a3 참조.

4. 『동물발생론』의 유전 이론

1) 유전 이론 개관

지금까지의 설명을 통해 아리스토텔레스 발생론의 핵심이 스페르마 이론에 있다는 사실은 어느 정도 분명해졌을 것이다. 다시 한 번 간추려보면 이런 내용이다. 동물의 발생은 스페르마의 도구적 운동이 경혈에 전달됨으로써 실현된다. 이때 스페르마의 운동은 그 안에 들어 있는 프네우마의 열기가 일정한 로고스에 따라 작용함으로써 이루어진다. 오늘날의 생물학 용어를 사용한다면, 스페르마의 운동에 의한 생명체의 발생 과정은 생화학적 과정이자 유전 프로그램에 따라 진행되는 '합법칙적 지향(teleonomical)' 과정이다. 이 과정의 지향점은 물론 부모와 종이 같은 개체의 재생산이다. 이 사실을 아리스토텔레스는 그의 저술 여러 곳에서 "사람이 사람을 낳는다"는 공식에 담아 표현했는데,[38] 이것은 현대 생물학의 "불변성 복제(invariante Reproduktion)"의 관념을 담은 것이다.[39] 그러면 동물의 발생 과정에서 종적인 보편성 이외의 개별적 특성들은 어떻게 생겨날까? 동물의 발생이 경혈에 작용하는 스페르마의 운동 때문이라면, 개별적인 특성의 출현도 스페르마의 운동과 그것과 경혈 사이의 상호작용에서 그 근거를 찾아야 하지 않을까? 『동물발생론』 IV권의 유전 이론은 이런 질문들에 대한 대

38 『형이상학』 VII 8, 1033b32; XII 3, 1070a27~28; 『동물부분론』 II 1, 646a33~34 등 참조.

39 Kullmann, 1998, p. 301과 J. Mono, 1982, 『우연과 필연』, 김용준 옮김, 서울: 삼성출판사. pp. 270 이하 참조.

답이다.[40]

먼저 일반적인 이야기부터 해보자. 아리스토텔레스는 『동물발생론』 IV권 3장에서 그의 유전 이론에서 다룰 기본 문제들을 소개한다(767a35 이하). 몸 전체와 부분들에서 나타나는 자식과 부모, 손자와 조부모 사이의 가족 유사성, 성별에 따른 아버지와 아들, 어머니와 딸의 유사성을 비롯해서 '이변(teras)'의 출현까지 각종 현상들이 논의의 범위에 포함된다. 이어지는 부분에서 아리스토텔레스는 그런 다양한 현상들을 유형에 따라 나누어 몇 가지 일반적인 설명을 제시하고, 그에 뒤이어 유전 현상들에 대한 자세한 설명을 시도한다.

다양한 유전 현상을 설명하기 위해서 아리스토텔레스가 끌어들이는 개념들 가운데 얼마간 설명이 필요한 것은 '이변'(767b5 이하)이라는 용어이다. 이 낱말은 본래 하늘의 이상한 징조를 가리키는 말이지만,[41] 『동물발생론』에서는 발생 과정의 이상 현상을 뜻한다. 예를 들어 양이나 소의 머리를 한 아이가 태어난다면, 이런 일이 '이변'의 극단적인 사례에 해당할 것이다.[42] 하지만 『동물발생론』에서는 teras 개념이 그보다 훨씬 더 넓은 뜻으로 사용되기도 한다. 이에 따르면 아버지와 성(性)이 다르고 모습이 닮지 않은 아이가 태어나는 여러 경우도 모두 "어떤 측면에서" '이변'에 해당한다. 그 모두가 본성적 질서에서 "벗어남(parekbebēke)"(IV 3, 767b7)이라는 이유에서 그렇다. 그런 뜻에서 아리

40 이어지는 부분에서 아리스토텔레스는 사람의 경우를 들어 유전 현상을 분석한다.

41 『일리아스』 11:28; 12:229; 17:548; 『오뒷세이아』 20:101.

42 769b13 이하 참조. '이변'과 관련된 고대 의학 이론에 대해서는 Ch.-G. Bien, 1997, *Erklärungen zur Entstehung von Missbildungen im physiologischen und medizinischen Schriftum der Antike*, Sudhoffs Archiv, Heft 38, Stuttgart, 특히 pp. 95 이하 참조.

스토텔레스는 여아의 출생도 '이변'이라고 부른다.

여아의 출생이 '이변'이라니 도대체 무슨 뜻일까? 아리스토텔레스의 발언은 매우 터무니없고 성차별적인 발언처럼 들리기도 한다.[43] 뒤링(I. Düring)이 "사실적으로나 논리적으로나 들어맞지 않는 황당한 생각"이라고 비판한 것도 무리가 아니다.[44] 하지만 아리스토텔레스의 "황당한 생각"을 이해하려면 한 가지 잊지 말아야 할 점이 있다. 그는 여아의 출생과 이변의 출현을 모두 '이변'이라고 부르지만, 두 경우를 엄밀하게 구분한다는 사실이다. 여아의 출생은 "본성상 필연적인 일(anankaia tēi physei)" 또는 합목적적 필연성이다.[45] 그런 일이 일어나는 까닭은 스페르마에 내재하는 남성을 대표하는 능력이 나이, 기후 등의 영향으로 경혈에 비해 우위를 얻지 못한 탓이지만, 그 덕분에 성별의 구분과 발생이 이루어져 종의 보존이 가능해진다. 하지만 더 좁은 의미에서 '이변'의 발생은 그렇지 않다. 그런 유형의 '이변'은 여러 가지 요인들에 따른 부수적인 현상일 뿐 어떤 뜻에서도 합목적적인 것이 아니기 때문이다. 그래서 아리스토텔레스는 그런 현상을 일컬어 "우연적인 뜻에서 필연적인 것(kata symbebēkos anankaion)"이라고 부른다. 생명체의 내적인 본성과 무관하게 어떤 외부 상황의 강제에 의해 일어나는 피할 수 없는 현상이라는 말이다.

43 J. Morsink, 1979, "Was Aristotle's Biology Sexist?" Journal of the History of Biology, vol. 12, no. 1: 83~112. D. M. Tress, 1992, "The Metaphysical Science of Aristotle's 'Generation of Animals' and Its Feminist Critics," The Review of Metaphysics, vol. 46, no. 2: 307~341; D. Henry, 2007, "How Sexist Is Aristotle's Developmental Biology?" Phronesis, vol. 52, no. 3: 251~269.

44 Düring, 1966, p. 553 참조.

45 IV 3, 767b8 이하 참조. II 1, 732a2 이하도 함께 참조.

이변이나 여아의 출생과 구별해서 아리스토텔레스가 언급하는 또 다른 경우는 아버지와 닮은 남아의 탄생이다. "경혈 안에 있는 스페르마 성분의 잔여물(perittōsis spermatikē)이 잘 열처리되면, 수컷에 속한 운동은 자기 자신을 따라서(kath' hauten) (자식의) 형태(morphē)를 만들어낼 것이다"(IV 3, 767b15~18). 아리스토텔레스에 따르면 이 경우는 어떤 형태의 '벗어남' 혹은 '파행'도 일어나지 않았다는 뜻에서 '이상적인' 경우이다. 그런 맥락에서 그는 이렇게 덧붙이기도 한다. "따라서 (수컷에 속한 운동이) 지배했다면 암컷이 아니라 (수컷을) 만들어내고, (자식은) 어미가 아니라 낳는 자와 닮는다. 반면에 (수컷에 속한 운동이) 지배하지 못했다면, 이는 지배가 이루어지지 못했던 바로 그런 능력의 측면에서 결손을 낳는다"(767b21~23).

이 세 가지 경우, 즉 여아의 출생, 이변의 발생, 아버지를 닮은 남아의 출생에 대한 아리스토텔레스의 일반적 설명을 함께 살펴보면, 그의 유전 이론의 몇 가지 기본 특징들이 분명하게 눈에 들어온다.

첫째, 스페르마의 운동이 발생 과정에서 얼마만큼 관철되는지에 따라 다양한 유전 현상이 나타난다. 그 운동이 경혈에 지배력을 행사할 수 있을 정도로 충분히 강력하다면, 아버지를 닮은 남아가 태어나지만, 그렇지 않으면 '이변'이 출현한다.

둘째, '이변' 현상은 스페르마의 운동 능력 이외에도 다양한 요인들, 예를 들어 나이, 체질, 영양, 기후, 지역적 조건과 같은 신체적 환경적 요소들의 영향 아래서 일어난다.[46]

셋째, 스페르마 안에는 하나의 '운동'이 아니라 여러 갈래의 '운동들

46 Lesky, 1950, pp. 156 이하 참조.

(kinēseis)'이 포함되어 있다. 이 복수의 운동들 가운데 어떤 것은 실현되고 어떤 것은 실현되지 않을 수 있는데, 이에 따라 서로 다른 유전 현상이 나타난다.

2) 스페르마 운동의 다원성

『동물발생론』의 IV권에서 아리스토텔레스는 유전 현상을 일반적으로 논의한 뒤 그에 대한 자세한 분석에 착수하는데, 이 논의는 세 가지 "가설들(hypotheseis)"을 바탕으로 전개된다.[47] 이런 가설에 의한 설명은 과학적 설명의 전형적 사례라는 점에서 매우 흥미롭다.

첫째 가설은 위에서 방금 지적한 스페르마 운동의 다원성(多元性)에 대한 것, 즉 스페르마의 운동에 여러 갈래가 있다는 가설이다. 이 가설을 아리스토텔레스는 낳는 자의 생식력에 대한 분석으로부터 이끌어낸다.

> "나는 각각의 능력(dynamis)을 다음과 같은 방식으로 설명한다. 낳는 자는 남자일 뿐만 아니라 어떤 성질을 가진 남자(toion arren), 예를 들어 코리스코스이거나 소크라테스이고, 또 코리스코스일 뿐만 아니라 사람이기도 하다. 그리고 이런 방식으로 어떤 것들은 — 낳는 능력을 갖춘 한에서(katho gennetikon) — 낳는 자에게 더 가까이 속해 있고, 어떤 것들은 더 멀리 속해 있지만, 우연적으로, 예를 들어 낳는 자가 문법학자이거나 어떤 사람의 이웃인 한에서 낳는 자에게 속해 있는 것은 아니다. 발생과 관련해서는 언제나 고유한 것(to idion)과 개별적인 것(to kath'

47 "가설들(hypotheseis)"이라는 표현은 768b5에서 명시적으로 사용된다.

hekaston)이 더 크게 힘을 쓴다. 즉 코리스코스는 사람이면서 동물이지만, 동물보다 사람이 고유한 것에 더 가깝다. 한편, 낳는 것은 개별자일 뿐만 아니라 유이지만 더 큰 역할을 하는 것은 개별자인데, 바로 이것이 실체이기 때문이다. 생겨나는 것은 '어떤 성질을 가진 것(poion ti)'이자 '이것(tode ti)'이 되는데, 이것이 실체이다"(IV 3, 767b23~34).

아리스토텔레스는 낳는 자(아버지)의 생식 능력에 대한 분석을 통해 스페르마의 다원성에 대한 가설에 도달한다. 낳는 자는 물론 '남자'이지만, 동시에 어떤 특성을 가진 남자, 곧 소크라테스나 코리스코스 같은 '개별자' 혹은 '개인'이다. 뿐만 아니라 이 개인들은 '사람'이고, 나아가서는 '동물'이다. 즉 낳는 자는 남성, 개별성, 종적인 본성, 유적인 본성을 모두 가지고 있다. 이런 성질들은 낳는 자에 '그 자체로서(katho gennētikon)', 즉 본질적으로 속하는 것들로서, 그의 이웃 관계나 지식의 소유 여부처럼 생식에 '우연적인(kath' symbebēkos)' 사실들과 다르다. 따라서 낳는 자에게 본성적으로 속하는 그런 다양한 특성들은 모두 생식에 힘을 미치지만, "발생과 관련해서는 언제나 고유한 것과 개별적인 것이 더 크게 힘을 쓴다." 즉 유적인 본성보다는 종적인 본성이, 종적인 본성보다는 개별적인 특성이 스페르마의 작용 가운데서 더욱 지배적으로 작용한다는 말이다. 왜 그럴까? 아리스토텔레스에 따르면 그 이유는 하나다. 즉 보편적인 것보다는 개별적인 것이 참된 의미에서 있는 것, 즉 실체(ousia)이기 때문이다.[48] 낳는 자도, 태어나는 자도 개

48 genos와 eidos의 쓰임에 대해서는 조대호, 2001, 특히 pp. 127 이하와 Cho, 2011, "Art und Gattung," in C. Rapp & K. Corcilius(Hrsg.), *Aristoteles Handbuch*, Stuttgart:

별적인 존재이고, 그래서 그들에게서 개별적인 특성이 보편적인 특성보다 우위를 차지한다는 말이다. 이에 대해서는 뒤에 더 자세히 살펴볼 것이다.

낳는 자의 생식 능력에 대한 이런 다원적 이해를 전제로 삼아 아리스토텔레스는 둘째 가설에 이른다. 스페르마 운동의 복수성(複數性)에 대한 다음과 같은 가설이 그것이다.

> "바로 이런 이유에서 스페르마 안에 있는 운동들(kinēseis)은 이 모든 것들에 속한 능력들(dynameis)에서 유래하고, 가능적으로는(dynamei) 조상들에게 속한 능력들에서도 유래하지만, 항상 개별자들에 더 가까운 능력들에서 더 많이 유래한다. 내가 말하는 개별자란 코리스코스나 소크라테스를 가리킨다"(IV 3, 767b35~768a2).

둘째 가설에 따르면 스페르마에 내재한 운동들은 낳는 자에게 본질적인 여러 특성을 대표한다. 성별의 특성, 개인적 특성, 종적인 특성, 유적인 특성들이 그에 해당한다. 나아가 스페르마의 운동 안에는 조상들에게서 유래하는 운동들까지 포함되어 있다. 이 운동들은 스페르마 안에 가능성의 상태로 잠재해 있다는 점에서 현실적으로 작용하는 다른 운동들과 다르지만, 특정한 조건에서는 그런 잠재적 힘들도 발현될 수 있다. 그리고 그런 힘들이 발현될 가능성은 보다 가까이 있는 조상

Metzler Verlag, pp. 183~188 참조. ousia에 대해서는 조대호, 2002, 「아리스토텔레스 본질론의 생물학적 측면: *Metaphysica* VII권을 중심으로」, 《철학연구》 제56집. 특히 pp. 197 이하 참조.

들에게서 유래하는 운동일수록 더욱 크다.

스페르마의 '운동들'에 대한 첫째 가설은, 아리스토텔레스가 가설로 세운 스페르마의 운동이 내적으로 복잡하다는 사실과 함께 이 복잡성은 실제 발생 과정에서, 즉 경혈에 스페르마의 운동이 전달되는 과정에서 다양하게 실현될 수 있다는 사실을 보여준다. 현대의 유전학은 DNA의 유전 프로그램이 어떻게 실현되는지에 따라서 유전 현상이 결정된다고 보는데,[49] 이와 마찬가지로 아리스토텔레스도 스페르마의 운동 속에 담긴 여러 갈래의 운동 가운데 어떤 것이 발현되는가에 따라 다양한 유전 현상이 발생한다고 생각했던 것이다.[50]

3) 유전의 메카니즘: 일탈과 이완

이제 아리스토텔레스의 가설을 따라서 스페르마의 운동이 다양한 갈래로 나뉘고 그것들 각각의 실현 가능성에 정도의 차이가 있다고 가정해보자. 그 다양한 운동이 실현되는 메커니즘은 구체적으로 어떤 것일까? 태어난 아이가 아버지나 아버지 쪽 조상들을 닮을 수 있는 가능성은 스페르마 운동의 다원성에 대한 가설을 통해 원리적으로 보장된다고 하더라도, 그것만으로 유전 현상을 충분히 설명할 수는 없지 않는가? 아이가 어머니와 모계의 조상들을 닮는다면 그 이유는 무엇일

49 물론 이런 사실은 생명의 모든 현상을 유전자 수준으로 환원해서 설명하려는 'DNA 중심주의'에 대한 반론의 근거가 된다. 이블린 폭스 켈러, 2002, 『유전자의 세기는 끝났다』, 이한음 옮김, 서울: 지호, pp. 81 이하 참조.

50 조대호, 2007, 「형상의 개별성과 보편성 — 아리스토텔레스의 형상 이론에 대한 개체주의적 접근」, 《철학연구》 제78집 1~31, 특히 '3. 형상의 표현형과 유전형'을 참조.

까? 물론 아리스토텔레스가 이에 대해서 몰랐을 리 없다. 오뒷세우스의 영리함이 외조부 아우톨뤼코스에게서 온 것이라는 사실은 그리스인들에게 잘 알려져 있던 사실이니까.[51] 아리스토텔레스는 스페르마 운동의 다원성과 복수성에 대한 가설을 내세운 다음 유전 메커니즘에 대한 다른 두 개의 가설을 추가함으로써 이런 질문들에 답하려고 한다.

하나는 '일탈(existasthai)'에 대한 가설이다.

> "그런데 모든 것은 임의적인 것이 아니라 (본래 예정된 것과) 대립하는 것으로 일탈하기(existatai) 때문에, 발생 과정에서 지배되지 않은 것 역시 필연적으로 일탈해서 (본래 예정되었던 것과) 대립하는 것이 될 수밖에 없으며, 이때 (일탈은) 낳았고 운동을 일으키는 것이 지배하지 못했던 바로 그 능력(dynamis)의 측면에서 이루어진다"(IV 3, 768a2~5).

우리는 앞에서 아버지를 닮은 사내아이가 태어나는 경우가 가장 자연적이고 이상적인 경우라고 말한 바 있다. 아리스토텔레스는 바로 그런 경우가 스페르마의 운동 속에 들어 있는 힘들 가운데 본성적으로 가장 힘이 센 것, 즉 남성적인 특성과 개별성을 대표하는 힘이 실현된 결과라고 보았다. 하지만 모든 발생이 그렇게 '이상적으로' 진행되는 것은 아니다. 스페르마의 운동이 본성적으로 정해진 궤도에서 벗어날 수도 있는데, 이를 일컬어 아리스토텔레스는 '일탈'이라고 부른다. 그리고 그는 자신의 자연철학의 기본 원리에 따라, 모든 경우에 일탈은 임의적인 것(to tychon)으로 귀결되는 것이 아니라 본성에 따라 발생하기

51 『오뒷세이아』 19:395 이하 참조.

로 예정되었던 것과 대립하는 것(to antikeimenon)으로 귀결된다고 말한다. 즉 발생 과정에서 경혈은 본래 스페르마의 운동에 속하는 가장 고유한 힘들에 의해 조형되어야 마땅하지만, 그렇지 못한 경우에는 본래 예정된 궤도에서 벗어나서, 고유한 힘들이 발현되었을 때 생겨날 수 있는 것과 반대되는 것으로 귀결된다는 말이다. 예를 들어 스페르마에 내재한 여러 갈래의 운동들 가운데 낳는 자의 개별적 특성을 대표하는 운동이 우위를 얻지 못하면, 새로 생겨난 개체는 어머니를 닮는다. 아버지와 어머니는 서로에게 '대립자'이기 때문이다. 또 같은 이유에서, 낳는 자의 남성적 특성을 대표하는 운동이 우위를 얻지 못하면 새로 태어난 개체의 성별은 어머니를 닮아 여자아이가 된다.

하지만 설명할 것이 더 있다. 스페르마의 운동 안에 가능적으로 내재하는 다른 힘들, 즉 조상들에게서 오는 운동들의 경우는 어떨까? 아리스토텔레스가 내세우는 셋째 가설은 바로 이 물음을 겨냥한 것이다.

> "그런데 일탈한 것은 대립되는 것으로 변화하는 데 반해, 제작하는 운동들(hai kinēseis hai dēmiourgousai)은 가까운 운동들로 이완된다(lyontai). 예를 들어 낳는 자의 운동이 이완되었을 경우 (그 정도가) 매우 작은 차이이면 (낳는 자의) 아버지에게 속한 운동으로 이행하고, 두 번째로 (낳는 자의) 할아버지에게 속한 운동으로 이행한다. 부계의 경우뿐만 아니라 모계의 경우에도 이와 같은 방식으로 (이완이 이루어져) 어머니에게 속한 (운동)은 (그녀의) 어머니에게 속한 (운동)으로, 그리고 이것으로 이완이 이루어지지 않는 경우에는 할머니에게 속한 (운동)으로 이완된다. 더 먼 선조들의 경우에도 이와 똑같다"(IV 3, 768a14~21).

둘째 가설이 '대립자로의 일탈'에 관한 것이라면, 셋째 가설은 조상들에게서 유래해서 스페르마의 운동 속에 잠복해 있던 힘들이 실현되는 방식, 즉 아리스토텔레스가 '이완(lyesthai)'이라고 부르는 방식에 대한 것이다. 이 가설에 따르면 경혈을 조형하는 스페르마의 고유한 운동 능력들이 — 일탈이 일어날 정도로 힘을 잃지 않는다고 하더라도 — 힘이 약해져 관철될 수 없는 상황이 되면, 조상들에게서 오는 힘이 그 역할을 넘겨받는다. 예를 들어, 낳는 자의 개별적 특성을 대표하는 힘이 약해지면 낳는 자의 아버지의 개별적 특성이 발현된다는 말이다. 마이어(H. Meyer)의 표현을 빌리면, "조형 능력은 약화되고 (그런 약화의) 정도에 따라 바로 다음 세대나 더 앞선 세대로 거슬러 올라갈 수 있다."[52] 물론 태어난 아이가 모계 조상들을 닮을 수도 있는데, 경혈에 속한 "어머니에게 속한 운동(hē tēs gennōsēs ⟨kinēsis⟩)"(768a20)이 약해질 때 그런 일이 일어난다. "이와 같은 방식으로 (이완이 이루어져) 어머니에게 속한 (운동)은 (그녀의) 어머니에게 속한 (운동)으로, 그리고 이것으로 이완이 이루어지지 않는 경우에는 할머니에게 속한 (운동)으로 이완된다. 더 먼 선조들의 경우에도 이와 똑같다"(768a18~21). 새로 태어난 아이에게서 부계 형질들이 나타나는 것은 이완 과정을 거쳐 아버지의 스페르마 운동 속에 잠복되었던 운동들이 실현된 결과이고, 모계 형질들이 나타나는 것은 어머니의 경혈에 내재하는 운동 속에 잠복되어 있던 운동들이 실현된 결과라는 말이다.

셋째 가설에서 아리스토텔레스가 모계 형질의 유전을 설명하기 위해 끌어들인 "어머니에게 속한 운동"이라는 개념은 그의 발생론을 둘러싼

52 Lesky, 1950, p. 152와 Meyer, 1918, p. 338을 참조.

논쟁의 뜨거운 감자다. 스페르마가 '작용인'이고 경혈은 '질료인'이라는 그의 발생론의 기본 도식을 떠올려보면 그 이유가 분명히 드러난다. 『동물발생론』 II권 4장에서 아리스토텔레스는 목재에 목수의 작용이 가해짐으로써 가구가 만들어지는 기술적인 제작을 모델로 삼아 동물의 발생에 "암컷은 질료를 제공하고, 수컷은 운동의 원리를 제공한다"(II 4, 740b24~25)고 말한 바 있다.[53] 이완에 대한 가설에서 언급된 "어머니에게 속한 운동"이 그런 설명 방식과 어떻게 어울릴 수 있을까? 모계 형질의 유전을 설명하기 위해 도입한 가설은 스페르마뿐만 아니라 경혈도 운동 능력을 가지고 개체의 형성에 참여함을 뜻하지 않는가? 이 물음에 대해 아리스토텔레스의 유전 이론은 일관성 있는 대답을 제시할 수 있을까? 바로 이것이 논쟁의 핵심 문제다.

아리스토텔레스의 발생 이론에 대해 체계적인 연구를 수행한 레스키는 이런 물음들에 대해 만족스러운 대답을 얻기 어렵다고 본다. 아리스토텔레스는 유전 이론을 전개하면서 스페르마와 경혈에 똑같이 고유한 운동 능력을 부여함으로써 자신의 발생 이론에 하나의 '균열(Bruch)'을 만들어낸다는 것이 레스키의 주장이다.[54] 보다 일반적인 원리, 즉 남자는 스페르마의 운동을 통해 생겨날 개체의 형상을 제공하고 여자는 경혈을 통해 새로운 생명체의 질료를 제공한다는 이른바 질료-형상설이 모계 조상들과의 유사성을 설명하는 데 이르러서는 더 이상 통용될 수 없게 된다는 것이다. 모계 형질의 유전을 설명하기 위해 아리스토텔레스는 경혈에도, 스페르마가 갖는다고 그가 가정했던 것과 똑같은 여러

53 『동물발생론』 I 20, 729a9~10; II 4, 738b20 이하; 『형이상학』 VII 9, 1034a33 이하.

54 Lesky, 1950, pp. 152~153을 참조.

갈래의 운동을 부여할 수밖에 없게 된 셈이기 때문이다. 그런 이유에서 아리스토텔레스 연구의 권위자 뒤링 역시 레스키의 견해에 동조한다.[55] 하지만 이것이 아리스토텔레스의 질료-형상설과 유전 이론을 종합적으로 고찰할 때 우리가 택할 수 있는 유일한 설명일까? 다른 대안은 없을까?

아리스토텔레스의 유전 이론이 그의 발생 이론의 일반적인 전제인 질료-형상설에 어긋나 보이는 것은 사실이다. 그것은 누구도 부정하기 어렵다. 그리고 그런 점에서 레스키와 뒤링의 지적은 정당하다. 하지만 그렇다고 해서 '어머니에게서 오는 운동'에 대한 아리스토텔레스의 가설이 그의 발생 이론의 일반적 전제와 모순된다거나 그 둘 사이에 '균열'이 있다고 단정하는 것이 옳을까? 이 문제와 관련해서 우리는 두 가지 점을 더 생각해봐야 할 것 같다.

첫째, 아리스토텔레스가 유전 이론에서 경혈에 운동 능력을 인정하는 것은 사실이지만, 그렇다고 해서 이 운동을 — 레스키의 표현대로 — '자립적인 운동들(selbständige Bewegungen)'이나 '어떤 독자적인 능동적 운동(eine eigene, aktive Bewegung)'으로 보는 것이 옳은지는 의문이다. 아마도 경혈에 내재하는 운동의 내용이 스페르마의 운동 내용과 다르다는 뜻에서 그 운동의 '자립성'이나 '능동성'을 말할 수는 있을 것이다. 하지만 발생 과정에 미치는 영향력의 측면에서 보면 그 운동은 분명 스페르마의 운동에 의존한다. 왜냐하면 경혈에 내재하는 운동은 스페르마의 운동에 의해서 발현되기 때문이다.[56] 레스키가 주목한 경혈

55 Düring, 1966, p. 553을 참조.

56 768a13 이하 참조.

에 들어 있는 운동의 능동성에 대해서도 비슷한 말을 할 수 있다. 어머니 쪽에서 오는 운동은 스페르마의 운동이 현실화된 뒤에야 비로소 현실성을 얻기 때문에,[57] 우리는 그 운동의 능동성을 최초로 생성을 일으키는 스페르마 운동의 능동성과 구별해야 마땅하다.

둘째, 어머니에게서 오는 운동에 대한 가정이 아리스토텔레스의 발생 이론의 근본 전제인 질료-형상설과 모순된다고 말하기도 어렵다. 레스키나 뒤링은 경혈에 내재하는 운동에 대해 말하면서 한 가지 중요한 점을 간과하는 것 같다. 합(H. Happ)이 규정한 "아리스토텔레스의 질료 개념의 역동적 성격(dynamischer Charakter des aristotelischen Hyle-Begriffes)"이 그것이다.[58] 아리스토텔레스의 질료는 단순히 '수동적인 것', '형태를 받아들이는 것', 다른 것에 의해서 '움직여지는 것'만이 아니라 작용인의 조형 작용에 반작용을 행사하고 이를 통해서 조형 과정에 함께 참여한다. 이는 마치 조리 과정에서 식자재의 성분에 따라 열작용이 다른 결과를 낳는 것과 같다. 아리스토텔레스가 『동물발생론』 IV권 3장에서 "어머니에게 속한 운동"과 그 작용에 대해서 말한다면, 그것은 바로 그런 '질료의 반작용'이라는 뜻에서 이해할 수 있을

57 슈티비츠는 이를 다음과 같이 적절히 표현했다. "남자나 개체로서 아버지의 힘들이 지배하지 못하는 경우에 한해서, 어머니가 제공한 질료 안에 잠재되어 있던 힘들이 발현된다(Nur wenn die Antriebe des Vaters als des Männchens oder Individuums unterliegen, entfalten sich die in dem weiblichen Stoffe schlummernden Kräfte)." F. Stiebitz, 1930, "Über die Kausalerklärung der Vererbung bei Aristoteles," Archiv für Geschichte der Medizin 23, p. 324를 참조.

58 H. Happ, 1971, *Hyle. Studien zum aristotelischen Materie-Begriff*, Berlin-New York: De Gruyter, p. 538을 참조. 예를 들어 『동물부분론』 II 1, 646a14 이하에 따르면, 흙, 공기, 물, 불과 같은 가장 기본이 되는 물질적 요소들은 온(溫, thermon), 냉(冷, psychron), 건(乾, xeron), 습(濕, hygron)의 힘들을 갖는다.

것이고, 그렇게 보면 그의 질료-형상 이론이 모계 유전에 대한 설명과 모순된다고 말하기는 어렵다. 아리스토텔레스의 유전 이론이 — 배아의 형성에 대한 이론에서와 달리 — 질료(경혈)의 능동적 역할을 강조하는 것은 분명한 사실이지만, 이 점을 과장함으로써 스페르마와 월경피가 동물의 발생 과정에서 수행하는 역할의 차이를 경시하는 것은 설득력이 없는 주장이 아닐까?

아리스토텔레스의 발언들로 되돌아가보자. 그는 일탈과 이완의 메커니즘을 통해 부모-자식에게 나타나는 유사성의 현상뿐만 아니라 유사성의 부재(不在)까지 함께 설명한다. 그는 768b5 이하에서 우리가 지금까지 살펴본 세 가지 가설을 요약한 다음[59] 다음과 같이 덧붙인다.

> "이렇게 (여러 운동이) 뒤섞이면, 그 결과 집안사람들 및 친척들 가운데 어느 누구와도 닮지 않고 공통적인 것(to koinon)만 남아서 사람인 결과가 생긴다. 이것은 모든 개별적인 것들에 수반된다는 것이 그 원인이다.[60] 사람은 보편적이지만, 아버지 소크라테스와 어머니는 — 누가 어머니였건 — 개별적인 것들에 속한다"(IV 3, 768b10~15).

자식들이 어떻게 부모 및 조부모와 개인적인 유사성을 갖게 되는지를 설명한 뒤 아리스토텔레스는 이제 그 반대의 경우, 즉 태어난 아

59 아리스토텔레스는 이렇게 요약한다. "일반적으로 가설들(hypotheseis)을 세워야 한다. 한 가지 가설은, 앞서 말한 바대로, 운동들 가운데 일부는 가능적으로, 일부는 현실적으로 들어 있다는 것이다. 다른 두 가설은 다음과 같다. (a) 지배당하면 반대되는 것으로의 일탈이 일어나고, (b) 이완되면 인접한 운동으로 이완이 일어나는데, 더 적게 이완되면 가까운 운동으로, 더 많이 이완되면 더 멀리 있는 운동으로 이완이 일어난다."

60 즉 보편성은 개별성에 수반되는 결과로서 주어진다. 『변증론』 IV 6, 128b4 참조.

이가 친척들과 아무 유사성도 없이 그들과 하나의 보편적인 특성, '사람'의 보편성만을 공유하는 경우를 설명하려고 한다. 그의 설명에 따르면 그런 경우는 개별적인 특징들을 대표하는 운동의 갈래들이 '뒤섞일(syncheontai)' 때 일어난다. 이 뒤섞임이 구체적으로 어떤 과정인지에 대한 자세한 설명은 없다. 하지만 769b11 이하의 진술을 실마리로 삼아 우리는 아리스토텔레스의 생각을 추측해볼 수 있다. "… 운동들이 이완되고 질료가 지배당하지 않을 때 마지막에 가장 보편적인 것(to katholou)이 남기 때문이다. 이것이 바로 동물이다." 이 발언에서 아리스토텔레스가 고려하는 것은 극단적인 경우, 즉 한편으로는 여러 갈래의 운동들이 약해지고 다른 한편으로는 질료가 작용인의 힘에 의해 제압당하지 않을 때 발생하는 경우이다. 이때 남는 것은 가장 보편적인 것, '동물'을 낳는 운동뿐이고, 그 결과 앞에서 우리가 '이변'의 사례로 소개한 경우가 발생할 수 있다. 그래서 이 경우는 분명 768b10 이하에서 소개한 경우와 다르다. 왜냐하면 768b10 이하의 경우에는 적어도 태어난 개체가 종적인 특성, 즉 사람의 특성을 갖고 있기 때문이다. 하지만 개체의 발생 과정에서 개체 수준의 부모-자식의 유사성은 출현하지 않고 오직 종적인 특성이나 유적인 특성과 같은 보편성만이 개체에 구현된다면, 그렇게 되는 이유는 똑같다. 바로 힘을 행사해야 할 운동들이 이완되고 질료인 경혈이 제대로 스페르마의 작용에 따라 조형되지 않는 데 그 원인이 있다.

그렇다면 이렇게 마지막에 보편적인 것이 남는 까닭은 무엇일까? 아리스토텔레스는 그 이유를 보편적인 것이 "개별적인 것들에 수반된다"는 데서 찾는다. '수반된다' 혹은 '뒤따른다(akolouthein)'는 말이 시간적인 후속(後續)을 뜻하는 것은 아닐 것이다. 시간적으로 보면 오히려 보편적인 특성들이 개별적인 특성들보다 먼저 생겨나기 때문이다.[61] 그런 점에서 '뒤따른다'는 생명체의 발생 과정이 본질적으로 개체 발생의 과정이며 개체의 발생에는 언제나 종적인 특성이나 유적인 특성이 수반됨을 뜻하는 것으로 보아야 할 것이다. 개체의 발생에 대한 이런 설명은 스페르마 속에 여러 갈래의 운동들이 들어 있지만 그 가운데 개별성과 성별을 대표하는 운동이 가장 현실적인 것이라는 아리스토텔레스의 생각과도 일치한다.[62] 결국 가장 현실적이고 고유한 운동들이 제대로 실현되지 못할 때 그 밖의 잠재적인 운동들, 즉 보편적인 특성들을 대표하는 운동들이 현실화되는 셈이다. 아리스토텔레스 철학의 기본적 입장, 즉 참된 의미에서 '있는 것(실체, ousia)'은 개별적인 것이라는 입장은 여기서 다시 확인된다. 개별적 실체에 대한 아리스토텔레스의 생각은 — 철학사가들이 흔히 주장하듯이 — 단순히 주어-술어의 논리에서 유래하는 것이 아니라 오히려 발생과 유전 현상에 대한 생물학적인 통찰에 뿌리박고 있는 것이다.[63]

4) 일탈과 이완의 원인들

아리스토텔레스는 『동물발생론』의 IV권에서 '일탈'과 '이완'을 유전의 메커니즘으로 제시하는 데 그치지 않고 그 원인들에 대해서 논의하는

61 『동물발생론』 II 3, 736b2 이하 참조. 아리스토텔레스의 발생론에서 '개체 발생(ontogeny)'과 '계통 발생(phylogeny)'의 상관성에 대해서는 Kullmann, 1998, p. 30을 참조.

62 IV 3, 767b30 이하 참조.

63 아리스토텔레스의 유전 이론이 그의 본질론에 대해서 갖는 의미에 대해서는 다음의 글을 참고. 조대호, 2025, 「『형이상학』 다시 읽기: 아리스토텔레스의 본질주의와 본질의 개별성 문제」(근간).

데, 이와 관련된 몇 가지 발언들을 소개하면서 이야기를 마무리하자.

먼저 이완의 과정부터 살펴보자. 아리스토텔레스에 따르면 이완의 원인은 작용하는 것이 작용받는 것으로부터 받는 반작용에 있다(768b16 이하). 이 반작용은 — 그의 비유에 따르면 — 어떤 것을 자르는 도끼의 날이 잘려야 할 것에 의해서 무뎌지거나, 열을 가하는 것이 열을 받는 것에 의해서 차가워지는 것과 같은 현상이다. 일반적으로 운동을 낳는 것은 모두 그 운동을 받아들이는 것에 의해서 반작용을 받는다고 아리스토텔레스는 말한다. 물론 운동의 힘이 충분히 강력하다면 그런 반작용에 의해서 큰 영향을 받지 않겠지만, 때로는 반작용이 작용보다 힘이 더 커서 열을 가하는 것이 반작용에 의해서 열기를 빼앗길 수 있는데, 그런 경우 작용이 약해지거나 심지어 완전히 멈출 수 있을 것이다. 이런 작용과 반작용을 서술하면서 아리스토텔레스는 768b16 이하에서 "작용하는 것(to poioun)", "뜨겁게 하는 것," 즉 열기를 가하는 것(to thermainon), "운동을 낳는 것(to kinoun)" 등의 표현을 사용한다. 이 표현들은 모두 4원인설에서 작용인의 역할을 기술할 때 그가 즐겨 쓰는 표현이면서, 발생 이론에서 스페르마나 스페르마의 작용을 가리키는 표현이기도 하다. 결국 스페르마 운동의 열기가 그에 비해 열기가 부족한 월경피의 반작용에 의해 힘이 약해질 때 이완이 일어난다는 것이 아리스토텔레스의 생각인 셈이다.

한편, 반대되는 것으로의 일탈은 (1) 능동적인 운동 자체의 힘이 부족하거나, (2) 운동과 열작용을 받는 것의 양이나 힘이 상대적으로 너무 많거나 클 때 일어난다.[64] 그런 경우 운동을 받아들이는 것(=경혈)은

64 이런 일은 물론, 앞서 언급했듯이, 스페르마나 경혈의 내적 조건뿐만 아니라 외

스페르마의 능동적인 운동에 의해 제압당하지 않는다.[65] 능동적인 것이 수동적인 것의 한 부분은 제압하지만 다른 부분은 제압하지 못한다면, 이때 생겨난 개체는 서로 뒤섞인 모습을 내보인다. 이를테면 성별에서는 아버지를, 형태에서는 어머니를 닮을 수 있고, 반대로 성별은 어머니를, 형태는 아버지를 닮을 수도 있다. 아리스토텔레스는 일탈을 설명하면서도 한편에는 열을 가하고 운동을 낳는 것을, 다른 한편에는 열을 받아들이고 운동을 받아들이는 것을 대비하는데, 여기서 우리는 아리스토텔레스가 일탈의 원인 역시 스페르마와 경혈 사이의 대립적 상호작용, 즉 '힘겨루기'에서 찾고 있음을 알 수 있다.[66]

일탈에 대한 설명에서 아리스토텔레스는 두 가지 흥미로운 사례를 제시한다. 운동선수들의 과잉 영양섭취와 '사튀리아시스(satyriasis)'라고 불리는 질병의 사례이다. 영양을 지나치게 많이 섭취하는 운동선수들의 경우 영양분이 몸의 본성적인 처리 능력에 의해 비율에 맞게 몸 전체에 골고루 분배되지 못하기 때문에, 몸의 형태가 기형이 된다고 아리스토텔레스는 말한다. 또 강물이나 바람이 얼굴의 여러 부분을 많이 자극하면 이것이 원인이 되어 얼굴이 짐승이나 사튀로스처럼 바뀐다고 말하기도 한다. 이 두 사례가 어떤 맥락에서 '일탈' 과정에 대한 설명에 도움이 되는지는 분명하지 않다. 하지만 두 가지 사례 모두 몸의 열기가 영양분이나 바깥에서 오는 영향에 맞서 알맞은 대응 작용을 할 수

부 조건(기후, 지역, 영양 상태 등)의 영향 아래서 일어난다. 『동물발생론』 IV 2, 767a28~29; 766b34~35 참조.

65 IV 3, 768b25 이하 참조.

66 이런 '힘겨루기'와 '지배(epikrateia)'에 대한 생각은 초기 의학 저술에 많이 나타난다. Kullmann, 1998, p. 294를 참조.

없기 때문에 생겨나는 이상(異常) 현상이다. 이런 사례들을 통해 아리스토텔레스는, 일탈 역시 작용하는 것과 작용받는 것 사이의 균형이 깨어질 때 발생한다는 사실을 말하려고 한 것 같다.

일탈과 이완에 대한 아리스토텔레스의 논의는 충분치 않아서 여러 가지 의문을 남긴다. 무엇보다도 일탈과 이완의 차이가 분명하지 않다. 아리스토텔레스는 둘의 차이를 정도의 차이로 보는 듯한데, 이것으로 두 과정의 결과가 온전히 설명될 수 있을까?[67] 하지만 유전의 메커니즘이 어떤 것이고 또 그 메커니즘에 영향을 미치는 요인들이 어떤 것인지를 규명하는 작업은 현대 유전학에서도 쉽지 않은 일임을 기억하자. 아리스토텔레스의 유전 이론을 평가하면서 너무 지나친 엄밀성의 잣대를 들이대서는 안 될 것 같다. 그의 이론은 오늘날의 유전 이론과는 전혀 다른 운동 이론의 관점에서, 한편으로는 스페르마와 경혈에 담긴 다양한 갈래의 운동들을 내세우고, 다른 한편으로는 이 운동들이 외적인 영향 아래 다양한 방식으로 실현되는 메커니즘을 제시함으로써 유전 현상을 과학적으로 설명하려고 했다는 점에서 그 의의를 평가해야 할 것이다. 특히 이변의 출산에 대한 아리스토텔레스의 설명은 의학사적으로 흥미로운 연구의 대상이다.

67 이 차이를 우리는 대략 다음과 같이 요약할 수 있을 것이다. 스페르마의 힘이 — 절대적으로나 상대적으로 — 약해서 경혈과 그것의 반작용을 도무지 제압하지 못하면 경혈은 본성적인 궤도에서 일탈해서 스페르마 속에 포함된 개별성과 남성을 대표하는 힘의 영향을 받지 않는다. 스페르마의 힘이 경혈의 운동을 제압하긴 하지만 힘이 약하면, 스페르마의 운동 속에 잠복되어 있던 운동, 곧 조상들에게서 유래하는 운동들이 발현된다.

5. 『동물발생론』의 의의

『동물발생론』은 아리스토텔레스 최후의 동물학 저작이다. 그의 관심은 생식 기능과 그 기능을 실현하는 데 필요한 기관들에 대한 논의에 초점이 맞춰져 있다. 그런 점에서 이 해제에서 소개한 발생과 유전에 대한 논의가 『동물발생론』의 중추적인 부분을 이룬다. 하지만 『동물발생론』의 내용을 발생과 유전에 대한 일반론으로 보는 것은 너무 협소한 관점일 것이다. 그 안에는 생명계의 놀라움을 보여주는 사실들에 대한 관찰과 그에 대한 설명이 가득하다. 예를 들어 이종 결합의 가능성과 이런 결합에 의한 새로운 종의 출현(II 7, 746a29 이하), 난태생과 태생 상어에 대한 관찰 기록(III 3, 754b20 이하), 연체류의 교접완에 대한 관찰(I 15, 720b30 이하), 암수한몸 동물에 대한 관찰(II 5, 741a35; III 10, 760a8 참조) 등이 대표적이다.

아리스토텔레스는 생명계의 이런 놀라운 현상들을 다루면서 자신의 탐구 방법을 충실하게 따른다. 이 방법은 서양 철학의 역사를 기술한 철학사가들이나 근대 과학혁명 시기의 철학자들과 과학자들이 아리스토텔레스를 비판하면서 자주 거론했던 삼단논법, 귀납법, 논증의 방법 등이 아니다. 아리스토텔레스의 탐구 방법의 핵심은 '사실들'을 관찰하고 그 관찰을 설명하는 데 필요한 '가설들'을 세우는 데 있다. 가설들을 설정하는 과정에서는 물론 기존의 다양한 의견들이 검토된다. 그 결과 적절한 가설들이 확보되면 이를 통해 사실을 설명하고, 그 과정에서 설명되지 않는 사실이 있다면 가설을 수정하거나 새로운 가설을 세운다. 이것이 아리스토텔레스의 '발견의 방법'이다. 프랜시스 베이컨이나 르네 데카르트 등 근대 과학자들이나 철학자들은 삼단논법적 형식의 논증이 아리스토텔레스가 택한 과학적 방법의 전부인 것처럼 강변했지만, 그런 형태의 논증은 발견된 진리를 전달하는 데 필요한 최소한의 형식을 갖춘 설명 모델일 뿐이다. 아리스토텔레스가 사용한 진짜 '탐구와 발견의 방법'을 확인하고 싶은 사람은 가설들을 통해 유전 현상을 설명해 나가는 『동물발생론』 IV권 3장과 함께, 벌들의 발생을 다룬 『동물발생론』 III권 10장을 직접 읽어보는 것이 좋을 것이다.

물론 『동물발생론』에는 '생물학의 아버지'로서의 아리스토텔레스에게 오명을 안겨준 주장들이 담겨 있는 것도 사실이다. 예를 들어 유각류와 일부 곤충들의 발생을 설명하기 위해서 도입한 '자연발생설'이 대표적이고, 뱀장어의 발생과 같은 개별적인 사실들에 대한 관찰의 오류도 그렇다. 하지만 전혀 틀린 주장을 하지 않은 과학자가 역사상 어디 있었나? 과학사에 관심이 있는 사람에게는 아리스토텔레스의 주장을 잘못된 것으로 단정하는 대신에 도대체 어떤 이유에서 그가 그런 잘못된 관찰과 설명에 도달했는지를 따져보는 것이 훨씬 더 흥미롭고 유익한 일일 것이다. 아무런 관찰 도구 없이 오직 육안으로 관찰이 가능했던 상황을 상상해보라. 또 1920년대에 뱀장어의 발생 과정을 추적해내기까지 어느 누구도 뱀장어의 발생을 설명할 수 없었다는 사실을 상상해보라.[68] 아리스토텔레스가 뱀장어의 발생을 잘못 설명한 까닭은 눈으로 관찰할 수 있는 뱀장어에게서 암수 구별이 가능한 어떤 생식기관도 확인되지 않았기 때문이다. 그의 설명은 틀렸지만 그의 관찰은 옳았다!

아리스토텔레스의 철학에 관심을 가진 대다수의 사람들에게는 아마도 『동물발생론』의 과학사적 의미보다는 철학적 의미가 더 큰 관심거

68 본문의 741b1에 대한 각주 참조.

리일 것이다. 나는 『동물발생론』을 꼼꼼히 읽는 사람은 그런 관심을 '모두' 채울 수 있으리라고 확신한다. 『동물발생론』은 아리스토텔레스의 과학적 사유의 정점일 뿐만 아니라 그의 철학적 사유의 구현이기 때문이다. 존재와 생성의 관계, 기술적 제작과 자연적 발생에서의 질료–형상설, 개별적 실체의 발생 과정, 목적과 필연성의 관계 등 아리스토텔레스 철학의 거의 모든 문제에 대한 대답을 우리는 『동물발생론』에서 찾아낼 수 있다. 이 대답들을 확인하는 것은 독자들의 몫으로 남겨둔다.

참고 문헌

1. 그리스 원전, 번역, 주석

김인곤 외 옮김, 2005, 『소크라테스 이전 철학자들의 단편 선집』, 서울: 아카넷.

여인석 · 이기백(편역), 2011, 『히포크라테스 선집』, 서울: 나남.

조대호, 2017, 『형이상학』, 서울: 길.

조대호 · 김재홍 · 유재민 · 임성진 · 김헌, 2022, 『아리스토텔레스 선집』, 서울: 길.

Aubert, H. und Wimmer, F., 1860, *Aristotelis de Generatione Animalium*, Griechisch und Deutsch und mit sacherklärenden Anmerkungen, Leipzig: Verlag von Wilhelm Engelmann.

Barnes, J.(ed.), 1984, *Complete Works of Aristotle*, 2. vols., Princeton: Princeton University Press.

Diels, H.– Kranz, W.(Hg.), 2004, *Die Fragmente der Vorsokratiker*(6. Auflage), Zürich–Hildesheim: Weidmann.

Drossaart Lulofs H. J.(ed.)([1]1965), 1972, *Aristotelis generatione animalium*(OCT),

Oxford: Clarendon Press.

Jaeger, W., 1957, *Aristotelis Metaphysica*(OCT), Oxford: Clarendon Press.

Kullmann, W., 2007, *Aristoteles. Über die Teile der Lebewesen*, Berlin: Akademie Verlag.

Leeve, C. D. C., 2019, *Aristotle. Generation of Animals & History of Animals I, Parts of Animals I*, Indianapolis/Cambridge: Hackett.

Littré. E., 1839~1861, Oeuvres Complètes d' Hippocrate I–X, Paris: J–B. Baillière.

Lonie, I. M., 1981, *The Hippocratic Treatises*, Berlin: Walter de Gruyter.

Louis, P., 1961, *Aristote. De la génération des animaux*(Collection Budé), Paris: Les Belles Lettre.

Monro D. B. et Allen, T. W., 1956, *Homeri Opera*(OCT), Oxford: Clarendon Press.

Ogle, W., 1912, *De partibus animalium*, in: D. Rossc(ed.), *The Works of Aristotle translated into English*, vol. V, Oxford: Clarendon Press.

Peck, A. L.(11937), 1993, *Aristotle. Part of Animals*(Loeb), London–Cambridge/Mass: Harvard University Press.

Peck, A. L.(11943), 1990, *Aristotle. Generation of Animals*(Loeb), London–Cambridge/Mass. : Harvard University Press

Platt, A., 1912, *De generatione animalium*, in: D. Ross(ed.), *The Works of Aristotle translated into English*, vol. V, Oxford: Clarendon Press.

Ross, W. D., 1928, *Metaphysica*, in: D. Ross(ed.), *The Works of Aristotle translated into English*, vol. VIII, Oxford: Clarendon Press.

Ross, W. D., 1950, *Aristotelis Physica*(OCT), Oxford: Clarendon Press.

Thompson, D. W., 1913, *History of Animals*, in: D. Ross(ed.), *The Works of Aristotle translated into English*, vol. IV, Oxford: Clarendon Press.

2. 이차 문헌

박홍규 · 이태수, 1988, 「아리스토텔레스에 있어서 목적인과 운동인」, 『希臘哲學研究』, 서울: 종로서적, pp. 283~302.

이남기, 2024, 「아리스토텔레스의 질료-형상설과 실체적 생성의 문제」(석사학위논문), 서울: 연세대학교 대학원.

이태원, 2003, 『현산어보를 찾아서』 1~5, 서울: 청어람미디어.

조대호, 2001, 「아리스토텔레스의 논리학과 생물학에서 게노스와 에이도스」, 《논리연구》 제5집: 119~145.

조대호, 2002a, 「아리스토텔레스 본질론의 생물학적 측면: *Metaphysica* VII권을 중심으로」, 《철학연구》 제56집: 195~218.

조대호, 2002b, 「『동물의 생성에 대하여』를 통해 본 아리스토텔레스의 생성이론」, 《서양고전학연구》 제18집: 95~121.

조대호, 2002c, 「『동물의 생성에 대하여』를 통해 본 아리스토텔레스의 유전 이론」, 《과학철학》 9: 131~157.

조대호, 2007, 「형상의 개별성과 보편성」, 《철학연구》 제78집: 1~29.

조대호, 2019, 『아리스토텔레스, 에게해에서 만난 인류의 스승』, 서울: 아르테.

조대호, 2024, 「아리스토텔레스와 '탐구적 추론'」, 《철학연구》 제147집: 129~159.

조대호, 2025, 「『형이상학』 다시 읽기: 아리스토텔레스의 본질주의와 본질의 개별성 문제」(근간).

Balme, D. M., 1972, *Aristotle's De Partibus Animalium I and De Generatione Animalium I with passages from II. 1~3*(Clarendon Aristotle Series), Oxford: Clarendon Press.

Balme, D. M., 1987, "The place of biology in Aristotle's philosophy," in: A. Gotthelf and J. G. Lennox(ed.), pp. 9~29.

Balme, D. M., 1987, "Aristotle's biology was not essentialist," in: A. Gotthelf and J. G. Lennox(ed.), pp. 291~312.

Bartel, K., 1966, *Das Techne-Modell in der Biologie des Aristoteles*(Diss.), Tübingen.

Berger, F., 2005, *Die Textgeschichte der Historia animalium des Aristoteles*, Serta Graeca, Bd. 21, Wiesbaden: Dr. Ludwig Reichert Verlag.

Bien, Ch.-G., 1997, *Erklärungen zur Entstehung von Missbildungen im physiologischen und medizinischen Schriftum der Antike*, Sudhoffs Archiv, Heft 38, Stuttgart.

Bos, A., 2009, "Aristotle on Soul and Soul-'Parts' in Semen('GA' 2.1, 735a4~22)," Mnemosyne, vol. 62, no. 3: 378~400.

Cho, D.-H., 2003, *Ousia und Eidos in der Metaphysik und Biologie des Aristoteles*, Stuttgart: Franz Steiner Verlag.

Cho, D.-H., 2005, "Drei Aspekte des aristotelischen Begriffs der Essenz," Elenchos XXVI fasc.2: 357~377.

Cho, D.-H., 2010, "Beständigkeit und Veränderlichkeit der Spezies in der Biologie des Aristoteles," in S. Föllinger(Hg.), *Was ist Leben?*, pp. 299~314.

Cho, D.-H., 2011, "Art und Gattung," in C. Rapp & K. Corcilius(Hgg.), *Aristoteles Handbuch*, Stuttgart: Metzler Verlag, pp. 183~188.

Code, A., 1987, "Soul as Efficient Cause in Aristotle's Embryology," Philosophical Topics, vol. 15, no. 2: 51~59.

Connell, S., 2001, "An Integrated Approach to Aristotle as a Biological Philosopher," Review of Metaphysics, vol. 55, no. 2: 297~322.

Cooper, J. M., 1990, "Metaphysics in Aristotle's Embryology," in D. Devereaux et P. Pellegrin(eds.), pp. 55~84.

Devereux, D. et Pellegrin, P.(eds.), 1990, *Biologie, Logique et Metaphysique chez Aristote*, Paris: Ed. du CNRS.

Delbrück, M., 1971, "Aristotle-totle-totle," *Of Microbes and Life*, ed. by J. Monod and E. Borek, NY: Columbia University Press, pp. 50~55.

Düring, I., 1966, *Aristoteles*, Heidelberg: Winter.

Falcon, A. and Lefebvre, D.(eds.), 2018, *Aristotle's Generation of Animals. A Critical Guide*, Cambridge: Cambridge University Press.

Föllinger, S., 1997, "Die aristotelische Forschung zur Fortpflanzung und Geschlechtsbestimmung der Bienen," in W. Kullmann und S. Föllinger (Hgg.), pp. 375~385.

Föllinger, S.(Hg.), 2010, *Was ist ‚Leben'? Aristoteles' Anschauungen zur Entstehung und Funktionsweise von Leben*(Philosophie der Antike), Stuttgart: Franz-Steiner Verlag.

Föllinger, S., 2022, *Aristotle's Generation of Animals: A Comprehensive Approach*(Philosophie der Antike, 43), Berlin-New York: De Gruyter.

Föllinger, S. und Busch, T., 2022, *Aristoteles als wissenschaftlicher Autor: Eine Analyse seines >>epistemischen Schreibens<< in der biologischen Schrift De generatione animalium*, Berlin-New York: De Gruyter.

Freudenthal, G., 1995, *Aristotle's Theory of Material Substance: Heat and Pneuma, Form and Soul*, Oxford: Clarendon Press.

Ganias, K. et al., 2017, "Aristotle as an ichthyologist: Exploring Aegean fish diverstity 2,400 years ago," Fish and Fisheries: 1~18

Gelber, J., 2010, "Form and Inheritance in Aristotle's Embryology," Oxford Studies in Ancient Philosophy, 39: 183~212.

Gotthelf, A.(ed.), 1985, *Aristotle on Nature and Living Things*, Bristol: Mathesis Publications.

Gotthelf, A., 1987, "Aristotle's Conception of Final Causality," in A. Gotthelf and J. Lennox(eds.), pp. 204~242.

Gotthelf, A. and Lennox, J. G.(eds.), 1987, *Philosophical issues in Aristotle's biology*, Cambridge: Cambridge University Press.

Grene, M., 1972, "Aristotle and Modern Biology," Journal of the History of the Ideas, 33: 395~424.

Happ, H., 1971, *Hyle. Studien zum aristotelischen Materie-Begriff*, Berlin–New York: De Gruyter.

Henry, D., 2006, "Aristotle on the Mechanism of Inheritance," Journal of the History of Biology, 39: 425~455.

Henry, D., 2007, "How Sexist Is Aristotle's Developmental Biology?" Phronesis, vol. 52, no. 3: 251~269.

Kullmann, W., 1979, *Die Teleologie in der aristotelischen Biologie. Aristoteles als Zoologe, Embryologe und Genetiker*, Heidelberg: Winter.

Kullmann, W., 1982, "Aristoteles' Grundgedanken zu Aufbau und Funktion der Körpergewebe," Sudhoffs Archiv, 66: 209~238.

Kullmann, W., 1998, *Aristoteles und die moderne Wissenschaft*(Philosophie der Antike Bd. 5), Stuttgart: Franz Steiner Verlag.

Kullmann, W., 2014, *Aristoteles als Naturwissenschaftler*, Berlin–New York: De Gruyter.

Kullmann, W., und Föllinger, S.(Hrsg.), 1997, *Aristotelische Biologie. Intentionen, Methoden, Ergebnisse*(Philosophie der Antike Bd. 6), Stuttgart: Franz Steiner Verlag.

Lennox, J. G., 2001, *Aristotle's Philosophy of Biology*, Cambridge: Cambridge University Press.

Leroi, A. M., 2022, 『라군』, 양병찬 옮김, 서울: 동아엠엔비.

Lesky, E., 1950, *Die Zeugungs- und Vererbungslehren der Antike und ihr Nachwirken*. Abh. d. Akd. d. Wiss. u. d. Lit. in Mainz, Geistes–u. sozialwiss. Kl., Nr. 19, Wiesbaden.

Leunissen, M. and Gotthelfm A., 2011, "'What's Teleology Got To Do With It?' A Reinterpretation of Aristotle's 'Generation of Animals' V," Phronesis, vol. 55, no. 4: 325~356.

Mayr, E., 2002, 『이것이 생물학이다』, 최재천 외 옮김, 서울: 몸과 마음.

Meyer, H., 1918, "Das Vererbungsproblem bei Aristoteles," Philologus NF. 29: 323~363.

Meyer, J. B., 1855, *Aristoteles Tierkunde. Ein Beitrag zur Geschichte der Zoologie, Physiologie und alten Philosophie*, Berlin: Weidmann.

Morsink, J., 1979, "Was Aristotle's Biology Sexist?" Journal of the History of Biology, vol. 12, no. 1: 83~112.

Nielsen, K. M., 2008, "The Private Parts of Animals: Aristotle on the Teleology of Sexual Difference," Phronesis, vol. 53, no. 4/5: 373~405.

Nolan, M., 1995, "Passive and Deformed? Did Aristotle Really Say This?" New Blackfriars, vol. 76, no. 893: 237~257.

O'Rourke, Fran, 2004, "Aristotle and the Metaphyics of Evolution," The Review of Metaphysics, vol. 58, no. 1: 3~59.

Preus, A., 1970, "Science and Philosophy in Aristotle's Generation of Animals," Journal of the History of Biology, vol. 3, no. 1: 1~52.

Ritter, J.(Hrsg.), 1998, *Historisches Wörterbuch der Philosophie*, Bd. 10, Basel-Stuttgart.

Salmieri, G., 2018, "Something(s) in the Way(s) He Moves: Reconsidering the Embryological Argument for Particular Forms in Aristotle," in A. Falcon and D. Lefebvre(eds.), pp. 188~206.

Stiebitz, F., 1930, "Über die Kausalerklärung der Vererbung bei Aristoteles," Archiv für Geschichte der Medizin, 23: 332~345.

Svensson, P., 2020, 『삶, 죽음, 그리고 세상에서 가장 신비로운 물고기』, 신승미 옮김, 서울: 나무의 철학.

Tress, D. M., 1992, "The Metaphysical Science of Aristotle's 'Generation of Animals' and Its Feminist Critics," The Review of Metaphysics, vol. 46, no. 2: 307~341.

Wöhrle, G., 1997, "Aristoteles' biologische Schriften heute lesen?," in H.-C. Günther und A. Rengakos(Hgg.), *Beiträge zur antiken Philosophie. Festschrift für W. Kullmann*, Stuttgart: Franz Steiner Verlag, pp. 214~231.

찾아보기

일러두기

1. 베커 쪽수의 백 단위 자리인 "7"은 생략했다.
2. 상위어에 한해서 가나다 순으로 정렬했다.

한국어-그리스어

ㄱ

가능적으로(dynamei, potentially), ~일 수 있는 가능성의 상태에 ☞ 능력(dynamis)
- 암컷의 잔여물은 그것의 출처와 같은 종류의 동물이 될 수 있는 가능성의 상태에 있다 40b19, 62b3
- 무정란은 가능적으로 어떤 영혼(=영양섭취-영혼)을 갖는다 41a23
- 질료 안에는 부분들이 가능적으로 내재 41b7

가리비(kteis, scallop) 63b12
가슴(thōrax, chest) 47a21f.
가시(akantha, spine, fish-spine) 17b31, 83a23, 27
가시가 있는(akanthodēs, spiny) 54a28, 81b34
가재(karabos, crayfish) 57b33, 58a10ff.
가정관리인(oikonomos, household manager) 44b16
가정살림(oikonomia, household management) 44b18
가지(klados, branch) 52a20
각다귀(empis, gnat) 21a10
각질비늘(pholidōtos, horny-plated) 16b25, 19b8, 11, 33a6
간(hēpar, liver) 34a17, 71a4, 8
갈까마귀(koloios, Jackdaw) 56b22
감각, 감각 능력(aisthēsis, sense-perception) 78b22, 32
- 감각 vs. 이론 40a4, 60b31
- 감각에 분명한 (암수의 차이) 16a31, 34a21
- 감각은 일종의 앎 31a33
- 새끼를 돌볼 수 있는 감각 53a8
- 단순히 살아 있는 것들과의 차이 31b4
- 동물들의 부류는 감각에 의해서 존재한다 32a13
- 동물은 영혼에 속한 감각 능력 부분에 의해서 존재한다 36a30
- 감각 능력 때문에 '동물'이라고 불린다

36b1
– 동물은 감각을 가짐으로써 식물과 다르다 41a9
– 동물의 단계에서는 감각을 가져야 57b16
– 감각의 원리는 심장 안에 43b25
감각기관(aisthētērion, sense organ) 43b36
– 감각기관들에 속한 신체 44b23
감정(pathos, emotion) 21b16 ☞ 수동적 변이
갑각류(ta malakostraka, crustaceans) 15b1, 17a3, 32b6, 57b32
– 갑각류의 짝짓기 20b9
– 갑각류의 알들 55b33
갑오징어(sēpia, cuttlefish) 57b32, 58a6
갓난아이(paidion, infant) 44a26, 31, 79a11, 19, 26, 80b1 ☞ 새끼, 아이
강제로, 강제에 의해서, 강제적인(biai, biaios, forced) 38a1, 73a19
≈ 본성에 어긋나는 39a4, 77a18, 88b27f.
개(kyōn, dog) 19b25, 69b23
– 인도의 개들(kyon Indikos, Indian dogs) 46a34
– 새끼를 여럿 낳는 71a21
– 불완전한 상태로 새끼를 낳는 70b1, 74b16
개별자, 개별적인 것(kath' hekaston, particular, individual)
– 발생과 관련해서는 언제나 개별적인 것이 더 크게 힘을 쓴다 67b30
– 낳는 데서 더 큰 역할을 하는 것은 개별자 67b33
= 코리스코스 혹은 소크라테스 68a1
= 실체 67b33
거미(arachnion, spider) 58b9 ☞ 독거미
거북(chelōnē, tortoise) 16b25, 20a6, 32b4
거세된 사내(eunouchos, eunuch) 46b24, 66a26
– 대머리가 되지 않는다 84a6
– 남자로부터 여자로의 변화 84a11
거세를 당한 동물들(ta ektemnomena, castrated animals) 65a25, 17b2, 87b19
거위(chēn, goose) 51a13
거친, 거친 성질(pachytēs, hardness) 82a24, 88a19
거칠다(pachys, hard, coarse, thick) 80a32, 82a25, 33, 35, 82b10, 83b6
거품(aphros, aphrodēs, foam) 35b10, 21f., 86a7
– 정액은 거품 36a14
– 거품 속에 싸여 있는 프네우마 36b36
– 거품이 있는 진흙 63a28
검정(색)(melan, black)
↔ 하얀색 80a33
= 빛이 투과하지 않는 80a34
겉모습(idea, visible form) 66a28, 67b5
겨우살이(ixos, mistletoe) 15b30
겨울잠을 자는 동물들(ta phōleuonta, hibernation animals) 84a12
결손(elleipsis, deficiency) 67b23
결핍(steresis, lack) 43a36
결함(pērōsis, deformation) 47a24, 71a1, 84a11, b1
결함(의 산물)(pērōma, deformation)
– 발생 과정에서의 결함 28b10
– 부모와 자식에게서의 결함 37a25
– 교미나 성교에 쓰이는 부위들에서의 결함 46b22, 32
– 질병에 의한 결함 49a18

  – 결함과 기형 69b18
  – 열기의 부족으로 인한 결함 84b1
경계(horos, defining mark, limt) 45a9, 66a32, 72a14
경계를 나눌 수 없는, 분화되지 않은(adihoristos, indistinct, undifferentiated) 17a6, 20b22, 26b16, 41b33, 56a29, 58a35, 70a23
경험, 실험(peira, experience) 41a37, 47a3, 77b4 ☞ 무경험
경험~ (empeirikos, experienced)
  – 실제로 일어나는 일에 대해 경험할 수 없었다 42a17
  – 각 부류의 동물들을 경험한 사람들(empeiros) 76b23
경혈(katamēnia, menses) 21b5, 26a29
  – 수컷의 정액에 상응하는 대응물 27a2
  – 일종의 출혈 28a23, 38a16
  – 경혈의 멈춤 27a10
  – 경혈과 젖은 동일한 본성을 갖는다 39b25
  – 경혈의 배출 원인 65b20
  – 가능적으로 배아의 모든 부분들을 가지고 있지만 현실적으로는 그렇지 않다 37a23
  – 영혼의 원리를 갖지 않는다 37a28
  – 배출이 일어난 신체와 같은 종류의 것으로서 가능적으로 존재 38b3
  – 경혈 안에 있는 스페르마 성분의 잔여물 67b16
  – 경혈의 무용한 부분 39a8
  – 달이 기울 때 더 많이 생긴다 67a2
= 순수하지 않은 스페르마 37a28
= 가공이 필요한 스페르마 28a26; 열처리가 안 된 스페르마 74a2
계절(hōra, season) 63b13, 70a13 ☞ 날씨
고귀한(timios, valued) 31a34, 32a17, 44b12, 62a24; 고귀함(timiotes) 36b31
고래(phallaina, whale) 32b26
고래(류)(kētos, cetacean) 18b32, 19b10
고름(pyon, pus) 77a11
고슴도치(echinos) 17b27, 19b16
  – 땅 위의 고슴도치(chersaios echinos, hedgehog) 81b35
  – 바다의 고슴도치(pontios echinos, see-urchin) 83a20
고유한(idios, special, particular)
  – 발생과 관련해서는 언제나 고유한 것과 개별적인 것이 더 크게 힘을 쓴다 67b30
  – 눈에 고유한 물체 44a5
  – 벌들의 경우에 고유하게 일어나는 사실들 59a25
  – 일벌의 부류는 특별하고 고유하기 때문에, 이들의 발생도 고유한 것처럼 보인다 60a4f.
  = 각자에게 고유한 것(to idion to hekastou)이 발생의 목적 36b4
고유한(oikeios, proper)
  – 고유한 원리들 47b30, 48a8
고환(orchis, testis, testicle) 16a33, 17a14ff., 18a9ff., 19a30ff., 28b29, 65a23ff., 73a23, 74a9ff., 87a26, 88a3
  ↔ (스페르마) 관들 16a35, b17ff.
곡류(sitos, corn) 50a25
곤충(entoma, insects) 15b2, 7, 17a8, 41b31, 58a5, 58a29ff., 58b6ff., 61a1
  – 피 없는 동물 33a25
  – 애벌레를 낳는 32b10, 33a24
  – 암컷이 수컷 안으로 몸의 일부를 삽입

23b20, 29b25, 30a3, 30b25, 39a19
– 짝짓기 21a9, 31a17
– 일부는 자연발생 21a2
곰(arktos, bear) 74b15
– 하얀 곰 85b35
곰팡이(eurōs, mold) 84b10
곱슬털(oulothrix, curly hairs) 82b18ff.
공기(aēr, air) 67a30, 77b7, 84b15, 86a13
공작(taōs, peacock) 85b23
관, 통로(poros, duct)
– 잔여물이 빠져나오는 관 19b29
– 스페르마 관들 16a35, b17
= 정관(poroi thorikoi, spermatic ducts) 20b13
– 이중회로의 관 17a33; 고환에 매달린 스페르마의 관들 87b27
– 감각기관의 통로들 81a20
– 피부 내부의 관들 82b1
관상학자들(physiognōmōn, physiognomist) 69b20
관자놀이(krotaphos, temple) 82a3, 15, 84b35
관찰, 고찰(theōria, observance, consideration) 53a5, 57a8
관찰~ (theōrein, observe, consider) 16a7, 19a10, 21a15, 63b16
– 해부를 통한 관찰 46a22, 64a34
– 소수의 사례를 관찰 56a5
– 곤충들의 발생에 대한 관찰 23b19, 24
– 짝짓기에 대한 관찰 21a15
– 피상적인 관찰 57a12
교란(tarachē, disturbance, confusion) 24a33, 71a11, 75b8; 교란을 겪다 (tarassein) 75b10, 80a24
교미~ (ocheuein, ocheia) 17b3, 7
– 교미를 많이 하는 새들 46b1
– 한 번의 교미로부터 여러 마리가 생겨나는 것 29a5
– (새들의 경우) 교미 없는 배아의 형성 50b10
– 교미를 통해서 생겨난 알들 57b2
– 트로코스는 혼자서 교미 57a6
교접(synousia, sexual intercourse, being with) 22b17, 23b9, 27b34, 39a26, 73b11
– 교접의 시점에 생기는 쾌감 28a9
교합~ (mixis, mignysthai, sexual intercourse, mixing) 36a20, 46b3
– 입으로 교합하다 56b14
귀(ous, ear) 75a2
균형(symmetria, symmetry)
– 열기와 냉기의 일정한 균형 상태가 생성을 낳는다 77b28
– 암컷과 수컷의 균형 67a16
– 열기는 각 부분에 균형을 맞추어 스페르마-잔여물 속에 들어 있다 43a28
– 암컷의 잔여물과 수컷의 잔여물 사이의 균형 72a17
– 월경의 양과 배아의 성장 사이의 균형 75b14
– 암컷과 수컷의 교합에 필요한 균형 67a23
– 시각에서의 균형 79b27, 80b24
– 낮은 목소리와 높은 목소리 사이의 균형 있는 목소리 86b9
↔ 불균형 23a29
그릇, 관(angeion, vessel) 35b26, 39b12, 40a22, 87b3
기개(thymos, spirit) 49b33
기관(氣管)(artēria, windpipe) 88a27

기노스(ginnos, ginnus) 48b35, 49a1, 6
기능, 작용, 일(ergon, function, work) 16a23
- 필요한 일들 60b9
- 동물과 식물에게 속하는 기능 17a21, 31a25, 30
- 동물이건 식물이건 간에 자연적으로 완전한 모든 것에 속한 기능 35a19
- 식물들과 물고기의 기능 18b9
- 살의 기능 34b31
- 스페르마를 제공하는 것은 낳는 자의 작용 34b2
- 본성의 작용 18b26, 19a14, 88b27
- 영혼섭취-영혼의 기능 36b12
- 이빨의 작용 88b31
- 유각류의 기능 31b10
= 지향점이라는 뜻의 원인 45a27
+ 활동 31a25
+ 능력 16a23
기름기 있는(liparos, oily) 35b25, 43b12, 82a28, b4, 83b19
기술(technē, art)
- 기술적 제작과 동물의 발생 사이의 유사성 30b12, 34a30, b21, 62a16
- 본성과의 유사성 75a21
- 영양섭취-영혼과의 유사성 40b26
- 제작되는 것들의 운동의 원리 24a34
기태(mylē, uterine mole) 75b25ff.
기포(pompholyx, bubble) 35b12, 36a16, 62a24
긴장(syntonia, tautness) 87b14, 88a9
깃털(pteron, feather) 49b4, 78a20, 82a18, 83b4, 12, 15, 84a17, 85a24, 86b4
깃털~ (pterōtos, feathered) 33a12, 58b27, 83b4 ☞ 비행동물(ta ptena)
까마귀(korōnē, crow) 74b28
까마귀류(ta korakōdē, raven-like birds) 56b21
껍질(kelyphos, husk, shell, sheath) 20b28, 43a17, 45b26, 52a20
- 애벌레의 껍질 58b17, 25
- 피부 같은 껍질 40a31
꼬리(ouraion, tail) 20b11, 12, 56b2
꼬리지느러미(plax, flap) 58a14
꿀(meli, honey) 59a33, 60b3
꿀벌(melitta, bee) 58b18, 70a28, 86a35 ☞ 말벌
- 빈둥벌(kephenes), 일벌(melitta), 왕벌(basileis) 혹은 우두머리(hēgemones) 59a20
- 꿀벌들이 자라는 방식 63a18
- 발생에 관한 의문 59a8
꿈(enhypnion, dream) 79a14~19
끈끈이, 끈끈한(glischros, viscous) 33a22, 24, 43b9
- 모든 물체는 끈끈한 것이 함께 이어준다 37b1
- 힘줄의 본성 37b1
↔ 부서지기 쉬운(krauros, brittle) 34b31
끓임(hepsēsis), 끓이다(hepsein, boil) 35b1, 43a13, 52a5, 67a20, 21
- 끓이는 그릇들 안에서 76a1
- 끓는 것 37a36, 43b7

ㄴ

나귀(onos, ass) 47b11
나무(dendron, tree) 15b22, 29, 31a5, 50a22
나선(helikē, convolution) 63a22, 81b15
낙타(kamelos, camel) 71a19, b9

난생~, 알을 낳는(ōiotokos, oviparous) 16b21, 19a6~20a26, 29b34, 39b32, 54a21, 55b4, 14, 57a22 ☞ 알
- 몸 밖으로 알을 낳는 19b19
- 완전한 알을 낳는 난생동물들 18b16
- 네발 가진 난생동물들 17b5, 21a18, 52b32
난쟁이(pygmaios, human dwarf) 49a4
난태생 ☞ 두 단계를 거쳐 새끼를 낳다 (dittogonein, double-bear)
난황(lekithos, yolk) 51b14, 53a25, 27, 70a16, 22
날개(pteryx, wing) 49b4, 70a20
날씨(hōra, climate) 52b30, 53a18 ☞ 계절
날파리(myia, fly) 21a8, 23b4, 60a10
남자, 사내(anēr, man)
- 남자의 지방 26a4
- 아이로부터 사내가 생겨난다 24a22
- 생식력 없는 남자 28a13; 생식력이 없다가 생식력이 있는 23a26
납(molybdaina, lead ore) 35b16
낮은 목소리(baryphonia, deep voice) 86b35, 88a19
(새끼, 알을) 낳음(tokos, a bring forth, childbirth)
- 많이 낳는(polytokos, multiparous, produces many eggs) 46a12, 49b26, 53a27, 70a9~72b4, 73b5~74b17; 49b31, 70a36, 49b29
- 하나 낳는(monotokos, uniparous) 46a12, 48a17, 50a16, 17, 70a8, 33, 71a18~b2, 72a30~b5, 73a35~b22, 74b8
내장(enteron, intestine) 20b14
- 곧은 내장들(ta euthyentera) 17a23
- 땅의 내장 62b26
내장 기관(splanchnon, viscera) 34a2
냉각(psyxis, cooling) 43a3
= 열기의 결핍 43a36
네발동물(tetrapous, quadruped) 16b21, 17b5, 32b17
- 네발동물들 중 여러갈래발 동물들 42a8
노령, 노화(gēras, old age, aging) 45a14
- 자연적인 질병 84b33
노새(oreus, mule) 28b11
- 생식불능 46b14, II 8
노폐물, 노폐물 분비(syntēgma, syntēxis, colliquescence)
- 노폐물 분비는 항상 병적 26a21
- 본성에 어긋난 부분 24b26
↔ 잔여물 24b27
= 본성에 어긋난 분해 때문에 성장에 들어갈 몫으로부터 분리되어 나온 것 24b27
논증(apodeixis, demonstration) 42b25, 33, 47a28, b23
- 논리적인 논증 47b28
뇌(enkephalos, brain)
- 뇌의 구성 43b29
- 부피가 크고 물기가 있다 43b32
누룩(zymē, yeast) 55a18
- 누룩 같은 잔여물 55a23
눈(opthalmos, eye) 34a18, 66a8
- 눈의 청색 80b7; 아기들의 눈의 청색 79b10, 80b1
- 눈이 여러 가지 색깔을 갖는 원인 80b2
- 눈의 청색은 무언가를 위해서 있는 것이 아니다 78a33
- 스페르마와 가장 많이 관련 있는 부분 47a13

– 유일하게 고유한 물체(=눈동자)를 갖고 있는 눈 44a5
– 눈과 관련된 의문 43b3
눈동자(korē, eye-jelly) 80a27
눈썹(blepharon, eyelid) 42a10, 44a36
늑대(lykos, wolf) 74b16
– 늑대의 잡종 46a34
– 새끼를 여럿 낳는다 71a22
능력(dynamis, capacity, faculty)
– 능력과 기능 16a23
– 스페르마가 가진 큰 능력 26b11
– 스페르마는 어떤 능력을 자기 자신 안에 가지고 있다는 뜻에서 '가능적으로' 있다 26b18
– 정액 안에 내재하는 능력 27b16, 36a27
– 스페르마 안에 있는 수컷의 능력 39a17
– 영혼의 능력 36b30; 영양섭취-영혼의 능력 40b29, 영혼의 영양섭취 능력 45b25, 57b16
– '크뤼살리스'는 알이 가진 능력을 갖고 있다 33b14
– (새알의) 하얀 부분과 노란 부분에 속한 능력 51a32
– 영양분과 그것의 잔여물은 비슷한 능력을 갖는다 62a5
– 수컷과 암컷에 속한 어떤 능력과 무능력 65b9~66a31
– 각각의 능력에 대해 특정한 기관이 있다 65b36
– 유전과 관련해서 현실적으로 작용하는 능력들과 가능적으로 내재하는 능력들 67b23~68b26
– (스페르마 집적체) 능력을 가진 상태로 존재 69b2
– 수컷의 잔여물과 암컷의 잔여물에 속한 능력 72a8~29
– 지역의 영향력 85b13
– 사람들이 말을 사용하는 것은 자연이 부여한 능력 86b20
– 원리들은 크기가 작아도 능력이 크다 88a14

ㄷ

다리(skelos, leg) 17b16
– 다리의 긴장 17b19
다산~ (polygonos, prolific) 18b8
– (알을) 많이 낳는 새들 49b2
– 작은 동물들이 새끼를 많이 낳는다 25a30
단단하다(stereos, solid) 35b3, 47b7, 53b9, 54a34, 55a19, 82a30
달(mēn, month) 38a18~22, 67a3~7, 76a24, 77a10, b19
달(selēnē, moon) 67a5
– 달 위의 동물들 61b21
– 또 하나의 작은 태양 77b25
– 달의 주기들 77b20
– 만월과 삭월 77b21
달팽이(kochlias, snail) 61a22
– 달팽이의 짝짓기 62a33
닭(alektryōn, chicken) 38b32, 49b13, 70a10, 30
– 아드리아 닭(Adrianikos) 49b29
대다수의 경우에(hōs epi to poly, for the most part)
– 대다수의 경우에 일어나는 것들이 가장 잘 본성에 따르는 것 27b29
– 대다수의 경우에 적용되는 본성 70b11, 77a21
= 일상적으로 일어나는 결과 72a37

대머리(phalakrotēs, baldness) 83b12
대머리~, 대머리가 되다(phalakrousthai, go bald) 82a9, 83b8, 84a4
대응~ (analogos, analogous, analogue)
- 본성적으로 대응하는 것 18b13
- 피에 대응하는 것 26b2, 28b1, 40a22, 65b34, 66a34
- 뼈에 대응하는 것 45a8
- 별들을 이루는 요소에 대응하는 것 36b37
- 살에 대응하는 것 43a10
- 털에 대응하는 것 82a17, 31
- 경혈에 대응하는 것 29a23
- 정액에 대응하는 경혈 27a3
- 힘줄에 대응하는 것 37b4
- 잠에 대응하는 식물의 상태 79a3
- 이빨에 대응하는 것 45b10
- 심장에 대응하는 것 35a24, 38b16, 41b15, 42b37, 66b3, 81a23
- 자궁에 대응하는 것 21a21, 54a1
대응체, 대응하는 본성(antistrophos, counterpart) 43b28, 61a20
더껑이(graus, scum) 43b7
더 많음과 더 적음(to mallon kai hētton, more and less) 39b31
= 과도와 부족에 의해서 37b6
- 눈에 들어 있는 물의 양의 더 많음과 더 적음 79b33
- 놀라운 차이를 만들어내는 61b14
도구, 기관(organon, instrument)
- 작용에 필요한 도구 16a24
- 도구로서 열기와 냉기 40b31
- 방어를 위한 도구 59b31
- 스페르마 기관들 17a12
- 짝짓기를 위한 기관 17b14
- 각각의 능력에 대해 특정한 기관이 있다 65b36
도구적인 것(to organikon, instrument)
- 생겨나는 것을 위해 도구적인 것 42a24
- 생산 능력을 가진 도구적인 것들(부분들) 42b3
도마뱀(sauros, lizard) 16b24, 32b3, 19
독거미(phalangion, venonimous spider) 21a4 ☞ 거미
독사(echis, viper) 18b32, 32b21
돌고래(delphis, dolphin) 16b27, 19b9, 20a33, 32a34, b26, 56b1
동류에 속한(homogenēs, of the same genus) 15a23, 15b9, 21a6, 23b3, 38b28, 46a30
동물(zōion, animal)
- 수중동물들 18b31, 61b13, 75b17
- 완전한 형태로 출산하는 70a33, b1
- 피 있는 동물들과 피 없는 동물들 15a20
- 완전한 동물들 37b16
- 감각을 갖고 있다는 점에서 단순히 살아 있는 것들과 차이가 난다 31b4
- 뿔이 없는 46a9
- 동물이 가진 기능 31a30
- 횡격막 근처에 자궁이 있는 동물 17a2, 18b1, 23, 19a7, 28, b20, 20a20, 39b6
- 동물의 열기와 불의 열기 37a3
- 열등한 동물들 53a9
- 애벌레를 낳는 33a25, 55a15, 57a31, 74b13
- 본성이 더 완전한 32b29, 33b1; = 본성상 열기와 물기가 더 많고 흙 성분이 없는 32b31
- 더 고귀한 동물들 32a17; 더 고귀하기

따오기(ibis, ibis) 56b14
딱딱한 껍질(ostrakon, shell) 18b18, 52a30, 32, 53b23~54b8
- 딱딱한 껍질의(ostrakodēs) 33a20
딱딱함, 뻣뻣함(sklērotēs, hardness) 19b6, 22b32, 41b12, 43b22, 58b12, 76a7, 88a34
- 털의 뻣뻣함과 유연함 82a2
- 겉이 딱딱한(sklērodermos) 18b17, 33a18, 21, 49a18, 53a2, 54a18, 58a19
땅(gē, earth) ☞ 흙
땅의 내장(gēs entera, earth's guts) 762b26
뜨거운 것(to thermon, the warm) ☞ 열기

ㄹ

레닛(pytia, rennet) 29a12, 72a25
= 생명의 열기를 가진 젖 39b22
로고스(비율)(logos, proportion, ratio) 32a5, 35a2, 40b32, 67a17
- 기술이나 자연에 의해서 생겨나는 것은 모두 어떤 로고스에 의존한다 67a17
- 살이나 뼈가 되게 하는 로고스 34b33
- 열기는 제작되는 것과의 관계에서 중간의 로고스를 갖추어야 한다 67a20
로고스(정식)(logos, formula) 15a8, 29a26, 78b10, 12
- 본질의 로고스 15a5, 31b19, 78a34
로도스(Rhodos, Rhodes) 63a31
~로부터(ex hou, from which) ☞ 출처

ㅁ

마른, 건조한(xeros, dry)
- 마른 것은 영혼이 있는 것과 거리가 멀다 33a12
- 마른 잔여물 ↔ 축축한 잔여물 19b29
막(mēninx, meninx)
- 뇌 주변의 막 44a10
= 감각기관 주변의 막 81a20
막(hymēn, membrane) 17a5, 37b5, 39b27, 31, 52a32, 81b4
말(hippos, horse) 17a31, 32a33, 71a20
- 말의 짝짓기 48a15
- 백발의 원인 85a11
말랑함(malakotēs, softness) 41b12, 43b22, 58b12
- 털의 유연함 82a2
말벌(sphēx, wasp) 21a5, 58b18, 61a3, 70a28, 86b1 ☞ 벌
매(hierax, hawk)
- 종에서 차이가 나는 매들 46b2
매듭(synamma, ganglion)
- 여러 시작점들이 함께 모이는 매듭 88a10
매미(tettix, cicada) 21a4
머리(kephalē, head) 42b14, 52b13, 54a27, 30, 63a24, 69b14
- 대머리 82a9, 83b35
- 본성적으로 모든 동물의 출생은 머리 쪽으로 이루어진다 77a28
- 심장이 생긴 뒤 연속해서 머리의 주변 부분들이 생기며 43b29
- 스페르마와 관련 47a14
머리털, 털(thrix, trichōma, trichōsis, hair) 22a5
- 털 색깔의 원인 84a23
- 털의 차이들 82a1
- 백발은 털의 질병 84a30
- 털의 형성 44b25
- 백발이 된 머리털 22a7
- 털은 잔여물에서 생긴다 83a27

물고기비늘(lepidōtos, scaly) 33a13
물기(hygrotēs, the liquid) 50a8
물기~ (hygros, wet, moist)
- 새끼를 낳는 것은 물기가 있기 때문이다 33a11
↔ 마른 19b29
물레고동(kēryx, whelk) 61b31, 63b9
물체적인 성분(somatodēs, the corporeal part) 36a26, 37a35, 39b26, 53b26, 61b2, 9, 81b20
미분절 상태~ (adiarthrōtos, unarticulated) 32a27, 74b14
밀(pyros, wheat) 28b35
밀랍(kēros, wax) 53b5
밑그림(hypographē, framework) 64b30

ㅂ
바다(thalatta, see) 61b9
바람(pneuma, wind) ☞ '프네우마', 숨
- 바람에도 일종의 수명이 있다 78a2
- 북풍이 불어 수컷을 낳는 경우 66b34
바토스(가오리)(batos, ray) 46b6
바트라코스(batrachos, fishing-frog) 49a23, 54a25, 55a9
발(pous, foot) 22a20, 72b17
발굽(hoplē, hoof) 43a15, 44b25
발생, 발생 과정, 출생(genesis, generation)
- 동물의 발생 15a15, 31b31
- 발생 과정에서 생기는 결함 28b11
- 발생 과정에서 일어나는 뒤틀림 85b36
- 모든 동물의 출생은 머리 쪽으로 이루어진다 77a28
- 발생의 방식 22a28
- 시간에 따라서 훌륭하게 경계가 정해진 발생 과정 77a21
- 발생의 원리 24b14, 51b5
- 발생과 관련해서는 언제나 고유한 것과 개별적인 것이 더 크게 힘을 쓴다 67b30
≈ 운동인과의 관계 15a15
발생 능력이 있는, 생식력이 있는(gonimos, fertile)
- 스페르마와 동물들의 배아는 발생 능력을 갖는다 36a35
- 생식력이 있는 상태와 생식력이 없는 상태 23a27
발 없는(apous, footless) 17b16
발이 갈라진(schizopoda, split-footed) 56b34
방(kyttaros, cell) 60a26
- 봉방(kērion) 60b34, 61a7
방광(kystis, bladder) 20a5, 25b2, 48b25, 52a4, 73a22, 27
- (신체 안에) 잔여물이 생겨날 수 있는 능력이 갖춰지면 그와 동시에 생겨난다 66a9
방출(~으로부터 떨어져 밖으로 나옴, ekkrisis, emission) 28a7, 28a34, 51a22, 67a1, 76b20
- 축축한 잔여물의 방출 20a7
- 경혈의 방출 27a2, 39b10, 75b7,
- 뼈나 뿔이나 이빨이 몸 밖으로 삐어 나오는 일들 28b21
- 정액의 방출 39a33, 84a6
- 잔여물의 방출 50a31, 50b21
방출물(ekkrisis, emission) 27a11, 28a1, 66a7
배뇨곤란(strangouria, strangury) 83a21
배아(to kyēma, embryo) 19b33, 21a23, 29b32

복부(gastēr, abdomen) 16b27, 17b17, 19b25, 75b29, 86a14
본성(physis, nature) ☞ 자연
– 본성상 적절한, 본성상 ~의 경향이 있는(euphyēs) 19b16, 48b8, 12
– 본성에 따라서(kata physin) 70b16
– 본성에 어긋나는(para physin) 70b10, 16
– 본성에 어긋난 것들(paraphyseis) 73a2
본질(ousia, essence) 15a5 ☞ 실체
– 본질의 로고스 ↔ 질료와 운동의 원리 78a34
– 식물들의 본질 31a25
부류(genos, kind) 48a15 ☞ 유(genos)
부리(rhynchos, beak) 43a15
부분(morion, part) 16a11
– 부분들의 차이를 낳는 변이태들 78a15
– 가장 중추적인 부분 42a34
– 부분들의 부족과 과잉 71a15, 72b13
– 동질적인 부분들과 기관들 34b27
– 더 크고 더 중추적인 부분들 73a5
– 아랫부분은 윗부분을 위해서 있다 42b16
– 가장 고귀한 부분 44b12; 가장 고귀한 부분을 위해서 필요한 부분들 44b14
– ~을 위해서 필요한 부분들 44b14
– 생명 활동에 중요한, 19a16, 66a24
부패(sēpsis, sēpomenēs; putrefaction, putrefying)
– 부패와 열처리는 반대되는 것 77a11
– 부패는 열기에 의해서 일어나지만 타고난 열기에 의해서 일어나는 것은 아니다 84b6
– 자연발생은 부패와 함께 일어난다 62a11
– 부패한 흙 15a25
– 거품이 있는 진흙이 썩으면 63a27
– 부패하고 물기 있는 것에서 생겨나는 곤충들 21a7
– 흙 성분이 있는 증기에서 일어나는 부패 84a10
부황(sikya, cupping-glass) 37b32
분절, 분절 과정(diarthrōsis, articulation) 41b28, 42a3, 5, 44b11
분화~, 분리~ (갈라져 나옴, 여럿으로 갈라짐, diakrinein, diakrisis; disaggregate, disaggregation)
– 여러 개의 알이 분화되어 나오며 20b22
– 자궁 안에서 스페르마가 여러 번 나뉘어 분리되기는 불가능 23b14
– 안에 있는 물의 성분이 뜨거운 것에 의해서 분화되어 프네우마가 된다 35b16
– 동물들의 바깥에 있는 것들이 먼저 분화되어 나오고 40a14
– 알 안에서 일어나는 분화 40b2, 52a6
– 부분들의 분화 52a13
– 스페르마들이 분화되지 않은 채 함께 자궁에 도달 70a4
– 분화 과정 75a12, 분화는 열처리 75a16, 분화 75a25
분화되지 않은 ☞ 경계를 나눌 수 없는
불(pyr, fire) 61b18, 20
– 불은 어떤 동물도 낳지 못한다 37a1
– 경혈에 미치는 스페르마의 열기에 한도가 있듯이, 불이 물을 뜨겁게 하는 데도 한도가 있다 72a13
– 불의 열기와 스페르마의 열기 36b35
불구자(kolobos, docked) 21b17, 24a3, 70b32
불임(ateknia, sterility) 49a10, 67a34, ☞ 생

ㅅ

– 비동질적인 부분 22a18
– 감각-영혼을 가져야 한다 41a10
– 영혼을 가져야 한다 34b24
에뤼트리노스(Erythrinos, erythrinus) 41a36, 50b30, 55b21, 60a8
에우리포스와 같은(euripodēs, Euripus-like) 63b2
여덟달내기(=팔삭둥이)(ta oktamēna, eight months' babies) 72b9
여러 가지 뜻(pollachōs, many ways) 24a21, 42a20
– '능력이 있다'와 '능력이 없다'는 여러 가지 뜻으로 쓰인다 66a2
여러갈래발~, 발이 여러 갈래(polyschidēs, multi-split-footed) 42a8, 70a37, 71a22, b3, 7, 9
– 여러갈래발 동물들은 새끼를 많이 낳는다 74a33
– 여러갈래발 동물들 중 다수는 불완전한 상태로 낳는다 74b7
여우(alōpēx, fox) 38b31, 42a9, 74b14
– 여우의 잡종 46a34
여자, 여성(gynē, woman, female) 16b34
– 여자와 암말은 임신 상태에서 교미를 할 수 있다 73b25
– 동물들 중 여자의 자궁만이 민감하다 76a10
– 여자는 마치 정액이 없는 남자와 같다 28a18
– 여자들은 월경이 많고 그것들을 모두 열처리할 수 없다 76a11
– 여자들의 본성은 아이들의 본성과 비슷해서 스페르마의 배출 능력이 없다 84a4
– 성욕을 자제하지 못하는 여자들 74a3
여자~, 여성적(gynaikeios, gynaikikos, womanly)
– 여성적 특징을 더 많이 가진 몸 66b32
– 여자의 잔여물 39a27
– 여자들의 배출물 51a1
연골어(selachē, selachian) 18b1, 18b32, 19a8, 32b1, 22, 33a8, 49a9, 54a23
– 연골어의 부류 전체가 스페르마를 많이 갖지 않는다 57a18
– 연골어류(ta selachodē) 57a15
연구, 연구방법(methodos, methodological inquiry) 42b11, 58a29, 82a24
연체동물들, 연체류(ta malakia, cephalopods) 15b1, 17a4, 32b6, 41b33, 57b30
– 연체동물들의 짝짓기 20b15
– 연체동물들의 알들 55b33
– 몸의 본성이 끈끈하다 33a23
열기, 뜨거운 것, 뜨거운 기운(thermotēs, to thermon; heat, hotness, the hot) 18b19
– 외부의 열기(allotria thermotēs, alien heat) 86a12
– 타고난 열기(symphytos thermotēs, natural heat) 84b7
– 열기의 결핍 66a19, 84a32
– 생식 능력이 있는 열기와 생식 능력이 없는 열기 37a3
– 심장에 있는 가장 순수한 열기 44a29
– 몸속 열기 43a17
– 뜨거운 것에 의한 물기의 증발 83a35
– 조직을 느슨하게 만드는 뜨거운 것 83b1
– 본성적인 열기 32b32, 66a35, 66b34, 83b30, 84b26, 86a11
– 알의 두 부분 중 뜨거운 것은 생겨나는

– 여자들의 경우에는 동물들 가운데 월경의 양이 가장 많다 75b5
– 월경 잔여물 74a22, 26
– 잔여물의 배출 38a28; 스페르마의 배출과 같은 것 74a1; 스페르마 성분의 배출물 47a19
유, 부류(genos, genus) 48a4, 55a29, 74a9
– 개별 부류에 따라 15a2
– 유의 영원성 31b35
– 유들에는 여러 갈래의 교차분할이 속한다 32b15
유각류, 껍질이 딱딱한 것들(ta ostrakoderma, testaceans) 15b17, 20b6, 43b10, 61a13~b23, 62a29, 63a8~26
– 이른바 '벌집을 짓는 것들' 61b32, 62a6
– 유각류는 자연발생적으로 생길까? 61b23, 63a26
– 유각류의 기능 31b10
– 동물과 식물의 중간 상태 31b8
유사성(homoiotēs, similarity) 15b20, 21b20~22b2, 23a2, 23b8, 38b30, 52b28, 61b34, 68b1, 69a14~b7
유사하지 않은(anhomoios, dissimilar, of a distinct nature) 15b12, 19a6, 24a5, 52a11, 66b24, 69a8, 70b5
유사한, 동질적인(homoios, similar, of a similar nature) 17a7, 22a5~b5, 23b5~24a4, 25a24~b34, 40b14, 41b10, 47b22, 54b4, 59b15, 60a13, 61a23, 62a6, 68b31, 69a7~b6, 72a23~b37
유산(amblōsis, miscarriage) 73a1
유영동물들(ta plōta, animals that swim) 43b34, 46a23, 58a27, 71b11
유출(ekrysis, effluxion) 58b6
유출물(rheuma, flux) 68b34
융모막(chōrion, chorion) 39b31, 45b35
– 융모막 형태의 (막) 53b22
음경(aidoion, penis) 16b28, 17b18, 24, 18a18
– 사내 아이들의 음경 73a21
음낭(oschē, scrotum) 19b5
음부(arthron, sexual part) 16b34, 18a38, 47a21, 51a30
'이것'(tode ti, this something) 34b18
↔ 어떤 종류의 것(poion ti) 67b35, 78b3
= 실체 67b35
이동 능력~ (poreutikos, capable of perambulation) 16a31, 30b33, 32a14, 40a27
– 이동 능력이 있는 동물들 41b34, 76b7
이름만 같은(homonymos, homonymous) 26b24
이름이 같은(synonymos, synonymous) 21a3, 22b35
이변, 이변에 해당하는(teras, teratodēs; monster, monstrosity, monstrous) 67b5, 69b10
– (낳는 자와) 유사하지 않은 것들은 이변 70b5
– 이변은 본성에 어긋나는 것들에 속한다 70b9
– 이변에 해당하는 것 70a25, 72a36
– 이변의 첫 시작 67b8
– 낳는 자들과 닮지 않은 자는 이미 어떤 측면에서 이변 67b6
= 일종의 비정상(anapēria) 69b30
이빨(odous, tooth)
– 뼈에서 생겨난다 45a18

– 실제로 일어나는 것들이 증표 66b28
지방(pimelē, fat) 26a5 ☞ 기름진
– 열처리된 피 27a34
– 잔여물 26a6
– 지방 성분(pimelodēs, viscous) 43b13
지성(nous, intellect)
– 신적인 어떤 것 37a10
– 지성을 어떻게 획득하는지는 가장 어려운 의문거리 36b5
지역(chōra, region), 토양, 자리 48a26
– 털에 미치는 지역의 영향력 85b13; 생식 능력에 미치는 지역의 영향 67a28; 외래종의 씨들이 토양에 따라 변화 38b35
– 두 개의 신장이 있는 자리 16b19
지향점(to hou heneka, the for-the-sake-of-which) 15a5 ☞ 목적
– 지향점이라는 뜻의 원인 31b23
– 다른 것의 지향점으로서 있는 것들 78b13
– 지향점과 필연성 89b3
– 다른 것의 지향점과 그것을 지향하는 것(to toutou heneka) 42a20
– 지향점이 수단으로 사용하는 것 42a24
= 목적이라는 뜻의 원인 67b13
≈ '본질의 로고스' 15a6, 로고스와 목적이라는 뜻의 지향점은 동일 8
– 지향점이라는 뜻의 원인은 기능 45a27
진하다(pachys, coarse-grained, coarse) 35b11, 15, b31, 80b8
– (스페르마가) 진하다 35a31
– 진한 공기 84b15
진해지다(pachynesthai) 35a32, 36, 37, 35b1, 5, 8, 14, 28, 53b10
질료(hylē, matter)
– 원인으로서 질료 15a7
– 최초의 생명체가 성장하는 데 쓰이는 질료와 생명체가 형성되는 출처인 질료는 똑같은 것 40b34
– 피가 몸의 질료 51b1
– 생겨나는 것들은 질료로부터 생겨난다 24a24
– 동물들에게는 부분들이 질료 15a9
– 경혈의 본성은 첫째 질료 29a32, 33b26
– 가장 순수한 질료 44b23
– 부패한 질료15b5
– 암컷 안에 있는 스페르마 성분의 질료 50b4, 72a2
– 영양분을 공급하는 것과, 자연이 생성물을 형성해낼 때 그 출처가 되는 것은 동일한 질료 77a5
– 질료와 제작하는 것 23b30
– 질료이자 작용받는 것 24b6
질료적(hylikē, material)
– 질료적 원리 62b1
질병, 병(nosos, disease) 25a9, 45a12, 46b29, 75b9, 84b34
징표(sēmeion, sign) 22a4, 23b8, 25a16, 27a4, 10, b5, 28a31, b21, 29a4, 33a13, 39b4, 48a32, 55b2, 60b33, 63b6, 65b19, 74a36, 82b29, 83a19, 84b23, 85a26, 89a6, 89a16
– 가장 큰 징표 29b34
– 아무 징표도 아니다 39a24
징후(symptōma, coincident) 70b6, 77b8
짝짓기~ (syndyazesthai, syndyasmos; copulate, copulation) 49a15
– 짝짓기하는 동물들 15a24
– 짝짓기를 위한 부분들 16a26

ㅊ
차이(diaphora, difference) 15b21
– 암컷과 수컷의 여러 가지 차이 16a35
– 수컷의 생식기와 자궁에 속한 차이 64a14
– 수컷들이 가진 스페르마 기관들의 차이들 17a12
– 자궁들에서의 차이들 49a28
– 새끼를 낳는 동물들의 차이 18b28
참새(strouthos, sparrow) 74b29, 85b35
청동, 구리(chalkos, bronze, copper) 24a23, 47b3, 4
청색(glaukotēs, blue colour)(눈) 78a18, 79b12, 80b8
청회색(charopos, bluish-grey) 79a32, 35, b14
체질(diathesis, bodily state) 67a30
촉각(haphē, sense of touch) 31b1, 43b37
추론~ (syllogizesthai, syllogismos; deduce, deduction) 56b18, 56b27
– 벌들에게 고유하게 일어나는 사실들이나 다른 동물들에게 더 공통된 사실들로부터 추론 59a25
출산(tokos, birth)
– 출산은 암컷 안에서 이루어질 수밖에 없다 30b5
출처, ~로부터(ex hou, that from which)
– 생겨난 것은 낳는 자 안에 먼저 있다가 암컷으로부터 생겨난다 16a22
– 제작되는 것의 출처인 질료 30a36
– 생성의 출처는 완전한 상태의 낳는 자가 될 수 있는 가능성을 가지고 있다 34b35
– '어떤 것이 다른 것으로부터 생겨난다'는 말의 여러 가지 뜻 24a21
↔ 어떤 것의 작용에 의해서(hyph' hou) 33b32
– 낳는 것과 발생의 출처 29a25
– 알의 일부는 생겨나는 것의 출처 32a30
– 생겨나는 것의 출처는 질료 33b26, 30; 출처로서의 영양분 27b14
= 첫째 질료 29a32, 30b3, 33b26
= 잔여물 25a13
= 스페르마 24a18
= 기체 24b4
출혈(haimorrois, hemorrhage) 27a12, 28a23f., 38a16
– 자궁에서의 출혈 38a16; =경혈 28a23
충동(hormē, impulse) 50b20
친숙함(synetheia, intimacy) 53a13, 79a20
친족 관계(syngeneia) 15b4, 47a29, 48a17, 친족 관계~ (syngenēs, of the same kind)
침(kentron, sting) 59b4
침전물(hypostēma, excretion) 26a21

ㅋ
칼(xiphos, sword) 35a1
코끼리(elephas, elephant) 19b15, 71a19, 77b4
– 코끼리들의 태아 73b4
– 발이 여러 갈래 71b9
– 코끼리의 스페르마 36a3
코튈레돈(kotylēdōn, cotyledon) 45b33, 71b29
– 코튈레돈의 본체 46a6
콧구멍(myktēr, nostril) 75a2, 81b9
콩(kyamos, bean) 52a22
콩과 식물(chedropa, leguminous plant) 50a24

ㅌ

ㅍ

– 피 있는 동물들이 피 없는 동물들보다 더 크다 32a21
필연~, 필연적으로(anankaion, ex anankēs, necessary, from necessity)
– '필연적'이라는 뜻의 원인 76a25; 최선을 위해서 ↔ 필연적으로 76b33
– 우연적이라는 뜻에서 필연적인 것 ↔ 목적을 위해 필연적인 것 67b14
– 필연적이기 때문에, 필연적으로 ↔ 더 좋기 때문에, 더 좋은 것을 위해서 17a15, 38a33, b1, 55a22, 89b3
– 필연적으로 ↔ 무언가를 위해서 39b28, 43a37, b17

ㅎ
하얀 것(ta leuka, whites) 38a26, 31
하이에나(hyaina, hyena) 57a3
한계, 끝(peras, end, limit) 45a6, 52b9, 76a, 77b29
한해살이들(ta epeteia, annual plants) 50a24
합성체(systēma, organism, conglomerated mass) 40a20, 52a7, 58b3
해부(anatomē, dissection)
– 해부를 통한 관찰 64a35
– 해부 결과들로부터 명백 71b32
– 해부를 통해서 분명 79a8
허리(osphys, loin) 16b18 =20a1
허약함, 약함(astheneia) 25b30, 30b27, 40a33, 49b35, 75a9, 19, 76a3, 79b12, 80b6, 82b23, 84a31.
혀(glōtta, tongue) 22b32
– 밖으로 드러난 부분들 가운데 하나 86a25
– 혀의 차이 86a21
현실적으로(eneigeiai), 현실적인 상태에
– 현실적으로 있는 것 34b21
– 현실적인 활동을 갖거나 갖지 못한 43a23~28
– 낳는 자와 사람이나 동물 같은 보편자에게 속한 운동들은 현실적 68a12
– 부분들에 속한 현실적인 운동들 68b4
현실적인 활동, 활동(energeia)
– 짝짓기 활동 17a26; 신체의 활동 36b22; 신체의 활동과 지성의 활동 36b29; 기술의 활동 b28
혈관(phleps, phlebion; blood-vessel) 27a15, 24, 28a22, 37b5
– 혈관들 주변으로 살로 이루어진 몸이 둘러싼다 64b30
– (몸 전체에 걸쳐) 뻗어 있다 43a1
– 굵은 혈관 53b19
형상(eidos, form) 66a25
↔ 질료 24b
≈ 작용하는 것 24b6
형성~, 형성물(systasis, composition) ☞ 합성체
– 자궁 부위로 모이는 '어떤 형성물'(tis systasis) 38b7
– 곤충들의 발생 과정에서 형성물 58b8
– (부분들이) 형성되는 첫 단계 44b27; 형성 과정의 첫 단계 45b4; 처음 형성 단계 46b35
– 동물의 전체 형성 상태가 형상에서 많이 달라진다 66a24, 25
형태(morphē, shape) 16b7, 29b7, 32a28, 33b21, 37b4, 38b34, 61a24, 66a27, 67b17, 68b31, 69a35, 88a8
– 알의 두 부분 가운데 형태에 더 가깝고 더 먼 것 51b2

고유명사

그리스어-한국어

aēr 공기
agonos, agnoia 생식불능
aidoion 음경, 생식기
aigeiros 포플라
aisthēsis 감각, 감각 능력
aisthētērion 감각기관
aitia 원인, 인과적 설명
aix 염소
akantha 가시
akmē 절정기
akris 메뚜기
alektoris 자고
alektryōn 닭
alogos 이치에 맞지 않다, 불합리하다
alōpēx 여우
amblōsis 유산
ampelos 포도나무
analogizetai 유추하다
analogon 대응~
analogos, kata logon 비례~
anankaion, ex anagkēs 필연~, 필연적으로
anapēros, anapēria 비정상~
anatomai 해부
anēr 남자, 사내
angeion 그릇, 관
anhomoiomerē, ta 비동질적인 것들
anhomoios 유사하지 않은; anhomoiotes 비유사성
anthrēnē 호박벌
anthrōpos 사람, 인간
apeiron, to 무한정한 것
apepsia 열처리 부족
aphrodisia, aphrodisiasmos, aphrodisiazein 성행위, 성교, 사정(射精); aphrodisiastikos 성욕이 강한
aphros, aphrodes 거품
apodeixis 논증
apokrisis 배출(~으로부터 떨어져 나옴), 배출물
apous 발 없는
apsychos 영혼이 없는
arachnion 거미
archē 원리, 시작점
arktos 곰
arrēn, to 수(컷), 남자, 남아(男兒)
artēria 기관(氣管)
arthron 음부
astēr 별
ateknia 불임
automatos 자연발생적~, 저절로
auxanein 자라(나)게 하다; auxaneisthai 자라(나)다; auxēma 성장에 들어갈 몫; auxesis 성장, 성장 과정

baryphonia 낮은 목소리
basileus 왕(벌)
batos 바토스(가오리)
batrachos 바트라코스
belonē 실고기
bia, biaios 강제, 강제에 의해서, 강제적인
bios 생존 방식
blastos 싹
blepharon 눈썹
botrys 포도
bous 소; 황소(물고기)
bregma 브레그마

chalkos 청동, 구리

channē 칸네
charopos 청회색
chedropa 콩과 식물
cheir 손
chelidōn 제비
chelōnē 거북
chēn 거위
choiros 돼지
cholē 쓸개
chōrion 융모막
chrysallis 크뤼살리스
chymos 액즙

daktylos 손가락
dasypous 토끼
dasytēs 털북숭이
delphis 돌고래
dēmiourgein 제작하다, 만들다; dēmiourgos 제작자
Democritos 데모크리토스
dendron 나무
derma 피부
diakrinein, diakrisis 분화되다, 분리~ (갈라져 나옴, 여럿으로 갈라짐)
dianoia 사고력
diaphora 차이
diarroia 설사
diarthrōsis 분절, 분절 과정
didyma 쌍둥이, 쌍알
dipoda, ta 두발동물
dittogonein 두 단계를 거쳐 새끼를 낳다
dynamis 능력, 힘; dynamei 가능적으로, ~일 수 있는 가능성의 상태에
dysenteria 설사
echinos 고슴도치; echinos pontios 성게
echis 독사
eidos 종(種), 형상
ekgonos 자손
ekkrisis 방출(~으로부터 떨어져 밖으로 나옴), 방출물
ekrysis 유출
ekstasis 일탈; existasthai 일탈하다
ektemnomena, ta 거세를 당한 동물들
ektrōma 조산(早産)
elaia 올리브; elaion 올리브유
ēlektron 호박
elephas 코끼리
elleipsis 결손
embryon 태아
Empedocles 엠페도클레스
empis 각다귀
empsychēs 영혼이 있는, 생명 있는
enchelys 뱀장어
energeia 현실적인 활동, 활동
enhaimos 피 있는
enhypnion 꿈
enkephalos 뇌
entelecheia 완전한 상태
enteron 내장
entoma 곤충
Epicharmos 에피카르모스
epiktēta, ta 획득된 형질들
epikyēma 중복배아
epikyiskesthai 중복임신을 하다
ergasia 작업, 가공작업
ergon 기능, 작용, 일
erion 양털
erythrinos 에뤼트리노스
euektikos 건강한 상태의

eulogos 이치에 맞다
eunouchos 거세된 사내
eurōs 곰팡이
exoneirōttein 몽정하다

gala 젖
galē 족제비
gastēr 복부
genesis 발생, 발생 과정, 출생; gennetikos 낳는, 생식~
genos 부류, 유(類)
geranos 두루미
gēras 노령, 노화
gēs entera 땅의 내장
ginnos 기노스
glaukōma 백내장
glaukotēs 청색
glischros 끈끈한
glōtta 혀
gonē 정액, 생식액
gonimos 발생 능력이 있는, 생식력이 있는
gynaikeios 여자~, 여성적
gynē 여자, 여성

haima 피
haimorrois 출혈
haphē 접촉, 촉각
hēbē 사춘기
hēdonē 쾌감
hedra 둔부
helikē 나선
hēlios 태양
hēpar 간
hepsein 끓이다
hierax 매

hippos 말
homilia 성교
homoeidēs 동종의, 동종적
homogenēs 동류에 속한
homoiomerēs 동질적인~
homoios 동질적인, 유사한
homōnymos 이름만 같은
hoplē 발굽
hōra 계절, 날씨
hormē 충동
horos 경계
hōs epi to poly 대다수의 경우에
hyaina 하이에나
hygron 물기~; hygrotēs 물기
hylē 질료; hylikē 질료적
hymēn 막
hypēnemia 무정란
hypnos 잠
hypographē 밑그림
hypostēma 침전물
hypothesis 가설, 전제
hypozōma 횡격막
hystera 자궁; hysterikos 자궁~

Iberia 이베리아 반도
ibis 따오기
ichthys 물고기
idea 겉모습
idion 고유한
ikmas (경혈의) 액체
Indikoi kynes 인도의 개들
itea 버드나무
ixos 겨우살이

kamēlos 낙타

kampē 모충
kanabos 인체 모형
kantharis 풍뎅이
karabos 가재
kardia 심장
karpos 열매
katamēnia 경혈
kath' hekaston 개별자, 개별적인 것
katharsis 월경, 배출
katholou 보편자, 보편적
kelyphos 껍질, 외투
kenchris 황조롱이
kephalē 머리
kēphēn 빈둥벌
keras 뿔
kērion 봉방
kēros 밀랍
kēryx 물레고둥
kestreus 숭어
kētos 고래(류)
kinēsis 운동
kitta 어치
klados 가지
kochlias 달팽이
koilia 장(腸)
kokkyx 뻐꾸기
kolobos 불구자
koloios 갈까마귀(Jackdaw)
kōnōps 모기
korax 큰까마귀; ta korakodē 까마귀류
korē 눈동자
Koriskos 코리스코스
korōnē 까마귀
kotinos 보리수
kotylēdōn 코틸레돈
krios 숫양
krokodeilos 악어
krommyon 양파
krotaphos 관자놀이
kteis 가리비
kyamos 콩
kyēma 배아
kyēsis 배태, 임신
kyōn 개
kystis 방광
kytos 우묵한 곳, 몸통
kyttaros 방

lekithos 난황
leōn 사자
lepidōtos 물고기비늘
leptos 가늘다, 묽다, 미세하다, (미)약하다, 얇다
leuka, ta 하얀 것
leukē 백색증
Libyē 리뷔에
limnostrea 석호굴
limnothalatta 석호
logos 근거, 로고스(정식), 비율, 설명, 이론, 이치
lyesthai 이완되다
lykos 늑대

malakia, ta 연체동물들, 연체류
malakodermos (알의) 껍질이 말랑한
malakostraka, ta 갑각류
mallon kai hetton, to 더 많음과 더 적음
mastos 젖가슴
melan 검정(색)
meli 꿀

melitta 꿀벌
mēn 달
mēninx 막
meson, to 중간
metachoiron 메타코이론
methodos 연구, 연구 방법
mētra 모체
mixis, mignysthai 교합~
molybdaina 납
monotokos 하나 낳는
mōnyx 통짜발
morion 부분
morphē 형태
moschos 송아지
myia 날파리
myktēr 콧구멍
mylē 기태
mys 쥐, 홍합

nekros 시체
neottos 병아리, 새끼
nephros 신장
neuron 힘줄
nosos 질병, 병
nous 지성
nyktalōps 야맹증
nymphē 번데기

ochetos 수관(=물길)
ocheuein, ocheia 교미, 교미하다
ōdis 산통
odous 이빨
oikeios 고유한
oikonomia 가정살림
oikonomos 가정관리인
ōion 알
ōiotokos 난생의, 알을 낳는
oktamena, ta 여덟달내기(=팔삭둥이)
omphalos 탯줄
onos 나귀
onyx 손발톱
ophis 뱀
opos 무화과즙
opsis 시각, 시각기관
opthalmos 눈
orchis 고환
oreus 노새
organikon, to 도구적인 것
organon 도구, 기관
ornis 새
oschē 음낭
osphys 허리
ostoun 뼈
ostrakoderma, ta 유각류, 껍질이 딱딱한 것들
ostrakon 딱딱한 껍질
ostreon 조개류
oulē 흉터
ouraion 꼬리
ourion 우리온
ouron 오줌
ous 귀
ousia 본질, 실체
oxy, to (알의) 뾰족한 곳
oxyopos 선명하게 보는

polypous 팔완류
pachnē 흰서리
pachys 진하다, 거칠다
pachytēs 거칢, 거친 성질

pagos 서리
paidion 갓난아이, 새끼, 어린아이
pais 아이
pamphagōtera, ta 잡식성 동물들
Panathenaia 판아테나이아 제전
panspermia 스페르마 집적체
pardalis 표범
pathēma 변이태
pathos 감정, 속성, 수동적 변이
peira 경험, 실험
pepsis 열처리
peras 한계, 끝
perdix 자고
perihodos 주기
perikarpion 열매 껍질
perineos 회음부
peristera 비둘기; peristerodē, ta 비둘기류
perittōma, perittōsis 잔여물
pērōma 결함(의 산물); pērōsis 결함
pettein 열처리하다
peza, ta 보행동물들
phalakrotēs 대머리; phalakrousthai 대머리가 되다
phalangion 독거미
phallaina 고래
phatta 산비둘기
phlegma 점액
phleps, phlebion 혈관
phōkē 물개
phōleuonta, ta 겨울잠을 자는 동물들
pholidōtos 각질비늘
phōnē 목소리
phronēsis, phronein 실천적 지혜, 실천적 사유활동
phthora 소멸
phyma 종양
physikoi 자연학자들
physiognōmōn 관상학자들
physiologos 자연연구자
physis 본성, 자연, 자연물
phyton 식물
pimelē 지방
pinna 피나
plax 꼬리지느러미
plektanē 빨판
plēktron 며느리발톱
plōta, ta 유영동물들
pneuma 바람, 숨, 프네우마; pneumatousthai 프네우마가 되다, 프네우마로 바뀌다
pneumōn 폐
poa 풀
poliotēs 백발; polios 백발~
pollachōs 여러 가지 뜻을 가진
polygonos 다산~
polyschidēs 발이 여러 갈래인, 여러갈래발~
polytokos 많이 낳는
pompholux 기포
poreutikos 이동 능력~
poros 관, 통로
porphyra 자주고동
pous 발
probaton 양
proesis 사출(내보냄), 사출물
prosōpon 얼굴
prostheton 페서리
psophos 소리
psychē 영혼; psychikos 영혼~, 생명~
psylla 벼룩
psyxis 냉각

ptēna, ta 비행(飛行)동물
pteron 깃털; pterōtos 깃털~; pteryx 날개
ptyelon 타액
pyetia 레닛
pygmaios 난쟁이
pyon 고름
pyr 불
pyros 밀
Pyrra 퓌라

rachis 등뼈
rheuma 유출물
rhinē 전자리 상어(?)
Rhodos 로도스
rhynchos 부리
riza 뿌리

saprotēs 부패 현상
sarx 살
satyrian 사튀로스 질환을 겪다
sauros 도마뱀
schizopoda 발이 갈라진
selachē 연골어
selēnē 달
sēmeion 징표
sēpia 갑오징어
sēpsis 부패
siagōn 턱
sikya 부황
sitos 곡류
skelos 다리
skōlēx 애벌레; skōlēkotokos 애벌레를 낳는
skōptontes, hoi 익살꾼들
skymnos 새끼사자
sōma 신체, 물체; sōmatodes 물체적인 성분
sperma 스페르마, 씨; spermatikos 스페르마~
sphēx 말벌
splanchnon 내장기관
splēn 비장
sterēsis 결핍
sterra, ta 불임동물들
sterrotēs 불임성
stoicheion 요소들, 낱글자들
stoma 입, 입구
strangouria 배뇨곤란
strouthos ho Libykos 리뷔아 타조
strouthos 참새
sykē 무화과나무
syllambanein 배태하다, 임신하다
syllogismos 추론; syllogizesthai 추론하다
symmetria 균형
symphyta 타고난 (형질들)
symptōma 징후
synaition 보조원인
syndyasmos 짝짓기; syndyazesthai 짝짓기하다
syngenēs 친족 관계의
synōnymos 이름이 같은
synousia 교접
syntēgma, syntexis 노폐물, 노폐물 분비
syntonia 긴장
systasis 형성~, 형성물
systēma 합성체

taōs 공작
tekmērion 증표
teknōsis 산출
teleios 완전한
teleiosis 완전한 성장

telos 목적, 종결점
teras 이변; teratōdēs 이변에 해당하는
tēthyon 우렁쉥이
tetrapous 네발동물
tettix 매미
teuthis 오징어
thalatta 바다
theios 신적인
thēly, thēlytēs 암(컷), 여자, 여성성
thēlygonia, thēlytokia 암컷의 출산
theōria 관찰, 고찰
thermon, thermotēs 뜨거운 것, 뜨거운 기운, 열기
thōrax 가슴
thoros 어백
thōs 자칼
thraitta 트라타
threptikos 영양섭취~
thrix 머리털, 털
thymos 기개
timios 고귀한
tode ti '이것'
toketos 배태
tokos 출산
topos 장소, 서식지
tragaina 트라가이나(=암컷과 수컷의 생식기를 가진 염소)
trichōma 머리털, 털; trichōsis 수염
trochos 트로코스
trophē 영양, 영양분
trygōn 호도애

xēros 마른, 건조한
xiphos 칼

zephyria 제퓌리아(풍란)
zētein 탐구하다
zōē 생명
zōion 동물
zōiotokos 태생~; zōiotokounta, ta 새끼를 낳는 동물들
zymē 누룩

지은이

아리스토텔레스 (기원전 384년~322년)

기원전 384년 그리스 북부의 작은 도시 스타게이라(Stageira 혹은 Stageiros)에서 태어났다. 그의 아버지는 이웃나라 마케도니아 왕국의 어의(御醫)였다. 10대 중반에 부모를 잃은 아리스토텔레스는 17세에 아테나이로 가서 플라톤의 아카데미아에 입학했고 거기서 20년 동안 머문다(기원전 367년~347년). 그 뒤 12년 동안 그는 자유롭게 여러 지역을 방문해 자연을 관찰하면서 동·식물에 대한 연구를 수행했다(기원전 347년~335년). 이 중 2~3년은 마케도니아 왕국에 머물며 왕자 알렉산드로스를 가르치기도 했다. 알렉산드로스가 왕위에 오른 뒤 아리스토텔레스는 다시 아테나이로 돌아와 '뤼케이온'을 세우고 학생들을 가르치며 연구했다(기원전 335년~323년). 아리스토텔레스는 60여 년의 길지 않은 삶을 살았지만 논리학, 자연학, 기상학, 화학, 생물학, 형이상학, 윤리학, 정치학, 수사학, 시학 등 거의 모든 분야에 걸쳐 새로운 학문의 길을 열었다. 특히 그의 연구의 중심에는 동물들에 대한 연구가 있었는데, 그의 철학의 개념들과 원리들은 그런 생물학 연구 내용과 깊이 연결되어 있다. 그가 자주 언급하는 『해부도설』 등은 사라졌지만 『동물지』, 『동물부분론』, 『동물발생론』 등이 아리스토텔레스의 생물학 연구를 대표하는 저서로 남아 있다.

옮긴이

조대호

연세대학교 철학과(학사, 석사)를 졸업하고, 독일 프라이부르크 대학교에서 아리스토텔레스의 형이상학과 생물학의 문제들을 연구해서 박사학위를 받았다. 2004년부터 현재까지 연세대학교 철학과의 교수로 재직하면서 그리스 철학, 그리스 문학, 기억 이론과 행동 이론 등을 연구하고 강의한다. 국내외에서 다수의 논문을 출간했고 『파이드로스』, 『형이상학』 등을 번역했으며, 『아리스토텔레스: 에게해에서 만난 인류의 스승』, 『『일리아스』, 호메로스의 상상세계』, 『영원한 현재의 철학』 등을 저술했다. 네이버 '열린연단', JTBC '차이나는 클라스', EBS '클래스e' 등에서 그리스 철학을 소개했고 동아일보 칼럼에서 '신화의 땅에서 만난 그리스 사상'이라는 주제로 그리스 문학, 철학, 역사를 소개했다. 현재 『철학사 밖의 아리스토텔레스』, 『숙고하는 인간』, 『지혜로운 동물』 등을 집필 중이다. 통영을 오가면서 에토스, 기억, 장소의 관계를 연구하는 일도 함께하고 있다.

동물발생론

1판 1쇄 찍음 | 2025년 4월 4일
1판 1쇄 펴냄 | 2025년 4월 18일

지은이 | 아리스토텔레스
옮긴이 | 조대호
펴낸이 | 김정호

책임편집 | 박수용
디자인 | 이대응

펴낸곳 | 아카넷
출판등록 | 2000년 1월 24일(제406-2000-000012호)
주소 | 10881 경기도 파주시 회동길 445-3
전화 | 031-955-9511(편집)·031-955-9514(주문)
팩시밀리 | 031-955-9519
www.acanet.co.kr

Printed in Paju, Korea.

ISBN 978-89-5733-971-8 94160
ISBN 978-89-5733-214-6 (세트)

이 번역서는 2019년 대한민국 교육부와 한국연구재단의 지원을 받아 수행된 연구임.
(NRF-2019S1A5A7069155)
This work was supported by the Ministry of Education of the Republic of Korea and the National Research Foundation of Korea. (NRF-2019S1A5A7069155)